D1921732

Marq de Villiers

WASSER

Die weltweite Krise um das blaue Gold

Marq de Villiers

WASSER

Die weltweite Krise um das blaue Gold

Aus dem Englischen von Regina Schneider

Econ

Die Originalausgabe erschien 1999 unter dem Titel Water
by Stoddard Publishing Co. Limited, Toronto

Der Econ Verlag ist ein Unternehmen
der Econ Ullstein List Verlag GmbH & Co. KG

ISBN 3-430-19372-9

© der deutschen Ausgabe 2000
Econ Ullstein List Verlag GmbH & Co. KG,München
Alle Rechte vorbehalten. Printed in Germany.
Gesetzt aus der Sabon bei
Franzis print & media GmbH, München
Druck und Bindung: Bercker, Kevelaer

Ich fließe, also bin ich.
Reverend Mother Darwi Odrade

Warum Fehler wiederholen,
wenn es so viele andere zu machen gibt?
Descartes

Ganz ehrlich, die meisten akademischen Studien
(über Wasser) sind schlecht. Aber das ist okay.
Sie stammen ja auch von Akademikern, die keine
Verantwortung tragen, die echten Ressourcen
zu verwalten. Wir hingegen müssen uns mit echten
Dingen befassen – mit echten Dämmen,
echten Flüssen, echter Nachfrage, echten Krisen.
Eugene Stakhiv, Ingenieurkorps der amerikanischen Armee

Bisher glaubten wir, dass Energie und Wasser
im nächsten Jahrhundert zum ernsten Problem werden würden.
Heute denken wir, dass Wasser das ernste Problem sein wird.
Mostafa Tolba von Ägypten,
früherer Vorstand des UN-Umweltprogramms (UNEP)
und geistiger Vater der Umweltschutzbewegung

Flussabwärts – da befinden wir uns alle.
Motto der Ökologen, übernommen von Margaret und
Jim Drescher, Windhorse Farm, New Germany, Nova Scotia

Das Wasser ist wie Blut in unseren Adern.
Levi Eshkol, israelischer Premierminister, 1962

Millionen haben schon ohne Liebe gelebt.
Niemand aber ohne Wasser.
Türkischer Geschäftsmann, 1998

Whiskey ist zum Trinken da, Wasser zum Kämpfen.
Mark Twain

Ich denke, also bin ich.

Descartes

Inhalt

TEIL 4

Einführung

Hinter der Scheune unserer Farm, unweit von Maynooth im Laubwaldgürtel von Ontario, findet sich eine kleine Quelle. Ruhig und friedlich plätschert sie aus dem Boden hervor und wenn man ganz leise ist, sich auch kein Wind in den Bäumen regt, kann man hören, wie sie kleine glucksende Laute ausstößt, wie ein Baby, zufrieden an der Mutterbrust. Das Wasser rinnt langsam durchs Gras, tröpfelt in eine Steinrinne, die noch von einem Farmer stammt, der längst fortgezogen ist, bildet eine Lache, versickert dann für eine Weile im Untergrund, kommt in einem kleinen Morast wieder zum Vorschein und verschwindet schließlich in einer Erdspalte. Weiter abwärts wird daraus ein kleiner Wasserlauf, dann – dort, wo es sich mit anderen Rinnsalen vereinigt – ein kleiner Bach, dann ein See und dann ... nun, der Rest ist bekannt. Es erreicht sein Ziel im Meer, wo es eine Zeit lang verweilt.

Als wir die Farm gekauft hatten, nahm ich mir anfangs oft einen Stuhl mit nach draußen in die Sommersonne und sah zu, wie das Wasser dahinplätscherte. Meine kanadischen Freunde fanden das ziemlich lächerlich – Wasser war Wasser, und Wasser gab es schließlich überall, oder nicht? Ich achtete nicht weiter darauf, starrte vielmehr gebannt hinab auf die kleine Quelle. Sie blubberte, gluckerte und gurgelte und sie fühlte sich kalt an.

Ich hatte noch nie zuvor Wasser »besessen«. Ich wuchs auf inmitten der ariden Ebenen Südafrikas. Dort regnete es nur ganz selten (aber wenn, dann gab es gleich einen heftigen Wolkenbruch), die meiste Zeit im Jahr waren die Flüsse trocken, staubige Orte, an denen Dornbüsche wuchsen und Webervögel nisteten. Mein Großvater hatte zwar Wasser, doch musste es erst zutage gefördert werden über ein Bohrloch, das tief in die Erde hineinreichte, und mit Hilfe einer klappernden Windmühle, eines mechanischen, uninteressanten Dings. Eine Zeit lang dachte ich, sie *macht* das Wasser, irgendwo dort unten, in ihrem rostenden Herzstück. Aber das hier war ein Wunder – Wasser dringt direkt aus der Erde an die klare Luft – ganz von alleine.

Irgendwann einmal kam meine Tante zu Besuch. Ich fuhr mit ihr von Toronto herauf, nahm die Nebenstraßen durch die endlosen Wälder Ontarios, und sofort erkannte sie den gravierendsten Unterschied zu ihrer Heimat. »Wenn man hier zu einer Farm kommt«, so meinte sie, »merkt man das an der Lichtung. Bei uns daheim merkt man das an den Bäumen.«

Wasser – hier hat man es im Überfluss, dort nicht; hier schenkt man diesem Wunder kaum Beachtung – es ist einfach »da«, dort leidet man große Not daran.

Als Kind verstand ich sehr wohl, dass ohne Wasser alles stirbt. Doch erst viel später begriff ich, dass niemand Wasser »besitzen« kann. Es entspringt vielleicht dem eigenen Grund und Boden, aber im Grunde fließt es nur vorbei. Zwar kann man es gebrauchen – und auch missbrauchen, aber es ist nicht zum persönlichen Besitz bestimmt. Es ist Teil des globalen Gemeinguts, nicht »Eigentum«, sondern Teil des Systems, das uns alle am Leben erhält.

Dreißig Jahre lang reiste ich als Journalist von Berufs wegen um die halbe Welt, dabei »sammelte« ich Wasser, sammelte Eindrücke von Deichen, Flüssen oder Seen. Wann immer es Zeit und Arbeit erlaubten, gönnte ich mir Erholung und verweilte am Wasser. So folgte ich zum Beispiel dem Lauf des Niger durch die Sahelzone nach Timbuktu und Gao, stand am Rande des Kariba und beobachtete, wie sich Nilpferde darin wälzten, fuhr durch das Wolgadelta, wo ich Störe sterben sah, beobachtete, wie sich Flussdelfine im Nildelta tummelten, schaute zu, wie Hyazinthen auf dem einst so geheimnisvollen und noch immer mächtigen Kongo trieben, stand hoch oben am Schwindel erregenden Rand des Hoover-Staudamms, durchquerte die Loire auf genau denselben Steinen, auf denen einst schon Richard Löwenherz gegangen war, setzte mit der Fähre bei Rivière-du-Loup über den St.-Lorenz-Strom und wieder zurück ... Ein »Wasser-Snob« allerdings war ich nicht. Der LaHave River in Nova Scotia gefiel mir ebenso gut, oder der Hard Labor Creek in South Carolina (an dessen schlammigem Ufer sich die Vorfahren meiner Frau nach einer beschwerlichen Reise aus Deutschland in der Pionierzeit niedergelassen hatten), und auch die Burleigh Falls in Ontario, wo ich zusah, wie Fliegenfischer auf den Felsen in den Stromschnellen Balance hielten, sie aber nie irgendetwas fangen sah. Ich machte Halt für mächtige Ströme und kleine Flüsse, für die Great Lakes und für schlammige kleine Pfützen.

So dachte ich, als ich mit diesem Buch begann, dass ich mich eigentlich auskannte in Sachen Wasser. Doch meine Recherchen belehrten mich eines Besseren. Ich wusste zwar, woher das Wasser für meinen kleinen Brunnen kam, und auch wie der Waldteppich den Grundwasserspiegel erhält, wodurch dieser wiederum erst entstehen kann, aber mir fehlte das rechte Verständnis für die komplexen Zusammenhänge des weltumfassenden hydrologischen Systems. Ich wusste zwar, dass die Bäume auf meiner Farm das Grundwasser schützen, doch das gewaltige Ausmaß, welches Kahlschlag und Trockenlegung von Feuchtgebieten weltweit annehmen, – was in der Folge zu Dürre und Überschwemmungen führt –, war mir nie bewusst. Auch konnte ich selbst zwar sehen, wie Abwässer aus der Industrie in großen Mengen beispielsweise in Russland in die Wolga flossen, den Großangriff jedoch, zu dem die Spezies Mensch auf das System ansetzt, das uns am Leben erhält, habe ich nicht in seiner Bedeutung erfasst. Und natürlich wusste ich schon immer, wie knapp Wasser in vielen Teilen der Welt war, doch die verhängnisvolle Not, der man vielerorts auf unserem zunehmend übervölkerten Planeten gegenübersteht, habe ich nicht begriffen. Jetzt verstehe ich diese Zusammenhänge hoffentlich besser.

Wie Sie aus dem Text ersehen werden, haben sich viele kluge Köpfe vor mir mit diesem Thema auseinander gesetzt, was meinen Forschungen sehr hilfreich war, und wie sehr mir ihre unterstützende Hilfe zustatten kam, möchte ich an dieser Stelle anmerken. Akademiker und Wissenschaftler auf der ganzen Welt beschäftigen sich mit Wasser, forschen über Vorkommen und Qualität, über Nutzung und Missbrauch. Publizierte Quellen reichen von schwierigen fachtechnischen Werken (*Die Permeabilität von Schieferformationen*) bis zu ökologischen und politischen (*Grenzüberschreitende Gewässer und Ressourcenkonflikte*). Es gibt über dieses Thema hunderte von Büchern und wohlgemerkt tausende von wissenschaftlichen Abhandlungen – eine wahre Flut, aus der jedoch einige Namen herausragen, die denjenigen, die vorbeitreiben, ein rettender Anker sind.

Unter ihnen ist Sandra Postel – in der »Wasserwelt« geradezu eine Philosophin – stets überlegt, überzeugend, klug und sachkundig, mit einem klaren Blick für die Dinge, glasklar wie ein Waldsee. Ihr Werk *Last Oasis* (*Die letzte Oase*), das auf diesem Gebiet meistzitierte Werk, ist ein Aufruf, den Kampf um das Wasser aufzunehmen. Peter Gleick gilt als Organisator, der das Wissen der »Wasserwelt« systematisch aufbereitet: Seine Bücher und Aufsätze sind exakt und präzise geschrieben, ein wahrer Datenschatz für alle, die fündig werden wollen. Gegen Ende des letzten Kapitels werde ich auch auf die Werke des Russen Igor Shiklomanow eingehen – während meiner Jahre in der »Wasserwelt« lernte ich ihn als eine zentrale Figur kennen, maßgebend und federführend. In Leif Ohlssons Buch *Hydropolitics* findet sich eine hervorragende Liste mit Akademikern, die sich mit Themen rund um Wasser beschäftigen; einige von ihnen werde ich im Verlauf des Textes auch zitieren. Die Schwedin Malin Falkenmark ist die von Kollegen meistgenannte Hydrologin; ihr Werk geht an den eigentlichen Kern der modernen Wasserforschung. Um die nötige Übersicht zu gewinnen, bleibt die *Encyclopaedia Britannica* dem Nichtfachmann unersetzlich, als Druckwerk ebenso wie als Onlinefassung. Sie wird von Akademikern viel zu oft vernachlässigt, die bisweilen die Exaktheit dieses systematisch aufbereiteten Wissens einfach zu vergessen scheinen.

Unter den journalistischen Berichten ist besonders Marc Reisners Klassiker *Cadillac Desert* herauszuheben. Das Werk befasst sich in der Hauptsache zwar nur mit dem amerikanischen Südwesten, ist aber dennoch beinahe unverzichtbar, zumal hinter der genüsslichen Polemik des Textes eine Unmenge Informationen stecken. Aber es gibt noch viele weitere leidenschaftlich geschriebene und lesenswerte Bücher über Wasser, beispielsweise *Covenant over Middle Eastern Waters: Key to Survival* von Joyce Shira Starr. Das »Lester Brown's World Watch Institute« hat ebenfalls eine Reihe bemerkenswerter Autoren hervorgebracht (auch Sandra Postel ist daraus hervorgegangen), darunter Janet Abramovitz und natürlich Brown selbst, den Selbstgefälligen stets ein Dorn im Auge. Der Nobelpreisträger Henry Kendall, der in seinen Werken das Thema Nahrung in den Mittelpunkt stellt, gab mir unentwegt viele gute Ratschläge. Die unabhängige Organisation »Population Action International« in Washington, obwohl nicht in erster Linie mit dem Thema Wasser befasst, hat eine ganze Menge an detailliert ausgearbeiteten Forschungsarbeiten erstellt. Unter den skeptischen Stimmen stieß ich auf Eugene Stakhiv, Ingenieur beim »US Army Corps of Engineers«, der in einer sehr klaren, verständlichen Sprache ohne fachchinesische Ausdrücke schreibt.

Zu Beginn des Buches komme ich auf ein fernes Land zu sprechen, das für viele Leser wahrscheinlich sehr weit weg scheinen mag. Die Okavangosümpfe im kleinen staubtrockenen Land Botsuana in Afrika zeigen in meinen Augen mehr als jeder andere Ort, wie Wasser im Laufe der Zeit gefährdet worden ist. Nicht durch die Willkür boshafter Menschen, jener vereinten Vergewaltiger jeder ökologischen Fanatasie, sondern durch die vielen kleinen Taten ganz gewöhnlicher Leute, die vieles auf althergebrachte Weise tun. Und genau darin liegt die wirkliche Gefahr.

Teil 1

Lebensraum Wasser

Wasservorkommen, Wasserarten, Wasservolumen

Kapitel 1

Krisensituation Wasser
Wie ernst ist die Lage?

Das kleine *mokoro*, ein Einbaum, grob zusammengezimmert aus einem Mopanebaumstumpf, gleitet langsam über die Wasser des Okavangodeltas. Es ist winzig – kaum größer als die Krokodile, deren gespenstisch schwarze, starre Augen hie und da zu sehen sind. Das Wasser ist von einem bemerkenswerten Blau, und da das Boot nur wenige Zentimeter über die Wasseroberfläche ragt, sind die schlickigen Wasserwirbel, das Treibholz von ockergelber und schwärzlich brauner Farbe darin unschwer zu erkennen. Von einer nahe gelegenen Papyrusinsel ertönt immer wieder ein klatschendes Plumpsen – Flusspferde, die ein Sumpfbad nehmen.

Tagelang kann man so in einem *mokoro* durch die gewundenen Flusspferdstraßen der Okavangosümpfe staken, ohne einer Menschenseele zu begegnen. Man kann an manchen Stellen auch mal aus dem *mokoro* herausklettern auf eine dicke »Insel« aus Sumpfgras, doch bricht man dabei aus Versehen ein – was leicht passieren kann –, hat man zwei Meter Wasser unter sich. Überall üppige Vegetation, einzigartige Pflanzen gedeihen in Hülle und Fülle: etwa der *nooientjie's been* oder »Jungfernschenkel«, ein langer, seidenweißer Stengel mit einem Blattwedel an der Spitze, der ein bisschen so aussieht wie ein Schamhaarbüschel; oder Papyrusbettungen, rasiermesserscharfes Sumpfgras und herausstehende Wurzelknollen, ganz glatt gewetzt von den schweren Dickhäutern, die sich darüber hinwegschieben. Es dauert ungefähr einen halben Tag, bis man auf Zeichen menschlichen Lebens stößt: auf Kahlschlag und Brandkultur, wodurch die wenigen wichtigen Inseln bis auf Stumpf und Stiel zu entsetzlich kahlen Landschaften gemacht wurden; auf ausgezehrte Nutzviehherden (die Tsetse-Fliege hat man – man stelle sich das einmal vor – in dieser völlig ursprünglichen und unberührten Wildnis mit DDT vernichtet); auf das dröhnende Knattern von Hubschraubern, die betuchte Touristen von Maun über den Savuti Nationalpark fliegen und zu ihren Hütten nach Chobe bringen. Aber meist stößt man nur auf tödliche Brocken, auf Sumpfkrokodile, die im Dornendickicht auf der Lauer liegen.

Die Bayei, ein in den Okavangosümpfen einheimischer Stamm, finden ihren Weg mühelos durch dieses Labyrinth aus Kanälen, von denen einer aussieht wie der andere. Doch selbst sie kehren manchmal nicht mehr aus den Sümpfen wieder. Die Sage erzählt, dass zahllose schreiende Schädel im Sumpfboden unter den Inseln liegen, die, wenn das Ende der Welt gekommen ist und die Gewässer austrocknen, zum Vorschein kommen werden und so die seit langem vorhergesagte Apokalypse bestätigen. Und in der Dämmerung, wenn die Flusspferde sich zurückbegeben in die sumpfigen Kanäle und mit ihren dicken Leibern große Vs ins Wasser zeichnen, fällt es nicht schwer, dieser Legende zu glauben.[1]

Heute erzählt man den Bayei, dass das Ende ihrer Welt möglicherweise schon bald bevorsteht. Und zwar nicht durch den Weltuntergang, sondern durch die Gier jener unersättlichsten und expansionistischsten aller Spezies – der Menschen. Pipelines, schwere Maschinen, Wasserwirtschaftsingenieure sowie Bürokraten der Wasserkommission baggern und pumpen immer mehr Wasser aus dem Delta, hartnäckig wie ein Virus, das unheilbar krank macht, drauf und dran, den Lebenssaft aus der Region zu saugen. Und 1996, das erste Mal seit vielen Jahren, erreichte die alljährliche Okavangoflut nicht einmal ansatzweise das Delta. Die Regenfälle in Angola seien ausgeblieben, so erzählte man den Bayei.

»Wie tief ist es hier?«, fragte ich Kehemetswe, den Bayei, der das *mokoro* mit einer Stange fortbewegte.

»Zwei Meter«, sagte er. »Das sind fünfzehn Fuß«, fügte er zuvorkommend hinzu, lag damit aber leider daneben.

Er trug sackartige Khakihosen, eine Schildmütze mit der Aufschrift »All England Tennis Club« und zehn Zentimeter lange Ohrringe aus geschliffenem Knochen und geflochtener Schnur. Die Stange, mit der er den Einbaum vorwärts stakte, war ein spindeldürres Ding, das sich gefährlich im Sumpf bog. Er sagte, er würde den Krokodilen damit eins überziehen, wenn sie lästig werden würden. *Eins überziehen* – das klang irgendwie beruhigend.

»Zwei Meter? Ist das normal?«

»Letztes Jahr drei. Das Jahr davor drei. Und das Jahr davor drei. Drei. Immer drei.«

»Was heißt das?«, fragte ich. Doch die Antwort kannte ich bereits. Im folgenden Jahr wurde Kehemetswe in der Zeitung zitiert. Ich las: »Namibia will eine Pipeline bauen um Wasser aus dem Fluss durch die Wüste abzuleiten. Versiegt das Wasser, bedeutet das das Ende unseres Lebens. Alles in unserem Leben hängt allein vom Wasser ab.«[2]

Der Okavango, der drittgrößte Fluss Afrikas, entspringt im feuchttropischen Hügelgebirge Angolas, wo er Cubango heißt, und fließt etwa 1400 Kilometer weit durch Namibia nach Botsuana. Dort verliert er sich in den flachen Niederungen des Kalaharibeckens und breitet sich aus zu einem verwirrend großen und weitläufigen Netz von Kanälen, welche Afrikas größte Oase und das weltweit faszinierendste Binnendelta bilden. Dieses weite Sumpfland, im örtlichen Touristenjargon als »Juwel von Kalahari« bekannt, ist 175 Kilometer lang und 180 Kilometer breit, ein üppiges smaragdgrünes Paradies von fast 16 000 Quadratkilometern. Hier finden sich in freier Wildbahn die letzten Kaffernbüffelherden sowie eine ganze Reihe anderer wilder Tiere, zudem ungefähr 350 Vogelarten, darunter der Jacana, der Bienenspecht, der malachitgrüne Eisvogel und der afrikanische Fischadler.

Einst war das Okavangodelta ein Binnensee, doch in einem geologischen Zeitalter vor dem unsrigen bewirkten tektonische Verschiebungen in der Erdkruste, dass das Wasser langsam in verborgene Erdspalten abfloss. Der Okavango strömt zwar nach wie vor aus dem feuchten Hochland von Benguela in Angola talabwärts und fließt im Mittellauf über den so genannten Caprivi-Zipfel, doch ist der einstige Mündungssee verschwunden. Der Fluss verästelte sich im Schilfrohrdickicht, in den riesigen Papyrusstauden, im Schlamm und Schlick und verschwand dann einfach völlig. *Riviersonderend*, wie er auf Afrikaans heißt, »Fluss ohne Ende«. Im wilden, unbewohnten Norden, im »Großen Durstland«, gibt es viele solcher Flüsse, doch der Okavango war der größte und bedeutendste, der fruchtbringendste und schönste von allen.

In guten Jahren überschwemmen die Wasser des Okavango noch immer das Sumpfland bis in den Boteti und erreichen so die ausgedörrte Trockenebene der Makgadikgadisalzpfanne im Südosten. In sehr guten Jahren sickert das Wasser sogar noch weiter nordostwärts durch den Selinda-Überlauf bis in die fernab gelegenen und geheimnisvollen Linyanti-Ausläufer, in denen der Savuti entspringt. Die Okavango-Sümpfe – ein wunderbares Fleckchen Erde, ein Ort, um den sich fantastische Mythen ranken; wo es in den Lagunen von Flusspferden nur so wimmelt; wo sich endlose Dornakazien- und Mopanebaum-Wälder erstrecken; wo Leoparden, Geparde, Wildhunde, Kaffernbüffel, Giraffen und unzählige Affenarten beheimatet sind; wo die größten Zebraherden der Erde in freier Wildbahn leben; wo es riesige Elefantenherden gibt. Um die 60 000 Elefanten des Deltas gibt es immer wieder erbitterte Auseinandersetzungen. 1983 verbot die Regierung von Botsuana die Elefantenjagd, was allgemeinen Beifall fand. Doch seither haben sich die Herden sprunghaft vermehrt und dadurch eine gewaltige Zerstörung ihrer eigenen Lebensräume verursacht. Jetzt werden die Herden ausgedünnt – in Botsuana wie auch in Simbabwe und in Angola sieht man sich gezwungen, an die 15 000 Elefanten zu erschießen, um damit die (selbst-) zerstörerische Fressgier dieser Tiere zu bezwingen.

Doch die Okavangosümpfe haben noch andere Feinde. Zum einen sind das die Dürreperioden. In den neunziger Jahren hatten das Kalahari-Becken und Angola unter der schlimmsten Dürreperiode des Jahrhunderts zu leiden, und bislang weiß niemand, ob sich das

Sumpfgebiet je wieder davon erholen wird. El Niño habe Schuld daran, hieß es zunächst, doch als die wetterveränderliche Störung vorüber war, der Regen aber noch immer nicht einsetzte, sah man in der vom Menschen verursachten Klimaveränderung einen weiteren möglichen Grund für die anhaltende Dürre. Meist blieb den Menschen nichts weiter übrig als um Regen zu beten, doch die Wasserstände sanken weiter.

Zudem naht ein weiterer Feind von Süden her, und zwar aus den Städten Botsuanas, und dieser Feind ist noch schlimmer als die Dürre – die wachsende Bevölkerung mit ihrem Verlangen nach immer mehr und mehr und noch mehr. Eine weitere Bedrohung geht vom Nachbarstaat Namibia aus – ein Wüstenland, das ganze Jahr hindurch ausgedörrt. Auch dort steigen die Bevölkerungszahlen, sodass die Wasservorräte im Jahr 1996 auf neun Prozent verfügbare Wassermenge reduziert waren, woraufhin die Regierungsbehörden Namibias den Blick nach Osten richteten, auf das Okavangodelta in Botsuana.

Bis 1997 gab es bereits bedrohliche Anzeichen für einen »Wasserkrieg« zwischen Namibia, das zwanzig Millionen Kubikmeter Wasser pro Jahr aus dem natürlichen System ableiten will, und Botsuana, dessen eigene Staugewässer und Wasserspeicher nach zehn Jahren ohne Regenfälle einen bedenklichen Tiefstand erreicht hatten. Vermutlich ist derlei Kriegsgerede völlig übersteigert. Doch immerhin gab es Sabotagedrohungen, sollte eine von Namibia geplante Pipeline je gebaut werden. Ende 1997 verließen Bürger der Stadt Maun unter Protest eine von der Regierung Namibias einberufene Vermittlungskonferenz. Beide Länder wandten sich daraufhin an den Internationalen Gerichtshof in Den Haag, um über diesen eigentlich nebensächlichen Grenzkonflikt zu verhandeln.

»Meine Familie lebt bei Maun«, hatte Kehemetswe nebenbei in unsere Unterhaltung eingeworfen. »In diesem Jahr ist ihr Brunnen ausgetrocknet. Sie müssen jetzt zu einem anderen Brunnen gehen.«

»Wie weit denn?«

»Drei Kilometer. Sie haben vier Eimer. Sie dürfen nur vier Eimer Wasser am Tag entnehmen.«

»Kann man denn in Maun noch Wasser kaufen?«

»Aaaiii. Aber wir haben kein Geld.«

Maun, am südlichen Rand des Okavangobeckens gelegen, ist die Safari-Hauptstadt Botsuanas, ein staubiges, chaotisches afrikanisches Dorf, das zu einer Stadt angewachsen ist. Noch immer finden sich innerhalb der Stadtgrenzen ganze Blocks mit traditionellen Hütten: kleine, sauber gestrichene Steinhäuser mit Wellblechdächern. Hier und da finden sich vereinzelt Geschäftshäuser. Der ganze Ort ist so vielschichtig und so belebt wie das Okavangodelta selbst, das gleich nördlich davon beginnt. Kein Wunder, dass Maun bei Ökologen sehr beliebt ist. Der Tourismus im Okavangobecken erhält nicht nur die Stadt am Leben, er ist auch der drittgrößte Devisen bringende Wirtschaftsfaktor Botsuanas; die Regierung hofft, durch die Tourismusindustrie den kränkelnden Rohstoffsektor ersetzen zu können.

In Fragen der Wasserpolitik und Ökologie beweist Botsuanas Regierung eine gewisse Sensibilität. Man ist sich durchaus bewusst, dass zu einer auf Dauer nachhaltigen Entwicklung des Landes eine wohl überlegte, effizientere Nutzung der Wasserressourcen gehört. Anfang der neunziger Jahre wurde das »Southern Okavango Integrated Water Development Project« entwickelt. Damit wollte man die Nahrungsmittelproduktion steigern sowie die Stadt Maun und eine Diamantenmine in der Wüste, 280 Kilometer südöstlich des Binnendeltas, mit Wasser versorgen. Um neue Bewässerungsflächen zu schaffen, sah das Projekt vor, Wasserabzugsgräben auf 42 Kilometern Länge im Süden des Deltas auszubaggern und zwei große Staubecken zu bauen. Da dies jedoch fruchtbares Ackerland überschwemmt hätte, waren die dort lebenden Menschen gegen das Vorhaben. Während einer siebenstündigen *kgotla*, einer Diskussionsversammlung, ersuchten 700 Dorfbewohner die Regierung, von dem Plan abzulassen. Unterdessen war auch die Umweltorganisation »Greenpeace International« auf die Situation aufmerksam geworden; angeblich wollte die Umweltorganisation zu einem weltweiten Diamantenboykott aufrufen unter dem Slogan »Diamanten bedeuten Tod«. Als dann auch am Diamantengeschäft beteiligte Interessenverbände vom Projekt Abstand nahmen, schob die Regierung das Vorhaben einstweilen auf und wartete weitere Auswertungen ab. Mitarbeiter der »International Union for the Conservation of Nature« kamen nach Botsuana und empfahlen zahlreiche kleiner angelegte Alternativprojekte, um dem Wassermangel im Gebiet um Maun Herr zu werden. Doch 1992 beschloss die Regierung, das ganze Projekt auf Eis zu legen.[3]

Als 1996 die alljährliche Überflutung ausblieb, befand sich Maun sofort in akuter Gefahr – nicht nur die Tourismusindustrie war vom Wassermangel bedroht, sondern auch die Dorfbewohner selbst, die auf den Fluss angewiesen sind, um zu waschen, zu fischen und um aus Wasserlilienwurzeln und Schilfrohr ihre Häuser zu bauen. Das Trinkwasser der Stadt, das aus Bohrlöchern gefördert wird, drohte ebenfalls zu versiegen. Die Hydrologen des Landes waren mit nichts anderem mehr beschäftigt als mit dem rapide abfallenden Grundwasserspiegel. Von überall her jagte eine alarmierende Meldung die andere: Namibias Pipelines würden den permanenten Wassermangel verursachen, hieß es, Brunnen und Bohrlöcher würden versiegen. Wie aus einem Bericht des Bezirksgesundheitsamts von 1997 hervorgeht, war das Wasser in Maun in sieben von 21 Standrohren, den kommunalen Wasserverteilerrohren, mit menschlichen und tierischen Fäkalien verseucht.[4] Tawana Moremi, Häuptling der Bayei, war empört. »Ich mag diese Pipeline nicht sonderlich«, ließ er jeden wissen, der es hören wollte. »Wir sollten uns mehr Flugzeuge zulegen und sie bombardieren.«[5] 1997 wollte Botsuana von den Europäern Panzer kaufen, wurde aber abgewiesen – kein Geberland wollte das Geld dafür bereitstellen, vor allem wegen (so jedenfalls glauben die Botsuaner) heftiger Proteste aus Namibia.

Namibia wiederum hatte eigene Sorgen. Es gibt nur wenige Orte auf der Erde, die trockener sind als Namibia. Vier Fünftel der ohnehin dürftigen Regenfälle verdunsten auf der Stelle, lediglich ein Prozent des Wassers bleibt für die Grundwasserneubildung. Das ist umso schlimmer, da Namibias Flüsse nur zeitweise Wasser führen und sich für mehrere Monate in dünne Rinnsale verwandeln oder auch völlig austrocknen.

Früher stellten diese ständigen Schwankungen kein Problem dar, denn die Einheimischen passten sich dem Lauf der Natur an und zogen während der Trockenzeit einfach von einer Wasserquelle zur nächsten. Doch heute gibt es zu viele Menschen und das Leben der Bevölkerung ist urbaner geworden – und Städter sind von Grund auf weniger mobil als Jäger und Sammler. Um die Wasserversorgung zu verbessern, hat Namibia neben dem Bau von Pipelines auch andere Lösungsansätze durchdacht, den Bau von Entsalzungsanlagen etwa oder die Installation von Pumpen zur Förderung des Grundwassers aus fossilen Grundwasserleitern. Die Entsalzung zählt jedoch zu den kostspieligsten Verfahren überhaupt und ist für Namibia unerschwinglich, zumal der Großteil der Ballungszentren im Landesinneren und nicht an der Küste liegt. Die wenigen Entsalzungsanlagen, die bereits in Betrieb sind, verbrauchen gewaltige Mengen an Energie. Außerdem haben die übermäßige Pumpförderung von Grundwasser und die eilfertige Förderung aus fossilen Grundwasserleitern einen gefährlichen Anstieg des Salzgehaltes in Wasser und Boden verursacht.

Der chronische Wassermangel trieb Namibia an, ein Planverfahren zur Wassererschließung zu starten. Vorgesehen ist der weitere Ausbau des bereits bestehenden gigantischen Netzwerks von Versorgungspipelines und Aquädukten der »Eastern National Water Carrier«, der Nationalen Wasserleitung, bis zum Okavango, der an der nordöstlichen Grenze zu Angola entlangfließt und das ganze Jahr hindurch Wasser führt. In den ersten Planungsphasen soll von einer Stelle am Okavango bei Rundu im Norden Namibias – kurz bevor der Fluss nach Botsuana gelangt – eine Menge von ungefähr zwanzig Millionen Kubikmeter Wasser (700 Liter pro Sekunde) abgeleitet und durch eine 250 Kilometer lange Pipeline bergauf in die Hauptstadt Windhuk gepumpt werden. Namibia betrachtet die Pipeline als die einzig praktikable Lösung, um mit dem steigenden Wasserbedarf der wachsenden urbanen Zentren im Land Schritt halten zu können. Nur noch wenige Jahre, so sagen Hydrologen voraus, und Windhuk wird das Wasser ausgehen. Kein Zweifel also, dass die Regierungen von Namibia und Botsuana dringend gefordert sind, sehr bald über eine langfristige Lösung zu verhandeln.[6]

Insofern überrascht es nicht, dass Namibia sein Bauvorhaben mit dem Hinweis verteidigt, die geplante Entnahmemenge sei verschwindend gering, selbst wenn im Weiteren das Vier- oder Fünffache dieser

Wassermenge, also um die 100 Millionen Kubikmeter im Jahr, abgeleitet würde. Selbst diese Menge, so Namibia, würde dem Ökosystem Okavango lediglich ein Prozent des hindurchfließenden Wassers entziehen. Nachdem 1996 die alljährliche Überschwemmung im Okavangodelta ausgeblieben war, fand Richard Fry, Namibias stellvertretender Minister für Wasserangelegenheiten, offene Worte: »Die Ernsthaftigkeit der Wasserkrise in Namibia lässt uns kaum eine andere Wahl.« Die Staugewässer, die Windhuk und Zentralnamibia mit Wasser versorgen, hatten einen bisher nie da gewesenen Tiefstand erreicht und würden aller Voraussicht nach in ein bis zwei Jahren völlig ausgetrocknet sein. Noch eine Spur unverblümter erklärte Namibias leitender Wasserbauingenieur, ein bärbeißiger weißer Südafrikaner namens Piet Heyns, der Presse: »Wenn wir die Pipeline nicht bauen und der Regen erneut ausbleibt ... stecken wir in der Scheiße«.[7] Die Kadaver von 60 000 Stück verdurstetem Vieh lagen damals über das ganze Land verstreut.

Die unmittelbar bevorstehende Eskalation der Situation wurde gerade noch einmal abgewendet, als Ingenieure damit begannen, Grundwasser aus einer stillgelegten Mine nahe der nördlich gelegenen Stadt Grootfontein nach Windhuk zu pumpen. Dieser Notbehelf sollte die Hauptstadt für weitere zwölf Monate mit Wasser versorgen, auch für den Fall, dass es nicht regnen und die Wasserspeicher austrocknen würden. Außerdem gab es in der Gegend noch immer unerschlossene fossile Grundwasserleiter, die notfalls auch kurzfristig »angegraben« werden konnten.[8]

Politiker und Ingenieure ließen sich immer gigantischere Projekte zur Wassererschließung einfallen. Ende der neunziger Jahre überlegte Sam Nujoma, Namibias Präsident, Wasser aus dem Kongo zu pumpen, durch ganz Angola hindurchzuleiten, über eine Distanz von mehr als 1000 Kilometern, quer durch ein Dutzend Flüsse und mindestens einen See, vorbei an zahlreichen größeren Städten und schließlich über die angolanische Wasserscheide hinweg bis hinein in das Quellgebiet des Okavango und das Nationale Wasserleitungssystem, das »National Water Carrier System«. Das Kongo-Namibia-Aquädukt wurde von einigen tatendurstigen Bürokraten durchaus ernst genommen. »Es ist noch nicht aus der Welt«, sagt

Namibias stellvertretender Minister für Wasserangelegenheiten nachdenklich und betont, dass auch Botsuana davon profitieren würde, da die umgeleitete Wassermenge nicht gänzlich allein von Namibia genutzt würde. Die Regierungen Deutschlands, Japans und Chinas sind angeblich an dem Projekt sehr stark interessiert und bereit, es finanziell zu unterstützen.[9]

Welche echten Alternativen gäbe es überhaupt? Nicht, dass Namibia sich nicht um Lösungen bemühte. Aber wenn Entsalzungsanlagen zu teuer sind und Wasserpumpen zur Erschließung des Grundwassers aus stillgelegten Minen nur eine kurzfristige Lösung bieten, welche Möglichkeiten bleiben dann noch? Die Menschen in Namibia sind beileibe keine Wasserverschwender. In den letzten paar Jahren haben die Einwohner von Windhuk ihren Wasserverbrauch gedrosselt und so eine 30-prozentige Einsparung erzielt. Trotz eines rund 60-prozentigen Bevölkerungszuwachses von 130 000 auf 220 000 Einwohner hat sich der jährliche Verbrauch der Stadt von siebzehn Millionen Kubikmeter Wasser seit der Unabhängigkeit vor acht Jahren nicht wesentlich erhöht und liegt damit heute bei nur einem Drittel des Pro-Kopf-Verbrauchs einer anderen Wüstenstadt, nämlich Las Vegas. Bedeutende Fortschritte im Hinblick auf eine verbesserte Effizienz der Wassernutzung – das, was Sandra Postel poetisch *Die letzte Oase* genannt hat – sind vor diesem Hintergrund eher unwahrscheinlich. Zudem ist für Namibia, trotz der Wassereinsparung, in den nächsten zwanzig Jahren mit einer Verdoppelung des Wasserbedarfs zu rechnen. Woher aber soll dieses Wasser kommen? Namibia hat einer ausführlichen Umweltbelastungsstudie zugestimmt, bevor es mehr als eine halbe Milliarde Dollar investiert, um die geplante Pipeline quer durch das Okavangodelta zu verlegen. Doch was, wenn die Studie zu dem Ergebnis kommt, dass das Delta mit dem Bau der Pipeline irreparablen Schaden nimmt? Was, wenn Botsuana heftig dagegen protestiert? Richard Fry ist der Ansicht, dass Botsuana die Wasserkrise in Namibia angesichts der gegebenen Tatsachen als einen »humanitären Notstand« ansehen und dem Bauvorhaben letztendlich wohlwollend zustimmen wird. Doch wenn nicht, was soll Namibia dann tun? Und wenn die Regierung trotz eventueller Proteste das Bauvorhaben dennoch realisiert, was soll dann Botsuana tun?

Die strittigen Fragen bleiben also offen: Können wir gefahrlos Einfluss nehmen und einwirken auf die einzige Wasserader der Region? Der Okavango hat genügend Kraft, so manches zu überstehen, dreht man ihm aber das Wasser ab, übersteht er das nicht. Sollte das je geschehen, würde dieser fruchtbare Garten Eden zu trockenem Kalahari-Staub werden, Wildtiere würden weiterziehen oder sterben und hunderttausende von Menschen würden als Slumbewohner in Städten verwahrlosen, deren Obere ohnehin schon Mühe haben, der jetzigen Situation Herr zu werden. Wenn es also nicht ohne Risiko ist, das Wasser aus dem Okavango abzuleiten, muss es dann überhaupt sein? Wo zwischen den konkurrierenden Interessen liegt der Punkt, an dem wir der Natur Gerechtigkeit angedeihen lassen? Und an welchem Punkt kollidiert die Regie des Menschen über die Erde und deren Ressourcen mit den eigenen Bedürfnissen unseres Planeten? Wie sieht der ethische Standpunkt aus? Befinden wir uns bereits in einer Zwickmühle, wo wir entscheiden müssen zwischen menschlichem Elend und der Zerstörung eines landschaftlichen Juwels, eines der herrlichsten der Erde?

In jedem ökologischen System werden die Freiräume mit zunehmendem Bevölkerungswachstum kleiner, sobald ein kritischer Punkt innerhalb eines begrenzten Raumes überschritten ist. Dies gilt für Menschen innerhalb des planetarischen Ökosystems ebenso wie für die Elefanten im Okavangodelta oder die Moleküle in einer verplombten Gasflasche. Uns Menschen stellt sich nicht die Frage, wie viele von uns innerhalb des Systems unter Umständen überleben können, sondern wie sich das Leben für diejenigen gestaltet, die tatsächlich überleben.[10] Und das ist die vielleicht schwierigste Frage überhaupt.

Warum sollte sich die Welt für diesen nebensächlichen Disput zweier unbedeutender afrikanischer Staaten interessieren? Beide Länder sind durchaus bemerkenswert, doch verdienen sie kaum die volle Aufmerksamkeit der ganzen Welt. So ist Namibia immerhin das trockenste und dürrste Land am Südzipfel eines ariden Kontinents. Und auch Botsuana ist ein außergewöhnliches Land. Demokratisch und weise regiert, mit einer gesunden Wirtschaft, hat es auf Erschließungsprojekte im großen Stil verzichtet zugunsten kleinerer Vorhaben, etwa in der Schulbildung oder zur Verbesserung der Wohnsituation. Es ist jedoch ein Land mit nur eineinhalb Flüssen und besteht wie Namibia ebenfalls größtenteils aus Wüste. Verständlich also, dass die beiden Staaten sich um das Wasser streiten. Was aber hat das mit dem wasserreichen Norden der Welt zu tun?

Wie wir noch sehen werden, repräsentiert das Okavangobecken die Welt in Kleinformat. Versiegende fossile Grundwasserleiter, sinkende Wasserspiegel, Warnrufe um die Versorgungssicherheit – all die akuten Probleme, denen sich dicht besiedeltere Länder gegenübersehen und die dem Weltfrieden sehr gefährlich werden können, lassen sich an diesem Ort in deutlichen Konturen nachzeichnen und sind auf die globale Situation übertragbar: Hier wächst die Bevölkerung rapide an, was für die empfindliche und begrenzte Ressource Wasser eine überaus große Belastung darstellt – genau wie in Nordafrika, China, in vielen Gebieten Asiens und Teilen Europas sowie im Südwesten der Vereinigten Staaten. Hier konkurrieren die vordringlichsten Lebensbedürfnisse der Menschheit nach Nahrung und nach »Nutzbarmachung« um den Vorrang. Hier demonstriert uns ein einfaches Beispiel, dass der Streit um Gewässer und Wasserressourcen grenzüberschreitenden und übernationalen Charakter hat – wie das auch beim Nil, Mekong, Ganges, Tigris, Euphrat, Jordan, Rhein und bei der Donau, beim Colorado, Rio Grande und Columbia der Fall ist. Hier zeigt sich in kleinem Maßstab, wie mit zunehmender Verknappung der lebenswichtigsten Ressource die zwischenstaatlichen Spannungen anwachsen. Hier zeichnet sich auf erschütternde Weise die unmittelbar bevorstehende und wahrscheinlich unvermeidbare Zerstörung eines einmaligen und unersetzlichen Ökosystems ab, mit allen Konsequenzen – genau wie beim Drei-Schluchten-Staudamm am Jangtsekiang in China. Hier offenbart sich politisches Handeln allein nach eigenen Interessen auf äußerst unverhohlene Art und Weise, ein Zeichen, dass eine Not- oder Zwangslage die ethischen Grundsätze immer übertrumpfen wird – die Amerikaner sind mit den Mexikanern in Zusammenhang mit dem Colorado River ähnlich verfahren. Hier versuchen Ingenieure, Lösungen für Probleme zu finden, die sie nicht selbst verschuldet haben, und gelangen erwartungsgemäß zu traurigen Ergebnissen – genau wie in China, Libyen oder Kalifornien, dessen Wasserversorgungsanlagen die kostspieligsten der Welt sind. Doch hier, und das ist die gute Seite daran, bieten sich auch Möglichkeiten der internationalen Zusammenarbeit, denn Wasserkriege sind nicht unvermeidbar. Namibia, Botsuana und Angola haben eine Kommission gebildet, um die Frage der Wasserrechte zu diskutieren – so wie die Inder und die Bangladescher in ihrem Streit um das Wasser des Ganges.

Ich befand mich in der kenianischen Stadt Narok, als eines Nachts eine Gruppe von *morans* – Krieger vom Stamm der Massai bei ihrem traditionellen Aufnahmeritual in die Gemeinschaft der Ältesten – mit der heillos korrupten Volkspolizei des kenianischen Staatschefs Daniel Arap Moi aneinander geriet. Eigentlich bestand nicht der geringste Anlaß für die nachfolgenden ausufernden Krawalle (der kriegsmännische Überschwang geriet irgendwann außer Kontrolle, woraufhin die Polizei überspannt reagierte), doch um in Sicherheit zu sein, floh ich lieber vor der Stöcke und Keulen schwingenden Meute in ein Nachbardorf. Dort lud mich eine Familie vom Stamm der Gabbra zu sich ein, die in einem Vier-Hütten-Dorf drei Kilometer vom nächsten Brunnen entfernt lebte.

Manya, die Älteste des Haushalts, bat mich gastfreundlich zu bleiben und drängte mir überflüssige Essensgeschenke auf, was sie sich eigentlich gar nicht leisten konnte. Doch das gehörte, so viel wusste ich, zu einer typischen afrikanischen Begrüßung.

Im Gegenzug nahm ich mir einen der vier gelben Plastikkübel, die vor der Hütte aufgestapelt waren – der Kübel hatte sein Dasein einst als Behälter für Pflanzenöl in irgendeiner fernen Industriestadt begonnen –, und bot an, ihr beim Wasser holen zu helfen. Die Familie lachte zwar der Höflichkeit halber, es war aber offensichtlich, was sie wirklich dachte: Weiße, *mzungu*, sind wirklich zu *dämlich*. Wasser holen war Frauensache. Also blieb ich zurück bei den Männern, die auf einer Holzbank vor einer der Hütten saßen und rauchten.

Gegen Abend kehrten Manya und ihre Töchter zurück, jede mit einem Fünfzehnlitereimer Wasser auf dem Kopf, den sie gekonnt balancierten. Mit wiegenden Schritten kamen sie den Pfad herab und sangen dabei eines der Lieder, die sie bei der Arbeit zum Zeitvertreib immer singen, so, wie sie es an jenem Morgen getan haben, wie sie es in den Tagen darauf tun würden und wie sie es wohl für alle Zeit tun würden.

Wenig später aßen wir Maisbrei mit gebratenen Bananen und saugten Saft aus Mangos. Das Wasser lehnte ich dankend ab, teils aus Höflichkeit und teils aus Furcht. Der Brunnen war nämlich schon sehr alt und ursprünglich nur von fünfzig Familien genutzt worden. Jetzt holten viermal so viele Familien ihr Wasser daraus und der Brunnen musste Jahr für Jahr ein Stück tiefer gegraben werden. Vor wenigen Monaten, so erzählte Manya, waren zwei Männer in den Schacht hinabgestiegen, hatten den ganzen Schlamm und Dreck in Eimern heraufgeholt und den Brunnen dann um eine Manneslänge vertieft. Das Wasser war trüb und roch unsauber.

In weiten Teilen Afrikas ist es für die Leute ganz normal, zum Wasserholen ein, zwei oder auch sechs Kilometer zu Fuß zurückzulegen, in Trockengebieten sogar noch mehr, und manchmal finden sie am Ende der Wegstrecke nichts weiter als einen Tümpel, der wegen der Überbeanspruchung nur Schlammwasser enthält. Über 90 Prozent aller Afrikaner holen das Wasser noch aus Brunnen. Durch Wasser übertragene Krankheiten wie Typhus, Ruhr, Bilharziose und Cholera sind daher weit verbreitet, es herrscht ein wahres Parasitenallerlei, das auf Kosten zahlloser Afrikaner lebt. In manchen Gegenden liegen die Quellen so tief unter der Erdoberfläche, dass die Menschen eine Kette bilden müssen, um das Wasser heraufzubefördern.

Ein paar Monate später verbrachte ich einige Zeit in Mali. Dort hatte eine unabhängige amerikanische Organisation in einem Dorf eine Solarenergiepumpe und einen galvanisierten Wassertank installiert. Die Anlage funktionierte fünf Jahre nach Inbetriebnahme noch immer einwandfrei. In Niger, auf der anderen Seite der Grenze, war dagegen an einer ähnlichen Anlage ein Defekt aufgetreten. Eines Nachts hatte ein Kind den Absperrhahn am Tank aufgedreht, das ganze Wasser lief heraus und durchweichte die ausgetrocknete Erde. Das Kind bekam dafür eine gehörige Tracht Prügel. Doch zu spät, das Wasser war dahin und die Dorfbewohner zogen allesamt weiter. Sie kehrten nie wieder zurück.

Ein Jahr später besuchte ich im Central Valley in Kalifornien eine Familie, die von der Walnusszucht lebte. Die Schuchs hatten einen Brunnen hinter dem Haus; als das Wasser versiegt war, mussten sie 230 Meter tief bohren, bevor sie erneut auf Wasser trafen. Aber das machte ihnen nichts aus. Ihre Bäume und die Gartenanlagen werden mit Wasser bewässert, das durch das »California Aquaeduct« herangepumpt wird. Das kostet sie zehn Cents pro Kubikmeter, weit weniger als der Kostenaufwand für das Speichern oder den Transport des Wassers. Dennoch, mit dem Wasser gingen sie sehr sorgsam um und maßen die Wassermenge für jeden einzelnen Baum peinlich genau ab. Nicht so ihre Nachbarn. Die ließen das Wasser unkontrolliert durch die Furchen laufen und vergaßen öfter mal, die Schleusengatter zu schließen. Aber obwohl die Schuchs ihr Wasser für die landwirtschaftliche Nutzung mit Bedacht verwendeten, waren sie Mitglied beim örtlichen Golfclub, dessen Fairways und Grünflächen den ganzen Sommer über künstlich bewässert und gedüngt werden, um das saftige Grün zu erhalten, das die Golfer einfach erwarten. Sie sahen nichts Unschickliches in ihrem Verhalten.

In jenem Teil des Central Valley fallen nur fünfzehn bis achtzehn Zentimeter Regen im Jahr, genau wie in den kenianischen Ebenen auch. Der Grundwasserspiegel liegt sogar noch tiefer – niemand in Kenia könnte es sich leisten, spezielle Pumpen zu installieren, um das Wasser aus unterirdischen Grundwasserleitern zu erschließen, oder den Grundwasserspiegel abzusenken durch Förderquoten, die die natürliche Wiederauffüllung übersteigen. Gleiches Klima, gleiche Regenmenge, ähnliche Familien. Doch wenn Bonnie Schuch, die Walnusszüchterin, ihren Swimmingpool mit Wasser füllt, dreht sie den Hahn auf, ohne auch nur eine Sekunde nachzudenken. Manya hingegen hat in ihrem ganzen Leben nie einen Swimmingpool zu Gesicht bekommen. Und auf der faulen Haut im Wasser liegen, das würde ihr nicht einmal im Traum einfallen.

Nicht weit entfernt liegt Palm Springs, ein oft und gern zitiertes Paradebeispiel für maßlos übersteigerten Wasserverbrauch. Wasserbauingenieure sprechen gern von einer »von Menschenhand geschaffenen Oase inmitten der Wüste«. Doch das Wort Oase ist eigentlich mit einer anderen Bedeutung besetzt: Oase als natürlicher Hafen, Zufluchtsstätte vor dem brennend heißen Sand. »Natürlich« ist in Bezug auf Palm Springs allerdings gar nichts. Die Stadt pumpt Jahr für Jahr Milliarden Liter Wasser aus unterirdischen Grundwasserleitern, um Golfplätze, Swimmingpools, Toilettenspülungen und künstliche Seen oder die so genannten »Area Misters« mit Wasser zu versorgen – kühlendes Sprühwasser, das in der Wüstenluft zerstäubt wird, damit sich die verwöhnten Einwohner in der sengenden Hitze nicht unbehaglich fühlen.

Eine ernsthafte Schwierigkeit liegt darin, dass wir die Menge an Wasser nicht größer machen können. Auch nicht kleiner, wohlgemerkt, aber auch nicht größer. Wir haben heute auf der Erde die gleiche Wassermenge wie zu prähistorischen Zeiten. Jedoch erschließen wir heute vergleichsweise mehr Wasser – weit mehr, als ökologisch vernünftig ist. Die ganze Menschheit ist abhängig von Wasser, es ist überlebensnotwendig; wir brauchen es zum Leben, für Nahrung, Hygiene und in zunehmendem Maße auch für die Industrie. Wir können einen Monat lang ohne Nahrung auskommen, doch ohne Wasser würden wir in weniger als einer Woche sterben. Wir verbrauchen Wasser, verplempern es, vergiften es, verschwenden es und verändern so fortwährend den natürlichen Wasserkreislauf, den Konsequenzen gegenüber gleichgültig – zu viele Menschen, zu wenig Wasser, Wasser an den falschen Orten und in falschen Mengen. Die Weltbevölkerung wächst sehr schnell, doch noch schneller, doppelt so schnell steigt der Wasserbedarf.

Nach Prognosen der Umweltschutzorganisationen, die mittlerweile gewöhnt sind an Schreckensmeldungen voll düsterer malthusischer Prophezeiungen, stehen Wasserangebot und Wassernachfrage zunehmend in einem auffälligem Missverhältnis. Selbst Angestellte einer so verstandesgesteuerten Einrichtung wie der Weltbank stimmten ein in den Chor. Ismail Serageldin, Vizepräsident der Bank für Umweltangelegenheiten und Vorsitzender der »World Water Commission«, erklärte vor wenigen Jahren freimütig: »Die Kriege des 21. Jahrhunderts werden Kämpfe um das Wasser sein.« Für diese Ansicht erntete er zwar gehörig Kritik, doch er weigerte sich die Aussage zurückzunehmen. Vielmehr verteidigte er seine Auffassung immer wieder, wonach die Wasserversorgung das brisanteste Problem überhaupt darstellt, das der fortschreitenden Entwicklung der Menschheit entgegentritt. Der Generalsekretär der Vereinten Nationen, Boutros Boutros-Ghali, äußerte sich auf ähnliche Weise, ebenso König Hussein von Jordanien, der allen Grund hat, ernste Worte zu reden. Mehr als einmal hatte Ägypten wegen Flussumleitungsprojekten am Nil mit Krieg gedroht. Ob in China, Südostasien, im Südwesten Amerikas oder in Afrika (bis auf die Region um die Flussbecken von Kongo, Niger und Sambesi), überall macht sich die Wasserkrise bemerkbar. Selbst in Europa gibt es mittlerweile das Problem der Wasserverknappung – sogar in England ist dies kein Fremdwort mehr. Dort sind die Grundwasserspiegel Anfang der neunziger Jahre beständig gefallen. In vielen Teilen Europas bekommen stromabwärts gelegene Gemeinden und Großstädte die Folgen des unüberlegten Eingreifens in uralte hydrologische Ökosysteme zu spüren, etwa wenn Flüsse plötzlich zu reißenden Strömen oder dünnen Rinnsalen werden, Feuchtgebiete austrocknen oder Giftstoffe ins Grundwasser gelangen. In der Tat, auch in Europa ist eine Krise in der Wasserversorgung und Wasserwirtschaft spürbar.

Natürlich gibt es auch Leute, die an der Richtigkeit solcher Aussagen zweifeln, ebenso wie es auch einige gibt, die nicht die allgemein übliche Vorstellung teilen, wonach jede Generation nur mehr Verwalter der Erde sein kann mit der Pflicht, sie als uns anbefohlenes Gut für nachfolgende Generationen verantwortungsvoll zu verwalten. Diese Leute glauben, das ganze Problem sei aufgeblasen und würde mit menschlicher Erfindungsgabe und technologischem Fortschritt in der Zukunft sicherlich gelöst werden. Doch diese Leute sind zunehmend in der Minderheit. Wo man auch hinsieht, überall finden sich Zeichen, die auf einen gefährlichen Wassernotstand hindeuten:

- Der Pegel des Toten Meers hat sich in diesem Jahrhundert um mehr als zehn Meter gesenkt. Schuld daran ist zum einen die erbarmungslos brennende Sonne. Zum andern gibt es seit 1981 ein Abkommen zwischen Israel und Jordanien über die Entnahme einer größeren Menge Wasser aus dem Jordan, was den Fluss zu nicht viel mehr als einem Abflussgraben hat werden lassen. Im Norden Israels wird der See Genezareth, der weite Teile im Süden des Landes mit Wasser versorgt, immer kleiner und droht zu versalzen. In Gaza hat übermäßiges Abpumpen zu einer Verringerung des hydrologischen Drucks geführt und salziges Meerwasser in die Süßwasserreservoirs eindringen lassen, so dass das Wasser aus den Brunnen immer weniger als Trinkwasser zu gebrauchen ist. Jordanien, Israel, das Westjordanland, Gaza, Zypern, Malta und die arabische Halbinsel sind bereits an einem Punkt angelangt, an dem alle Süßwasserressourcen, Oberflächenreserven wie Grundwasserleiter, bereits vollständig erschöpft sind. Auch Marokko, Algerien, Tunesien und Ägypten werden binnen eines Jahrzehnts in der gleichen Situation sein.

- Vor zweitausend Jahren bevölkerten rund 250 Millionen Menschen die Erde. Bis zum Jahr 2002 werden es allein entlang der nordafrikanischen Küste, im Mittleren und Nahen Osten um die 400 Millionen sein. Und mit der Entleerung fossiler Grundwasserleiter wird auch die Wasserversorgung knapp.
- Mitte der achtziger Jahre litten weite Teile Afrikas vier Jahre lang an einer lähmenden Dürreperiode. Millionen Menschen starben – einige davon infolge einer maroden Politik, die nicht in der Lage war, angemessen auf die Krise zu reagieren, viele andere aber vor allem wegen der aufgrund von Wassermangel ausgebliebenen Ernte.
- Die Sahara dehnt sich immer weiter aus. Dort, wo heute nichts als Stein und Gestrüpp ist, führten Flusspferde vor viertausend Jahren noch ein glückliches Dasein.
- Der Tschadsee – einst, so vermutet man, eine der Nilquellen – schrumpft um nahezu 100 Meter pro Jahr. In trockenen Jahren kann man bereits gefahrlos hindurchwaten, sofern man sich vor Krokodilen und Flusspferden in Acht nimmt.
- Die Wasservorräte im Niltal selbst – der Wiege der Zivilisation – sind gefährdet. Ägypten ist ein Land mit enorm hohem Wasserverbrauch. Gegenwärtig brauchen die Ägypter faktisch den gesamten verfügbaren Wasservorrat auf, und das bei einem Bevöl-

kerungswachstum von jährlich mehr als drei Prozent, das heißt rund einer Million Zuwachs.

- Im Norden Chinas fällt unter einer Fläche von mehreren Millionen Hektar Land der Grundwasserspiegel um einen Meter pro Jahr. Man schiebt die Schuld auf die künstliche Bewässerung – und die damit einhergehende verschwenderisch hohe Abflussmenge. Beijing kann heute sein Versorgungsvolumen nur decken, indem es Wasser aus fruchtbarem Ackerland ableitet, was dazu führt, dass die Bauern ihre Landwirtschaft aufgeben und die Landbevölkerung in die Städte abwandert – wo sie wiederum zu einer steigenden Wassernachfrage beiträgt. Mit gewaltigen Flussumleitungsprojekten will man Wasser aus dem überschwemmungsgefährdeten Süden nach Beijing bringen, ein unsicheres Vorhaben, da die umgeleitete Wassermenge womöglich nicht ausreichend ist oder sich das Projekt nicht rechtzeitig abschließen lässt, um die erwartete Versorgungslücke zu stopfen.
- Im Punjab und in Bangladesch, wo es beinahe jedes Jahr zu Überschwemmungen kommt, fällt der Grundwasserspiegel sogar noch schneller als in China. Es gibt zu viele Menschen und zu wenige Wasserrückhaltemaßnahmen.
- Der Wasserstand des einst sauberen Baikalsees, des tiefsten Süßwassersees der Welt, sinkt beständig. Gleichzeitig verschlechtert sich die Wasserqualität, da Industrieabwässer unkontrolliert eingeleitet werden.
- In Europa tragen die meisten der großen Flüsse immer noch Abwässer aus Industrie und Privathaushalten ins Meer, wenngleich es auch einige positive Entwicklungen gibt. Selbst in abgelegeneren Gebieten auf dem europäischen Festland ist das Wasser aus Flüssen und Bächen oft nicht mehr trinkbar. In weiten Teilen der Slowakei, in Polen und dem westlichen Russland sind die Flüsse durch die Einleitung von giftigen Industrieabfällen ganz gelb geworden.
- An den Stränden der Great Lakes in Nordamerika – Trinkwasserquelle für viele Millionen Menschen in Kanada und den Vereinigten Staaten – werden im Sommer vorsichtshalber Warnschilder aufgestellt mit der Aufschrift »Zum Baden nicht geeignet«.

- Im Südwesten der Vereinigten Staaten haben sich Politiker einstweilen auf Schönrednerei verlegt, während der wasserreiche Norden sich wehrt, Wasser nach Süden abzuleiten, was bei den Südwestlern als ökologische Kampfhandlung angesehen wird. Dabei setzen nicht nur Kalifornien, Oregon und Washington dem Süden Widerstand entgegen, sondern auch Alaska und Kanada. In den Augen der Südweststaaten wird das Wasser aus einigen der größten Ströme im nördlichen Kanada regelrecht »verschwendet«, man lässt es ungehindert in die Meere abfließen, anstatt es zur Bewässerung des ausgedörrten Ackerlandes nach Süden zu leiten. Las Vegas fordert einen größeren Wasseranteil aus dem Colorado. An vielen Orten in den High Plains werden fossile Grundwasserleiter, von denen die Farmer der Region abhängig sind, durch zu hohe Förderquoten überbeansprucht.
- Unternehmer aus Colorado und anderen Bundesstaaten haben sich den Nordstaaten mit ihren Vorstellungen, Wasser zu »gewinnen«, zornig und heftig widersetzt. Die private Kontrolle über die Wasserressourcen wird zunehmend zur Streitfrage. Das Recht auf Wasser wurde dem Film *Chinatown* von Roman Polanski bereits vor zwei Jahrzehnten als Thema unterlegt, wo Politiker und Wasserförderer bereit waren zu morden für das Recht auf Wasser im amerikanischen Südwesten – so kostbar erschien diese Ressource. Seither hat es auch in der Realität zahlreiche ebenso berühmte zivilrechtliche Gerichtsverfahren gegeben, bei denen es um die entscheidende Frage ging: »Wer kontrolliert eigentlich die Wasserversorgung?«
- Ein reicher amerikanischer Industrieller hat Süßwasserseen aufgekauft, um sie einmal seinen Enkeln zu überlassen.

Das menschliche »Bedürfnis« nach Wasser fällt je nach Definition unterschiedlich aus. Die Krise ist gewissermaßen ein Wasserwirtschaftsproblem, eine Frage der Zu- und Verteilung, nicht nur ein reines Versorgungsproblem, obwohl das für einige Gegenden – etwa in Nordafrika oder im Nahen Osten – hinzukommt. Nach einer Definition des Wasserpapstes Dr. Peter Gleick, der mit einem eigenen Expertenstab am Institut für Entwicklungs- und Umweltstudien in

Kalifornien arbeitet, umfassen Wasserbedürfnisse den »Zugang zu Trinkwasser und Wasser für den Hygienebedarf«, was im Grunde recht unkompliziert scheint. Doch legt man Gleicks Maßstab tatsächlich an, können viele Regionen nicht mithalten. Große Teile Afrikas oder Asiens etwa oder auch das westliche Südamerika. Über eine Milliarde Menschen haben keinen Zugang zu sauberem Trinkwasser und mehr als 2,9 Milliarden haben keine sanitären Wasserversorgungsleistungen. Alle acht Sekunden stirbt ein Kind, weil es verseuchtes Wasser trinkt – das ist die Realität. Und auch im sanitären Bereich zeichnet sich eine Situation ab, die sich bedrohlich zuspitzt, hauptsächlich infolge einer weltweiten Abwanderung der Landbevölkerung in die Slums der Städte. Zweifellos ist Gleicks Maßstab ganz persönlich und menschenfreundlich obendrein, er vernachlässigt aber entscheidende Faktoren wie Landwirtschaft oder Industrie. »Population Action International« bezifferte beispielsweise die Zahl der Menschen, die 1997 mit einer »angespannten Wasserlage und Wasserknappheit« leben mussten, auf 436 Millionen und prognostiziert, dass der Prozentsatz der Menschen, die nicht genügend Wasser zur Verfügung haben werden, bis zum Jahr 2005 um das Fünffache ansteigen wird. Die Vereinten Nationen haben Zahlen vorgelegt, wonach die Situation sich noch weitaus schlimmer gestalten wird. Der Leiter des »International Food Policy Research Institute«, Per Pinstrup Anersen, vertritt die Ansicht, dass aller Wahrscheinlichkeit nach eines von fünf Ländern binnen der nächsten 25 Jahre einen ernsthaften Engpass in der Wasserversorgung erleben wird. Nach der schwedischen Hydrologin Malin Falkenmark gilt ein Land als wasserarm, wenn das Wasseraufkommen pro Kopf und Jahr unter 1000 Kubikmeter sinkt. Liegt das Wasseraufkommen unter 1700 Kubikmeter pro Kopf und Jahr, spricht sie von einer »angespannten Wasserlage«. (Um Nahrungsmittel anzupflanzen, die eine Person mit nahrhafter fleischarmer Kost ein Jahr lang versorgen, werden 1100 Kubikmeter Wasser benötigt.) Die meisten Hydrologen haben diese Faustregel übernommen, um ernsthafte Wasserverknappungen ausmachen zu können.

Allerdings sagen diese Zahlen nicht zwangsläufig etwas darüber aus, wo in der Welt sich die Situation verschärfen wird, denn das lässt sich kaum errechnen. Wohl aber gibt es eine Reihe von Vorboten, die darauf hinweisen, wo Probleme zu erwarten sind: dort, wo der Wasservorrat unverändert gleich bleibt oder immer weniger den Bedarf deckt; wo ein Land zur Deckung des eigenen Bedarfs von Quellen abhängig ist, die außerhalb der Landesgrenzen liegen; wo Regen ungleichmäßig verteilt oder nur spärlich fällt; wo die statistische Gesamtzahl der Bevölkerung rapide ansteigt und wo die Wassernachfrage der miteinander konkurrierenden Wasserverbraucher im Land (Landwirtschaft, Pro-Kopf-Bedarf, Industrie) das Wasserangebot übersteigt. Nach diesen Kriterien leben allein in Afrika bereits 300 Millionen Menschen, ein Drittel der Gesamtbevölkerung des Kontinents, in wasserarmen Ländern, und diese Zahl wird bis ins Jahr 2025 höchstwahrscheinlich auf über eine Milliarde ansteigen. Neun von vierzehn Ländern im Nahen Osten kämpfen bereits heute mit dem Problem der Wasserknappheit und die Bevölkerung in sechs Ländern wird sich in 25 Jahren aller Voraussicht nach verdoppeln. Auch Indien wird bis zum Jahr 2025 auf der Liste der wasserarmen Länder stehen, und das fast ausschließlich wegen des hohen Bevölkerungswachstums. Nicht anders China. Das Land, auf das 22 Prozent der Weltbevölkerung entfallen, verfügt nur über 6 Prozent des globalen Süßwassers und hat ebenfalls heute schon ernsthafte Probleme. Ein Drittel der Brunnen im Nordwesten des Landes ist bereits versiegt, und über 300 Städte litten in den letzten Jahren unter Engpässen in der Wasserversorgung.[11]

Sandra Postel hat Folgendes errechnet: »Wenn 40 Prozent des Wassers, das zur Produktion einer ausgewogenen Ernährung der 2,4 Milliarden Menschen nötig ist, um die sich die Weltbevölkerung in den nächsten dreißig Jahren vergrößern wird, aus künstlicher Bewässerung kommt, müßte man die landwirtschaftlichen Wasservorräte um mehr als 1750 Kubikkilometer pro Jahr ausweiten – das entspricht grob der Wassermenge von 20 Nils oder 97 Colorados. Dabei ist ganz und gar nicht klar, woher dieses Wasser kommen soll.«[12]

Weltweit gibt es mehr als dreihundert grenzüberschreitende Gewässer. Auf der ganzen Welt fließt kaum ein großer Wasserlauf innerhalb der Grenzen nur eines einzigen Landes. Probleme in stromabwärts gelegenen Ländern lassen sich nicht immer ohne weiteres lösen, wenn das Gewässer stromaufwärts durch ein anderes Land fließt. Wollte beispielsweise Äthiopien große Wassermengen am Oberlauf des Blauen Nils ableiten oder zum eigenen Gebrauch aufstauen, würde Ägypten, dessen Feuchtgebiete gänzlich vom Wasser des Nil abhängen, vertrocknen. Sollte es je dazu kommen, so bliebe Ägypten keine andere Wahl als Krieg. Und das haben Ägyptens Politiker auch stets unmissverständlich klargemacht.

Seit jeher hat es Kriege unter Uferanrainerstaaten gegeben. So spielen nach wie vor die Auseinandersetzungen um das natürliche Wasserreservoir der Golanhöhen und in Gaza eine große Rolle in der militärischen Haltung Israels und seiner Nachbarstaaten. Die Wasser des Jordan, Jarmuk und Litani waren immer wieder Zankapfel militärstrategischer Diskussionen – für Israel war das Thema Wasser immer eine Sache der nationalen Sicherheit. Wasser, und insbesondere das des Indus, hat auch die Beziehungen zwischen Indien und Pakistan vergiftet; Indien und Bangladesch zanken sich seit Jahrzehnten um den Ganges. Im Streit um das Wasser hat es zwar hier wie dort Lösungsansätze gegeben, doch die zahlreichen innerstaatlichen Spannungen um den Streitpunkt Wasser halten an. Nicht selten entladen sich diese in blutigen Krawallen, Morden und Anschlägen: Unter anderem haben militante Kämpfer aus dem indischen Bundesstaat Tamil Nadu dem benachbarten Karnataka mit Krieg gedroht und Sikh-Separatisten haben den Streithandel um das Wasser zum eigenen Vorteil genutzt. Irak, Syrien und die Türkei verfügen über einsatzbereite Streitkräfte zur Verteidigung der Wasserrechte an Euphrat und Tigris. In Europa haben die »Begradigung« des Rheins stromaufwärts sowie die Entwässerung und Trockenlegung der Rheinauen, des natürlichen Schutzsystems des Flusses, stromabwärts zu großen Überschwemmungen geführt. Überdies belastet die industrielle Umweltverschmutzung den Fluss. Die Vereinigten Staaten haben Mexiko das Wasser des Colorado »gestohlen«, größtenteils zur Bewässerung der Wüsten in Arizona und Kalifornien, eine nicht geringe Menge aber auch, um damit die Swimmingpools in Los Angeles aufzufüllen oder die Springbrunnen in Las Vegas zu versorgen. Der Paraná, eingedämmt und aufgestaut, sorgt ständig für Reibereien zwischen Argentinien und Brasilien.

Lediglich ein Drittel der jährlich ins Meer abfließenden Wassermenge steht den Menschen als Süßwasser zur Verfügung. Davon wird mehr als die Hälfte bereits genutzt. Im Verhältnis mag das nicht allzu hoch erscheinen, doch der Bedarf wird sich im Laufe der nächsten dreißig Jahren verdoppeln. Zudem wird ein Großteil der zur Verfügung stehenden Wassermenge verringert durch Schwemmsand, Abwässer, industrielle Verschmutzung, Chemikalien, eine übermäßige Nährstoffanreicherung sowie durch Algenpest. Die pro Kopf verfügbare Menge an sauberem Trinkwasser nimmt zusehends ab, und zwar in Industrieländern ebenso wie in Entwicklungsländern. Nach der düsteren Prognose eines angesehenen Ernährungsexperten hat sich der »weltweite Wasserverbrauch bis zur Maßlosigkeit gesteigert, was erhebliche Folgen für die bewässerten Anbauflächen zur Nahrungsmittelproduktion hat«.[13] Mostafa Tolba, ehemaliger Leiter des »UN Environment Programme«, formuliert es so: »Um die Nachfrage zu decken, müssen in den nächsten zehn Jahren Großprojekte in Angriff genommen werden, oder die globale Nahrungsmittelversorgung wird von der derzeitigen Entwicklung überholt werden.« Doch die meisten der »leicht« erschließbaren Wasserquellen sind bereits ausgebeutet und eine große Menge Wasser befindet sich an Orten, wo kein Bedarf besteht. Die Wassernachfrage, so scheint es, wird unvermeidlich mit dem Wasserangebot kollidieren. Aber was dann?

Werden wir eine nachhaltige Rohstoffnutzung durch Bewahrung der natürlichen Systeme und eine effizientere Wassernutzung erreichen – und so Postels *Letzte Oase* entdecken? Werden wir sie finden, indem wir imposante technische Konstruktionen errichten (größere Staudämme, längere Pipelines und größere Entsalzungsanlagen) oder indem wir neue Technologien entwickeln?

Bis jetzt haben Namibia und Botsuana wegen des Wassers noch keinen Krieg begonnen. Wozu auch? Botsuana könnte einige Zugeständnisse machen, Namibia seine Forderungen etwas zurückschrauben und so wäre die Krise zwar nicht aufgehoben, dafür aber aufgeschoben.

Einzig das Okavangodelta – ein Ökosystem, das sich immer in einem natürlichen Gleichgewicht befand, seit sich Hominiden auf Nahrungssuche in die ostafrikanischen Savannen begaben – würde leiden und kleiner werden, das kostbare Juwel würde weniger hell funkeln.

Kapitel 2

Der hydrologische Kreislauf
Wie viel Wasser gibt es?
Wo finden sich Wasservorräte?

Hafeneinfahrt, St. John, Neufundland – Eisberge driften vorbei, gewaltig, schön und auch tödlich. Doch tödlich wohl nur für Schiffe, deren Besatzung verblendet ist von Selbstüberschätzung, unfähig ist oder nur einfach großes Pech hat. Der durchschlagende Erfolg des Kinofilms Titanic zeigte Wirkung: Ganze Concorde-Ladungen steinreicher Europäer fliegen in die neufundländische Hauptstadt, um zu gaffen. Mit »Zodiac«-Schlauchbooten werden sie hinausgeschippert, drehen einen Kreis um die Eisberge herum, von denen manche so groß sind wie kleine Inseln, wie sie so im Labradorstrom dahintreiben, imposant und erhaben, einer würdevollen Matrone gleich. Mit ihren Kameras schießen sie Fotos am laufenden Band, doch wieder zu Hause werden sie auf dem fertigen Foto nur etwas sehen, das dem wirklichen Anblick nie und nimmer gerecht wird – nie und nimmer können die Fotos die Ehrfurcht gebietende Größe, die makellose Schönheit, das blaue Leuchten der Giganten im Sonnenlicht erfassen. Auch dann nicht, wenn die Fotos Eisberge vor der Hafeneinfahrt zeigen, mit Menschen und Häusern im Hintergrund, um die Relationen zu verdeutlichen. Nie und nimmer sehen sie tatsächlich so aus wie draußen auf dem Meer, blasse blauweiße eisige Saphire, die im Vorbeitreiben die leichte Sommersonnenbrise frostig kalt aufwehen lassen.

Eisberge, die kleiner sind als Häuser, heißen bei den Neufundländern abfällig »Berghäppchen«. Im Fischerdorf Upper Island Cove an der Conception Bay konnten wir einmal miterleben, wie ein solches »Berghäppchen«, nicht größer als ein Pickup, heftig gegen die Felsen donnerte. An jenem Nachmittag unterhielten wir uns gerade über Eisberge.

»Du solltest wirklich einmal von dem Wasser hier kosten«, sagte Ron Whynacht aus Lunenburg in Nova Scotia. »Zwölftausend Jahre altes Wasser. Das sauberste, reinste Wasser, das du je finden wirst. Am besten trinkst du es ganz rein, pur. Oder du mischst es mit einem zwölf Jahre alten Scotch.«

In der Tat haben örtliche Unternehmen bereits versucht, »Eisbergwasser« zu vermarkten, die Produkte aber nicht an den Mann bringen können. Sie fielen dem allgegenwärtigen Zynismus zum Opfer, mit welchem der Werbebranche allgemein begegnet wird: Niemand glaubt mehr an die leeren Versprechungen.

Die Eisschollen, die an Neufundland vorbeitreiben, sind Brucheisstücke von Grönlandgletschern; dort nahmen sie in prähistorischer Zeit als Schnee ihren Anfang. Die trockene, kalte Luft verhinderte die Verdunstung und so blieb der Schnee einfach liegen. Jahrein, jahraus fiel neuer Schnee und über Jahrhunderte und Jahrtausende hinweg verfestigte sich der Schnee zu Eiskristallen. Jedes Eiskristall enthält ein wenig von der Luft des ursprünglichen Schnees, eingeschlossene Luftblasen, die sich nur durch Kompression in Tiefen von mehr als 1000 Metern auflösen. Wie die meisten Eisströme der Erde befinden sich auch die arktischen Gletscher seit dem letzten Eiszeitalter in einem weitgehend gleich bleibenden Zustand. Sie gewinnen durch Neueisbildung ebenso viel an Masse hinzu, wie sie durch Wegbrechen verlieren. Das Eis bewegt sich nur sehr langsam aufs Meer zu, nicht nur wegen der bremsenden Reibung der oft mehrere hundert Meter dicken Giganten am Meeresgrund oder des Drucks von Neueisbildungen, sondern auch wegen der natürlichen Beschaffenheit des Eises selbst; ein kristalliner Festkörper, der nahe seinem Schmelzpunkt zu »fließen« imstande ist wie Wasser, nur gemächlicher, wie ein Fluss, nur unendlich viel langsamer. Mit dem Abschmelzen der Gletscher am Ende der letzten Eiszeit entstanden Moränen, von Gletschern mitgeführter und abgelagerter Gesteinsschutt.

Es ist durchaus möglich, dass die Gletscher noch weiter abschmelzen, sofern die Hiobsbotschaften von der zunehmenden Erderwärmung richtig sind. Schon heute schmelzen einige Gletscher, wie der Muldrow- oder Variegated-Gletscher, ohne ersichtlichen oder derzeit bekannten Grund sehr schnell, zum Teil katastrophal schnell ab. Der Athabasca-Gletscher in British Columbia ist in hundert Jahren um zwei Kilometer kleiner geworden und wird noch weiter schrumpfen. Im Landesinneren von Alaska hat das Abschmelzen des Dauerfrostbodens »betrunkene Wälder« hervorgebracht, »drunken forests«, wie die Einheimischen sagen – Bäume, die sich hin und her neigen und schwanken, wenn unter ihnen der Boden wegsackt. Erst kürzlich, und das ist weit alarmierender, sind urplötzlich auch etliche der großen antarktischen Eisplatten geschrumpft. So verlor beispielsweise die Larsen-B-Eisplatte schlagartig einen 200 Quadratkilometer großen Eisblock, der einfach ins Meer wegbrach, was Wissenschaftler des »US National Snow and Ice Data Center« zu folgender düsterer Prognose verleitete: »Das ist erst der Anfang vom Ende«. Reichlich übertrieben, möchte man meinen, gäbe es da nicht noch die Larsen-A-Eisplatte, die 1995 komplett, und das heißt ganze 1300 Quadratkilometer auf einmal, in Stücke gebrochen war.[1]

In Upper Island Cove war Ron noch immer dabei, von den Eisbergen zu erzählen. »Es zischt, knackt und kracht, wenn es auftaut oder wenn man es in einen Drink gibt«, sagte er. »Kristalle unter Druck.«

Wir hatten uns in einem kleinen Gasthof an der Conception Bay einquartiert, der von Barbara und John Mercer betrieben wurde. John war jemand, der einen Wink auf Anhieb verstand; er betrachtete die Flasche Scotch auf dem Tisch und ging los, um einen Eimer und eine Axt zu holen. Ron und John kletterten die fünfzig Meter hohe Klippe hinunter und balancierten gefährlich wackelig auf den ausgewaschenen Felsen, um ein »Berghäppchen«-Bruchstück, etwa doppelt so groß wie ein menschlicher Schädel, zu packen zu kriegen. Sie hievten es in den gelben Plastikkübel und kamen damit in den Gasthof zurück. Während die beiden ihre durchweichten Stiefel und klitschnassen Hosen wechselten, zerhackte ein weiterer Gast, Jim Lockhart, mit einem Küchenmesser und einem Spaltkeil den Eisblock zu Eiswürfeln.

Ich habe gelesen, dass das Alter eines ähnlichen Eisbrockens mittels radioisotopischer Bestimmungen auf um die acht- bis zehntausend Jahre festgelegt wurde. Der pH-Wert lag bei 5,4. Damit kannte ich mich aus: Der pH-Wert ist der negative Logarithmus der Wasserstoffionenkonzentration in Mol pro Liter auf einer Skala von 1 bis 14, wobei die niedrigen pH-Werte Säuren bezeichnen (1 = starke, 6 = schwache Säure). Der uralte Eisbrocken hatte demnach einen leicht sauren Wert. Er enthielt winzige Spuren von Kalium-, Natrium-, Magnesium-, Kalzium-, Chlorid-, Sulfat- und Bicarbonationen sowie eine verschwindend geringe Menge an gelöster Kieselsäure, etwa 0,30 Teilchen pro Million. Natürliches Wasser ist nie ganz rein, nur destilliertes Wasser besteht aus nichts als H_2O. Mit dem hydrologischen Kreislauf verhält es sich also gar nicht so einfach, wie ich zunächst gedacht hatte. Denn wie werden beispielsweise Mineralien, selbst in winzigen Spurenmengen, durch die Verdunstung aufgenommen?

Jim ließ die klein gestoßenen Eiswürfel in Trinkgläser fallen. Sie waren ganz klar, so klar wie – sagen wir mal – Quellwasser. Das Blau der »kleinen Eisberge« war keine Einbildung, vielmehr entstand es durch die Lichtbrechung, welche die Farbe des Meeres in das Eiskristall hineinzeichnete. Jim gab einen Spritzer Weißwein in eines der Gläser. Dabei knackte das Eis nur ein klein wenig, nicht mehr als Eis, das aus Leitungswasser gemacht wurde, was allerdings nicht heißt, dass Ron sich mit seiner Aussage über das Knacken und Krachen beim Auftauen geirrt hatte. Viel eher war anzunehmen, dass das Eis älter war, als er dachte, dass es aus den Untiefen des Meeres kam, möglicherweise aus Tiefen von mehr als 1000 Metern.

Ich schob mir ein kleines Stück davon in den Mund und zerbiss es knirschend. Das Wasser schmolz langsam. Nebenbei probierte ich zusätzlich einen Schluck Leitungswasser. Nach dem Genuss von Eisbergwasser hatte dieses einen übermäßig starken Nachgeschmack, war förmlich geschwängert von Fremdstoffen. Wahrscheinlich Spuren von Chlor – denn Vorkehrungen zum gesundheitlichen Wohl sind allemal wichtiger als der Geschmack, zumal die öffentlichen Versorgungsbetriebe andere Sorgen haben, als auf die unverfälschte Reinheit des Geschmacks von Wasser zu achten.

Außerdem liegt in vielen Teilen der Welt das größte Problem nicht in solchen Feinheiten, sondern darin, überhaupt Wasser zu finden.

In Fachkreisen der Hydrologie- und Umweltschutzexperten gilt es längst als überholte Vorstellung, dass Wasser, der Menschen kostbarstes Gut, im Übermaß vorhanden sei. Schon vor vielen Jahren war Adam Smith aufgefallen, dass Wasser, welches für alles Leben unentbehrlich ist, nichts kostet, wohingegen Diamanten, die für das Leben durchaus entbehrlich sind, einen hohen Wert haben. Alles Leben hängt vom Wasser ab – immerhin nahm das Leben mit ziemlicher Gewissheit seinen Anfang im Wasser. Die hohe spezifische Wärmekapazität des Wassers sorgt für ein ausgeglichenes Klima und macht das Leben auf unserem Planeten erträglich. Ohne sauberes Wasser fordern Krankheit und Elend ihren Tribut. Ohne Wasser sterben wir.

Woher stammt das Wasser der Erde eigentlich? Die meisten Wissenschaftler gehen heute davon aus, dass die Erde ungefähr 4,6 Milliarden Jahre alt ist, entstanden durch die Anziehungskraft kosmischer Abfallbrocken, Wolken von ionisierten Partikeln in der Umgebung der Sonne, übrig gebliebener Schutt jener Riesenexplosion, die irgendwo irgendwann stattgefunden hat – des Urknalls. Dieser kosmische Müllhaufen verdichtete sich und es entstand ein Urplanet, der durch die Gravitationskraft noch weitere Abfallbrocken anzog (Kosmologen bezeichnen diese Brocken als »korpuskulare Materie«) und immer größer wurde. All das spielte sich im Hadean-Zeitalter ab, wo eine Art Erde existierte, wo es aber keine Atmosphäre gab, keine Ozonschicht, keine Kontinente und keine Ozeane – und ganz eindeutig kein Leben. Ungefähr eine Milliarde Jahre später, plus/minus ein Weltzeitalter, hatte sich die Erde so weit entwickelt, dass sich ein erster Gesteinsmantel bildete; die ältesten Gesteine, die gerade ihren 3,9-milliardsten Geburtstag feierten, sind in Grönland zu finden. Auf der Erde glühten damals noch viele Vulkane, und Asteroiden, Meteoriten und was sonst noch so an Teilchen im interstellaren leeren Raum wirbelte und die Bahn des werdenden Planeten Erde kreuzte, schlugen häufig darauf ein. Jene ersten Gesteine weisen Spuren auf, die darauf schließen lassen, dass sie in einer wasserhaltigen Umgebung abgelagert worden waren. Einen unwiderlegbaren Beweis für Wasservorkommen in der Zeit von vor 4,6 bis 3,8 Milliarden Jahren gibt es nicht, sehr wohl aber eine schlüssige Theorie.[2]

Danach sind bei den Vulkanausbrüchen Gase entwichen, aus denen die Atmosphäre entstanden ist. Im Laufe der Zeitalter bildeten sich erste leichte überwiegend kieselsäure- und aluminiumhaltige Gesteine, wie sie für kontinentale Landmassen typisch sind. Dann begann sich die Erdoberfläche abzukühlen und aus der Kondensation von Wasserdampf in der funkelnagelneuen Atmosphäre entstand das Wasser der Weltmeere.[3] Dies wirft unweigerlich die Frage auf, woher der Wasserdampf in der Atmosphäre überhaupt kam.

Vielleicht war das Wasser ja auch schon immer vorhanden, in all den kosmischen Abfallbrocken – schließlich sind Kometen mitunter ja auch nicht viel mehr als Himmelskörper aus Staub, größeren Materieteilchen, Eis und gefrorenen Gasen. Vielleicht kam das Wasser ja aus dem Weltall, ein fremdartiges und überaus rätselhaftes kleines Molekül. Denn *das ist* Wasser in der Tat – *rätselhaft*, viel rätselhafter, als es auf den ersten Blick erscheinen mag, mit nicht leicht zu verstehenden Eigenschaften. Wie erklärt es sich beispielsweise, dass Wasser als einzige Substanz überhaupt in flüssiger Form eine größere Dichte hat als in fester (ein Phänomen, das für das Leben auf der Erde überaus wichtig ist)? Wissenschaftler haben herausgefunden, dass Wasser aus Sechsergruppen von Wasserstoffatomen besteht, die in einer so genannten »Gitter«-Struktur angeordnet sind, und dass selbst der kleinste theoretisch denkbare Wassertropfen aus sechs Molekülen gitterförmig zusammengesetzt ist. Was das aber bedeutet, weiß niemand so genau zu sagen. »In flüssiger Form hat Wasser bestimmte Wärmeeigenschaften, durch welche Temperaturschwankungen reguliert werden. Wasser zeichnet sich zunächst durch eine hohe spezifische Wärmekapazität aus – das heißt, es bedarf einer relativ großen Wärmemenge, um die Temperatur von Wasser zu erhöhen. Geht Wasser vom flüssigen in den gasförmigen Zustand über (latente Verdampfungswärme) oder vom festen in den flüssigen (latente Schmelzwärme), bedarf es ebenfalls einer großen Wärmemenge. Die hohe Wärmekapazität, die Eigenschaft, Hitze zu absorbieren, ist für die Lebensbereiche der Biosphäre von allergrößter Bedeutung; so etwa können Binnengewässer jahreszeitlich bedingte oder auch täglich wechselnde Temperaturunterschiede leicht ausgleichen, und das sowohl innerhalb des Ökosystems Wasser als auch, in geringerem Maß, darüber hinaus.«[4]

Jedenfalls trat Wasser in Erscheinung, schlug sich nieder aus dem Himmel (der damals natürlich noch nicht so hieß). Dann, vor ungefähr 2,5 Milliarden Jahren, begann das Leben auf der Erde. Und es begann, das ist so gut wie sicher, im Wasser.

Darwin und andere frühe Evolutionstheoretiker stellten sich das entstehende Leben in einer Art Ursuppe vor, in chemikalien- und nährstoffreichem Wasser – eine Vorstellung, die sich bis heute weitgehend gehalten hat, obgleich es auch eine kleine aber einflussreiche Schar von Wissenschaftlern gibt, die glaubt, dass das Leben genauso gut aus dem Weltall gekommen sein könnte, fertig entwickelt – kosmische Goldklumpen unter unendlichen Mengen von Abfall und Schutt. »Oberflächlich abfließendes Wasser in kleinen Mengen zu sammeln ist sehr wahrscheinlich die beste Methode, um den nötigen Gehalt an gelösten Bestandteilen zu bestimmen«, meint Gustaf Arrhenius, Geochemiker an der »Scripps Institution of Oceanography«, und fährt in der trockenen Sprache der Chemiker fort: »In Tümpeln finden sich möglicherweise weitere verdichtete Zusammensetzungen auf den innen befindlichen Oberflächen der schichtartigen Mineralien, die bestimmte Moleküle anziehen und als Katalysator für nachfolgende Reaktionen wirken. Zwei Aldehyd-Phosphatmoleküle, die auf diese Art und Weise verbunden sind, bilden ein Zuckerphosphat, mögliche Vorläufersubstanz für organisches Leben«[5] – als ob das überhaupt irgendetwas erklären würde.

Auf der Erde war anfänglich noch nicht viel an Landschaftsgebilden vorhanden. Vor der Entstehung des Lebens war die Erde ein kahler, öder Ort, eine steinige Kugel mit seichten Gewässern, umspannt von einem dünnen Gasstreifen, der hauptsächlich aus Kohlendioxid, Kohlenmonoxid, molekularem Stickstoff, Wasserstoffsulfid und Wasserdampf bestand – ein lebensfeindlicher, unwirtlicher Planet. Diesen absolut unbelebten Raum nennt man die Geosphäre der Erde, die ihrerseits aus der Lithosphäre (tief in den Boden hineinreichende Gesteinshülle), der Hydrosphäre (Wasserhülle) und der Atmosphäre (Lufthülle) besteht. Das Feuer der Sonne brannte schonungslos auf die Oberfläche der Urerde, und mit der Zeit – im Laufe von Jahrmillionen – erzeugten chemische und physikalische Prozesse (irgendwie) die ersten Formen von Leben: formlose, gallertartige Tropfen, die aus der Umgebung Energie aufnehmen und ihre eigene Art reproduzieren konnten. So entstand die Biosphäre, »die Zone des Lebens«, eine Energie streuende Außenhaut, welche die Urstoffe der Erde nutzte, um lebendige Substanz zu schaffen. Und das geschah im Wasser, das für unser Leben auf der Erde die eigentliche Grundvoraussetzung ist. Wasser war die treibende Kraft.

»Die lebenden (biotischen) Artengemeinschaften und die unbelebte (abiotische) Umwelt stehen untrennbar in wechselseitiger Beziehung und wirken unaufhörlich aufeinander ein. Der Einfachheit halber: Jedes natürliche Landschaftsgebilde, das biotische und abiotische Bestandteile in sich vereint, nennt man Ökosystem. Ein See bildet demnach ein Ökosystem, sofern man ihn als natürliche Einheit betrachtet und nicht nur als Wasser, sondern als ein ökologisches System, das Nährstoffe, ein Klima und jede Menge Organismen enthält, die darin leben und von ihm abhängig sind.«[6]

Betrachtungen über die Biosphäre mitsamt ihren geheimnisvollen wechselseitigen Abhängigkeiten haben so manchen zu allerlei Gedankenspielereien und Hypothesen verleitet. Eine davon, die Gaia-Hypothese, war eine der ungewöhnlichsten, aber auch eine der romantischsten und fand unter den »Love Children« und später in der New-Age-Bewegung viele Anhänger. Die geistigen Väter dieser Idee – die unausgegoren zwar, aber voller Bewunderung für die komplexen Zusammenhänge des Lebens ist – waren James Lovelock, ein britischer Physiker, und Lynn Margulis, eine amerikanische Mikrobiologin. Da die Elemente der Biosphäre voneinander abhängen und zusammenspielen, so führten sie aus, lässt sich die Biosphäre selbst als untrennbares Ganzes, als ein sich selbst regulierender Organismus begreifen. Die physikalischen Lebensbedingungen auf der Erdoberfläche, in den Meeren sowie in der Atmosphäre haben eine natürliche Auslese von Organismen gefördert und werden von der Flora und Fauna selbst im Gleichgewicht gehalten. Die Entität, die allen Organismen gemeinsam ist, wird Gaia genannt.[7]

Von den meisten Biologen wird die Gaia-Hypothese dagegen nicht bejaht. Doch kaum einer bestreitet das entscheidende Ineinandergreifen von Flora und Fauna im natürlichen Kreislauf der Organismen, der Grundlage des Lebens. Dabei fangen wir gerade erst an, die komplexen Beziehungen von organischen und anorganischen Elementen in der Biosphäre selbst verstehen zu lernen.[8]

Wie viel Wasser gibt es? Mit großer Sicherheit lässt sich heute sagen, dass sich die Gesamtmenge an Wasser auf unserem Planeten in den verschiedenen geologischen Zeitaltern der Erdgeschichte nicht verändert hat: Was damals vorhanden war, ist auch heute noch da. Wasser kann man verschmutzen, man kann es missbräuchlich oder falsch nutzen, doch kann man es weder erfinden oder entwickeln noch beseitigen – es wandert, nichts anderes. Es gibt keinen Beweis dafür, dass Wasserdampf ins All entweicht – eine weit verbreitete Theorie unter all denjenigen, die gerne über Planetenschicksale wie beispielsweise das des Mars spekulieren. Doch ist diese Theorie aus der Mode gekommen, seit man weiß, dass es auf dem Mond, einem Planeten ohne eigene Atmosphäre, an bestimmten Stellen in tiefen Spalten beträchtliche Wassermengen gibt, »irgendetwas zwischen 2,6 und 80 Milliarden Gallonen« (eine hübsche runde Menge von 10 Milliarden Gallonen reicht als Duschwasser für eine Person ungefähr 3800 Jahre lang oder für 12 500 Schwimmbäder olympischer Größe oder für einen kleineren See – nach irdischen Standards nicht gerade viel, reichlich viel aber für eine kleine Mondkolonie). Ende 1998 gab die NASA bekannt, das Wasservorkommen auf dem Mars »kartographieren« zu wollen.[9]

Eine geringe Menge an Wasser, in der Fachsprache als »juveniles

Wasser« bezeichnet, steigt direkt aus dem Erdinneren an die Oberfläche durch eine »Ausgasung« der Gesteinshülle in den geologisch aktiven Zonen (sprich: Vulkane), wobei angenommen wird, dass dieser Vorgang im Gleichgewicht gehalten wird durch das Wasser, das mit der Hydration von Mineralien absorbiert wird.

Wasser existiert demnach in einem geschlossenen System, der so genannten Hydrosphäre. Sich gedanklich vertiefen und nachsinnen über die Hydrosphäre und den hydrologischen Kreislauf genügt vermutlich schon, um letzte Zweifel an der allgegenwärtigen Entität Gaia auszuräumen. Gaia – ein System, das so kompliziert ist, so komplex, so bis ins Feinste vernetzt, so alles durchdringend und so erstaunlich resistent und beständig, dass es geradezu wie geschaffen scheint, das Leben zu regulieren.

Der Begriff »hydrologischer Kreislauf« bezeichnet die Zirkulation des Wassers durch die natürlichen Systeme der Erde, und zwar von einer Höhe von bis zu fünfzehn Kilometern über dem Erdboden bis in eine Tiefe von ungefähr fünf Kilometern; ein sich selbst regulierendes chemisches System in einem quasi gleich bleibenden Zustand, das Wasser in komplexen Kreisläufen aus einem Reservoir ins nächste befördert. Zu diesen natürlichen Wasserspeichern gehören atmosphärische Feuchtigkeit (Wolken und Regen), Meere, Flüsse und Seen, Grundwasser, unterirdische Grundwasserleiter, Polargletscher und vernässte oder wassergesättigte Böden (Tundra oder Feuchtgebiete). Der natürliche Wasserkreislauf unterliegt einem Prozess, bei dem das Wasser von einem Zustand oder einem natürlichen Speicher in einen anderen übergeht, und zwar durch Gravitation oder Sonnenenergie über Zeiträume hinweg, die Stunden aber auch Jahrtausende dauern können.[10] Das ganze System funktioniert nur deshalb, weil die Wasserverdunstungsmenge aus den Meeren größer ist als die Menge, die als Regen oder Schnee wieder direkt ins Meer zurückfällt. Der Rest der Verdunstungsmenge fällt als Regen oder Schnee aufs Land, und eben dieses Gleichgewicht ist es, das Leben auf der Erde ermöglicht. Denn fällt Regen, fällt er als Süßwasser. Es gibt also nicht nur eine quantitative Erneuerung, sondern auch eine qualitative: Das Wasser wird von Verunreinigungen gesäubert und versorgt die Lebensräume der einzelnen Arten, auch von uns Menschen, mit trinkbarem und nutzbarem Wasser.

Je heißer und trockener es ist, desto schneller verdunstet das Wasser; die Hauptfaktoren dabei sind Temperatur, Feuchtigkeit, Windgeschwindigkeit und Sonnenstrahlung. Die größte Vedunstungsmenge steigt aus den Meeren auf – verständlich, da dort das meiste Wasser ist. Doch es verdunstet auch Wasser aus Seen und Flüssen, aus dem Boden und sogar aus Schnee und Eis, wobei man in einem solchen Fall von Sublimation spricht – eher unverständlich. Auch Pflanzen lassen Wasser verdunsten; die Verdunstung durch winzige Poren oder Stomata in den Blättern der Pflanzen wird als Transpiration bezeichnet. Die meisten Hydrologen werfen Transpiration, Sublimation und Evaporation in einen Topf und sprechen von Evapotranspiration.[11]

Doch wie viel Wasser gibt es? Die beste Schätzung unter all den vielen wissenschaftlichen Kalkulationen – die von Igor Shiklomanow und seinem Hydrologischen Institut in St. Petersburg – besagt, dass das Gesamtvolumen an Wasser auf der Erde bei ungefähr 1,4 Milliarden Kubikkilometern liegt, in flüssiger wie in gefrorener Form, in Form von Meeren, Seen, Strömen, Bächen und Flüssen, Gletschern und Grundwasser. Shiklomanow, eine bemerkenswerte Größe in der »Wasserwelt«, und der Sonderbeauftragte der Vereinten Nationen zur Berichterstellung über die weltweiten Wasserspeicher weisen einmütig darauf hin, dass es sich nur um eine sehr grobe Schätzung handelt – niemand weiß wirklich ganz genau, wie viel Wasser beispielsweise unter der Erde in den Dauerfrostböden der Polarzonen gespeichert ist oder in Moor- und Sumpfgebieten. Wie Shiklomanow auf einer Konferenz der Unesco einräumte, basieren seine Schätzungen auf Zahlen, die »der Computer aus gänzlich unbewiesenen Voraussetzungen errechnet hat«. Die Menge an Eis auf der Erde unterliegt schließlich ständigen Schwankungen. Vor etwa 18 000 Jahren war die Erdoberfläche zu etwa einem Drittel von Eis bedeckt. Heute sind nur noch rund zwölf Prozent dauerhaft mit Eis bedeckt, und auch dieser Anteil nimmt ab, und zwar umso schneller, je stärker sich die Erde erwärmt.

Ungefähr 1,4 Milliarden Kubikkilometer – wie viel Wasser ist das? Die Zahl ist so immens groß, dass sie kaum zu begreifen ist. Das Gesamtgewicht (Masse) des weltweit vorhandenen Wassers ist gleich der Masse der Hälfte aller Gesteine auf der Erde – etwa fünf Prozent der Masse der gesamten Erdkruste.[12] Lässt sich das dem menschlichen Verstand überhaupt in irgendeiner Weise begreifbar machen? Ein Bild, das von Wasserstatistikern oft und gerne zur Veranschaulichung aufs Tapet gebracht wird, ist folgendes: »Jeder Punkt der Erde läge 2,7 Kilometer unter Wasser, würde das Gesamtvolumen von 1,4 Kubikkilometern gleichmäßig über die Erdoberfläche verteilt.«

Diese 1,4 Milliarden Kubikkilometer Wasser können allerdings nicht vollständig genutzt werden. Mehr als 97 Prozent davon sind Meerwasser, als Trinkwasser oder zu Bewässerungszwecken also zu salzig. Die Süßwasservorräte machen lediglich 2,5 Prozent des globalen Gesamtwasservolumens aus. Würde diese Menge gleichmäßig über den Globus verteilt, ergäbe dies eine Wasserdecke von gut 70 Metern Tiefe.

Doch auch diese 2,5 Prozent der Süßwasserreserven sind nicht vollständig nutzbar. Eine verschwindend kleine Menge, etwa 0,01 Prozent des Gesamtvolumens, befindet sich permanent in der Luft, in Form von Regen, Nebel oder Wolken. Und eine noch geringere Menge, nur etwa 0,004 Prozent, befindet sich in der Biosphäre – in uns und in anderen Lebewesen, einschließlich der Pflanzen. Die wirklich beträchtlichen Mengen, etwas mehr als zwei Drittel des Gesamtvolumens, also 24 Millionen Kubikkilometer, entfallen auf die polaren Eiskappen und auf Dauerschneedecken. Ein großer Teil der restlichen Menge, etwa 16 Millionen Kubikkilometer, liegt unerreichbar tief unter der Erdoberfläche, lagert eingeschlossen in den Poren der Sedimentgesteine.

Auf die Süßwasserseen und -flüsse, denen der Mensch das Wasser für den eigenen Gebrauch entnimmt, entfallen nur etwa 90 000 Kubikkilometer oder 0,26 Prozent des gesamten Süßwasservorrats der Erde, was wiederum nur 3 Prozent der globalen Wasservorräte entspricht. Anders ausgedrückt: Würde alles Wasser der Erde einen Fünfliterbehälter füllen, ergäbe die verfügbare Süßwassermenge daraus mit Müh und Not gerade mal einen Teelöffel voll. Oder um noch einmal das oben angeführte Bild zu gebrauchen: Würden die Süßwasservorräte gleichmäßig über den Globus verteilt, ergäbe dies eine Wasserdecke von gerade mal 1,87 Metern Tiefe – was ungefähr der Körpergröße einer hoch gewachsenen Person entspricht; ein Basketball-Spieler, der nicht schwimmen kann, könnte also mühelos aufrecht darin stehen ohne unterzugehen.

Süßwasser ist eine erneuerbare Ressource, zumindest insoweit, als eine gewisse Menge durch den natürlichen hydrologischen Kreislauf mit der Verdunstung aus den Meeren wieder zurück aufs Land gelangt und schließlich mit dem Wasser der Flüsse, Ströme, Seen und unterirdischen Wasserleiter wieder ins Meer zurückfließt. Jedes Jahr lässt die Sonne eine gewaltige Wassermenge vom Land und von den Meeren verdunsten; dadurch wird die Hälfte der jährlich auf die Erde ausstrahlenden Sonnenenergie verbraucht. Shiklomanow hat mit Hilfe seines Computers eine Verdunstungsmenge durch Sonnenkraft von rund 505 000 Kubikkilometern errechnet. Andere Schätzungen liegen höher, bei annähernd 575 000 Kubikkilometern. Das heißt: Jedes Jahr lässt die Sonne die oberen 1,4 Meter Wasser der Meere verdunsten.

Die Zeitspanne, über die Wasser an einer Stelle verbleibt, nennt man »Verweildauer«, und sie variiert enorm – von zehn Tagen in der Atmosphäre bis zu etwa 37 000 Jahren im Meer. Seen, Flüsse, Eis und Grundwasser haben eine Verweildauer, die irgendwo dazwischenliegt und sehr stark veränderlich ist. Die meisten Flüsse erneuern sich sehr rasch, in ungefähr sechzehn Tagen. Die vollständige Erneuerung von Grundwasser, großen Seen sowie Gletschern kann hunderte oder gar tausende von Jahren dauern. War das »Berghäppchen« von Upper Island Cove tatsächlich 12 000 Jahre alt, läge es damit irgendwo in der Mitte dieser Skala.

Nahezu die gesamte Verdunstungsmenge von einer halben Million Kubikkilometer Wasser, ungefähr 458 000 Kubikkilometer oder 90 Prozent nach Shiklomanows Maß, fällt als Regen oder Schnee ins Meer zurück. Da die Verdunstungsmenge die atmosphärische Niederschlagsmenge über den Meeren übersteigt, fällt der Nettoüberschuss von rund 45 000 bis 50 000 Kubikkilometer Wasser auf trockenes Land. Weitere 60 000 Kubikkilometer Wasser liefern Regen und Schnee aus örtlich beschränkten, nicht ursprünglich vom Meer aufgestiegenen Verdunstungsmengen. Etwa ein Drittel der gesamten atmosphärischen Niederschlagsmenge fällt auf Land – um die 34 000 Kubikkilometer – und fließt mit Flüssen und Grundwasser ab und so zurück ins Meer.

Der »Abfluss«, das oberflächlich abfließende Wasser, ist der Teil, der ständig erneuert wird, der dynamische Teil langfristiger Wasserreserven – ein Index, wenn man so will, für den zur Verfügung stehenden Wasservorrat. Aus ihm ergibt sich schließlich die für die menschliche Gemeinschaft nutzbare Süßwassermenge, die sich auf etwa 34 000 Kubikkilometer Wasser pro Jahr beläuft.

Aus diesem Süßwasservorrat wird schon heute mehr als die Hälfte beansprucht, um den Bedarf der wichtigsten Wasserverbraucher zu decken. Konkret heißt das: 35 Prozent für landwirtschaftliche Bewässerungszwecke, Industrie und Haushalte sowie weitere 19 Prozent zur Stromerzeugung in Kern- und Heizkraftwerken. Es scheint genügend Speichervolumen zur weiteren Nutzung übrig zu sein. Doch der restliche Vorrat lässt sich nur äußerst schwer – und sehr kostspielig – gewinnen. Alle leicht erschließbaren Grundwasserleiter sind bereits leer gepumpt, sämtliche leicht zu nutzenden Flüsse mit einem Staudamm versehen. Unterdessen wächst die Weltbevölkerung weiterhin dramatisch an. Der ökologische Schaden, der durch die vollständige Wasserentnahme aus einem Ökosystem entsteht, ist mittlerweile unübersehbar. Die Wassernachfrage hat sich zwischen 1950 und 1990 verdreifacht und es wird mit einer weiteren Verdoppelung bis in 35 Jahren gerechnet. Woher soll dieses Wasser kommen?[13] Wasserengpässe stehen demnach unmittelbarer bevor, als es vielleicht den Anschein hat.

Eigentlich wäre das verfügbare Süßwasservolumen von 34 000 Kubikkilometern bei der Größe der Weltbevölkerung von 1998 ausreichend, um jeden Menschen mit einem Jahresvolumen von rund 8000 Kubikmetern Wasser zu versorgen – eine überreichliche Menge allemal –, vorausgesetzt, es wäre gleichmäßig verteilt. Und gerade das ist es nicht, nicht einmal annähernd. Es gibt Orte auf der

Welt, die das Wasser nicht brauchen, aber zu viel davon haben. Dann wiederum gibt es Orte, die verzweifelt Wasser brauchen, aber nicht annähernd genug davon haben. Und an diesem Punkt kommen die Faktoren Klima und Wind ins Spiel.

Damit es Regen oder Schnee geben kann, muss nicht nur genügend Wasserdampf in der Luft vorhanden sein, sondern auch genügend Luft aufsteigen, die den Wasserdampf in Höhen trägt, wo er verflüssigt werden kann. Die Windsysteme der Erde spielen bei diesem Prozess eine entscheidende Rolle. Die Passatwinde zum Beispiel erwärmen sich, während sie in Richtung Äquator wehen. Dabei nehmen sie Feuchtigkeit aus den Meeren auf, erhöhen so im Vorbeiströmen den Salzgehalt des Oberflächenwassers, das dadurch absinkt. Am Äquator angekommen, steigen die Passatwinde auf in heiße Luftschichten, der Wasserdampf kondensiert und bildet Wolken. Nahe dem Äquator ist die Nettoniederschlagsmenge sehr hoch, ebenso in den Windgürteln mit vorherrschenden Westwinden, wo regelmäßig heftige Stürme toben. In subtropischen Breiten, wo die Luft eher unbewegt ist, ist die Verdunstungsmenge größer als die Niederschlagsmenge. So überrascht es nicht weiter, dass dort die meisten Wüsten der Erde liegen. Nahe den Polen, wo die Luft sowohl unbewegt ist als auch aufgrund der Kälte einen nur geringen Wasserdampfgehalt aufweist, ist die Niederschlagsmenge sogar noch geringer. Die Eisschichten in Grönland und der Antarktis gibt es nur deshalb, weil der Verdunstungsgrad an den Polen sehr gering ist und die Niederschlagsmenge, auch wenn es nicht viel Schneefall gibt, größer ist als die Verdunstungsmenge.[14]

Zwanzig Prozent des globalen oberflächlich abfließenden Wassers stammen aus dem Amazonasbecken, während andere Teile Südamerikas zu den weltweit trockensten gehören: In Arica, Chile, registriert der Niederschlagsmesser in schöner Regelmäßigkeit eine jährliche Regenmenge von Null, Anfang dieses Jahrhunderts sogar ununterbrochen vierzig Jahre lang. In der Sahara, der größten Wüste der Erde, gibt es faktisch keine Wolken, also auch keinen Niederschlag. Der Ort mit der weltweit höchsten gemessenen Niederschlagsmenge ist Mount Waialeale auf Hawaii, wo jährlich mehr als 11,5 Meter Regen fallen.

Da die Antarktis vereist ist und Australien vertrocknet, tragen beide Kontinente zusammengenommen herzlich wenig zur globalen Abflussmenge bei. Die Abflussmengen Europas und Asiens liegen ziemlich nahe am Weltdurchschnittswert; Afrika und Nordamerika liegen darunter, Südamerika deutlich darüber – einmal mehr wegen des Amazonas.

Die 28 größten Süßwasserseen der Welt finden sich auffallend gehäuft in nördlichen Regionen, wo Vergletscherungen tiefe Löcher in die Erdkruste gekerbt haben. Sie stellen 85 Prozent des gesamten Süßwasservolumens aus Seen weltweit bereit. Von dieser weltweiten Gesamtmenge an Wasser aus Süßwasserseen entfällt ein Viertel allein auf den Baikalsee in Russland, nämlich 23 000 Kubikkilometer. Der Tanganyika-See in Afrika liegt mit 19 000 Kubikkilometern Wasservolumen an zweiter Stelle, gefolgt vom Lake Superior an der amerikanisch-kanadischen Grenze mit einem Volumen von 12 000 Kubikkilometern. Die nordamerikanischen Great Lakes, das weltweit größte Seensystem, liefern 27 Prozent des globalen Süßwasservolumens aus Seen.

Von den 25 größten Strömen der Welt liegen drei in Afrika (Kongo, Niger und Nil mit einer Gesamtabflussmenge von 1982 Kubikkilometern), vier in Südamerika (Amazonas, Paraná, Orinoco und Magdalena mit einer Gesamtabflussmenge von 8829 Kubikkilometern), elf in Asien (Ganges, Jangtsekiang, Jenissej, Lena, Mekong, Irawadi, Ob, Chutsyan, Amur, Indus und Saluën mit einer Gesamtabflussmenge von 5722 Kubikkilomtern), fünf in Nordamerika (Mississippi, St. Lorenzstrom, Mackenzie, Columbia und Jukon mit einer Gesamtabflussmenge von 1843 Kubikkilometern) und nur zwei in Europa (Donau und Wolga mit einer Gesamtabflussmenge von 468 Kubikkilometern).

Auf nationaler Ebene verfügt Brasilien mit einem Fünftel aller globalen Wasserressourcen über das meiste Wasser. Die Länder der früheren Sowjetunion liegen zusammengenommen mit 10,6 Prozent des globalen Süßwasservorkommens an zweiter Stelle. Es folgen China an dritter Stelle mit 5,7 Prozent und Kanada an vierter mit 5,6 Prozent.[15]

China und Kanada haben im Grunde genommen identische Ressourcen, mit dem Unterschied, dass die Gesamtbevölkerungszahl Chinas dreißig mal größer ist als die Kanadas. Doch kann Wasser nicht einfach als allein stehender Faktor betrachtet werden, unabhängig von Nachfrage oder Bevölkerungszahlen. Um 1850 lebten nur eine Milliarde Menschen auf der Erde, so viele wie heute allein in China leben. Und die Weltbevölkerung wird um die Jahrtausendwende die sechs Milliardengrenze überschritten haben. Das heißt, wir fügen dem Planeten Erde alljährlich ein weiteres Land von der Größe Mexikos hinzu. Auf einer Tagung zum Thema Wasser in Paris hat der finnische Ökologe P. Vakkilainen diese Tatsache prägnant in Worte gefasst: »In den nächsten zehn Jahren werden eine Milliarde Menschen geboren werden. Kritische Zeiten. Wir sollten die Zeit von nun an besser in menschlichen Zahleneinheiten messen und nicht mehr in Sekunden, Stunden oder Jahren.«

Ebenso wenig kann man Wasser unabhängig von Faktoren, die den Menschen nur mittelbar betreffen, bewerten. Selbst wenn wir das könnten, könnten wir nicht Brasiliens zwanzig Prozent der globalen Wassermenge nehmen und sie, sagen wir mal, in die Sahara verlagern. Auf diese Weise würden wir nämlich dem größten Wasserspeicher der Erde, dem größten Vorrat an Biomasse, ein Ende setzen, ebenso dem weltweit größten Regenwaldgebiet, das, wie wir mittlerweile gelernt haben, das Atemsystem unseres Planeten ist. Das wäre so, als würde man einen riesigen Schraubstock um die Lungen der Erde spannen.

Die Nutzung des oberflächlich ins Meer abfließenden Wassers durch den Menschen hat an sich wenig Auswirkung auf die Weltmeere oder deren Salzgehalt – bis auf zwei Ausnahmen: Die mitgeführten Schadstoffe und die oberflächlich abfließende Menge, die in kleine Binnenmeere strömt, wie ins Schwarze Meer, Baltische Meer oder Mittelmeer haben negative Folgen. Denn die Ableitung und Nutzung von Wasser aus Flüssen und Strömen, das andernfalls in hydrologisch geschlossene Systeme einfließen würde, kann die Salzhaltigkeit des Wassers in Ozeanen und Binnenmeeren grundlegend verändern und, wie wir noch sehen werden, zu ökologischen Katastrophen führen. Der nur zeitweilig und unregelmäßig fallende Niederschlag stellt ebenfalls ein großes Problem dar. In Monsungebieten kommt praktisch das gesamte oberflächlich abfließende Wasser auf einmal vom Himmel, in nur wenigen Monaten, was nicht selten zu riesigen Überschwemmungen führt. Im Grunde fällt im Südwesten der Vereinigten Staaten von Mai bis September kein Regen, gerade dann nicht, wenn man ihn am meisten bräuchte – eine Unausgewogenheit, die einen der dümmsten Einfälle der ganzen Menschheitsgeschichte hervorgebracht hat – die künstliche Bewässerung von Gebieten, die von Natur aus eigentlich Wüsten sind. Die Wasserpolitik und das Vermeidenwollen von Konflikten im Zusammenhang mit Wasser machen eine Regulierung dieser Unausgewogenheiten erforderlich. Werden mit dem Wasser aus nur einem einzigen Ökosystem oder Wasserlauf verschiedene Regionen versorgt, so ergibt sich sehr häufig eine starke Diskrepanz: Während die einen unter einer sehr angespannten Wasserlage leiden, haben die anderen Wasser im Überfluss. Und genau darin, in diesen transnationalen und transregionalen Wassersystemen, liegt nach wie vor das Potential für mögliche »Wasserkriege«.

Aus den Meeren kommt alles, in die Meere kehrt alles zurück – zumindest im hydrologischen Kreislauf. Wenn die Wälder die Lungen der Entität Gaia sind, dann sind die Meere ihr Herz. Die Wassermassen der Meere bedecken zwei Drittel der Erdoberfläche. Manche sind sehr tief, tiefer als der Mount Everest hoch ist – der Marianengraben im Nordpazifik beispielsweise reicht über 10 000 Meter tief hinab auf den Meeresgrund.[16]

Die Meere befinden sich wie viele andere natürliche Systeme im Gleichgewicht. Einst wurde angenommen, dass das ursprüngliche Meer zu Beginn des Lebens auf der Erde ein »Süßwasser«-Meer gewesen war. Erst die ununterbrochene Auswaschung von Mineralien aus Gesteinen und Sand habe die Salzigkeit des Meerwassers verursacht und durch die geologischen Zeitalter hindurch stetig anwachsen lassen. Nach dieser Theorie – die auch heute noch gelegentlich vorgebracht wird – wurde der Salzgehalt der Meere immer größer, derjenige der Erde immer geringer. Überzeugend ist diese Theorie allerdings nicht. Wie nämlich aus Analysen hervorgeht, ist die Menge an Salz, die ins Meer gespült wird, überaus hoch, so hoch, dass das Meerwasser mittlerweile beinahe so salzig sein müsste, dass man darauf gehen könnte. Die Meere müssen folglich viel mehr sein als nur passive Salzspeicher. Sie verlieren kleine Mengen an Salz durch aerosole Verdunstung, eine viel größere Menge jedoch durch abgelagertes Sediment, das sich durch Vulkantätigkeit und tektonische Verschiebungen der Erdplatten ab und zu wieder zu Land ausformt. Vom wissenschaftlichen Standpunkt aus befinden sich die Meere in einem »dynamischen, quasi stabilen Zustand«, wie es in Fachkreisen heißt. Allgemein verständlich bedeutet das, dass sich die Meere zwar in einem ständig veränderlichen Zustand befinden, auch was die chemische Zusammensetzung anbelangt, ihr Gleichgewicht insgesamt jedoch mehr oder weniger unverändert bleibt – die zuströmende Wassermenge entspricht im Großen und Ganzen der ausströmenden Wassermenge.

Meerwasser ist nicht gleich Meerwasser. Einige Meere sind stärker mit »Fremdstoffen« angereichert als andere. Die jeweilige Menge ist abhängig von Strömungen, Vulkantätigkeiten, Gesteinserosionen, von Strömungsbändern großer Flüsse, vom Gasaustausch mit der Luft, von Regen und dem Zerfall lebender Substanzen. Nahe der Wasseroberfläche ist der Gehalt an Stickstoff und Phosphor nicht sehr hoch, da diese natürlichen Stoffe weitestgehend von Meereslebewesen absorbiert werden; weiter unten hingegen, in Tiefen von über 500 Metern, dort, wo sich totes Getier zersetzt, sind beide Stoffe in höherem Maß vorhanden. Für den Gasaustausch mit der Luft sind vor allem Meerespflanzen verantwortlich; sie absorbieren Kohlendioxid aus der Atmosphäre und geben Sauerstoff ab.

Doch wie verhält es sich mit den mitgeführten Schadstoffen? Weinen und Wehklagen über die sterbenden Weltmeere wäre vielleicht verfrüht, doch wenn die Schadstoffeinleitung ins Meer auf die chemische Zusammensetzung des Meerwassers einzuwirken beginnt, verändert sich dessen Gleichgewicht. Die Natur bringt es zuweilen fertig, einen stabilen Zustand langsam in ein unkontrolliertes Chaos zu verwandeln. Der Mensch aber, das Stiefkind der Entropie, bringt das noch sehr viel schneller fertig.

Steht man ganz oben auf dem stürmischen Felsgipfel am Cape Point, am südlichsten Vorsprung des Kaps der Guten Hoffnung am Südzipfel Afrikas, weit weg vom Leuchtturm und dem Restaurant mit der faszinierenden Aussicht über die Falsebai und weit weg vom Parkplatz für die Touristenbusse und sieht von dort auf die hoch aufschäumenden Brandungswellen unter sich, dann schaut man auf die Stelle, wo zwei der größten Meeresströmungen der Welt zusammentreffen.

Zur Rechten der Südatlantik. Nichts liegt mehr zwischen dem Betrachter und der Küste Südamerikas außer ein paar zwergenhaften Inseln – Tristan da Cunha irgendwo auf halbem Weg und die Malvinen (Falklandinseln) noch weiter gen Westen. Das Wasser des Südatlantiks strömt gegen den Uhrzeigersinn, also kommt das Wasser, das von den Felsen abprallt, von der Antarktis herauf und ist trotz der fast subtropischen Sonne noch immer eisig kalt. Dennoch sieht man ein paar Leute darin schwimmen. Die breite Masse der Strandbesucher lässt sich jedoch lieber in den kleinen windgeschützten Buchten an der Westseite der Halbinsel von der Sonne brutzeln – als ob sie noch nie etwas gehört hätten von UV-Strahlung und dem Schwinden der Ozonschicht. Falls sie überhaupt mal »schwimmen« gehen, heißt das schnell rein und wieder raus und nichts wie wieder in die Sonne. Sogar die begeisterten Surfer stehen in aller Regel im Neoprenanzug auf ihren Brettern, um sich vor der Kälte des Wassers zu schützen.

Zur Linken der Indische Ozean. Das Wasser strömt hier ebenfalls gegen den Uhrzeigersinn, was in diesem Fall bedeutet, dass das Wasser, das am südlichsten Zipfel Afrikas, am Kap Agulhas (Nadelkap), vorbeistreift und die Falsebai umwogt, bis es dann schließlich an die Felsen von Cape Point brandet, vom Äquator heruntergekommen ist, vorbei an den Suaheli-Inseln Pemba, Lamu, Sansibar und Mafia, vorbei an Daressalam und Beira, vorbei an Swasiland und Zululand, um hier ... das Ziel zu erreichen. Das Wasser hat sich während seiner Reise abgekühlt, ist aber immer noch lauwarm, so dass die Surfer an den Ufern von Muizenberg keinen Neoprenanzug brauchen.

Die eisigen Wasser des Benguela-Stroms vermengen sich mit den lauen Wassern des Mosambik-Stroms, was sehr oft heftige Stürme, starke Windstöße oder auch feine Dunstschleier in der heißen Luft hervorruft. Die ersten portugiesischen Seefahrer nannten das Kap einst »Kap der Stürme« – das war sehr unbedacht von ihnen, denn durch diese Bezeichnung wurde die Öffentlichkeit in Aufruhr versetzt und die Sponsoren hielten ihre Gelder auffallend zurück. Erst einige Zeit später obsiegte die verwaltungsbehördliche Staatsweisheit und das Kap wurde in »Kap der guten Hoffnung« umbenannt – ein phantastischer Schachzug.

Es ist einer von vielen Orten, an denen die Zirkulationsströme der Ozeane Einfluss nehmen auf die menschlichen Lebensräume. Die Eisberge, die am Hafen von St. John in Neufundland vorbeidriften, werden zum Beispiel vom Labradorstrom beeinflusst, der sich verliert, sobald er auf die nährstoffreichen, einstmals tropischen Gewässer des Golfstroms trifft, dessen Zirkulationsströmung im Uhrzeigersinn um den Nordatlantik verläuft. Die Wasser des Golfstroms umspülen die karibischen Inseln und Kuba, schwappen vorbei an Florida, Nord- und Süd-Carolina, werden schließlich irgendwo bei Maine oder Nova Scotia nach rechts abgelenkt, machen dann eine gemächliche Wendung nach Osten, wobei sie sich zwar abkühlen, aber am Ende immer noch warm genug sind, um den Britischen Inseln und selbst den Orkney-Inseln im äußersten Norden ein gemäßigtes Klima zu bescheren. Gäbe es diese Meeresströmungen nicht, wäre das Vereinigte Königreich von Moschusochsen, Karibus und pelzbekleideten Menschen bevölkert. Neuengland und Nova Scotia befinden sich nicht ständig unter dem Einfluss des Golfstroms. So ist das Wasser an den Ufern mitunter eisig kalt; dann wieder ziehen sogar seltsame tropische Fische vorbei und Kinder spielen stundenlang vergnügt in der Brandung, ohne dass ihnen kalt wird. Die veränderlichen Temperaturen sind ein doppelter Segen: Die kälteren Wasser und niedrigeren Temperaturen schaffen ein kühleres Klima, sie tragen aber auch dazu bei, die Tropenstürme zu zerstreuen, die sich über Afrika aufheizen, in der karibischen See an Geschwindigkeit zulegen und immer wieder über die amerikanischen Bundesstaaten an der Atlantikküste hinwegtoben; die frostigen Temperaturen nehmen ihnen ihre Kraft, und bis sie in Nova Scotia angekommen sind, sind sie in der Regel zu schwachen »tropischen Stürmen« abgekühlt.

Überall auf dem Globus sind die Wassermassen der Ozeane in ständiger Bewegung. Angetrieben werden sie in erster Linie durch die Erdrotation, aber auch durch die vorherrschenden Winde. Manche Zirkulationsströme werden allein durch so genannte thermohaline Dichteunterschiede angetrieben, das heißt durch Temperatur und Salzgehalt bedingte Dichteunterschiede des Wassers zwischen den tropischen und polaren Breiten. Meeresströmungen können sich über sehr große Gebiete ausbreiten – der Golfstrom und der Nordäquatorialstrom überqueren zum Beispiel die so genannten Rossbreiten und ziehen sich über tausende von Kilometern hin; doch es gibt auch kleine, davon abgelöste Wasserwirbel von nur etwa einem Kilometer Länge.

Wissenschaftler haben Strömungen auf verschiedene Weise untersucht. Eine Studie des Bedford Instituts für Ozeanographie in Halifax, Nova Scotia, hat den Verlauf von Meeresströmungen anhand radioaktiver Verseuchungsmittel nachverfolgt, die von französischen und britischen Wiederaufbereitungsanlagen ins Meer geleitet wurden. Jahrelang gelangten aus den Anlagen Jod-129 und Cäsium-137 in die Irische See und den Ärmelkanal. Von dort zog sich ein verseuchtes Strömungsband durch die Nordsee und weiter ins Europäische Nordmeer. Der Meeresgeochemiker Dr. John Norton Smith meint: »Ist das Band erst einmal in die Europäische Nordmeerströmung gelangt, fließt es wie ein schneller Wasserstrahl direkt ins Nordpolarmeer.« Nach zwanzig bis dreißig Jahren im Eismeer, so hat das Institut herausgefunden, verteilt sich das Wasser, strömt an den Küsten Grönlands und Nordamerikas hinunter. Seltsamerweise – und das nach jahrzehntelangem Ärger und Aufruhr über die Einleitung radioaktiver Abfälle in die nördlichen Meere durch die Russen – hat das Institut dabei aber auch die unverwechselbaren Handschriften französischer und britischer Betreiber gefunden, die das russische Nordmeer radioaktiv verseuchen.[17]

Meeresströmungen beeinflussen die Menschen auf ganz direkte Weise. Sie wirken veränderlich auf die Niederschlagsverteilung und folglich auch auf das Süßwasservorkommen ein, von dem unser aller Leben abhängt.

Eine Geschichte, die man sich in Westafrika heute noch erzählt, ist die von Mansa Musa, dem wohlhabenden und verschwenderischen Herrscher des alten Königreichs von Mali, der einst mit dem Sohn des Sultans von Kairo ins Gespräch kam. »Wenn ich Herrscher von Mali geworden bin«, vertraute Musa seinem Gastgeber an, »dann nur deshalb, weil mein Vorfahre sich weigerte zu glauben, der Ozean sei unendlich.«

Der Vorfahre, den er damit meinte, war Abu Bakari der Zweite, der »Reisekönig«, ein rastloser und tatkräftiger Monarch, der landauf, landab durch sein immer größer werdendes Reich gefahren war und dabei unzählige Stunden damit zugebracht hatte, auf den Atlantik hinauszublicken, der ihm in seinem grenzenlosen Expansionsdrang wie ein Hindernis vorkam. Irgendwo da draußen musste es doch noch mehr Land geben, das sich ein König zu Eigen machen konnte. »Deshalb«, sagte Mansa Musa, »sandte mein Vorfahre eine Erkundungsflotte von vierhundert Schiffen aus mit Kurs auf den unbekannten verschleierten Horizont. Nur eines kehrte zurück mit Geschichten über einen geheimnisvollen Fluss inmitten des Ozeans.«

Überall an der afrikanischen Atlantikküste habe ich beobachtet, wie Einbaumboote durch die sich brechenden Wellen stoßen. Noch immer fahren die Fischer tagtäglich hinaus, auch von Dakar aus, der senegalesischen Hauptstadt – mit ziemlicher Gewissheit der Ort, von dem auch Abu Bakaris außergewöhnliche Flotte zu ihrer abenteuerlichen Erkundungsreise ausgelaufen war. Wie die Boote auf dem Niger, so sind auch die Fischerboote im Senegal ungeheuer groß, Plankenboote, zusammengezimmert aus dicken Bohlen, zurechtgehauene Urwaldriesen; um sie durch die Brandung in die ruhigeren Wasser dahinter zu manövrieren, braucht man ein Dutzend Männer. Ich habe beobachtet, wie die Boote am Horizont verschwanden und wieder zurückkamen, mit Netzen voll Fisch, so voll, dass sie sich ausbeulten. Aber vierhundert Schiffe – die irgendwo da draußen in den Weiten des Ozeans verloren gegangen sein sollen, die hineingezogen worden sind in Meeresströmungen, die sie … ja die sie vielleicht mit sich fortgetragen haben … womöglich nach Brasilien?

»Nicht im Mindesten entmutigt«, so erzählte Mansa Musa, »befahl der Monarch den Bau von zweitausend weiteren Schiffen, tausend für die Männer und tausend für Versorgungsgut und Proviant.« Als die Flotte zum Auslaufen bereit war, führte er seine Gefolgschaft abermals hinunter an das Meeresufer und ging im Führungsboot an Bord. »Er übergab mir all seine Befehlsgewalten und Macht bis zu dem Tag, an dem er wieder zurückkehren würde. Doch bis zum heutigen Tag ward er nie mehr gesehen.«[18]

Ob Abu Bakari der Zweite irgendwann zwischen 1310 und 1312 je in Amerika angekommen ist, ist für uns hier nicht weiter von Interesse. Vielmehr interessiert uns, was es mit den »Flüssen im Meer« auf sich hat. Dies ist ein spannendes Detail in der Geschichte. Könnte es sich dabei um eine Meeresströmung handeln, die die Boote erfasste und sie mit sich forttrug? Oder um etwas anderes – Süßwasser vielleicht? Bekanntlich können heftige Regenfälle in Küstenregionen, hauptsächlich in Monsungebieten, nährstoffreiche Süßwasser-»Strombänder« im Meer hinterlassen, die sich ausbreiten bis hinaus in die offene See. Fliegt man über die Flussmündung des Kongo, sieht man ein braunes Strömungsband, das sich über dutzende von Kilometern hinzieht und in den Ozean mündet. War es vielleicht nur das, was Abu Bakari gesehen hat? Der portugiesische Kapitän Diego Cão, der 1482 die westafrikanischen Meere erforschte, beschrieb das Einmünden des Kongo ins Meer so: »Über eine Fläche von etwa zwanzig Quadratmeilen«, schrieb er, »erhält der Fluss sein Süßwasserband, es wird nicht durchbrochen von den salzigen Wogen, die es von beiden Seiten umspülen; als ob dieser majestätische Fluss den Entschluss gefasst hätte, seine Kraft und Stärke in einer offenen Schlacht mit dem Ozean zu messen und ihm als einziger Fluss der Welt die Hochachtung zu verweigern, die ihm all die anderen ergeben bezeigen.« Um die Wasser vor der Küste Westafrikas ranken sich geheimnisvolle Geschichten – von europäischen Seefahrern, die einst außer Sichtweite fernab der Küste Eimer ins Meer tauchten und trinkbares Süßwasser hochholten. Diese Geschichten klingen recht plausibel. Aufgrund der durch Temperatur und Salzgehalt bedingten Dichteunterschiede tauchen Flüsse beim Einmünden in den Ozean unter die Meeresoberfläche ab und treten bisweilen erst viele Kilometer von der Mündungsstelle entfernt wieder zutage. Vom Kongo weiß man inzwischen, dass der Fluss am Meeresgrund einen 160 Kilometer langen, bis zu 1400 Meter tiefen Canyon ausgespült hat.

»Wirbelbildungen« im Meerwasser haben ebenfalls Einfluss auf menschliche Lebensräume. Sie entstehen durch Meeresströmungen, Winde und Temperaturgefälle in Verbindung mit dem landschaftlichen Gepräge der Küstenlinien und zwingen das Wasser, das reichlich Nährsalz mit sich führt, an die Oberfläche. Sehr häufig konzentrieren sich kleine Organismen in diesen Bereichen und versorgen andere tierische Lebewesen reichlich mit Nahrung. Phytoplankton (pflanzliches Plankton) vermehrt sich unter diesen Bedingungen sehr rasch, ebenso weidendes tierisches Plankton (Zooplankton), und liefert größeren Organismen wie Fischen ein überreichliches Nahrungsangebot. Etliche der größten Fischereigewässer der Welt finden sich in Gegenden mit viel Wirbelbildung – beispielsweise in den milden Gewässern vor Peru oder Kalifornien.

Bleibt die Wirbelbildung einmal aus, kann das verheerende Auswirkungen haben, nicht zuletzt auch auf die Fischereigewässer. Die »Pacific Decadal Oscillation«, eine Voraussetzung für das Entstehen von El Niño, die sich veränderlich auswirkt auf die Pazifikströmungen und Wirbelbildungen, hat in den siebziger Jahren praktisch die gesamte Sardellenindustrie Perus zunichte gemacht.[19]

Wenn der entscheidende Prozess zur Verdunstung von Wasser aus den Meeren und der Erde die Evapotranspiration ist, dann ist das dazugehörige Pendant im Leben spendenden Kreislauf der Regen (oder Schnee). Ein *National Geographic*-Autor umschrieb dies 1993 folgendermaßen: »Im Wassersystem sind die Wolken die Eimerbrigade.«[20] Gäbe es den Regen nicht, wäre die Erde trocken und öde. Ohne den Kreislauf Evaporation-Regen wäre alles Wasser auf der Erde Salzwasser und wir wären die Fische darin.

Praktisch der gesamte Wasserdampf in der Atmosphäre wird in die Troposphäre eingeschlossen, in die unterste, bis zu einer Höhe von zehn Kilometern reichende Luftschicht. Gelangt mehr Wasserdampf in die Luft, als diese bei der gerade vorherrschenden Temperatur fassen kann, kondensiert er zu Tau, Reif, Wolken, Regen oder Schnee. Atmosphärischer Niederschlag fällt, wenn sich Luftschichten unterschiedlicher Temperaturen vermengen und dabei eine gesättigte Luftschicht abgekühlt wird. Über den Wüstenregionen und Trockengebieten der Erde findet keine derartige Vermengung statt.

Wie wir bereits wissen, gehen in jedem Jahr etwa 100 000 Kubikkilometer Wasser als Regenfälle auf Land nieder. Ein Teil dieses Regens – auch Nebel oder Schnee – wird durch Verdunstung wieder der Atmosphäre zugeführt. Ein weiterer Teil der Niederschlagsfeuchtigkeit wird von den Pflanzen über die Blattoberfläche absorbiert und als Wasserdampf wieder abgegeben. Wo verschiedene Pflanzenarten dicht neben- und übereinander wachsen, gelangt fast gar kein Regen ins Erdreich, was im Großen und Ganzen die relative Trockenheit des Regenwaldbodens erklärt, aber auch die Überfülle an Kletter- und Schlingpflanzen, Blüten und allerlei pflanzlichen Organismen im dichten Blätterdach. Ein weiterer Teil der Niederschläge gelangt als Sickerwasser in den Boden. Der Rest fließt als oberflächlich abfließendes Wasser direkt ab. Ein Teil des Sickerwassers verrinnt über kurz oder lang in kleinen Wasseradern als Grundwasserabfluss. Das Regenwasser sickert umso schneller ins Erdreich, je trockener das Klima und je sandiger der Boden ist. Doch selbst sandige Böden werden in Regenperioden gesättigt, sodass ein höherer Anteil an Regenwasser oberflächlich abfließt. Tonböden, die mehr kolloide Teilchen enthalten, können das Wasser besser speichern. Zwischen den Regenperioden verwittern die Böden allmählich tiefgründig, das heißt, Wasserdampf diffundiert nach oben, wo er Verdunstungsverluste in der Luft wieder ausgleicht, um dann wieder zu Wassertröpfchen zu kondensieren. Durch Luftdruckveränderungen wird Luft in den Boden hinein- und wieder hinausgepumpt und somit der Feuchtigkeitstransport aus dem Boden in die Luft gesteigert.[21]

Neben der einfachen Abgabe von Wasserdampf aus dem Boden wird Wasser auch durch die pflanzliche Transpiration in die Atmosphäre zurückgegeben. Pflanzen nehmen Wasser über ein weit verzweigtes Netz aus Wurzelfasern und Wurzelhaaren aus dem Boden auf (kapillarer Aufstieg). Dieses Wasser gelangt über den Stängel oder den Stamm und die Äste hinauf in die Blätter, durch die es dann als Wasserdampf in die Luft abgegeben wird.

Der Regen oder atmosphärische Dampf hat abgesehen davon, dass durch ihn Wasser aus den Meeren aufs Land verlagert wird, noch eine weitere Funktion. Als Wärmeregulator gleicht er die Energie, mit der die Sonne auf die Erde strahlt, aus. Das Vorhandensein von Regenwasser hält die Planetenoberfläche wärmer, als es ansonsten der Fall wäre. In tropischen Breiten ist der atmosphärische Niederschlag höher als an den Polen.

Doch Regen ist nicht nur abhängig von der Wasserdampfmenge in der Luft. Vielmehr spielen auch die örtliche Topographie, Verdunstungsmuster und Winde eine Rolle. »Horizontale Wirbelströmungen« oder Winde können die Feuchtigkeit während ihrer Verweildauer in der Luft über tausend Kilometer weit transportieren. Dabei steuern Winde und Berge die Niederschlagsverteilungsmuster. Beispielhaft hierfür ist Kalifornien: Eine Seite des Küstenstreifens ist feucht, die andere trocken. Amerika hat bereits Milliarden von Dollar ausgegeben, um dieses Versehen der Natur zu korrigieren.

Regenwasser ist nicht rein, wie einst angenommen, und mit der Verdunstung gelangt mehr als nur reines H_2O in die Atmosphäre. Uns allen ist der saure Regen ein Begriff, den wir ursächlich uns selbst zuzuschreiben haben und der zurückzuführen ist auf die von Menschen verursachte Umweltverschmutzung. So enthält das Regenwasser Giftstoffe aus Düngemitteln, Rückstände aus der Verbrennung fossiler Stoffe sowie viele andere Schadstoffeinträge infolge der Umweltverschmutzung. Doch es werden auch natürliche »Fremdstoffe« aufgenommen wie gelöste Gase und Salze und »feinkörnige Elementarteilchen« (oder Sand), wie es in der Fachsprache bezeichnet wird. Wer schon einmal einen Harmattan am eigenen Leib zu spüren bekommen hat oder in der Provence den Sand gesehen hat, der von Afrika herüberweht, der weiß, wie leicht und wie weit feinkörniger Sand auf Reisen geht. Regenwasser enthält darüber hinaus auch organische Substanzen und sogar Bakterien.

Einige dieser Stoffe gelangen durch die Verdunstung aus dem

Meerwasser in die Luft. Der Mechanismus ist so simpel wie erstaunlich. Da Meersalze nicht verdampfen können, war man noch zu Beginn dieses Jahrzehnts der Ansicht, dass sie beim Verdunstungsprozess herausgefiltert würden – und auf diese Weise sauberes Wasser in die Luft gelange. Doch dann haben Wissenschaftler herausgefunden, dass der Regen in Küstennähe gelöste Mineralstoffe enthält, die denen im Meerwasser sehr ähnlich sind. Wie kann das sein?

Treffen Regentropfen auf die Meeresoberfläche, werfen sie winzige Blasen auf. Platzen diese Blasen, steigen winzige »Meeresaerosole« in die Luft. Diese Aerosole verdunsten, die Salze werden mit den Wirbelströmungen der Luft in feinst verteilter Form fortgetragen und steigen hoch in die Atmosphäre auf. Diese feinst verteilten Teilchen formieren sich für gewöhnlich zu Regen, gehen aber auch bei Ausbleiben von Feuchtigkeit auf die Erde nieder. Ein beträchtlicher Anteil von 35 Prozent des Natriums, 55 Prozent des Chlors, 15 Prozent des Kaliums und 37 Prozent der Sulfate in Flüssen gelangt vermutlich aus Meeresgewässern via Aerosolniederschlag ins Wasser. Bis heute ist nicht bekannt, welche Auswirkung diese Spurenelemente auf das Klima haben, sehr wohl aber weiß man, dass sie die Kondensation von Regen beeinflussen können. Weniger trocken ausgedrückt: Der Prozess von Aerosolbildung und -niederschlag ist verantwortlich für die anregende und belebende Frische der Seeluft.[22]

Auch aus anderen Quellen gelangen Mineralstoffe ins Regenwasser – beispielsweise durch den bereits erwähnten, vom Wind mitgetragenen Sand. So enthält der Regen in den High Plaines im Südwesten der USA einen hohen Prozentanteil an Sulfaten, welche von den Wüstenböden mit dem Wind in die Luft getragen werden. Und der Regen in der Nähe von Industriegebieten enthält beispielsweise Kohlendioxid sowie Nitrate und Sulfate aus Verbrennungen von Öl und Kohle.

Weniger als ein Prozent des Wassers in der Biosphäre befindet sich in »Binnengewässern«, also in Flüssen, Seen und Feuchtgebieten unseres Planeten, etwa die Hälfte davon in den vierzig größten Seen. Nichtsdestotrotz bestehen Binnengewässer zu 98 Prozent aus Wasser, das dem Menschen zur Nutzung verfügbar ist (die restlichen Prozente entfallen auf Gletscher und unerreichbar tief liegende Grundwasserleiter) und das eine unverhältnismäßig große Wirkung auf Leben überhaupt hat – diese winzige Wassermenge enthält global betrachtet viermal so viel Leben wie alle Ozeane der Welt zusammengenommen.

Hydrologen definieren zwei Arten von Süßwasser (stehende oder fließende Gewässer, lenitische oder lotische, Seen oder Flüsse) und drei Arten von natürlichen Entwässerungssystemen für Oberflächensüßwasser: See-Fluss-Meer als abflussoffene Systeme (»exorheic systems«); abflusslose Systeme wie die Okavangosümpfe in Botsuana, deren Wasser nie das Meer erreichen, sondern einfach nur verdunsten oder versickern (»endorheic systems«); Systeme, in denen Niederschläge unregelmäßig in dürftigen Mengen fallen und das Wasser aus Niederschlägen zufälligen Dränungsmustern folgt (»arheic systems«). Es gibt aber auch komplizierte Mischtypen aus diesen drei Entwässerungsarten. Ägypten wäre als Region an sich dem »arheic system« zuzuordnen, gäbe es da nicht den Nil, der außerhalb der Region entspringt (solche Flüsse bezeichnet man als »allogenic rivers«). Ein anderes Beispiel dafür ist der Niger, der in den Loma Mountains in Guinea entspringt und die Randzonen der großen Sahara durchfließt (nicht von ungefähr konnte Timbuktu sich als Handelsplatz eine halbwegs gesicherte Existenz erhalten).[23]

Einige Binnengewässer und vor allem die »arheic systems« sind zeitweilig Wasser führend. In der Highveld-Ebene Südafrikas und in der Großen Karoo, in den Pampas Südamerikas und in den Randzonen der Wüsten westlich der Appalachen in Nordamerika, in all diesen Gebieten mit wechselfeuchtem Klima, zwischen Wüste und üppiger Vegetation, zwischen Trockenheit und Feuchtigkeit, steckt Leben. Der Anblick der Namaquawüste beim plötzlichen Einsetzen des Regens ist atemberaubend: Wie durch ein Wunder erwachen Pflanzen und Tiere plötzlich zum Leben und über die Wüste breitet sich ein wahrer Wildblumenteppich, eine unglaubliche Pracht, golden und rot erstreckt sich das Blütenmeer über hunderte von Kilometern.

Dieses Wunder des erblühenden Lebens nach Einsetzen des Regens lässt sich in allen Trockenzonen der Erde beobachten, welche etwa ein Drittel der Landmassen insgesamt ausmachen. In allen Wüsten, außer in den Kältewüsten, gibt es *etwas* Wasser und an praktisch allen Oberflächen entstehen vorübergehend »Seen«, sobald der Regen kommt. Diese sind oft zwar nicht viel größer als Wasserpfützen und in wenigen Tagen wieder verschwunden, manchmal vergehen aber auch Monate. Gnus und Zebras begeben sich auf weiten Wanderungen von den Serengeti-Savannen in Tansania durch die Massai Mara nach Kenia. Sie folgen dem Regen und finden so die Wasserstellen, die durch die Niederschläge erst entstanden sind. In den Highvelds Südafrikas sind diese so genannten *vleis*, mit Lehm ausgekleidete Regenmulden, das augenfälligste Merkmal der Landschaft. Das flimmernde Wasser im Sonnenlicht vermittelt leicht den Eindruck einer Luftspiegelung. Verdunstet das Wasser, und das geschieht hier sehr schnell, trocknet der schlammige Boden und wird rissig.

Nicht selten bleibt der Regen in den Trockengebieten ganz aus und die *vleis* bleiben ausgetrocknet und aufgesprungen. Das Klima ist unbeständig, und klimatische Verhältnisse können sich ändern. Die Auseinandersetzungen um die globale Erwärmung und die vom Menschen herbeigeführte Klimaveränderung mag den Akademikern in ihren elfenbeinernen Türmen und den politisch Weisen in ihren wasserreichen und zivilisierten Stadtzentren der Ersten Welt abstrakt und theoretisch erscheinen, doch in den ariden Zonen dieser Welt bedeutet eine Klimaveränderung Tod.

Auch die Seen der gemäßigteren oder wasserreicheren Zonen können dadurch gefährdet sein. Bei der natürlichen Entwicklung eines Sees, in einem neu entstandenen Vulkanbecken etwa, ist das Wasser anfangs generell nährstoffarm und enthält wenig Leben. Doch durch Zuflüsse, Sedimentation, Regenwasser und atmosphärischen Niederschlag werden ihnen die erforderlichen Nährstoffe zugeführt. Über Jahrtausende hinweg steigt der biologische Nährstoffgehalt eines typischen Sees also immer weiter an, so weit, bis er womöglich mit Leben übersättigt ist und sich die Wasserqualität schließlich verschlechtert. Diesen Zustand bezeichnet man als Eutrophierung, die trüben Seen, die durch diesen Prozess entstehen, als eutrophische Gewässer. Sedimentablagerungen machen den See mit der Zeit zu einem Flachgewässer und irgendwann wird er schließlich ganz verschwunden sein. Lässt man die natürlichen Seen in ihrer Entwicklung ganz ungestört, schreitet die Eutrophierung nur sehr langsam voran. Doch in unserer heutigen Welt, wo Seen beileibe nicht ungestört bleiben, hat sich dieser Prozess beschleunigt, gefördert durch landwirtschaftliche Düngemittel und verschwenderische Abflussmengen. Algen- und Phytoplanktonteppiche »blühen« auf, eine plötzliche Röte, die hohes Fieber anzeigt.[24]

Nicht alle Binnengewässer enthalten Süßwasser. Salzhaltige Binnengewässer – also Gewässer, die mindestens drei Gramm Salz pro Liter enthalten – gibt es auf allen Kontinenten einschließlich der Antarktis. Zu den Salzseen zählen unter anderem der größte See der Welt, das Kaspische Meer, und der niedrigstgelegene, das Tote Meer, sowie viele der höchstgelegenen Seen in Tibet oder auch auf den Hochebenen Südamerikas. Wie Salzseen entstehen, ist kein unerforschtes Geheimnis. Sie bilden sich, wenn die Mengen von Zufluss (Regen und Flüsse) und Abfluss (hauptsächlich durch Verdunstung, aber auch durch Flüsse) in abflusslosen Dränungsbecken (»endorheic systems«, wie es Hydrologen bezeichnen) ausgeglichen sind; in Systemen also, die keinen direkten Abfluss ins Meer haben. Salzseen sind aufgrund dieser Ausgewogenheit gefährdeter als Süßwasserseen, reagieren auch viel empfindlicher auf langfristige Klimaveränderungen und sind leicht zu zerstören – mit katastrophalen Folgen. Ein anschauliches Beispiel dafür ist der Aralsee in Mittelasien – auf den wir an anderer Stelle noch zurückkommen –, wo schlampige Politik und verfehlte Wasserwirtschaft in den früheren Sowjetrepubliken Tadschikistan, Turkmenistan und Usbekistan dazu führte, dass eine beträchtliche Wassermenge den Zuflüssen entnommen wurde, aus denen sich der Aralsee speist. Seither ist der Pegel des Aralsees gesunken, der Salzgehalt ist stark angestiegen und weite Flächen des Flussbetts liegen frei. Infolgedessen ist die Fischindustrie zusammengebrochen, Inseln, die den Tieren der Wildnis als Schutzgebiete dienten, sind zu Halbinseln geworden, Fische und Wasservögel sind ausgerottet, der Wind wirbelt riesige Wolken aus Salz und chemischem Dünger vom ausgetrockneten Seegrund auf und bläst sie auf das Ackerland in der Umgebung, die Grundwasserversalzung hat zugenommen und das örtliche Klima hat sich verändert. Die Folgen für die Bewohner der Gegend sind katastrophal.

Ich bin in einer ariden Region aufgewachsen, in der rauen, aber wunderschönen Landschaft nördlich der Großen Karoo in Südafrika, im Vorgarten zum »Durstland«, wie meine Vorfahren sagten. Die Flüsse dort führten nur selten Wasser. Die meiste Zeit im Jahr waren sie nicht mehr als schlammige Lachen, und manchmal verschwanden selbst diese. Mein Großvater war Farmer in diesem wechselfeuchten Land und Wasser nahm ihn ein Leben lang in Anspruch. Mit Schweiß, harter Arbeit und mit Hilfe von Ochsengespannen bauten er und seine Arbeiter eine Reihe von Schlammdämmen. Doch bisweilen vergingen Jahre ohne einen einzigen Regentropfen und die Dämme wurden kleiner und schwanden und sein Vieh verendete. Aber wenn es dann regnete, gab es einen heftigen Wolkenbruch und er patrouillierte mit düsterer Miene seine Dämme entlang, hielt Ausschau nach eventuellen Schwachstellen, wo die Staumauern einreißen könnten.

Auf seine alten Tage hatte mein Großvater irgendwo eine Bohranlage aufgetrieben und bohrte damit 300 Meter tief in das Fels- und Schiefergestein der Erdunterschichten. In ungefähr 250 Metern Tiefe stießen die Bohrer auf einen Grundwasserleiter. Ich war damals zwar noch ein Kind, doch erinnere ich mich noch genau an die kalten, klaren Wassertropfen aus der Mitte der Weltkugel, die sich in der staubigen Erde der Farm mit den Tränen des alten Mannes vermischten. Für meinen Großvater war es ein Wunder, eine großartige Sache – Leben, hervorgeholt aus Felsgestein!

Heute werden solche Taten allerdings mit weniger Wohlwollen betrachtet. Man würde von »Raubbau an Wasservorräten« sprechen und damit die langfristig unhaltbare Erschöpfung der Grundwasservorräte aus fossilen Grundwasserleitern meinen, deren Wasser nicht mehr »nachgeladen« oder wieder aufgefüllt wird. Mein Großvater fristete sein Dasein in einem dünn besiedelten Teil der Welt. Hätte es damals dort genügend Leute gegeben, die dasselbe getan hätten wie er, wären die Grundwasserleiter allmählich geschrumpft, vielleicht gar versiegt, und die Landwirtschaft hätte zwangsläufig eingestellt werden müssen. Das mag uns zunächst recht unwichtig und sehr weit weg erscheinen, doch überall, auf der ganzen Welt erschöpfen sich die Grundwasservorräte – in weiten Teilen der Vereinigten Staaten (insbesondere im Südwesten und den High Plains), in Mexiko und im Nahen Osten, in Indien, in vielen Gebieten der früheren Sowjetunion, im Nordosten Chinas und in Südeuropa. Die Grundwasserentleerung ist bislang eine der größten, lange unbemerkten Krisen, die uns auf der Erde ins Haus stehen, aber eine, die sich mehr und mehr bemerkbar macht, und zwar mit sämtlichen Begleiterscheinungen – sinkende Nahrungsmittelvorräte, menschliches Elend, Hungersnöte, Auseinandersetzungen zwischen Staaten, Krieg.

Gegen Ende des Jahres 1998 stellte der Herausgeber des *World Watch*, Monatsmagazin des »World Watch Institute«, eine denkwürdige und entscheidende Frage. Ed Ayres war aufgefallen – wie jedem, der sich mit dem Thema Wasser befasst –, dass ihm aus aller Herren Länder Berichte zukamen über sinkende Grundwasserspiegel in den Hauptnahrungsanbaugebieten der Welt. Im Nordosten Chinas waren die Grundwasserspiegel jährlich um über einen Meter gefallen. Im Punjab sogar noch weiter. Der Grundwasserspiegel im gesamten Umland von Mexiko City war in fünfzig Jahren um zwanzig Meter gefallen mit der nicht zu übersehenden Folge, dass weite Teile der Stadt absackten. Auch im Central Valley in Kalifornien registrierte man ein ähnliches Absinken, wenn auch in kleinerem Ausmaß. In den USA sind ein Viertel der bewässerten Getreideanbaugebiete betroffen – von zwanzig Zentimetern bis zu über einem Meter im Jahr. Einige Bewässerungspumpen, die anfangs bei 300 Metern Förderungstiefe stillstanden, reichen mittlerweile bis zu 1000 Metern in die Tiefe. Wie Ayres feststellte, beobachtete jedermann die sinkenden Grundwasserspiegel ganz genau, doch nicht ein Einziger schien sich die entscheidende Frage zu stellen: Wenn das Wasser der Grundwasserleiter sinkt – *wann ist dann das Ende erreicht*? Wissen wir nicht – war die Antwort, die er überwiegend zu hören bekam.

»Es scheint, dass wir meistens erst dann merken, wo ›unten‹ ist, wenn eine ganze Reihe von Anbaufeldern vertrocknet sind«, sagt er. »Wenn die Leute, die das Wasser entnehmen, sich nicht im Voraus darüber im Klaren sind, wann sie auf Grund stoßen, müssen sie irgendwann mit einem gewaltigen Schock rechnen.«

Ayres beschäftigt sich von Berufs wegen mit der Umwelt und sieht die Dinge in einem größeren Zusammenhang:

> Ständig werden wir so in Anspruch genommen und abgelenkt von aktuellen Problemen, die es zu lösen gilt, und zwar hier und heute, dass wir darüber einfach vergessen, uns einmal Zeit zu nehmen, um herauszufinden, an welchem Punkt uns dieser Schock ereilen wird und was wir dann zu tun gedenken.
>
> Dabei ist es uns sehr wohl bewusst, dass man nicht auf immer und ewig unbegrenzt damit fortfahren kann, einen Teil des Ökosystems nach und nach zu vernichten; irgendwann werden alle Stricke reißen und das ganze System wird wie ein Gebäude, in dem ein tragender Balken nachgibt, zusammenbrechen. Dennoch machen wir weiter, schieben die Belastungsgrenzen immer weiter hinaus ... denken weiterhin nicht daran, dass es unausweichlich einen Punkt gibt, wo die Wasservorräte schlagartig aufgebraucht sind – wo Seen nicht mehr genug Sauerstoff haben, Wälder zu Wüsten werden und Flüsse zu Staub.[25]

Geschieht die Absenkung des Grundwasserspiegels durch Förderquoten, die die natürliche Wiederauffüllung übersteigen, spricht man von einer »Überbeanspruchung des Grundwassers« – ein neuzeitliches Phänomen, bedingt durch leistungsstarke Pumpen und billige Energie. Bevor es mechanische Pumpen gab, hat man sich in verschiedenen Kulturkreisen mit dem Bau von Dämmen, Bewässerungskanälen und Aquädukten beholfen, doch waren diese Versuche, das Wasser an Ort und Stelle zu dirigieren, seinerzeit abhängig von den Gesetzen der Schwerkraft. Erst billiges Öl brachte Veränderungen. Unter anderem war es fortan möglich, tiefere Brunnen zu bohren, und damit begann die Ausbeutung der Tiefengrundwasserleiter, deren Wasser sich in tausenden von Jahren langsam angesammelt hat. Dabei gibt es klare ökonomische wie ökologische Grenzen: Entweder das Wasser versiegt oder der Grundwasserleiter liegt so tief, dass selbst die Förderung mit billiger Energie irgendwann zu kostspielig wird. Und spätestens dann werden die Pumpen abgestellt, was die Nutzer zwingt wegzuziehen oder eine andere alternative Wasserquelle ausfindig zu machen. Da das aber nicht immer möglich ist, wird die Landwirtschaft einfach eingestellt.[26]

Sinkende Grundwasserspiegel verursachen noch andere Probleme. So können nicht nur Flüsse austrocknen, es gibt auch zahlreiche erschreckende Beispiele dafür, dass übermäßiges Abpumpen in Küstenregionen dazu führt, dass Salzwasser in die Grundwasserleiter eingedrungen ist und sie für den menschlichen Gebrauch auf Dauer verdirbt.

Genau wie das Oberflächenwasser (Seen und Flüsse) ist auch das Wasser unter der Oberfläche, das Grundwasser, ständig in Bewegung. Langsam, über Jahre, Jahrzehnte oder auch Jahrhunderte hinweg, findet es schließlich seinen Weg in die Stromrinnen der Bäche und Flüsse und am Ende wieder zurück ins Meer. Auch Grundwasser wird durch den Regen angereichert. Um die zehn bis zwanzig Prozent des Regenwassers verrinnen in unterirdischen Wassersystemen; global betrachtet, macht das Grundwasser ungefähr 30 Prozent des gesamten oberflächlich abfließenden Wassers aus. Es stabilisiert die Pegel der Flüsse, indem es Unterschiede zwischen feuchten und trockenen Perioden auf ein Minimum reduziert.

Regenwasser – zumindest der Teil davon, der nicht in Flüsse und Wasserläufe und damit direkt ins Meer fließt oder von Pflanzen absorbiert wird – sickert zunächst bis etwa einen Meter tief ins Erdreich. In dieser oberen »durchlüfteten Bodenschicht« sind die kleinen Zwischenräume zwischen den Bodenpartikeln mit einer Mischung aus Wasser und Luft gefüllt. Hält der Niederschlag weiter an, ist diese Bodenschicht irgendwann gesättigt, das Wasser sickert weiter nach unten, bis es an einen Punkt kommt, wo es auf eine Schicht aus dichtem Gestein trifft.[27]

Einige Gesteine sind zu dicht, als dass Wasser eindringen könnte; diese wasserundurchlässigen Festgesteine heißen in der Fachsprache

Aquiclude (Grundwasserhemmer). Wieder andere Gesteine, die so genannten Aquifere (Grundwasserleiter), sind grobporiger und speichern beträchtliche Wassermengen. Aber das ist schon höhere Geologie – eine Wissenschaft für sich. Aquifere können unterhalb der Aquiclud-Schichten liegen. In solchen Fällen spricht man von eingeschlossenen Aquiferen. Ist ein Aquifer lediglich umgeben von ungesättigten, wasserdurchlässigen Bodensubstanzen wie Kies, Schiefer oder Sand, spricht man von uneingeschlossenen Aquiferen. Den Bereich zwischen ungesättigten Substanzen und wasserhaltigem Gestein nennt man Grundwasserspiegel. In wasserreichen Ländern wie Kanada, Nordeuropa und Teilen der Vereinigten Staaten liegt der Grundwasserspiegel manchmal dicht unter der Erdoberfläche. Je nach Beschaffenheit der unter der Oberfläche befindlichen Erdschichten können die Grundwasserleiter mehrere hundert Meter tief unterhalb des Grundwasserspiegels liegen, manchmal auch nur wenige Meter. In bestimmten ariden Regionen, wo die Grundwasserleiter entweder gar nicht neu angereichert werden oder nur äußerst langsam, liegt der Grundwasserspiegel oft hunderte von Metern unter der Erdoberfläche. Dort, wo es keine wasserdurchlässigen Gesteinsschichten gibt oder diese infolge von Klimaveränderungen nicht wieder aufgefüllt werden, ist kein Grundwasserspiegel vorhanden. Andernorts wiederum tritt Wasser selbsttätig an die Oberfläche, ohne den Einsatz von Pumpen; diese natürlichen »Springbrunnen« sprudeln in eingeschlossenen Aquiferen, dort, wo hydraulische Kräfte größer sind als die Kraft, die für den Wassertransport an die Oberfläche erforderlich wäre, und dort, wo sich kleine naturgegebene Spalten finden. Würde man einen dieser unter Überdruck stehenden Grundwasserleiter anbohren, würde ein wahrer Wasserschwall an die Oberfläche dringen. Einige dieser »artesischen Brunnen« haben das Wasser jahrzehntelang an die Oberfläche aufsteigen lassen. Irgendwann allerdings gleicht der Druck sich aus, die Kräfte lassen nach und der Brunnenbesitzer muss wieder zurückgreifen auf die Pumpförderung.[28]

Forscher bedienen sich verschiedenster Techniken, um der Spur des Grundwassers zu folgen, doch lässt sich sein Bewegungsmuster nur überaus schwierig nachzeichnen. Man weiß, dass Grundwasser sehr langsam wandert, mal nur wenige Millimeter am Tag, mal aber auch ein paar Meter. In unmittelbarer Nähe des Grundwasserspiegels kann die Durchlaufzeit des Wassers im Schnitt bis zu einem Jahr betragen, während sie für tief liegende Grundwasserleiter ohne weiteres auch bei tausenden von Jahren liegen kann. Viel einfacher ist dagegen die Messung der Grundwasserspiegel. Testbrunnen und kontrollierte Pumpförderung machen es leicht, die Wiederauffüllrate und das Fließverhalten im unmittelbaren Umfeld einer bestimmten Stelle zu messen. Die Schwierigkeit liegt also in der Erforschung der Bewegungsläufe des gesamten Grundwasserleiters. Wasser kann in Gesteinsporen gespeichert sein, aber auch in kleinen Ritzen und Spalten, durch die das Wasser ab und an sehr schnell und über große Distanzen hinweg fließt – diese »bevorzugten Bahnen« bilden sich manchmal zu kleinen unterirdischen Rinnsalen oder gar richtigen Wasserläufen aus. Hin und wieder begünstigen diese bei heftigen Niederschlägen ein dramatisches Anschwellen der oberflächlich fließenden Gewässer. Es liegt an dieser Art der Aufspeicherung, dass es so gut wie unmöglich ist, Grundwasserleiter nach einer Verschmutzung zu säubern, und dass Schadstoffe, die von Schutthalden, Müllkippen und der Landwirtschaft in den Boden sickern, gelegentlich auch noch sehr weit entfernt von der eigentlichen Verschmutzungsstelle aufgespürt werden können.

Wie viele unerforschte und unerschlossene Grundwasserleiter es auf der Welt gibt, weiß niemand zu sagen. Doch die darin gespeicherte Wassermenge soll beträchtlich sein. Bislang haben Wasserforschungsunternehmen auf die Börse reicher Länder noch keinen größeren Einfluss ausgeübt, dabei wären sie für risikofreudige Investoren gar kein so schlechter Tipp.

Die langsame natürliche Wiederauffüllung des Grundwassers wird als »Grundwassererneuerung« bezeichnet. Das geschieht hauptsächlich in Regenperioden (was nahe liegend ist), in gemäßigten Klimazonen aber auch im Winter.

Liegt der Grundwasserspiegel sehr tief unter der Erde, ist das Wasser des Leiters hunderte oder tausende von Jahren alt und hat sich möglicherweise noch in einer früheren Klimaepoche angesammelt. Das bekannteste Beispiel hierfür ist der Nubische Sandsteingrundwasserleiter, der unter der heutigen Sahara liegt, die noch bis vor etwa achttausend Jahren grünes Weideland und teilweise auch Sumpfland war – in vielen Teilen der Wüste wurden Fisch- und Flusspferdfossilien gefunden. Radioisotopische Untersuchungen zur Altersbestimmung ergaben, dass das Wasser des Nubischen Grundwasserleiters abertausende von Jahren alt ist. Er wird heute von Libyens Oberst Gaddafi ausgebeutet, der das weltweit umfangreichste Projekt zum »Raubbau an Wasservorräten« initiierte. Doch dazu später.

In Sachen Raubbau an Wasservorräten ist Gaddafi jedoch beileibe kein Einzelfall. In den Vereinigten Staaten beutet man seit Jahren das Ogallala-Aquifer aus, ein bedeutendes System von Grundwasserleitern, das sich in einem etwa einhundert Meter breiten sandigen Streifen über zahlreiche Bundesstaaten der Great Plains, von Süd-Dakota bis nach Texas, erstreckt und dessen Vorräte sich rasch erschöpfen. Das Wasser, das bislang aus dem größten der fossilen Grundwasserleiter entnommen wurde, entspricht in etwa einem Drittel des Wasservolumens im Lake Huron, wobei die Förderquoten die natürliche Wiederauffüllung bei weitem schon überstiegen haben. Unterdessen sind vielleicht sechzig Prozent, um die sechs Milliarden Tonnen, bereits verbraucht und ein Ersatz ist nicht immer gleich griffbereit.

Auch in vielen anderen ariden und semiariden Regionen werden Wasservorräte auf ähnliche Weise ausgebeutet, fossile Grundwasserleiter werden von kurzzeitigen Dürreperioden an Land nicht berührt. Zudem finden sie sich in Gegenden, in denen es keine anderen in Frage kommenden natürlichen Wasservorräte gibt. Und genau aus diesem Grund ist Ed Ayres besorgt. Irgendwann wird die permanente Wasserförderung die Vorräte erschöpft haben. Doch was dann?

Kapitel 3

Die Wasserverteilung
Wo gibt es reichlich Wasser? Wo herrscht Mangel?

Am Rednerpult steht Peter Gleick, ein kleiner, korrekt gekleideter Zeitgenosse mit sauber gestutztem Bart, der das Thema Wasser engagiert und leidenschaftlich unter den verschiedensten Aspekten erörtert und dabei große fachliche Autorität und Kompetenz ausstrahlt. Die groben Schätzungen des natürlichen Wasservorkommens, bezogen auf die Erde und die einzelnen Kontinente, seien zwar schön und gut, so meinte er, doch was die Zahlen für die Menschheit im Einzelnen bedeuteten, sei nicht klar. Bekanntlich könnten ja auch länderbezogene Zahlen irreführend sein, denn wie man weiß, kann es durchaus sein, dass Teile Bangladeschs überflutet sind, andere ausgetrocknet; dass ein Land in einem Monat vom Wasser überschwemmt, im nächsten schon wieder von Wassermangel gequält wird. Sicherlich, die Menge des zur Verfügung stehenden Wassers ist ein Maßstab, die tatsächliche Wassernutzung – die Wasserentnahme aus den natürlichen Systemen – ein anderer. Wie wir es schaffen können, alle Bewohner eines Landes mit einer Mindestmenge an Wasser zur Deckung des Grundbedarfs zu versorgen, ist ein weiterer Aspekt. »Die tatsächliche Menge, die jeder Einzelne bekommt – sprich wie viele Liter – ist dabei nicht so wichtig«, so Gleick, »wichtig ist vielmehr, dass wir uns von Null weg überhaupt irgendwohin bewegen.«

Gleick hielt kurz inne und lehnte sich nach vorn übers Rednerpult: »Sie fragen mich nach den Kosten?«, fragte er, obwohl dies niemand getan hatte. »Dazu kann ich nur sagen: Nicht dafür Sorge zu tragen, dass die Grundversorgung mit sauberem Trinkwasser und mit Wasser für den sanitären Bedarf gesichert ist, verursacht weit höhere Kosten als umgekehrt.« Allein im Bereich des Gesundheitswesens und sozialen Wohlergehens, so Gleick, bewegten sich diese Kosten momentan zwischen 100 und 200 Milliarden Dollar pro Jahr. »Etwa die Hälfte der Menschen unserer heutigen modernen Welt müssen auf Annehmlichkeiten verzichten, die für die alten Römer selbstverständlich waren.«

Gleick trug der Unesco an, für jeden einzelnen Menschen eine ihm »zustehende Grundbedarfsmenge« von 50 Litern pro Person und Tag festzulegen. »5 Liter für Trinkwasser; 20 Liter für den sanitären Bedarf; 15 Liter für Badewasser; 10 Liter für die Nahrungszubereitung. Macht insgesamt also 50 Liter.« Diese Zahlen, so betonte er, lägen sogar noch weit unter der kleinsten durchschnittlichen Fördermenge pro Kopf in den meisten der wasserärmsten Länder. »Doch geht es hier nicht um ein technisches Problem«, fuhr er fort. »Die Technik wäre schnell zur Hand. Vielmehr ist das Ganze ein politisches und organisatorisches Problem. Wasser ist ein soziales Gut – darin sind wir alle einig. Darum sollte man für seine Nutzung angemessene Gebühren verlangen, um eine sparsame Wassernutzung voranzutreiben und als Zeichen der Wertschätzung. Doch sollte man vielleicht einen universellen »Grundstandard«-Tarif einführen, und alles, was darüber hinausgeht, sollte höher veranschlagt werden. Rasen bewässern zum Beispiel müsste empfindlich ins Geld gehen.«

Ich hörte nur halb zu. Mir ging noch immer im Kopf herum, was er zuvor über die Wasserförderraten in bestimmten Teilen der Erde gesagt hatte. Der Großteil der Hydrologen orientiert sich an der von Malin Falkenmark aufgestellten Faustregel, wonach die Trennlinie zwischen einem Land mit angespannter Wasserlage und einem mit einigermaßen angemessener Versorgung bei einer Wassermenge von 1700 Kubikmetern pro Person und Jahr angesetzt wird. Doch sah ich mir Gleicks Zahlen an, den tatsächlichen Wasserverbrauch im Vergleich zu der jeweils verfügbaren Wassermenge, so stellte ich fest, dass eigentlich kein Mensch der Welt tatsächlich 1700 Kubikmeter Wasser verbraucht. Selbst die Nordamerikaner und Kanadier, die größten Gierhälse, verbrauchen lediglich 1693 Kubikmeter Wasser pro Kopf und Jahr, und das bei einer weit größeren verfügbaren Jahresmenge. Im Weiteren folgen in absteigender Reihenfolge Ozeanien (Pazifische Inseln, Australien, Neuseeland, Papua Neuguinea, Fidschi-Inseln) mit einem jährlichen Pro-Kopf-Verbrauch von 907 Kubikmetern, Europa mit 726, Asien mit 526, Südamerika mit 376 und Afrika mit einer winzigen Menge von 244.

Außerdem beschäftigte mich an jenem Morgen noch immer eine von »Population Action International« herausgegebene Broschüre, in der es um die aktualisierten Weltbevölkerungszahlen nach Schätzungen der Vereinten Nationen ging. Danach lagen die Zahlen für das Jahr 2050 deutlich unter denen der düsteren Prognosen von 1996. Doch selbst mit dieser Korrektur nach unten ergaben die Zahlen dieser »Zwischenbilanz«, dass von 9,4 Milliarden Menschen, die im Jahr 2050 die Welt bevölkern werden, eine Milliarde in »wasserarmen« Ländern und 970 Millionen in Ländern mit »angespannter Wasserlage« leben werden. In einem von der »John Hopkins School of Public Health« herausgegebenen Bericht heißt es: »In der Klemme zwischen der steigenden Nachfrage nach Süßwasservorräten einerseits und den begrenzten und zunehmend verschmutzten Vorräten andererseits stehen viele Länder vor einer schwierigen Entscheidung.« Das Unmögliche möglich machen – aber wie?

Gleicks Vortrag war zu Ende und er ging Richtung Kaffeeautomat im Foyer, im Gefolge ein ganzer Pulk von Hydrologen aus Dutzenden von Ländern. Ich sprach ihn auf die Unverlässlichkeit der angeführten Zahlen an. »Ihr Buch trägt den Titel *Wasser in der Krise*«, sagte ich. »Und auf dieser Tagung geht es um das Thema ›Krisensituation Wasser‹. Aber wie können Sie, wenn Sie die 1700 Kubikmeter pro Kopf und Jahr mit dem tatsächlichen Verbrauch vergleichen, dennoch von einer Krise sprechen?«

»Vor allen Dingen«, sagte er, »sind die Zahlen mit Vorsicht zu genießen. In gewisser Hinsicht vermitteln die Statistiken nämlich ein konstruiertes, falsches Bild. Tausend Kubikmeter pro Jahr bedeutet nicht zwangsläufig auch eine angespannte Wasserlage. Israel liegt mit 300 Kubikmetern pro Kopf und Jahr ganz deutlich darunter, und während das Land wirklich am Rande der Wasserarmut lebt, leidet derzeit dort kein Einziger an einer mangelnden Grundversorgung für ein annehmliches Leben. In Nigeria hingegen, wo es eigentlich reichlich Wasser gibt, hat mehr als die Hälfte der Bevölkerung keinen Zugang zu sauberem Trinkwasser. Das heißt aber nicht«, so hob er hervor, »dass ein Land sparsam haushaltet, nur weil es weniger Wasser entnimmt, als ihm zur Verfügung steht. Es heißt vielleicht einfach nur, dass die Infrastruktur im Argen liegt.« Gerade erst sei die Zeitschrift *National Geographic* an ihn herangetreten, erzählte er weiter, die für einen geplanten größeren Artikel über Wasser einiges an Material von ihm haben wolle. »Die haben mir genau das Gleiche gesagt. ›Kein Mensch verbraucht 1700 Kubikmeter‹. Doch das ist eben nur der eine Aspekt. So wird zum Beispiel der Verbrauch für die regenbewässerten landwirtschaftlichen Nutzflächen völlig außer Acht gelassen. Zählt man diese Menge hinzu, so liegen viele Regionen bei annähernd 1700 Kubikmetern.« Er zuckte mit den Achseln. »Man muss eben die Gesamtwasserreserven betrachten, die erneuerbaren und nutzbaren Süßwasservorräte, aber auch zum Beispiel die technischen Voraussetzungen zur Wasserumleitung von wasserreichen in wasserarme Länder; ebenso den wirtschaftlichen Entwicklungsstand und die jährliche Verbrauchsrate; man muss den augenblicklichen Stand des Wassermangels erfassen und das alles der prognostizierten Bevölkerungsentwicklung und den wirtschaftlichen Mitteln eines Landes gegenüberstellen. Unter diesen Aspekten lässt sich sehr leicht erkennen, dass es in vielen Regionen gefährlich kriselt.«

Er nippte an seinem Kaffee und verzog das Gesicht. »Und noch was. Prognosen sollten kritisch geprüft und nur mit Bedacht herangezogen werden. In den sechziger Jahren hatte man vorhergesagt, dass sich der Wasserverbrauch in Amerika bis zum Jahr 2000 um rund 150 Prozent steigern würde. Das aber ist nicht eingetroffen. Aus verschiedenen Gründen. Zum Beispiel hat ein grundlegender Wandel der inneren Einstellung der Menschen, weg von einem verschwenderischen und hin zu einem umweltbewussten Verhalten, die Nachfrage stabilisiert, und die Wasserentnahme geht mengenmäßig in der Tat leicht zurück.«

Und bevor er sich umdrehte, um weiterzugehen, kam er noch einmal auf einen Punkt zu sprechen, den er auch zuvor schon auf dem Podium erörtert hatte: »Es ist schwer, den Abgrund zu sehen, bevor man hinunterfällt«, sagte er. »Stehen wir wirklich am Rande des Abgrunds? Nehmen wir Mexiko City. Die Stadt deckt zwar den Wassergrundbedarf ihrer Einwohner. Doch wie wir wissen, hat das auf Dauer unhaltbare Abpumpen des örtlichen Grundwassers ein Absacken weiter Teile der Stadt um bis zu zwanzig Meter verursacht. Jetzt holt man das Wasser aus einem Flusssystem 300 Kilometer weit weg, muss es auf dem Weg in die Stadt über eine weite Strecke hinaufpumpen. Zudem wächst die Bevölkerung weiterhin dramatisch an. Wie nahe dem Abgrund ist die Stadt? Wie nahe der Katastrophe? Und eben deshalb sollten wir all diese Dinge bedenken. In vielen Orten wird man zwangsläufig eine unliebsame Überraschung erleben.«

»In England und Wales gibt es weit weniger sauberes Trinkwasser als zunächst angenommen, behauptet das Umweltschutzbüro in einem heute vorgelegten Bericht.« Mit diesen Worten vermeldeten britische Medien im März 1998, dass ein angenommener Puffer von etwa einer Milliarde Liter Wasser in Wirklichkeit gar nicht vorhanden ist. Aus der Studie, welche die Niederschlagsmuster der letzten Jahre eingehend unter die Lupe genommen hatte, geht hervor, dass der Nordwesten, Thames Valley sowie Westengland und Wales am stärksten betroffen sind, auch wenn sich ganz allgemein ein zunehmendes Auftreten von Wassermangel beobachten lässt, und auch die Vorräte bestimmter Grundwasserleiter bedenklich knapp werden. Nach einem Bericht der Zeitung *The Economist* war in England Anfang der neunziger Jahre im vierten Jahr eines anhaltenden Wassermangels der Spielraum zwischen Angebot und Nachfrage beängstigend klein geworden. In den zwei Distrikten, in denen die Lage am kritischsten war, im Thames Water District und im Southern Water District, betrug dieser Spielraum nur mehr vier beziehungsweise drei Prozent.

In der Berichterstattung der BBC kam im Rahmen der Sendung »Water Week« im Sommer 1998 ein Experte vom Hydrologischen

Institut zu Wort. Nach dessen Aussagen ist der zunehmende Wassermangel in Großbritannien – wie in ganz Westeuropa – auf die veränderten Klimamuster der letzten zehn Jahre zurückzuführen. Während der Sommermonate war weniger Regen als üblich gefallen. »Die Regenfälle im Vereinigten Königreich insgesamt«, so sagte er, »erreichten über die letzten zehn Jahre gesehen nur knapp die jährliche Durchschnittsmenge – abgesehen davon sind auch die Verteilungsmuster sehr ungewöhnlich gewesen.« Ähnliche Veränderungen hätten schon einmal Mitte des 19. Jahrhunderts und in den 30er Jahren des 20. Jahrhunderts stattgefunden, und die Grundwasserspiegel in den Gegenden um Thames Valley seien mittlerweile auf dem niedrigsten Stand, meinte er weiter.

So weit, so gut – doch auch diese »Mängel« dürften wohl eher mit der von Gleick angeratenen Vorsicht zu genießen sein. Seit der Privatisierung der britischen Wassergesellschaften 1989 suchen diese ganz offensichtlich die nachfolgende Preiserhöhung von im Schnitt 44 Prozent gegenüber den Verbrauchern zu rechtfertigen. Einmal mehr hinters Licht geführt wurden diese durch einen Bericht, dem zufolge 4,5 Millionen Liter Wasser tagtäglich aus undichten Pipelines auslaufen sollen. Und selbst wenn – Wassermangel? Wasserknappheit? In England?

Unerfreuliche Überraschungen. In der Tat.

Europa verfügt insgesamt über reichlich Wasser, über 4066 Kubikmeter pro Person und Jahr, ausgehend von der Bevölkerungszahl von 498 Millionen Menschen aus dem Jahre 1998. Nur in ganz wenigen Einzelfällen haben Europäer keinen Zugang zu sauberem Trinkwasser, und wenn, dann meistens aufgrund von Bürgerkriegen oder vorübergehenden Verschmutzungsproblemen. (Für hydrologische Belange, welche sich nur langsam den politischen Gegebenheiten angleichen lassen, werden die Zahlen für die Länder der ehemaligen UdSSR separat berechnet. Außer in den Republiken Mittelasiens, wo große Trockenheit herrscht, gibt es in diesen Ländern relativ viel Wasser, 15 220 Kubikmeter pro Kopf bei einer Bevölkerung von etwa 290 Millionen Menschen.) Doch selbst wenn man Russland nicht mit einrechnet, verzerren die skandinavischen Länder diese Durchschnittswerte, denn sie verfügen über Unmengen von Wasser (mehr als 90 000 Kubikmeter pro Person in Norwegen, 22 000 in Finnland, 20 400 in Schweden und unglaubliche 624 000 Kubikmeter in Island). Hingegen ist die Lage in Spanien weitaus misslicher. Dort liegt der Durchschnittswert bei gerade mal 2800 Kubikmetern Wasser pro Kopf, im Osten und Süden des Landes gar noch darunter. Dort hat der Wasserverbrauch bereits die kritische Marke überschritten. Auf den Balearen, insbesondere auf Mallorca, herrschte 1998 Wassernotstand. Die Lage war derart kritisch, dass man sich gezwungen sah, das Wasser in Tankschiffen vom spanischen Festland herbeizuschaffen. Schleunigst machte man sich daran, den Bau von Entsalzungsanlagen so schnell wie möglich voranzutreiben. Auch in Südfrankreich sieht es nicht viel besser aus. Dort ist die Lage noch problematischer, da mit den großen Flüssen bedrohliche Industrieabfälle hinunter ins Mittelmeer strömen. Die Franzosen, mit zwei der größten privaten Wassergesellschaften der Welt, beginnen nun damit, der reichen Schickeria in den Hügeln der Provence mit ihren Swimmingpools und Jacuzzi-Whirlpools saftige Gebühren für die Wasserdienstleistung abzuverlangen, die an den tatsächlichen Verbrauch in voller Höhe angepasst sind.

Es steht außer Frage, dass die Anrainerländer des südlichen Mittelmeers in aller Regel schlechter dran sind als die der nordeuropäischen Küste. Der Verbrauch im Mittelmeerbecken insgesamt lag 1990 bei etwa 280 Kubikkilometern Wasser, wobei sich die Wassernachfrage in diesem Jahrhundert verdoppelt hat, allein in den letzten 25 Jahren um 60 Prozent. »Bis zum Jahr 2025 werden die Wasservorräte in praktisch keinem Land am südlichen Mittelmeer mehr über einem Schnitt von 500 Kubikmetern pro Person und Jahr liegen.«[1]

Das Hauptproblem in Europa ist die Verschmutzung. Im Südosten Spaniens lässt sich darüber hinaus ein Sichausbreiten der Wüstenlandschaften beobachten, was im Allgemeinen zurückgeführt wird auf veraltete landwirtschaftliche Methoden und auf die Ausbeutung und Versalzung von Grundwasserleitern. Nicht nur weite Teile Spaniens sind davon betroffen, auch Ungarn und das Gebiet an der jugoslawisch-kroatischen Grenze. Nach wie vor nutzen die

Europäer ihre Flüsse als willkommene Abwasserkanäle. An europäischen Küsten gibt es kaum noch einen Meter, der nicht in einem gewissen Grad verschmutzt ist. Am schlimmsten betroffen ist die Mittelmeerküste von Barcelona bis hinüber an die südliche Stiefelspitze Italiens. Doch auch andernorts sieht es nicht viel besser aus: von Venedig bis zum Golf von Triest, am Ägäischen Meer um Athen, am Donaudelta, am Wolgadelta, an der Dalmatinischen Küste, am Finnischen Meerbusen, am Meerbusen von Riga, an der Südküste des Baltischen Meers von Danzig bis hinüber in die Wasserstraßen bei Dänemark, im Umland von Kopenhagen, Göteborg, Oslo, an der Elbemündung und vor den Friesischen Inseln, entlang der Küste von Amsterdam nach Le Havre, an der Themse-Mündung und der Straße von Dover, an der Ostküste Großbritanniens von The Wash bis Edinburgh und am Bristol-Kanal. Weniger belastet, doch immer noch Grund zur Sorge bietend, sind folgende Gebiete: das Ägäische Meer, die Dardanellen-Meerenge, das östliche Schwarze Meer und Teile des Kaspischen Meers. 1998 waren lediglich 45 der 472 britischen Strände, die von der Europäischen Union als Badestrände deklariert worden waren, frei von Umweltbelastungen. Der Bericht der zuständigen Aufsichtsbehörde liest sich wie eine einzige Horrorgeschichte – ungeklärte Abwässer spülen an die Sandbänke, spielende Kinder stecken gebrauchte Kondome als Fähnchen auf Sandburgen, Magen-Darm-Infektionen und sogar Hepatitis häufen sich nach dem Bad im Meer.

Osteuropa – die ehemalige Sowjetunion mit ihren Satellitenstaaten – hat schwer zu kämpfen mit den grauenvollen Folgen der Umweltverschmutzung. Die Luftverschmutzung in Tschechien und Polen hat ganze Landstriche schwarz gefärbt und viele Gewässer weisen eine leichte giftgelbe Trübung auf.

Dennoch sind die meisten der großen europäischen Seen insgesamt relativ wenig verschmutzt, was daran liegen mag, dass ein Großteil im dünn besiedelten Skandinavien liegt. Die größten europäischen Seen, der Ladoga- (17 679 km^2) und der Onegasee (9720 km^2), liegen in Russland. Viele der großen europäischen Ströme sind in der Vergangenheit hochgradig verschmutzt worden – und werden es zum Teil auch heute noch. Doch gibt es auch Fortschritte zu verzeichnen. So ist der Rhein, die einstige Kloake Europas, heute wieder so sauber, dass Lachse darin zu finden sind.

Auf den ersten Blick haben Nord- und Mittelamerika überreichlich Wasser. Der Gesamtbevölkerung von 427 Millionen Menschen stehen erneuerbare Süßwasservorräte von 6 945 000 Kubikkilometern beziehungsweise 16 260 Kubikmetern pro Person und Jahr zur Verfügung. Doch auch hier handelt es sich um nichts als nackte Zahlen. Kanada verfügt um etwa eine halbe Million Kubikkilometer mehr an Wasser als die Vereinigten Staaten, zählt aber nur ein Zehntel der amerikanischen Bevölkerung. In weiten Teilen der Vereinigten Staaten gibt es eigentlich reichlich Wasser – wenn nicht eine große Menge davon verschmutzt wäre. In anderen Teilen hat die unkontrollierte Entleerung der Grundwasserleiter, die kurzsichtige Ausbeutung der Wasserreserven zu einer Erschöpfung derselben geführt. Was das Ganze noch schlimmer macht, ist ein heilloses Gesetzeswirrwarr und eine Reihe von Richtlinien aus einer Zeit, als die natürlichen Ressourcen noch unbegrenzt zu sein schienen. Nur allzu bekannt ist die Regel nach dem Motto »use it or lose it« – nutzen oder verlieren, was Landbesitzer dazu nötigt, ihre natürlichen Wasservorkommen auch ja restlos zu nutzen, um nicht Gefahr zu laufen, etwas davon zugunsten eines anderen einzubüßen.

Theoretisch verfügen die Vereinigten Staaten über mehr als 9000 Kubikmeter Wasser pro Kopf und Jahr. Das ist mehr als ein Fünffaches des Wasseraufkommens der Länder mit »angespannter Wasserlage«. Dennoch gibt es auch in den USA Wassermangel. Die förderbaren Flüsse sind praktisch allesamt aufgestaut, schon heute wird mehr Wasser von da nach dort umgeleitet als in irgendeinem anderen Land der Welt, leichtfertig und unbesonnen wurden große Feuchtgebiete trockengelegt. Aber es gibt auch positive Entwicklungen: In manchen Orten ist die Nachfrage merklich zurückgegangen, zum Beispiel in Boston. Zudem hat sich verstärkt ein Bewusstsein für die Belange der Umwelt entwickelt; so auch für die Funktionen, die Flüsse im natürlichen Wasserkreislauf erfüllen, und daraus folgend auch für die Wiederherstellung zerstörter Feuchtgebiete. Die Renaturierungsbemühungen in Florida verdienen hier ganz besondere Erwähnung.

Der am stärksten benachteiligte Teil des amerikanischen Kontinents sind die Karibischen Inseln. Viele der Inseln sind zu klein für natürliche Flüsse und folglich gibt es dort auch keine Wasserspeicher. Mit einem äußerst dürftigen Wasseraufkommen von nur 190 Kubikmetern pro Person ist die Lage in Barbados am heikelsten. Es folgen Haiti mit einem potenziellen Wasservorrat von 1540 Kubikmetern pro Person, dicht dahinter Jamaika, Kuba, die Dominikanische Republik und El Salvador. In Haiti, Honduras und Nicaragua hat nicht einmal die Hälfte der Bevölkerung Zugang zu sauberem Trinkwasser.

Mexiko ist ein relativ trockenes Land mit einem potentiellen Wasservorrat von etwas mehr als 4000 Kubikmetern pro Person. Teile Mexikos waren schon immer Wüstenland, doch breiten sich diese Gebiete immer weiter über den ganzen nördlichen Teil des Landes aus – infolge von Wassermissbrauch. Auch in weiten Teilen der Vereinigten Staaten werden die vom Menschen verursachten Wüsten immer größer, so etwa im Südwesten von Utah und Oklahoma, in Teilen Südkaliforniens, in der Südhälfte Arizonas, fast in ganz New Mexico, im Westen von Texas und im Süden von Nevada. Die übrigen Böden in diesen Regionen versalzen rapide und sind nicht mehr urbar zu machen, selbst wenn es genügend Wasser dafür gäbe. Der Versalzungsgürtel reicht von Teilen der kanadischen Präriegebiete (hauptsächlich Manitoba, Saskatchewan und Südalberta) über die High Plains bis zur Mündung des Rio Grande.

Die Wasserverschmutzung durch Industrien ist im Großen und Ganzen ein nordamerikanisches und kanadisches Problem. (Mit Ausnahme der Region um Havanna. In der kubanischen Hauptstadt sind die Strände bei weitem nicht so sauber, wie das die sonnigen Strände auf den Werbeplakaten für Touristen glauben machen wollen.) Die Great Lakes sind heute zwar sauberer als früher – im Lake Erie ist neuerdings auch wieder Fischfang möglich –, doch nach wie vor gelangt der Abfluss aus Landwirtschaft und Chemieindustrie in die Staubecken und es finden sich gesundheitsgefährdende Schwermetallkonzentrationen. Am meisten belastet sind folgende Seen und Regionen: Lake Michigan, südlicher Lake Huron, die Südausläufer der Georgian Bay, Lake Erie, Lake Ontario, der Unterlauf des Sankt-Lorenz-Stroms, die nördliche Küste von Maine, der Küstenstreifen von Georgia nach Boston, Puget Sound, San Francisco Bay sowie die Küste von Los Angeles nach Ensenada in Mexiko.

Dutzende von Städten leiten noch immer ungeklärte Abwässer in Gewässer ein. So gelangen in New York große Niederschlagsmengen zusammen mit Abwässern über Rohrleitungen in den Hudson River; dessen ungeachtet wollen die Stadtväter in der Gegend um Lower Manhattan Badestrände anlegen. Die beiden kanadischen Provinzhauptstädte, Halifax in Nova Scotia und Victoria in British Columbia an der gegenüberliegenden Küste verfügen beide über keinerlei Abwasseraufbereitungsanlagen.[2]

Südamerika ermittelt einen Jahresdurchschnitt von erstaunlichen 34 960 Kubikmetern Wasser pro Person und Jahr bei einer Bevölkerung von 296 Millionen Menschen. Allerdings sind diese Zahlen irreführend, denn sie gründen auf dem Wasserreichtum des Amazonasgebiets. Der Amazonas ist der wasserreichste Strom der Erde und das Amazonasbecken das weltweit größte Regenwaldgebiet, das größte und wichtigste Biotop für die unterschiedlichsten Organismen unseres Planeten. Doch das Gebiet schrumpft, wenn auch erfreulicherweise nicht ganz so schnell wie befürchtet. Der amerikanische Vizepräsident Al Gore ließ 1994 verlautbaren, dass zwanzig Prozent des Regenwaldes bereits abgeholzt sind und auch weiterhin jährlich 80 Millionen Hektar Urwald gerodet würden. Nach aktuellen Angaben scheinen jedoch »nur« neun Prozent entwaldet zu sein. In den achtziger Jahren wurden jährlich schlimmstenfalls 21 Millionen Hektar abgeholzt und bis zum Jahr 1998 sollen nur mehr 10 Millionen Hektar entwaldet worden sein. Die Grünen lassen sich in ihren Ansichten durch diese berichtigten Zahlen allerdings nicht beschwichtigen – sollten sie auch nicht –, denn jegliche Abholzung dieser lebenswichtigen Schatzkammer der Welt ist unverantwortlich.

Paraguay ist das einzige südamerikanische Land, wo nicht einmal die Hälfte der Bevölkerung Zugang zu sauberem Trinkwasser hat. Peru ist mit einem potentiellen jährlichen Wasseraufkommen von knapp 1700 Kubikmetern pro Person am schlimmsten dran, im kleinen Surinam hingegen sieht die Lage am besten aus. Das ausgesprochen dünn bevölkerte Surinam mit nur 420 000 Menschen schwimmt regelrecht in einer Wassermenge von 468 000 Kubikmetern pro Einwohner.

Zu den größten Seen auf dem Kontinent zählen der Maracaibosee in Venezuela mit einer Größe von 13 338 Quadratkilometern, der Titicacasee in Peru und Bolivien mit 9288 Quadratkilometern, der Poopósee in Bolivien, ein 2590 Quadratkilometer großer Salzsee und der Lago Buenos Aires mit 2240 Quadratkilometern, dessen Wasser sich Chile und Argentinien teilen. Die trockensten Gebiete und die Zonen, wo die Desertifikation rasant voranschreitet, erstrecken sich in einem ausgedehnten Streifen vom Titicacasee in Peru bis zum Poopósee in Bolivien sowie auch über weite Teile im nordwestlichen Argentinien, östlich von Mendoza. In den Anden Perus und im Norden Chiles gibt es zahlreiche Gegenden, wo das Land unter der vom Menschen herbeigeführten Bodenversalzung leidet. Patagonien in Südargentinien und Atacama in Nordchile sind die beiden größten Wüsten auf dem südamerikanischen Kontinent.

Die Verschmutzung von Wasserläufen nimmt bedrohliche Ausmaße an. Besonders betroffen sind der Maracaibosee und der Golf von Venezuela wie auch das Mündungsgebiet des Rio Magdalena in Kolumbien oder der Golf von Guayaquil in Ecuador, die Bahía Blanca in Argentinien, der Mündungstrichter des Rio de la Plata zwischen Argentinien und Uruguay, die Küste südlich von São Paulo und um Rio de Janeiro sowie der Küstenstreifen bei Recife. Doch der größte Umweltverschmutzer auf dem Kontinent ist Brasilien. Der »Cowboy-Kapitalismus« der brasilianischen Innenpolitik und die ausgeprägte Abneigung der Brasilianer, sich an Vorschriften der korrupten Regierungsbeamten zu halten, haben zu einer enormen Verschmutzung der Gewässer mit chemischen Schadstoffen und industriellen Abwässern geführt, die nur noch von Osteuropa und Teilen Chinas überboten wird. Noch immer werden Jahr für Jahr mehr als 130 Tonnen Quecksilber aus der Goldminenindustrie an die Ufer des Tapajos geschwemmt. Und dass eine Studie aus dem Jahr 1994 ein Massenauftreten von Missbildungen bei Neugeborenen sowie schwere Fälle von chemischen Vergiftungserscheinungen bei Erwachsenen enthüllte, kommt wohl nicht von ungefähr.[3]

In Afrika ist das verfügbare Wasseraufkommen bedenklich niedrig. Es beträgt 6460 Kubikmeter pro Kopf bei einer Bevölkerung von 650 Millionen Menschen, und selbst dieser geringe Betrag ist geschönt durch die Wassermengen des Kongo und der feuchtheißen Tropengebiete. In Afrika befinden sich die größte Wüste der Welt, die Sahara, die 8 600 000 Quadratkilometer Fläche einnimmt, sowie drei weitere große Wüsten, die Libysche Wüste (eigentlich ein Ausläufer der Sahara), die Kalahariwüste und die Küstenwüste Namib. Und diese Wüsten werden immer größer, besonders in der Sahelzone, dem südlichen Randgebiet der Sahara, aber auch in den nördlichen Randzonen in Marokko, Algerien und Libyen. Auch an der Mündung des Senegal und in Somalia im Umland von Mogadischu schreitet die Desertifikation fort. Ein erschreckend großer Dürrestreifen zieht sich auch durch die südlichen Länder Afrikas – er reicht vom Nordwesten Mosambiks über weite Teile Simbabwes hinweg und hinein in nordwestliche Teile Südafrikas und zieht sich im Westen des Oranje-Freistaats entlang, durch die Große Karoo bis an die Westküste nördlich von Kapstadt.

Heute sind ganze 22 afrikanische Länder nicht mehr in der Lage, wenigstens die Hälfte ihrer Bevölkerung mit sauberem Trinkwasser zu versorgen: Guinea-Bissau, Guinea, Sierra Leone, Sao Tome und Principe, Mali, Niger, Nigeria, Kamerun, Kongo, die Zentralafrikanische Republik, Angola, Lesotho, Swasiland, Burundi, Mosambik, Madagaskar, Uganda, Kenia, Äthiopien, Somalia, Dschibuti und Eritrea. Die Wasserverschmutzung ist am schlimmsten entlang des Golf von Suez und im Nildelta, im Umland von Maputo in Mosambik und um Tunis. An der Mündung des Kongo ist die Verschmutzung ebenfalls sehr groß wie auch entlang der meisten Küsten Südafrikas, im Norden Tansanias bis zur Ungamabucht in Kenia, in Dschibuti, am Golf von Akaba und am Golf von Suez und auch, wie bereits zuvor erwähnt, an den Mittelmeerküsten.

Einige der größten Seen der Welt befinden sich in Afrika. Darunter der Viktoriasee mit 69 484 Quadratkilometern, dessen Wasser sich

Kenia, Tansania und Uganda teilen; der Tanganyikasee mit 32 893 Quadratkilometern, den sich Burundi, Tansania, Kongo und Sambia teilen; der Malawisee (Njassasee) mit 29 600 Quadratkilometern, den sich Mosambik, Malawi und Tansania teilen. Der Tschadsee, den sich Kamerun, Tschad, Niger und Nigeria teilen, war einst über 20 000 Quadratkilometer groß, doch war er Anfang der achtziger Jahre bereits auf 17 806 Quadratkilometer geschrumpft. Und er schrumpft weiter, enorm schnell.

Die für Asien ermittelten Durchschnittswerte (Gesamtbevölkerung: 3 Milliarden Menschen, verfügbarer Wasservorrat: 10 114 Kubikkilometer) geben einmal mehr Anlass zur Besorgnis. Einige Länder wie etwa Laos verfügen über mehr als 55 300 Kubikmeter Wasser pro Person und Jahr. Andere wiederum, wie das hoch industrialisierte Japan beispielsweise, müssen mit nur 4400 Kubikmetern pro Person und Jahr auskommen. Krisenländer sind China, Indien und Pakistan, deren Einwohner zusammengenommen mehr als zwei Milliarden der Gesamtbevölkerung stellen. Dort bietet sich ein weitaus erschreckenderes Bild: China hat jährlich nur knapp 2295 Kubikmeter Wasser pro Person zur Verfügung, und das auch nur größtenteils im Süden; Indien verfügt mit 2240 Kubikmetern sogar über noch weniger. Die Wasser des Ganges und Indus im Norden sind überlebensnotwendig für das Land; Pakistan ist mit weniger als 200 Millionen Menschen und einem Wasseraufkommen von jährlich 3435 Kubikmetern pro Kopf etwas besser dran. In Afghanistan, Bangladesch, Bhutan, Kambodscha, Indien, Indonesien, Laos, auf den Malediven, in Myanmar (Birma), Nepal, Pakistan, Sri Lanka, Thailand und Vietnam haben weniger als die Hälfte der Bevölkerung Zugang zu sauberem Wasser.

Die innerasiatische Region zählt zahlreiche Wüsten, darunter auch die größte und eine der ältesten der Welt – die Wüste Gobi. Sie umfasst eine Fläche von 1 295 000 Quadratkilometern zwischen der Mongolei und China. Die Wüsten Takla Makan und Mu Us im Nordwesten Chinas sowie Thar in Indien und Pakistan sind ebenfalls erwähnenswert. Warum sich diese Wüsten allem Anschein nach ausdehnen, ist unklar, doch geht man davon aus, dass sich die

Desertifikation über ausgedehnte Strecken vollzieht. Angefangen im westlichen Iran verläuft ein Wüstenstreifen in großem Bogen durch Pakistan, Afghanistan, Turkmenistan, Usbekistan, Kasachstan, Tadschikistan, Kirgisistan bis nach Westchina und geht in einem breiten Streifen weiter bis in den Norden von Beijing. Von der fortschreitenden Desertifikation sind weitere Gebiete betroffen – die Gegenden am östlichen Wüstenrand der Großen Indischen Wüste, der Süden und Westen Delhis bis ans Meer sowie zwei Regionen nördlich von Lahore.

Was Asien anbelangt, so gibt China mit der sich dort abzeichnenden Wasserverknappung am meisten Anlass zur Besorgnis. Ob das Wasser ausreichen wird, um genügend Nahrungsmittel für die Menschen zu erzeugen, ist die große Frage überhaupt. Überdies gibt es ein ewiges Tauziehen um die Wasser des Ganges und Indus im Norden Indiens und widerstreitende Wasseransprüche um den Mekong, den größten Fluss in Südostasien. Die Wasserverschmutzung asiatischer Gewässer ist am größten an den Küsten Chinas, Bombays und Malabars, an der Küste von Madras und Kalkutta, am Gangesdelta, am Golf von Martaban, in Myanmar (Birma), in allen Gewässern um Singapur, Jakarta, Manila, Hongkong und Schanghai, am Südzipfel Koreas, in Großteilen Japans, von Tokio nach Süden bis Kitakyushu sowie an der Westküste.

Die meisten Hydrologen werfen den Nahen und Mittleren Osten (die Levante, die arabische Halbinsel, Iran und Irak sowie den Osten der Türkei) in einen Topf mit Asien. Doch so unterschiedlich die politischen Systeme der Länder sind, so wenig vergleichbar sind auch deren Wasserprobleme. Am allerdeutlichsten wird das an den ständigen Spannungen und Konflikten zwischen Israel und seinen Nachbarstaaten um das Wasser des Jordangebiets oder an der Rolle der Türkei als stromaufwärts gelegener Wasserversorger für Irak und Syrien. Die Region im Euphrat- und Tigrisbecken wird von etwa 190 Millionen Menschen bevölkert, allein 60 Millionen davon leben in der Türkei. Das verfügbare Wasservolumen der Region, das sich drei Länder aufteilen, beträgt 370 000 Kubikkilometer. Bahrain und Kuwait hingegen verfügen über kein eigenes Wasser.

Am anderen Ende der Skala liegen der Irak mit einem Wasservolumen von 5430 Kubikmetern pro Kopf und Jahr, Syrien mit 3780 Kubikmetern und die Türkei mit 3174 Kubikmetern, der Libanon mit 1854 Kubikmetern, der Iran mit 1719 Kubikmetern, Israel mit 389 Kubikmetern und Jordanien mit 318 Kubikmetern. Drei der größten Seen der Region liegen in der Türkei, der Vansee, der Tuz-Gölüsee und der Bey Sehir. Das Tote Meer, der größte See in der Levante, hat einen höheren Salzgehalt als die Ozeane, das Wasser ist ohne kostspielige Aufbereitung also nicht nutzbar.

Die Region ist arid: die Syrische Wüste, die Arabische Wüste und die Rub el Khali (die Große Arabische Wüste) bedecken annähernd 3,25 Millionen Quadratkilometer Fläche. Es gibt untrügliche Zeichen für ein Ausbreiten dieser Wüsten. Am deutlichsten sichtbar wird das im Süden der mittleren Türkei und entlang des Euphrat-Tigris-Flussgebiets bis hinunter in den Irak und an den Persischen Golf sowie auf einer weiten Strecke von Jordanien durch Syrien.

Die Verschmutzung ist am größten im Roten Meer bei Mekka, entlang der israelischen Küste, am Bosporus, im östlichen Schwarzen Meer, an der Mündung des Kura in Aserbaidschan und an der Mündung des Euphrat.

Wie ist die Lage in Ozeanien – in Australien, Neuseeland, auf den Fidschi-Inseln, in Papua-Neuguinea und auf den Salomon-Inseln? Die Bewohner Papuas haben Wasser im Überfluss, nahezu 186 000 Kubikmeter entfallen auf jeden Einzelnen der 320 000 Inselbewohner. In Neuseeland sieht es mit 91 000 Kubikmetern pro Person und Jahr auch nicht viel schlechter aus. In Australien sind es hingegen nur knapp mehr als 19 000 Kubikmeter pro Person.

Australien ist mit 4,7 Millionen Quadratkilometern Fläche das sechstgrößte Land der Welt. Zudem ist es das trockenste bewohnte Gebiet der Erde. Weltweit hat es die wenigsten Süßwasserflüsse, die niedrigste Abflussmenge und das kleinste Areal mit dauerhaften Feuchtgebieten. Doch ist Australien nicht so unfruchtbar und auch nicht so dürr und wüstenhaft wie die Sahara. Selbst im Landesinneren, in der Gegend um den Eyresee, fällt Jahr für Jahr eine durchschnittliche Niederschlagsmenge von 20 Zentimetern. Des Weiteren gibt es relativ viel Baumbestand und eine große Menge an Strauch- und Buschwerk – wie etwa trockenresistente Akazien und Eukalyptusbäume – und selbst in den trockensten Gegenden wächst noch irgendetwas, für gewöhnlich der Spinifex, eine australische Grasart. Allerdings gibt es keine dauerhaft Wasser führenden Süßwasserseen, sodass das Grundwasser für die meisten Australier die einzig nutzbare Wasserquelle überhaupt darstellt. Insofern verwundert es auch nicht, dass Australien mehr Wasser pro Kopf in Staubecken und Staudämmen speichert als irgendein anderes Land. Die Landwirtschaft ist dabei mit 70 Prozent des Gesamtwasserverbrauchs der Spitzenreiter – in Australien gibt es ausschließlich bewässerte Landwirtschaft.[4]

Bis in die neunziger Jahre war man darauf aus, so viel Wasser wie möglich zu gewinnen und scherte sich herzlich wenig um die ökologischen Folgen. Dass auch andere landesweite Aktionen, wie etwa die Abholzung der Wälder, das Wasserrückhaltevermögen der Böden stark beeinträchtigt hat, ist erst neuerdings ins öffentliche Bewusstsein gedrungen. (Australien hat die Entwaldung in einem so verheerenden Ausmaß betrieben, wie es nur noch von Brasilien übertroffen wird. In den fruchtbareren Regionen, wie beispielsweise im nördlichen New South Wales und im Weizengürtel im südwestlichen Westaustralien, sind die Wälder sogar völlig verschwunden.) Die Desertifikation schreitet im südlichen Queensland rasch voran, zieht sich bis ins nördliche New South Wales und ist auch in der östlichen Randzone der Simpsonwüste, im südwestlichen Queensland und bis hinein in das nordöstliche Südaustralien nicht aufzuhalten.

Die Verschmutzung der Gewässer im Landesinneren ist noch als minimal zu bezeichnen, an den Küsten in Melbourne und Sydney hingegen ist sie beträchtlich. Andere Küstenregionen, unter anderem auch bei Perth und Brisbane, sind weniger belastet.

Im intensiv bewirtschafteten Murray-Darlingbecken im Südosten Australiens hat die maßlose und unkontrollierte Wasserförderung in den achtziger Jahren eine zunehmende Versalzung des Grundwassers und eine Besorgnis erregende Algenblüte verursacht. Voller Sorge beschäftigte sich 1993 der Aufsichtsverwaltungsrat des Murray-Darlingbeckens mit diesem Zustand. Nachdem eine Überprüfung der Süßwasserressourcen einen Rückgang der einheimischen Fischbestände, die Schrumpfung der Feuchtgebiete und eine anhaltende Versalzung ergeben hatte, setzte der Verwaltungsrat 1995 weiteren Flussumleitungen ein Ende. Diese Verfügung war insofern erstaunlich, da sich das Becken über vier australische Staaten mit jeweils unterschiedlicher Wasserpolitik erstreckt, welche allesamt noch heute untereinander verstrickt sind in Abmachungen und Regelungen aus geschichtlicher Vergangenheit wie etwa dem postkolonialen Abkommen, wonach South Wales und Victoria dem Staat Südaustralien eine gewisse Wassermindestmenge zusichern.

Kapitel 4

Die Wassernutzung im Spiegel der Geschichte

Für die Menschen im Altertum mag die allen Dingen innewohnende Kraft göttlichen Ursprungs gewesen sein, die den Dingen innewohnenden Möglichkeiten waren dagegen äußerst weltlich nutzbar. Schon damals gelang es den Menschen, Kenntnisse und Fertigkeiten von allerhöchster Art zu erwerben. Das Wasser der Flüsse und Seen wurde benutzt, um Felder zu bestellen, den Boden zu bewirtschaften und Pflanzen anzubauen; es galt aber auch als wirksames Druckmittel im Krieg und als geschicktes und sicheres Versteck für Erbeutetes. Sicher, nichts von alldem bewahrte die Kulturen der Antike vor dem Niedergang, viele waren der eigenen Selbstüberhebung zum Opfer gefallen oder starben an den Folgen von Kriegen, Dürre und Wassermangel.

Mit der Neuzeit wurde ein neues Kapitel in der Geschichte aufgeschlagen. Die zunehmend kontroversen Auffassungen über Wasserrechte zwischen dem Einzelnen und dem obersten Volksstaat machten eine gesetzliche Regelung unumgänglich.

Unter meinen Notizen, die ich mir aus allerlei Textquellen über die Jahre zusammengestellt habe, ist auch der folgende Passus über den Sadd-el-Kafara-Staudamm. Die Information stammt aus einer verlässlichen Quelle, der *Encyclopaedia Britannica*: »Terrassenkulturen, einige davon über 3000 Jahre alt, finden sich in vielen Teilen Kleinasiens, Europas, Afrikas, Asiens und in den Anden Südamerikas. Frühe städtische Kulturen waren allesamt angewiesen auf Gräben, Kanäle und Aquädukte, wovon viele so konzipiert und gebaut waren, dass das Wasser aus jahreszeitlich bedingten Überschwemmungen aufgefangen und kontrolliert auf die Felder geleitet wurde. Einige Terrassenanlagen waren von beträchtlichem Ausmaß: Ein Damm, der ungefähr im 3. Jahrtausend v. Chr. unterhalb des heutigen Kairo, bei Sadd-el-Kafara, errichtet worden war, bestand aus hunderttausenden von Tonnen an Erde und Gestein. In der iranischen Wüste finden sich dreitausend Jahre alte ›Qanats‹ (horizontale Brunnenschachtsysteme), wovon einige noch heute in Betrieb sind.«

Während eines Aufenthalts in Tansania lernte ich durch Zufall einen Archäologen kennen, der Prosa schrieb, in einem Stil, der hölzern, steif und im Grunde geistlos war. Das wusste er auch und fand es zum Verzweifeln, denn eigentlich wollte er damit sein leidenschaftliches Interesse für frühe Kulturen anderen weitergeben. Doch das, was er zu Papier brachte, hatte auf seine Promotionsstudenten die immer gleiche einschläfernde Wirkung. Ich traf ihn in seinem Zelt an, auf der steinigen Erde des Great Rift Valley hockend, unweit des Ngorongorokraters, nahe der Olduvai-Schlucht. Es ist einer jener Orte auf der Welt, der seltsam beklemmende Gefühle hervorruft. Ganz in der Nähe finden sich bei Laetoli die berühmten Fußspuren von zwei Erwachsenen und einem Kind, versteinerte Abdrücke unserer Vorfahren aus frühester Urzeit, die sich dort vor Jahrmillionen in die feuchte Vulkanasche tief eingedrückt haben, hinterlassene Spuren, welche die Nachwelt noch vor ein dunkles Rätsel stellen sollten. Witman, so hieß der Archäologe, war schon seit über sieben Jahren in dieser Gegend. Finanziell unterstützt wurde er von einer Universität in Deutschland und durch Stipendien amerikanischer Stiftungen, die er im Laufe der Jahre ergattern konnte. Als ich ihn dort im Zelt sitzen sah, hatte er den Kopf in die Hände gestützt und starrte trübsinnig auf einen Block, der vor ihm lag. Die Seiten waren leer. Ich fing an zu lachen. Ein leeres Blatt Papier ist etwas, was jeder Schreiberling nur allzu gut kennt.

Eine Zeit lang sagte er keinen Ton. Dann sprang er plötzlich hoch und stürmte hinaus. »Komm mit«, sagte er und stapfte mit langen Schritten in den Busch davon.

Ich sah meinen Begleiter, der mich hierher gebracht hatte, fragend an. Er gehörte einem Stamm aus der Region von Daressalam an, sprach aber Suaheli. Doch der zuckte nur mit den Schultern, zog die Brauen hoch und sagte: »Dann mal los.«

Wir erreichten Witman am Fuß eines steinigen Hanges. Er hatte sich weiter oben auf einen wackeligen Stein gesetzt, wippte und schaukelte ein wenig.

Dann zeigte er nach links, wo der Hang in die Ebene abfiel. »Da drüben«, sagte er, »ungefähr 50 Meilen weiter, da ist der Manyarasee. Und von dort noch ein Stück weiter hinauf liegt der Mosquito River. Der ist neu, soweit ich weiß. Vor ein paar Jahrhunderten gab es den noch nicht. Es gab hier keine Flüsse, aber es gab Wasser, dort oben auf dem Plateau. Dort.« Er beugte sich etwas vor, riss mit einem Ruck den Arm nach oben und zeigte auf einen Gipfel, den wir allerdings nicht sehen konnten. »Was also taten die Leute hier? Ackerbau und Viehzucht?«

Er kletterte den Hang weiter nach oben und hieß uns, ihm zu folgen. Er hatte die Kuppe beinahe erreicht, da hielt er an. »Schaut. Da ...« Er zeigte auf seine Füße. Die standen in einer flach ausgehöhlten Steinfurche, die kerzengerade über die Kuppe in einer leichten Neigung abwärts verlief. »Das hier sind Bewässerungsgräben. Am Fuß des Hanges waren kleine, mit Steinwällen begrenzte Felder angelegt, auf denen Sorghum angebaut wurde. Welch ausgefeilte Technik! Welche Präzision! Manche dieser Felder sind riesengroß, andere wiederum nicht einmal einen Quadratmeter! Stellt euch doch nur mal die große Not vor, die die Menschen zwang, das Land in immer kleinere Parzellen aufzuteilen, nach ganz ähnlichen Grundmustern. Das hier diente als Bewässerungssystem. Weiter oben gibt es noch besser erhaltene, aber diese hier sind viel älter, sehr viel älter. Wir haben noch nicht genau herausgefunden, wie alt genau.«

»Ja und wo liegt das Problem?«, fragte ich.

»Hier lebten Bauern, möglicherweise vor einem Jahrtausend oder mehr, hier in dieser ariden Region, die auch damals schon arid war, ein Volk von hoher Kultur mit Dörfern, Gesetzen, einer Regierung und Oberhäuptern … Was ich damit sagen will ist, dass es so spannend ist, sich diese Leute vorzustellen, dieses verschwundene Volk aus längst vergangener Zeit, sich hineinzuversetzen in ihre Köpfe und Gedanken, sich ihr ganzes Leben vorzustellen … Und dann schreibst du es auf und es wirkt so hohl und geistlos … ›Ach, tatsächlich, Steinwälle gibt es da an den Hängen?‹, bekomme ich zu hören. ›Ist ja unglaublich, sagenhaft, aber halt keine Pyramiden.‹«

»Gut, aber du schreibst ja für Studenten und Gelehrte und kein Drehbuch«, sagte ich und zeigte damit wenig Mitgefühl. Seine Vorstellungskraft bewunderte ich wahrlich, aber nicht das, was ich später auf dem Papier sah – seine Prosa.

Ich ging zurück und sah mir noch einmal die steinernen Bewässerungskanäle an, die die Menschen vor Urzeiten gebaut hatten. Keine Pyramiden, nein, doch das bautechnische Können und Geschick war durchaus beachtlich. Ich versuchte mir diese Menschen vorzustellen, wie sie sich dereinst abplagten, diese Steine den Hang hinaufrollten, Gräben zogen, Terrassen anlegten. Wer mag wohl die Aufsicht über all die Arbeiten geführt haben, wer war derjenige, der die Vision hatte, der das alles vor seinem geistigen Auge sah, der bauleitende Sachverständige? Was war das wohl für ein Mensch, der sich vorstellen konnte, Wasser an einen Ort zu befördern, wo eigentlich von Natur aus gar kein Wasser hinkommen konnte? Oberhalb des Rift war ein Geologe, John Sutton, auf weitere solcher Kanäle gestoßen. Sutton forschte in einer ähnlich ländlichen Gegend wie Witman. Auch dort war das Land eigentlich zu trocken, um Landwirtschaft zu betreiben, doch entsprangen ein paar Flüsse in den etwas fruchtbareren Crater Highlands. Und diese Flüsse hatte man auch schon vor hunderten von Jahren nutzbar gemacht. Das Wasser wurde durch noch längere steinerne Kanalsysteme geleitet, die geschickt eingedämmt, eingelassen und sorgfältig gepflegt wurden und sogar heute noch wunderbar erhalten sind. Einige davon reichten mehr als 5 Kilometer weit und leiteten das Wasser auf kleine mit Steinmauern eingefasste Parzellen, die ein Areal von mehr als 2000 Hektar umfassten.[1] Wie die Kultur, über die Witman forschte, war auch diese einfach verschwunden, vielleicht weil das Nomadenvolk der Massai in das Gebiet vorgedrungen war, vielleicht weil die Bevölkerung zugenommen hatte und dadurch die Ressourcen überbeansprucht wurden, vielleicht auch weil durch das Abholzen von Bäumen für Feuerholz die Flüsse so sehr Schaden genommen hatten, dass sie am Ende austrockneten.

Doch wer hatte diese Kanalsysteme erbaut? Noch einmal versuchte ich mir ein Bild zu machen und ärgerte mich dabei über mein Unvermögen (und das unserer heutigen Gesellschaft im Allgemeinen). Wir können einfach nicht lassen von der albernen Vorstellung, dass die Menschen des Altertums »primitiver« waren als wir heute, nur weil sie vor langer Zeit lebten und andere Glaubensvorstellungen hatten. Und dennoch, immer wieder versetzen uns die Zeugnisse der frühen Kulturstufen, die genaue Planung, die Erfindungsgabe und die sinnreichen und klug durchdachten Konstruktionen in Erstaunen. Eigentlich, so dachte ich weiter, gehört es sich ganz und gar nicht für eine Kultur, in der eine ganze Reihe von Menschen an eine Entführung durch Außerirdische glaubt (und wo unlängst eine Frau von einem amerikanischen Gericht des versuchten Mordes angeklagt wurde, weil sie einen Wahrsager damit beauftragt hatte, einen Feind mit einem Fluch zu belegen), ein geringschätziges Urteil über den Geister- und Wunderglauben alter Kulturen zu fällen – schon gar nicht, da deren volkstümliche Bräuche und Sitten offenbar wunderbar einhergingen mit ausgezeichneten technischen und organisatorischen Fähigkeiten. Darius der Große, König von Persien, ein Herrscher, der berühmt war für seine monumentalen Bauprojekte und seine Fähigkeiten im administrativen Bereich, hat Konstruktionen zur Erschließung neuer Wasserquellen angeregt, indem er »fünf Generationen lang« Steuerfreiheit auf die Erträge zusicherte, die sich aus dem Bau neuer Brunnenschachtanlagen ergaben – ein frühes Beispiel dafür, wie eine Regierung die Wirtschaft ankurbeln kann, indem sie Unternehmer subventioniert. Nach dem Motto »plus ça change« Wasser als wirtschaftliches Gut zu betrachten, darin liegt ein erster Lösungsansatz auch für die Probleme in der heutigen Zeit; Dareios löste die Schwierigkeiten damals schon mit praktischem Sinn und gesundem Menschenverstand.

Was volkstümliche Kunst im Laufe der Zeit zum Thema Wasser so alles hervorgebracht hat, ist sehr interessant. Wasser ist ein so unentbehrliches Gut, der Mittelpunkt allen Lebens, dass es eigentlich nicht überrascht, dass ihm eine ganz besondere Bedeutung beigemessen wurde, die auch in den spirituellen Bereich hineinreichte. In einer Welt, wo Götter allen Dingen innewohnten, beseelten sie mit ziemlicher Sicherheit auch das Wasser. Und es ist immer wieder interessant zu sehen, wie sich auch Politik und Religion überschneiden, sobald es um das Thema Wasser geht.

Spring up, O well,
Sing ye to it
thou well dug by princes
Sunk by the nobles of the people
With the sceptre, with their staves
Out of the desert, a gift …

(Sprudel hervor, o Brunn'
So singet ihm zu
Du Brunn', von Prinzen gegraben
von Edelmännern geadelt
mit Zepter und Stäben
Aus der Wüste kommst du, ein Geschenk …)

Dieses Lied aus den alten jüdischen Apokryphen, bezieht sich auf einen Brauch, nach dem ein neuer Brunnen zunächst verhüllt wurde, um dann im Beisein des Stammesführers auf wundersame Weise wieder enthüllt zu werden und als gemeinschaftliches Eigentum dem gesamten Klan übergeben zu werden. In der heutigen Zeit wären wir wohl viel zynischer: Wenn heute bei Einweihungszeremonien medienwirksam ein Band zerschnitten wird, unterstellen wir gerne den Politikern, die dieses Spektakel inszenieren, Falschheit und Heuchelei.

Die Heilige Schrift ist voll von Geschichten, die von Wassermangel unter den Völkern Mesopotamiens und des Nahen Ostens erzählen, eine Not, die auch schon zu biblischen Zeiten nicht neu war.

Im Buch der Propheten wird den Gläubigen aufgetragen, das Wasser mit all denen zu teilen, die dessen bedürfen – was zu den grundlegenden menschlichen Pflichten gegenüber Fremden gehört.

Auch die Erde wurde erschaffen, indem Gott die Wasser der Meere von den Wassern der Luft teilte. Im Koran sagt Gott: »Haben die Ungläubigen nicht gesehen, dass die Himmel und die Erde in einem einzigen Stück waren, dann zerteilten wir sie? Und wir machten aus Wasser alles Lebendige«. Gott ist der Quell der Erquickung ... Die Federfuchser unter den Exegeten behaupten, dass es mehr als zweihundert Bibelstellen mit Bezug auf Wasser, Quellen oder Oasen gibt, und ich wüsste nicht, warum ich daran zweifeln sollte. Auch der Name »Moses« bedeutet ja im Hebräischen »aus dem Wasser gezogen«.

Die Gnostiker betrachteten Wasser als das wichtigste Element und dies war später auch im Judentum zu spüren. Judah ben Pazi, der die Weisheit des Rabbi Ismael unters Volk brachte, führte die Worte des weisen Mannes im Munde: »Am Anfang bestand die Welt aus Wasser im Wasser; das Wasser verwandelte sich in Eis und das Eis wandelte Gott zu Erde. Die Erde selbst jedoch ruht auf den Wassern, und die Wasser auf den Wolken.«

Die Miriamquelle, die jüdischen Wanderern durch den Sinai Quell des Lebens war, liegt angeblich in den dunklen Tiefen des Sees Genezareth (tatsächlich könnte sich dieser einmal von Eilat bis ins Tote Meer erstreckt haben). Isaac Luria, Mystiker der Kabbala, fühlte in seinem Innersten, dass im Wasser der Miriamquelle die Kraft der kosmischen Energie lebt; all jenen, die eintauchten in diese Wasser, würde sich die Glaubenswahrheit offenbaren und eine nie versiegende Kraft der Erinnerung verheißen.

Die Moslems glauben, dass der Felsendom in Jerusalem Gott näher ist als irgendein anderer Ort der Erde, und dass unter dem Dom alles Süßwasser der Erde seinen Ursprung hat.

Die Kulturen des Altertums hatten die gleiche Vorstellung. Eine Gottheit der Ägypter, Hapi, wurde häufig mit zwei vollen Brüsten dargestellt, aus der einen floss der nördliche Nil, aus der anderen der südliche. Der Gott Nun (oder Nu) symbolisierte das Chaos (Zustand des Weltanfangs vor der Scheidung und Ordnung der Elemente, Anm. d. Übers.), den Urozean, den Keim aller Dinge und allen Seins. Er war der »Urvater der Götter« und wurde gelegentlich als menschliches Wesen dargestellt, das bis zur Taille im Wasser steht, die Arme nach oben streckt, um die Götter zu stützen, die aus ihm hervorgegangen sind.[2] Ein Gott der Sumerer, Aspu, war der Herrscher über die »Süßen Wasser«; Ea von Mesopotamien, der Gott des Wassers, erbaute seinen Palast am Fruchtbaren Halbmond, dort, wo sich Euphrat und Tigris vereinigen; Gilgamesch pflanzte den »Baum des Lebens« am selben Ort. Für die Babylonier war Wasser der Urquell allen Lebens; sie glaubten, dass die Erde aus dem Wasser heraus entstanden und Wasser das belebende Element aller Schöpfung sei. »Die Himmel werden verschlossen und kein Regen wird je fallen« – so lautete damals der Fluch der rachsüchtigen und grausamen Götter.

Götter lebten in Brunnen, Bächen und Flüssen, Seen und Meeren. Die Götter des Wassers waren die Herrscher über den Regen; blieb der Regen einmal aus, so glaubten die Menschen in vielen Kulturen, gab es nur noch einen Weg, nämlich mit den Göttern am Ort ihres Wohnsitzes direkt zu verhandeln, damit es fortab wieder regnen würde. Sonderbarerweise dachten einige, man müsse die Götter nur erzürnen, um sie zum Einlenken zu bewegen, man müsse nur irgendwelche unheiligen, weltlichen Gegenstände ins Wasser werfen – dann würden sie schon spuren!

Auch in Westafrika hatten die örtlichen Wassergeister einst große Macht. Heute müssen sie vor allem in der Gegend um Accra von ganz besonders großem Zorn ergriffen sein, da Ghanas moderne Hauptstadt sein Abwasser nicht aufbereitet, sondern es in Trockenbrunnen auffängt, damit es versickert; in der Regenzeit laufen die Brunnen über, verschmutzen die Stadt und das Grundwasser.

Der Stamm der Dogon in Mali – dessen Bauern bekannt für ihre Kreativität sind, mit der sie die dürftigen Regenfälle produktiv nutzen – betrachtet Wasser als ein nützliches, wirtschaftliches Gut, aber auch als wesentlichen Bestandteil seines Schöpfungsmythos: Danach ist das Wasser der göttliche grüne Samen, der die Erde befruchtet, damit diese grüne Zwillingswesen hervorbringe, halb Mensch, halb Schlange. Die Menschen wurden ins Leben gerufen, als Amma, der oberste Himmelsgott, ein Abbild seiner selbst schuf – Nummo, den Gott des »nassen« Wassers. Das Wasser – Ursprung des Lebens – ist auch ein fester Bestandteil der Geburtsriten der Dogon. Sobald nach der Entbindung die Nachgeburt ausgestoßen wird, nimmt eine Geburtshelferin eine kleine Menge Wasser und spritzt es sacht über das Neugeborene. Die kühle Berührung mit dem nassen Element lässt das Kind laut schreien – wodurch es »offiziell« die Gabe der Sprache erhalten hat.[3]

Wir sollten jedoch keinesfalls meinen, derlei Sitten und Bräuche seien nichts weiter als eigentümliche Riten primitiver Kulturen; eigentümlich, zugegeben, doch waren solche »eigentümlichen Riten« in Europa genauso verbreitet. Wasserkult und heilige Quellen gab es in England selbst noch zu Zeiten, als man sich an die Druiden nur noch dunkel erinnern konnte. Papst Gregor I. teilte Abt Mellitus in einem Brief aus dem Jahr 601 seine Gedanken über die Engländer mit. Er riet darin, dem Aberglauben der Einheimischen entgegenzuwirken, und zwar nicht durch Zerstörung ihrer Gotteshäuser, sondern durch Bekehrung, indem man »Weihwasser auf besagte Tempel spritzt …, wodurch eine innere Wandlung bewirkt werden könnte und sie von der Götzenverehrung zum wahren Gottesglauben finden.« Doch nicht selten hielten sich die alten Bräuche hartnäckig. Ein altes Folklorebuch zitiert das inständige Bittgebet eines schottischen Bauern: »O Lord, du weißt, dass es mir heute wohl getan hätte, hätte ich meine Knie und mein Herz vor Dir geneigt im Geiste und in Wahrheit, so, wie ich es so oft getan habe nach diesem Brunnen hin. Doch sollen wir die alten Sitten unserer Väter beibehalten.«[4] Im Jahr 1893 veröffentlichte R.C. Hope das Buch *The Legendary Lore of the Holy Wells of England*, in dem er die Namen von 129 Heiligen aufführt, denen im Altertum heilige Brunnen der Verehrung geweiht waren. Die Heilige Jungfrau ist dabei wohl die bekannteste, dicht gefolgt von der viel verehrten Heiligen Helena, zu ihrer Zeit die Heldin Nummer eins (sie war Engländerin und die Mutter Konstantins des Großen, des ersten christlichen römischen Kaisers).

Der berühmteste heilige Brunnen in England befindet sich bei Holywell in Wales. Winefride, die schöne Tochter des Clanchefs

Thewith, widerstand dem Werben des Prinzen Caradoc, nachdem sie ihr Leben der Jungfräulichkeit und Gott geweiht hatte. Auf dem Gipfel eines kleinen Berges lauerte er ihr auf und enthauptete sie. Ihr Kopf rollte an den Fuß des Berges hinab; an jener Stelle brach ein tiefer Bach hervor und bildete eine Quelle, gesäumt von süß duftendem Moos; die Steine am Fuß des kleinen Berges »waren vom Blut der jungen Märtyrerin durchtränkt.« Nach einer Weile wurde Winefride auf wundersame Weise wieder mit ihrem Kopf vereint. Sie verbrachte den Rest ihres Lebens als Nonne und starb 1660.

Auch die unglaublich schöpferischen Gebrüder Grimm verzeichneten zahlreiche Beispiele von Brunnenverehrung entlang des Rheingrabens. »Heilige Brunnen und Quellen«, schrieben sie im Buch *Deutsche Mythologie*, »wurden nach christlichen Heiligen benannt.«

Alte Bräuche und Riten, darunter Verfluchungen und Gottesurteile, Weihungen und Prozessionen, lebten fort, wurden aber später in christliche Formen gekleidet. Mancher Brauch bedurfte dabei fast keiner Veränderung. Der heidnische Brauch ein Neugeborenes mit Wasser zu bespritzen, ist zum Beispiel der christlichen Taufe vergleichbar.

In der Antike war das bloße Auffinden von Wasser in Trockenregionen eine hohe Kunst, das »Erahnen« von Wasser ein hoch geachteter Brauch. Wünschelrutengänger hat es seit eh und je in allen Kulturkreisen gegeben. In Westafrika üben sie ihre Tätigkeit auch heute noch aus und sehr häufig werden sie von der ländlichen Bevölkerung um Rat gefragt. Dann drehen sie auf der Suche nach Wasser ihre Runden über die Felder, wobei sie ein gegabeltes Stück Holz oder auch schon einmal einen zurechtgebogenen Kleiderbügel vor sich hertragen. Wie viele Städter habe auch ich ihnen bei ihrer Arbeit zugeschaut; ich wusste so gut wie nichts darüber, nicht einmal genug, um der Sache gegenüber skeptisch zu sein – es mag durchaus sein, dass hinter dieser Art Arbeit ein gewisses Prinzip steckt, schwer verständlich zwar, aber wirkungsvoll. Das Wissen, wo man nach Wasser bohren muss, ist zum Beispiel in der Gegend der Großen Karoo so wertvoll, dass daraus ein ernsthaftes Gewerbe entstanden ist. Dort ist Wasser äußerst knapp und die Bohrer müssen sehr tief in den Boden schlagen. Einmal schaute ich zu, wie ein alter Bure eine ein bis zwei Hektar große Fläche durchstreifte und darauf wartete, dass die Wünschelrute an der Stelle eines vermuteten Grundwasserleiters ausschlug. Für seine Arbeit benutzte er einen aus England importierten gegabelten Eibenzweig; nach seinem Dafürhalten eignete sich das Holz des Eibenbaums besser zur Wassersuche als irgendein anderes, und keiner wagte zu widersprechen. Er brauchte fast den ganzen lieben langen Tag, schritt die Parzelle hunderte Male immer wieder ab, bis er endlich zufrieden war. Und als der Bohrer ins Erdreich drang, stieß er tatsächlich auf Wasser. Das erstaunte hier niemanden – jeder wusste, dass die Wassersuche mit Wünschelruten funktionierte. Ein Naturgesetz, genau wie der Mosun und wie die Bestechlichkeit der Menschen auch.

Aberglaube – und Technik. Wie sprach einst Salomo? »Ich machte mir Wasserteiche, um daraus den aufsprießenden Wald von Bäumen zu bewässern. … Auch hatte ich größeren Besitz an Rindern und Schafen als alle, die vor mir in Jerusalem waren.« Und in der alten Stadt Babylon ließ Nebukadnezar II. für seine Gemahlin, die vor Sehnsucht nach ihrer orientalischen Heimat Medina fast verging, die berühmten Hängenden Gärten anlegen, um ihr eine Freude zu bereiten. Damit steht ihr Name nun für alle Zeit in Verbindung mit den sieben Weltwundern.

Die Menschen im Altertum beschrieben diese Gärten mit gebührender Ehrfurcht: Eine ganze Reihe terrassenförmig angelegter Dachgärten, jeder Einzelne abgedeckt mit aufgeschichtetem Schilfrohr; darauf lagen gebrannte Ziegel und bleierne Platten, um ein Durchsickern der Feuchtigkeit in tiefer gelegene Ebenen zu verhindern. Zur Bewässerung der Gärten hatte man zum einen Pumpen aufgestellt, die Wasser aus dem Euphrat beförderten, zum anderen konnte man auch mit einer Kettenpumpe Wasser aus einem tiefen Brunnen an die Oberfläche holen.

Das Graben von Brunnen bedeutete die erste systematische Veränderung gegenüber den bisherigen kommunalen Wasserlöchern. Mit zunehmendem Bedarf durch Bevölkerungswachstum und mit der Entwicklung von Werkzeug wurden die Brunnen mit der Zeit immer tiefer. Erstaunlich früh schon, im Neolithikum, drang man mit den Bohrungen in ziemliche Tiefen. Bereits 3000 v. Chr. verfügten die Ägypter über vollendete Kenntnisse der Kernbohrung im Steinabbau, wenngleich die Brunnen damals selten tiefer als 50 Meter in den Boden hineinreichten. Doch hatten sie einen riesigen Durchmesser und waren in Stein gefasst – das Werk unermüdlich arbeitender Menschen und Lasttiere. Vor etwa zwei Jahrtausenden wurde schließlich in China ein Stoßbohrer entwickelt, sodass einige der Brunnen weiter als einen Kilometer in den Boden und das Gestein hineinreichten. Und das, obwohl diese Bohrer nur aus Holz waren und von Menschenhand angetrieben wurden. So bedurfte es mitunter Jahre, gar Jahrzehnte beharrlicher Arbeit, bis das Werk vollendet war.

Europa hingegen, das von den zivilisierten Kulturen im Osten mitsamt deren technischen Fertigkeiten lange Zeit abgeschnitten war, machte sich die Brunnenbohrung erst relativ spät zunutze, vielleicht deshalb, weil Wasser in der gemäßigten Klimazone Europas verhältnismäßig leicht zu finden war. Im frühen 12. Jahrhundert wurden in Flandern und England »sprudelnde Quellen« entdeckt. Im selben Jahrhundert wurde der Schlagbohrer entwickelt, und zwar von findigen Mönchen, die schon eine Vielzahl anderer Dinge hervorgebracht hatten wie etwa die Toilettenspülung und sanitäre Einrichtungen innerhalb der Häuser. Kartäusermönche aus Lillers in Frankreich bohrten im Jahre 1126 einen der ersten europäischen Brunnen, ein wahres Wunderwerk. Einige Jahre später bauten andere Glaubensbrüder in der Nähe von Gonnehem in der Provinz Artois vier Brunnen von 100 Metern Tiefe in die zerklüftete Kalkbodenschicht; das Wasser sprudelte so heftig hervor, dass es eine vier Meter über dem Boden gelegene Wassermühle in Gang setzen konnte. Seitdem nennt man die natürlich »sprudelnden Quellen« nach jenen Brunnen von Artois »artesische« Brunnen.[6]

Von 1340 an verfügte auch Brügge in Flandern über ein städtisches Wasserverteilungssystem, eine zentrale Zisterne, aus der das Wasser unterirdisch mit Eimern an einer Kette hinauf zu den öffentlichen Wasserzapfhähnen befördert wurde. Zwei Jahrhunderte später montierte man in London unter der London Bridge einen etwas schwerfälligen Apparat: fünf wasserradgetriebene Pumpen in einer Reihe hintereinander, die aus der Themse gespeist wurden und die ganze Stadt mit Wasser versorgten.

Die frühesten Bewässerungsvorrichtungen, die sowohl Brunnen als auch Aquädukt waren, nannte man »Qanate«. Qanate machten die großen Städtekulturen Mesopotamiens überhaupt erst möglich, und auch heute sind sie noch weithin in Gebrauch, von Afghanistan über den Irak und Iran bis hinein ins westliche Ägypten. Ein Qanat ist im Grunde ein horizontales Brunnenschachtsystem. Grundwasserleiter, oberflächennahes Grundwasser, findet man in höher gelegenen Regionen im Landesinneren, häufig am Fuß von Bergen. In dieses Schwemmland werden Schächte gebohrt, die untereinander durch einen horizontalen Tunnel verbunden sind, welcher in aller Regel aus dem Wasser der Gebirgsbäche gespeist wird. Der Tunnel ist so konstruiert, dass er allmählich langsam abfällt, das heißt, das Wasser fließt allein durch die Schwerkraft an seinen Bestimmungsort, und das zuweilen über 50 Kilometer weit.

Fliegt man über die Wüste im südlichen Iran, kann man sehr leicht den Lauf des längsten unterirdischen Tunnelsystems verfolgen, das das steinige Flachland kilometerweit durchzieht. Alle paar hundert Meter erblickt man einen kleinen Erdwall rings um ein Loch, das in den Erdboden gebohrt ist. Von jedem dieser Löcher, den Schachtöffnungen, reicht ein vertikaler Schacht bis hinunter zum eigentlichen horizontalen Tunnelsystem. Die Schachtöffnungen erfüllen zahlreiche Funktionen. In erster Linie dienen sie dazu, Schutt und Geröll aus der eigentlichen Tunnelhöhle herauszuholen, darüber hinaus fungieren sie auch als Einstiegsstellen für Reparaturarbeiten, als Lüftungsschächte, was den Strömungsfluss sowie die Wasserreinheit begünstigt, und nicht zuletzt als Schöpfanlagen zu Bewässerungszwecken – unmittelbar am Rand vieler dieser Schachtlöcher finden sich noch immer behelfsmäßige Zugvorrichtungen, Gestänge und Seile – einfache selbst gemachte Hebewerke. Der Qanat selbst liegt zuweilen viele Meter tief unter der Erdoberfläche, was das Wasser vor dem Verdunsten in der glühenden Wüstensonne bewahrt. Unzählige dieser Qanate waren jahrtausendelang in Betrieb, bis Teheran in den dreißiger Jahren mit dem Bau von Abflusssammelbecken die Leitungsstränge aus einem Dutzend Qanaten zusammenführte, darin das gesamte Wasseraufkommen auffing und damit einen Ausstoß von etwa 800 Litern pro Sekunde erzeugte. Da das Qanatsystem die Wasserversorgung sicherte, wurden die meisten iranischen Städte in der Regel am Fuß von Bergen erbaut und mit einem Abflusskanal entlang der Hauptstraße durchzogen.

Überall im Nahen Osten und früheren Mesopotamien (dem heutigen Iran und Irak) sind ganze Tunnelsysteme und unterirdische Regenwasserspeicher auf vielen verschlungenen Wegen in einem gigantischen Ausmaß miteinander verbunden. Der auf dem trockenen Gesteinsboden von Masada errichtete Festungsbau des Königs Herodes beispielsweise war ausgestattet mit Badebecken und künstlichen Brunnen.

Die Verfahrenstechnik zur künstlichen Bewässerung breitete sich rasch aus, vom Land des »Fruchtbaren Halbmonds« ostwärts nach Afghanistan und westwärts bis weit nach Ägypten hinein; bereits 500 v. Chr. bewässerte solch ein unterirdisches Tunnelsystem viele Hektar Ackerland westlich des Nils. Noch heute sind Qanate auch in anderen Teilen Nordafrikas in Gebrauch. Die meisten der Oasen in den Randgebieten der Sahara in Marokko wurden künstlich geschaffen, einige durch Wasserabzug aus Gebirgsbächen, andere mit Hilfe unterirdischer Qanate. Einige dieser Oasen erstrecken sich gar bis zu 50 Kilometer weit und reichen bis zum Atlas- oder Anti-Atlasgebirge.

In der Antike waren die Römer die größten Erbauer von Wasserverteilungssystemen. Die Bautechniken haben sie jedoch den Qanaten im Land des Fruchtbaren Halbmonds entlehnt und auch bei den Assyrern abgeschaut, die vor drei Jahrtausenden zwei Millionen riesiger Kalksteinblöcke zum Bau eines gewölbten Aquädukts verwendeten, um so die Stadt Ninive mit Süßwasser zu versorgen. Die Assyrer waren überhaupt erfindungsreiche Bauingenieure; sie konstruierten eine Wasserrinne aus Kalkstein, die in zehn Metern Höhe das Wasser über eine Strecke von einem Kilometer über ein Flusstal hinweg beförderte. Noch sensationeller war eine weitere Erfindung: Sie brachten es zustande, einen verengten Siphon zu konstruieren, um den Strömungsfluss in die Aquädukte weiter zu erhöhen – ein Bravourstück, das bis zum 19. Jahrhundert von niemand anderem nachgeahmt werden konnte.

Die Assyrer wiederum sollen die Bautechniken von ihren Vorfahren, den Sumerern, erlernt haben.

In der kurzen Zeit zwischen den Jahren 312 und 455 n. Chr wurden im ganzen Römischen Reich die meisten Aquädukte erbaut, mit Bogen und Wölbungen, die auch heute noch sehr eindrucksvoll wirken. In Italien, Griechenland, Frankreich, Spanien, Syrien, Marokko und im einstigen Persischen Reich sind einige erhalten, teilweise werden sie sogar noch genutzt. Sextus Julius Frontinus, der die Wasserversorgung Roms beaufsichtigte, beschrieb das römische Wasserversorgungssystem in allen Einzelheiten: Das Wasser wurde mittels elf Hauptaquädukten über mehr als 40 Kilometer in die Stadt hinein befördert, floss in gewundenen Kanälen, die an die 100 Kilometer lang waren, vorwiegend durch unterirdische Tunnels aus Stein, Terrakotta und einer Reihe anderer Materialien, darunter Messing, Holz und, wie damals üblich, auch Blei – letzteres ein erstes Beispiel für frühe Umweltverschmutzung. Das System funktionierte nach dem physikalischen Gesetz der Schwerkraft und somit durch die Kraft des Wasserdrucks; mit dem überschüssigen Wasser wurden die künstlichen Brunnen der Stadt versorgt sowie Abwasser und Kloake in den Tiber gespült.

Erst im Zeitalter der Industrialisierung, als die Amerikaner Rohrleitungen erfanden, die auch dem Druck von modernen Pumpen standhalten konnten, erfuhr das Versorgungsnetzwerk der Römer eine wesentliche Verbesserung. Diese neuen Rohre waren aus mit Asphalt behandeltem Holz gefertigt und mit Eisen verbunden. Wer sich für ingenieurtechnische Archäologie begeistert, den interessiert vielleicht, dass über solche Rohre auch heute noch das Wasser in die Küstendörfer an der Witless Bay in Neufundland transportiert wird.

All diese Leistungen und Erfindungen verblassen heute natürlich neben dem, was die Kalifornier mittlerweile zu Wege gebracht haben, die Milliarden Dollar ausgaben, um ganze Flüsse umzuleiten, sie bisweilen gar durch ein Gewässer und über eine kontinentale Wasserscheide strömen ließen, nur um die Zivilisation auch noch dorthin bringen zu können, wo sie eigentlich nichts zu suchen hat. Der Ausbau des Netzwerks wird vielleicht nie ein Ende finden (das Ausmaß wird immer gigantischer). Bereits heute transportiert dieses System Wasser aus 900 Kilometern Entfernung mit einer jährlichen Menge von über 4 Millionen »acre-feet« (ein »acre-foot« entspricht einer Wassermenge von 1233,5 cbm, die 1 Acre 1 Fuß hoch bedeckt, Anm. d. Übers.). Das macht 1234 Kubikmeter oder 1234 Tonnen pro »acre-foot«. Die Kalifornier ließen mit diesem gigantischen Bewässerungssystem die Wüste erblühen – doch zu welchem Preis? Das herauszufinden, sind wir gerade erst im Begriff.

Die künstliche Bewässerung birgt ganz eigene Gefahren. Zahlreiche Kulturen, die dank künstlicher Bewässerungspraktiken zur Blüte kamen, bezahlten ihren glorreichen Aufstieg mit dem Untergang, da sie nur so lange expandieren konnten, bis die Ressourcen, auf denen ihr Erfolg gründete, erschöpft waren.

Warum antike Kulturen untergingen, ist eine der interessantesten Fragen überhaupt. Warum verschwanden die Bauern in Tansania? – eine Frage, mit der sich der Archäologe Witman noch heute abquält. Warum zerfiel die Kultur der Sumerer? Nur um durch die assyrische und anschließend durch die babylonische Kultur ersetzt zu werden, die später ebenfalls unterging? Warum zerfiel Persepolis? Was geschah mit der frühen Kultur von Fatehpur Sikri in Nordindien? Warum verschwand die Hohokam-Kultur in der Wüste Arizonas? Wodurch wurde den großen Reichen des alten Ghana und Simbabwe ein Ende gesetzt? Zugegeben, die Antwort darauf ist in vielen Fällen Krieg oder ein mächtigerer Gegner. Doch wie heißt es so schön in Marc Reisners Buch *The Cadillac Desert*? »Die Frage nach dem Untergang der alten Kulturen ist in Anthropologen- und Archäologenkreisen zum Mammutprojekt geworden, genau wie die ungelöste Frage nach dem Aussterben der Dinosaurier.« Reisner selbst bevorzugt eine ganz simple Antwort – zunehmende Bodenversalzung, verursacht durch eine schlechte Drainage des überschüssigen Bewässerungswassers.

Bei eingehender systematischer Untersuchung allerdings erweist sich der Sachverhalt als sehr viel komplizierter. Mit nur einer einzigen Erklärung kann der Niedergang einer Kultur kaum begründet werden.

Die anthropogene Degradierung der Umgebung – und folglich die Destabilisierung des lebensnotwendigen Wasserkreislaufs – muss beim Niedergang der antiken Kulturen allerdings eine Rolle gespielt haben. Und zweifelsohne haben auch katastrophale Dürreperioden sowie die Desertifikation ihren Beitrag geleistet. Arides Land kann durch menschliches Eingreifen versanden und Wüsten können durch eine gedankenlose Zerstörung des Bodens größer werden; Wüsten, in denen der Mensch über lange Zeit den Boden bestellt hat, sind arider und unfruchtbarer als »natürliche« Wüsten. Diese Trockenheit und der Durst nach Wasser waren mit ziemlicher Sicherheit auch ein Grund für die siegreichen Feldzüge der »Goldenen Horde«, die quer durch die Steppen nach Russland vordrang – nicht nur getrieben von reiner Machtgier.

Kulturen können manches überstehen, keinesfalls aber die totale Wasserverknappung.

Nicht nur Aberglaube und Technik wurden früher miteinander verquickt, sondern auch Aberglaube und Politik. Im Talmud heißt es zum Beispiel, dass kein Mensch das Wasser aus den öffentlichen Zisternen verkaufen solle. Zwar wird verlangt, sich an die Gebote der Gastfreundschaft zu halten, doch sollten die Bedürfnisse der Städter mitsamt ihren Durst leidenden Tieren Vorrang vor den Bedürfnissen Fremder haben. Selbst wo ein Gast große Not leidet, soll die für das Wasser verantwortliche Person das Recht haben, sich als Erster davon zu nehmen. Trifft ein Mann in der Wüste auf einen durstigen Fremden, so ist er berechtigt, zuerst seinen eigenen Durst zu stillen, ehe er das Wasser aus seiner Flasche mit dem Fremden teilt. Nächstenliebe ist eine hohe Tugend, doch der Schutz des eigenen Lebens ist wichtiger.

Joyce Shira Starrs Buch *Covenant over Middle Eastern Waters* ist eine ergiebige Sammlung von Anregungen und Aussprüchen rund um das Thema Wasser, und zwar aus der jüdischen und biblischen

Gesetzeslehre sowie aus dem Koran. In Maimonides' *Book of Acquisition* heißt es trefflich: »Haben die Bauern Felder entlang von Flüssen und wollen sie diese bewässern, so sollen sie das in der Reihenfolge vom nächsten bis zum entferntesten tun. Doch will einer das Strömungswasser aufstauen, damit er sein Feld als Erster bewässern kann, so siegt der Stärkere. So soll die Zisterne, die einem Wasserweg am nächsten liegt, um des Friedens willen zuerst gefüllt werden.«

Nach dem Koran darf niemand das Wasser eines Brunnens missbrauchen. Verfügt aber ein Brunnenbesitzer über Wasser im Überfluss, so muss er es einem Fremden mitsamt dessen Vieh zur Verfügung stellen, nicht aber zur Bewässerung von Ackerland.

Im 20. Jahrhundert, in dem die Wassernutzung um ein beträchtliches Maß angestiegen ist mit unvermeidlichen Folgen für die Wasservorräte, rückten einige bedauerliche politische Tatsachen ins Bewusstsein. Zum einen erstrecken sich auf etwa 47 Prozent aller Landmassen Gewässergebiete, die im Einzugsgebiet von mehr als nur einem Land liegen – in Afrika und Lateinamerika sogar 60 Prozent. Zum anderen war der »Entwurf eines Gesetzes über die schifffahrtsfremde Nutzung internationaler Wasserläufe« 1997 von der Internationalen Rechtskommission der Vereinten Nationen, die auf dem Gebiet der Wasserrechte einzige anerkannte Institution, als Gesetz zwar verabschiedet, bis zum Jahreswechsel 1999 aber noch immer nicht umgesetzt worden.

Zahlreiche Anstrengungen sind bereits unternommen worden, ein internationales Wassergesetz zu kodifizieren. Die »Food and Agriculture Organisation« FAO (Organsiation für Ernährung und Landwirtschaft), ein Organ innerhalb der Vereinten Nationen, veröffentlichte 1978 ein Verzeichnis, in dem über 2000 Abkommen und »internationale Papiere« eingetragen sind, die auf die ein oder andere Weise mit internationalen Wasserläufen und Aquiferen zu tun haben, wovon einige sogar bis ins erste oder zweite Jahrhundert zurückreichen. Bei den meisten dieser Vereinbarungen handelt es sich um bilaterale Abkommen, die sich mit der Einteilung der Grenzen und den grenzüberschreitenden Flüssen befassen. Ausgelöst wurden die meisten Kontroversen in der Geschichte des Wassers dadurch, dass ein Staat irgendwann das dumpfe Gefühl hatte, ihm wäre durch das Handeln eines anderen Staates ein wenn auch oft unspezifizierter Nachteil entstanden. Die Aufgabe der Juristen, die an der Ausarbeitung eines Gesetzesentwurfs beteiligt waren, bestand also darin, aus all diesen zahllosen Differenzen eine allgemeine Grundsatzliste zu erstellen.

Dabei gibt es drei treibende Kräfte: das »Institut de Droit International«, die »International Law Association« ILA (Vereinigung für Internationales Recht, Anm.d.Übers.) und die »International Law Commission« ILC (Internationale Rechtskommission, Anm. d. Übers.). Das »Institut de Droit« ist eine private Vereinigung mit eigener Satzung, die von international angesehenen Juristen 1873 gegründet wurde und deren Arbeit mittlerweile hohe Anerkennung genießt. Bei diplomatischen Verhandlungen werden nicht selten wissenschaftliche Ergebnisse dieses Instituts vorgelegt. Die ILA – ebenfalls 1873 gegründet – ist eine organisierte Körperschaft mit Vertretern aus aller Herren Länder; sie erhält keine offizielle Unterstützung, doch werden ihre Empfehlungen und Ratschläge in Bezug auf internationales Recht sehr ernst genommen. Die dritte Vereinigung, die ILC, ist ein Organ der Vereinten Nationen. Die 34 Mitglieder der Kommission werden direkt von der Generalversammlung gewählt und arbeiten an Projekten, die unter dem Mandat der Vereinten Nationen stehen.

Alle drei Körperschaften haben rechtliche Grundsätze auf dem Gebiet der Wassergesetze entwickelt, mit nur ganz feinen Unterschieden im Sinngehalt. 1961 hat das »Institut de Droit« dem als »Salzburger Resolution« bezeichneten »Entwurf eines Gesetzes über die nicht maritime Nutzung internationaler Wasserläufe« zugestimmt und gab achtzehn Jahre später mit der so genannten »Athener Resolution« eine weitere Grundsatzerklärung ab zum Thema Verschmutzung von Flüssen und Seen im internationalen Recht. Die »Salzburger Resolution« hat die Grundzüge einer »gerechten Wassernutzung« festgelegt, die in der Hauptsache besagen, dass die staatlichen Hoheitsrechte über einen internationalen Wasserlauf durch das »Nutzungsrecht« anderer Staaten, mit denen dieser Wasserlauf geteilt wird, begrenzt werden. Auseinandersetzungen sollten »auf dem Grundsatz der Gerechtigkeit beigelegt werden unter Erwägung des jeweiligen Bedarfs eines Staates sowie im Einzelfall auch anderweitiger relevanter Umstände«. Dieser Ansatz erfordert ein Höchstmaß an Flexibilität, eine Reihe von Diskussionen und Prüfungen sowie einen Expertenstab zur Förderung der internationalen Zusammenarbeit.

Die »Helsinki-Regeln über die Verwendung des Wassers internationaler Flüsse« unterstützen ebenfalls den Gerechtigkeitsgrundsatz. Demnach haben die Staaten einen Anspruch auf eine »sinnvolle und gerechte Aufteilung zum Vorteil aller Nutznießer eines internationalen Wassereinzugsgebiets«. Damit wurden die im amerikanischen Westen weit verbreiteten Ansichten und Grundsätze wie »Wer zuerst kommt, hat das Vorrecht« oder »Nutzen oder verlieren« in Frage gestellt – ein Verhaltenskodex, der, wie die »Helsinki-Regeln« deutlich gemacht haben, einem neuen Maßstab weichen muss, um bei der Verwendung des Wassers eine gerechte Aufteilung zu erwirken. Es gab zwar Ausgleichsbestimmungen, doch lassen sich Grundsätze nach dem Motto »Wer zuerst kommt, mahlt zuerst« heute nicht mehr anwenden. Die neue Richtlinie fand in einigen Ländern wie beispielsweise Ägypten recht wenig Anklang. Ägypten muss nach diesen Regeln seine jahrtausendealten Bewässerungspraktiken modifizieren, wenn nicht gar ganz aufgeben, falls zum Beispiel Äthiopien den Bau neuer hydroelektrischer Projekte am Oberlauf des Nils in Auftrag gibt. Die Tatsache, dass Ägypten dafür einen Ausgleich erhalten würde, der allerdings nicht genau spezifiziert ist, wurde von den Betroffenen als indiskutabel vom Tisch gewischt; sie sträuben sich generell gegen die Anerkennung eines derartigen Grundsatzes.

Während die ILC sehr wohl das Prinzip der »gerechten Wassernutzung« ebenfalls unterstützt, bringt sie ihrerseits vor, dass ein Land keinerlei Nutzungsrecht haben solle, falls dies einem anderen Anrainerstaat schade. »Es ist einem an einem internationalen Wasserlauf gelegenen Staat nicht gestattet, sich bei der Wassernutzung, die einem anderen Anrainerstaat zum Schaden gereicht, auf den Grundsatz der ›Gerechtigkeit‹ zu berufen, wenn es keine entsprechende Vereinbarung zwischen den beteiligten Staaten gibt.« Im »Entwurf eines Gesetzes über die schifffahrtsfremde Nutzung internationaler Wasserläufe« heißt es in Artikel 7 noch unmissverständlicher: »Prima facie zum Mindesten ist die Nutzung eines internationalen Wasserlaufs nicht gerecht, wenn sie anderen Staaten zum Schaden gereicht.«

Stephen McCaffrey, Professor für Rechtswissenschaften an der »University of the Pacific's McGeorge Law School« in Sacramento, Kalifornien (dessen Aufsatz »Water, politics, and international law« mir die Grundlage für diese kurze Übersicht hier geboten hat)[7] ist, was den gesamten Ansatz angeht, im Zweifel. Das funktioniert vielleicht, so meint er, wenn der geschädigte Staat der schwächere der beiden ist; für ihn ist aber »auch in anderen Fällen der Lösungsansatz der ILC recht fragwürdig. Es hat ein bisschen den Anschein, als ermuntere man die Staaten zu einem ›Wettlauf um die Flüsse‹, wer zuerst ankommt, hat gewonnen und wird belohnt. Das heißt, ein Land, das sich das Wasser zuerst erschließt, könnte dadurch die ihm zustehende Entnahmemenge sowie beschränkte Entnahmemengen für andere festsetzen; somit wären andere Anrainerstaaten nicht befugt, in die Entnahmerechte des ersten Staates einzugreifen und den Bestimmungen über die Entnahmemengen zuwiderzuhandeln, ohne die Erlaubnis des zuerst gekommenen Staates.«

Doch McCaffrey weist darauf hin, dass die ILC diesen Ansatz 1994 fallen gelassen hat; die endgültige Fassung des Entwurfs diente schließlich der Verordnung der Vereinten Nationen als Vorlage. Die gerechte Wassernutzung wurde so zum Grundprinzip aller internationalen Wasserrechte, die heute bestehen.

McCaffrey macht auch auf folgenden Umstand aufmerksam: Da die Geografie seit jeher die ausgiebige Erschließung eines Wasserlaufs durch flussabwärts gelegene Länder im Allgemeinen eher begünstigt hat (wie etwa Irak gegenüber der Türkei, Ägypten gegenüber Äthiopien und dem Sudan), bevorzugen die flussaufwärts gelegenen Länder im Allgemeinen die »gerechte Nutzung«. Flussabwärts gelegene Länder hingegen vertreten im Allgemeinen eher das Prinzip des Erschließungsrechts, was ihnen im Großen und Ganzen gestattet, mit ihrem Tun wie gehabt fortzufahren.

Wo das internationale Wasserrecht, milde ausgedrückt, noch dehnbar und nicht fest gefügt ist, verhält es sich mit den nationalen Wasserrechten bisweilen genau umgekehrt.

Ein anschauliches Beispiel dafür, wie undurchsichtig und provozierend sich Gesetze zum Wasserrecht gestalten können, liefert der Fall der Bear Claw Ranch in Wyoming. Wyoming, der Bundesstaat der Vereinigten Staaten, der mit weniger als einer halben Million Menschen die geringste Bevölkerungszahl aufweist, kodifizierte sein Wasserrecht 1890 mit dem Eintritt in die Union. Damals lag die Bevölkerungszahl Wyomings bei nur 10 000. Das Wasserrechtssystem basiert, wie in den USA damals üblich, auf dem Vorrangigkeitsrecht: Wer zuerst ein Bewässerungsrecht geltend macht, hat auch zuerst Anspruch auf das Wasser aus Grundwasserleitern, Creeks oder Flüssen. Er wird ausgestattet mit dem Vorteilsrecht Nummer eins und hat somit Anspruch auf 1 Kubikfuß Wasser pro Sekunde pro 70 Morgen Ackerland. Wer Vorteilsrecht Nummer zwei innehat, dem wird die Wasserentnahme untersagt, bis der Bedarf desjenigen mit dem Vorteilsrecht Nummer eins gedeckt ist; gleichzeitig untersagt es die Entnahme von Wasser, das für die Inanspruchnahme desjenigen mit dem Vorteilsrecht Nummer vier zurückgehalten wird. In der Praxis wird dagegen meist so viel Wasser wie irgend möglich entnommen, so lange, bis sich jemand beschwert.

Die historische Bear Claw Ranch wurde schließlich alt und baufällig, bis sie eines Tages von Stadtflüchtigen aus Hollywood, von John McTiernan und seiner Gattin Donna Dubrow, aufgekauft und saniert wurde. Die Ranch war Inhaber des Vorteilsrechts Nummer vier auf den Smith's Creek, einen Wasserlauf, der aus den Big Horn Mountains kam. Da Sam Scott von der Nachbarfarm sein Vorteilsrecht Nummer drei nicht in Anspruch nahm, wurde dieses zusätzlich von der Bear Claw Ranch genutzt. Irgendwann kam den Farmern der Bear Claw Ranch zu Ohren, dass Scott vorhatte, sein Land zu unterteilen, und dafür sein Vorteilsrecht Nummer drei zur Bewässerung der neu geschaffenen »Cocktail Ranches« oder »Ranchettes« in Anspruch nehmen wollte – Miniflächen, nur 50 Morgen groß, zu klein für richtigen Ackerbau. Und damit begann der Streit.

McTiernan reichte bei Gericht ein Gesuch ein, mit dem er ein so genanntes »Abandonment« (die Abtretung der Rechte, Anm. d. Übers.) erwirken wollte. Falls das Gericht dem Gesuch stattgeben würde, könnte Scott die ihm zustehende Wassermenge nicht mehr für sich in Anspruch nehmen, da er sein Vorteilsrecht nie zuvor genutzt hatte. An diesem Punkt griff der zweite Grundsatz im Wasserrecht von Wyoming: nutzen oder verlieren. Wer die ihm zustehende Wassermenge fünf Jahre lang nicht nutzt, riskiert, seine Nutzungsrechte zu verwirken. Scott bezeugte zwar, dass er sein Land bewässert hatte, und machte als Beweis Angaben zu Tages- und Uhrzeiten, an denen er die Schleusengatter auf seinen Dämmen angeblich geöffnet hatte. Der Sachverständige von McTiernan befand die Zeitmessaufzeichnungen jedoch für falsch. Um diesen ersten Teilsieg mit einem weiteren Beweis zu untermauern, kaufte McTiernan von der NASA sieben Satellitenbilder zu je 7500 Dollar, um einwandfrei darzulegen, dass eine Bewässerung zu keinem Zeitpunkt stattgefunden hat. Ende 1998 war der Fall vor Gericht noch immer nicht abgeschlossen. Wie auch immer letztendlich über den Fall verfügt werden mag, die Aufregung unter den Leuten vor Ort war groß, und entsprechend wurde der Versuch, ein »Abandonment« zu erwirken, weit und breit mit der Äußerung kommentiert: »Dem Gesetz mag das wohl entsprechen, gut nachbarschaftliches Verhalten ist es nicht unbedingt.«[8]

Und wer weiß, vielleicht war am Ende alles umsonst. Denn was geschieht, wenn sich Rechtsinhaber Nummer eins und Nummer zwei, die ebenfalls Anspruch auf den Smith's Creek haben, in das Streitverfahren einmischen? Vielleicht wird dann McTiernans Vorteilsrecht Nummer drei angefochten. Genug Wasser für alle, das jedenfalls gibt es nicht.

Auch in Bezug auf den Edwards Aquifer im Umland von San Antonio in Texas liegen genügend Streitfälle bei Gericht, um damit Texas zu fluten. Die Farmer wollen das Wasser für ihre Bewässerungszwecke, San Antonio will es für die Industrie und zur Deckung des innerstädtischen Bedarfs seiner Einwohner. Die Quellen des Aquifers, und das verkompliziert die Sache zusätzlich, reichen bis in den Guadalupe River, wo sie flussabwärts die Landwirtschaft und die Industrie mit Wasser versorgen. Des Weiteren sind auch zahlreiche bedrohte Pflanzen- und Tierarten von den Quellen abhängig, die mit deren Versiegen aussterben würden. Die Wogen des Zorns schlagen deshalb sehr hoch. Der texanische Farmer Maurice Rimkus sprach einmal den denkwürdigen Satz aus: »Klar doch, ihr könnt mein Wasser haben, so wie ihr auch meinen Revolver haben könnt ... wenn ihr ihn loseist von meinen todesstarren Händen.«[9]

Die Wasserrechte Kaliforniens sind noch sehr viel komplizierter. Selbst das bisher heilige und unantastbare »Recht« auf das Grundwasser, das ein Farmer unter dem eigenen Grund und Boden hatte, war nun nicht mehr unantastbar. Die Wassernutzung wurde so von Regeln eingeengt, dass es sich außerordentlich schwierig gestaltete, eine wie auch immer geartete Abwandlung dieser Regeln zu erwirken. Wie schwierig das sein kann, wird deutlich am Fall des Weinbauers Josh Jensen, der die Wasserentnahme aus grundstücksübergreifenden Wasserläufen verhandeln wollte und als abschreckendes Beispiel dienen soll. Als Jensen das 100 Morgen große Grundstück hoch oben in den ariden Gavilan Mountains Zentralkaliforniens kaufte, gab es einen Stausee und zwei Creeks. Doch Wasser hatte es seit fünf Jahren nicht mehr gegeben, in keinem der beiden Wasserläufe, denn es herrschte gerade eine der regelmäßig wiederkehrenden Dürreperioden Kaliforniens. Wie dem auch sei, eine Grundstücksbesitzerin flussabwärts legte Beschwerde darüber ein, dass Jensen ihr unaufhörlich das Wasser »abgegraben« hatte. Und diese Beschwerde rief das schwerfällige bürokratische Rechtssystem Kaliforniens auf den Plan. »Im November 1990 prüften die Bürokraten vom Staatlichen Wasseramt den Fall«, erzählte mir Jensen. »Es fielen ihnen zwar ein paar technische Besonderheiten auf, doch im Wesentlichen befanden sie, dass wir das Wasser effizient nutzten und dass das Wasser, das wir nutzen, ohnehin nicht den Canyon hinuntergelangt wäre, vielmehr wäre es vorher schon verdampft. Damit gaben sich unsere Nachbarn allerdings nicht zufrieden. Also prüften sie weiter, und im Juli 1991 gab es einen zweiten Bericht ... der im Wesentlichen befand, dass wir generell nicht befugt sind, das Wasser zu entnehmen oder es aufzuspeichern.«

Da das Wasser aus den Creeks für Jensen fortan nicht mehr in Frage kam, suchte er sein Heil im Bau von neuen und tiefen Brunnen, die er im Frühjahr und Sommer 1992 bohrte. Doch wurden die Arbeiten, selbst für Brunnen auf eigenem Grundstück und auf eigene Kosten, einmal mehr erschwert durch eine ganze Reihe von gesetzlichen Bestimmungen, die alle irgendwie miteinander verkettet waren.

»Wir gingen wirklich sorgfältig zu Werke, überlegten auch gut, wo wir die Brunnen am besten bohren sollen. Wir wollten uns auf keinen Fall in den Schlingen der Gesetze verstricken und uns auch an alle Regeln halten, die sich die Gesetzeshüter irgendwie zusammenspinnen könnten. Zum Beispiel lagen die Brunnen mindestens 100 Fuß vom nächsten Creekbett entfernt, wir fassten sie in luftdichten Gussbeton, wir taten, was wir konnten ... Die Brunnen reichten 900 beziehungsweise 1000 Fuß tief und kosteten uns 50 000 Dollar pro Stück. Dann kommen noch die Pumpen dazu, Drahtseile und Rohre, mit einem Schlag noch einmal 12 000 Dollar, und so haben wir für diese beiden Brunnen 124 000 Dollar ausgegeben. Sie arbeiten mit einer Leistung von 15 Gallonen pro Minute, was nicht gerade nach sehr viel klingt, aber wenn sie 24 Stunden am Tag laufen, sieben Tage die Woche, 12 Monate im Jahr, dann hat man eine Million Gallonen, und das ist eine ganze Menge Wasser, besonders wenn man wie wir mit einem effizienten Berieselungssystem bewässert.«

»War das das Ende vom Lied?« fragte ich, während ich noch immer versuchte, all die Zahlen zu erfassen.

»Ganz und gar nicht. Wir mussten noch einen geohydrologischen Gutachter hinzuziehen, der uns genau vorgab, wo wir die Brunnen zu bohren hatten. Der kostete uns 50 000 Dollar. Wir mussten einen Tiefbauingenieur kommen lassen. Der kostete uns 35 000 Dollar. Um uns die zahllosen Bürokraten vom Hals zu halten und die unendlich vielen Genehmigungen zu bekommen, die wir brauchten, mussten wir auf unsere Kosten schließlich noch einen Biologen beauftragen, der bezeugte, dass wir keine natürlichen Lebensräume zerstörten, einen Archäologen, der bezeugte, dass wir keine heiligen Bodenstellen entweihten, einen Bodenkundler, der prüfte, ob die

Bodendichte um den Stausee für das Vorhaben auch geeignet war, und so weiter und so fort … es war zum Verrücktwerden.«

Und zu guter Letzt war er auch noch gezwungen, einen Rechtsanwalt mit seinem Fall zu beauftragen.

»Unsere Wasserrechnung beläuft sich *in diesem Jahr* schon auf 300 000 Dollar und die lassen uns noch immer nicht in Ruhe.«

So weit also der Fall eines kleinen Farmers hoch in den Bergen, der das effizienteste Bewässerungssystem verwendet, das es derzeit auf dem Markt gibt.

Im Gegensatz dazu bezahlen die Farmer in der Talsohle ein paar wenige Pennys pro Acre-foot, und das Wasser fließt nie auch nur annähernd an die Anbaugebiete heran, stattdessen in Ackerfurchen daran vorbei oder versickert ungenutzt. Doch das war egal, die Farmer im Tal waren immerhin die Ersten vor Ort. Gegen diese Praktik hatte offenbar niemand Einwände. Wer zuerst kommt, mahlt zuerst, ein altes Gewohnheitsrecht des amerikanischen Westens, das zu einem regelrechten Fossil geworden ist, versteinert wie die Fußspuren von Laetoli.

Ein Wasserkrieg kann als große Kampfveranstaltung auf dem internationalen Schauplatz ausgetragen werden. Doch genauso kann er im kleineren Rahmen ausgefochten werden, mit einer riesigen Papierflut als Munition und einem ganzen Bürokratenkader als Fußsoldaten.

Teil 2

Die neue Wasserwelt

Umorientierung und Neugestaltung

Kapitel 5

Klima, Wetter und Wasser
Welche Folgen hat ein Klimawandel?

Das Klima regiert das Wetter, das Wetter bestimmt die Wasserverteilung, und von der Wasserverteilung hängt alles Leben ab. Das Klima wird bestimmt von vielen Faktoren, von der Erdumdrehung und den sich daraus ergebenden Windmustern, von den Meeren und den Meeresströmungen sowie von der Menge an Energie, welche die Sonne auf die Erde abstrahlt.

Das Klima ändert sich. Die Auswirkungen des Klimaphänomens El Niño, das verantwortlich ist für die periodisch wiederkehrenden Überschwemmungen von eigentlich ariden Regionen und das abrupte Veränderungen in der Nahrungsmittelkette und den Ökosystemen verursacht, sind hinlänglich bekannt. Verändert hat sich das Klima schon immer. Dafür gibt es zahllose Beispiele. So war etwa ein Drittel der Erde bis vor wenigen, noch nicht lange zurückliegenden geologischen Zeitaltern mit Eis bedeckt. Die neuerliche Besorgnis um die Instabilität der Antarktischen Eisdecke gab Anlass zu eingehenden wissenschaftlichen Untersuchungen der Region. Wie die Ergebnisse zeigten, war die Eisdecke während einer jüngeren (nach geologischem Maßstab betrachtet) interglazialen Periode, innerhalb der letzten 2 Millionen Jahre, tatsächlich wenigstens einmal in sich zusammengefallen. Ein Grund, der die Sorge um die antarktische Eisdecke erklärt, liegt in ihrer gewaltigen Größe – der völlige

Zusammenbruch ließe die durchschnittlichen Meeresspiegel um drei bis fünf Meter ansteigen, was katastrophale Auswirkungen hätte. Ein weiterer Grund liegt in ihrer Struktur. Die küstennahen Eisdecken werden von »Eisströmen« aus dem Landesinneren genährt. Brechen diese Platten auseinander, würde sich die Fließgeschwindigkeit dieser Eisströme sehr wahrscheinlich erhöhen, und diese Veränderung hätte unvermeidliche Folgen – bis in welches Zeitalter hinein, lässt sich nicht sagen, aber wenn nicht für Jahrtausende, so doch für Jahrhunderte.[1]

Heute leben wir natürlich in einem ganz anderen interglazialen Zeitabschnitt. Und heute sind die entscheidenden Fragen die: Wird die globale Erwärmung durch die industrielle Emission von Treibhausgasen angeheizt? Verändern wir Menschen das Klima derart, dass dies spürbare Auswirkungen auf das Wetter und Wasser hat und folglich auch auf unser Leben, heute und in Zukunft?

Langsam schlenderte ich durch das Zentrum von Timbuktu, ging durch die schwärzlich-braunen Straßen, vorbei an der alten aus Lehm gebauten Universität, mit deren Gründung im Jahr 1340 die Stadt zu einem Zentrum der islamischen Lehre wurde, entlang an ein paar glanzlosen Moscheen mit ihren charakteristischen schlanken Spitztürmen, die hoch in die Luft ragen. Es war noch früh am Morgen. Ich kam gerade vom Polizeipräfekten, von dem ich mir einen der obligatorischen Passstempel abgeholt hatte. Die Gegend war friedlich, jetzt wieder, obwohl noch immer von vereinzelten Übergriffen von Tuaregbanden auf Touristen in den nördlichen Oasen zu hören war, und die Polizei deshalb wachsam und immer auf der Hut war. Einen Block weiter entdeckte ich einen Polizeiwagen, der im Sand feststeckte, die Räder griffen nicht und drehten durch. Menschentrauben liefen daran vorbei, achteten nicht weiter darauf und niemand bot Hilfe an. Der Wüstensand war 20 Zentimeter tief, an manchen Stellen noch tiefer. Die Häuser lagen nicht auf gleicher Höhe mit der Straße, sondern etwa einen halben Meter tiefer. Meiner Ansicht nach war es nur noch eine Frage der Zeit, bis der Saharasand sich der Häuser gänzlich bemächtigen und sie unter sich begraben würde, wenn sich der gnadenlose Vormarsch der Wüste immer weiter fortsetzte. Am Tag zuvor hatte ich ein etwas betrübliches Gespräch mit dem Leiter des Kulturreferats von Timbuktu geführt, dessen aussichtslose und undankbare Aufgabe es ist, die verfallende, aber historisch bedeutende Stadt vor Armut, Verelendung, Raubgier und vor der Sahara zu schützen.

»Geld«, sagte er, »Geld ist das eigentliche Problem. Ohne Geld geht gar nichts. Die Sahara lässt sich nicht einfach so mit dem Besen wieder zurückfegen.«

Die UNESCO hat Timbuktu zu einem erhaltenswerten Weltkulturerbe erklärt, zu einem Teil des kulturellen Erbes der Menschhheit und von daher schützenswert. Doch stellte die Organisation für den Erhalt keine Gelder zur Verfügung.

»Geht es weiter bergab?«, fragte ich.

»Oh ja, natürlich«, sagte er. »Früher kamen die Händler vom Niger herauf und blieben eine Weile hier, bevor sie sich zur Überfahrt nach Kairo oder Marrakesch aufmachten. Sie brachten Gold mit und Elfenbein und haben Salz gekauft. Die Stadt war voll von wertvollen Gütern.«

»Nein«, sagte ich, »ich meinte mit der Wüste.«

»Oh ja, natürlich. Früher gab es nach Süden hin noch Gärten, bis an die Ufer des Niger, als die Kanäle noch das Flusswasser bis hierher leiteten. Heute gibt es dort nur noch Sand.«

»Aber der Niger liegt doch mindestens zehn Kilometer weit weg von hier, oder nicht?«

»Ja. Aber früher nicht, da war er viel näher. Jetzt drängt die Wüste herein.«

Die armen Leute fällten damals die wenigen dürren Bäume, um Feuerholz zu haben. Sie hatten keine andere Feuerquelle und keine Wahl – Ziegenfleisch kann man nicht roh verzehren.

Früher, so erzählte er, wäre es den Tuareg nie und nimmer eingefallen, Bäume zu fällen. Sie brauchten den Schatten der Bäume, um ihre Herden zu weiden, und in den Wadis wuchsen die Bäume ungestört. Doch die Zeiten und das Leben änderten sich. Auch die Tuareg brauchten Geld, und der einzige Weg an Geld zu kommen war, sich in die Stadt zu begeben. Sie wurden sesshaft, und anstatt ihr Leben als arme, aber gesunde Nomaden weiterzuführen, wurden sie in der Stadt zu Slumbewohnern – ein weltweites Problem, für das auch der Leiter des Kulturreferats keine Lösung wusste. Timbuktu war einmal eine große Stadt mit 100 000 Einwohnern. Langsam wurden es immer weniger, bis nur noch knappe 20 000 übrig waren. Heute strömen die Nomadenvölker zwar wieder in die Stadt, doch ist sie längst keine blühende Handelsmetropole mehr. Und all diese neuen Einwohner brauchen Wasser.

Ich schlenderte weiter durch die Straßen, bis ich am nördlichen Stadtrand an eine große, etwa 50 Meter tiefe Grube gelangte. In dieser Vertiefung im Wüstenboden spielten ein paar Jungs Fußball, rannten wie wild umher, bei 43 Grad sengender Hitze. Etwas weiter hinten sah ich eine Gruppe von Kamelen. Am anderen Ende dieser Vertiefung führte ein Pfad zu einer kleinen gewundenen Treppe. Ich stellte mich an den Rand des tiefen Erdlochs und blickte hinein. Etwa 20 Meter tief unten hielt eine klapprige Konstruktion aus Gestängen einen scheppernden Flaschenzug und ein mächtig dickes Seil. In der Vertiefung befand sich also einer der wenigen öffentlichen Brunnen von Timbuktu.

Ahmed, der mich wenige Tage zuvor in die Wüste hinaus mitgenommen hatte, begleitete mich. Er hatte mich auf die Gemeinschaftsöfen an den Straßenecken aufmerksam gemacht; jede Familie bekam eine Stunde am Ofen zugeteilt, um ihr Essen zuzubereiten. So sparte man Feuerholz. »Man muss teilen«, sagte Ahmed, »man kann hier nichts verschwenden. Letzte Woche hat ein Junge einen Eimer Wasser umgeschüttet und kassierte dafür ordentlich Schläge. Zwei Eimer am Tag, das reicht für eine Familie zum Überleben. Wir müssen den Kindern den sorgfältigen Umgang mit Wasser beibringen.«

»Gibt es in diesem Brunnen hier noch Wasser?«

»Aber ja. Doch bald werden die Männer hinuntersteigen müssen und weitere zehn bis zwanzig Meter tiefer graben.«

»Sinkt es?«

»Das Wasser kommt heute viel langsamer.«

Wir gingen wieder zurück, standen am oberen Rand der Vertiefung und ich schaute nach Norden. Fußspuren führten hinein ins flache Land. Ich wusste, dass es es dort draußen noch immer Nomaden gab – Ahmeds Familie hatte ein paar Kilometer von hier eine

Lagerstatt, ihre Zelte und Hütten mit den Pultdächern waren im Sandboden an der windgeschützten Seite einer Düne fest verankert, ihr Vieh weidete ein paar hundert Kilometer weiter weg. Ansonsten lag nichts zwischen Timbuktu und der staubigen kleinen marokkanischen Stadt M'hamid außer einer fünfzigtägigen Kameltour durch den Sand, über verdorrtes Gestrüpp und Steine, vorbei an abgeschiedenen Höhlen in den Hoggar- und Tibesti-Bergen, in denen die Menschen einstmals Höhlenmalereien zur Erinnerung an vergangene, bessere Zeiten hinterlassen hatten. Und natürlich vorbei an Oasen, die den Wüstenverkehr überhaupt erst möglich machten – denn Oasen bedeuten Wasser.

Vor langer Zeit gab es reichlich Wasser in der Sahara, die damals mit frischem Grün bedeckt war. Untrügliche Zeichen dafür finden sich überall: Nicht nur die Höhlenmalereien oder die gelegentlichen Flusspferdfossilien, sondern auch wahre Anhäufungen von Viehgerippen und andere Hinweise, die darauf hindeuten, dass hier einst Tiere in Scharen umherzogen – Elefanten, Giraffen, Rhinozerosse, Gazellen und Strauße. Krokodile und Fische tummelten sich in Seen und Flüssen. Zypressen, Eichen, Linden, Erlen und Olivenbäume wuchsen einst auf dem grasbedeckten höher gelegenen Land. Heute gibt es hier nur noch Kiesel, Flussstein, Berge, Sand und Salz, Trockenseen und Wadis.[2] Kein Mensch weiß, wann die Veränderung eingesetzt hat, auch nicht, ob das die erste Veränderung dieser Art war – möglicherweise hat sie vor zehn Jahrtausenden stattgefunden, vielleicht auch früher. Es gibt archäologische Funde, die vermuten lassen, dass die Austrocknung der Sahara die Enstehung einer sesshaften Kultur am Nil forciert hat; möglicherweise sind die Nubier vor einer frühen ökologischen Katastrophe an den Fluss geflohen. So gesehen wäre das Aufblühen des alten Ägypten eine Nebenwirkung der Klimaveränderung gewesen. Jedenfalls ist es unter Ägyptologen eine Binsenwahrheit, dass die Auswirkungen des Klimas, soll heißen die alljährliche Überschwemmung des Nils, die neu entstandene Kultur aufrechterhielt.

Es ist aber auch noch gar nicht so lange her, dass man sich erinnerte, wie die Tuareg ihre Ziegen und ihr Vieh an seichten Wasserstellen tränkten. Heute können sie das nicht mehr.

Die Wüstenbildung wird zwar durch den Menschen verstärkt, doch sind die Wüsten nicht erst durch den Menschen entstanden.

Es war am anderen Ende Afrikas, irgendwo in Swakopmund, am Rand der Skeleton Coast in Namibia. Ich lag im Sand auf der Windschattenseite einer riesigen Sanddüne und bekam auf einmal einen Käfer vor die Nase, der aussah wie eine Spinne. Soweit man weiß, gehört die Wüste Namib zu den ältesten der Welt. Wissenschaftler bekräftigen diese Annahme gerne, indem sie auf das Vorkommen von außerordentlich merkwürdigen Pflanzen hinweisen – auf die *welwitscha* zum Beispiel, eine primitive Baumart, die hauptsächlich unterirdisch wächst und von der nur zwei ledrige Blätter oberhalb der Erde sichtbar sind. Diese äußerst merkwürdige Pflanze existierte sehr wahrscheinlich schon vor der biologischen Evolution von Blütenpflanzen, einer Gattung, zu der heute der Großteil der auf dem Land wachsenden Pflanzenarten zählt. Ebenso gibt es Tiere in der Namib-Wüste, die sich den Lebensbedingungen in der Wüste – kaum Wasser und extrem hohe Temperaturen – auf hervorragende Weise angepasst haben. Auch mein kleiner Käfer, der im Sand zuckte und zitterte, seinen fächerartigen Schwanz hoch in die Luft reckte und dabei in jeder Hinsicht aussah wie eine Miniaturmaquette für einen Choreographen exotischer Ballettkunst.

Die meisten Wüsten der Welt sind nicht so alt wie die Namib. Von den meisten Wüsten nimmt man an, dass sie ihren Ursprung in der erdgeschichtlichen Frühzeit haben (im Eozoikum, wie es in der Fachsprache heißt) und vermutlich mit der stetigen Abkühlung der Erdatmosphäre entstanden sind, welche die Ausbildung von Trockenklimaten auf der Erde nach sich zog – ein primäres Klimamerkmal unseres heutigen erdgeschichtlichen Zeitalters, das vor etwa 66 Millionen Jahren seinen Anfang nahm. Vor nicht gar so langer Zeit entwickelten sich die Wüstenpflanzen, vermutlich erst vor zehn Millionen Jahren, die meisten davon dort, wo einst das Tethysmeer war, ein großes zentrales Urmeer entlang der Achse vom Mittelmeer zum Kaspischen Meer.

Die meisten Wüsten befinden sich in den subtropischen Klimazonen, die sich zu beiden Seiten an den mit Feuchtigkeit gesättigten Äquatorgürtel anschließen. Dass die Wüsten sich gerade dort ausbildeten, hat zu tun mit dem, was Hydrologen und Klimaforscher als Hadley-Zellen und Hadley-Zirkulation bezeichnen – ein weiteres Beispiel für einen geschlossenen Kreislauf in der Natur. Am Äquator, wo die Sonnenenergie, die auf die Erde trifft, am größten ist, läuft der Verdunstungsprozess natürlich am schnellsten ab, und die bodennahe Luft wird schneller aufgeheizt. Die Luft steigt auf, dehnt sich zunächst aus und kühlt dabei ab. Mit der Abkühlung kommt es dann zur Wolkenbildung und in der Folge zu Regen, der sich in heftigen Tropengewittern niederschlägt – gewaltige, alles durchweichende Wassermassen stürzen auf die Erde. Die danach trockenere Warmluft steigt erneut auf und strömt in der Höhe polwärts, wo sie von einer anhaltend aufsteigenden Heißluftwand immer weiter abgelenkt wird. Über den subtropischen Breiten kühlen sich die Luftmassen ab und fangen langsam an zu sinken, wobei die Luft den größten Teil an Feuchtigkeit bereits in Äquatornähe verloren hat. Während des Absinkens wird sie komprimiert und erwärmt, wobei die relative Feuchtigkeit weiter abnimmt. Sind die Luftmassen schließlich auf den Boden gesunken, strömen sie als heiße, trockene Winde wieder zum Äquator zurück – womit der Kreislauf geschlossen ist.[3]

In den Wüsten herrschen extrem hohe Temperaturen. Die höchste bislang gemessene Temperatur von 58 °C (136,4 °F) wurde in Libyen verzeichnet. Der Boden kann sogar noch heißer werden. In der Sahara wurden beispielsweise schon Bodentemperaturen von 78 °C (172 °F) gemessen. In der Nacht können die Temperaturen dagegen stark abkühlen. Da sich über der Wüste keine geschlossene Wolkendecke bildet, kann die Hitze schnell abziehen, sodass die nächtlichen Temperaturen für gewöhnlich unter dem Gefrierpunkt liegen.

In allen Wüsten fällt Regen naturgegebenermaßen nur sehr spärlich. Die Niederschlagsmengen reichen von nahezu Null in Libyen und einigen südamerikanischen Küstenwüsten bis zu 250 Millimetern in den Wüstenrandgebieten im südlichen Afrika. In Cochones in Chile fiel in 45 aufeinander folgenden Jahren, zwischen 1919 und 1964, nicht ein einziger Tropfen Regen. In der Regel regnet es in den Wüsten jedoch wenigstens ein paar Tage im Jahr – normalerweise zwischen 15 und 20 Tagen. Wenn Niederschläge fallen, dann stürzen sie als heftige Platzregen zur Erde. Zum Beispiel gingen in Mashàbe Sade in Israel am 5. Oktober 1979 in nur sieben Minuten 14 Millimeter Wasser nieder.

Aufgrund der großen Hitze und Trockenheit gelangt der Regen nicht immer bis auf die Erde. Die potenziellen Verdunstungsraten sind in Wüstenregionen oft außergewöhnlich hoch, sie liegen bei 3000 Millimeter pro Jahr oder mehr. Im Death Valley in Nevada hat man auch schon Verdunstungsraten von über 4000 Millimetern gemessen. Selbst dort, wo Regen fällt, geht er unregelmäßig nieder und bleibt in manchen Jahren sogar auch ganz aus. Warum das so ist, ist schwer begreiflich. Regionen mit einer mittleren jährlichen Niederschlagsmenge von 250 bis 400 Millimetern pro Quadratmeter nennt man auch Halbwüsten; sie sind ebenfalls kaum urbar zu machen und taugen den Menschen allenfalls als Weideland für Vieh. Es sei denn, sie werden gezielt bewässert.

Wüsten, obgleich völlig natürliche Gebilde, können auch anthropogen erzeugt sein – als Folge menschlichen Handelns. Ob die Sahara möglicherweise das Ergebnis menschlicher Unternehmungen aus ältesten Zeiten ist, lässt sich auch heute nicht mit absoluter Sicherheit sagen; Beweise dafür gibt es kaum, doch hat diese Theorie immer wieder zu den wildesten Spekulationen Anlass gegeben. Aber selbst wenn die Menschen nicht ursächlich an der Entstehung der Sahara beteiligt waren, so trugen sie sicherlich zu deren Ausdehnung sowie zur Degradierung des Bodens in der umliegenden Sahelzone bei. Wird das Land seiner Vegetation beraubt, trocknet der Boden an der Oberfläche aus und strahlt dadurch wesentlich mehr Sonnenhitze wieder ab. Dieser Umstand wiederum ändert die Thermodynamik der Atmosphäre derart, dass Regenfälle verhindert werden. Nach Meinung der Experten könnten auch Staub oder der Eintrag von Schadstoffen in die Atmosphäre Änderungen des Klimas verursachen.

Das Vordringen der Wüste in bisher von Menschen genutzte Räume nennt man Desertifikation. Die Israelis definieren den Prozess der Desertifikation als »Degradierung der natürlichen Ressourcen wie etwa Boden, Wasser, Flora und Fauna in einem Ökosystem. Die globalen Klimaänderungen wie auch die Veränderungen der Umwelt durch den Menschen können das Ausmaß der Desertifikation beeinflussen und mitbestimmen, inwieweit sie fortschreitet oder aufgehalten wird.«[5] Begleiterscheinungen der Desertifikation sind sinkende Grundwasserspiegel sowie eine Versalzung der Oberbodenschichten und des oberflächennahen Restwassers. Die verstärkte Erosion und das Absterben der Vegetation, durch welche Ursachen auch immer, machen das Klima trockener. Auch in natürlichen Wüsten können die Auswirkungen der Desertifikation durch menschliche Aktivitäten noch verstärkt werden. In der Sonorawüste im amerikanischen Südwesten beispielsweise stand das ökologische Gleichgewicht von jeher auf der Kippe, denn Niederschläge fallen dort nur sehr spärlich. Dennoch blieb über Jahrhunderte hinweg eine vielschichtige ökologische Vielfalt erhalten. Erst durch menschlichen Einfluss verödete die Wüste, die dort beheimatete Flora und Fauna ist heute nahezu gänzlich ausgerottet.

Selbst Entwicklungen, die dem natürlichen Gleichgewicht zuträglich sind, können den Vorgang der Desertifikation beeinflussen. Künstliche Seen können die Niederschlagsmenge in umliegenden Gegenden, aber auch in weiter entfernten Regionen, ansteigen lassen – das bekannteste Beispiel hierfür dürfte der Karibasee am Sambesi sein.

Eine Steigerung der Niederschlagsmenge an einem Ort führt jedoch häufig zu einer Abnahme der Niederschlagsmenge in umliegenden Gegenden. So etwa wäre die Entwässerung der Sudd-Sümpfe im südlichen Sudan oder zumindest der Bau des Jonglei-Kanals, der das Nilwasser schneller befördern würde, dem flussabwärts gelegenen Nachbarland Ägypten sehr nutzbringend, da über den Kanal ein größerer Anteil an Nilwasser als bisher das Land erreichen würde. Gleichzeitig würden sich dadurch aber die Verdunstungsmengen aus den Feuchtgebieten verringern, was unter Umständen veränderlich auf das lokale Mikroklima einwirken kann. Da dieses Mikroklima wiederum Regionen im Sudan den Getreideanbau erst ermöglicht, wäre der Kanalbau ein weiterer möglicher Konfliktauslöser in einer Situation, die ohnehin spannungsgeladen ist. Die Israelis stellen hierzu fest:

> Die wirtschaftliche Entwicklung kann, sofern sie unkontrolliert abläuft, den Prozess der Desertifikation beschleunigen. So kann sich der Bau von Schienennetzen, Autobahnen und Flughäfen unter Umständen störend auswirken auf die Grundwasservorräte wie auch auf den Prozess der natürlichen Grundwasserneubildung, was wiederum nachteilige Folgen für die lokale Landwirtschaft mit sich bringt, die vom Grundwasser abhängig ist. Eine Steigerung der landwirtschaftlichen Produktion ohne besondere Berücksichtigung der Wasserkontingente, des Erhalts der Wasserqualität und der Umweltverschmutzung infolge der Verwendung von Pestiziden schadet nicht nur der Pflanzen- und Tierwelt, sondern beeinträchtigt auch das Potential für die demographische Entwicklung auf lange Sicht.[6]

Das Bevölkerungswachstum, die Triebfeder für den steigenden Bedarf an Rohstoffen und Bodenschätzen, gehört zu den eigentlichen Ursachen des Desertifikationsproblems. Mehr Menschen bedeuten mehr Tiere, aber auch mehr Vegetation, die für Feuerung und bauliche Zwecke vernichtet wird. Durch den größeren Bestand an Herdenvieh, der bei einer höheren Gesamtzahl der Menschheit erforderlich wird, wird der Boden zertreten und verdichtet, was die Sickermenge des ohnehin wenigen Wassers vermindert und die Verwitterung sowie die Zerstörung des Bodens zur Folge hat. Im Sahelgebiet haben die Menschen zwar gelernt, Viehdung als Brennstoff zu benutzen, doch selbst dort wird das, was von der ohnehin dürftigen Vegetation übrig bleibt, zu Brennholz zerkleinert. Ein zerstörerischer Eingriff in die Natur, der zu einer verstärkten Bodenverwitterung und Störung der Windsysteme führt. Ich selbst habe einmal in N'Djamena, der Hauptstadt des Tschad, einen Harmattan erlebt, einen vom Wind getriebenen Sandsturm mit einer Sichtweite von unter 12 Metern; ich spürte, wie die sandige Erde des Sahelbodens über mich hinwegblies, um sich am Ende hunderte oder gar tausende Kilometer von ihrem ursprünglichen Ort wieder abzulagern, salzig und ausgelaugt, ohne die Nährstoffe, die anfänglich vielleicht noch darin enthalten waren. Ein klassischer Teufelskreis: Die Wüste lässt die Menschen zu immer verzweifelteren Maßnahmen greifen, um überleben zu können. Doch eben diese menschlichen Aktivitäten verstärken wiederum die Wüstenbildung. Nur eine Unterbrechung des rasanten Bevölkerungsanstiegs kann den unerbittlichen Vormarsch der Wüsten aufhalten.

Die zunehmende Aridität der Randzonen der Sahara war in den letzten Jahrzehnten etliche Male Brennpunkt der internationalen Politik.

Ein Beispiel: Als 1984 der Regen in der Sahelzone erneut ausgeblieben war, waren wieder Millionen auf der Flucht vor der ökologischen Katastrophe – allerdings wurden sie dieses Mal begleitet von Kamerateams der BBC und PBS, die das elende Dasein der Menschen in Staub und Dürre in die Wohnzimmer der Wohlstandsländer im Westen übertrugen. Dabei war es durchaus nicht das erste und leider wohl auch nicht das letzte Mal, dass Hunger und Durst Menschenleben gefordert hatten. Nach Schätzungen der Vereinten Nationen waren 1984 um die 200 Millionen Menschen in zwanzig afrikanischen Ländern von Dürre und der damit verbundenen Hungersnot betroffen. Das Überleben von 30 Millionen Menschen war unmittelbar gefährdet.

Dürre und Trockenheit sind natürliche Phänomene, ebenso wie Wüsten. Hungersnöte sind oft nicht nur Folgen von Dürreperioden, sondern auch von politischen Katastrophen. Die Hungersnot in der Sahelzone zum Beispiel war zweifellos in beträchtlichem Maße politisch bedingt; in Äthiopien hatte das Schreckensregiment der Dergue die Nahrungsmittelknappheit als politische Strategie benutzt und auch im Sudan verschärfte sich die Lage unter der Regierung von Colonel Nemeiry zusehends. Dass Millionen vor dem Hungertod bewahrt blieben, lag einzig und allein an den hartnäckigen Entspannungsbemühungen der Vereinten Nationen unter der entschlossenen Leitung des Kanadiers Maurice Strong. Für ihn muss es ein erfreulicher Anblick gewesen sein, den von allen Seiten drangsalierten Nemeiry in seiner Amtsstube sitzen zu sehen – ein Despot der grausamsten Schule, der internationalen Kompromittierung ausgesetzt, sollte er es wagen, nicht einzulenken. Und er lenkte ein. Damals hielten es viele für angebracht, Strong für den Friedensnobelpreis zu nominieren, doch unverständlicherweise wurde er vom schwedischen Komitee übergangen.

Zum Teil lässt sich die Hungerkatastrophe in der Sahelzone auch mit der Bestechlichkeit in der Politik begründen, mit den korrupten und gewissenlosen Regimen, deren Prioritätensetzung im wahrsten Sinne des Wortes unmenschlich war. Darüber hinaus war die Hungerkatastrophe aber auch eine Folge der Armut, der dadurch verursachten Verschlechterung der Umweltbedingungen sowie der zu hohen Bevölkerungsdichte. Und zu einem kleineren Teil war sie auch eine Folge zyklischer Witterungsmuster und der Klimaveränderung.

Klimate ändern sich – mitunter sehr schnell und auch ohne menschliches Zutun. So hat es nicht nur in den jüngeren geologischen Zeitaltern Klimaumbrüche gegeben – die Sahara wurde etwa zu der Zeit, als sich die Kulturen am Nil entwickelten, zur Wüste –, sondern auch in geschichtlicher Vorzeit haben sich Klimate mit erstaunlicher Geschwindigkeit geändert. Eines der eindrucksvollsten Beipiele dafür erzählt eine spannende Sage, die vor etwa eintausend Jahren aufgezeichnet wurde und von der normannischen Besiedlung Islands und der Kolonisierung Grönlands handelt, die der List und Tücke eines isländischen Outlaws namens Erik der Rote zu verdanken ist.

Zeitgenössischen Erzählungen zufolge hatte Erik Norwegen zusammen mit seinem Vater um 960 überstürzt verlassen »wegen einiger Morde«. Es sah zunächst ganz danach aus, als erginge es ihm als Flüchtling in Island sehr wohl. Er heiratete in gute Verhältnisse ein und ließ sich als Farmer in den sanften Hügeln von Haukadale im Süden der Insel nieder. Doch sein übler Charakter brachte ihn bald erneut in Schwierigkeiten, die einmal mehr mit einer Gewalttat endeten. Nun heftete sich ein rachedürstiges Großaufgebot an hintergangener Anverwandtschaft an seine Fersen. Um zu entkommen, stach Erik wieder in See; er wollte in ein fernes Land weit im Westen, das noch unbesiedelt war, aber schon ein Jahrhundert zuvor von Gunnbjorn Ulfsson, einem hartgesottenen Seeman, beschrieben worden war. Ulfsson zeichnete lebhafte Bilder von Bergen aus Eis, sich hoch auftürmenden Meeren und tosenden Stürmen. Doch nichts dergleichen schien Erik abgeschreckt zu haben. Auf seinem Seeweg nach Westen erblickte er auf dem 65. Breitengrad einen gewaltigen Eisberg, 2500 Meter hoch, den heutigen Ingolsfjeld-Gletscher. Er wendete nach Süden, umrundete das heutige Kap Farvel und erforschte die wesentlich weniger zerklüftete Westküste. Es gefiel ihm dort so gut, dass er noch einmal nach Island zurückkehrte, wo er zwar einem Scharmützel mit seinen Feinden entgegensah, wo er aber vor allem ein paar Siedler zur Gründung einer Kolonie werben wollte. Um sie zu der Reise in unbekanntes Land leichter überreden zu können, war er sorgsam darauf bedacht, die durch Ulfsson hervorgerufenen Schreckensbilder in den Köpfen der Leute zu zerstreuen, und benannte das neue Land wohlweislich »Grünland«. Warum er das tat, hat ein damaliger Zeitgenosse festgehalten: »Er sagte, dass die Leute sehr viel eher versucht seien, dorthin zu gehen, wenn er dem Land einen attraktiven Namen gäbe.«

Mit dieser Masche hatte Erik Erfolg und so lief im Sommer 985 eine Flotte von 25 Schiffen mit Kolonisten aus und segelte von Island nach dem frisch getauften »Grünland«. Auch wenn Erik eigentlich Seemannsgarn gesponnen hatte, herrschte in Grönland seinerzeit tatsächlich ein deutlich milderes Klima als heute. Am westlichen Küstenstreifen gab es Gras- und Weideland zur Genüge, gute Voraussetzungen für den Anbau von Getreide sowie für die Schaf-, Ziegen-, Rinder- oder Schweinezucht. Jüngste Ausgrabungen haben gezeigt, dass die Siedlung recht wohlhabend gewesen war. Eriks eigene Farm bestand aus vier Scheunen und Stallungen für vierzig Stück Vieh. Zudem stieß man bei den Grabungen auf die Überreste einer steinernen Kathedrale von 30 Metern Länge. Die Isländer, und folglich auch die Grönländer, waren demnach überzeugte Christen.

In den ersten paar Jahren waren die Leute in den Siedlungen sesshaft. Dass die Grönländer dann irgendwann die arktischen Gebiete zu erkunden suchten, weiß man seit der Entdeckung eines steinernen Hügelgrabs aus dem 14. Jahrhundert nahe des 73. nördlichen Breitengrads, auf dem in Runen die Inschrift stand: »Erling Sightvatsson, Bjarni Thjordarson und Eindridi Jonsson bauten diese Hügelgräber«. Die Grönländer entdeckten auch »Vinland« (Neuschottland, Anm. d. Übers.). Doch wo genau das Land der fließenden Ströme, mächtigen Bäume und wilden Trauben gelegen haben soll, darüber erhitzen sich auch heute noch die Gemüter der Akademiker.

Im 14. Jahrhundert begann sich das Klima rapide und zunehmend beängstigend zu verschlechtern. Eine Zeit lang segelten noch immer Schiffe entlang des 65. Breitengrades gen Westen, doch gegen Mitte jenes Jahrhunderts mussten sie das sich immer höher auftürmende Packeis umfahren und konnten ihr Ziel schließlich nur noch über einen weiten und schwierigen Umweg entlang der südlicheren Breitengrade erreichen. Dann, um die Jahrhundertwende, wurden die Eskimos, die nach dem letzten Eiszeitalter in Richtung Norden gewandert waren, von der Kälte nach Süden getrieben, wo sie wiederholt mit den Normannen zusammenstießen. Im ersten Jahrzehnt des 15. Jahrhunderts war die Grönlandkolonie völlig von der übrigen zivilisierten Welt abgeschnitten. In den *Iceland Annals* von 1410 findet sich ein letzter Verweis auf Grönland, in dem ein heimkehrender Isländer knapp und schwermütig über seinen Grönlandaufenthalt berichtet, eine letzte Elegie an die tapferen und zum Ausharren entschlossenen Menschen, die von der Natur besiegt worden waren. Sein Schiff war das Letzte, das auslief, danach hielt der eisige Winter das Land fest umklammert und die letzten in der Kolonie zurückgebliebenen Siedler sind vermutlich allesamt zugrunde gegangen.[7]

Ein Klimaumbruch – damals noch nicht künstlich verursacht – hatte die Menschen besiegt.

Änderungen der Regionalklimate können die lokalen hydrologischen Ökosysteme tief greifend verändern. Diese können sich auswirken auf die Wasserverteilungsmuster, Grundwasserspiegel verändern und an dem einen oder anderen Ort eine Desertifikation oder Überschwemmungen herbeiführen. Globale Klimaänderungen bewirken genau das Gleiche, nur in größerem Maßstab.

Die Frage ist, ob sich denn auch in der heutigen Zeit ein Klimawandel durch einen Anstieg der globalen Lufttemperaturen vollzieht. Wenn ja, welche Auswirkungen hat das auf die Verfügbarkeit der kostbarsten Ressource der Erde? Deuten die Rekordtemperaturen der letzten Jahrzehnte auf etwas anderes hin als nur auf eine kurzfristige Klimaschwankung, über deren Beginn oder Ende wir nur wenig wissen? Anders ausgedrückt: Haben wir ein klimatisches Problem, und wenn ja, kommt es von selbst wieder ins Lot?

Gibt es in der heutigen Zeit mehr »extreme Wetterereignisse«, um es in der gängigen Fachsprache zu sagen, als bisher? Sind Hurrikane heute heftiger und häufiger? Oder Taifune? Oder Zyklone? Sind Tornados alltäglicher, stärker und zerstörerischer geworden? Sind Eis- und Schneestürme heute wahrscheinlicher als früher? Oder Überschwemmungen? Oder Dürrekatastrophen?

Wird die Erde zur Venus, zu einem Glutofen aus Methan und giftigen Gasen, oder wird sie zum Mars, zu einem unfruchtbaren und luftlosen Ort, tödlich für alles höhere Leben? Und wenn sich derlei Ereignisse heute abspielen, sind sie von Menschenhand gemacht?

Nach der Theorie des serbischen Mathematikers Milutin Milankovitch über Klimaänderungen sind Vorausberechnungen auf der Grundlage augenblicklicher Klimatrends mit Vorsicht zu bewerten. In den dreißiger Jahren nahm Milankovitch an, dass die fundamentalen Schwankungen der Erdbahnparameter Auswirkungen auf die globalen Klimaverhältnisse haben könnten. Er hatte diesbezüglich drei Zyklen ausgemacht: Der erste Zyklus betrifft die Exzentrität der Erdbahn, die Abweichung der Ellipse von der Kreisbahn, die im 100 ka-Zyklus schwankt; der zweite Zyklus betrifft die Schiefe der Ekliptik, die Neigung der Erdachse gegen die Umlaufebene um die Sonne, mit einer Zyklusdauer von 41 ka; der dritte Zyklus betrifft die Perihelwanderung, die Präzession der Erdachse, und dauert 23 ka. Leider kollidieren Theorien manchmal mit den Fakten: Diesen Zyklen gemäß müssten wir uns heute inmitten einer langen Abkühlungsperiode befinden.

Dass Vorausberechnungen auf der Grundlage gegenwärtiger Klimatrends problematisch sind und dass die Dikussionen um dieses Thema von eigentlich relativer Bedeutung sind, machen zwei völlig voneinander abweichende Äußerungen deutlich. So war in einem Titelbericht des Magazins *Newsweek* von 1975 zu lesen: »Uneinig sind sich die Meteorologen nur im Hinblick auf Ursache und Grad des derzeitigen Abkühlungstrends ... Einig hingegen sind sie sich im Großen und Ganzen darüber, dass diese Entwicklung die landwirtschaftliche Produktion für den Rest des Jahrhunderts verringern wird.« Der amerikanische Vizepräsident Al Gore sprach 1992 hingegen davon, dass »Wissenschaftler zu dem Schluss gekommen sind – und das fast einmütig –, dass der weltweite Temperaturanstieg eine ganz reale Tatsache ist und akuter Handlungsbedarf besteht.«

Bis zum Jahr 1998 gab es in der Tat einige Unstimmigkeiten, was die Temperaturschwankungen der Erde anging – dabei sollte man meinen, dass es sich bei der Temperatur um eine einigermaßen zuverlässig messbare Größe handelt. So ist es nicht zu leugnen, dass die globale Durchschnittstemperatur im 20. Jahrhundert um rund ein halbes Hundertstel gestiegen ist – eine sehr geringe Schwankung, die auch nicht zwangsläufig einen weltweiten Temperaturanstieg bestätigt. Von 1940 bis in die Mitte der siebziger Jahre schienen die Temperaturen weltweit einigermaßen stabil, doch gibt es einzelne Anzeichen dafür, dass Temperaturveränderungen während des letzten Jahrzehnts schneller als bisher vonstatten gegangen sind. Diese Feststellung lässt jedoch allemal noch genügend Raum für eine gewisse Doppeldeutigkeit – so hat man aus bodennahen Temperaturmessungen auf globale Klimaänderungen geschlossen, doch ist es nach wie vor umstritten, ob nicht auch die Temperaturen der Erdatmosphäre ansteigen.[8] Das IPCC (»Intergovernmental Panel on Climate Change« – eine von den Vereinten Nationen unterstützte überstaatliche Expertengruppe zur Erforschung des anthropogenen Klimawandels) stellte 1996 fest, dass es bereits einen deutlich zutage tretenden menschlichen Einfluss auf das globale Klima gibt. Das IPCC stützt seine Folgerungen auf drei detaillierte »Fingerprint«-Studien: eindeutiges Erwärmungsmuster in der mittleren Troposphäre der südlichen Hemisphäre; Rückgang der Schwankungen bei den mittleren Tagestemperaturwerten; in den letzten sechs Jahren statistische Zunahme von Hurrikanen, Zyklonen, Tornados und verheerenden Überschwemmungen in zahlreichen Ländern. Neuere Untersuchungen der antarktischen Eisschilde haben aus vielen Wissenschaftlern, die ohnehin schon sehr skeptisch waren, nun endgültig Pessimisten gemacht.

Einer der Schlüsselfaktoren ist der Anstieg der TMINs (Temperaturminima), der niedrigsten Temperaturwerte. Seit 1950 wird ein stetiger Anstieg der niedrigsten Nacht- und Wintertemperaturen beobachtet, und das bei einem gleichzeitigen Anstieg der Temperaturmaxima, wenn auch kaum wahrnehmbar und weniger schnell. Der Kreislauf hält sich selbst in Gang: Eine Erwärmung intensiviert den hydrologischen Kreislauf. Eine wärmere Erdatmosphäre nimmt mehr Wasser auf (6 Prozent pro Grad Celsius), eine vermehrte Wolkenbildung mindert die Tageserwärmung und verzögert eine nächtliche Abkühlung, indem sie langwellige Strahlung abfängt. Die gesteigerte Evapotranspiration und die verstärkte Wolkenbildung sind sicherlich mit ein Grund für die heute im Gegensatz zu früher häufiger auftretenden starken Regenfälle und plötzlichen Überschwemmungen.

Die Erwärmung der Ozeane seit 1930 hat die Wanderung semitropischer Meerespflanzen und -tiere entlang der kalifornischen Küste nach Norden gefördert. Neuesten Berichten zufolge wurde im Atlantischen, Pazifischen und Indischen Ozean eine Erwärmung der tiefen Meeresschichten festgestellt, und zwar nicht nur in subtropischen Breiten, sondern auch nahe den Polen. Des Weiteren hat man im oberflächennahen Meerwasser eine drastische Verringerung der Gesamtmenge des Zooplanktons konstatiert und darüber hinaus einen drastischen Rückgang im Nährstoffgehalt der mittleren Meeresschichten festgestellt. Spekulativen Berechnungen zufolge wirken die gestiegenen Meerestemperaturen möglicherweise als globaler Kondensator (thermisches Absinken), welcher die Wärmeenergie der vergangenen Jahrhunderte absorbiert, indem das überschüssige Kohlendioxid zurückgehalten und »aufgespeichert« wird.[9] Falls diese Spekulationen stimmen, das langsame »Absinken« des Oberflächenwassers die Absorption allmählich stoppt und die Meeresschichten anfangen sich zu vermengen, dann könnte sich das Erdklima weitaus schneller als bislang vorhergesagt verändern.

Was dieses Problem angeht, zeichnet sich unter den Wissenschaftlern ein Konsens darüber ab, dass der weltweite Temperaturanstieg, bedingt durch eine Verdoppelung des Kohlendioxidgehalts in der Erdatmosphäre, einen veränderlichen Einfluss auf den grundlegenden hydrologischen Kreislauf der Erde haben wird, da durch die Erwärmung sowohl die Evapotranspiration wie auch der atmosphärische Niederschlag gesteigert wird. Die Prognosen bezüglich des weltweiten Temperaturanstiegs schwanken zwischen 7 und 15 Prozent, je nach dem, welche Studie man gerade vor sich hat. Des Weiteren wird es heftigere Regenfälle geben, wenn auch nicht überall. Die Niederschlagsverteilungsmuster werden sich den Prognosen zufolge verschieben, obgleich es den Studien in diesem Punkt an Genauigkeit mangelt. Manche Regionen werden nässer, andere trockener werden, und das wiederum wird weit reichende Auswirkungen auf die Wasserpolitik haben. In Ländern mit ohnehin angespannter Wasserlage wird sich die Situation wahrscheinlich gefährlich zuspitzen, während es in gemäßigten Regionen mehr Überschwemmungen und mehr »heftige Regenfälle« geben wird (diese sind in den Vereinigten Staaten bereits seit 1900 in verstärktem Maße aufgetreten). Mit einem Temperaturanstieg werden sich auch krankheitsübertragende Insekten wie etwa die Anophelesstechmücke (Malaria) über größere Gebiete verbreiten. Seen könnten von heute auf morgen zu Bakterienüberträgern werden. Schon jetzt vermehrt sich die Algenblüte mit alarmierender Geschwindigkeit.[10]

Auf einer Konferenz in Japan 1997 unterzeichneten die Vertreter der versammelten Länder ein Abkommen, kraft dessen zumindest eine Drosselung des globalen Erwärmungseffekts erzielt würde. Mit dem Kyoto-Protokoll verpflichten sich ein Dutzend Länder zu einer drastischen Reduktion ihrer Treibhausgasemissionen. Einige Länder werden ihr gestecktes Ziel bestimmt erreichen, viele andere dagegen nicht. Und selbst wenn alle Länder ihr Ziel erreichen würden, wären die Erfolge dennoch eher bescheiden. Tom Wigley vom amerikanischen »National Center for Atmospheric Research« ist der Ansicht, dass die weltweiten Temperaturwerte bei vollständiger Erfüllung des Vertrags lediglich vier Zehntel eines Grads niedriger lägen als vorher.

Viele Geographen vertreten die Ansicht, dass es angesichts der heutigen Situation besser wäre, weniger auf vorbeugende Maßnahmen zu setzen als vielmehr darauf, sich langfristig auf die unausweichlichen Veränderungen einzustellen. Als erste Schritte in diese

Richtung werden vorgeschlagen: Anbau von trockenresistenten Getreidearten; Menschen aus den Überschwemmungsgebieten zum Umsiedeln zu bewegen; effizientere Bewässerungsmaßnahmen und überlegtere Wassernutzung. Joel Smith, der als »Klimaauswirkungsexperte«, wie er sich selbst bezeichnet, tätig ist, betont, dass Maßnahmen zum jetzigen Zeitpunkt auf jeden Fall billiger kommen als später. Als Paradebeispiel dient der Fall des Brückenbaus von der kanadischen Insel Prince Edward Island zum Festland. Um zu gewährleisten, dass die Schiffe auch bei höherem Seepegel noch problemlos darunter hindurchfahren können, musste die Brücke auf Pfahlträger gebaut werden, die einen Meter höher waren als ursprünglich vorgesehen.[11] Die Notwendigkeit, jetzt zu handeln, erkannten auch Tiefbauriesen wie Enron und das Chemieunternehmen Dupont; sie kündigten an, den Kongress dazu zu drängen, allen Unternehmen, die sich am Bau beteiligen wollten, finanzielle Unterstützung zuzusichern – globales Abkommen hin oder her. Ein paar große Ölgesellschaften, darunter auch BP und Shell, gaben bekannt, bis zum Jahr 2002 die eigenen Schadstoffabgaben in die Luft um 10 Prozent der Emissionsmenge von 1990 senken zu wollen.[12]

Wie aus verschiedenen Untersuchungen hervorgeht, wird es mit zunehmender Erderwärmung in manchen Regionen wesentlich kälter werden. Das klingt zunächst seltsam. Wenn beispielsweise arktisches Schmelzeis auf den Golfstrom und auf die Strömungsmuster in weiten Teilen des Nordatlantik trifft, wird es in Neuengland, Nova Scotia, Neufundland, Grönland und Island sowie in vielen Teilen Westeuropas erheblich kälter werden.

Skeptische Stimmen schließen allerdings die Möglichkeit einer Erwärmung nicht kategorisch aus. Zu ihnen zählt Eugene Stakhiv vom »US Army Corps of Engineers«, der Armee-Einheit, die nun schon seit über einem Jahrhundert im ganzen Land Staudämme baut und Flüsse »korrigiert«. Was den Klimawandel angeht, so Stakhiv, gibt es drei Sichtweisen: die Ganz-egal-Einstellung; abwarten, bis es mehr Beweise gibt; Vorkehrungen treffen. »Offen gestanden befindet sich unser Corps in Abwartestellung«, sagt Stakhiv.

Auf jener UNESCO-Konferenz zum Thema »Krisensituation Wasser«, auf der ich auch Peter Gleick kennen gelernt hatte, ging ich in der Kaffeepause auf Stakhiv zu. Ich fragte ihn, inwiefern sich seiner Meinung nach das globale Klima ändern würde.

»Haben Sie alle Studien durchgelesen?«, fragte er und beäugte mich wie eine Eule. Noch ehe ich dazu kam, mit einem Nein zu antworten, fuhr er in Taillenhöhe mit der flachen Hand durch die Luft, etwa einen Meter über dem Boden. »Stapeln Sie mal alle eine auf die andere, und Sie haben so einen hohen Haufen Papier«, sagte er. »Ich habe alle gelesen, und ich kann Ihnen eins sagen, viele haben keinen Wert, manche sind ganz brauchbar, die Ergebnisse sind oft zweideutig und ein paar auch ganz schön schockierend.« Da ich mich als Kanadier zu erkennen gegeben hatte, konzentrierte er sich darauf, mir aufzuzeigen, welche Wassermängel für seine Begriffe Kanada ereilen werden. »Das GCM (›General Circulation Modell‹) für Kanada ist das schlimmste von allen«, sagte er verschmitzt und grinste: »Hoffnungslos. Apokalyptisch. Deshalb gefällt es ja so vielen. Doch wir gehen ganz und gar nicht damit konform. Zum Beispiel prognostiziert die Studie das Austrocknen der Great Lakes infolge der globalen Erwärmung. Nach unseren allerschwärzesten Vorhersagen hingegen fällt der Seepegel allenfalls um einen Meter. Vielleicht steigt er aber auch.«

In seinem Vortrag auf der Konferenz sprach er eine ganze Reihe von Untersuchungen an, die Anlass »für ein gewisses Maß an Optimismus bieten, dass verantwortlich geführte Wasserversorgungssysteme mit so ziemlich allem fertig werden können außer mit den schwarzseherischen Szenarien eines Klimawandels, wie er von den wegweisenden GCM-Modellen postuliert wird. Anders gesagt: Selbst wenn die Zahl der Länder und Regionen steigt, welche anfällig sind für Wasserarmut und unsichere Wasserversorgung, lässt sich mit etwas Zuversicht sagen, dass die Vulnerabilität (der Grad an Mangel und beeinträchtigter Versorgung) in den meisten Fällen zumindest auf dem augenblicklichen Stand gehalten, wenn nicht sogar reduziert werden kann.«

Mehrere vom US Corps angestrengte Untersuchungen über bestimmte Gewässersysteme der Vereinigten Staaten stünden in Einklang mit einer größeren Studie über den Nil, sagte Stakhiv. Diese

Nil-Studie zeigt auf, dass selbst bei einer Verdoppelung des CO_2-Gehalts in der Atmosphäre die Auswirkungen auf den Fluss in den Griff zu bekommen sind und dass auch die Wirtschaft Ägyptens nur geringfügig in Mitleidenschaft gezogen wird (sie hätte schlimmstenfalls ein wirtschaftliches Minus von vielleicht 1,6 Prozent zu verkraften). In der US-Corps-Studie über die amerikanischen Gewässersysteme zeigte das Missouribecken vergleichsweise die negativste Entwicklung. Doch auch da waren die Ergebniswerte widersprüchlich und ohne Beweiskraft, die Differenz reichte von einem Absinken der im Fluss geführten Wassermenge um 35 Prozent bis zu einem Anstieg von 2 Prozent. »Wasserwirtschaft, das heißt das, was wir auf täglicher Basis tun, ist von Natur aus mit Unsicherheiten in der Versorgung und Nachfrage sowie mit dem Umgang rascher Veränderungen befasst; der Schlüssel zur Lösung liegt somit eher in einer institutionellen Reform (Manager müssen besser geschult werden, um auf Veränderungen angemessen reagieren zu können) als darin, Lösungen für Probleme zu kreieren, die vielleicht nie existieren werden.«

Später, in der zweiten Kaffeepause, kam Stakhiv auf einen weiteren Gesichtspunkt zu sprechen. »Technologischer Fortschritt kann die Probleme abschwächen. Und das ist etwas, was alle Untersuchungen durchweg außer Acht lassen. Denn wenn man schon geneigt ist, Klimaveränderungen für die Zukunft vorherzusagen, warum ist man dann nicht auch bereit, technologische Veränderungen und Erfindungen voranzutreiben? Und sehen Sie sich doch mal die Ergebniswerte an. Jeder schreit, dass eine Krise bevorsteht. Krisen scheinen irgendwie immer bevorzustehen, aber anscheinend nie einzutreffen. Wie es scheint, kommen wir immer irgendwie klar.« Er tröstete sich mit der Tatsache, dass »viele der Zukunftsentwürfe zur Wassernutzung sich, um es milde zu formulieren, schlichtweg als falsch erwiesen haben. In Wirklichkeit geht die Wasserförderung zurück«, sagte er und verwies auf die Metropole Boston. Dort haben dem Verbrauch angepasste Preismechanismen die Nachfrage drastisch reduziert.

Dennoch, so fuhr Stakhiv fort, auch ohne einen Klimawandel »müssen wir für die Zukunft mehr Wasser finden. Noch gibt es

Grund, optimistisch zu sein, doch die Aufgabe wird äußerst schwer werden. Trotz der aufeinander abgestimmten Anstrengungen internationaler Organisationen, die Wasserwirtschaftskapazitäten der ungefähr fünfzig Entwicklungsländer in Afrika und Asien anzuheben, werden nicht alle gleichermaßen erfolgreich sein. Und es gibt keine Methode, mit der sich verlässlich vorherbestimmen lässt, wo genau ein akuter Wassermangel auftreten wird.«[13]

Eine neuere Untersuchung von Dr. Robert Mendelsohn und Kollegen an der University of Yale leistet den misstrauischen Ansichten Stakhivs in so mancher Hinsicht Vorschub. Mendelsohn ist ein erfahrener Umweltökonom, doch seine Untersuchung ist sehr umstritten, teils wegen der Ergebnisse an sich und teils deshalb, weil sie vom Forschungsausschuss der Lobby der amerikanischen Stromerzeuger finanziert wurde. Nach seinen Ergebnissen mögen manche Länder und Regionen zwar an Wassermangel leiden, doch sind die Auswirkungen einer globalen Klimaerwärmung auf die Gesamtwirtschaft mit allergrößter Wahrscheinlichkeit gleich null – eine Meinung, die in Expertenkreisen für eine ganze Menge Wirbel gesorgt hat. David Glover, Leiter des »Economy and Environment Program for South East Asia« (EEPSEA), äußerte sich dazu sehr zurückhaltend. Bestätigen wollte er die Untersuchung nicht, allerdings verdiene sie, wie er meinte, eine ernsthafte Prüfung. »Falls die Ergebnisse richtig sind, dürften die drastischen Maßnahmen zur Reduzierung der Verwendung fossiler Brennstoffe wohl kaum im Interesse der Entwicklungsländer liegen. Diese Maßnahmen könnten den Energieverbrauch der armen Länder erheblich reduzieren, aber auch Gelder abziehen von dringlicheren umweltpolitischen Projekten, wie etwa der Sicherung der Wasservorräte oder Verbesserung der hygienischen Bedingungen.«[14]

Kapitel 6

Der Natur zuwider

Von Kontaminierung, Degradierung, Umweltverschmutzung und anderen menschlichen »Gaben« an die Hydrosphäre

In einem kleinen Boot, dessen Motor heiser, aber kräftig krächzte, trieben wir die Wolga hinunter, tuckerten dahin, vorbei an Jaroslawl und Plyoss, unterwegs nach Nishnij Nowgorod und weiter zum Kaspischen Meer, aber bis dahin waren es noch mehrere tausend Kilometer nach Süden. Im Boot die Wolga hinunter, die ganze Länge, das hatte ich mir vorgenommen, denn die Wolga ist schließlich nicht irgendein Fluss in Russland. Die Wolga ist der größte europäische Strom, doch ist er den Russen nicht aus diesem Grund ans Herz gewachsen. In der russischen Folklore ist die Wolga Mutter und Geliebte, Gefährtin und Erzählerin phantastischer Geschichten. Matushka Volga, Mütterchen Wolga, das ist Russland, so, wie der Nil Ägypten ist.

Hinter dem friedlichen und idyllischen Örtchen Plyoss, das von russischen Malern so sehr geliebt wird, verändert sich die Landschaft allmählich. Zunächst verschwinden die Bäume. Das heißt, eigentlich sind sie noch da, doch sind sie allesamt tot. Über weite Strecken hinweg scheint nichts zu gedeihen, was größer ist als verkümmertes Gestrüpp. Das hängt, so der stolze Hinweis in den Reiseführern, mit der Industrie zusammen – Papier- und Klebstofffabriken, Phosphor- und Düngemittelfabriken, Schuhfabriken –, die sich verstreut entlang der Flussufer angesiedelt hat, die hier Wurzeln geschlagen hat mit ihren schmucklosen, scheußlichen Bauten des 20. Jahrhunderts inmitten all der Monumente, die an große Schlachten aus vergangenen Zeiten erinnern.

Am rechten Flussufer machten wir Rast in der kleinen Stadt Chkalowsk, einem überaus trostlosen Ort, der nach der einzigen lokalen Berühmtheit benannt ist, einem Piloten namens B.P. Chkalow, der 1937 zu einem Non-Stop-Flug über den Nordpol in die Vereinigten Staaten startete und so zum Helden der Sowjetunion wurde. Die *Prawda* brachte damals sein Foto, den Arm auf dem kleinen Flugzeug, daneben ein freudestrahlender »Uncle Joe« Stalin. Wir deckten uns in dem kleinen, spärlich bestückten Lebensmittelmarkt mit Vorräten ein und fuhren weiter flussabwärts in die kleine Stadt Gorodez, wo 1263 der große russische Nationalheld Alexander Newskij nach einer Friedensmission in der Tartarenhauptstadt Bolgari starb.

Der Name Gorodez taucht in den russischen Chroniken erstmals 1152 mit der Gründung durch Yuri Golgoruski auf. Das moderne Gorodez ist allerdings eine Enttäuschung. Rein gar nichts deutet mehr auf die lange Geschichte der Stadt hin, außer einem kleinen Erdhügel, angeblich das Überbleibsel der von den Tartaren niedergebrannten Schutzwälle. Die Fabrikarbeiter standen mal wieder im Streik. Sie scheinen ständig zu streiken – mal, weil sie monatelang keinen Lohn bekommen haben, ein anderes Mal, weil die Arbeitsbedingungen untragbar geworden sind. Am Flussufer verteilte ein Arbeiter Flugblätter mit der Forderung nach Umweltpflege und Umweltschutz. »Riecht doch mal«, forderte er uns auf, »das müssen wir hier tagtäglich einatmen und das bringt uns um. Die Luft bringt uns um.«

Es stimmte, es lag ein beißender Geruch in der Luft und sie schmeckte nach Chemie. Am linken Flussufer stieß ein riesiger Fabrikschornstein eine dicke Rauchwolke in die Atmosphäre. Auch der Anblick der unzähligen toten Bäume entlang des Ufers war ganz schön beklemmend. Unser Boot fuhr nun schon seit mehreren Stunden durch diese unheimliche Stille – keine Blätter, keine Vögel, kein Leben. Die Stimmung bei meinen Mitreisenden war gedrückt. Das

Bild, das diese Landschaft heraufbeschwor, war schrecklich – Mütterchen Russland vergiftet durch der Russen eigene Hand.

Sämtliche Städte an diesem Streifen entlang der Wolga waren Orte des Grauens. Prawdinsk zum Beispiel: In einem Reiseführer aus dem Jahr 1926 kann man nachlesen, dass einst die Prawdinsker Spitzen die Stadt berühmt gemacht haben. Doch heute scheint die Stadt hauptsächlich aus einer Pulpe und einem Papierwerk sowie einer Zellulosefabrik zu bestehen. Der Blick, der sich uns vom Fluss aus auf Prawdinsk bot, war zutiefst erschütternd: ein kleines Bahngleis mit einer wackeligen Holzbrücke, die zur Papierfabrik hinführte; unbearbeitetes Holz, das ein Zug verloren hatte, lag verstreut auf dem Boden herum und faulte vor sich hin; Baumstämme, die irgendwann hier am Ort ihrer Bestimmung abgeladen worden waren, lagen unordentlich aufgeschichtet auf einem Haufen. Die Fabrik selbst begann zu verfallen; Hochrohre, die zwischen Gebäudeteilen aufgehängt waren, hingen durch, andere waren mit alten Autoreifen zusammengeflickt oder rosteten durch.

Die Stadt Balakhna am rechten Flussufer, ungefähr 30 Kilometer von Nishnij Nowgorod, bot ein noch viel schrecklicheres Bild. Als Zentrum des Erzabbaus und der Hüttenindustrie war die Stadt einst einer der ersten Großverbraucher der Wolga-Hydroelektrizität. Doch die einzelnen Fabrikgebäude des Werks erscheinen heute beinahe wie ein komisch-satirischer Abklatsch viktorianischer Industrieausbeutung – ein unheilvolles rußiges Inferno, ein Ort, der allmählich in seine Einzelteile zerfällt. Gras wächst aus dem Mauerwerk, Speichertanks zerfallen, Dächer hängen schief, Rauch steigt von allen Seiten auf, aus Fenstern und Schornsteinen. Windwärts war die Luft ganz gelb, eine Schadstoffwolke, die dahinzieht und auf ihrem Weg schonungslos über alles hinwegrollt und dabei die noch vorhandene Vegetation samt und sonders tötet – Sträucher, Büsche, Gras und Bäume, alles stirbt. Gegen den Wind waren die dürren Bäume noch am Leben. Als wir an einer Fabrik vorbeikamen, bemerkte ich einen Kanaleinlauf, der direkt in die Wolga führte; das Wasser dampfte und war von schwefelgelber Farbe. Wenige Meter flussabwärts saß ein Mann und angelte. Ich hoffte seiner Familie zuliebe, dass er nichts fing.

In vielen alten Chroniken sind Salzwasser und »Bitterwasser« einzeln aufgeführt; in einigen zum Zwecke der öffentlichen Gesunderhaltung, damit man wusste, welche Wasser zu meiden sind – eine Art frühe Warnschrift des oberen Amtsarztes nach dem Motto »Wasser gefährdet Ihre Gesundheit«; in anderen Schriften wiederum werden diese Wasser als gerechte Strafe für Vergehen gegen die Götter angesehen. Danach ist die »Bitterkeit aller Wasser« ein Zeichen der unmittelbar bevorstehenden Apokalypse. Wer heute durch Osteuropa reist – durch die frühere Sowjetunion mitsamt ihren ehemaligen Satellitenstaaten – und findet, dass die Apokalypse nicht länger nur bevorsteht, sondern bereits in vollem Gange ist, dem kann das nicht verübelt werden. Kaum ein Bach, Fluss oder Strom, der nicht belastet wäre mit dem kontaminierten Abfluss aus der Industrie, mit Pestiziden oder Herbiziden aus der Landwirtschaft oder mit noch Schlimmerem (»Schlimmeres« wäre beispielsweise eine bakterielle Kontaminierung – der Fluss als Krankheitsüberträger – oder das Einleiten und Ablagern von radioaktiven Abfällen). Einer neueren tschechischen Studie zufolge, die von der Regierung in Auftrag gegeben worden war, sind drei Viertel des gesamten Oberflächenwassers im Land »ernstlich verschmutzt«, annähernd ein Drittel ist so schwer verseucht, dass kein Fisch darin überleben könnte.

In Westeuropa sieht es dagegen etwas besser aus. Dort gab es schon frühzeitig stengere Vorschriften, und auch die Protestbewegung der Grünen wurde viel früher aktiv. Allerdings gibt es auch hier negative Beispiele. So hat etwa im Elsass eine einzige Pottaschenmine bis in die achtziger Jahre hinein fünfzig Jahre lang Tag für Tag 15 000 Tonnen Natriumchlorid in den Rhein abgeleitet, genauso viel wie die »natürliche Ladung« des Kongo und Mississippi zusammengenommen. Es überrascht daher nicht sonderlich, dass heimische Fischarten im Rhein entweder ausgestorben oder gefährdet sind, obwohl mittlerweile umfangreiche und viel versprechende Säuberungsmaßnahmen in die Wege geleitet worden sind. Der kleine Fluss Espierre in Nordfrankreich diente einer Düngemittelfabrik bis 1983 als Müllabladekanal. Dort lag der Kaliumgehalt über dem Zehntausendfachen der natürlich vorkommenden Menge – das entspricht in etwa dem Gesamtkaliumgehalt der Nordsee.[1] Die Donau ist nicht nur für die Stadt Bratislawa eine Art offener Abwasserkanal.

Wie bereits angesprochen, wird die Verschmutzung in den baltischen Küstenregionen, in weiten Teilen der Nordsee und entlang der Mittelmeerufer in Spanien und Italien als »sehr ernst« eingestuft. Gegen Ende der neunziger Jahre hat sich eine Spezies von »Killeralgen« mit einer Ausdehnung von 4 Hektar am Tag über das gesamte Mittelmeer ausgebreitet. Ende 1998 waren über 4000 Hektar befallen. Die rasche Vermehrung der *Caulerpa taxifolia*, eine durch Zufall vom Menschen eingeschleppte Algenart, wurde von Meereswissenschaftlern als »biologische Großinvasion« bezeichnet und bedrohte damals die gesamte Meeresfauna, von Toulon in Frankreich bis nach Genua in Italien. Man entdeckte Seeigel, die versuchten, anstatt der schwer verdaulichen Algen Plastikabfälle oder die eigenen Ausscheidungen zu verspeisen.[2]

In China sind 80 Prozent der großen Flüsse mit insgesamt 50 000 Kilometern Länge derart degeneriert, dass sie Fischen keinen Lebensraum mehr bieten können. Die Fangrate im Jangtse, die einst 70 Prozent des gesamten Fischfangs des Landes ausmachte, ist seit den sechziger Jahren um mehr als die Hälfte zurückgegangen. Mit dem rasanten Tempo der Industrialisierung blieb der Gedanke an eine Verschmutzungskontrolle auf der Strecke. In das Wasser des Gelben Flusses strömte der Abfluss aus Papierfabriken, Gerbereien, Ölraffinerien und Chemiewerken. Heute zeichnen Schwermetalle und andere toxische Stoffe bunte Streifen in das Wasser – es ist nicht einmal mehr für Bewässerungszwecke zu gebrauchen. Im Gemüse, das auf den Märkten der Stadt verkauft wird, fand man Spuren von Blei, Chrom und Kadmium, darüber hinaus auch konzentrierte Mengen an Arsen. Ausschwemmungen von landwirtschaftlichen Chemieabfällen ins Meer haben eine verheerende Algenblüte verursacht. Shanghai hat vor kurzem erst 300 Millionen Dollar für die Verlegung seines Wassereinzugsgebiets in größere Entfernung zur Stadt investiert, da das stadtnahe Flusswasser zu sehr verschmutzt war. Die Hauptursache der Verschmutzung ist jedoch das Einleiten ungeklärter Abwässer. Zahlreiche Flüsse Chinas enthalten zehnmal mehr Bakterien aus menschlichem Abwasser als alle Wasserwege in westlichen Ländern zusammengenommen. Einer Untersuchung der Weltbank von 1997 zufolge entsprechen die Kosten von 54 Milliarden Dollar pro Jahr, die dem Land aus der Luft- und Wasserverschmutzung entstehen, 8 Prozent des Bruttoinlandprodukts. Und am Mekong sind die binnenländischen Fischereigebiete während der letzten fünfundzwanzig Jahre um die Hälfte zurückgegangen.

Die Litanei der Probleme ist endlos. Im indischen Ganges und dem Brahmaputra-System sind die Abflussmengen aus der Industrie dramatisch angestiegen, und die Verseuchung mit fäkalen Kolibakterien hat eine kritische Marke erreicht. In Peshawar in Pakistan wurde der Notstand ausgerufen, nachdem eintausend Menschen nach dem Genuss von verseuchtem Wasser, das aus undichten Rohrleitungen auslief, ins Krankenhaus eingeliefert werden mussten. In den Yamuna, der durch Delhi fließt, werden Tag für Tag an die 200 Millionen Liter ungeklärtes Abwasser eingeleitet. Buenos Aires klärt lediglich 2 Prozent seiner Abwässer.

In einem der vorangegangenen Kapitel habe ich bereits erwähnt, dass die kanadischen Städte Halifax und Viktoria, Provinzhauptstädte von Nova Scotia bzw. British Columbia, ihre gesamten Abwässer ungeklärt in das Hafenbecken einleiten. In Afrika erlitt man vernichtende Einbußen beim Fischfang unter anderem in Senegal und Niger.

In Südamerika schrumpften die Fischereigebiete am Magdalena in Kolumbien binnen fünfzehn Jahren um zwei Drittel infolge der Verschmutzung durch die Ölraffination. In Nordamerika lebten noch um die Jahrhundertwende zweitausend Handelsfischer vom Illinois River, doch heute ist die Fischfangrate um 98 Prozent zurückgegangen, was hauptsächlich auf die immensen Abwassermengen zurückzuführen ist.[3]

In Sydney in Australien war Anfang 1998 das Leitungswasser mit einem gefährlichen Parasiten verseucht, der wahrscheinlich von toten Hunden oder Füchsen stammte, was zu Panikkäufen von Flaschenwasser führte. Eine Konferenz über Wasser und Umweltschutz, die 1992 in Dublin stattfand, schloss mit der deprimierenden Feststellung, dass »nach der exzessiven Wassernutzung und sorglosen Ableitung von kommunalen und industriellen Abwässern über eine oder auch mehrere Generationen hinweg heute der Zustand der großen Flüsse der Welt mehr als erschreckend ist und sich weiter verschlimmert.«

Der Grund dafür ist unschwer zu erkennen. Jahrhundertelang wurden Flüsse als Sammelbecken für menschliche Abfälle benutzt – als natürliche, gottgegebene Abwasserkanäle, Spülvorrichtungen der Marke Aus-den-Augen-aus-dem-Sinn. Noch bis vor kurzem funktionierte diese Art der Problemlösung eigentlich ohne nennenswerte Schwierigkeiten. Das System hat sich selbst reguliert und im Gleichgewicht gehalten. Flüsse und Seen verfügen von Natur aus über ein wirksames Selbstreinigungssystem. Natürliche Prozesse wie Sedimentation, Durchlüftung, Vermischung, Verdünnung und bakterielle Verarbeitung haben mitgeholfen, Abfallstoffe zu zersetzen und sie der natürlichen Umwelt wieder zurückzuführen. Bevölkerungswachstum und die rasant fortschreitende Industrialisierung haben jedoch die natürlichen Wiederaufbereitungseigenschaften der Wasserläufe überstrapaziert, was eine grobe Verschmutzung und eine zunehmende Bedrohung sowohl für die menschliche Gesundheit als auch für die Wasserversorgung allgemein nach sich gezogen hat.

Im Westen Irlands, in einem der grünen Täler jener sanft hügeligen Landschaft, steht ein Landhaus, umgeben von einem Wäldchen. Es ist ein Mischwald, dessen Baumbestand aus der Zeit um die Jahrhundertwende stammt – ein wildes Durcheinander an Lärchen und importierten Zedern, blutjungen Eichen und Ulmen, wilden Kirschbäumen und allerlei Gehölz, das keiner bestimmten Baumfamilie zuzuordnen ist. Mitten durch den Wald fließt, zumindest im Frühling und Frühsommer, ein Bach. Weil die Feuchtgebiete entlang des Baches trockengelegt und entwässert wurden, führt er im Hochsommer kein Wasser mehr.

Ich traf dort einen alten Mann, der mit seinen Enkelkindern, einem Jungen und einem Mädchen, im Wald spazieren ging. Die Kinder hüpften am Flusswall entlang und hielten Ausschau nach Spinnen, Kaulquappen, Fröschen, Elritzen, nach irgendetwas, das da kreuchte oder fleuchte. Aber es gab keine Frösche mehr – die waren alle verschwunden. Der Großvater hatte irgendwo gelesen, dass

Frösche überall auf der Welt am Aussterben waren. Ihre feuchte, weiche Haut war offenbar zu porös – poröser, als für sie gut war – und eher eine Art Lunge auf der Außenhaut. Die immer dünnere Ozonschicht und die größere ultraviolette Strahlung versengt die Haut der Tiere und macht sie durchlässig für alle möglichen Giftstoffe; ein Frühwarnsystem der Natur, so meinte der Großvater, wie die Kanarienvögel im Bergwerk – mit dem Unterschied, dass die Frühwarnsysteme heutzutage Indikatoren für Giftstoffe sind.

Das kleine Mädchen kniete auf dem Boden und tauchte das Gesicht ins kühle Nass.

»Lass das!«, schrie der Großvater aufgebracht.

»Warum denn?«, fragte sie verwundert.

»Du weißt nicht, was da alles drin ist«, sagte er stockend.

»Aber ich hab Durst!«

»Weiß ich. Aber das Wasser hier kannst du nicht trinken. Davon kannst du krank werden.«

»Wie denn?«

»Da kann so ziemlich alles drin sein«, sagte er noch einmal. »Das kann man nie so genau wissen. Vielleicht liegt weiter stromaufwärts ein totes Tier. Vielleicht hat auch wer etwas hineingetan, wovon du krank werden kannst ...«

»Warum sollte *er* so etwas machen?«, fragte das kleine Mädchen und hatte mit seiner Formulierung sogleich eine geschlechtsspezifische Zuordnung getroffen.

Der Großvater gab darauf keine Antwort. Als er noch ein kleiner Junge war, konnte man durch den Wald spazieren und alles war frisch und neu, klare Bäche voller Leben. Aber heute ... Kürzlich hatte er im Bach eine ertrunkene Elster gefunden, um den Schnabel den Ringverschluss einer Getränkedose, der diesen fest zugedrückt hielt. Und Müll hatte er auch gefunden – Plastikverpackungen, Zigarettenpapierchen, einen alten Stiefel. Im vergangenen Jahr war er im Lake District, einem Seengebiet im Nordwesten Englands, gewesen. Dort rochen das windgepeitschte Farmland und die Stechginsterwiesen noch immer sauber und frisch, rein und unverfälscht, urwüchsig, naturbelassen, aber er wusste, dass all das künstlich war, eine Bastion, ein Bollwerk gegen den Ansturm des 20. Jahrhunderts, in Schach gehalten allein durch die Macht der Bürokratie, und dennoch so empfindlich und verwundbar.

Es ist überall das Gleiche, in ganz Europa. Das Wasser in der freien Natur trinkt dort niemand mehr. Man weiß nie, welche Verbrechen stromaufwärts verübt werden, wer was hineinkippt und ablädt, wer was vor wem verbergen will und einfach ins Wasser ablässt. Er erinnerte sich, wie seine Frau ihm kürzlich erzählt hatte, dass sie bei ihrem letzten Uferspaziergang entlang des Liffey außerhalb Dublins weggeworfene Kondome, Konservendosen und vergammelte Plastikfetzen entdeckt hatte, dass sie auch Angst hatte vor weggeworfenen Spritzen – sie könnte ja in eine hineintreten oder sich aus Versehen hineinsetzen und sich mit Hepatitis C oder AIDS infizieren. Als Kind hatte sie dort oft gespielt, war auch im Fluss geschwommen. Jetzt war alles voller Dreck.

Im Vorjahr hatte er seine Tochter in Toronto besucht. Sie machten einen Spaziergang zum Strand hinunter an den Lake Ontario. Dort stand ein Schild mit der Aufschrift: »Strand gesperrt. Zum Baden nicht geeignet«. Seine Tochter zuckte die Schultern: Toronto lag flussabwärts von Chicago, Detroit und Love Canal (Giftmülllagerungsstätte nahe der Niagarafälle, Anm. d. Übers.). Doch soweit sie wusste, hatte die Stadt Chicago die eigene Seefront gesäubert und leitete ihre Abfälle jetzt stattdessen in den Oberflauf des Mississippi ein, wodurch St. Louis und New Orleans zu Leidtragenden wurden. Einem Bericht von Ende 1998 zufolge sind die Great Lakes heute »sauberer, als sie vor 50 Jahren waren«, was allerdings nicht viel besagt. Natürlich kann man heutzutage nicht mehr einfach den Cuyahuga River in Cleveland in Brand stecken, zuschauen, wie er brennt, und die Ufer danach einfach gründlich von den angeschwemmten toten Fischmassen säubern. Die allgemeine Love-Canal-Panik war zwar gewichen, doch gibt es in allen Seen noch immer toxische Ablagerungen in gefährlich hohen Konzentrationen, und auch die Strände sind häufig gesperrt. Schuld daran haben ein überhöhter Bakteriengehalt aus Torontos ureigenen Abwässern sowie die sehr großen Abflussmengen nach Unwettern.

Wie das »National Resources Defense Council« einige Tage zuvor in einer Zeitungsnotiz vermeldete, hatte es 1997 in den Vereinigten Staaten 4153 Strandsperrungen gegeben, doppelt so viele wie im Vorjahr. Dieser Anstieg hängt zum einen sicherlich mit der höheren Jahresniederschlagsmenge zusammen, aber auch damit, dass mittlerweile immer mehr Staaten Wasserkontrollen durchführen. Doch die schlechte Wasserqualität erstaunte oder bestürzte hier niemanden sonderlich. So war es eben nun mal. Man kann ja auch jederzeit im Pool schwimmen. Und der Chlorgehalt in den Pools tötet bekanntlich so ziemlich alles ab. Die Tochter des Großvaters fragte sich gelegentlich, wo das ganze Chlor eigentlich hingeht, wenn das Wasser der Pools abgelassen wird. Ein Sondergutachten über sauberes Leitungswasser in den USA wies landesweit eine laxe Einhaltung der Normwerte und nachlässige Wasserkontrollen beim Trinkwasser nach: Etwa 40 000 der 170 000 Wassersysteme verletzten auf die eine oder andere Weise die vorgeschriebenen Reinheitsnormen. 9500 dieser Wassersysteme, die zusammen nahezu 25 Millionen Menschen versorgen, wurden »grobe« Verletzungen bescheinigt, welche von der Umweltschutzbehörde als »ernste Bedrohungen der menschlichen Gesundheit« eingestuft werden.[4]

Auf Broschüren, die an Besucher Ontarios verteilt werden, heißt es kurz und knapp: »Ontario: Entdecke es selbst« – so lautet der Provinzslogan, und eines der Dinge, die es zu entdecken gibt, ist, dass man Fisch am besten mit Bedacht und in kleinen Häppchen isst. Nicht weil der Fisch hier vom Aussterben bedroht ist, sondern weil der Genuss von zu viel Fisch auf einmal gesundheitsschädlich sein kann. Unter anderem hat sich das Gift Methylquecksilber in der Biomasse angereichert. In mehreren Gemeinden im Norden der Provinz wurde eine Überschreitung der von der Weltgesundheitsorganisation empfohlenen Normwerte festgestellt.

Auf amerikanischer Seeseite gibt es mehr als 8000 Kilometer Küstenstreifen, aber lediglich 3 Prozent davon eignen sich als Badestrand, zur Trinkwasserversorgung oder als aquatische Lebensräume. 1993 wurden zwei Drittel aller »Fisch-Warnschreiben« in den USA in der Region um die Great Lakes herausgegeben, wovon die meisten einen überhöhten Wert an Quecksilber, PCB, Chlordan, Dioxin und DDT verzeichneten. Alljährlich werden im Wassereinzugsgebiet der Seen 50 bis 100 Millionen Tonnen gefährliche Abfälle erzeugt, davon allein 25 Millionen Tonnen Pestizide. Des Weiteren wurden in der Luft der Region geringe Schadstoffmengen festgestellt, die von Farmen in Mexiko und Zementfabriken in Texas stammen.

Im selben Bericht, in dem es heißt, die Great Lakes seien sauberer als je zuvor, steht weiter, dass das »Internationale Gemeinschaftskomitee« (International Joint Commission) von 1998 auch Ansammlungen von rund einem Dutzend schädlicher Chemikalien nachgewiesen habe und dabei zum eigenen Entsetzen auf »Spuren radioaktiver Verseuchungsstoffe in den Seen aus Abflüssen von Atomkraftwerken« stieß. »Die augenscheinliche Gewissheit ist niederschmetternd«, heißt es im Bericht. »Bestimmte langlebige toxische Substanzen beeinträchtigen das geistige Denkvermögen des Menschen, verändern sein Verhalten, schädigen das Immunsystem und gefährden die Fortpflanzungsfähigkeit.« Jeder, der vertrauensselig den Fisch der Gegend, wild lebende Tiere, wild wachsende Früchte oder Pflanzen zu sich nimmt, geht demnach ein Risiko ein.

Überall kommt es durch die industrielle Verschmutzung mit Blei, Quecksilber und Kadmium mehr und mehr zu folgenschweren Problemen. Kadmium etwa verursacht Nierenerkrankungen. Die Kadmiumablagerungen im Rhein sind zwischen 1920 und 1970 um das Zwanzigfache angestiegen, von weniger als 2 Milligramm pro Kilogramm auf über 40 Milligramm. Im Amazonasgebiet bewirkt die unkontrollierte Wasserförderung eine ausgedehnte Vergiftung der bislang noch unberührten Wasserläufe mit Quecksilber. Blei ist in vielen Flüssen der Industrieländer weit verbreitet und verursacht Nierenprobleme und Schädigungen des zentralen Nervensystems. Nach heutigem Wissen besteht auch ein ursächlicher Zusammenhang zwischen Aluminium, das zunächst als harmlos eingestuft worden war, und der Alzheimerkrankheit, die mit zunehmender Umweltverschmutzung durch die Industrie häufiger auftritt.

»Die« Umweltzerstörung, für die »die anderen« verantwortlich sind, die gibt es nicht. Beteiligt sind wir alle. Das liegt in der Natur unserer Zivilisation begründet – ein Umstand, den Maurice Strong schon seit Jahren immer wieder in seinen Vorträgen zur Sprache bringt: Die Zerstörung der Umwelt ist ein Vorgang, kein »Fehler im System«, der »reapariert« werden muss, ein Zeichen von tief greifender Unausgewogenheit im Umgang mit unserer industriellen Zivilisation. Auch ich habe mich schon an diesem Prozess beteiligt. In den siebziger Jahren lebte ich in Toronto und fand eines Tages Termiten in unserem Haus. Das war ein schauderhaftes Gefühl, denn ein Termitenschaden wird fast immer erst dann entdeckt, wenn irgendetwas zusammenbricht; Termiten brauchen Zellulose und gleichmäßige Feuchtigkeit, daher meiden sie das Freie und verstecken sich in gekammerten Räumen in Nutz- und Bauhölzern. Die ersten Anzeichen, die den verdutzten Hausbesitzer auf einen Termitenbefall aufmerksam machen, zeigen sich, wenn die Fußbodendielen anfangen nachzugeben oder ein Nagel beim Einschlagen in ein von Termiten bewohntes Holz einfach durchrutscht, weil das Holz morsch und hohl ist. In unserem Fall waren die Holzträgerbalken, welche die Decke stützten, derart morsch, dass ich sie mit der bloßen Faust durchstoßen konnte.

Die Termitenart, die Toronto bevölkerte, war weit schwieriger auszurotten als die Tropenart, die mir aus meinen Kindertagen in Afrika vertraut war. In Afrika bauten die Termiten ihre Hügel wenigstens noch auf der Erde, wo man sie nötigenfalls vernichten konnte. Dennoch ließen wir sie meistens einfach in Ruhe, wohl wissend, dass sie eine nützliche ökologische Arbeit verrichten. Nur dann, wenn sie in ein Haus einfielen, wurde eingegriffen – oder wenn jemand einen Tennisplatz anlegen wollte; Termitenhügel, zermahlen und gewalzt, gaben den besten Granulatbelag überhaupt für Tennisplätze ab. Doch mit den Termiten von Toronto war nicht so einfach fertig zu werden. Die Königin, sozusagen das zentrale Nervenzentrum des Termitenvolkes, konnte mitunter über 30 Meter unter der Erdoberfläche eingegraben sein, manchmal auch in einem Radius von 30 Metern entfernt vom Rest der Population. Es war praktisch unmöglich, Königinnen zu vernichten. Deshalb gab es nur eine Lösung: Chlordan, eines der am stärksten wirkenden Pestizide, die je hergestellt wurden, und eines der nachhaltigsten. Eben genau deshalb verwendeten wir das Mittel, weil seine Wirkung nie nachlassen würde.

Zunächst wurde ein Ring von Löchern rings um das ganze Haus gebohrt, bis unterhalb des Fundaments, etwa zwei Meter tief. Danach wurden mehrere Dutzend Liter Chlordan mit Hochdruck hineingepumpt, sodass sich praktisch eine »Chlordanhaut« rund um das ganze Gebäude bildete. Wir waren uns durchaus bewusst, was wir da taten – die Erde vergiften. Wir wussten auch, dass wir nie wieder Tomaten aus diesem Garten essen würden. Doch die Lage war misslich: ein Fleckchen Erde vergiften oder unser Haus verlieren.

Eine leichte Entscheidung, wie uns damals schien. Wir konnten es uns nicht leisten, unser Haus zu verlieren. Auch ein Staat oder eine Kultur trifft derlei leichte Entscheidungen. Jeder hat bestimmt schon einmal politische Reden gehört mit Sätzen wie »Wir können es uns nicht leisten, unsere Industrien zu verlieren.« Eine leichte Entscheidung – eine, die die Spezies Mensch seit der Erfindung der Pestizide immer und immer wieder getroffen hat.

Natürlich ist es die falsche Entscheidung, ganz und gar. Am Ende wandert das Chlordan immer weiter nach unten in den Boden hinein und erreicht schließlich den Grundwasserspiegel. Zugegeben, in den Städten nutzt man keine Brunnen, insofern stellt das Grundwasser dort keine unmittelbare Gefahr für die menschliche Gesundheit dar, falls es denn verseucht wäre. Doch mit der Ausbreitung der Termitenplage steigt die Verwendung und somit auch die Verbreitung von Chlordan. Schließlich gelangt es in den Lake Ontario, wo es mit weiteren Ansammlungen von Giftstoffen aus anderen Verwaltungsbezirken zusammenkommt. Toronto bezieht sein Trinkwasser aus dem Lake Ontario. Um das Problem zu beheben, muss eine Rohrleitung weiter und tiefer in den See hinein verlegt werden, dorthin, wo das Wasser noch halbwegs sauber ist.

Diese Methode wird auch andernorts praktiziert. Als eine Versammlung führender Politiker der G7-Staaten in Halifax bevorstand, wollte die Gastgeberstadt auf gar keinen Fall, dass ungeklärte Abwässer an Uferstreifen plätschern, an denen sich die Politiker zusammenfinden würden. Eine Lösung musste also gefunden werden, doch eine Abwasseraufbereitung kam nicht in Frage. Diese wäre zu teuer gekommen und zudem drängte die Zeit. Also wurde das Einleitungsrohr weiter in den See hinaus verlängert.

Die Ansammlung und Anreicherung von Giftstoffen in der Biomasse verschlimmert die ganze Sache. Die Konzentration von chemischen Stoffen nimmt zu, je weiter sie die Nahrungskette durchlaufen. Man müsste das Wasser aus den Great Lakes über tausend Jahre lang trinken, um die gleiche Menge PCB zu sich zu nehmen wie beim Verzehr von einem Kilogramm Fisch.

Wie zahlreiche epidemiologische Studien bestätigen, gibt es einen Zusammenhang zwischen Krebs sowie Geburtenfehlbildungen und verseuchtem Grundwasser. Das *American Journal of Epidemiology* führte 1983 in San Jose in Kalifornien eine Untersuchung durch und wies einen statistisch auffallenden Anstieg von Geburtenfehlbildungen infolge einer Kontaminierung des Grundwassers mit chemischen Lösungsmitteln nach.[5]

In den achtziger Jahren gehörte in Nordamerika wie auch in Nordeuropa der saure Regen zu den Schrecken der Zeit. Das Thema durchlief damals sämtliche klassischen Stationen der politischen Pressediskussion: Entdeckung durch Wissenschaftler, Medien greifen das Thema auf, erstatten Bericht, die grüne Umweltschutzbewegung verschärft es, danach reißerische Schlagzeilen, wissenschaftliche Neubewertung, bis das Thema abgedroschen ist und sich schließlich eine öffentliche Gleichgültigkeit breit macht. Nach einiger Zeit tritt das Thema in den Hintergrund, sickert ins kulturelle Unterbewusstsein, wo es eintaucht in den Hexenkessel der unterschwelligen seelischen Angstzustände, ohne in ökonomischer oder politischer Hinsicht irgendetwas Sinnvolles bewirkt zu haben.

Über Jahre fuhr ich regelmäßig nach Ontario, wo ich ein Grundstück besaß, einige Hektar groß, mit Ahorn- und Birkenbäumen. Die Wälder, durch die ich auf dem Weg dorthin fuhr und auch der Baumbestand auf meinem eigenen Land fingen in den frühen achtziger Jahren an, krank auszusehen. Um die Mitte jenes Jahrzehnts begannen die Bäume abzusterben. Saurer Regen sei die Ursache dafür, hieß es. Die Bäume stammten aus der zweiten, mitunter auch aus der dritten Wachstumsgeneration, stattlich zwar, aber nicht so robust wie jene, die einst die ersten Siedler abgeholzt hatten. Der Regen, der auf die Wälder im Norden Kanadas niederfiel, wurde damals regelmäßig von Forstwissenschaftlern analysiert. Meistens wurde ein sehr hoher Säuregehalt festgestellt und ein pH-Wert unter 4. Die Ursache war allseits bekannt: Abgase, größtenteils Oxide, Schwefel und Stickstoff, die von Autos und durch das Verbrennen von Kohle und Öl in Fabriken und Stromerzeugungsanlagen in die Luft ausgestoßen werden. Diese Gase bilden in Verbindung mit Wasserdampf in der Luft scharfe Säuren wie Schwefel- oder Salpetersäure. Die daraus resultierende Säuerung des Grundwassers hatte zweifelsohne einen negativen Effekt auf den natürlichen ökologischen Haushalt in Sammelbecken und Abflussgebieten. Zahlreiche Seen in Upper New York State, Ontario, Quebec und Skandinavien waren nachweislich biologisch tot. Der Großteil dieser Gegenden erlitt einen so genannten »Säureschock«, der eintritt, nachdem mit heftigen Stürmen oder mit der ersten Schneeschmelze im Frühjahr die angesammelten Säuren in die Flüsse und Seen gelangen – mit schwer wiegenden Folgen für Flora und Fauna. Was bei den Untersuchungen auffiel, war, dass die niedrigeren pH-Werte anstiegen, was Hydrologen in der Fachsprache als »Mobilisation« von Aluminium bezeichneten und womit sie die Konzentration dieses Stoffes meinten. Man wusste damals bereits, dass dieses Mineral den Fischbestand schädigte, doch erst viel später kam die Vermutung auf, dass es auch die Gesundheit des Menschen beeinträchtigen könnte (allerdings sollte es noch eine Weile dauern, bis man einen Zusammenhang mit der Alzheimer Krankheit vermutete).

Um 1985 wendete sich das Blatt. In den beiden vorangegangenen Wintern war es sehr trocken gewesen; die Schneedecke war nicht sehr hoch, und die Temperaturen lagen wie gewohnt um die minus 35°C oder noch weiter darunter. Möglicherweise hatte ja das den Bäumen geschadet. Außerdem gab es nur einen geringen Abfluss im Frühjahr: Hochwasser hatte es kaum gegeben und die darauf folgenden Sommer waren ebenfalls trocken. Im Sommer 1986 gab es wieder reichlich Regen, und die Schneedecke im darauf folgenden Winter entsprach ebenfalls wieder normalen Verhältnissen – noch im März lagen rund zwei Meter Schnee. Der Regen war nach wie vor sauer und der Abfluss hoch konzentriert angereichert, doch die Bäume begannen sich zu erholen. Die Ahornfarmer ein Stück weiter die Straße hinunter nahmen mit Seufzern der Erleichterung ihre Arbeit wieder auf und hängten ihre Saftleinen und Körbe aus. Es stand also doch nicht so schlecht wie angenommen. Allerdings lebten die Bäume nicht so schnell wieder auf, wie sie das eigentlich sollten. Die Wälder sahen noch stark mitgenommen aus. Wären sie Menschen gewesen, hätte man bei ihnen ein chronisches Müdigkeitssyndrom diagnostiziert.

Auf den ersten Schrecken folgte die Ruhe vor dem Sturm. Dem Planeten Erde wurde weiter stark zugesetzt. Das Wasser der oberflächennahen Grundwasserleiter war noch immer sauer, Seen waren noch immer tot und die Bäume noch immer anämisch. Die Öffentlichkeit nahm nicht mehr weiter Notiz davon, nachdem man versichert hatte, dass alles wieder in Ordnung war. Und einige Zeit später, als Kernkraftwerke abgeschaltet oder eingemottet wurden, begannen Stromerzeugerunternehmen, die Welt nach weiteren Kohlevorkommen zu durchforsten.

In den Entwicklungsländern ist die Lage weitaus schlimmer; sowie sich die technische Entwicklung beschleunigt, steigt auch die Wassermenge, die mit industriellen Schadstoffen wie Mineralölen und toxischen Metallen verseucht wird, gefährlich schnell an. Das Gesamtwasservolumen eines Entwicklungslandes ist deshalb aber nicht unbedingt schmutziger. Es ist nur so, dass wirklich sauberes Wasser relativ selten ist, zumal es dort eine gründliche Reinigung und Säuberung des Wassers, wie es in Ländern der hoch zivilisierten Welt üblich ist, schlichtweg nicht gibt. Mostafa Tolba, der große alte Mann der Umweltschutzbewegung und frühere Generaldirektor des UNEP (»United Nations Environment Program«) verhehlt nicht, dass die heutige Qualität von Süßwasser trotz aller Anstrengungen nicht auf der natürlichen Reinheit des Wassers basiert, sondern auf Dekontaminierung. »Die Zahl der verschmutzten Flüsse steigt an«, warnt er. Ebenso unverhohlen meint Peter Gleick: »Nach neuesten Testauswertungen in Bezug auf die Sicherung des Mindestbedarfs an Trinkwasser und Wasser für sanitäre Zwecke können weite Teile Afrikas, Asiens und ein Großteil des westlichen Südamerikas nicht mithalten. Über eine Milliarde Menschen haben keinen Zugang zu sauberem Trinkwasser, und mehr als 2,9 Milliarden haben keinen Zugang zu sanitären Versorgungseinrichtungen. Die hygienischen Zustände nehmen eine alarmierende Entwicklung, was hauptsächlich an der stark angewachsenen Bevölkerung liegt, besonders in den Großstädten.«

Fährt man nach Norden aus der Stadt Baffoussam in Kamerun hinaus in Richtung Tschadsee, durchquert man ein endlos scheinendes, weites Gebiet von trostlosen Elendsvierteln, übervölkerten, schäbigen Vorstädten mit baufälligen und armseligen Hütten und aberhunderten von Kindern, die in den stinkenden, abgestandenen Pfützen und zwischen Bergen von faulendem Müll spielen. An der Hauptstraße, neben den Abfallhaufen, wird Markt abgehalten und Ware feilgeboten. Wenn Autos den Geist aufgeben, werden sie einfach neben der Straße abgestellt und sogleich von ganzen Familien in Beschlag genommen, die sich auf einem winzigen Fleck, nicht größer als ein Sofa, irgendwie arrangieren. Der Boden ist schwarz von abgelassenem Getriebeöl, angekokeltem Schutt und allerlei sonstigem Dreck. Bauern kommen vom Land in die Stadt und legen ihre Ware stapelweise im Schlamm auf den Gehsteigen zum Verkauf aus – eine kleine Pyramide aus Mangos, ein erfrischender Farbklecks aus Grün und Gold im allgemeinen Grau in Grau; eine Reihe Fisch, noch glänzend frisch, aber bereits dabei, unter der sengenden Hitze von 35°C an Glanz und Farbe zu verlieren; eine alte Frau mit Bananen behängt, als trüge sie Hand- und Fußfesseln. Dieselschwaden aus schlecht eingestellten Motoren hängen in der Luft, und die meisten der Gebäude verfallen und sind schwarz vor Ruß. Abseits der Hauptstraßen, mittendrin im Labyrinth der Hütten, die zusammengezimmert sind aus Eisenstrippen, altem Drahtzaun, Pappe und platt gedrückten Konservenbüchsen, ist der Gestank mitunter kaum auszuhalten. Weit und breit keinerlei Versorgungseinrichtungen: keine Straßen, keine Kanalisation und auch kein Wasser. Das Wasser muss aus den kommunalen Standrohren geholt werden, aus tröpfelnden Hähnen in einem runden stinkenden Schlammloch, in dem man knöcheltief versinkt.

Es liegt mir fern, Baffoussam schlecht zu reden, doch der starke Gegensatz zum wunderschönen Hinterland ist eben doch sehr auffällig – wellige Hügel bedeckt mit smaragdgrünen Wäldern und leuchtenden, scharlachroten Blüten, unwahrscheinlich groß mit einer eindrucksvollen ländlichen Architektur – robuste kleine Häuschen aus sandfarbenen Lehmziegeln mit steilen pyramidenförmigen Dächern und säuberlich gekehrten Höfen –, eine Bilderbuchidylle. Baffoussam ist ganz so, wie die anderen Städte in Kamerun, wie Douala oder die Hauptstadt Jaunde. Die Vorstädte sehen in Kapstadt genauso schäbig aus, gleichen den Slums in Luanda, Lagos, Kinshasa oder Dakar. Diese riesigen Slums gibt es auch in Asien – in China, Thailand, Laos, Indien, Bangladesch und Pakistan – sowie in fast jedem Land Lateinamerikas. Kurzum, es gibt sie überall in der Dritten Welt.

Im Laufe der nächsten ein bis zwei Jahre – wann genau weiß niemand – wird die Welt einen bedeutenden Meilenstein in der Geschichte der Menschheit überschreiten. Zum ersten Mal werden dann mehr Menschen in der Stadt als auf dem Land leben. Den größten Anteil am Bevölkerungswachstum hat dabei die Dritte Welt, wo Städte explodieren und es den Stadtverwaltungen unmöglich wird, mit der Entwicklung Schritt zu halten, unter anderem auch hinsichtlich der Wasserversorgung für den sanitären Bedarf.

In der Geschichte der Menschheit waren Städte zumeist Hochburgen der Macht und des Reichtums, aber auch der Seuchen und der Pest. Es ist kaum ein Jahrhundert her, dass die großen Städte der Welt Kanalsysteme zur Abwasserbeseitigung einführten und die Bevölkerung mit genießbarem Süßwasser versorgten, wodurch die Erkrankungsraten allmählich zurückgingen. Noch 1852 lag das durchschnittliche Sterbealter in der rasch wachsenden Stadt Dudley in England bei siebzehn Jahren, hauptsächlich weil »menschliche Exkremente in allen Seitenstraßen, Hinterhöfen und an sonstigen Orten zu finden waren.«[6] Binnen der ersten beiden Jahrzehnte nach Einführung der Kanalsysteme zur Abwasserbeseitigung stieg die Lebenserwartung um ein dutzend Jahre an. In den französischen Städten erhöhte sie sich zwischen 1850 und 1900 von 32 auf 45 Jahre. Sicherlich trugen hierzu die medizinische Forschung und die neu gewonnenen Einsichten in Krankheitsbilder das ihre bei – so etwa gelang die rühmliche Tat, die Erreger einer Choleraepidemie in London auf einen einzigen öffentlichen Wasserzapfhahn zurückzuverfolgen. Doch die eigentlich ausschlaggebende Ursache für diesen Umschwung lag in der allgemeinen Verbesserung der hygienischen Bedingungen.

Der Großteil der Bevölkerung weltweit lebte damals noch immer in Dörfern oder auf kleinen Gütern; hohe Krankheitsraten wurden normalerweise mit dem von Armut gezeichneten Leben auf dem Land in Verbindung gebracht.

Die gleichen Umwälzungsprozesse, die im vorigen Jahrhundert in Europa und Amerika stattgefunden haben, finden heute in den übrigen Teilen der Welt statt, nur viel schneller und in einem enorm vergrößerten Maßstab. In London dauerte es von 1800 bis 1920, bis sich die Bevölkerung von 1,1 Millionen Menschen auf 7,2 Millionen vervielfacht hatte, eine Wachstumsrate, die in manchen Ländern Afrikas innerhalb einer einzigen Generation erreicht wird. Zahlreiche Städte in Asien sind im gleichen Zeitraum auf das Vierfache angewachsen. Das rasante Bevölkerungswachstum und die enorm schnelle Urbanisierung sind Zwillingsphänomene, die gerade in solchen Ländern erscheinen, die arm sind. Bereits heute gibt es weltweit 22 Städte, bei denen die Bevölkerungszahl 10 Millionen überschreitet, 17 davon liegen in Entwicklungsländern. Die größte Stadt der Welt, Mexiko City, hat mehr als 20 Millionen Einwohner. Auch Delhi, Amman und São Paulo sind nicht mehr weit davon entfernt. Dort macht der prozentuale Anteil der in Armut lebenden Stadtbevölkerung heute schon 30 bis 60 Prozent der Gesamtbevölkerung aus. In Addis Abeba liegt der Anteil bei 79 Prozent, in Luanda bei 70 Prozent, in Kalkutta bei 67 Prozent. Die Wachstumsrate der Bevölkerung ist in den Slums höher als sonst irgendwo – in Bangladesch beispielsweise liegt sie in den Elendsvierteln viermal höher als die durchschnittliche Geburtenrate des Landes. Hält diese Tendenz an, was sehr wahrscheinlich ist, wird mehr als die Hälfte der Einwohner dieser Megastädte – und das ist gut mehr als eine Milliarde Menschen weltweit – in Slums und schäbigen Vorstädten ihr Leben fristen ohne Annehmlichkeiten überhaupt. Nach Angaben der Vereinten Nationen wird die Bevölkerungszahl der Landbewohner bis zum Jahr 2010 weltweit den

Spitzenwert von 3,1 Milliarden erreicht haben und danach wieder langsam zurückgehen. Doch die Zahl der Stadtbewohner wird bis zum Jahr 2030 doppelt so hoch sein wie die der Landbewohner. Für die Städte wird ein Bevölkerungszuwachs von beängstigenden 160 Prozent erwartet. Dieses rasante Wachstum hat es trotz heroischer Anstrengungen schier unmöglich gemacht, dem gesteigerten Bedarf an Wasser nachzukommen. Die achtziger Jahre wurden von den Vereinten Nationen zum »Internationalen Jahrzehnt der Trinkwasserversorgung und Hygiene« erklärt mit der Absicht, beachtlichen 80 Prozent der Stadtbewohner Zugang zu sauberem Wasser zu ermöglichen und für 50 Prozent ein Abfallbeseitigungssystem bereitzustellen. Allerdings stieg die Zahl der Weltbevölkerung zwischen den Jahren 1990 bis 2000 um weitere 900 Millionen Menschen an. Infolgedessen blieb die tatsächliche Zahl der Menschen, die nach wie vor ohne Wasser sind, unverändert. Die Zahl all jener Menschen, die ohne sanitäre Versorgungseinrichtungen leben, erhöhte sich gar um weitere 70 Millionen.[7]

In vielen Städten haben die Behörden so gut wie aufgegeben. Die örtliche Wasserinfrastruktur ist in einem derart miserablen Zustand, dass die anfallenden Kosten für eine Sanierung auch nicht eventuell wieder über die Verbraucher ausgeglichen werden können. Darüber hinaus sind die städtischen Einnahmen viel zu niedrig, um damit die Versorgungsdienste verbessern zu können. Die Wasserqualität wird daher zunehmend schlechter. So kommt es bisweilen zu Sabotageakten, wenn etwa verärgerte Verbraucher städtische Wasserleitungen zerstören oder wenn verzweifelt und amateurhaft versucht wird, Wasserumleitungen zu legen, wodurch das Versorgungssystem zusätzlich beeinträchtigt wird. Und nicht selten, wie etwa in London, läuft gut die Hälfte des gesamten Wassers einfach aus, weil die Leitungen alt und rissig sind und lecken.

Noch bis vor kurzem haben Wasserwirtschaftsplaner in den seltensten Fällen die akuten Probleme der Entwässerung, Kanalisation oder Wasseraufbereitung in ihre Planungen einbezogen. In Lateinamerika werden zum Beispiel nur etwa 2 Prozent des Abwassers aus Haushalten geklärt. Das ungeklärte Abwasser fließt in Gewässersysteme und zwingt die Städte, ihr Wassereinzugsgebiet immer weiter stadtauswärts zu verlagern; in Lima hat die Verschmutzung die Wiederaufbereitungskosten um 30 Prozent in die Höhe getrieben.[8] Das Gleiche passiert überall in der Dritten Welt.

Verschmutzung führt zu Krankheit. Optimistische Schätzungen gehen von etwa 250 Millionen neuen Fällen von durch Wasser übertragenen Krankheiten pro Jahr aus, was rund 10 Millionen Menschen das Leben kostet.

Dass Cholera heute wieder auf dem Vormarsch ist, ist eine Schreckensbotschaft. Die erste Cholerapandemie breitete sich im 19. Jahrhundert von Asien nach Amerika aus. Bis zum Ausbruch des amerikanischen Bürgerkriegs gab es in den Vereinigten Staaten regelmäßig Choleraepidemien. 1970 hielt die Krankheit in Afrika Einzug und kehrte 1991 auf den amerikanischen Kontinent zurück. Die Zahl der Fälle erreichte 1992 einen vorläufigen Rekordwert, steigt aber derzeit weiter an. Von etwa 100 000 Fällen weltweit im Jahr 1990 schnellte der Wert 1992 schlagartig auf 600 000 nach oben, eine Folge der unzähligen Slums, die in Lateinamerika nur so aus dem Boden sprießen.

Bilharziose oder Schistosoma, bezeichnet eine andere weit verbreitete Parasitenerkrankung. Sie wird ebenfalls durch Wasser übertragen. Gegenwärtig sind mehr als 200 Millionen Menschen in rund 70 Ländern damit infiziert. Die Krankheit ist weiter auf dem Vormarsch und die Zahl der Infizierten erhöht sich nicht zuletzt durch die Realisierung von Projekten, die eigentlich dem Wohl der Allgemeinheit dienen sollten. Gleichzeitig werden dabei aber günstige Bedingungen für Krankheitsüberträger geschaffen. Im Nildelta beispielsweise haben sich die Süßwasserschnecken nach dem Bau des Assuan-Staudamms und der entsprechenden Bewässerungskanäle rapide ausgebreitet, was in manchen Gegenden zu Infektionsraten von nahezu 10 Prozent führte. Das Gleiche passierte im Sudan nach dem Bau des Sennar-Dammes und in Ghana nach dem Bau des Voltastausees. Dort stieg die Infektionsrate bei Kindern innerhalb eines Jahres von unter 10 Prozent auf mehr als 90 Prozent an.[9] Der Malawisee gilt heute als das einzige bedeutende Wassersystem in Afrika, das frei von Bilharzien und deshalb auch zum Baden geeignet ist.

Doch sollten die Touristen, die sich dort an den Uferstränden tummeln, besser nichts auf diese Aussage geben.

In der Ersten Welt wird die so genannte Legionärskrankheit durch verseuchtes Wasser verursacht. Ihr Auftreten ist zwar noch nicht häufig, aber aus anderen Gründen sehr bedenklich – die Erreger sind chlorresistent und so kann das Wasser auch nach einer Aufbereitung gemäß den gesundheitlichen Normen der USA und Europas die Krankheit übertragen.

Auch die Schlafkrankheit und Malaria sind durch Wasser übertragene Erkrankungen, wobei die Überträger des Erregers im einen Fall Tsetsefliegen, im anderen Moskitos sind. Weltweit sind 2 Milliarden Menschen der Malariagefahr ausgesetzt. Alljährlich werden rund 130 Millionen neue Malariafälle verzeichnet, die meisten davon in Afrika und Asien, wo fast ein Drittel der Kindersterblichkeitsrate auf Malariaerkrankungen zurückgeführt wird.

Doch es gibt auch positive Entwicklungen. Die Rate von Drakunkulosefällen beispielsweise, der Guineawurmerkrankung, einer weiteren Parasitengeißel der Menschheit, fiel von ungefähr 10 Millionen Fällen pro Jahr auf nahezu null.

Natürliches Wasser ist, wie wir gesehen haben, nicht »rein«, sondern vielmehr ein wasserverdünntes Gemisch von Stoffen, die an der Erdoberfläche zersetzt werden oder sich aus der Luft niederschlagen. Ein Fakt, den sich Mineralwasserfirmen seit Jahren zu Nutze machen, zur Freude ihrer Aktionäre. In gewissem Sinne ist also jedes Wasser Mineralwasser, denn Wasser ist eines der Hauptlösungsmittel der Natur. Der Unterschied besteht nur darin, dass einige Mineralwässer besser schmecken als andere. Und ein geschicktes Marketing hat Millionen Verbraucher erfolgreich davon überzeugt, dass sie auch gesundheitsfördernd sind. Die Ionenzusammensetzung des typischen »naturreinen Wassers« variiert von weniger als 100 Milligramm pro Liter (in Regen, Schnee und in Gebirgsbächen) bis zu 400 000 Milligramm pro Liter in Salzseen.

Der Regen, der sich auf der Erde niederschlägt, dringt langsam in den Boden und sickert durch organisches Material wie Wurzeln, verfaulende Blätter und Humus. Das Wasser löst Mineralien aus Gesteinen und Bodenschichten und reagiert mit verschiedenen Organismen, von Mikroben über Bakterien bis zum Menschen. Die Wissenschaft vom Grundwasser kann also zu einem echten Spezialgebiet werden, das Vorgänge einschließt wie Hydrolyse, Niederschlagsreaktionen, Absorption und Ionenaustausch, Oxidation und Reduktion, Gasaustausch und biologische Prozesse wie etwa den mikrobischen Metabolismus, organische Produktion und Respiration. Wasser fungiert sowohl als Lösungsmittel als auch als Schwamm: Seine Zusammensetzung hängt weitgehend von der Umgebung ab, in der es vorkommt.

Dass das Grundwasser so anfällig für Verschmutzungen ist, liegt also in der absorptiven Natur begründet, in der Tatsache, dass sich die Zusammensetzung des Wassers ergibt aus den Substanzen des Sickerwassers an der Erdoberfläche. Für gewöhnlich sind gelöste Stoffe im Grundwasser höher konzentriert als im Flusswasser und demzufolge ist eine eventuelle Verunreinigung nur schwer wieder zu beheben.

Die vom Menschen herbeigeführten Veränderungen sind alles andere als unbedeutend. Die chemische Zusammensetzung des Grundwassers wird durch uns modifiziert, und zwar auf globaler Ebene. Durch menschliche Aktivitäten ist die Durchschnittsmenge an gelösten »Zusatzstoffen« im Grundwasser heute bereits um 10 Prozent angestiegen, an Salz, Natrium, Chlor und Sulfaten gar um ein Drittel. Weltweit finden sich im Grundwasser Rückstände von Düngemitteln, Herbiziden und Pestiziden, von toxischen organischen und nichtorganischen Chemikalien sowie radioaktive Spurenelemente. Am schlimmsten betroffen sind die USA, was in erster Linie an der Chemieindustrie liegt, die in Forschung und Technik eine Spitzenposition einnimmt. Ein weiterer Grund ist der, dass mittlerweile die Landwirtschaft in starkem Maße vom Pestizideinsatz abhängig ist. Zudem gibt es kaum mehr einen Fluss, der nicht aufgestaut, oder einen Grundwasserleiter, der nicht erschlossen wäre. Wie wir im Weiteren noch sehen werden, wird im amerikanischen Westen ein rücksichtsloser Raubbau an Grundwasserleitern betrieben, von dem sich diese nie wieder erholen werden. Wie Untersuchungen belegen, hat das Streusalz, das im Winter in Long Island im Nordosten der USA verwendet wurde, die Trinkwasservorräte verseucht. Der rapide Abfluss, der sturzflutartige Wasserablauf infolge der Degradierung durch Entwaldung, ist in ganz Nordamerika ein großes Problem. Im Westen der USA wie auch im westlichen Australien gehören Bewässerungsrückflüsse, die in semiariden Regionen den Böden Salze entziehen, zu den Hauptverschmutzungsquellen des Grundwassers.[10]

Alle natürlichen Wasserläufe enthalten eine gewisse Menge an Nitraten, wenn auch in verdünnter Form. Sie werden im Allgemeinen mit dem sturzflutartigen Abfluss nach Unwettern im Wasser freigesetzt, da Nitrationen ungebunden durch die Bodenschichten wandern. Natürliche Konzentrationen von ungefähr 0,1 Milligramm pro Liter sind jedoch kaum schädlich. Zum Glück, denn Nitrate im Blutstrom können den Sauerstofftransport behindern (»blaue Babys« gibt es meist aufgrund extrem hoher Nitratkonzentrationen im Blut); Nitrosamine, Stickstoffverbindungen, gehören zu den stärksten bekannten karzinogenen Substanzen. Der Nitratgehalt von Süßwasser steigt ununterbrochen, da immer mehr Farmer Düngemittel auf Nitrogenbasis verwenden und Abfall und Abwässer aus Industrie und Kommunen heute in größeren Mengen anfallen.

In den reicheren Ländern sind die Flüsse im letzten Jahrzehnt im Großen und Ganzen immer sauberer geworden. Doch misst man die Nitratwerte, ist nicht eimal mehr einer von zehn europäischen Flüssen »natürlich« – in den meisten finden sich Nitratwerte, die viermal höher sind als die natürlichen Durchschnittswerte. Nach Ergebnissen der vom Institut »US Geological Survey« analysierten Brunnen wies fast ein Viertel höhere Nitratkonzentrationen auf, als die natürlichen Vergleichswerte liefern, und das ist bedenklich hoch. In Dänemark haben sich die Nitratkonzentrationen seit den vierziger Jahren verdreifacht.

Mit dem Bevölkerungswachstum dehnen sich auch die Städte immer weiter aus, und Häuser, Autobahnen und Parkplätze treten mehr und mehr an die Stelle von durchlässigen Bodenschichten und Vegetationsdecken. Anstatt das Regenwasser in den Boden ablaufen zu lassen, damit es das Grundwasser anreichert, wird es in Stadtgebieten in Kanal- und Entwässerungssysteme geleitet.

In Entwicklungsländern sieht das Bild ganz anders aus. Dort ist die Menge an gelöstem Sauerstoff in den Flüssen beträchtlich gesunken – ein Schlüsselindikator für eine Zunahme der Verschmutzung durch Abwässer. Neun Zehntel aller Abwässer in den Entwicklungsländern fließt ungeklärt direkt in Flüsse, Seen und Meere hinein. Bedenkt man die Zahl der Menschen, die dadurch ums Leben kommen, so ist unsauberes Wasser wahrscheinlich das gefährlichste Problem, das die Welt derzeit hat.

Global gesehen, transportieren die Flüsse doppelt so viel organische Stoffe in die Ozeane wie zu frühgeschichtlichen Zeiten; der Ausfluss an Nitrogen und Phosphor hat sich sogar mehr als verdoppelt. Die Eutrophierung der marinen Gewässersysteme ist weltweit für die Fischerei zum Problem geworden. Die Verschmutzung der Flussmündungen und Meeresbuchten in der Ersten wie auch in der Dritten Welt hat mittlerweile eine für die menschliche Gesundheit kritische Marke erreicht. Man muss nicht unbedingt mit Dr. Paul Ehrlich (*The Popoulation Bomb*) einer Meinung sein, für den wirtschaftliches Wachstum »das Kredo der Krebszelle ist«, um zu erkennen, dass wir Menschen ausgerechnet die Ressource, von der wir in allerhöchstem Maß abhängig sind, so gefährlich vergiften.

Kapitel 7

Der Aralsee
Paradebeispiel für eine verfehlte Wasserwirtschaft

Selbst ein noch so leichter Wind nimmt die Salze und den Staub auf und macht die Luft diesig wie Hitze, die in einer Luftspiegelung flimmert. Ist der Wind stärker, ziehen die weißen Wolken höher und weiter und der Himmel ist dunkel und trüb wie Milch aus Vinyl, undurchsichtig und irgendwie unheilvoll. Wenn man nordwestlich von Buchara entlang des Amudarja nach Norden zum Aralsee fährt – besser gesagt zu dem, was einmal der Aralsee war –, dann fällt auf, dass die Häuser und landwirtschaftlichen Betriebe ebenfalls weiß sind, bestaubt mit etwas, das aussieht wie feiner Schnee. Aber es ist kein Schnee. Es ist Salz, das infolge der jahrzehntelangen, leichtfertigen Bewässerung aus der Erdoberfläche herausgelaugt wurde. Vorbei am trostlosen, kleinen usbekischen Ort Nukus geht es weiter nach Muinak, ein Dorf, das früher am Ufer des Aralsees lag, dem einst viertgrößten Süßwassersee der Welt. Der Blick vom Kamm eines Hügels gleich hinter dem Ort ist der wohl berühmteste in einer traurigen und langen Reihe von Gebieten, die durch Wassernutzung und -missbrauch zerstört, geschädigt oder ernsthaft bedroht sind: So weit das Auge reicht, nichts als trockener Sand, weiße Gerippe von totem Vieh, das sich vergiftet hat an den toxischen Pflanzen, faulende abgetakelte Wracks der Fischerboote und -kähne, die kläglichen Überreste einer einst erfolgreichen Fangflotte. Im Vordergrund die zerbrochenen dicken Holzplanken des einstigen Kais; dahinter sechs oder sieben Bootsrümpfe, die zufällig dort aufgesetzt haben, einige noch immer hoch aufgerichtet, aber verfallen und vom Rost zerfressen; noch weiter hinten sind kleine Hügel im Sand zu erkennen, unter denen andere Hügel begraben sind, und ganz weit hinten sieht man nur noch Dünen, Sand, Salz und ein einziges großes Nichts.

Das Aralseebecken ist das natürliche Sammel- und Abflussbecken zweier Flussläufe, des Amu-Darja und des Syr-Darja, aus denen der Aralsee abgesehen von Niederschlägen gespeist wird. Beide Flüsse entspringen in den Gebirgsketten Tien Shan und Pamir im Himalaya und fließen nordwärts durch die Schwemmlandtäler und die Wüsten Kara Kum und Kyzl Kum, bis sie schließlich in den Aralsee münden, der eine in die südliche, der andere in die nördliche Seespitze. Die beiden Flüsse sind die einzigen Süßwasserquellen in einem Gebiet, das 1,5 Millionen Quadratkilometer umfasst und in dem rund 35 Millionen Menschen beheimatet sind. Einst lag fast das ganze Aralbecken innerhalb der Grenzen der alten Sowjetunion. Irgenwann haben die Russen die Region unter ethnischen Gesichtspunkten in mehrere »autonome« Republiken aufgeteilt. Doch als das Konglomerat auseinander fiel, hinterließ es eine Reihe zersplitterter, winziger und armer »unabhängiger« Staatsgebilde – Turkmenistan, Usbekistan, Kasachstan, Kirgisistan und Tadschikistan. Diesen Kleinstaaten obliegt es nun, die Probleme auszutragen, welche die Sowjetunion hinterlassen hat. Von einem *See* kann man wirklich kaum mehr sprechen – eine verfehlte Wasserwirtschaft hat den Aralsee zu dem gemacht, was er heute ist: der giftige, geschrumpfte Schatten eines einst prachtvollen Gewässers. Entsetzte Beobachter, die nach einer passenden Metapher suchten, beschrieben den See als »das leise Tschernobyl«. Das mag wohl ein wenig übertrieben sein, doch ohne weiteres lässt sich sagen, dass der Aralsee die größte vom Menschen herbeigeführte ökologische Katastrophe des Planeten erlebt hat, ein warnendes Beispiel für die Folgen menschlicher Selbstüberhebung und einer Politik der Ignoranz. Gleichzeitig ist er ein Beweis dafür, wie urplötzlich ökologische Katastrophen hereinbrechen können und wie schwer sie wieder rückgängig zu machen sind, wenn sie erst einmal in Gang gekommen sind.

An einem späten Oktobernachmittag war ich in einer kleinen klapprigen Maschine der Aeroflot, die aus Duschanbe kam, von Samarkand nach Buchara geflogen. Als ich dort gelandet war, kam gerade ein Staubsturm auf. In der kleinen Hütte, die als Terminal umfunktioniert war, hatten ein paar Vagabunden Zuflucht vor dem Sturm gefunden, ihre Esel hatten sie draußen angebunden und ihre veralteten Gewehre, glänzend und gut eingeölt, gegen die Wand gelehnt, an eine verblassende Postergalerie aus Sowjetzeiten.

Die Luft war stickig von trüben rußschwarzen Staubwolken, die von den Einheimischen »schwarze Blizzardwolken« genannt werden. Der Staub legte in der Stadt alles lahm. Grober Sand auf den Fußböden, grober Sand in den Hotelbetten, grober Sand in den Autos, grober Sand auf den Tischen in den Restaurants, grober Sand im Essen. Die Sonne stand noch immer hoch, doch es war bereits dunkel. Ich wollte das Abendessen in einem Lokal einnehmen, das mir empfohlen worden war, ein Kellerlokal mitten im Kashbahviertel, das an einen tief eingelassenen Brunnen erinnerte, eine Art umgewandelte Zisterne. Außer mir waren nur noch ein paar alte Männer zu Gast, die Tee tranken, und ein paar Soldaten, von denen einer, während ich noch beim Essen war, aufstand, eine Maus auf dem Mosaikfußboden tottrampelte und den Kadaver einfach dort liegen ließ in der Hoffnung, dass ihn irgendjemand am nächsten Tag wegfegen würde. Doch hatte es ganz und gar nicht den Anschein, als ob überhaupt irgendjemand hier zum Kehren vorbeikommen würde. Der Wirt hatte den Staub mehr schlecht als recht mit seinem Ärmel vom Tisch gewischt, als er das Lammschaschlik servierte, das zu lang gegrillt und nun zäh und verkohlt war, dazu russisches Bier, das warm und abgestanden war. Im Glas war ebenfalls grober Sand.

Eigentlich hatte ich in der Stadt anderweitig zu tun – ich verfolgte die Spuren Tamerlans, des größten Herrschers des Goldenen Großreichs der mongolischen Steppe –, aber die Umweltzerstörung war hier so augenscheinlich, dass ich sie unmöglich ignorieren konnte. Ebenso unmöglich konnte ich glauben, dass diese Gegend, welche schon lange vor Menschengedenken eine Wüste war, von den Planwirtschaftern Sowjetrusslands als ein Vorzeigestück kollektiver Wirtschaftslenkung ausgewählt worden war. Es würde sich schon schwierig genug gestalten, hier im nährstoffreichen schwarzen Lehmboden der Ukraine die Kapitalisten zu begraben, dachte ich so bei mir, aber diese Wüste zum Blühen zu bringen, das erforderte doch schon das Können eines Nekromanten, nicht aber das eines Agronoms.

In der Region wurde auch früher schon etwas Landwirtschaft betrieben. Man war auf Spuren von Bewässerungssystemen gestoßen, die bis zu 5000 Jahre zurückreichen. Die meisten Einwohner waren Nomaden gewesen, doch als die Goldene Horde ihre Hauptstadt Samarkand gründete und Tamerlan begann, seine prunkvollen Paläste und öffentlichen Gebäude zu errichten, war man dazu übergegangen, zum Getreideanbau das Wasser aus beiden Flüssen abzuleiten. Die Bewässerung basierte damals allerdings noch auf einer nachhaltigen Wassernutzung, war maßvoll und den natürlichen Reserven angemessen. Der Aralsee wurde kaum davon berührt.

Als die Bolschewiken dann den Zar stürzten und mit der Einführung der Planwirtschaft bei der bestürzten und aufgebrachten Bauernschaft begannen, blieb auch Mittelasien nicht verschont. Die Planwirtschafter konnten ihr Glück kaum fassen. So viel Land, und nicht genutzt! So viel primitives Bauernvolk, das A nicht von B zu unterscheiden wusste! So viel Wasser, das ungenutzt nach Norden fließt, ins Nirgendwo! Die Männer in der Gosplan (zu Sowjetzeiten die Staats- und Wirtschaftsplanungsbehörde, Anm. d. Übers.) im Zentrum der Macht, wie Moskau im Hinterland genannt wurde, holten ihre Landkarten, Lineale und den Abakus heraus und rechneten und rechneten. Für den Export brauchte man schließlich gute Wirtschaftsprodukte. Trotz der mannigfaltigen Vorteile der Kollektivierung waren die Sowjets unbegreiflicherweise nicht in der Lage, die eigene Bevölkerung zu ernähren, schafften es aber stets, Produkte für den Export in das Ausland zu erzeugen. Vor allem Baumwolle, das weiße Gold, ließ Mittelasien wirtschaftlich aufsteigen.

1937 war die Sowjetunion zum größten Baumwollexporteur geworden und ein Jahrzehnt später gehörte die mechanisierte Landwirtschaft zum Alltag in Turkmenistan und Usbekistan. Neben Baumwolle wurden jetzt auch Weizen und andere Feldfrüchte angebaut. Es gab sogar Viehwirtschaft und Maisfelder in einer Gegend, in der von Natur aus nichts wächst. Das Wasser wurde regelrecht verschwendet – gut 60 Prozent für künstliche Bewässerungszwecke gelangten nicht annähernd an die Anbaufelder heran, gingen nutzlos verloren, da die schlecht gebauten, nicht betonierten Bewässerungskanäle das Wasser nur ungleichmäßig verteilten und somit ein wesentlicher Teil einfach versickerte oder verdunstete. Ein weiterer Teil wurde von Wasserräubern rücksichtslos abgeleitet. Nichtsdestotrotz schien das Wirtschaftsprogramm zu funktionieren. Wasser war ja in scheinbar unerschöpflichen Mengen vorhanden. So ließ Chruschtschow in den fünfziger Jahren alle Welt wissen, dass er imstande sei, die kapitalistische Welt innerhalb von zehn Jahren wirtschaftlich zu überholen.

Im Jahr 1956 wurde der Kara-Kum-Kanal vom eigens dafür abgesandten Landwirtschaftskommissar des sowjetischen Politbüros feierlich eröffnet. Der Kara-Kum-Kanal leitet Wasser zu Bewässerungszwecken aus dem Amu-Darja nahe der Grenze zu Afghanistan ab und schlängelt sich im weiteren Verlauf durch die Wüste in Richtung der turkmenischen Stadt Aschchabad unweit der iranischen Grenze. Der Flug über dieses Gebiet gut zwölf Jahre später war ein Erlebnis für sich. Das Land bot einen verheerenden Anblick, schwarzes Gestein und Dünen von schmutziger, braungrünlicher Farbe; der Kanal selbst sah in dieser Umgebung aus wie eine smaragdgrüne Kette auf schwärzlich brauner Haut, von der sich strahlend hell die landwirtschaftlichen Großbetriebe abhoben, die in alter sowjetischer Manier angelegt waren als riesengroße, plumpe Blockanlagen, hier und da willkürlich durchbrochen von krummen Ackerfurchen.

Die Landwirtschaft wurde damals weltweit bestimmt von einem schier grenzenlosen Optimismus: Die Inder gingen dazu über, ihre Wüsten mit einer neuen Getreideart urbar zu machen; die Amerikaner entzogen den natürlichen Systemen immer größere Wassermengen und leiteten sie Hektar um Hektar immer weiter über unwirtliches Wüstenland; Orangen waren der Hauptexportartikel der Israelis, die der romantischen Vision nachhingen, die Negevwüste in einen blühenden Garten Eden verwandeln zu können. Alles schien möglich – auch in der Sowjetunion. Als Chruschtschow schon längst seiner Ämter enthoben und auf ein kleines Landgut außerhalb Moskaus in Pension geschickt worden war, prägte seine Überheblichkeit noch immer die sowjetische Wirtschaftspolitik. Schließlich und endlich gab es in Turkmenistan sogar Reisfelder – das sowjetische System schien einfach alles fertig zu bringen.

Einige Zeit nach dem Kara-Kum-Kanal wurden drei weitere Kanäle eröffnet. Sie sollten zur Bewässerung von mehreren Millionen Hektar Anbaufläche noch größere Wassermengen aus den mittelasiatischen Flüssen ableiten und in die Wüsten Usbekistans und Kasachstans befördern. Doch die enormen Wassermengen, die sich nun über die Wüste verteilten, hatten die Zuflüsse in ihrem Unterlauf in Rinnsale verwandelt, sodass das Wasser am Ende den Aralsee nicht mehr erreichte. Die Folge ist, dass seit Beginn der sechziger Jahre der Pegel des Sees absinkt. Vor den Ableitungen gelangten pro Jahr rund 50 Kubikkilometer Wasser aus den Zuflüssen in den Aralsee, in den frühen achtziger Jahren reduzierte sich die Gesamtzuflussmenge auf null.

Das Dorf Muinak lag 1956 noch auf einer Insel im Amu-Darja-Delta, aus der bereits 1962 eine Halbinsel geworden war. Bis 1970 lag der See in 10 Kilometer Entfernung vom Dorf, die Fischfabriken und Fanggebiete hatte man längst aufgegeben. Ein Jahrzehnt später war das nächstgelegene Seeufer schon 40 Kilometer weit entfernt und 1998 waren es schließlich 75 Kilometer. Das Seebett ist inzwischen zur Wüste geworden. Das Volumen des Sees ist geschrumpft und dadurch hat sich auch der Salzgehalt erhöht. Dieser Salzgehalt betrug einst 10 Gramm pro Liter bei einer Seefläche von 1075 Kubikkilometern; heute liegt er bei einer Fläche von nur mehr 54 Kubikkilometern um das Zehnfache höher.

Bis 1977 war der kommerzielle Fischfang um über 75 Prozent zurückgegangen und nur wenige Jahre später, 1982, wurde er ganz eingestellt. Das bedeutete das Ende einer ganzen Industrie, deren

Fangrate sich einst auf beachtliche 50 000 Tonnen Fisch pro Jahr belief und rund 60 000 Menschen Arbeit bot. Wenige der im Aralsee beheimateten Fischarten überlebten in den drei kleinen Salzseen, die von dem einst riesigen Gewässer noch übrig geblieben sind. Die Fischkonservenfabrik in Murnak gab sich alle Mühe, weiter im Geschäft zu bleiben, indem sie teuren Fisch aus Murmansk und Arkhangelsk, zwei Hafenstädten am Nordmeer, ankaufte. Doch als die Sowjetunion auseinander fiel, versiegte auch dieser wirtschaftliche Lebensquell.

Der Kollaps der Fischindustrie war nicht das einzige Problem, auch nicht das schlimmste. Es gab Dutzende von folgenschweren Nebeneffekten. Der fallende Pegel des Aralsees ließ den Grundwasserspiegel in der Region absinken, wodurch zahlreiche Oasen nahe den Seeufern zerstört wurden. Regengespeistes, nicht künstlich bewässertes Ackerland vertrocknete. Heimische Pflanzen- und Tierarten verschwanden und auch die einst blühende Bisampelzindustrie brach zusammen. Da die Erträge der sowjetischen Landwirtschaft vom Pestizideinsatz abhingen – viele Höfe in der Gegend verwenden selbst heute noch DDT–, haben sich im Aralsee über die Jahre hohe Konzentrationen von Pestiziden angesammelt. Auch hat die übermäßige Bewässerung in vielen Gebieten zu einer Versalzung der Böden geführt.

Der Aralsee hat einst das Klima der Region reguliert. Er war groß genug, um als Klimaanlage im Sommer und als Wärmesenke im Winter zu fungieren, die die kalten Winterstürme aus Sibirien dämpfte. Durch den Verlust des Aralsees gleicht das lokale Klima heute eher dem Kontinentalklima, das große tägliche und jährliche Temperaturschwankungen aufweist und das die Vegetationszeit auf 170 frostfreie Tage reduziert, was für einen erfolgreichen Baumwollanbau nicht ausreicht. Infolgedessen sattelten viele Betriebe von Baumwolle auf Reis um – der allerdings eine noch stärkere Bewässerung benötigte. Das freigelegte Flussbett, das derzeit rund 28 000 Quadratkilometer umfasst, birgt ein Gemisch aus Salz, Pestizidrückständen und toxischen Chemikalien; jedes Jahr wirbelt der Wind mindestens 40 Millionen Tonnen einer toxischen Mischung aus Staub, Sand und Salz vom ausgetrockneten Seegrund auf. Dieser Staub konnte sogar an weit entfernten Orten festgestellt werden, in Weißrussland beispielsweise, das 2000 Kilometer weiter westlich liegt, sowie im östlichen Pakistan. Mit dem Austrocknen des Flussdeltas und dem Verschwinden der Feuchtgebiete hat sich die lokale Niederschlagsmenge um die Hälfte verringert.

Steht man dort, wo einmal die Ufer des einst so großen Sees waren, kann man das Salz förmlich in der Luft sehen. Die kontaminierten Staubstürme haben die Zahl der Atemwegs- und Krebserkrankungen in der Region sprunghaft in die Höhe schnellen lassen. Nach Angaben der örtlichen Ärzte haben Fälle von Speiseröhrenkrebs epidemische Ausmaße erreicht. Das Gleiche gilt für Nieren- und Lebererkrankungen, Arthritis, chronische Bronchitis, Typhus und Hepatitis A. Am schlimmsten betroffen ist die Region um Karakalpakstan im Amu-Darja-Delta. Dort ist die Ansammlung der Toxine in der Biomasse derart hoch, dass Müttern nahe gelegt wird, ihre Babys nicht zu stillen. Die Kindersterblichkeitsrate in dieser Region ist auf über hundert Todesfälle pro 1000 Geburten geklettert.

Jetzt, da die Fischkäufer weg sind, kommen nur noch Ökologen aus dem Ausland. Sie sind entsetzt beim Anblick der zugrunde gerichteten Landschaft und beeindruckt und deprimiert zugleich vom Ausmaß der Katastrophe. Ich habe mich einmal mit einem israelischen Hydrologen unterhalten und mir danach einen seiner Gedanken notiert. Er war am Aralsee gewesen, hatte gesehen, was es zu sehen gab, und kehrte zurück mit der folgenden traurigen und hoffnungslosen Botschaft an seine Kollegen in Israel und Amerika: »Vielleicht ist dies das einzige Vermächtnis des Aralsees. Er wird helfen, die Dinge anderswo besser zu machen, indem er die Leute halb zu Tode erschreckt.«

Selbst die dickköpfigen sowjetischen Planwirtschafter erkannten irgendwann, dass etwas ernstlich im Argen lag.

In Moskau führte ich 1970 ein Interview mit ein paar Leuten der sowjetischen Staatsplanbehörde Gosplan. Während des ganzen Gesprächs war kein einziges negatives Wort gefallen. Offiziell lagen sie damals noch immer auf der Chruschtschow-Linie und so tischten mir die Wirtschaftsplaner pflichtgemäß die Statistiken auf: So und so viele Tonnen Baumwolle, eine Ernte von so und so vielen Tonnen mehr als im Vorjahr, so und so viele neu bebaute Hektar Land – ich konnte die lächelnden Bauernmädchen der sowjetischen Propaganda regelrecht vor meinem geistigen Auge sehen, Körbe voll mit weißem Gold in den kräftigen Armen, während im Hintergrund die Traktoren aus den Wolgogradfabriken lärmten und qualmten – Symbole der industriellen Macht. Alles Schwindel. Das wussten die genauso gut wie ich, aber unter Breschnew konnten sie nicht anders. Die Wahrheit lag hinter ihren Worten verborgen, hinter den Redepausen, dem Achselzucken und in den unausgesprochenen Dingen.

In der Woche vor dem Interview war ich auf einen Bericht in der sowjetischen Zeitung *Literaturnaya Gazeta* gestoßen, in dem auf ein paar Umweltprobleme aufmerksam gemacht wurde. Die Zeitung war damals gerade etwas von ihrem literarischen Kurs abgewichen, um das heikle Thema der Umweltverschmutzung aufzugreifen. Ein Reporterteam der *Gazeta* hatte in einigen der schönsten Flüsse des Landes Verschmutzungen nachgewiesen und den Weg eines mysteriösen Schmierfilms auf der Wolga bis in eine Zahnpastafabrik zurückverfolgt, welche ihre gesamte Jahresproduktion einfach in den Fluss gekippt hatte, nachdem die Zahnpastatuben ausgegangen waren.

Ich schob den Leuten von der Staatsplanbehörde diesen Zeitungsausschnitt zu. »Da steht, dass die Fische im Aralsee sterben«, sagte ich. »Was ist da dran?«

Zugeben wollten sie natürlich nichts, wimmelten mich vielmehr mit einer lahmen Ausrede von den natürlichen Kreisläufen ab. Doch wussten sie darüber sehr wohl Bescheid, denn ein paar Türen weiter war man bereits dabei, nach einer Lösung zu suchen, kam aber nicht über die alte Denkart hinaus, ein landwirtschaftliches Kontingent theoretisch festzulegen, ohne je das Ackerland selbst in Augenschein zu nehmen. Ein Blick auf die Landkarte legte eine solche theoretische Lösung auch nahe, denn Wasser war ja scheinbar reichlich vorhanden. In Sibirien gab es immer noch zahlreiche Flüsse, die nicht genutzt wurden, wie etwa den 5000 Kilometer langen Ob. Die Zu- und Abflüsse strömen mit dem Ob in den Obbusen im Nordmeer, in eine frostige, mit Sand verstopfte und verschmutzte

Meerenge. Der Ob und seine Nebenflüsse entspringen nahe der Kulundaebene im Nordosten des Aralbeckens. Und so wurde erörtert, ob sich die Aralseekrise nicht lösen ließe, indem man das Wasser der sibirischen Flüsse einfach nach Süden umleitete. Breschnew, der damals noch immer großen Einfluss im Kreml hatte, verlegte sich auf einen anderen Gedanken: Die Flüsse Jenissej und Lena waren sogar noch größer als der Ob, lagen noch weiter entfernt und führten sogar noch mehr Wasser. Sie könnten den Aralsee wieder zum Leben erwecken und ihm so viel Wasser zuführen, wie er einst aus den beiden Flüssen Amu-Darja und Syr-Darja zusammen erhalten hatte. Trotz eindringlicher Warnungen vor den ökologischen Konsequenzen wurde dieser irrsinige Plan über mehr als ein Jahrzehnt von den sowjetischen Bürokraten vorangetrieben – ebenso wie einige noch wahnwitzigere, von amerikanischen Wasserbauingenieuren vorgeschlagene Umleitungsprojekte –, während der Aralsee weiter schwand.

Erst in der Glasnost-Ära unter Gorbatschow wurde dieser Plan begraben. Zu jener Zeit wetteiferten russische Zeitungen um die besten Schauergeschichten über die Umwelt, die sich irgend finden ließen. Sie waren leichtes Kanonenfutter für die plötzlich überall aus dem Boden schießenden Umweltbewegungen.

1988 verfügte das Zentralkomitee eine Einschränkung der Baumwollproduktion bis zum Jahr 2005, damit der Aralsee bis dahin aus wieder ansteigenden Wassermengen gespeist werden kann. Zwei Jahre später, nachdem man erkannt hatte, dass diese Maßnahme nicht annähernd genügte, erklärte der Oberste Sowjet das Aralseebecken zum Katastrophengebiet und erließ ein Soforthilfeprogramm. Doch bis zum Zusammenbruch der Sowjetunion war nicht viel geschehen. Die Ableitungsmengen waren geringfügig reduziert worden – und das war auch schon alles. Darüber hinaus war für Moskau die Angelegenheit nun offiziell erledigt und so liegt seit 1994 das Schicksal des Sees in den Händen der fünf neuen, unabhängigen Staaten im Aralbecken. Der Amu-Darja und der Syr-Darja waren zu internationalen Wasserstraßen geworden, was eine staatenübergreifende Zusammenarbeit dringend erforderlich machte. Die Wirtschaftszahlen sprechen für sich. Das aus dem Aralsee abgeleitete Wasser hält nach wie vor die Landwirtschaft am Leben, die Millionen Menschen Arbeit gibt und Milliarden Dollar erwirtschaftet. Auch wenn das hoch im Norden gelegene Usbekistan sehr wahrscheinlich nie Baumwolle kultiviert hätte, wären da nicht die sowjetischen Wirtschaftsplaner mit ihren Landkarten, Reißbrettern und ihrer erschreckenden Ignoranz gewesen, ist Baumwolle heute mit einem drittel Anteil am Gesamtexport das Hauptanbauprodukt und der Hauptdevisenbringer des Landes. 43 Prozent des Bruttosozialprodukts ergeben sich aus der Landwirtschaft, die einem Fünftel der Bevölkerung Arbeit gibt. Turkmenistan ist mit 46 Prozent des Bruttosozialprodukts ebenfalls auf die Erträge aus der Landwirtschaft angewiesen. In Kasachstan, wo die Landwirtschaft einem von fünf Einwohnern Arbeit bietet, beläuft sich der Anteil am Bruttosozialprodukt auf 33 Prozent. Nach Schätzungen der Weltbank wird sich die Gesamtbevölkerung der fünf Staaten bis zum Jahr 2025 mit 86 Millionen Menschen mehr als verdoppeln. Doch das Wasser reicht allenfalls für einen Bruchteil der landwirtschaftlichen Nutzflächen aus, die nötig wären, um genügend Nahrungsmittel für all diese Menschen zu erzeugen.

1992 unterzeichneten die fünf Anrainerstaaten des Aralbeckens ein Abkommen mit der Verpflichtung zur Zusammenarbeit. Als Maßstab für die Wasserverteilung dienten den Staaten die seinerzeit vom Sowjetregime zugeteilten Mengen. Doch getan wurde wenig. Mit Unterstützung der Weltbank verabschiedeten die Staaten im darauf folgenden Jahr in der Stadt Kysyl-Orda ein »Allgemeines Abkommen zur Aralseekrise«. Russland nahm an der Versammlung als stiller Beobachter teil, sicherte aber keinerlei Gelder zu. 1994 endete eine weitere Versammlung mit zahlreichen Vorschlägen zur Drosselung des Wasserverbrauchs. Doch auch diesmal geschah nicht sonderlich viel, abgesehen davon, dass Turkmenistan still und leise mit dem Ausbau des Kara-Kum-Kanals nach Westen hin zum Kaspischen Meer begann und damit die eigene landwirtschaftliche Nutzfläche klammheimlich vergrößerte.

Im Juni 1994 kamen die fünf Staaten in Paris zusammen, um eine Lösung des Problems auszuarbeiten. Unausgesprochenes, aber wichtiges Ziel dieser Zusammenkunft war es, »die Aralseekatastrophe ins Bewusstsein der internationalen Geberländer zu rücken.« Viktor Dukhovny, Leiter des »Wissenschaftlichen Informationskomitees der Zwischenstaatlichen Wasserkommission« der fünf Staaten, bleibt optimistisch und glaubt, dass trotz aller Widrigkeiten ein Fortschritt erzielt werden kann. In einem Interview 1998 in Paris stellte er ein »Aktionsprogramm« vor, das im Jahr 2002 anlaufen und etwa 2040 abgeschlossen werden soll. Auf dem Papier nahm sich das Programm gut durchdacht und sehr vernünftig aus. Die Hauptakzente lagen auf einem nachhaltigen Wassererhalt durch alle Beteiligten; auf einer gemeinschaftlichen Nutzung grenzüberschreitender Gewässer, basierend »auf dem Grundsatz der nationalen Gleichheitsrechte und Verantwortlichkeit«; auf der systematischen Entwicklung von regionalen Wasserdatenbanken; auf einer Einbeziehung öffentlicher und privater Gemeinschaften; auf einer allmählichen Umstellung auf ein nutzerorientiertes Preissystem der Wasserverteilung; auf einer allgemeinen Bewusstwerdung der Wichtigkeit des Wassererhalts als ökologische Schutzfunktion.[1] Etwas missmutig räumte er ein, dass all dies vor allem »von einem beständigen Konsens unter allen Beteiligten abhängig ist«. Ob das auch alles im Rahmen des Möglichen liege, dieser Frage wich er aus.

Der Aralsee schrumpft weiter und wird vielleicht schon bald ohne jedes Leben sein. Selbst wenn es den fünf Staaten gelingt, die Wasserförderquoten auf einem stabilen Niveau zu halten, würde diese Begrenzung das Verschmutzungsproblem nicht lösen. Die Wiederherstellung einer gesunden Umwelt erfordert auf jeden Fall weit reichende Veränderungen auf allen Ebenen. Als Erstes müsste der Landwirtschaft fortan weniger Gewicht beigemessen werden – eine Möglichkeit, zumal die Region auch Rohstoffe wie Öl und Gas in Reserve hat und die Verstädterung rapide vonstatten geht. Um die verbliebenen Bewässerungssysteme wirtschaftlicher einsetzen zu können, könnte man mit Unterstützung der Weltbank auf den Anbau von Feldfrüchten umstellen, die weniger Wasser brauchen. Israelische Ingenieure, die auf einer usbekischen Baumwollfarm experimentieren, meldeten vor kurzem, dass sie bei einer Drosselung des Wasserverbrauchs um zwei Drittel den Ertrag um 40 Prozent gesteigert haben. Die Israelis ziehen auch eigene Vorteile aus diesen Experimenten: Hier können sie untersuchen, wie sich Schwierigkeiten mit der überbeanspruchten Ressource bekämpfen lassen und welche Maßnahmen erfolglos sind. Sie schielen mit einem Auge auf die eigene Zukunft, da auch das Tote Meer schrumpft und der See Genezareth ebenfalls zunehmend belastet ist.

Doch hier im Aralbecken glaubt niemand so recht an eine vollständige Wiederherstellung des Ökosystems, denn Bemühungen und Unternehmungen scheitern immer wieder hauptsächlich am Geld. Die mittelasiatischen Republiken sind die ärmsten der ehemaligen Sowjetunion. Sie können kaum Geld in die Verbesserung der Bewässerungsinfrastruktur investieren. Das Bruttosozialprodukt pro Kopf reicht von $ 2030 in Kasachstan bis zu lediglich $ 980 in Usbekistan. Anstatt die landwirtschaftlichen Erträge zu verringern, werden sie noch erhöht. Ein jeder presst so viel Wasser aus dem System wie nur irgend möglich. Wettbewerb tritt an die Stelle von Zusammenarbeit und alle fünf Hauptstädte liegen mittlerweile miteinander im Clinch.

Tadschikistan, wo beide Zuflüsse des Aralsees entspringen, ist eine Schlüsselstelle. Es verfügt zwar über eine Menge Wasser, doch ist das eigene Wasser verschmutzt und in der Hauptstadt Duschanbe regiert die Korruption. 1997 starben an einer Typhusepidemie über 100 Menschen, an die 9000 mussten in Krankenhäuser eingeliefert werden. Kläranlagen sind in einem verheerenden Zustand, es gibt nicht einmal Geld für Chlor, während Regierungskumpaneien die Kolonne der neuen Staatskarossen immer länger werden lassen. Die Staatsregierung hat sich bislang geweigert, das benötigte 1 Prozent des Bruttosozialprodukts, das zur Lösung der Aralseekrise vorgesehen ist, zu bewilligen; darüber hinaus verlangt Tadschikistan als Wassermakler der Region am Oberlauf der Flüsse für »sein« Wasser von den flussabwärts gelegenen Nutzern Zahlungsleistungen, insbesondere von den Usbeken, alten Rivalen. Infolgedessen ist auch der Aralfonds leer. Die Tadschiken weisen darauf hin, dass die Usbeken ihrerseits ebenfalls keinerlei Skrupel haben, für die Gasbelieferung Gebühren zu verlangen, und dass sie vielmehr sofort den Hahn abdrehen würden, sollten die Zahlungen nicht unverzüglich geleistet werden. Wozu dieses Hin und Her um die Rohstoffe Gas und Wasser, bleibt schwer verständlich.

Dabei hat Usbekistan eigene Sorgen: Das Abschmelzen eines Gletschers Mitte Juli 1998 führte zu einer katastrophalen Überflutung, die einen Staudamm am Kuban-Kel-See mitgerissen und 43 Menschen das Leben gekostet hat. Die Usbeken, die ganz auf das Wasser der Tadschiken angewiesen sind, beschuldigen diese, unter dem Etikett »Frischwasser« Verschmutzung und Krankeit zu exportieren. Radikale tadschikische Nationalisten hatten auch schon des Öfteren damit gedroht Wasser, das zum Export bestimmt ist, absichtlich zu vergiften. Im Gegenzug ergriffen usbekische Fanatiker schon dreimal die Gelegenheit, die Grenze zu überschreiten, ganze Tankladungen voll Wasser zu stehlen und tadschikische Speicheranlagen in die Luft zu jagen. Heute patrouillieren Polizeikräfte entlang der Bewässerungskanäle auf beiden Seiten der Grenze, um die »Wasserwilderei« zu bekämpfen. Es kam bereits zu offenen Kämpfen zwischen Kirgisen und Usbeken, Kirgisen und Tadschiken sowie Turkmenen und Usbeken. Der usbekische Präsident gab vor dem Zentralkomitee der örtlichen Kommunistischen Partei offen zu, dass »wir bereits Dutzende von feindlichen Zusammenstößen um Land und Wasser gehabt haben«. Ein andauernder Kampf in der Region um Osch zwischen den dort ansässigen Usbeken und Kirgisen hat bereits 300 Menschen das Leben gekostet. Die Usbeken kündigten an, ein Truppenkontingent zum Einmarsch ins nördliche Turkmenistan aufstellen zu wollen.[2]

Nach Ansicht von David R. Smith, Spezialist in Sachen Wasserkonflikte und Autor der Zeitschrift *Post Soviet Geography*, gibt es zwei Krisenherde, in denen ein Wasserkrieg jederzeit ausbrechen kann. Der erste betrifft Kirgisistan und Usbekistan, »bedingt dadurch, dass Kirgisistan ans Ufer grenzt und zudem am Oberlauf gelegen ist und Usbekistan ein sehr großes Interesse daran hat, Zugang zu diesem Wasser zu haben«. Der zweite betrifft die stromabwärts gelegenen Länder Usbekistan und Turkmenistan, wo es bereits vereinzelt zu lokalen Gewaltausschreitungen und Protesten gegen durchgeführte Wasserumleitungen gekommen ist.

Des Weiteren sieht sich die gesamte Region von Islamisten bedroht, was eine kooperative Politik zusätzlich erschwert. Die Usbeken haben schon mehrfach pakistanische Schulen scharf kritisiert, da dort angeblich junge usbekische Dissidenten im Umgang mit Waffen und Munition geschult werden; ferner wurde Pakistan beschuldigt Unfrieden zu stiften, insbesondere im Ferganabecken im Südosten des Landes. Doch auch Usbekistan zeigt wenig Toleranz gegenüber Andersdenkenden und geht scharf sowohl gegen Oppositionelle als auch gegen Umweltgruppen vor, die versuchen, eine Veränderung der politischen Linie herbeizuführen. So wurde auch die politische Bewegung »Birlik«, die sich selbst als national-demokratisch definiert und für eine Veränderung der landwirtschaftlichen Strukturen eintritt, »sowohl auf ökologischer wie auch auf ökonomischer Ebene« unterdrückt.

Im multinationalen Streit um das Wasser haben auch noch andere Länder die Hand im Spiel. So hat Kasachstan von China gefordert, die »Überbeanspruchung« des Irtysch, der durch Kasachstan nach China fließt, zu beenden. Afghanistan, das fast ein Viertel der Fläche des Amu-Darja-Beckens einnimmt, nutzt derzeit wenig Wasser aus diesem Gebiet. Doch gilt es als sehr wahrscheinlich, dass die afghanische Regierung ihr Recht auf Wasserförderung am Oberlauf einfordern und damit ein ohnehin überbeanspruchtes Wassersystem noch stärker belasten wird.[3]

In einer Konferenz 1992 wurden den fünf Anrainerstaaten des Aralbeckens bestimmte Entnahmemengen zugeteilt. Gleichzeitig wurde das »Interstate Coordinating Committee for Water Resources« gegründet, eine zwischenstaatliche Körperschaft zur Aufteilung der Wasserressourcen. Diese tagt fünfmal im Jahr, um die festgelegten Entnahmemengen aufs neue zu überprüfen. Sie hat darüber hinaus die so genannten BVOs eingerichtet (die Abkürzung ergibt sich aus der russischen Bezeichnung für »Flussbeckenkommission«), die zumindest in der Theorie überstaatlichen Einfluss nehmen können und insofern die Basis für internationale Abmachungen bilden. Die BVOs verfügen über die theoretische Kontrolle der grenzüberschreitenden Wasserläufe, einschließlich der Kanalgewässer am Oberlauf der Flüsse. Ein neuerer Bericht der Weltbank beurteilt die Arbeit der BVOs durchaus positiv.

Jedoch mangelt es auch den BVOs an Geldern, die sie für ihre Arbeit dringend benötigen. Unterdessen leiden der See und die dort lebenden Menschen weiter. In der Praxis haben die Wirtschaftsplaner seit dem Ende der Sowjetunion die für die Wasserwirtschaft vorgesehenen Gelder um das Siebenfache gekürzt. Die Karakalpaken, die von der Krise am schwersten betroffen sind, haben 1990 ihre Unabhängigkeit von Usbekistan erklärt und seither versucht, ihr eigenes Wasserverteilungssystem aufzubauen.

»Wir haben vermutlich nur noch zehn Jahre Zeit, bevor es für den See endgültig keine Hoffnung mehr gibt und die ganze Region zur Wüste wird«, so Dr. Akmed Hametyllaevich, Bio-Ökologin aus Karakalpakstan zu einem Forscher der grünen Umweltbewegung »People and the Planet«. Eine einheimische Physikerin wird noch deutlicher: »Wir werden sehr wahrscheinlich den Tod einer ganzen Nation miterleben – als Folge menschlicher Torheit«.[4]

Kapitel 8

Die Staudammproblematik

Anfang 1997 fand in der Schweiz ein Symposium zum Thema Staudämme statt. Unter den Teilnehmern waren Bauingenieure, Finanzexperten sowie Staudammgegner. Sponsoren waren die Weltbank und die »International Union for the Conservation of Nature« (IUCN). Die Weltbank hatte schon für viele große Staudammprojekte in Entwicklungsländern Gelder bereitgestellt, nahm jetzt aber unter der Präsidentschaft von Jim Wolfensohn und seiner rechten Hand Maurice Strong eine eher skeptische Haltung ein. Die IUCN, auch bekannt unter der Bezeichnung »World Conservation Union«, ein Netzwerk von Umwelt- und Naturschutzverbänden, vertrat in der Frage der Staudämme stets eine klare Linie: Staudammprojekte wurden in den seltensten Fällen gutgeheißen. Im Anschluss an das Symposium veröffentlichte die IUCN eine Pressemeldung im Internet, bei der ihr – vielleicht unabsichtlich – ein Rechtschreibfehler unterlief: Aus »dam« (Staudamm) war »damn« (verdammt) geworden.

Diskussionsthema des zweitägigen Symposiums waren die fünfzig von der Weltbank gesponserten Staudammprojekte, die in einer Rückschau von Projektanalytikern der Weltbank vorgestellt wurden. Doch offenbar waren die neuen Zeichen, die die Führungsspitze gesetzt hatte, noch nicht bei den Beschäftigten der Abteilung Projektanalyse angekommen. In ihrer Rückschau hatten sie nämlich dargelegt, dass »die Vorteile großer Staudammprojekte die anfallenden Kosten allemal wieder aufwiegen«. Dass dem aber ganz und gar nicht so ist, brachte später auch ein Vertreter des »International Rivers Network« kurz und knapp auf den Punkt: »Die Workshopteilnehmer stimmen weitgehend darin überein, dass die Studie der Weltbank auf unzureichenden Daten sowie auf einer unsystematischen Methodik basiert.«

Es wurden auch gemäßigtere Stimmen laut. So hieß es etwa in einem Vortrag von Aly Shady, Vizepräsident der »International Water Resources Association« und Präsident der »International Commission on Irrigation and Drainage«: »Das Überleben der Menschheit im nächsten Jahrtausend wird eng verbunden sein mit dem vernünftigen Umgang mit Süßwasserressourcen. Man kann große Staudammprojekte nicht isoliert betrachten und die globale Gesamtwasserwirtschaft außer Acht lassen. Vorhandene und neue Staudämme werden weiterhin eine große Rolle im Wasserwirtschaftssystem spielen.« Gegen Ende der Konferenz einigte man sich auf die Gründung einer internationalen Staudamm-Kommission (»International Commission on Dams«), die aus »herausragenden, von allen Seiten anerkannten Persönlichkeiten« zusammengesetzt ist und zu deren Aufgaben die Entwicklung von Richtlinien für Finanzierung und Bau sowie die Leitung aller noch in Planung befindlichen Staudammprojekte gehören.

Es folgte eine ganze Reihe von selbstbelobigenden Pressemeldungen. Patrick McCully, Aktionsleiter des »International Rivers Network«, sagte: »Wir sind hocherfreut darüber, dass die Weltbank sowie weitere Staudammkonstrukteure erkannt haben, dass der Bau von Staudämmen bisher eine Menge Probleme aufgeworfen hat, dass eine unabhängige Überprüfung der Auswirkungen der Projekte dringend erforderlich ist und dass derzeitige Verfahrensweisen und Praktiken, was die Planung und den Bau von Staudämmen angeht, dringend überarbeitet und verbessert werden müssen.« Shripad Dharmadhikary, ein führender Aktivist in der indischen Bewegung »Narbada Bachao Andolan« (Rettet die Narbada-Bewegung), sagte: »Wir begrüßen es wirklich sehr, dass Vertreter der Bauunternehmen bereit sind, mit uns Staudammgegnern eine unabhängige Überprüfung zu erarbeiten, was aber keinesfalls heißt, dass wir unsere konzentrierten Aktionen gegen Staudammprojekte reduzieren werden. Wir werden weitermachen, um der von Staudämmen in Mitleidenschaft gezogenen Bevölkerung Gerechtigkeit angedeihen zu lassen und um uns damit für die Umsetzung gleichwertiger und nachhaltigerer Alternativen einzusetzen.« Peter Bosshard, Geschäftsführer des Schweizer Beratungsgremiums »Bern Declaration«, sagte: »Wir freuen uns über die Forderung nach der Einrichtung einer unabhängigen Überprüfungskommission; jedoch sind wir uns auch darüber bewusst, dass wir stets wachen Auges den Fortgang der Untersuchung verfolgen müssen, um sicherzustellen, dass sie auch tatsächlich unabhängig erfolgt und die Kommission den ihr obliegenden Aufgaben und Pflichten vereinbarungsgemäß in vollem Umfang nachkommt.«

Unter den Staudammbauern herrschte indes vergrämtes Schweigen.

Was war geschehen? Warum waren Staudämme – die bislang als günstige und verträgliche Lösung zur Wasseraufspeicherung für regenarme Zeiten und sauberen, umweltschonenden Energiegewinnung galten – nun plötzlich zu etwas derart Verhasstem geworden?

Gleich neben der Fahrbahn, am Highway, der in Nevada am Hoover-Staudamm vorbei nach Arizona führt, erinnern eine Gedenktafel und ein Denkmal an die Männer, die beim Bau des Staudamms ums Leben gekommen waren. Das Denkmal entspricht ganz dem heroischen Geist jener Zeit, in der der Staudamm entstanden ist; die Männer, die damals »gefallen« waren, wie es im lapidaren Politikerjargon heißt, werden in erster Linie geehrt, um an den Unternehmergeist, den Mut und die tapfere Entschlossenheit der Amerikaner zu erinnern und um die Baukunst der Ingenieure in den Himmel zu heben. Das Resultat ist in der Tat überwältigend. Der Damm besteht aus Erz und Granit, Stahl und Beton. Lässt man den Blick umherschweifen, sieht man auf der einen Seite, wie die Wasser des Lake Mead gegen die nach außen gewölbte Betonfassung des Dammes plätschern; auf der anderen, der nach innen gewölbten Seite dieser gewaltigen, künstlichen Steinmassen, liegt in Schwindel erregender Tiefe, über 200 Meter weiter unten, das Flussbett des Colorado. Kaum einer, der sich angesichts der Ehrfurcht gebietenden Größe dieses gigantischen Kunstwerks nicht klein und schwach vorkommt. Ein gewaltiges Bauwerk ... und doch so graziös, ein weitschweifiger Bogen über dem Canyon, sogar die 120 Meter hohen Wassertürme ragen zierlich und schlank aus den ausgemeißelten Steinnischen im Canyon nach oben. Die in das Felsgestein hineingesprengten Tunnels entziehen sich dem Blick. Während der Bauphase wurden zunächst Umleitungstunnels gesprengt, durch die die Wasser eines neu entstandenen, provisorischen Colorado River geleitet wurden; später wurden Abflusskanäle in den Fels gesprengt, die so konzipiert waren, dass sie auch noch das doppelte Volumen bei Hochwasserführung problemlos bewältigen können. Jeder Kanal wurde mit riesigen Messingtüren versehen, in die Art déco-Muster eingraviert sind.

Alles im Zusammenhang mit dem Staudamm ist spektakulär und unglaublich. Erbaut wurde er von einem Konsortium kleiner, unbedeutender Unternehmen, deren Arbeiter größtenteils Straßenpflasterer oder Gleisanlagenbauer waren und nie zuvor etwas Vergleichbares gebaut hatten. Nicht, dass etwas Vergleichbares überhaupt schon einmal gebaut worden wäre: Allein der provisorische Fangdamm wäre einer der größten Staudämme der Welt gewesen, hätte man ihn stehen lassen – doch der Damm wurde mit 66 Millionen Tonnen Beton aufgefüllt; mit den im Damm verlegten Kühlrohren hätte man eine Kühlanlage bauen können, die sich über 200 Kilometer bis zur Küste hin erstreckt hätte und so weiter und so fort. Das gigantische Bauwerk, welches in seiner ganzen Herrlichkeit und Pracht den großen Kathedralen dieser Welt in nichts nachsteht, wurde in nur drei Jahren erbaut, in einer Zeit, da die Große Depression auf ihrem Höhepunkt war, von Männern, die am Tag 4 Dollar verdienten, in glühender Hitze an einem der heißesten Orte Nordamerikas. Die Baukosten lagen unter 50 Millionen Dollar.

Seit Jahrtausenden errichtet die Menschheit Staudämme, früher hauptsächlich aus Schlamm und Stein, oft auch aus Holz. Doch die Vollendung des Hoover-Staudamms entfesselte eine wahre Flut, falls der Ausdruck an dieser Stelle angebracht ist, von weiteren Mammutprojekten. In Russland begann Stalin mit der Konstruktion eines Kanal-und-Wasserstraßen-Systems, das vom Weißen Meer über das Kaspische Meer bis zum Asowschen Meer reichen sollte. Er machte sich daran, Mutter Wolga, die mitten durch Russlands Kernland verläuft, neu zu konstruieren. Als die Projekte abgeschlossen waren, war die Wolga eigentlich kein Fluss mehr, sondern eher eine gigantische Staudammtreppe, die stellenweise einige hundert Kilometer lang war und die als Wolga-Kaskade berühmt wurde. Ähnliche Projekte wurden in China am Gelben Fluss und am Jangtsekiang realisiert, in Afrika am Sambesi, Niger und Nil, in Südamerika am Paraná und weiteren Flüssen.

Was der Hoover-Staudamm unter anderem auslöste, war eine Veränderung der äußeren Gestalt der Wasserstraßen, und zwar weltweit. Der Bau von Staudämmen veränderte die Ökosysteme ganzer Stromgebiete, in manchen Fällen auch das örtliche Mikroklima und zumindest in einem Fall, dem Nil, sogar die Flussmuster, welche die Kultur am Nil 5000 Jahre lang aufrechterhalten hatten. Die Zahlen sind beachtlich. Im Jahr 1900 gab es auf der ganzen Welt keine Staudämme, die höher als 15 Meter waren. Bis zum Jahr 1950 gab es 5270, zwei davon in China, dreißig Jahre später waren es 36 562, davon allein 18 820 in China. Diese rasante Entwicklung lässt derzeit etwas nach, hauptsächlich deshalb, weil kaum noch Flüsse verblieben sind, bei denen sich der Bau eines Staudamms noch lohnen würde – aber auch, weil Ökologen schließlich und endlich nachdrücklich auf die Risiken und Folgen solcher Projekte verweisen.

Zu den wohlmeinenden Absichten beim Bau solcher Mammutprojekte gehören die Gewinnung von Wasserkraft (als »saubere« Energiequelle), Hochwasserkontrolle und Schutz vor Überschwemmungen, die Regelung des Wasserstandes in schiffbaren Flüssen und die Nutzung als Wasserspeicher – das in Regenperioden aufgespeicherte Wasser dient in Trockenperioden zur Bewässerung und zum direkten Verbrauch durch den Menschen, eine Art »Dürreversicherung« also.

Vor ein paar Jahren, kurz vor dem Zusammenbruch der Sowjetunion, verbrachte ich einige Zeit an der Wolga und besuchte den Staudamm, der am weitesten flussabwärts liegt, kurz oberhalb von Wolgograd und nur wenige hundert Kilometer vor der Mündung ins Kaspische Meer. Eigentlich war ich eines kleinen Flusses wegen gekommen. Der Akhtuba, der mein Interesse geweckt hatte, bildet die eigentliche Grenze zwischen Steppe und Wüste; die heißen Winde aus Osten brechen sich dort an den weißen Hügeln, die den Fluss umsäumen und die Wolga vor (fast) allen Wüstenstürmen abschirmen. Über die ganze Strecke hinweg, bis zum Delta in Astrakhan, sind die beiden Flüsse durch hunderte sich windende Kanäle miteinander verbunden; der Boden, angereichert mit nährstoffhaltigem Schlamm, ist außergewöhnlich fruchtbar. Die »Wolga-Akhtuba-Wasserwiese«, wie das Gebiet genannt wurde, hatte man eingedeicht und kultiviert; 85 Tonnen Gemüse pro Hektar Land wurden damals auf den künstlich bewässerten Flächen der »Wasserwiese« erzeugt, was für sowjetische Verhältnisse phänomenal war – ein Viertel dieses Ertrags war die Norm.

Doch der Akhtuba war, wie ich feststellen musste, nicht mehr vorhanden – er war »wegkonstruiert« worden, um einem gewaltigen Wasserkraftwerk mit dem altmodischen Projektnamen »22. Talsperren-Kongress der KPDSU« quer über die Wolga Platz zu machen. Der Damm hat mich dann allerdings doch sehr fasziniert. Eine Broschüre im Besucherraum beschrieb ihn als ein »Wunder kommunistischer Baukunst«, was in den heißen Tagen von Perestroika eine bedeutend zynischere Bedeutung bekam als ursprünglich beabsichtigt, zumal die kommunistische Baukunst nicht unbedingt bekannt für ihre Ästhetik war. Die Broschüre führte detailgenau aus, wie viele Tonnen Stahlbeton für den Bau des Staudamms verwendet wurden und wie groß er ist: »Jede der 22 Turbinen erzeugt zweimal so viel Energie wie zur Deckung des Bedarfs in Wolgograd nötig ist.« Das Staubecken ist an die 1000 Kilometer lang und beinahe 20 Kilometer breit. Rund 100 000 Hektar Land wurden für das Bauvorhaben überschwemmt und 14 000 Gebäude unter Wasser gesetzt. Die Enteignungen wurden, wie zu Sowjetzeiten üblich, in gebieterischer Manier vollzogen: Den Bewohnern wurde mitgeteilt, dass das Wasser kommen würde und sie ihre Häuser zu verlassen hätten. Und so gingen sie also.

An meinem letzten Tag in Wolgograd verbrachte ich den Vormittag damit, am Fischaufzug eben jenes Staudamms aus Sowjetzeiten zu stehen und nach Stören Ausschau zu halten. Die Wolga und ihre Nebenflüsse waren schon immer Laichgründe des kaspischen Störs und vieler anderer Fischarten wie Hering, Brachse, Karpfen und Barsch: Mutter Wolga war also auch eine Mutter des Kaviars. Dass ich keinen Stör zu Gesicht bekam, wunderte mich nicht – es war ja schließlich keine Laichzeit. Doch selbst wenn Laichzeit gewesen wäre, die Dämme der Wolgakaskade haben den alten natürlichen Fortpflanzungszyklus der Fische unterbrochen. Wie sollen die Fische die stufenförmigen Hindernisse, die ihnen den Weg versperren, überwinden? Fische, die zum Laichen stromaufwärts wandern, finden ihren Weg, indem sie der Strömung folgen, Schleusen irritieren sie. Daher versahen Bauingenieure die Staudämme mit einer großen beweglichen Kammer mit einer Turbine darin, welche mit einem feinmaschigen Netz überzogen war, damit sich die Fische nicht verletzen. Die Turbine soll die Geschwindigkeit der Wolgaströmung imitieren. Erreichen die Fische nun den Damm, schnellen sie hin und her, bis sie erkannt haben, woher diese »Strömung« kommt, schwimmen in die Kammer, mit der sie zwölf Meter hinauf zum oberen Damm befördert werden, um dort wieder freigelassen zu werden.

So weit die Theorie. Die Wolga ist heute jedoch derart verschmutzt, dass alle Bemühungen, sie als Laichgrund zu erhalten, eingestellt worden sind. Den Fischaufzug gibt es noch, er fährt nach wie vor auf und ab, ist nach wie vor bemannt, funktioniert nach wie vor und nach wie vor werden die zweifellos verwirrten Fische damit in den Wolgograder Stausee befördert.

»Warum ist der eigentlich noch in Betrieb?«, fragte ich einen grauhaarigen Arbeiter an den Toren des Aufzugs.

»Warum denn nicht?«, erwiderte er.

»Wie oft wird der Lastenaufzug denn benutzt?«

»So oft es sein muss«, sagte er. »Wegen einem einzigen Fisch ziehen wir ihn natürlich nicht hoch, aber in der Laichzeit fährt er ständig rauf und runter.« Er grinste. »Den Kaviar von den Fischen hier würde ich jedenfalls nicht essen. Dazu ist es hier nirgends sauber genug: Du solltest mal sehen, was in die Kammern so alles hineinschwappt.« Er lachte in sich hinein. »Und weiß Gott, was da noch alles drin herumschwimmt, das man *nicht sehen kann.*« Er schaute suchend ins Wasser hinunter. Die Reling, an der er lehnte, war glatt poliert.

»Dein Job ist es also, nach Fisch Ausschau zu halten und den Aufzug hochzuziehen, sobald du welchen siehst? Auch wenn niemand mehr von der Störfischerei in der Wolga überzeugt ist?«

»Jawohl«, sagte er, »das ist mein Job.«

»Keine schlechte Methode, sein Geld zu verdienen«, meinte ich, »das ganze Jahr nach Fisch Ausschau halten.«

Der alte Mann spuckte in den Kessel. »Ein Job eben«, sagte er.

Während einer meiner Afrikabesuche stand ich am Rand der 200 Meter steil abfallenden Sambesi-Schlucht, unterhalb der Viktoriafälle. Ich spähte vorsichtig und zögerlich über den bröckelnden Rand in den Abgrund. Weit unten zog ein Adler auf Beutejagd seine Kreise. Noch weiter unten konnte ich ein paar Leute beim Wildwasserrafting auf der Suche nach dem ultimativen Kick auf den Stromschnellen des Sambesi ausmachen.

In den alternativen Zeitungen von Simbabwe und Sambia, deren Landesgrenze durch den Karibasee verläuft, wurde damals eine hitzige Debatte über die Sambesischlucht geführt. Ein Zweckverband von Ingenieuren hatte den Bau eines Staudamms 20 Kilometer weiter stromabwärts vorgeschlagen. Dieser würde zwar die Schlucht überfluten, sich aber nicht auf die Viktoriafälle selbst – eine der größten Sehenswürdigkeiten Afrikas und ein bedeutender Touristenmagnet – auswirken. Allerdings würde er die berühmten Stromschnellen stromabwärts der Wasserfälle beeinträchtigen.

Die grüne Opposition verwies auf die Nistplätze der großen Adler, welche durch die Talsperre zerstört würden. Dieses Argument in den Vordergrund zu stellen war, wie ich meinte, ein taktischer Fehler, da es die Diskussion banalisierte und es den Gegenspielern leicht machte, die Protestbewegung abzutun als einen Haufen von Leuten, die sich etwas so Grandiosem widersetzen mit der banalen Begründung, dass die Nistplätze von ein paar Vögeln zerstört würden. Und das, wo es in der Gegend wahrlich viele Adler gibt. Die Presse Simbabwes zog für den Bau des Staudamms ins Feld und sparte nicht mit scharfem Sarkasmus. Simbabwe wollte den Damm unbedingt. Der andere Staudamm am Sambesi, der Karibadamm, 400 Kilometer weiter stromabwärts, wurde einst mit hohem Kostenaufwand für beide Länder errichtet, doch produzierte er den Großteil der Wasserkraft für Sambia. Daher lag Simbabwe sehr viel an diesem neuen Bauvorhaben, obgleich die Chancen für eine Realisierung eigentlich gleich null waren. Denn weder Simbabwe noch Sambia hatten das nötige Geld dazu und auch die Weltbank hegte ja mittlerweile Zweifel am eigentlichen Wert derartiger Vorhaben. Die riesigen Summen, die solche Projekte unweigerlich verschlingen, könnten nach Ansicht der Weltbank besser für andere Zwecke verwendet werden.

Der Karibadamm ist in seiner Ausdehnung zwar nicht so groß wie der Hoover-Staudamm, doch mit 128 Metern Höhe und einem bogenförmigen Hauptdamm von 600 Metern Länge immer noch gewaltig und beeindruckend. Der aufgestaute Karibasee erstreckt sich über eine Länge von 300 Kilometern, ist bis zu 30 Kilometer breit, misst an der tiefsten Stelle 100 Meter, hat eine üppige Vegetation entlang der Uferlinie und dutzende von Inseln. Doch das Mammutprojekt hatte ökologische Folgen. Als sich in den fünfziger Jahren mit steigenden Fluten die Wasserspeicher füllten, erlangten diese Inseln traurige Berühmtheit. Für einen Teil der bedrohten Wildtiere nahte Hilfe durch die legendäre »Operation Noah«, eine der dramatischsten Tier-Rettungsaktionen überhaupt, ohne die zahlreiche von den Fluten eingeschlossene Tiere ertrunken wären. Die Unabhängigkeitsbewegungen beider Länder – die damals noch als Kolonien unter weißer Herrschaft mit Rhodesien und Njassaland die kurzlebige und weithin verhasste Zentralafrikanische Föderation bildeten – bemerkten damals spöttelnd, dass in Europa und Amerika das Schicksal der Elefanten und Leoparden mehr Anteilnahme erfuhr als das der 50 000 Menschen vom Volk der Tonga, die durch die Fluten ebenfalls gezwungen waren, ihr Land zu verlassen – ohne rettende Hilfe aus der Luft.

Zu Beginn der neunziger Jahre gingen die Ansichten der Ökologen zum Thema Staudamm weit auseinander. Im Fall des Karibadamms war der natürliche Lebensraum unzähliger Tiere zwar unwiederbringlich zerstört, doch konnten im Laufe der Zeit wieder Unmengen verschiedener Tierarten heimisch werden, darunter zahlreiche Flusspferde. Darüber hinaus sichert er die Wasserversorgung für Tiere in freier Wildbahn ebenso wie für Farmer und Bewohner beider Länder. Die Fischart Tilapia beispielsweise, eine im Sambesi nicht vorkommende Art, wurde im Karibasee erfolgreich angesiedelt. Obwohl dieser Fisch einige dort heimische Fischarten vertrieben und andere ausgerottet hat, ist durch ihn auch eine neue Fischindustrie entstanden, die tausenden von Fischern ein kleines Auskommen bietet und mit 20 000 Tonnen Fisch pro Jahr eine zuverlässige Hauptquelle für tierisches Eiweiß ist. Alles in allem, dachte ich, war der Karibadamm doch nutzbringend, genau wie der Akhtuba-Damm auch. Zugegeben, der Bau des Karibadamms hat Ackerland überschwemmt, hat Menschen gezwungen, ihre Heimat zu verlassen, hat natürliche Lebensräume und Ökosysteme verändert. Auf der anderen Seite erzeugt er saubere Energie für Industrie und Städte und hat neues Ackerland erschlossen, indem er verdorrtes Land urbar machte.

Welchen Standpunkt die Ökologen in Bezug auf den Assuan-Hochdamm am Nil an der ägyptischen Grenze zum Sudan vertreten, ist dagegen eindeutig. In ihren Augen ist er eine einzige Katastrophe, ein Produkt, das aus ehrsüchtigem Wettbewerbsdenken zu Zeiten des Kalten Kriegs hervorgegangen ist, weit mehr geschadet als irgend genützt hat und die Ägypter mit ihrer Wasserpolitik in eine Sackgasse geführt hat: Sie können den Staudamm weder vernichten, noch können sie sich mit ihm abfinden.

Diese ablehnende Haltung der Ökologen wird von den Kraftwerksbetreibern wie auch von den Wassernutzern nicht geteilt, denn falls der Assuan-Hochdamm tatsächlich eine ökologische Katastrophe verursacht hat, sind die verhängnisvollen Auswirkungen gut versteckt. Am Nassersee jedenfalls, dem 600 Kilometer langen Reservoir des aufgestauten Nilwassers, sieht alles ganz friedlich aus. Die *feluccas* verkehren auf den Wassern des Sees, so, wie sie seit 40 Jahrhunderten auch den Nil befahren haben; sie sehen genauso aus wie die kleinen Boote auf den Tempelfresken in Luxor und Karnak. Sitzt man abends in Assuan an den Ufern des Nils, kann man mit ein bisschen Glück die *feluccas* im blutroten Mondschein vorbeifahren sehen. Doch unter der friedlichen Oberfläche brodelt es und in den Regionen nördlich des Staudamms häufen sich die Probleme.

In Assuan befindet sich noch ein weiterer Staudamm, der 1902 fertig gestellt wurde. Er gehörte seinerzeit zu den größten Dämmen weltweit, mit über 2 Kilometern Länge und 180 Schleusen. Die Schleusen sowie die Tatsache, dass der Staudamm relativ niedrig und kurz war, wirkten sich zu einer nur mäßigen Leistungsstärke aus. Der Stausee, der bis zum Ende der alljährlichen Hochflut des Nil sein Aufstauvermögen von 4 Millionen acre-feet (1 acre-foot = 1233,5 Kubikmeter; Anm. d. Übers.) ausgeschöpft hatte, hielt das Wasser für die spätere Wasserabgabe zurück und transportierte mit den Wassermassen gleichzeitig den wertvollen Schlamm durch die Schleusentore flussabwärts.

Der Assuanhochdamm hingegen war anders konzipiert. Er war um einiges größer und länger: 100 Meter hoch und fast 4000 Meter lang. Gamal Abd el Nasser hatte die Sowjets und die Amerikaner geschickt gegeneinander ausgespielt, um für dieses Mammutprojekt die nötige finanzielle Unterstützung zu erhalten (über 1 Milliarde Dollar, zwanzigmal so viel wie die Baukosten des Hoover-Staudamms). Des Weiteren überzeugte er die Vereinten Nationen, die Verlegung des Ramsestempel in Abu Simbel, einst zur göttlichen Verehrung Ramses II. errichtet, zu finanzieren. Die Verlegung der Tempelanlage, die durch den Bau des zweiten Staudamms vom Nassersee unter Wasser gesetzt worden wäre, war eine ingenieurtechnische Meisterleistung, die der Errichtung des urprünglichen Kunstwerks gleichkam.

Der neue Assuanhochdamm war eines der überragenden Baukunstwerke der Welt, zumindest in den Augen seiner Ingenieure.

Das Problem jedoch liegt darin, dass der berühmte mit der Flut angeschwemmte Nilschlamm nicht durch den Staudamm hindurchfließt. Er verbleibt vielmehr im Fluss, wo er sich als Bodenschlamm langsam ansammelt.

Dieses Problem wurde zunächst nicht erkannt. In einem Bericht über den Staudamm in einer westlichen Zeitung heißt es noch Mitte der siebziger Jahre: »Die ägyptische Wirtschaft zieht aus diesem Projekt einen enormen Nutzen. Zum ersten Mal in der Geschichte kann die berühmte Nilüberschwemmung durch den Menschen kontrolliert werden. Die aufgestauten Wasser ermöglichen die künstliche Bewässerung bei Bedarf und dienen so der Erwirtschaftung eines größtmöglichen landwirtschaftlichen Ertrags, des Weiteren der Erschließung von tausenden Hektar neuem Ackerland, der Verbesserung der Flussschifffahrt oberhalb und unterhalb von Assuan und der Gewinnung elektrischer Energie.«[1] Unbestritten ist, dass der Staudamm die Überschwemmungsgefahr praktisch beseitigt und somit auch Schäden an Gebäuden und Straßen sowie in der Landwirtschaft verhindert hat. Ebenso unbestritten ist, dass er Wasser aufspeichert für Zeiten, in denen der Nil nur wenig Wasser führt. Auf der anderen Seiten war es den Ägyptern über viele Jahrhunderte hinweg gelungen, die Landwirtschaft aufrechtzuerhalten, einzig aufgrund neuer Ablagerungen von Schlammmassen, die der Fluss alljährlich mit dem Hochwasser aus dem äthiopischen Hochland und den Sümpfen des Sudan mit sich führte. Heute türmt sich dieser angeschwemmte Schlamm nutzlos hinter den gewaltigen Mauern des Assuanhochdamms auf. Der nährstoffreiche Schlamm gelangt nicht mehr ins Mittelmeer, was zu einem Zusammenbruch der Sardinenfischerei im Nildelta führte – ein Verlust, der mit der feierlichen Einführung der neuen Fischindustrie im Stausee hinter dem Damm nie und nimmer aufgewogen werden kann.

Durch die Veränderungen der Wasserzufuhr im Nildelta, die Veränderungen im Fließgewässer und den Niederschlagsmustern kommt es zu Erosion und Bodenverlusten an der Uferlinie des Deltas um ungefähr 3 Meter pro Jahr. Mit der Möglichkeit der Dauerbewässerung sind die ägyptischen Bauern zwar von Dürreperioden und Hungersnöten, für die das Flusssystem des Nil so anfällig war, so weit verschont geblieben, doch führte die flächenintensive Bewässerung auch zu einem kontinuierlichen Anstieg des Bodensalzgehalts. Der Boden versalzte derart, dass Ägypten ein internationales Expertenteam von Ingenieuren zu Rate zog. Nach allgemeinem ratlosen Kopfschütteln ging der einzige Vorschlag der Expertengruppe dahin, drastische Maßnahmen zu ergreifen und ein extrem teures Entwässerungssystem unter die bewässerten Flächen zu verlegen.[2] Obgleich niemand wirklich glaubt, dass dies finanziell machbar ist, halten doch alle ein solches System für unbedingt notwendig.

Der Ägyptologe Peter Theroux meint: »Über 30 Jahre lang hat der Assuanhochdamm nun schon verhindert, ... dass die Wasser des Nil das Land überschwemmen und sich an der Nilmündung neues, nährstoffreiches Sediment ablagert. Überschwemmt wurde stattdessen das Flussdelta, und zwar mit Superlativen, die nicht zu überbieten sind: Das Delta gehört zu den am intensivsten bewirtschafteten Anbaugebieten weltweit und erreicht beim Einsatz von Düngemitteln sowie bei der Bodenversalzung unübertroffene Spitzenwerte.«[3] Das Delta sinkt langsam ab, ein Umstand, der sich über kurz oder lang auf das Grundwasser auswirken wird. Ägyptens kostbarer Boden wird begraben und versiegelt unter den Betondecken des sich immer weiter ausbreitenden Stadtgebiets von Kairo. Der Boden in Küstennähe wird langsam ausgewaschen und chemische Pestizide sind dabei, Meeresorganismen zu vernichten.

Gleichzeitig bringen die Bewässerungskanäle und die damit verbundene ungewohnte Präsenz von Wasser auch Gesundheitsrisiken mit sich. So kam es schon mehrfach zu einem rasanten Anstieg von Bilharzioseerkrankungen, in manchen Gegend bis zu 100 Prozent. Ägypten ist dabei kein Einzelfall. Ein Anstieg von Bilharziose und Malaria ließ sich bislang in allen tropischen Regionen nach dem Bau einer großen Talsperre beobachten. Die Gesundheitsrisiken sind jedoch nur ein Problem unter vielen.

Früher, als man Staudämme noch als ökologisch sinnvoll erachtete, war man der Meinung, dass das schwierigste Problem in der mit dem Bau verbundenen Umsiedlung der Menschen liegen würde. Die Staudämme verursachten allerdings weit größere Probleme. Sie wirkten sich ironischerweise sehr häufig auf die Ernährungssituation aus. Anstatt der erwarteten Ausgewogenheit infolge der durch die künstliche Bewässerung vergrößerten Anbaufläche trat vielmehr häufig das Phänomen der Unterernährung auf. Die Gründe dafür sind vielschichtig, sind jedoch in gewisser Weise auf die Versäumnisse der Ingenieure zurückzuführen, die keinen Gedanken an die ökologischen Funktionen der alljährlichen Überschwemmungen und die damit verbundenen positiven Auswirkungen auf die Ökosysteme verschwendet haben. Dabei haben die ansässigen Bauern über Jahrhunderte hinweg vielfältige Methoden des Überschwemmungsfeldbaus entwickelt, um die Feuchtigkeit der Böden zu erhalten und die Produktivität zu erhöhen. Heute hingegen verlegt man sich nach dem Bau von Staudämmen sehr häufig auf künstliche Bewässerung und ersetzt die breite Vielfalt heimischer Nahrungsmittel durch bewässerte Monokulturen, deren Ertragsziel sich nicht selten am Exportmarkt orientiert. Und das, obwohl man inzwischen erkannt hat, dass eine gemischte landwirtschaftliche Bodennutzung höhere Erträge pro Hektar erbringt als die bewässerte Monokultur.[4]

Staudämme verändern auch den Strömungsfluss, mitunter sogar die Wassertemperaturen. Fast immer verursachen sie eine Versalzung der ufernahen Böden, zuweilen auch des Grundwassers. Die Veränderung der Sedimentmengen wirkt sich auf die wirtschaftliche Situation einer Region aus, wie etwa im Falle des Assuanhochdamms auf die Sardinenfischerei im Nildelta. Das Gleiche passiert auch anderswo. Staudämme am Niger haben die Fischfangrate um ein Drittel gesenkt. Und auch am Colorado River liegt selbst nach jahrzehntelanger Herumlaboriererei der Lachsbestand heute unter 6 Prozent der ursprünglichen Population vor dem Bau der Staudämme. Auch dort, wo man in Stauseen neue Arten angesiedelt hat, geht die Fischfangrate zurück und die Bestände schrumpfen – oft eine Folge der anfänglichen Überfischung.

Staudämme wirken sich in hohem Maß auf den Nährstoff- und Salzgehalt des Wassers an den Flussmündungen aus. Nach Einschätzung des russischen Aquaökologen Michael Rozengurt können Flussmündungen und Meeresbuchten Abweichungen im Nährstoffstrom um etwa ein Viertel des normalen Gehalts verkraften. Alles, was darüber hinausgeht, bewirkt katastrophale Veränderungen. Im Süden Floridas ist die Fischfangrate auf 42 Prozent der früheren Rate zurückgegangen. In der San Francisco Bay sind rund vier Fünftel der Wander- und Laichgebiete der Lachse, Süßwasserheringe und Flussbarsche verschwunden. Im Snake River ist der Lachs ausgerottet. Die meisten der Fischgründe im Schwarzen Meer, im Asowschen Meer und sogar im Kaspischen Meer sind nahezu leer.

In Kanada zerstört der W.A.C. Bennett Dam, eine gewaltige Talsperre am Peace River, auf fatale Weise die Fischgründe im Peace-Slave-Athabasca-Delta, einem ausgewiesenen Weltkulturerbe und einem der größten Süßwasserdeltas der Welt. Der Stammesverband der »Athabascan Chipewyan First Nation« legte Beschwerde bei der »Indian Claims Commission« ein und beklagte, dass ihre traditionelle Lebensweise durch den Staudamm beeinträchtigt worden sei. In einem ausgewogenen Urteil verkündete die Kommission: »Wie in diesem Fall aus der Sachlage eindeutig hervorgeht, ist hier weit mehr als das Recht der First Nation auf Jagd, Fischfang und Nahrungsmittelbeschaffung in Mitleidenschaft gezogen worden; die eigentliche Lebensweise der First Nation sowie ihre wirtschaftliche Lebensader sind ganz wesentlich geschädigt worden, da Kanada, obgleich ausgestattet mit umfangreichen Kenntnissen über die nachfolgende ökologische Zerstörung, nichts unternahm.«[5]

Nicht nur im Athabasca-Delta, auch im ganzen kanadischen Nordmeer sind die Fischbestände bedroht. Ein Bericht von Dianne Murray von der »Hudson Bay Research Group« an der Carleton Universität in Ottawa setzte sich mit dem Bennett-Staudamm-Problem auseinander:

Die Weißfisch-Fischgründe im Südlichen Indianersee und den Notigi Lakes, einst die wirtschaftlich wichtigsten Seen in Manitoba, sind aufgrund des Nelson-Churchill-Großprojekts zusammengebrochen. Ein Großteil der Fische im Flussbecken des Churchill River ist heute zu stark mit Methylquecksilber verseucht, als dass er zum Verzehr oder Verkauf geeignet wäre ... Der Quecksilbergehalt in Fischen aus den Mündungsgebieten des Nelson River und Churchill River übersteigt die Unbedenklichkeitsgrenze um das Vierfache. Im Unterlauf des Churchill River in Labrador gilt der gesamte Fischbestand als ungenießbar ... Und das »James Bay 1 Project« stuft den Fisch im Grande Rivière de la Baleine als nicht verwendbar ein ... Einige Wisssenschaftler vermuten nun, dass das Quecksilber, mit dem der Weißstör der Hudsonbai belastet ist, stromabwärts gewandert ist und urprünglich von den Industrien »JB1« und »Moose 1« in Ontario stammt sowie aus dem Nelson-Churchill-Mündungsgebiet.

Über ihr Heimatland sagt Murray: »Kanada verzeichnet weltweit den größten Schwund an küstennahen Fischereigewässern.«[6]

Ein weiteres Problem sind Schlammablagerungen. Staudämme verschlammen mit der Zeit. Sie haben eine begrenzte »natürliche Lebensdauer«, je nach Schlammgehalt der von ihnen aufgestauten Flüsse. In vorwiegend steinigen Regionen mit mageren Böden bleiben Staudämme sehr lange funktionsfähig, schätzungsweise an die eintausend Jahre, wenngleich das heute niemand ganz genau weiß. In anderen Gegenden führen Flüsse, die einst ganz braun waren vor Schlamm, unterhalb des Staudamms heute wieder klares Wasser – so etwa der Nil bei Assuan. Der aufgestaute Bodenschlamm häuft sich hinter der Staudammmauer an – abermillionen Tonnen von Schlamm. Über ein bis zwei Generationen hinweg, möglicherweise auch etwas länger, könnte man das Problem durch Ausbaggern oder Schlammabtragungen lösen, doch auf lange Sicht würde dieses Unterfangen zu teuer und die Staudämme würden immer weiter verschlammen – und zwar weit schneller, als das die eingeplante Amortisationsrate auffangen könnte.

In vielen Teilen der Welt haben unangepasste landwirtschaftliche Praktiken die Schlammablagerungsrate dramatisch in die Höhe schnellen lassen: Tiefpflügen minderwertiger Böden; Waldrodung zur Ausweitung der Nutzflächen; Überweidung durch Herdenvieh; Einsatz von billigen künstlichen Düngemitteln zur jährlichen Feldbestellung, was zu einem Anstieg der Erosion geführt hat. Als extremes Fallbeispiel führt Marc Reisner die Sanmexia-Talsperre in China an, die 1964 fertig gestellt und vier Jahre später wieder außer Betrieb gesetzt wurde. Ein weiteres Beispiel, das Reisner darlegt, ist der Tehri-Staudamm in Indien, der sechsthöchste Staudamm der

Welt. Seine »Lebensdauer« wurde infolge der Entwaldung im Himalayagebirge auf 30 Jahre reduziert. Und schließlich nennt Reisner noch den Tavera-Staudamm in der Dominikanischen Republik, der 1973 fertig gestellt wurde. Dort hatte sich bis 1984 der Schlamm bis in 18 Meter Tiefe abgelagert. »In 35 Jahren«, schreibt Reisner, »hat sich der Lake Mead (hinter dem Hoover-Staudamm) mit einer größeren Menge an Schlamm gefüllt, als 98 Prozent der Stauseen in den Vereinigten Sataten sich mit Wasser füllen.« Dieser Schlamm wird niemals beseitigt werden. Die Menge ist einfach zu groß, und selbst wenn irgendjemand sich die Beseitigung leisten könnte, wüsste man nicht wohin damit.[7]

Infolge starker Schlammablagerungen kommt es zu zwei weiteren unvorhergesehenen Begleiterscheinungen. Die erste ist die Zerstörung der Deltamündungen. Das Nildelta zeigt das sehr anschaulich, ebenso das Mississippidelta. Der Schlamm, welcher der natürlichen Dammbildung am Mississippi-Atchafalaya-Delta dient, erreicht nicht mehr die Flussmündung, da er hinter einer Reihe von Staumauern abgelagert und angehäuft wird. Die Bodensubstanz wird folglich nicht wieder erneuert und schließlich fortgespült. Das zweite Problem liegt darin, dass schlammfreies Wasser eine größere Fließgeschwindigkeit hat. Flussbecken werden somit stärker ausgeschliffen, der Fluss wird tiefer und gefährlicher. Die Überschwemmungen des Missouri und Mississippi 1993 und die des Red River 1997 waren durchaus voraussagbar. Janet Abramovitz führt in ihrem Aufsatz »Imperiled Waters, Impoverished Future« in der Zeitschrift *World Watch* aus: »Die Überschwemmungen erteilten uns eine dramatische und teure Lektion darin, welche Auswirkungen es haben kann, wenn man den natürlichen Flusslauf als pathologischen Zustand behandelt.« An vielen Stellen hat der Mensch versucht, die Flüsse durch künstliche Dämme einzudeichen, um so die natürlichen feuchten Flussniederungen wirtschaftlich erschließen und besiedeln zu können. Insofern haben sich die Flüsse mit jeder Überschwemmung nur das zurückgeholt, was ihnen von jeher gehört hat. Die natürlichen Flussniederungen konnten zwar nicht vor Überschwemmungen schützen, fungierten jedoch als eine Art natürlicher Umleitungsmechanismus für Wasser.[8] »Was früher eine Sieben-Tages-Flut war, ist heute eine Sieben-Monats-Flut, denn das Wasser kennt den Weg nicht mehr«, so formulierte es 1998 Anil Agarwal, der in Neu-Delhi das Zentrum für Wissenschaft und Entwicklung leitet. Mit diesen Worten reagierte er auf ein dramatisches Jahr, in dem über 7000 Menschen bei Überschwemmungen in Asien ums Leben gekommen waren, auch am Jangtsekiang in China und am Rapti in Indien – Überschwemmungen, die früher häufig als unberechenbar und unerklärbar bezeichnet worden sind, heutzutage aber zunehmend als Folge der menschlichen Eingriffe in die Natur, insbesondere der Entwaldung, angesehen werden.

Der Rhein gilt als Musterbeispiel für diesen Prozess. 11 Millionen Menschen beziehen daraus heute ihr Trinkwasser. Der Rhein ist längst kein natürlicher Fluss mehr, sondern vielmehr eine begradigte ausgebaute Wasserstraße mit Uferschutzdämmen, Betoneindeichungen, Schleusenkammern, Strömungskontrollvorrichtungen, Wasserpflanzen, Wehren und Kanälen. Einst schlängelte sich der Rhein durch ausgedehnte Flussauen; heute ist er von seinen natürlichen Stromschleifen abgeschnitten, fließt in einem bis zu 8 Meter tiefen Kanal doppelt so schnell wie früher und entwickelt dadurch bei Hochwasser eine enorme Kraft. Die Niederlande müssen wohl oder übel das ganze Ausmaß der stärkeren Fließgeschwindigkeit auffangen, die vorwiegend von Deutschen und Franzosen verschuldet wird. Doch weder die einen noch die anderen haben sich bereit erklärt, für die dadurch entstandenen Schäden aufzukommen. Bislang zeigten die Holländer politische Kulanz, wenngleich sich die Anzeichen ihrer wachsenden Ungeduld mehren.

Doch die im Laufe der Zeit gewonnenen Erkenntnisse führen hin und wieder auch dazu, dass eine neue Richtung in der Politik eingeschlagen wird, die zugunsten des Umweltschutzes ausfällt. So etwa gewannen in Nebraska die Organisation »National Wildlife Federation« und der Bundesstaat Nebraska einen 7,5-Millionen-Dollar-Prozess gegen die Staudammbauer am Plate River. Das Geld wurde danach zum Ankauf von Umland und zur Wiederherstellung der Flussbetten und der umliegenden Feuchtgebiete verwendet. Bislang hat die Treuhandschaft rund 4000 Hektar Land erworben, einschließlich über 20 Kilometer Ufergestade.

Auch Staudammeinstürze sind nicht unbekannt. So geht aus Berichten der chinesischen Regierung hervor, dass allein 1975, laut Messungen eines der feuchtesten Jahre, eine Viertel Million Menschen durch Staudammeinstürze ums Leben kamen, Hungersnot und Krankheit rafften weitere elf Millionen Menschen dahin. Selbst in den USA, einem Land, das sich seiner bautechnischen Fähigkeiten rühmt, sind Staudammeinstürze bekannt. Der Teton-Staudamm am gleichnamigen Fluss beispielsweise stürzte 1976 ein, noch bevor er fertig gestellt werden konnte, vernichtete drei Städte und abertausende Hektar Ackerland, das von den Wassermassen bis auf die Gesteinsschicht ausgeschliffen wurde; glücklicherweise gab es in diesem Fall aufgrund der rechtzeitigen Warnungen vor der drohenden Gefahr keine Toten oder Verletzten.

Am Glen-Canyon-Staudamm am Colorado River in Arizona zerstörte das Hochwasser von 1982 einen Teilabschnitt eines Abflusskanals. Der Kanal verläuft direkt durch die Sandsteinschicht unter dem Damm. Der Journalist Philip Fradkin beschreibt dieses Ereignis folgendermaßen: »2000 Tonnen Wasser in der Sekunde dringen aus dem Abflusskanal nach oben und die Flussrinnen auf beiden Seiten des Damms inszenieren ein nie da gewesenes, überwältigendes Schauspiel: Wassermassen, die sich kaskadenartig auf den künstlich gebändigten Fluss herabstürzen. Der Donner der Wassermassen war am 6. Juni weithin zu hören. Das Wasser strömte frei und unberechenbar hierhin und dorthin. Wasser von blutroter Farbe, Gesteinsbrocken und Betonstücke wurden aus den Öffnungen der Abflusstunnels emporgespült, als ob der Damm tödlich verwundet sei.« Wie Fradkin heraushebt, erreichte der Stausee damals mit 3708,34 Fuß über dem Meeresspiegel seinen höchsten Wasserstand – das waren nur sechs hundertstel Fuß unterhalb der kritischen Marke, bei der nach Vorhersagen der Bauingenieure für nichts mehr hätte garantiert werden können. Im Nachhinein erklärte das »Bureau of Reclamation« mit Zufriedenheit, dass der Staudamm selbst nie einsturzgefährdet war, doch geht aus schriftlichen Dokumenten hervor, dass die zuständigen Bauingenieure »um die Sicherheit des Staudammes bangten.«

Dabei sollte uns die Verankerung von »1142 Spannungsmessern,

264 Klüftungsmessern, 74 Widerstandsthermometern und 60 Belastungsmessern« im Baugefüge eigentlich ein beruhigendes Gefühl der Sicherheit geben; oder auch die fünf Senkschnüre, die zur »Messung der Dammbewegungen« an der Damminnenseite angebracht sind, »jede aus einem 194 Meter langen Stahlseil, an dem ein 12 Kilogramm schweres Gewicht hängt, das in eine Trommel mit Öl versenkt ist, damit die Bewegungen abgebremst werden«.[9]

Am W.A.C. Bennett-Staudamm in British Columbia, einem der größten aufgeschotterten Bauwerke der Welt (2 Kilometer Durchmesser am Scheitelpunkt, 183 Meter hoch; der Williston-Stausee umfasst eine Fläche von 166 000 Hektar und kann 70 308 930 000 Tonnen Wasser aufstauen), verzeichnete man 1997 einige unruhige Bewegungsmomente, als zwei durch Absenkung entstandene große Gruben wenige Kilometer flussabwärts entdeckt wurden. Umgehend wurden Notreparaturen ausgeführt, und die Betreiberfirma des Staudamms investierte 4 Millionen Dollar in die Verstärkung und Stabilisierung des Abflusssystems. Zu diesem Zweck wurde ein 5 Meter tiefer Graben ausgehoben und mit Stein und Geröll wieder aufgefüllt. Ron Fernandes, Gebietsleiter der Betreiberfirma, versicherte jedem, der es hören wollte, dass der Staudamm absolut sicher sei. »Geophysikalische Untersuchungen haben die erfolgreiche Ausführung der Reparaturmaßnahmen an den Gruben im vergangenen Jahr bestätigt«, sagte er, »und wir werden diese Untersuchungen im jährlichen Turnus als Teil unseres fortlaufenden Überwachungsprogramms regelmäßig wiederholen.« Ob sich die Anwohner am unteren Flusslauf aufgrund dieser Beteuerung – sowie einer Straßensperrung im Sommer 1998 am Hauptdamm, um »zusätzliche Überwachungsinstrumente anzubringen« – fortan nun sicherer fühlen, bleibt dahingestellt.

Wenn riesige Staudämme eine solche Bedrohung darstellen, warum werden sie dann noch immer gebaut? Manchmal bleibt eben kaum eine andere Wahl – wie bei den Okavango-Pipelines.

Hoch oben in den Bergen von Lesotho, in den »Welten ohne Horizont«, wie die Basotho sagen, sind die Bulldozer längst dabei, Strauchwerk, Boden, Schlamm und Schiefer abzutragen, um auf jenes Muttergestein zu stoßen, harten Granit, in dem der Erste einer ganzen Reihe von Dämmen des »Highland Water Project« verankert sein wird. Das Vorhaben wird von der Weltbank finanziert. Es ist eines der letzten Mammutprojekte, für die die Weltbank ihre Unterstützung zugesagt hat. Alle paar Monate fliegt eine besorgte Delegation nach Maseru, die (wenn nicht gerade mal wieder von Krawallen aufgescheucht) eigentlich eher verschlafene kleine Hauptstadt Lesothos, um den Gang der Dinge zu verfolgen.

Das Projekt schien zunächst gut zu gedeihen, trotz gelegentlicher Proteste von Dorfbewohnern, deren Häuser und Farmen von den neuen Stauseen unter Wasser gesetzt würden. Lesotho hat nicht viel Ackerland. Es ist ein hauptsächlich bergiges Land, von rauer Schönheit, ein Vergnügen für Bergsteiger oder Schafhirten vielleicht, für Farmer aber bestimmt kein Paradies. Lesothos Regierung hatte eine schwere Wahl zu treffen. Was Lesotho dagegen im Überfluss hat, ist Wasser. Es regnet dort sehr viel. Heiße Luft strömt von den feuchtheißen Küstengebieten am Indischen Ozean über KwaZulu/Natal herein, bildet über den Drakensbergen dicke Wolken, sodass es über dem Hügelland häufig starke Niederschläge gibt. Warum also nicht eine Reihe von Staudämmen bauen, damit das Wasser auffangen, Generatoren anbringen und dann Strom und Wasser in das trockene Südafrika exportieren? Als ich davon hörte, hielt ich das Vorhaben eigentlich für eine gute Idee; das ausgedörrte Farmland meines Großvaters war einst nur knappe 100 Kilometer von der Grenze zu Lesotho gelegen, und für eine sichere Wasserversorgung hätte er so viel bezahlt, wie er konnte. Zweifellos würden sich die Dämme rasch füllen. Und da Lesotho ohnehin nie in der Lage sein wird, sich selbst zu ernähren und deshalb auf den Import von Nahrungsmitteln angewiesen ist, könnte es durch den Export von Strom und Wasser zumindest in den Besitz von harter Währung kommen und damit wiederum den Import bezahlen. Nach Aussagen der Bauingenieure ist das Wasser im Hügelland nahezu schlammfrei, die Dämme würden also über hunderte von Jahren halten.

Traditionalisten hingegen widersetzten sich dem Vorhaben. Es würden, so die Gegner, nicht nur ganze Dörfer überschwemmt, sondern auch traditionelle Begräbnisstätten. Es kam zu Demonstrationen mit gewalttätigen Ausschreitungen und mindestens einem grauenhaften Ritualmord, eine Nachricht, die in der Presse aber tunlichst verschwiegen wurde. Die Besorgnis der Weltbank um ihre Investitionen wuchs zunehmend.

Als der südafrikanische Rand 1998 kollabierte, ging es mit der Wirtschaft des Landes bergab. Würde dies auch Folgen für das Staudammprojekt haben? Wäre Südafrika nun nicht mehr in der Lage, Lesothos neu produzierte Energie zu kaufen? Die Weltbank reagierte zunächst vorsichtig auf diese Situation. Doch man wusste, der Weiterbau war unumgänglich – es gab im Grunde keine andere Wahl.

Auch an anderen Orten ziehen Traditionalisten und Umweltschützer oft an einem Strang – wenn auch aus unterschiedlichen Gründen. In Nepal setzten sich Umweltschützer zum Beispiel erfolgreich gegen ein Staudammprojekt am Narbada zur Wehr. Und in Malaysia verkündete die Regierung 1997 die Aufgabe des Bakun-Staudammprojekts, ein 5,5-Milliarden-Dollar-Bauvorhaben, gegen das Umweltschützer aufs heftigste protestierten; sie warnten eindringlich vor den finanziellen und ökologischen Katastrophen, die der Staudamm mit sich bringen würde. Patrick McCully von der Organisation »International Rivers Network« frohlockte über den großen Erfolg: »Die Aufgabe des Bakun-Projekts unterstreicht die ökonomische Unrentabilität großer Wasserbauprojekte. Bakun – das Flaggschiff der Staudammindustrie für privatisierte Wasserbauprojekte. Und nun ist dieses Flaggschiff untergegangen.« Auf Seiten der Auftragnehmer, einem Zweckverband von deutschen, Schweizer, schwedischen und brasilianischen Bauunternehmen, herrschte einmal mehr betretenes Schweigen. Nicht selten kam es auch vor, dass die Zeit das ihre tat und den Befürchtungen und Warnungen der Interessengemeinschaft von Traditionalisten und Umweltschützern Recht gab, selbst wenn diese im ersten Augenblick keinen Erfolg feiern konnten.

Auf der anderen Seite der Welt – buchstäblich in einer anderen Welt – nahm ein weiteres Mammutprojekt langsam Gestalt an, und zwar weder mit beratender noch finanzieller Hilfe der Weltbank. China finanzierte das Drei-Schluchten-Projekt in vollem Umfang aus eigener Tasche.

Das Vorhaben hat in aller Herren Länder Ökologen und Naturschützer sowie in China politische Dissidenten und Künstler in Aufruhr versetzt. Der Drei-Schluchten-Staudamm am Mittellauf des Jangtsekiang wird einen der malerischsten Orte der Erde überschwemmen, einen Ort, der chinesische Maler und Dichter seit drei Jahrtausenden inspirierte wie kein anderer. Nie wieder wird es die einmaligen (und einmalig schwierigen) Bootsfahrten durch die faszinierenden Schluchten geben. Der Bau der 600 Kilometer großen Talsperre – an einem Fluss, der sehr schnell über die Ufer tritt, und in einem Land, wo Staudammeinstürze wahrlich nicht unbekannt sind – bedeutet, dass 1,5 Millionen Menschen wohl oder übel ihren Wohnort verlassen müssen und nicht nur Dörfer, sondern auch eine große Industriestadt überflutet würden.

Überschwemmungen sind für die Chinesen der Hauptgrund für den Bau des Drei-Schluchten-Staudamms. Nach chinesischen Statistiken gab es während der vergangenen 2000 Jahren am Jangtsekiang 214 große Überschwemmungen. Allein in diesem Jahrhundert hat es vier Flutkatastrophen gegeben; die periodische Wiederkehr liegt derzeit bei etwa einer Überschwemmung alle zehn Jahre, wobei der Fluss mit der Entwaldung und Trockenlegung der Feuchtgebiete immer mehr Kraft gewinnt. Die Niederungen entlang des Mittel- und Unterlaufs sind hoch entwickelt, es gibt Industriestädte und intensive Landwirtschaft. Die eigentliche Abflusskapazität des Flusses beträgt lediglich 70 000 Kubikmeter pro Sekunde, erreicht aber bei Hochwasserführung normalerweise 100 000 Kubikmeter. Die Deiche zwischen Jingjiang und Hunan sind nicht immer stark genug, um vor der Hochflut zu schützen, bei der der Fluss auf bis zu 17 Meter über Normal anschwellen kann.

1998 stieg das Hochwasser bis auf 15 Meter über Normal und drohte die Stadt Wuhan mitsamt ihren 7 Millionen Einwohnern zu überfluten. Als die Krise überstanden war, zählte man über 3000 Tote und Millionen Obdachlose. An die 240 Millionen Menschen, gut ein Fünftel der chinesischen Gesamtbevölkerung, waren auf die eine oder andere Art und Weise von den Überschwemmungen betroffen. Chinas Wirtschaftswissenschaftler errechneten, daß durch das Hochwasser das Bruttoinlandsprodukt für 1998 um fast einen Prozentpunkt geschmälert wurde. Selbst die sonst so fügsamen Provinzregierungen waren in ihrer Kritik am Konzept – oder besser am mangelnden Konzept – des Regimes, das die Katastrophe verschuldet hatte, äußerst ungehalten. Lu Youmei, Vorsitzender der Drei-Schluchten-Entwicklungsgesellschaft, teilte auf dem Höhepunkt der Krise recht trocken mit: »Wäre der Drei-Schluchten-Staudamm bereits fertig gestellt, würden die Probleme der Hochwasserkontrolle bereits gelöst sein.« Die Gegner des Projekts hingegen hoben hervor, dass die Überschwemmungen gerade durch den Damm verursacht würden. So viele finanzielle Mittel seien ausschließlich in den Bau des Staudamms geflossen, dass man versäumt habe, Uferschutzdämme und Deiche anzulegen sowie das Flussbett zu säubern.

Für die Befürworter gibt es viele Gründe, das Projekt – oder die »Wohltat am Volk« wie chinesische Hydrologen wohlweislich sagen – voranzutreiben: Stromerzeugung, Regelung des Wasserstandes für die Schifffahrt, Aquakultur, Tourismus, ökologische Schutzfunktion, Umweltreinhaltung, entwicklungsorientierte Wiederansiedlung, Wasserversorgung und Bewässerung sowie der Wassertransport von Süd nach Nord – all das veranlasste C. Yangbo von der Universität für Hydraulik und Elektroingenieurwesen in Yichang zu einem regelrechten Loblied auf das »weltweit einzigartige Superprojekt«. Im Grunde ist es vielleicht sogar doppelte Ironie, als einen Punkt den Tourismus zu nennen, da es nach dem Staudammbau eine der touristischen Hauptattraktionen Chinas nicht mehr geben wird, stattdessen an der gleichen Stelle nur mehr einen ganz gewöhnlich aussehenden See. Und was die »ökologische Schutzfunktion« angeht, so weiß bislang noch niemand so genau, was das im Fall des Drei-Schluchten-Staudamms genau bedeuten soll. Flussabwärts befinden sich immerhin 1,5 Millionen Hektar fruchtbares Ackerland, mehrere größere Eisenbahnlinien, und es leben dort 15 Millionen Bürger, die durch ihre Arbeit die Produktivität der Region steigern. Maßnahmen zum Schutz des Landes und der Bevölkerung könnten demnach durchaus sinnvoll sein. Allerdings – so viel steht fest – bleiben Land und Bevölkerung verwundbar, sollte der Staudamm einmal seinen Zweck verfehlen.

Ein ganz entscheidender Grund für den Bau des Staudamms ist der, dass es damit möglich wird, das Wasser aus dem Mittellauf des Jangtsekiang nach Beijing und in die ausgetrockneten Ebenen im Norden Chinas zu transportieren. Doch bis das so weit ist, werden weitere 17 Jahre vergehen, viel zu spät, um die sich gegenwärtig schon abzeichnende Krise abzuwenden. Und bei den immensen Kosten von 29 Milliarden Dollar bleibt abzuwarten, ob sich das Projekt auch wirtschaftlich überhaupt rechnet.

Medha Patkar, eine bescheidene Sozialarbeiterin aus Bombay, wurde 1997 nach dem Schweizer Symposium der Weltbank und der »International Union for the Conservation of Nature« (IUCN) zur internationalen Beauftragten für Staudammfragen ernannt. Die Ernennung durch die Weltbank war ein geschickter Akt der Kooptation. Die Bank hatte nämlich bereits die Kosten von rund 5 Milliarden US-Dollar für ein riesiges Staudammprojekt in Indien aufgebracht: das Sardar-Sarovar-Projekt am Narbada, das laut Bauplänen die zweitgrößte Talsperre der Welt werden sollte. Der Damm würde Wasser zu Bewässerungszwecken für 300 000 Menschen und elektrische Energie für ein halbes Dutzend Großstädte liefern. Eine der Ortschaften, die den Fluten weichen sollte, war die kleine Gemeinde Manni Belli, doch hatten die Planer die Rechnung ohne die Dorfbewohner gemacht. Voll Zorn wandten diese sich Hilfe suchend an Medha Patkar. Mittlerweile war der Staudamm bereits halb fertig gestellt und von Manni Belli kaum mehr etwas übrig, lediglich die Spitze des Tempeldaches ragte noch aus den Fluten. Dennoch erwirkte Medha Patkar zusammen mit ihren Organisatoren einen sofortigen Baustopp.

Im März 1998 brachte ein Gerichtsbeschluss, der eine Prüfzeit von drei Jahren vorsah, den Bau zum Stillstand. Die Staudammbauer waren wütend: Der Damm war halb fertig und die Millionen, die bereits in den Bau geflossen waren, wären verloren, falls der Damm nicht fertig gestellt werden sollte. Den protestierenden Dorfbewohnern von Manni Belli, die man einst übergangen hatte, wurde das

Leben fortan zur Hölle gemacht. Einige wurden von bestochenen Sicherheitstrupps gefoltert, Frauen wurden vergewaltigt. Patkar selbst wurde geschlagen und in Haft genommen. Und indem sie das zuließen, machten die Staudammbauer ihren größten Fehler überhaupt. Denn so wurde Patkar noch unerbittlicher und bei ihren Anhängern zu einer Heiligen. Nach der Entscheidung des Obersten Gerichtshofs zeigte sie sich einem Reporter der BBC gegenüber entschlossen und unbeirrt: »Gigantische Kräfte waren gegen uns«, sagte sie, »doch pessimistisch waren wir nie. Wenn man keine Hoffnung hat, sollte man den Kampf gar nicht erst aufnehmen.«[10]

Ein Jahr nach dem Baustopp erhielten die Bewohner in den Niederungen, wo der Bau der Talsperre beabsichtigt war, noch immer gerichtliche Räumungsbescheide. Patkar wusste sehr wohl, dass der Kampf noch nicht vorüber war. Aber sie wusste auch, dass die öffentliche Meinung weltweit langsam zu ihren Gunsten umschlug. Mammutprojekte sind fragwürdig, und zudem versiegen die Geldquellen. Langfristig wird man andere Lösungen finden müssen. Gelder, so befand sie, müssten fortan dorthin fließen, wo sie sinnvoller verwendet werden können. Denn in Zukunft gilt es, Wasser vor allem einzusparen. Auf diese Stimme sollten auch Staudammbauer hören.

Kapitel 9

Die Bewässerungsproblematik

Pessimistische Stimmen prognostizierten Mitte des vergangenen Jahrhunderts, dass der Welt innerhalb weniger Jahrzehnte die Nahrungsmittel ausgehen würden, da die Landwirtschaft voraussichtlich nicht mehr in der Lage sein würde, hinsichtlich der Nahrungsmittelproduktion mit der Bevölkerungsexplosion Schritt zu halten. Doch anstatt weltweiter Hungerkatastrophen nahm die Grüne Revolution ihren Anfang. Eines ihrer Standbeine war die Chemie (Dünger- und Pestizideinsatz), das andere die kontrollierte Wasserverteilung, sprich Bewässerung; zusammengenommen verursachte dies einen Quantensprung in der landwirtschaftlichen Ernte- und Produktionssteigerung. Im Zuge dieser Entwicklung gelang es Indien und China – zwei der Länder, die im Brennpunkt dieser malthusischen Angst um die Nahrungsmittelverknappung standen –, mit ihrer Binnenproduktion nicht nur sich selbst zu ernähren, sondern das Getreide auch auf dem freien Markt zu verkaufen, womit sie das ihre zu den weltweiten Ertragsüberschüssen beitrugen. Insbesondere in Indien wurde die künstliche Bewässerung auf nahezu jeden Hektar Anbaufläche ausgedehnt – nach den letzten Zahlen auf 113 Millionen.

Gegenwärtig werden weltweit nur etwa ein Sechstel der globalen Anbauflächen bewässert, wobei diese jedoch über ein Drittel der

Welternte liefern. Dennoch wird derzeit ein Rückgang der bewässerten Fläche pro Kopf verzeichnet. Aus welchem Grund?

Das allererste Bewässerungsprojekt, das ich je sah, war sehr klein – eine einzige schmale Ackerfurche auf der Farm meines Großvaters führte vom Wellblechspeichertank hinter dem Haus auf ein kleines Ackerstück vor dem Haus. Die Furche war kaum mehr als 30 Zentimeter breit und ungefähr doppelt so tief, aber immer noch groß genug, dass meine Schwester im Babyalter einmal hineinfiel. An ihre Schreie erinnere ich mich heute noch, auch an die zu Hilfe eilenden Männer, die sie schließlich packten und gerade noch rechtzeitig, vor dem Biss einer Wasserschlange, herauszogen, einer giftigen Natter, die mit ihrem sich windenden Körper durch das Wasser steuerte, geradlinig und zielsicher wie der Pfeil eines Buschjägers. Noch lange Zeit nach diesem Vorfall träumte ich von dem unheimlichen schwarzen Schlangenkopf, der durch das Wasser zischt, die Zunge herausschnellen lässt, von dieser Kreatur mit ihrer hinterlistigen Zielstrebigkeit. Als ich älter wurde, beschäftigte mich ein ganz anderer Gedanke: Wo kam diese verdammte Kreatur bloß her – in diesem trockenen, ausgedörrten Land? Wie nur fand eine Wassernatter den Weg hierher, in Wasser, das zuvor gar nicht da gewesen war?

Der Wellblechtank auf der Farm meines Großvaters wurde mittels einer klappernden Windmühle gespeist. Längsseits daneben, auf etwa zwei Drittel der Länge des Tanks, stand ein zementierter Trog, der als Viehtränke diente. Ein Absperrhahn an der Seite füllte die Ackerfurche mit Wasser. Die Furche führte auf ein kleines Erdbeerfeld im tiefen und sorgfältig entwässerten Boden nahe beim Haus. Die Erdbeerfelder wurden direkt bewässert, mit Eimern, da es keine Schleusengatter in der Furche gab: Dafür reichte das Wasser nicht aus. Jeden Tag führten die Farmarbeiter jeder Pflanze genau die Menge Wasser zu, die sie brauchte, und so konnte mein Großvater – Oupa, wie wir ihn auf Afrikaans nannten – zweimal im Jahr die Pferde anschirren und seine Ernte auf den Bauernmarkt in die Stadt fahren. Fünf Stunden war er mit dem Pferdefuhrwerk dorthin unterwegs; von der Stadt wurde die Ernte dann per Zug in die 100 Kilometer entfernte Provinzhauptstadt Bloemfontein gebracht. Wir aßen die Beeren aber auch daheim, frische, sonnengereifte, mit Feuchtigkeit voll gesogene Erdbeeren, die wir in frischen Rahm von Oupas Jersey-Kühen tauchten und zum Beispiel als Nachtisch zu Schmorbraten vom Hammel aus eigener Aufzucht und Spargelsprossen aus dem Beet neben den Erdbeeren verspeisten.

Mein Großvater war ein umsichtiger Farmer mit einer überfürsorglichen Liebe für die Dinge der Natur, und mit seinem intuitiven Verständnis für das Wachstum der Pflanzen hatte er ein mustergültiges Bewässerungsprojekt ersonnen: Sein Wasser speicherte er in Tanks, nicht im offenen Damm; die Ackerfurche war mit Steinen eingefasst und wurde nur bei Bedarf gefüllt; die Pflanzen wurden direkt bewässert und der Boden war sorgfältig entwässert.

Die Lehrbücher an den Instituten für Agrarwissenschaft empfehlen heute wieder Praktiken, die denen meines Großvaters sehr ähnlich sind. Natürlich in größerem Stil, doch im Grunde nach demselben Prinzip – geschlossene Systeme, in denen kaum Wasser verloren geht. Das Verfahren meines Großvaters war im allerbesten Sinne des Wortes ein »nachhaltiges«. Wichtig dabei war, dass er durch die sorgsame Entwässerung und umsichtige Bewässerung einer Versalzung des Bodens kaum eine Chance ließ.

Weit größere Farmen oder auch hoch entwickeltere Farmbetriebe ließen genau diese Dinge häufig außer Acht.

Die künstliche Bewässerung ist eine uralte Technik, die in Mittelasien bereits vor 5000 Jahren praktiziert wurde, in Mesopotamien sogar noch früher. Diese Technik wurde vielerorts angewendet: im Kaiserreich China, im alten Laos, im alten Afrika, in Tansania, in Simbabwe und im alten Amerika, noch ehe die Spanier dieses Land überhaupt zu Gesicht bekommen hatten. Jahrtausendelang haben Farmer Aquädukte und Gräben benutzt, um das Wasser dorthin zu bringen, wo sie es brauchten, haben Furchen gegraben und einfache Schleusen angebracht, um das Wasser auf ihre Äcker zu leiten, was ihnen höhere Erträge einbrachte und sie weniger abhängig von den Launen des Wetters machte. Doch in ihrem heutigen Ausmaß ist die Bewässerung kaum älter als ein Jahrhundert; es bedurfte der gewaltigen Staudämme und gigantischen Flussumleitungsprojekte der Neuzeit, um die moderne Bewässerung überhaupt erst möglich zu machen.

Die Zahlen sprechen für sich: Vor zweihundert Jahren betrug die bewässerte Anbaufläche weltweit nur etwa 6 bis 7 Millionen Hektar und war damit nicht viel größer als Long Island im Bundesstaat New York oder die Metropole Los Angeles mitsamt ihren Vorstädten. Bis 1900 war die Gesamtanbaufläche auf rund 50 Millionen Hektar angewachsen, und diese Zahl verdoppelte sich nahezu in den darauf folgenden 50 Jahren. Von den gegenwärtig etwa 230 Millionen Hektar bewässertem Ackerland ist die Hälfte allein in den drei Jahrzehnten nach 1950 hinzugekommen. Auf den künstlich bewässerten Feldern – nur 15 Prozent der weltweiten Anbauflächen – werden über 40 Prozent der Welternte erwirtschaftet. Dutzende Länder, angefangen beim kleinen Israel bis hin zum großen China, produzieren den Großteil ihrer Nahrungsmittel auf bewässerten Anbauflächen – Pakistan zum Beispiel bis zu 80 Prozent. Die Landwirtschaft im Central Valley in Kalifornien, einem der größten Gemüse- und Obstanbaugebiete, wäre ohne künstliche Bewässerung kaum möglich. Ohne Bewässerung würden auch die Erträge in den größten Kornkammern der Welt – von denen die Ernährung der Weltbevölkerung abhängt – um gut die Hälfte zurückgehen.

Doch dieser Ausdehnung der Bewässerungsflächen während der letzten Jahrzehnte waren Grenzen gesetzt: Zum einen war das verfügbare Wasservorkommen begrenzt und zum anderen wurde die Bewilligungsrate für neue Staudammvorhaben seit den achtziger Jahren gedrosselt. Inzwischen waren ja auch sämtliche leicht erschließbaren Flüsse mit einem Damm versehen. Darüber hinaus waren die Kosten für eine extensivere Bewässerung durch neue Dämme vielerorts drastisch gestiegen, wodurch sich eine ganze Reihe noch in Planung befindlicher Bewässerungsvorhaben von selbst erledigten: Die Kosten für die künstliche Bewässerung hätten viele Farmer in den Ruin getrieben. Auch in Afrika kamen in den achtziger Jahren viele geplante Bewässerungsprojekte kaum über das Reißbrettstadium hinaus, da die Kosten für eine Wasserspeisung aus diesen Projekten auf über 10 000 Dollar pro Hektar veranschlagt wurden. Sandra Postel wies in diesem Zusammenhang darauf hin, dass »nicht einmal ein doppelter Ernteertrag aus Hochertragssorten diese Bewässerungsvorhaben rentabel machen könnte.«[1] Hinzu kommt, dass die Bevölkerung in den letzten zwanzig Jahren schneller zugenommen hat als die Erweiterung der bewässerten Flächen. Das für die kommenden dreißig Jahre prognostizierte Bevölkerungswachstum wird einen Anstieg in der Nahrungsmittelproduktion von 20 Prozent in entwickelten Ländern und 60 Prozent in Entwicklungsländern erforderlich machen. 1978 erreichte die bewässerte Fläche mit 48 Hektar pro 1000 Menschen jedoch ihren Höchststand und ist seitdem um fast 6 Prozent zurückgegangen.

Man nimmt an, dass sich die Situation wieder umkehren wird und die bewässerten Flächen wieder schneller zunehmen werden, sobald die Preise für Nahrungsgüter steigen werden. Doch auch dann bleiben die Kosten für neue Staudammprojekte an noch unerschlossenen Flüssen für die meisten Länder unerschwinglich.

Es geht aber nicht allein um mangelnde Möglichkeiten, die Nutzflächen auszuweiten. Die Situation ist weit schlimmer. Es wird nicht nur immer weniger Land bewässert, vielmehr sind weite Teile der bewässerten Anbaugebiete bereits für die Nahrungsmittelproduktion unbrauchbar geworden. Die Versalzung der Böden – jedes Jahr versalzen weitere 1 Million Hektar – mindert die landwirtschaftlichen Erträge. Allein in Pakistan gingen dadurch 2 Millionen Hektar Boden verloren, was zu einer Schmälerung der Erträge um 30 Prozent führte. Ägypten verzeichnet ähnliche Einbußen. Im Imperial Valley in Kalifornien geht mehr Anbaufläche verloren, als neu hinzukommt, was einmal mehr auf die Bodenversalzung zurückzuführen ist. Eine verbesserte Drainage könnte die Anbauflächen erhalten, doch fehlt es dazu am nötigen Wasser und Geld. Das Imperial Valley liegt direkt über einem großen geothermischen Grundwasserleiter, der große Mengen an Salzwasser enthält, mit dem das Problem möglicherweise gelöst werden könnte. Die Wassertemperaturen in diesem riesigen Unterwasserbecken liegen bei rund 280 °C. Forscher entwickeln derzeit Methoden, das dampfende Salzwasser zur Stromerzeugung zu nutzen. Sie halten es für durchaus realisierbar, das saubere überschüssige Wasser aus einem

Kraftwerk zur Verdünnung des Salzwassers in den Anbaufeldern zu verwenden.[2]

Schätzungen zufolge leiden in den Vereinigten Staaten insgesamt 30 Prozent des bewässerten Landes unter ertragsmindernder Bodenversalzung. Weltweit ist die Getreideproduktion infolge der Bodenversalzung auf etwa die Hälfte der bewässerten Anbaugebiete beschränkt. Nahezu zwei Drittel der gesamten bewässerten Fläche müssen kostspielig saniert werden, um die Bodenfruchtbarkeit zu halten.[3] Die Folgen für die weltweite Nahrungsmittelproduktion sind gegenwärtig noch nicht abzusehen, werden aber wohl enorm sein.

Dass der Einsatz von Chemiedünger und Pestiziden eigene verhängnisvolle Auswirkungen zeigt, ist allgemein bekannt. Dass aber die künstliche Bewässerung – die Versorgung der Pflanzen mit sauberem Wasser – eine ganze Reihe unerwarteter Probleme mit sich bringt, war allseitig eine böse Überraschung. Es wird immer offensichtlicher, dass die Schwachstellen der neuzeitlichen Bewässerungspraktiken in der Versalzung und der zunehmenden Konzentration von Schadstoffen im Wasser liegen. Weite Teile von normalerweise fruchtbarem Land drohen zu vernässen oder zu versalzen. Das Problem ist leicht zu erklären, aber ungleich schwerer zu beheben: Ohne eine sorgfältige Bodenpflege und vernünftige Wasserwirtschaft kommt es durch die modernen Bewässerungspraktiken beinahe zwangsläufig dazu, dass Wasser im Boden stehen bleibt, was eine verstärkte Bodenversalzung und damit eine Verschmutzung und Erschöpfung der Wasservorräte nach sich zieht. Werden diese Probleme nicht behoben, können sie letztlich zur Vernichtung ganzer Bodenflächen führen.

Wer schon einmal durch Nevada, Mittelasien oder die südlichen Savannen Afrikas gefahren ist, wird ohne weiteres eine Salzpfanne erkennen.

Nicht alle »Pfannen« sind salzig. Bei einigen handelt es sich um flache Bodenmulden, die sich bei einem Regenguss in kurzer Zeit mit Wasser und reichlich Grün füllen und die jahrhundertelang ein stabiles Gleichgewicht aufrechterhalten haben. Die Etoschapfanne im

Norden Namibias beispielsweise gehört heute zu einer der touristischen Hauptattraktionen des Landes. Die meiste Zeit im Jahr trocken, verwandelt sie sich für nur wenige Monate in ein grünes Paradies mit einer Reihe seichter Lagunen, die sich aus demselben Entwässerungssystem speisen wie die Okavangosümpfe im äußersten Osten des Landes. Eine reiche Vegetation erwacht mit einem Mal aus langem Schlaf zu neuem Leben; über die Pfanne breitet sich praktisch über Nacht eine grüne Pflanzendecke, die im Nu von einer unglaublich bunten Schar von Tieren und Vögeln mit Leben erfüllt wird.[4]

Eine echte Salzpfanne verwandelt sich dagegen nicht mehr in eine grüne Oase, sondern ist ein Ort, an dem der Boden so viel Salz enthält, dass dort rein gar nichts mehr je gedeihen wird. Die Prozesse, die Salzpfannen entstehen lassen, sind vollkommen natürlicher Art. Es sind genau die gleichen Prozesse, die heute Projekte zur künstlichen Bewässerung behindern. Die folgende Übersicht, die vom »US Salinity Laboratory« herausgegeben wurde, umreißt dieses Problem kurz:

> Die Nutzanwendung von Bewässerungswasser führt zu einer Zunahme der löslichen Bodensalze, als da wären Natrium, Kalzium, Magnesium, Kalium und Sulfate sowie Chloride, die aus geologischen Materialien, mit denen das Wasser in Berührung kommt, herausgelöst werden. Durch Evaporation und Transpiration von Bewässerungswasser (durch kapillaren Aufstieg) sammelt sich schließlich eine extrem hohe Salzmenge im Boden an, wenn nicht für eine entsprechende Auslaugung und geeignete Drainage gesorgt wird. Die hohe Bodenversalzung mindert die Erträge, da der Pflanzenstand niedrig bleibt – die Wachstumsrate ist gehemmt. Einige angesammelte Komponenten, wie etwa Bor, wirken auf die Pflanzen sogar unmittelbar toxisch. Überdies kann überschüssiges Natrium unter Bedingungen von niedrigem Bodensalzgehalt und insbesondere bei einem hohen pH-Wert das Zusammenfallen von Bodenaggregaten fördern, eine Quellung und Schrumpfung toniger Böden und eine Verschlechterung der Bodenstruktur, was ein Eindringen von Wasser und Wurzeln in den verdichteten Boden verhindert.

Da Wasser ein sehr wirksames Lösungsmittel ist, nimmt es auf seinem Weg ins Tal Salze und Mineralien aus dem Boden auf. Wo sich das Wasser in den Flusstälern in seichten Mulden sammelt, aus denen Salzpfannen entstehen, oder wo es auf bewässerte Flächen geleitet wird, sickert ein Teil des mitgeführten Salzes mit dem Wasser in den Boden, ein Teil bleibt an der Oberfläche und verdunstet.

Ist der Boden gut entwässert, kann das Sickerwasser in einen unterirdischen Grundwasserleiter rinnen, was relativ harmlos ist. Ist der Boden aber weniger gut entwässert, handelt es sich zum Beispiel um verdichtete Tonböden oder gibt es keinen natürlichen Abfluss, staut sich das Wasser und es kommt zu einer Bodenvernässung und -versalzung. Mit der Zeit gelangen hohe Salzkonzentrationen immer näher an die Oberfläche, wo sie die Wurzelzonen der Pflanzen erreichen. Eine Zeit lang versuchen die Pflanzen gegen das Salz anzukämpfen – einige sind dabei salzresistenter als andere, doch letztlich unterliegen selbst resistente Pflanzenarten und auch die letzte Vegetation stirbt ab.

Nicht alles Wasser versickert. Ein Großteil verdunstet in den beginnenden Salzpfannenformationen: Von 100 Kubikmetern Wasser gehen naturgemäß rund 75 mit der Verdunstung verloren. Bei entsprechenden Windbedingungen wird ein Teil der Salze vom Wind aufgenommen und durch Aerosole auch in die Atmosphäre hinausgetragen. Allerdings verbleiben neun Zehntel der Salze unter der bodennahen Oberfläche, und die Pfanne wird immer salzhaltiger. Schließlich treffen die Salze aus den Wurzelzonen irgendwann auf die Salze nahe unter der Oberfläche, verkrusten und der See endet als dauerhaft totes Gewässer.

In vielen Fällen sind diese toten Bodenzonen zu ariden Zonen geworden. Es strömt weniger Wasser ein als zuvor, was zum Teil auf die örtlichen Klimaveränderungen zurückzuführen ist, zum Teil aber auch daher kommt, dass der Boden durch die ausgedünnte Pflanzendecke einer verstärkten Hitzeeinstrahlung ausgesetzt ist.

Ein weiteres Problem ist die Akkumulation, eine andere Form der Salzkonzentration im Boden. Auch dieses Phänomen kommt in der Natur vor, selten aber in so erschreckendem Ausmaß. Flüsse fungieren als natürlich wirksame Mechanismen zur Durchspülung des Bodens, und die Salze, die sich darin ablagern, werden über kurz oder lang bis ins Meer mitgeführt. Tatsache ist, dass dort, wo das Grundwasser durch natürlich vorkommende Salzformationen fließt, das Wasser, das in die Flüsse gelangt, mitunter höhere Salzkonzentrationen aufweist. Ebenfalls eine Tatsache ist, dass das Wasser der Flüsse, die durch natürlich alkalische oder saline Böden fließen, immer salziger wird, je weiter es flussaufwärts gelangt. Allerdings sind die Konzentrationen für gewöhnlich nicht beunruhigend, und über die Weltzeitalter hinweg hat sich die heimische Flora und Fauna den Bedingungen angepasst, sodass viele Fischarten, die ihren Lebensraum in Mündungsgewässern haben, sogar auf eine bestimmte Salzkonzentration angewiesen sind.

Doch wo das Flusswasser vom Menschen zur Bewässerung genutzt wird, verändert sich das Verhältnis der Konzentration – und damit die Bodenbeschaffenheit an sich. Zu Bewässerungszwecken wird das Flusswasser entweder über Kanäle abgeleitet oder direkt über Pumpen gefördert. Bei dieser Art der Förderung geht allerdings eine Menge Wasser verloren. Nach aktuellen Durchschnittswerten erreichen rund 60 Prozent des für die Landwirtschaft abgezweigten Wassers nie die Ackerfelder. Sickerstellen in den Rohren, nicht abgedichtete Kanäle, Verdunstung aus offenen Speicherseen und Wasserrinnen sowie eine schlecht ausgerichtete Sprühberieselung verursachen einen enormen Wasserverlust. Ein Teil dieses Wassers gelangt zurück in Wasserläufe und Grundwasserleiter, ist insofern also nicht »verloren«. Verloren gegangen ist den Farmern damit nur unnötiges Geld. Ein Großteil des Wassers sickert in den Boden, nimmt auf seinem Weg einen Teil der bereits akkumulierten Bodensalze auf, wandert weiter und kehrt flussabwärts wieder in den Fluss zurück, wo es erneut zu Bewässerungszwecken entnommen wird, und der ganze Vorgang wiederholt sich. Wird der Fluss intensiv bewirtschaftet, passiert das Wasser erst mehrere Staubecken, ehe es schließlich ins Meer gelangt. In jeder Staustufe, in jedem Staubecken geht eine gewisse Menge Wasser durch Verdunstung verloren, bis zu zwei Meter im Jahr, hauptsächlich in Trockenklimaten, wo die Verdunstung zu einer immer stärkeren Versalzung führt. So kann es vorkommen, dass das Wasser aus einigen Flüssen dutzende

Male »verwendet« wird und in diesem Kreislauf von Stufe zu Stufe salziger wird. In weiten Teilen Spaniens etwa, wo der Boden nicht besonders alkalisch ist, kann der Salzgehalt der Flüsse von rund 400 bis 600 Teilen pro eine Million, an der Flussquelle auch weniger, bis zu ungefähr 1200 bis 2000 Teilen pro Million ansteigen, bevor das Wasser ins Meer mündet. Im amerikanischen Westen, wo die Böden vorwiegend mager sind und ein hohes natürliches Salzvorkommen aufweisen, ist die verstärkende Wirkung dieses Vorgangs noch größer, sodass die Salzkonzentrationen an der Flussmündung um bis zu zwanzigmal höher liegen können als an der Quelle.

Selbst im naturreinsten Wasser ist eine gewisse Menge an Salz vorhanden, für gewöhnlich 200 Teile pro eine Million; im Trinkwasser werden 500 Teile noch als unbedenklich eingestuft (zum Vergleich: Ozeane enthalten rund 35 000 Teile pro eine Million). Wie Sandra Postel aufzeigt, führen 10 000 Kubikmeter Bewässerungswasser pro Hektar dem Boden jährlich rund 5 Tonnen Salz zu.[5] Das Salz wird also im Ackerland und in Flussbecken »gespeichert«, anstatt ins Meer zu strömen. Das hat zur Folge, dass ertragreiches Ackerland verkrustet, öde und unfruchtbar wird.

Doch so weit muss es nicht kommen. Wo für eine gute Drainage gesorgt ist und wo der Boden nicht von Natur aus alkalisch ist, kann eine sorgfältige Bewässerungswirtschaft jahrhundertelang funktionieren, ohne dass der Boden Schaden nimmt. Wenn künstliche Bewässerung als zusätzliche Wasserergänzung und nicht als »Hauptnahrungsmittel« dient, wird der Boden kaum in Mitleidenschaft gezogen.

Hingegen kommt es dort, wo die Bewässerung intensiv ist, der Boden von Natur aus mager und eine Drainage entweder ungeeignet oder gar nicht vorhanden ist, zu schwer wiegenden Problemen. Ein Musterbeispiel hierfür ist der amerikanische Westen, wo man die Große Amerikanische Wüste zu einer der größten Kornkammern der Welt umgewandelt hat. Heute ist in einigen Gegenden im St. Joaquin Valley das Salz mit bloßem Auge deutlich zu erkennen, der Boden sieht aus, als hätte er Schuppen; nicht einmal mehr Unkraut wächst dort. Die Salze werden zu allem Überfluss auch mit dem Wind fortgetragen – der Aralsee lässt grüßen –, manchmal hunderte Kilometer weit, und exportieren somit das Problem in entfernt liegende Gegenden. Falls nicht drastische Maßnahmen ergriffen werden, und zwar sehr bald, werden an die 1 Million Hektar des produktivsten Ackerlandes der Welt unwiederbringlich verloren sein.

Was kann gegen Bodenversalzung getan werden? Effiziente Bewässerungspraktiken wären ein erster Lösungsansatz – die gezielte Anwendung solcher Methoden, wie sie schon damals mein Großvater intuitiv entwickelt hatte. So gelang es zum Beispiel den Israelis, die schon immer nach besseren Bewässerungstechniken geforscht hatten, die Effizienz der Bewässerungspraktiken um das Sechsfache zu steigern, indem sie unter Einsatz modernster Technologie die Anbauflächen völlig einebneten, um das Stehenbleiben von überschüssigem Wasser in Furchen zu vermeiden, oder auch indem sie das überschüssige Bewässerungswasser einer Feldfrucht für andere, salzresistentere Sorten wiederverwendeten. Israelische Wasserbauingenieuere haben das »Wasserkrisenmanagement« von Feldfrüchten zu einer hohen Kunst entwickelt – bewässert wird nur, wenn es absolut notwendig ist.

Ein anderer Lösungsansatz ist sehr kostspielig. Er besteht darin, leistungsstarke Entwässerungssysteme unter weite Teile der fruchtbaren Niederungen zu verlegen, die naturbedingt unter einer unzureichenden eigenen Entwässerung leiden. Diese Kanäle würden das ungenutzte Wasser zur Umkehrosmose in eine weiter flussabwärts gelegene Entsalzungsanlage leiten, wo es gründlich gereinigt würde, ehe es dann erneut in das Verteilungssystem ausgestoßen wird. Nach den meisten Schätzungen würden Entwässerungs- und Entsalzungsanlagen allerdings mehrere tausend Dollar mehr per Hektar kosten, als das Land im Grunde wert ist. (Das Gleiche gilt für andere, von Landwirtschaftsingenieuren vorgeschlagene Lösungen, wie chemische Filtration oder Detoxifikation durch genetisch veränderte Bodenmikroben.)

Das bekannteste Beispiel für einen derartigen Abzugskanal, der allerdings aufs Geratewohl verlegt wurde, ist der San-Luis-Drain. Er wurde gebaut, um überschüssiges Wasser aus dem »Westlands

Water Project« im St. Joaquin Valley nach … nun, nach *irgendwohin* zu leiten. Unglückseligerweise wurde aus dem »irgendwohin« ein »nirgendwohin«. Das Wasser wurde in einen künstlichen See, das Kesterson Reservoir, geführt. Eine Zeit lang schien das eine gute Lösung. Der Ort zog Millionen von Wildvögeln an, die auf ihren Zugrouten dort häufig zwischenlandeten und den See schließlich zum »Kesterson National Wildlife Refuge« machten. Das kam nicht zuletzt auch den Wasserbaubehörden zugute, da sie so einen Teil der durch die Entwässerungsanlage entstandenen Kosten abschreiben konnten. Doch etwa ein Jahrzehnt nachdem das Gebiet zum Naturschutzgebiet erklärt wurde, entdeckte man bei den Vögeln eine alarmierend hohe Rate von Todesfällen und grotesken Missbildungen. Umweltschützer und Farmer gerieten heftig in Streit darüber, ob möglicherweise der Einsatz von Pestiziden in Zusammenhang mit dem Vogelsterben stand. Biologen machten letztendlich überhöhte Selenwerte dafür verantwortlich. In kleinen Mengen ist Selen nicht giftig und findet sich auch als natürlicher Bodenbestandteil in Flussauen. Jedoch ließen künstliche Bewässerung und schlechte Drainage die Selenkonzentrationen unbemerkt bis zu einer tödlichen Dosis ansteigen.

Als mein Großvater starb, wurde die Farm an einen Viehbaron aus Transvaal verkauft. Dieser schloss sich mit der Agrarindustrie zusammen und hielt fortan große Rinderherden auf dem Ackerland, das für diese Zwecke kaum rentabel war. Nach zwanzig Jahren ging die Farm Pleite und wurde aufgegeben. Ich wollte den Ort meiner Kindheit noch einmal wieder sehen und reiste vor zehn Jahren dorthin – ich werde dies kein zweites Mal mehr tun. Das alte Farmhaus, wo ich einst mit meinem Oupa auf der offenen Veranda gesessen hatte und meinen Blick wandern ließ, den mit Gummibäumen gesäumten Pfad hinunter und noch weiter in die endlose Ferne, war nur noch eine Ruine. Die Viehstallungen waren verfallen. Der alte Wellblechtank war noch da, aber die Windmühle funktionierte nicht mehr. Und die Ackerfurchen, die das Wasser auf die Erdbeerbeete geleitet hatten, waren mit Erde zugeschüttet und mit ihnen war auch das kostbare Wasser verschwunden. Ich blinzelte hinunter, dorthin, wo das Beerenfeld einmal war, und für einen kurzen Moment dachte ich, ich könnte die frische feuchte Erde riechen und die reifen Erdbeeren vor Feuchtigkeit glitzern sehen. Nachdem ich eine Weile den wilden Tanz der kleinen Staubteilchen im Sturm über der verfallenen Scheune beobachtet hatte, drehte ich mich um und ging.

Kapitel 10

Schwindende Grundwasserreserven – ein Warnsignal: *Werden die natürlichen Quellen versiegen?*

Ein kleiner Wasserbeutel aus Segeltuch hängt im Führerhaus eines großen Trucks an einem Haken herunter, schwitzt in der Hitze, schwingt hin und her, während das Fahrzeug durch die Wüste schlingert und mit seiner Spurweite, die so breit ist wie ein Haus, auf kiesigem Gestein und im treibenden Sand nur mühsam vorwärts kommt. So weit das Auge reicht, sehen Fahrer und Beifahrer hoch oben im Führerhaus nichts als Sand und Gestrüpp und zwischendurch große Vertiefungen im Wüstenboden, wo Erdbewegungen ihre Spuren hinterlassen haben. Sand und Gestein weit und breit, so weit das Auge reicht, bis zum Horizont. Und hinter dem Horizont sieht es auch nicht anders aus – tausend Kilometer weit nichts als die »große Leere« dieser größten Wüste der Erde, der Sahara, die sich im Süden bis hinunter in den Tschad erstreckt und im Südwesten über Agadez im Niger bis zu den einst blühenden Handelsplätzen Gao und Timbuktu.

Der kleine Wasserbeutel fühlt sich kühl an, feucht. Ahmed, der Fahrer, wischt sich mit der Hand über die Stirn, hinterlässt dabei eine Schweißperlenspur. Der Beutel gibt ihm ein Gefühl der Sicherheit. Er fasst 5 Liter Trinkwasser. Das Wasser wird mit Fernlastern ins Land gebracht, aus Tripoli, hunderte Kilometer nördlich, doch es könnte genauso gut auch aus den Wüstenoasen Tazirbu, Sarir oder Al Kafrah kommen. Nahe Tazirbu gibt es direkt an der Straße einen kleinen Brunnen, der Durchreisenden seit Jahrhunderten wohl bekannt ist – Birbu Atla. Der Brunnen ist kaum mehr als einen Meter tief und sein klares Wasser dem durstigen Reisenden ein heilsamer Segen. Schaut man hinein, kann man das Wasser sprudeln sehen, es bildet kleine Luftblasen, die von ... ja von woher eigentlich aufsteigen? Das weiß niemand ganz genau, auch wenn darüber allerlei Geschichten kursieren. In alter Zeit brauchten die Kamelkarawanen achtzig Tage für eine Durchquerung, schleppten sich mühsam von Timbuktu nach Marrakesch über die Westroute, oder von Kairo nach Gao über die Ostroute, hangelten sich durch das spärliche Netzwerk von Oasen, von einer zur andern, immer an den Wasseradern entlang.

Ahmed war jetzt 60 Kilometer vor Birbu Atla. Er manövrierte sein Riesenvehikel hin und her – einen Laster mit einem mobilen Kran, der bis zu 200 metrische Tonnen heben kann –, bis es parallel zu einer Vertiefung im ockergelben Boden stand, die kerzengerade nach Norden verlief und irgendwo am Horizont verschwand. Hinten, auf seinem Rücken sozusagen – denn Ahmed betrachtete das Hebegerüst seines riesigen Schwertransporters als sein eigen Fleisch und Blut –, hatte er einen Teilabschnitt einer Wasserpipeline geladen. Er ließ die Pipeline sacht in den Graben ab, wo sie von einer weiteren Maschine, die eigens für diese Zwecke konstruiert war, mit einem kräftigen dumpfen Rums an die richtige Stelle geschoben wurde.

Der Pipeline-Abschnitt, den Ahmed verlegte, war sieben Meter lang und hatte einen Durchmesser von vier Metern. Ahmed kannte sich aus mit Wasserpipelines, wie alle hier, denn seit sie vor vier Jahren mit der Verlegung der ersten Rohre begannen, prägt die Pipeline ihren Lebensalltag. Auf der ganzen Welt gab es keine vergleichbare Pipeline. Diese hier war größer und zudem besser entwickelt, war nach den modernsten westlichen Fertigungstechniken hergestellt und wurde von den Vertragspartnern aus Südkorea vor Ort angepasst. Eine ganze Fabrik wurde eigens zur Herstellung dieser Wasserpipeline erbaut, die aus abwechselnden Schichten von Stahl und Beton gefertigt ist. Fügt man die einzelnen Abschnitte der Pipeline aneinander, gibt es keinerlei Sickerstellen mehr und kaum ein Ausschwitzen; sie fühlen sich nicht einmal klamm an. Das war auch Sinn und Zweck – würden sie doch etwas transportieren, das wichtiger war als sonst irgendetwas, sogar wichtiger als Öl. Diese Pipeline würde ein Zufluss zum »Großen Fluss von Menschenhand« sein, wie Oberst Gaddafi ein Projekt nannte, das über ein gigantisches Pipeline-Netz das Allerkostbarste leiten sollte, was dieses trockene Land besaß: Wasser.

Durch diese Pipeline soll Wasser von der südlibyschen Wüste zur besiedelten Mittelmeerküste geleitet werden. Damit gab die Sahara ihr letztes Geheimnis preis, eines, das sie zehntausend Jahre lang gut gehütet hatte: Unter dem Wüstenboden, tief unten, gab es Wasser – sehr viel Wasser.

Die Sahara ist die größte Wüste der Erde, gilt als die Apotheose der Trockenheit. Dennoch ist sie an oder nahe an der Oberfläche nicht völlig ohne Wasser. Mehrere große Flüsse entspringen außerhalb ihrer Grenzen, strömen hindurch oder verschwinden in der Wüste selbst, was sich in der einen oder anderen Weise auf die Bodenoberfläche und das Grundwasser auswirkt. Einige dieser Flüsse entspringen im tropischen Hochland ganz im Süden, wie zum Beispiel der Nil, der sich aus dem Hochland Ugandas und Äthiopiens herunterschlängelt und entlang der östlichen Wüstengrenze ins Mittelmeer fließt. Einige Flüsse münden in den Tschadsee, wie der Chari. Eigentlich entspringt der Niger im feuchten Hochland von Guinea, durchfließt aber noch das südliche Ende dieser »endlosen« Wüste, bevor er nach Süden biegt und ins Meer mündet. Im Norden strömen der Saoura und der Draa aus dem Atlasgebirge, wie zahlreiche andere Flüsse auch, darunter auch zeitweilig Wasser führende oder Wadis. Inmitten der Großen Wüste gibt es seichte überflutete Becken oder Mulden, die »Chotts« oder »Dayas« genannt werden und jahreszeitlich bedingt Wasser führen. Des Weiteren stößt man auch auf zahllose Wadis, von denen die meisten ein Überbleibsel der Wassersysteme aus längst vergangenen Zeiten sind, als die Sahara noch grün war, und von denen auch heute noch einige nach den seltenen Platzregen gelegentlich Wasser führen. So wurde 1922 beispielsweise die Stadt Tamanrasset in Algerien zum Schrecken der Bewohner und großen Entsetzen der Geographen durch eine Überschwemmungskatastrophe zerstört. Im Tibesti- oder im Ahaggar-Gebirge findet sich ein ganzes Netzwerk von Wadis und früheren Wasserbecken und selbst die großen Sanddünen der Wüste speichern Wasser, mitunter gar in beträchtlichen Mengen. Die Grundwasserleiter der Sahara wurden in der jüngeren Vergangenheit wieder aufgefüllt. Während einer Kälteperiode in Europa vom 16. bis zum 18. Jahrhundert gab es auch heftige Regenfälle entlang der südlichen und nördlichen Randzonen der Sahara und sehr wahrscheinlich auch in der Wüste selbst.[1]

In der Sahara finden sich immer wieder verblüffende Relikte aus alten Zeiten. So stieß ein Forscher tief in der algerischen Wüste nahe Tamanrasset auf eine Quelle, die in einen seichten, ein paar Meter langen Flusslauf führte, in dem zappelnde Kaulquappen und kleine Fische zu sehen waren. Auch der französische Akademiker Jacques Couëlle grub einmal in der Wüste nahe El Golèa, südlich des Westlichen Großen Erg, einen Brunnen. Dabei stießen er und sein Team in 44 Metern Tiefe auf Wasser, brackig und schaumig zwar, aber immerhin. Am nächsten Tag kehrten sie mit Eimern an die gleiche Stelle zurück und konnten sogar Fische herausholen, »vollkommen blind, mit nur einer Membran dort, wo eigentlich die Augen waren; sie hatten sich fortgepflanzt ... überlebten mehr als 10 000 Jahre ... es gab aberhunderte, ja abertausende davon ... wir kochten einige und sie schmeckten ganz ausgezeichnet.«[2]

In größeren Mengen wurde Wasser zum ersten Mal in den siebziger Jahren entdeckt, in der Region um Al Kufra in Libyen, weitab in der südöstlichen Spitze des Landes, wo es an Ägypten, den Sudan und Tschad grenzt. Es war ein Zufallstreffer – die Forscher suchten eigentlich nach Öl, nicht nach Wasser. Die weiten Ölfelder der Syrtika im Nordwesten des Landes würden zwar, so glaubte man, auch spätere Generationen versorgen können, doch war es kein Schaden, noch weitere Ölfelder zu erschließen. Die Forscher entdeckten in der Tat eine Quelle, doch was hervorsprudelte, war klares, sauberes Wasser – blaues Gold statt schwarzem Gold. Daraufhin bohrte man in der Region versuchsweise ein paar Brunnen an. Das Ergebnis war immer gleich: Unter der Wüste, in den Sandsteinhöhlen und unterirdischen Schluchten, gab es ein gigantisches Wasserbecken, das fortan als der »Nubische Grundwasserleiter« bezeichnet wurde.

Wenige Jahre später fand man noch mehr Wasser, dieses Mal im Westen des Landes, im Marzuq-Becken. Nach Aussagen von Geologen handelte es sich auch hier um einen riesigen Grundwasserleiter, der mit dem Nubischen Grundwasserleiter nicht in Beziehung zu stehen schien.

Der Zeitpunkt der Entdeckungen kam günstig. Libyen, das zu 93 Prozent aus Wüste besteht, litt unter großer Trockenheit. Das regenerierbare Wasservorkommen lag damals unter 200 Kubikmetern pro Person und Jahr; diese Menge ist ein Fünftel dessen, was die Vereinten Nationen als »angespannte Wasserlage« einstuften, und liegt unterhalb dessen, was sämtliche Hydrologen als »kritische Wasserlage« bezeichnen. Die Bevölkerung des Landes konzentriert sich in zwei Küstenregionen, in den Ebenen bei Gefara und um das nordöstlich gelegene Bengasi. Dazwischen, wo das Land dünn besiedelt ist, liegen die Ölfelder.

Aufgrund der wachsenden Bevölkerung und der wenigen Flüsse wurden die Grundwasserleiter für den Trinkwasserbedarf und für sanitäre Zwecke angezapft. Die Libyer haben freimütig zugegeben, ihre küstennahen Grundwasserleiter durch Überbeanspruchung ausgebeutet zu haben. Nach einer Untersuchung von Saad Al-Ghariani vom Institut für Wasserwissenschaften an der Al-Fateh-Universität in Tripoli haben die unmäßigen Förderquoten zu »einer Besorgnis erregenden Absenkung des Grundwasserspiegels geführt und Salzwasser in die Süßwasserreservoirs eindringen lassen, mit verheerenden Folgen für Umwelt und sozialökonomische Strukturen« – klare Worte für einen Mann der Bürokratie, ein offenes Eingeständnis, dass viele der küstennahen Brunnen salzig und unbrauchbar geworden sind. Neues Wasser war daher bitter nötig.

Woher aber nehmen? Es gab nur drei Möglichkeiten, und das war auch den Libyern bewusst: Entweder sie bauten die Meerwasserentsalzung entlang der Küsten radikal aus oder sie erschlossen neue ökonomische und landwirtschaftliche Gebiete tief in der Wüste, in

Regionen um die gerade erst entdeckten Grundwasserbecken, oder aber sie leiteten das Wasser der Wüste dorthin, wo sie es am meisten brauchten. Die letztgenannte Möglichkeit, so viel wussten sie, war nicht ganz unrealistisch: Hatten denn nicht schon die Amerikaner gigantische Wasserabzugsgräben gebaut, das »California State Water Project« beispielsweise, oder riesige Flussumleitungsprojekte realisiert, wie etwa am Colorado River? Natürlich widerstrebte es den Libyern zuzugeben, dass die Amerikaner damit etwas Nützliches geschaffen hatten, doch immerhin waren derlei Projekte brauchbare Vorreitermodelle. Und hatte nicht auch die Türkei ihren Nachbarn unlängst eine Friedens-Pipeline vorgeschlagen, die das Wasser des Euphrat bis in die Golfstaaten bringen würde und die auf dem Weg dorthin obendrein den Jordan auffüllen und die Wüsten im Irak, in Syrien, Jordanien und Saudi-Arabien mit Wasser versorgen würde? Doch die Abzugskanäle der Amerikaner und die von der Türkei geplante Pipeline unterschieden sich von der libyschen Idee in einem ganz entscheidenden Punkt: Beide Länder hatten ihre Vorhaben durch die Umleitung von Flüssen realisiert und keinen irreversiblen Raubbau an einem nicht erneuerbaren Grundwasserleiter betrieben. Doch die Not ließ Libyen keine andere Wahl.

Laien schien der »Große Fluss von Menschenhand« ein wahnwitziges Unterfangen, ein Projekt, das immense Summen verschlingen würde. Die Verwirklichung dieses weltweit umfangreichsten Bauvorhabens, die Kosten von 32 Milliarden US-Dollar, um das Wasser aus der Wüste an die Küste zu leiten und neue Nutzflächen zu erschließen – all das würde am Ende einem weiteren Bevölkerungswachstum sowie der Ansiedlung neuer Industrien förderlich sein, da der Zugang zu sauberem Wasser jederzeit gewährt sein würde. In Anbetracht der Tatsache, dass in dreißig, vierzig oder vielleicht auch fünfzig Jahren das Wasser unwiederbringlich versiegt sein würde, schien das ganze Vorhaben schlichtweg verrückt.

Doch gab es überhaupt eine andere Möglichkeit? Wo lagen echte Alternativen? Ein britisches Unternehmen, das mit der Durchführung einer Kostenanalyse beauftragt wurde, stellte zur eigenen Überraschung fest, dass der »Große Fluss von Menschenhand« die kostenrentabelste der drei Möglichkeiten war. Nach dem Gutachten würden sich die durchschnittlichen Kosten pro abgeleiteter Wassereinheit auf 25 Cent pro Kubikmeter belaufen. Nicht billig – aber damit noch unter den günstigsten Schätzwerten, die für die Meerwasserentsalzung taxiert wurden (3 bis 5 Dollar pro Kubikmeter). Die dritte Möglichkeit, die darin bestünde, Menschen und Industrien umzusiedeln, machte keinen Sinn – in der Wüste gibt es nirgendwo Seehäfen. Und wenn das Wasser versiegt, würden sie buchstäblich »auf dem Trockenen sitzen«.

Das allerdings galt auch für den »Großen Fluss von Menschenhand«.

Wie viel Wasser gibt es in Libyen? Geologen schätzen, dass es allein im Kufra-Becken rund eine halbe Million Kubikmeter nutzbares Wasser gibt. Ausgehend von einer Föderrate von rund 40 Milliarden Kubikmetern pro Jahr würde der örtliche Grundwasserspiegel jährlich um etwa 1 Meter fallen, das heißt, die Grundwasservorräte würden für mindestens 50 Jahre ausreichen. Dann allerdings wären sie für immer versiegt.

Nichtsdestotrotz betrachten die Libyer das Projekt als dauerhafte Lösung. Nach den Worten Al-Gharianis »hängt die Frage der Dauerhaftigkeit und Nachhaltigkeit in der Hauptsache von den Wasserproduktionskosten und einer durchdachten Wasserwirtschaft ab und weniger von den verfügbaren Wasservorräten, welche dem Vernehmen nach noch hunderte von Jahren erhalten bleiben, selbst bei fehlender natürlicher Wiederauffüllung der Grundwasserleiter. Die Nachhaltigkeit kann gewährleistet werden, sofern das abgeleitete Wasser dazu verwendet wird, die Binnenwirtschaft mit den nötigen Mitteln und der nötigen Leistungskraft zu versehen, um die Entwicklung alternativer Wasservorräte zu ermöglichen, die dann eingesetzt werden, sobald die Pumpförderung aus dem ›Großen Fluss von Menschenhand‹ unwirtschaftlich wird oder die Quellen gänzlich erschöpft sein werden.«

Um das Projekt überhaupt realisieren zu können, wandte sich Gaddafi nach Südkorea an einen der berüchtigten *chaebols* (Mischkonzerne und oft Familienunternehmen). Der Auftrag wurde dem

Unternehmen »Dong Ah Construction Industrial Company« erteilt, einem expandierenden Riesenkonglomerat mit den Bereichen Hoch- und Tiefbau, Tourismus, Transport- und Finanzwesen, das den Bau von Straßen, Atomkraftwerken, Hotels und zahlreicher anderer Projekte in Korea und im Ausland leitete. Vorsitzender des Konglomerats war Choi Won Suk, eine schillernde Figur, der in Korea wegen seines skrupellosen Geschäftsgebarens bei der Durchführung von Mammutprojekten allgemein als »Denkender Bulldozer« oder »Big Man« bekannt war. Der Unternehmensvorstand führte das Libyen-Projekt mit der ihm eigenen Geradlinigkeit durch und ließ sich nicht abschrecken von einem Korruptionsskandal, bei dem es um Zahlungsleistungen an Koreas berühmt-berüchtigten Präsidenten Roh Tae Woo ging. Auch Choi wurde der Bestechung für schuldig erklärt, doch wurde seine Verurteilung wieder aufgehoben. Er hatte lediglich das versucht, was damals alle koreanischen Geschäftsleute wollten – sich einen Platz am Trog sichern.

Nach einem Jahrzehnt hatte Choi den ersten Bauabschnitt des Projekts zu Baukosten von weniger als 4 Milliarden US-Dollar fertig gestellt – das war unter Budget und dem Planungszeitraum weit voraus. Der erste Bauabschnitt umfasste eine 1900 Kilometer lange Pipeline von 4 Metern Durchmesser, die ein Netzwerk von Wasserleitungen und Gräben zwischen zwei Bohrfeldern mit 234 neuen Bohrlöchern miteinander verband. Ein Fluss, in der Tat: Er konnte 2 Millionen Wasser am Tag befördern, und die Zuflussmenge aus jedem der beiden Bohrfelder lag bei rund 350 Millionen Kubikmeter Wasser pro Jahr.

Am anderen Ende des Landes, an der Küste, waren Ahmed und Kollegen eingeladen, der pompösen Einweihungszeremonie beizuwohnen und mitzuerleben, wie die ersten paar Liter Wasser aus der Pipeline in einen festlich geschmückten Tank liefen. Das libysche Fernsehen fing nur strahlende Gesichter ein – wirkungsvolle Propaganda.

Im zweiten Bauabschnitt sollte ein noch viel größeres Bohrfeld angelegt werden, um den Grundwasserleiter bei Marzuq im Westen des Landes anzuzapfen. Für dieses Feld waren 484 Bohrlöcher geplant sowie zwei Pipelines, um das Wasser nach Norden zu leiten.

Eine der beiden Pipelines würde nach Abschluss der Bauarbeiten jährlich 700 Millionen Kubikmeter Wasser in die Küstenregionen sowie auf das Ackerland von Gefara leiten, um dort in erster Linie das Wirtschaftswachstum zu fördern, aber auch um das ökologische Gleichgewicht und den Grundwasserspiegel wiederherzustellen und die Wasserqualität zu verbessern. Die zweite Pipeline sollte jährlich 175 Millionen Kubikmeter in die Kommunen entlang der nordwestlichen Gebirgskette befördern.

Dong Ah stellte beide Bauabschnitte erfolgreich fertig, rechtzeitig und im Rahmen des Budgets (6,4 Milliarden US-Dollar).

Bis zum endgültigen Abschluss des Projekts waren noch drei weitere Bauabschnitte geplant. Für Bauabschnitt drei war bereits ein weiteres Bohrfeld im Gebiet der Kufra-Oase entwickelt, das mit der Pipeline von Bauabschnitt eins verbunden werden sollte und die Gesamtwasserkapazität um jährlich weitere 560 Millionen Kubikmeter steigern sollte. Im Bauabschnitt vier sollten dann die östlichen Zweigrohre an die westlichen gekoppelt und somit weitere 350 Millionen Kubikmeter in die Gefara-Ebene geleitet werden. Im letzten, dem fünften Bauabschnitt, sollte das östliche Zweigrohr der Baustufe eins bis in die Stadt Tobruk verlängert werden.

Alle drei Wüstennachbarn Libyens äußerten ihren Unmut über das Vorhaben des Obersts. Die meisten Hydrologen gehen nämlich davon aus, dass die Förderung aus länderübergreifenden Grundwasserleitern angrenzenden Ländern das Wasser entzieht, falls die Erschließung in die vertikale Ebene ausgedehnt wird. Dafür gibt es allerdings noch keinen Beweis: Erst wenn sich die Grundwasserspiegel in Ägypten, im Tschad und in Algerien absenken und die dort befindlichen Grundwasserleiter tatsächlich erschöpft sind, hätte man einen Beweis dafür in der Hand, doch dann ist es zu spät. Bislang jedenfalls zeigen Förderungstests und Simulationsmodelle keinen lateralen Abfluss aus benachbarten Ländern. Laut offizieller libyscher Politik sind Grundwasserleiter »wie jede andere natürliche Rohstoffquelle, die sich vertikal erschließen lässt« zu betrachten, als da wären Öl oder Mineralien. Darüber hinaus hob Al-Ghariani in seinem Bericht hervor, dass beim gegenwärtigen Stand der internationalen Gesetzgebung kein Land feststellen kann, ob »wandernde

Ressourcen« wie Grundwasserleiter anderen Ländern, die die gleiche Ressource nutzen, tatsächlich schaden. Wenn dem so ist, meint er, »würde die Welt von geopolitischen Konflikten überhäuft, die sich aufgrund der künstlich herbeigeführten Verschmutzung unter Nachbarländern auftun, sei es infolge veränderter Strömungsmuster, geomorphologischer Veränderungen oder umherziehender Herden, Vögel oder Menschen.« Libyens Nachbar Algerien jedenfalls verfügt über seinen »eigenen« großen Grundwasserleiter unter der Sahara, direkt unter der Hochebene, die sich bis ins Hoggar-Gebirge erstreckt. Das Land wäre damit nicht von etwaigen negativen Auswirkungen des »Großen Flusses« betroffen.

Vor ein paar Jahren gerieten westliche Sicherheitsräte kurzzeitig in Panik: Sie konnten sich nicht von der Vorstellung lösen, dass Libyen seine Millionen nicht wirklich in die Pipeline investieren, sondern vielmehr zum Ausbau von Transportwegen für Militärtruppen nutzen würde. Doch wie bei so vielen »Intelligenzanalysen« war diese Überzeugung weder intelligent noch in sich schlüssig; denn weshalb Oberst Gaddafi überhaupt vorhaben sollte, eine ganze Armee in die tiefste Sahara zu hetzen, blieb sinnigerweise unerwähnt. Kurze Zeit später versetzte eine etwas schlüssigere Variante derselben Vorstellung die westliche Diplomatie in Aufregung: Bei einigen der unter der Oberfläche befindlichen »Wasserspeicher« entlang der Küste handele es sich nicht wirklich um Wasserverteilungsanlagen, sondern um verborgene, mit Hilfe des Irak errichtete Chemiewaffenfabriken. Paranoia hin oder her, das Wasser jedenfalls fließt mittlerweile. Und fragt man die Libyer, was sie zu tun gedenken, wenn das Wasser einmal versiegt ist, verweisen sie auf die Amerikaner: Diese, so betonen sie immer wieder, beuteten ihre eigenen Grundwasserleiter auf langfristig unhaltbare Weise seit Jahren aus; seit Jahren wüssten die Amerikaner, dass das Ogallala-System unter den High Plains gefährlich überbeansprucht wird. Was tun *die* denn, wenn *ihnen* selbst das Wasser ausgeht?

Um diese Frage sachlich exakt zu beantworten, muss etwas weiter ausgeholt werden.

Der Ogallala-Aquifer befindet sich in den Vereinigten Staaten unter der rund 580 000 Quadratkilometer großen Fläche der Great Plains. Das gewaltige System von Grundwasserleitern verläuft tief unten im Schiefer- und Kieselgestein, hauptsächlich unter dem Teil, der als die High Plains bekannt ist, und erstreckt sich vom westlichen Texas, Oklahoma und New Mexico im Süden über Kansas, Teile von Colorado und Nebraska und läuft in Süd-Dakota aus. Die Plains waren seit jeher ein Ort der extremen Bedingungen – bitterkalte Winter mit heftigen Schneestürmen und sengend heißen Sommern. Die High Plains gehören nicht zur Großen Amerikanischen Wüste und bestanden ursprünglich vorwiegend aus Weide- und Grasland, was eine landwirtschaftliche Bebauung schwierig und unsicher machte, zumal die Böden von Natur aus mager sind und Regen nur äußerst dürftig und unregelmäßig fällt.

Vor ungefähr 2000 Jahren begannen Waldindianer aus dem Norden nach Westen zu ziehen. Sie errichteten entlang des östlichen Saums der Plains etliche Siedlungen, lebten von der Bisonjagd und führten Pfeil und Bogen ein. Als Mitte des 16. Jahrhunderts unter Führung des spanischen Konquistadors Francisco Vasquez de Coronado die ersten Spanier in den Südwesten eindrangen, fanden sie weites Steppen- und Grasland vor, Heimat von Millionen von Bisons, Wölfen und Grizzlybären. Die großen Indianerkulturen der Great Plains und Prärien, der Cheyenne, Sioux, Comanchen und Apachen entwickelten sich erst, nachdem die Spanier im frühen 18. Jahrhundert aus dem südwestlichen Europa Pferde ins Land gebracht hatten. Die ersten weißen Siedler, die dauerhaft sesshaft wurden, führten die Viehzucht ein, und damit ging auch das indianische Nomadendasein allmählich zu Ende. Einige Jahrzehnte lang, als der Mythos vom romantischen Wilden Westen und dem einsamen Cowboy aufkam, gab es große Viehtransporte in Güterwaggons, die von Westtexas zu den Endbahnhöfen in Kansas rollten. Die ökologischen Auswirkungen der extensiven Viehwirtschaft waren jedoch nicht annähernd so romantisch: Überweidung, Bodenerschöpfung, Beginn der Desertifikation, gekennzeichnet durch Unmengen von Buffalogras und verdorrtem Büschelgras sowie durch anhaltende Dürre und Wassermangel. Viele Viehbarone mussten über kurz oder lang aufgeben, gingen nach Kalifornien oder wieder zurück in den Osten des Landes. Die Ranches wurden aufgelöst. Lediglich einige wenige Farmer blieben und harrten aus, entschlossen, standhaft und in bitterer Armut.

Jene Zeit endete mit dem Ersten Weltkrieg. Angezogen von ein paar regenreichen Sommern in Folge und dem wirtschaftlichen Aufschwung kamen viele wohlhabende Farmer wieder in die Gegend, und innerhalb weniger Jahre wurde aus den Plains ein großes Weizenmeer. Doch kurz darauf hatte sich das Blatt erneut gewendet:

The crop has failed again, the wind and sun,
Dried out the stubble first, then one by one
The strips of summerfallow, seared with heat,
Crunched, like old fallen leaves, our lovely wheat,
The garden is a dreary blighted waste,
The very air is gritty to my taste ...[3]

Die Ernte – wieder ausgeblieben
Wind und Sonne ließen alles vertrocknen
Stoppelfelder erst, dann Streifen der Sommerbrache
Hitzeversengt unser schöner Weizen, zermalmt wie alte abgefallene Blätter
Der Garten, eine trostlose, öde Fläche
Die Luft schmeckt sandig ...
(Klagelied der Farmersfrau Edna Jacques)

Die Farmer waren aus dem regenreichen Osten in die High Plains gekommen und mit ihnen Techniken und Verfahrensweisen, die für die Land- und Viehwirtschaft im Westen überaus untauglich waren, wie etwa der Trockenfeldbau auf Grenzertragsboden, der eine Zerstörung der Vegetationsdecke und der Windschilder zur Folge hat. Die Neuankömmlinge waren in Unkenntnis darüber, welche fatalen Auswirkungen Wind hat, wenn die Ackerkrume keinen Halt mehr im Sandboden findet.

In den dreißiger Jahren blieben die Regenfälle wieder ganz aus, was aber eigentlich den normalen Verhältnissen in dieser Region entsprach. Über Jahrhunderte hinweg hatte sich die Natur diesen Bedingungen angepasst – die Farmer schafften dies nicht. Da die Dürre weiter anhielt, begann die unbefestigte Ackerkrume wegzudriften. Sandige Verwehungen lagen über Straßen und Schienen, hüllten ganze Dörfer und Städte in Staub und Sand, der Sand war überall und verursachte ein gelbes mittägliches Zwielicht. Wege waren unpassierbar, ganze Sandwolken stoben dahin, türmten sich auf, zaunhoch, erstickten unter sich die wenigen noch übrigen Shelterbelts und Gärten. Am 12. Mai 1934 berichtete die *Associated Press* von dichten Sandwolken aus dem »Staubloch« der Great Plains in 10 000 Fuß Höhe über dem Atlantik. Hobbystatistiker begannen damit, auszurechnen, wie viel Ackerland allein durch diesen Sturm abgetragen worden war und kamen auf über 300 Millionen Tonnen.

Als die »Dirty Thirties«, die »schlimmen Dreißiger«, vorüber waren, gab es nur noch wenige Farmer, die in den Great Plains ausgeharrt hatten. Regen fiel weiterhin nur dürftig, Dürre und Wassermangel breiteten sich unaufhaltsam weiter aus. Die Farmer überlebten, da sie Brunnenbohrlöcher tief in den Boden einließen. Mit einer Windmühle konnte man einen Haushalt mit ein paar Stück Vieh und wenigen Hektar Land versorgen. Der »Great Plains Report« von 1936, ein ausführlicher Bericht zur Lage in dieser Region, machte die verfehlten Praktiken in der Bodenbearbeitung für die Katastrophe verantwortlich. Der Bericht empfahl nachdrücklich, die anfälligsten Gegenden von der weiteren Kultivierung auszunehmen und fortan als Weideflächen für Viehbestände zu nutzen, woraufhin das »Civilian Conservation Corps« zahlreiche Waldstreifen anlegen ließ und Millionen von Stauden und Sträuchern als Windschutz sowie zur Befestigung der Krume pflanzen ließ.

Mit der Erfindung der Zentrifugalpumpe konnte bald billige Energie aus texanischen Ölquellen und den Wasserkraftwerken am Hoover-Staudamm gewonnen werden. Mit einem Mal konnte man die alten Pumpen, die pro Minute nur wenige Liter Wasser gefördert hatten, durch neue Anlagen ersetzen, die in derselben Zeit tausende Liter förderten, und damit mühelos 50 Hektar Ackerland bewässerten. Es dauerte nicht lange, da bestätigten Hydrologen, was

Farmer längst vermutet hatten: Unterhalb der Prärien lag ein gewaltiger Grundwasserleiter etwa von der Größe eines der kleineren Großen Seen, der sich seit der letzten Eiszeit ununterbrochen ausgedehnt und sein kostbares Wasser ungestört angesammelt hatte.

Die ständige Sorge um den wirtschaftlichen Zusammenbruch waren die Farmer damit erst einmal los. Die Ernte würde nicht mehr ausbleiben – dafür würde die künstliche Bewässerung sorgen. Niemand verschwendete damals einen Gedanken daran, für wie lange das Wasser ausreichen würde. Eine »Traveller's Insurance«-Studie über die High Plains von 1958/59 kam zu dem Ergebnis, dass die Zukunftsaussichten für die Bewässerung günstig waren; mit keinem Wort wurde erwähnt, dass die Wasserförderung unweigerlich irgendwann am Ende sein würde. Die Zahlen sprechen für sich: Am Ende des Zweiten Weltkriegs gab es im ganzen Becken nur wenige tausend Hektar bewässertes Land; bis in die achtziger Jahre waren es mehr als 7 Millionen. Eine bundesstaatliche Untersuchung derselben Region, die mit großem Trara und einem Budget von mehreren Millionen Dollar in Auftrag gegeben worden war, wurde Mitte 1982 durchgeführt. Der Bericht äußerte sich zum ersten Mal kritisch in Bezug auf die bis dahin rosigen Aussichten für die zukünftige Bewässerung. Wie darin mitgeteilt wurde, gab es bis 1914 nur einhundert Bewässerungsbrunnen im westlichen Texas. 1937 waren es bereits über eintausend. Zu dem Zeitpunkt, als der Bericht erstellt wurde, gab es mehr als 74 000. Bei allem Verständnis für die Notwendigkeit, den Grundwasserleiter zu erschließen, geht der Bericht insbesondere auf das exzessive »Abzapfen« ein und hebt hervor, dass der Grundwasserleiter insgesamt »Besorgnis erregend überbeansprucht« wird. An die 14 Millionen Kubikmeter werden jährlich entnommen und nicht wieder angereichert – das entspricht der jährlichen Gesamtabflussmenge des Colorado in regenreichen Jahren.

Tucson in Arizona ist ein Musterbeispiel für die Grundwasserausbeutung. Noch bis vor kurzem deckte die Stadt ihren Bedarf gänzlich aus Grundwasserbrunnen. Als die Bohrtiefe von 150 Metern auf 450 Meter anstieg, wurde der Stadt vom »Arizona Water Management Act« auferlegt, bis zum Jahr 2025 die Förderrate auf null zu senken – eine eindeutig nicht zu bewältigende Auflage, da das verfügbare Wasser zur Neige geht und die Bevölkerung weiter anwächst. Zum Teil wird die Stadt über das »Central Arizona Project« mit Wasser aus dem Colorado River versorgt, doch wird dadurch der hohe Förderbedarf nicht ausgeglichen. Bleibt der Stadt noch die Möglichkeit, Wasser von den Farmern aus dem Umland zu beziehen, und so setzen die Stadtverwalter alles daran, Ackerland und die dazugehörigen Wasserrechte aufzukaufen. Durch diese Lösung geht zwar ein Großteil fruchtbaren Ackerlands für die Produktion verloren, doch haben sich die meisten Bewohner Arizonas bislang gegen die letzte verbleibende Alternative aufgelehnt, nämlich den Bedarf einzuschränken. Ein frischer grüner Rasen und ein sauber gewaschenes Auto gelten als natürliche heilige Rechte, und dass dies auch für alle Zukunft so bleibt, dafür wird auch noch der letzte Farmer kämpfen. Nichtsdestotrotz gibt es viel versprechende Initiativen. Arizona hat 1980 damit begonnen, die Grundwasserförderraten zu kontrollieren. Seit 1989 gibt es in Tucson eine Wasserpolizei. Im selben Jahr wurde der Einsatz von Wasser sparenden Anlagen etwa im sanitären Bereich vorgeschrieben. Diese Maßnahmen haben sich bereits ausgezahlt – der Pro-Kopf-Verbrauch in Tucson gehört mit ungefähr 375 Litern am Tag derzeit zu den niedrigsten in den USA. Doch sind die Einsparungen noch immer zu gering, Nachfrage und Bedarf noch immer zu hoch.

Die Frage, wann der Ogallala-Aquifer versiegt sein wird, ist offen. Nach den Prognosen des Untersuchungsberichts von 1982, der die Wahrscheinlichkeit einer Katastrophe zähneknirschend eingeräumt hat, wird dies nicht vor 2020 der Fall sein, und das schien seinerzeit ja noch eine ganze Weile hin zu sein. Neuere Studien hingegen halten diese Prognose für zu optimistisch. Die Antwort auf die Frage nach dem »wann« gestaltet sich aufgrund der geologischen und geopolitischen Verhältnisse kompliziert. Der Grundwasserleiter ist nicht einheitlich massig, und auch die möglichen Fördertiefen variieren. Hinzu kommt, dass der Aquifer zu weit verzweigt und zu zerklüftet ist, als dass er sich so verhalten würde wie ein zusammenhängendes Wasserbecken. Das Ausmaß der Krise ist von Staat zu

Staat, ja sogar in einzelnen Gebieten innerhalb der Bundesstaaten, sehr unterschiedlich: Texas etwa hat bereits fast 1 Million Hektar Land von der Bewässerung ausgenommen, ein Drittel seiner bewässerten Gesamtfläche; vereinzelt herrscht deswegen schon Panikstimmung.

Nebraska hingegen, am nördlichen Ausläufer des Aquifers, hat eine günstige Wiederauffüllungsrate und ist daher kaum beunruhigt. Das unterschiedliche Ausmaß der Krise beeinflusst auch die Lokalpolitik der einzelnen Staaten. Die Kongressabgeordneten aus dieser Region wollen die Brisanz des Themas stärker in das nationale Bewusstsein bringen, die Wasserkontrolle aber in den Händen der örtlichen Behörden belassen; die Ortsansässigen selbst wollen flexibel auf lokale Veränderungen des Grundwasserspiegels reagieren können und befürworten ganz allgemein, die Beschränkungen bei der künstlichen Bewässerung beizubehalten.

Eine seit 1992 anhaltende Serie von Trockenperioden, die nur durch das Phänomen El Niño 1998 unterbrochen wurde, hat die Entleerungsrate des Grundwasserträgers noch beschleunigt. Während der achtziger Jahre bis ins Jahr 1991 war der Grundwasserspiegel um durchschnittlich 15 Zentimeter pro Jahr gefallen, in den folgenden Jahren sogar um noch mehr. 1994 waren es 60 Zentimeter und 1995 fast 1 Meter. Der verantwortliche Wasserwirtschafter des »Ogallala Underground Water Conservation District«, Wayne Wyatt, beurteilt die Lage pessimistisch. »Durch die Trockenheit nimmt die künstliche Bewässerung zu und die natürliche Wiederauffüllung der Grundwasserleiter ab«, hebt Wyatt hervor und sagt weiter: »Die Lage ist ziemlich ernst. Wann genau der Grundwasserträger versiegt sein wird, bleibt ungewiss, doch wird der augenblickliche Regenmangel den Tag sehr viel schneller herbeiführen.«

Es gibt aber noch ein weiteres Problem. Ein Großteil der Farmer hat bereits die nach der Großen Depression angelegten Shelterbelts abgeholzt – sie waren den mobilen Sprinkleranlagen im Weg – und ist erneut zum Trockenfeldbau der Grenzertragsböden übergegangen, ein altes Rezept, das bereits heute den Grundstein zu einem weiteren Staubloch legt, sollte das Wasser eines Tages versiegen.

Die wasserpolitische Verschwendungssucht, um nicht zu sagen:

die maßlose Dummheit der Ogallala-Staaten und ihrer Landwirtschaftspolitik, kann eigentlich nur aus der Erinnerung an die dreißiger Jahre erklärt werden, an die Große Depression und das Staubloch; Umstände, die auf die eine oder andere Weise für die Wanderungen der »Okies« (landwirtschaftliche Wanderarbeiter, ursprünglich aus Oklahoma; Anm. d. Übers.) an die Küste mit von Bedeutung gewesen waren. Durch besonnenes Haushalten und eine streng befolgte Wassersparpolitik hätte man die Reserven des Grundwasserleiters für einige hundert Jahre erhalten können. Zugegeben, die Anbauflächen in den einzelnen Staaten wären dann zwar kleiner und auch die Ernten weniger reich, doch wäre eine stabile, halbwegs ertragreiche Landwirtschaft allemal möglich gewesen. Es waren also die dreißiger Jahre – und die nachfolgende, nie versiegende Quelle von Subventionsmitteln –, die die Farmer gegen die unvermeidlichen Folgen blind machten.

Wenn es nicht zu einem Kollaps von unvorstellbarem Ausmaß kommen soll – wenn also 300 000 Menschen nicht in große Not geraten sollen und wenn die bedeutende Industrie Amerikas nicht im Moder der Geschichte enden soll –, so muss sehr bald etwas unternommen werden.

Ein Bericht von 1989 mit dem Titel *Forecasting by Analogy: Societal Responses to Regional Climatic Change* (»Vorhersage durch Analogie: Gesellschaftliche Reaktionen auf den regionalen Klimawandel«), herausgegeben von Michael Glantz, wählt diskrete Worte: »Die als Reaktion auf die Entleerung des Grundwasserträgers entwickelten landwirtschaftspolitischen Maßnahmen, die technisch und wirtschaftlich machbar wären, müssen auch politisch und sozial akzeptabel sein. Die groß angelegten Wasserumleitungsprojekte beispielsweise, die Wasser aus den Great Lakes oder einigen anderen Flussbecken in die Region leiten, sind vielleicht ausgereifte technische Projekte, doch stoßen sie auf großen sozialen und politischen Widerstand.« Wahrlich milde Worte.

Sechs Bundesstaaten und zwölf Städte sind von diesem Aquifer abhängig, von einer Quelle, die irgendwann versiegen wird. Und woher soll das Wasser dann kommen? Antwort: Aus dem Colorado und seinen Zuflüssen – das ist schon heute beschlossene Sache. Es gab auch die Überlegung, »überschüssiges« Wasser vom Golfgebiet des Mississippi irgendwie über eine Höhe von eintausend Metern und eine Strecke von 1500 Kilometern in die High Plains zu befördern. Diese Überlegung war sogar schon so weit gediehen, dass die Texaner in einem Referendum darüber entscheiden sollten. Diese verrückte Idee hätte die Wasser des Mississippi über vier große Flüsse und 150 kleinere hinweg geleitet, wobei die Energie, die zur Beförderung über die erforderliche Wegstrecke benötigt worden wäre, die gesamte Leistung zwölf mittelgroßer Atomkraftwerke aufgebraucht hätte. Alles in allem glaubt heute jedoch niemand mehr daran, dass die Milliardensummen, die dieses Vorhaben verschlungen hätte, nur um eine halbe Million Farmer und einige kleinere Städte zu retten, politisch oder gar ökonomisch sinnvoll gewesen wäre, was die Wasserbauer allerdings nicht davon abhielt, mit einem noch viel tollkühneren Plan aufzuwarten: Die Fließrichtung der kanadischen Flüsse, die ins Polarmeer münden, sollte nach Süden hin in die Great Lakes umgelenkt werden – was im Wesentlichen einer Neukonstruktion des ganzen nordamerikanischen Kontinents gleichgekommen wäre. Aber auch dieses Vorhaben hält wohl niemand mehr für realistisch. Vielleicht ließen sich die Kanadier ja erweichen und würden dem Vorhaben stattgeben – was aber auch fraglich ist –, und wenn, wer würde die Milliardenkosten übernehmen, und wem würde ein solches Projekt überhaupt nützen?[4]

Dass das Wasser des Ogallala-Aquifers irgendwann versiegen wird, steht fest. Die einzig sinnvollen Gegenstrategien sind strenge Maßnahmen zur Erhaltung der Wasserreserven sowie die weit gehende Aufgabe der Landwirtschaft in allen sechs Staaten.

Das Problem jedoch besteht darin, dass ein landwirtschaftliches Aus in dieser Region nicht nur einige wenige Farmer betreffen würde, auch nicht nur einige wenige Staaten. Die künstliche Bewässerung hat dieses einst zweitklassige Ackerland nämlich erst zu einer der großen Kornkammern der Welt gemacht – die Ogallala-Staaten erwirtschaften einen wesentlichen Anteil des amerikanischen Exportweizens und fast die Hälfte des amerikanischen Rindfleischs. Sollte China, wie derzeit in weiten Kreisen erwartet wird, infolge seiner Wasserkrise zum Getreideankauf auf den Weltmarkt drängen, und sollte die dadurch gesteigerte Nachfrage zu einem Zeitpunkt erfolgen, da der Ogallala-Aquifer entweder erschöpft ist oder die Pumpförderung zu kostspielig, so könnte das eine weltweite Nahrungsmittelkrise auslösen. Kein anderes Land der Welt – weder Argentinien noch Kanada oder Australien – wäre in der Lage, dieses Defizit durch eine Produktionssteigerung auszugleichen. Gewiss, die Zukunft steht in den Sternen und Vorhersagen sind ein tollkühnes Spiel, doch lässt sich unschwer erkennen, dass ein solches Szenario jederzeit eine Katastrophe nach sich ziehen könnte. Das, was die schwerste Krise um das blaue Gold ausmacht, sind die unabsehbaren Folgen – für die Politik, die Umwelt und vor allem für die Menschen.

Raubbau an Wasservorräten wird nicht nur in den USA und Libyen betrieben.

Saudi-Arabien ist nicht nur ein Land mit Halbwüsten, wie man sie etwa im amerikanischen Westen oder in Südafrika findet. Die Rub el Khali (Große Arabische Wüste), das so genannte »Empty Quarter« (das »Leere Viertel«) ist eine »richtige« Wüste – 640 000 Quadratkilometer mit bis zu 240 Meter hohen und steilen Dünen und Sommertemperaturen von weit über 40 °C. Dennoch exportiert Saudi-Arabien – wie auch der Oman im Osten am Persischen Golf – vorwiegend Weizen und Obst.

Entlang der Peripherie der arabischen Halbinsel, insbesondere in näherer Umgebung der alten Hauptstädte im Königreich Jemen im Süden, gibt es etwas Oberflächenwasser sowie ein paar Flüsse. Selbst der Oman, wo die Regierung eigens westliche Bauingenieure zur Restauration eines alten Qanatsystems (*falaj*, wie man dort dazu sagt) eingestellt hat, das das Wasser aus einem unterirdischen Aquifer entnimmt, deckt den Großteil seines Wasserbedarfs mit Grundwasser aus tief liegenden Schichten.

Die Beduinen tief in der Wüste des Landes brauchten nur wenig Wasser, gerade so viel, wie die Oasen hergaben, auf die sie gelegentlich trafen. Sie lebten von Tierhaltung und etwas Landwirtschaft sowie vom Kriegertum. Als die Nomaden in den Städten sesshaft wurden, entwickelten sie sich zu wahren Meistern in Sachen

Wassererhaltung. Einige ihrer ausgeklügelten Wassersammel- und Verteilungssysteme sind noch heute in vielen jemenitischen Städten zu sehen, doch das eindrucksvollste Werk ist weiter nördlich, in der jordanischen Felsenstadt Petra, zu bewundern. Dort hatte man einst das Wasser in Auffangbecken, die aus dem Muttergestein herausgehauen waren, gesammelt und über ein weit verzweigtes System von steinernen Wasserkanälen verteilt.

Das moderne Wüstenkönigreich jedoch, das im Geld aus der Ölförderung schwimmt, entschied Mitte der siebziger Jahre, die Selbstversorgung mit Nahrungsmitteln voranzutreiben. Der Staat steckte enorme Subventionen in das Vorhaben und der Erfolg ließ nicht lange auf sich warten: Bis zum Jahr 1982 hatte sich die Nahrungsmittelproduktion verdoppelt, im darauf folgenden Jahrzehnt gar vervierfacht und um die Mitte der neunziger Jahre exportierten die Saudis Datteln, Milchprodukte, Eier, Fisch, Geflügel, Gemüse, Obst und Blumen im Wert von einer halben Milliarde Dollar. Der dramatischste Wandel jedoch, der sich vollzog, und zugleich der unvorstellbarste, war der Aufstieg des Landes zu einem der größten Weizenexporteure der Welt. Dabei wurden erst 1978 die ersten Getreidesilos gebaut; bereits sechs Jahre später wurde das Land zum Selbstversorger und exportierte 1992 rund 4,2 Millionen Tonnen Weizen.

In Jizan im Südwesten (der am besten bewässerte Ort des Landes) werden in einer Versuchsanlage Wassermelonen, Ananas, Papayas, Bananen und Mangos produziert. Fast alles wird mit Wasser aus fossilen Grundwasserleitern gespeist, in bisher nie da gewesenem Ausmaß und mit Förderraten in Schwindel erregender Höhe. Die Wassernachfrage steigt unaufhörlich: Derzeit werden jährlich 1,5 Milliarden Kubikmeter gefördert, eine Rate, die im Laufe der nächsten Jahre um noch einmal eine halbe Milliarde erhöht werden soll.

Das wenige vorhandene Oberflächenwasser, zumeist aus den jahreszeitlichen Überschwemmungen, wird bis auf den letzten Tropfen aufgespeichert. Es gibt inzwischen über 200 Staugewässer mit einer zusätzlichen Speicherkapazität von über einer halben Milliarde Kubikmetern. Saudi-Arabien verfügt über die weltweit größte Entsalzungskapazität; nach Zahlenangaben der saudi-arabischen Regierung wird das Volumen bis zur Jahrhundertwende bei bis zu 2,5 Milliarden Litern am Tag liegen, mehr als genug, um den Trinkwasserbedarf des Landes zu decken.

Die fossilen Grundwasserleiter, aus denen das Land fast seinen gesamten Wasserbedarf deckt, befinden sich in tiefen Gesteinsschichten, 300 bis 500 Meter unter der Erde. Die tausende Brunnen, die mittlerweile in das Sedimentgestein gebohrt wurden, zeigen keine Anzeichen von etwaiger Wassererschöpfung. Bisher wurden im Jahr durchschnittlich 5 Milliarden Kubikmeter gefördert, und bei dieser Rate werden die Wasservorräte in nicht einmal 50 Jahren restlos erschöpft sein. Die Saudis sind sich dieser Gefahr durchaus bewusst und forschen intensiv auf dem Gebiet der Entsalzung. Mit Entsalzungsanlagen ließe sich notfalls das Wasser aus der Landwirtschaft wieder zurück in die Städte bringen, und Nahrungsmittel könnten wie früher auch wieder importiert werden.

Im steinigen Tafelland von La Mancha in Spanien führt eine der Hauptstraßen nach Süden über eine gewaltige Brücke, die sich quer über einen Fluss ohne Wasser spannt. Das ist nicht weiter erstaunlich: In Trockengebieten führen Wadis und Flüsse für gewöhnlich nur sehr selten Wasser und in Trockenzeiten sind nicht einmal Pfützen übrig. Wenige Kilometer weiter führt die Straße über einen zweiten Fluss, der ebenso trocken ist wie der erste, früher allerdings Wasser führte.

Dort, wo einmal Wasser floss, staksen heute nur ein paar Ziegen mit ihrem typisch steifbeinigen Gang über Steine und Sand; zum Fressen finden sie hier nicht viel, außer ein bisschen Gestrüpp. Zu beiden Seiten der Straße erstreckt sich das Land kilometerweit, öde und verlassen mit toten Bäumen, die, von der Sonne gebleicht, aussehen wie Fischgerippe. Der spanische Hydrologe M.R. Llamas zeigte auf die Bäume: »Siehst du die Bäume?«, fragte er. »Sie verraten, warum der Ort hier anders ist.«

»Wie anders?«

»Dieser Ort hier ist trocken, aber nicht natürlich arid«, erwiderte er. »Die Aridität wurde vom Menschen herbeigeführt. Vor dreißig Jahren gab es hier noch Quellen, einen Wald und Gehöfte. Der

Wald ist heute verschwunden. Seine Entstehung hat vielleicht zehntausend Jahre gedauert und jetzt ist er einfach weg. Auch der Fluss von früher ist nicht mehr da.«

»Was ist passiert?«

Er zog ein Bild aus der Tasche, das das Land zeigte, wie es früher einmal ausgesehen hatte, damals vor über zwanzig Jahren, als er zum ersten Mal hier gewesen war. Bäume im Hintergrund, Felder, ein Gutshof und etwas, das aussah wie ein Speichersee. »Rund 100 000 Hektar wurden hier beackert. Und bewässert. Das Wasser kam aus den Quellen, die unerschöpflich schienen. Mit einem Mal, ohne Vorwarnung, begann sich der Grundwasserspiegel zu senken – ein, zwei Meter im Jahr, bis die Quellen versiegt waren. Das war das Ende der Bewässerung und das Ende der Landwirtschaft.« Er schüttelte den Kopf. »Hauptsache, Wasser jetzt und heute, kein Gedanke wird an morgen verschwendet.«

Doch er will nicht alle Hoffnung begraben. Die Spanier sind ein sehr zähes, zielstrebiges Volk und so kamen Bauern und Regierungsvertreter zusammen um gemeinsam zu beraten. Die Landwirte hatten eine bittere Lektion in Sachen »dauerhafte Wassernutzung« erteilt bekommen und wollten nun alles daransetzen, den Schaden wieder gutzumachen, falls es dazu nicht schon zu spät war. Hydrologen zeigten Diagramme, erklärten den Wasserkreislauf, machten klar, woher das Wasser kam, wo es hinging, und erläuterten den Wert der Wälder für die Wasserrückhaltung im Boden. »›Kann das behoben werden?‹, wollten die Bauern wissen. Und wir antworteten: ›Wissen wir nicht.‹ Daraufhin meinten sie: ›Gut, warum probieren wir's nicht einfach?‹ Und da sind wir gerade dabei.«

Die Spanier sind in großer Sorge wegen der voranschreitenden Desertifikation, die ihre Ursache in der exzessiven Wasserentnahme, der zunehmenden Erosion und der ausgedünnten Pflanzendecke hat. Spanien startete deshalb ein Pilotprojekt: Die Grundwasserträger unter den ehemaligen Feuchtgebieten werden langsam künstlich wieder aufgefüllt; und die Farmer pflanzen Bäume, anstatt den Boden zu pflügen. Wird das funktionieren?

»Diese ganzen Systeme sind zwar kompliziert«, erläuterte Llamas, »aber es dürfte funktionieren, ja doch. Man wird viel Zeit und

Geduld brauchen und die feste Absicht, das Land nicht überzustrapazieren, aber es gibt bestimmt keinen Grund, warum wir es nicht schaffen sollten. Ja doch, es wird wieder Landwirtschaft geben.«

Weitere Beispiele: Indonesien hat seine unterirdischen Grundwasserleiter derart ausgebeutet, dass Meerwasser bis zu 15 Kilometer weit in das Land eindringen konnte; auch wenn das Land kein Geld hat, soll das benötigte Wasser über Pipelines zu Kosten von mehr als einer Milliarde Dollar in die Städte geleitet werden. In Mexiko City hat die Ausbeutung der Grundwasserleiter dazu geführt, dass sich die Bodenleitschichten verdichteten und das Land infolgedessen um drastische 4 Meter abgesunken ist; Mexiko sah sich gezwungen, andere Versorgungsquellen zu erschließen, und deckt heute seinen Bedarf aus einem Flusssystem, das 250 Kilometer entfernt und mehrere hundert Meter tiefer als die Stadt liegt. Da dieses Wasser auf dem Weg in die Stadt hochgepumpt werden muss, wurde eine sehr teure neue Pipeline gebaut. In Großbritannien wurden die Kreidehöhlen unter den Home Counties entleert, sodass die Region von einem Absinken des Landes ernsthaft bedroht ist; einen Teilerfolg errangen Wasserbauingenieure mit dem Versuch, die Grundwasserleiter mit dem Wasser aus Flüssen, darunter auch der Themse, künstlich wieder aufzufüllen, nachdem es von zahllosen unerwünschten Fremdstoffen gründlich gesäubert worden war. Erst neulich stieß ich auf eine verzweifelte Anfrage im Internet. Sie kam aus der Kleinstadt Dubbo in New South Wales in Australien und lautete: »Hallo, liebe Leser! Ich arbeite in der Kommunalverwaltung in Dubbo. Wie viele andere Orte haben auch wir Probleme mit der Erschöpfung unseres Grundwasserleiters. Dubbo ist eine ländliche Kleinstadt im Westen von New South Wales mit rund 38 000 Einwohnern. Mit zunehmender Urbanisierung und jedermanns Anspruch auf grünen Rasen und Grünanlagen stehen wir gewaltigen Problemen gegenüber ... Vielleicht sollte ich noch erwähnen, dass die Sommertemperaturen in Dubbo häufig über der 45 °C-Marke liegen. Daher meine Frage: Wer da draußen kann ein Wiederauffüllungsprogramm für Grundwasserleiter durchführen? Und wie geht man dabei vor????« (In typischer Internet-Manier standen vier Fragezeichen dahinter, um so auf eine schnelle Antwort zu drängen.) Es kam tatsächlich bald eine Antwort. Im Plauderton antwortete ein Mitarbeiter der amerikanischen Zeitschrift *Geological Survey*: »Hi Mark, sieht aus, als hättet ihr da wirklich ein Problem ...« Bruce, so hieß der Mensch, fügte im Anhang Folgendes hinzu: »Was die künstliche Wiederauffüllung anbelangt, so hat die ›American Society of Civil Engineers‹ soeben ein Protokoll der letzten internationalen Konferenz über ›Künstliche Wiederauffüllung von Grundwasserreserven« herausgebracht.‹ Darunter stand die Telefonnummer der Marketingabteilung der Bauingenieure. »Falls du noch Fragen hast, lass es mich wissen«, schrieb Bruce.

Man sollte die Erfindungsgabe der Menschen nie unterschätzen. Ganz ohne Alternativen sind die Bauingenieure offenbar nicht.

Kapitel 11

Flusskorrekturen und Sanierungsmaßnahmen an Rhein und Donau

Auswirkungen und Probleme

Im Bundesland Nordrhein-Westfalen, in einer der am dichtesten besiedelten Industrieregionen im Herzland Europas, hatte man 1990 in der Sieg, einem kleinen Nebenfluss an der gegenüberliegenden Rheinseite von Bonn, einen Fisch gefangen. Wie sich herausstellte, war der Fisch zum Verzehr nicht geeignet. Laboranalysen wiesen Spuren von Quecksilber und Kadmium nach, die über den von der Europäischen Kommission festgelegten Richtwerten für Toxizität bei zum Verzehr bestimmten Nahrungsmitteln lagen. Das war nicht weiter erstaunlich, und eigentlich kam auch niemand auf die Idee, den Fisch aus der Sieg tatsächlich zu verspeisen. Aber die Nachricht hatte immerhin auch etwas Gutes: Es handelte sich bei dem Fang nämlich um einen ausgewachsenen atlantischen Seelachs, eine Art, die es im Flusssystem des Rheins seit 1958 nicht mehr gegeben hatte, seit jenem Jahr, in dem das angesammelte Gift schließlich das gesamte Ökosystem zum Kippen gebracht hatte und damit im Grunde die Bezeichnung des Flusses als der berühmtesten Kloake der Welt nur bestätigte.

Und nun hatte ein einziger Fisch die lange Wanderung von der Nordsee in die Industrieregion im Binnenland geschafft! Das war wirklich eine sehr gute Nachricht.

Fast 500 Kilometer weiter stromaufwärts von der Stelle, wo die Sieg in den Rhein mündet, war nur vier Jahre zuvor, am 31. Oktober 1986, in einem elektrischen Schaltkasten eines Warenlagers am Flussufer in Basel in der Schweiz ein Feuer ausgebrochen. Ein mechanisches System hatte versagt. Und da entflammbares Material in der Nähe gelagert war, breitete sich das Feuer rasend schnell aus, erfasste ein paar Lagerräume und griff schließlich auf das Hauptwarenlager über. Die Hitze war so groß, dass Stahltrommeln, die an einer Wand aufeinander geschichtet waren, anfingen Blasen zu schlagen, bis sie irgendwann platzten.

Als die Baseler Feuerwehr am Warenlager des Schweizer Chemieriesen »Sandoz« eintraf, konnte sie nur noch wenig gegen das Feuer selbst unternehmen. Nachdem sie vom Unternehmenseigner über den Lagerbestand informiert worden waren, rückten die Feuerwehrmänner ab, streiften ihre Gasmasken über und arbeiteten fieberhaft daran, einen Auffangwall zu errichten, der den Abfluss vor dem Einströmen in den Rhein aufhalten sollte. Zu niedrig, zu spät: Der Auffangwall brach und über 30 Tonnen Gift ergossen sich in den Rhein, ein gefährliches Gebräu aus Herbiziden, Fungiziden, Pestiziden, Färbemitteln, Schwermetallen sowie 2 Tonnen Quecksilber gelangten in das Wasser.

Wenige Stunden später hatte die Giftbrühe Deutschland erreicht. Bertram Müller, Hydrologe und Mitarbeiter der 1950 von den Anrainerstaaten gegründeten »Internationalen Kommission zum Schutze des Rheins« (IKSR), sah die Giftwelle vorbeitreiben: »Der Fluss wurde rot. Nur für eine kleine Weile. Die Färbemittel, nehme ich an. Ansonsten sah er aus wie immer. Es war der Rhein, so, wie ich ihn kannte. Doch als ich mir das genauer ansah, wurde mir klar, dass die Lebewesen darin am Sterben waren. Das war das allerschrecklichste Gefühl dabei. Ich war wie erstarrt, angewidert. Nicht einmal heulen konnte ich. Das war der schlimmste Fall von chemischer Verseuchung eines europäischen Flusses, vielleicht auch sämtlicher Flüsse überhaupt, den es je gegeben hatte.«

Schätzungen zufolge starben bei der Katastrophe über eine Million Fische. Das Wasser vergiftete auch das Vieh, das entlang der Flussufer davon getrunken hatte. Über die ganze 800 Kilometer lange Strecke, von Basel bis nach Amsterdam, machten die Ingenieure die Schleusentore zu den Trinkwassersystemen dicht: Mit der »gewohnten« Verschmutzung des Rheins konnten sie gerade noch fertig werden, aber das hier war unmöglich. Die Wasservorräte von hunderten von Städten waren wochenlang knapp.

»Wir glaubten«, sagte Müller, »dass der Fluss eine Generation lang biologisch tot bleiben würde. Der Gedanke war zum Verzweifeln.« Doch paradoxerweise hatte diese ökologische Katastrophe auch etwas Gutes für sich. Die schrecklichen Erinnerungen an Tschernobyl waren noch taufrisch, was viele Bürger und auch Politiker antrieb, zu Taten zu schreiten. Die Säuberung des Rheins, mit der man bereits dreißig Jahre zuvor begonnen hatte, für die die Öffentlichkeit damals aber kaum Interesse zeigte, bekam jetzt neuen Schwung. Es musste etwas unternommen werden und alle wollten nun mithelfen.

Der Rhein ist die bedeutendste Binnenwasserstraße Europas. Er entspringt oberhalb des Bodensees in der Schweiz und fließt eine Strecke von 1320 Kilometern bis zum Wattenmeer in den Niederlanden, den Großteil der Strecke durch Deutschland. Sein Einzugsgebiet von 185 000 Quadratkilometern umfasst Deutschland, Frankreich, Holland, Österreich, Luxemburg, Liechtenstein und Belgien, sogar Italien, mit insgesamt 60 Millionen Menschen.

So viel für die Geographen. Auch Dichter und Erzähler haben den Rhein beschrieben. Die Loreley beispielsweise, die Rheinnixe, die durch ihren Gesang vorbeifahrende Schiffer ins Verderben lockte, ist eine dichterische Gestalt, die Clemens von Brentano vor rund 200 Jahren geschaffen hatte und die durch Heinrich Heines Gedicht vor gut einem Jahrhundert weltberühmt wurde. Schon damals hatten Ingenieure versucht, die tückischen Stromschnellen zu bändigen, für die der Rhein bei den Schiffern so berüchtigt war. Doch die Legenden um den Fluss sind viel älter: Von dem im Basaltstein versteckten Nibelungenschatz »wusste« man schon im 13. Jahrhundert; und auch die »Sieben Jungfrauen von Schönburg« waren bekannt, die im Zorn die Schiffsböden aufrissen.

Jahrhundertelang fuhren Schiffe diese Wasserstraße auf und ab, schipperten auf den Nebenflüssen über Neckar und Mosel, vorbei an den Schlössern der großen Sagen. Zum Beispiel ragt dort, wo die Nahe in den Rhein strömt, ein kleines Stück weiter stromabwärts der Mäuseturm an der engen Durchfahrt zum Bingener Loch empor. Bevor der Rhein 1832 gezähmt wurde, war die Fahrt vom Mäuseturm stromabwärts wie eine Fahrt »in einem türkischen Kajik durch das Eiserne Tor«, so stark war der Strudel. Der Turm steht dort, wo der Erzbischof von Mainz den Klagen der halb verhungerten Bauern nach einem besonders harten Winter ein Ende setzte, indem er sie in eine Scheune zusammenpferchen und in Brand stecken ließ. »Hört doch, hört, wie die Kornmäuse pfeifen!«, soll er gesagt haben, und sogleich huschte ein dichter Haufen von Mäusen aus der Scheune, jagte ihm nach bis in den Bingener Mäuseturm, wo er zu Tode genagt wurde.

Oberhalb von Wellmich befindet sich die Burgruine des Kurfürsten Falkenstein, der die Angewohnheit hatte, jeden, der ihm missfiel, bisweilen auch einfache Passanten, in den tiefen Schlossbrunnen zu werfen. Seine Habsucht verlangte nach der silbernen Glocke der Kirche zu Wellmich und so stahl er sie eines Tages. Als ihm der Prior samt einem Kreuz und zwei Kirchensängern nachkam, band der Fürst dem Prior die Glocke um den Hals, warf ihn in den Brunnen und ertränkte ihn. Kurz darauf erkrankte der Kurfürst, und seine Gefolgschaft wurde in Angst und Schrecken versetzt, als sie Glockengeläut aus der Tiefe der Erde vernahm. Am nächsten Morgen war Falkenstein tot. Es gibt noch viele solcher Geschichten: Im Rolandsbogen beispielsweise, dem Relikt der einstmals wehrhaften Burg Rolandseck, wohnte der Sage nach ein Ritter namens Roland. Zu spät war er aus des Kaisers Diensten zurückgekehrt und konnte seine Braut Hildegard nicht mehr davon abbringen, Nonne zu werden. Roland zog sich voller Verzweiflung für den Rest seines Lebens in die Burg zurück.

Die Burg Drachenfels hat ihren Namen von einem Drachen, der dort einst gespukt haben soll. Siegfried tötete das wilde Tier und badete in dessen Blut, um unbezwingbar zu werden.

So weit die romantische Welt der Sagen. In der nüchternen Welt der Wirklichkeit hingegen war der Fluss seit dem Mittelalter für seine Zollschranken bekannt. Legendär war auch die Bestechlichkeit und Habsucht der Zöllner; die Schiffer dachten sich unzählige, am Ende misslungene Manöver aus, um sie loszuwerden. Im Industriezeitalter zu Beginn des 19. Jahrhunderts begannen in Europa die ersten Maschinen anzulaufen, die Vorhut des Kapitalismus hatte wenig Zeit für Sagen und Legenden. Und da der Loreley-Felsen irgendwie im Weg stand und auch die Stromschnellen am Bingener Loch die Schifffahrt gefährdeten, begann man mit der Um- und Neugestaltung des guten alten Rheins, die auch heute noch nicht abgeschlossen ist.

Im ersten Schritt ging man daran, die Rheinauen zu entwässern, das Schwemmland, aus dem ein Großteil des Grundwassers in Deutschland gespeist wurde – was man damals allerdings noch nicht wusste – und das als natürlicher Kontrollmechanismus gegen Überschwemmungen fungierte. Flussauen haben nicht nur positive Auswirkungen: Sie fördern zum Beispiel die Vermehrung von Stechmücken und anderen Organismen; Krankheiten, die von Insekten übertragen werden, waren damals alltäglich. Doch war die Trockenlegung der »Sümpfe« in erster Linie nicht zur Bekämpfung von Krankheiten gedacht – auch wenn das half.

In den Flussauen hinter einem ganzen Netzwerk aus Schutzdämmen gab es schon bald die ersten Siedlungen, Dörfer und Städte. Wo keine Städte entstanden, ließen sich Bauern nieder; sie nutzten den fruchtbaren Auboden, um nach Belieben allerlei Feldfrüchte anzubauen. Nach demselben Muster verfuhr man in allen Industrienationen, überall auf der Welt: am Gelben Fluss und am Jangtsekiang in China, am Missouri, am Red River in den USA und Kanada, im Marschland, an den Mooren und Wasserläufen in Ost-England und am Murray-Darling-Becken in Australien. Damals wusste niemand, dass Flussauen nicht einfach als »Sümpfe« zu betrachten sind, die man ohne weiteres entwässern und trockenlegen kann, sondern dass sie vielmehr wesentlicher Bestandteil der Flusssysteme selbst sind. Innerhalb eines Jahrhunderts hatte man 80 Prozent der Flussniederungen vom Hauptstrom abgeschnitten. Es gab nun Entwässerungsrohre statt Sickerwasser; Industrien statt Quellen; Pestizide statt Sumpfland. Grundwasserspiegel begannen zu fallen. Das Wasser in immer mehr Brunnen ging zur Neige und immer mehr Bauern waren auf »importiertes« Wasser angewiesen, das über Rohrleitungen vom Rhein und anderswo herkam.

In einem zweiten Schritt begann man den Rhein zu begradigen, um die Schifffahrt zu erleichtern. Diese »Korrekturen« (ein schöner Euphemismus) verkürzten den Oberrhein um 82 Kilometer, den Unterrhein um 23 Kilometer. Zwar war der Fluss für die Schiffer nun einfacher zu befahren, doch da der Flusslauf nun gerader war, floss auch das Wasser schneller, und weil es schneller floss, trug es auch mehr Geröll mit sich fort. Der Fluss begann, sich immer weiter in die Tiefe einzugraben; er schliff die Flusssohle an manchen Stellen um 5 Meter ab, was ein Absinken des Grundwasserspiegels in der Umgebung mit sich brachte. In den meisten Jahren hielten die Deiche das Hochwasser zurück, doch kam es zu Überschwemmungen, waren die Fluten reißender als je zuvor.

Im dritten Schritt ging es darum, den Fluss intensiver zu »nutzen«. Dazu wurden Staustufen für Wasserkraftprojekte geschaffen. Die Vernichtung des atlantischen Seelachses hat letztendlich die riesige Staustufe in Iffezheim verschuldet. Eigentlich ist der Lachs ja ein sehr kräftiger Schwimmer, aber die dort installierten Fischtreppen funktionierten nie richtig, und so schafften es die Lachse nicht, an ihnen vorbeizukommen.

Doch wie es scheint, war das damals so ziemlich egal. Der Zweite Weltkrieg war vorbei und Deutschland erlebte einen riesigen wirtschaftlichen Aufschwung; viele neue Industrien wurden gegründet, viele Städte expandierten, neue entstanden, darunter viele, deren Abfluss unkontrolliert in den Fluss strömte. Die Auswirkungen waren bald zu sehen: Am Fischbestand lässt sich ablesen, wie es um die Wasserreinheit bestellt ist. Er fungiert als Frühwarnsystem. In den dreißiger Jahren gab es im Rhein 52 Fischarten. 1975 waren es nur noch 29, die meisten davon von der Ausrottung bedroht. Der Fluss rang nach Luft; die Sauerstoffsättigung war von 90 Prozent Normwert auf nur mehr 40 Prozent gefallen. Wenige Jahre später wurde der Fluss von Biologen offiziell für tot erklärt. Zu jener Zeit hatten die Medien längst das Bild vom Rhein als der größten Kloake Europas geschaffen.

Nicht, dass die Probleme völlig ignoriert worden wären. Nein, es gab in der Tat ständig Stimmen, die Unmut äußerten. So war die grüne Umweltbewegung in Deutschland früher als in anderen Industrieländern politisch einflussreich. Bei deutschen Hydrologen war in Bezug auf den Rhein auch nichts von jener absichtlichen Ignoranz zu erkennen, wie sie die Planwirtschafter in Russland hinsichtlich des Aralbeckens zur Schau trugen. Und auch die IKSR suchte nach gemeinsamen Lösungen – doch unternommen wurde wenig. Trotz der weltweit wachsenden Sorge wollte man in Europa nichts wissen von den traurigen Geschichten über Degradierung und Verschmutzung. Was Europa brauchte, war ein Boom, ein Wirtschaftswunder. Egal, zu welchem Preis.

Erst in den Siebzigern drangen die angewachsenen Probleme auch in das öffentliche Bewusstsein. Die Zahl der Krebserkrankungen war entlang des Rheins stark nach oben gegangen. Mit dem ansteigenden Stickstoffgehalt im Wasser kam es in der Nordsee und entlang der träge fließenden Flussabschnitte zu einer grauenvollen Algenblüte. Vom Verzehr der noch im Fluss lebenden Fische wurde dringend abgeraten.

Von nun an wurde umgeschwenkt, und Gelder in Milliardenhöhe wurden in die Abwasseraufbereitung und industrielle Abflusskontrolle gepumpt.

Eine Zeit lang schien jedoch alles beim Alten zu bleiben. Doch dann, 1986, wurde ein echter Fortschritt erzielt. Es war das Jahr der Sandoz-Katastrophe, der Tschernobyl-Katastrophe und der Wahlsiege der Grünen. Im September 1987, ein Jahr nach der Schweizer Chemie-Katastrophe, gaben die für den Rhein verantwortlichen Minister folgende Erklärung ab: »Das Ökosystem des Rheins soll in einen Zustand versetzt werden, bei dem heute verschwundene, aber früher vorhandene höhere Arten (z.B. der Lachs) im Rhein als großem europäischem Strom wieder heimisch werden können.« 1991 beschloss die IKSR die Umsetzung des ökologischen Aktionsprogramms für den Rhein, dessen erklärte Ziele folgende waren: »Der Hauptstrom soll wieder Rückgrat des gesamten Ökosystems werden, zugleich sollen alle ökologisch wichtigen Bereiche geschützt, erhalten und weiter verbessert werden. Wir dürfen nie vergessen, dass der politische Wille im Dienste einer informierten und aufgebrachten Bürgerschaft noch immer die Welt verändern kann. Auch heute, wo wir uns einer ökologischen Katastrophe gegenübersehen, dürfen wir das nie vergessen.«

Einige Jahre später sagte Angela Merkel, damals Deutschlands Umweltministerin, mit etwas übertriebenem Pathos, aber mit gutem Grund: »Die Wiedergeburt des Rheins ... muss als eine der größten umweltpolitischen Erfolgsgeschichten des Jahrhunderts betrachtet werden.«[1] Der Biologe Gottfried Schmidt, der im Rahmen des IKSR-Aktionsprogramms »Lachs 2000« für den Erfolg verantwortlich war, hebt hervor, dass das Wasser der Sieg, das einst zu den schmutzigsten Europas zählte, neuerdings wieder fast Trinkwasserqualität hat, und das ohne Behandlung. Man räumte dutzende von Dämmen und anderen Hindernissen aus dem Weg, stellte, wo immer es möglich war, Feuchtgebiete wieder her und siedelte tausende Junglachse wieder an. Schmidt geht davon aus, dass um die Jahrtausendwende rund 20 000 ausgewachsene Lachse wieder im Rheinsystem laichen werden. Das wäre zwar immer noch nur ein winziger Bruchteil des einstmaligen Bestands, doch muss jede sich selbst erhaltende Population – sei sie noch so klein – als Erfolg gewertet werden.

Die Arbeit der IKSR geht unterdessen weiter. Nach wie vor halten sich im Flusssediment und im Fisch hartnäckig Spuren von chlororganischen Verbindungen wie PCB, obwohl die Einleitung dieser Schadstoffe in das Flussgebiet seit Jahren verboten ist: Eine Rückstandsanalyse bei Flussaalen aus vier verschiedenen Rheinanliegerstaaten ergab eine alarmierend hohe PCB-Konzentration. Und trotz aller Anstrengungen steigt die Nitratverschmutzung weiter an. Verursacher sind insbesondere Abwasseraufbereitungsanlagen, Autos und Kraftwerke, vor allem aber der Düngemittelabfluss aus der Landwirtschaft. Seit Jahren dürfen Waschmittel keine Phosphate mehr enthalten, doch die Konzentration an Phosphaten im Rheinwasser ist noch immer viel zu hoch. Dies veranlasste die Kommission 1997, weitere 17 Milliarden Mark in die Flussreinigung zu investieren und strengere Grenzwerte zu verordnen. Die Schwermetallkonzentration im Fluss ist zwar zurückgegangen, aber noch immer vorhanden. Kadmium ist ebenfalls noch nachweisbar. Und auch der Gehalt an Blei, Kupfer und Zink übersteigt die von der IKSR festgelegten »Zielwerte« noch immer um das Fünffache. Der Quecksilbergehalt der heimischen Flussbarbe liegt über den zulässigen Höchstmengen für Lebensmittel. Diese Fischart ist demnach noch immer nicht zum Verzehr geeignet. Große Überschwemmungen in den Jahren 1993 und 1995 waren deutliche Signale dafür, dass weitere Flussufer wiederhergestellt und noch mehr Feuchtgebiete saniert werden müssen. Dass dies auch tatsächlich gemacht wird, ist ein echter Fortschritt.

Es wäre zu viel gesagt, dass der gedankenlose Kommerz auf der einen Seite und die gleichgültige Bürokratie auf der anderen den Rückzug angetreten haben. Doch erringen Europas Grüne mit der Zeit nach und nach ihre Siege. 1998 annullierten die Franzosen das Rhein-Rhône-Kanal-Projekt, das vorsah, den kleinen Binnenkanal aus der Ära Napoleons drastisch auszuweiten, um großen Frachtschiffen die Durchfahrt zu erleichtern. Das Projekt wurde jahrelang von rechten Industrievertretern favorisiert, denen ein durchgehendes Güterverkehrsnetz von Marseille bis Rotterdam vorschwebte. Aber selbst die sachlichen Aussagen aus erzkonservativen Wirtschaftskreisen zeigten, dass aufgrund der zahlreichen Schleusenkammern der Schifffahrtsweg über Gibraltar eindeutig der schnellere wäre; zudem würde das Projekt 9 Milliarden US-Dollar kosten bei einer Rendite von weniger als einem Zehntel dieser Summe; darüber hinaus würden das Saône- und Doubs-Tal, zwei der malerischsten Flusstäler Frankreichs, unwiederbringlich verändert werden. Die Umweltschützer gingen ihre Kampagne genau richtig an: Sie setzten sich nicht wie sonst üblich für den Schutz der Lebensräume von bedrohten Tierarten ein, sondern hoben in besonderem Maß auf die Rentabilität ab. Die Gewinn- und Verlustprognosen waren katastrophal. Zur selben Zeit erhob sich eine massive Bürgerprotestbewegung gegen das Projekt. Zehntausende demonstrierten in Montbéliard, einer Stadt am Doubs, die mit der Ausweitung des Kanals enormen Schaden genommen hätte. Die Massenproteste sowie die schlechte Wirtschaftslage brachten das Projekt letztendlich wirksam zum Scheitern.

Aber das sollte nur ein Erfolg in einer ganzen Reihe von weiteren sein. Der Annullierungsbeschluss erging kurz nach der Ablehnung eines Antrags zum Bau eines Staustufensystems an der Elbe, welcher wiederum auf die »Aufschiebung« der Kanalisierung der letzten ungehindert fließenden Abschnitte der Donau folgte. Zur selben Zeit wurde aufgrund einer Reihe von »nicht wasserdichten Stellen«, um ein passendes Fachwort zu gebrauchen, die Bilanzaufstellung veröffentlicht, die das Aus für den weiteren Ausbau des Rhein-Main-Donau-Kanals bedeutete, der bereits das Altmühltal zerstört hatte und nun den Aktionären Verluste bescherte. Diese bescheidenen Erfolge könnten auf den Anfang vom Ende jener Projekte hindeuten, die Flüsse den Schiffen anpassen und nicht die Schiffe den Flüssen.[2]

Die Donau ist ein anderer Problemfall. Eines schönen Tages beschloss die damalige Tschechoslowakei, die Donau, die Landesgrenze zu Ungarn, einfach zu verschieben. Das alte Flussbett wurde trockengelegt und im Landesinneren der Tschechoslowakei ein neues angelegt. Der neue Flusslauf wurde zur Energiegewinnung für den Eigenbedarf aufgestaut, was die ungarischen Donauauen austrocknen ließ. Er zerstörte die urprünglichen Feuchtgebiete des Landes, schnitt ein paar Altarme ab und bewirkte ein Abfallen des Grundwasserspiegels. Das gefiel den Ungarn ganz und gar nicht und sie brachten die Angelegenheit vor den Internationalen Gerichtshof in Den Haag – der erste internationale Wasserrechtsstreit überhaupt, der auf diesem Weg zur Verhandlung kam.

Die Spannungen auf beiden Seiten verschärften sich zunehmend. Die jahrhundertealten ethnischen und politischen Querelen erschwerten alle Bemühungen zu einer friedlichen Beilegung. Bedauerlicherweise verloren am Ende beide Seiten.

Der Streit begann vor langer Zeit, als die tschechischen und slowakischen Gebiete noch zum Heiligen Römischen Reich gehörten; später waren sie Teil von Österreich-Ungarn. Der gebieterische Herrscherstil und die gleichgültige Missachtung von Recht und Gerechtigkeit der k. und k. Monarchie führte zu vereinzelten Aufständen, die grausam niedergeschlagen wurden. Im Zeitalter Napoleons kämpften tschechische Nationalisten für einen neuen Staat, dessen Grenzen bis an die Donau reichen und sich an weitere slawische Territorien anschließen sollten. Nach dem Zerfall Österreich-Ungarns wurde in Prag die Republik Tschechoslowakei ausgerufen. Auf der Grundlage der Pariser Vorstadtverträge von 1919 vereinigte der neue Staat auch frühere österreichische, deutsche und ungarische Gebiete. Die tschechoslowakische Politik war in den folgenden Jahren bestrebt, auch Ansprüche auf ungarisches Land auf der anderen Donauseite zu erheben, um die alleinige Kontrolle über die Donau zu erlangen. Dieses Ziel erreichten sie damals nicht und unter der späteren sowjetischen Herrschaft wurden jegliche nationalistischen Bestrebungen ohnehin unterdrückt.

Angetrieben von der Sowjetunion hatten die beiden Vasallenstaaten Tschechoslowakei und Ungarn in den fünfziger Jahren ein Projekt ausgearbeitet, das vorsah, den Lauf der untiefen Flussstrecke zwischen Bratislawa (Pressburg) und Györ (Raab) zu ändern und den Fluss an die transeuropäische Wasserstraße von Rhein, Main und Donau anzubinden. Die Sowjets beförderten riesige Frachtmengen durch diese Region und insofern machte das Projekt in den Augen Moskaus durch und durch Sinn.

Doch das Projekt wurde zunächst nicht realisiert. Erst Mitte der siebziger Jahre wurden die Pläne wieder aufgenommen und kritisch geprüft. 1977 unterzeichneten die Tschechoslowakei und Ungarn ein gemeinsames Rahmenabkommen, in dem die gemeinsame Nutzung und »Anpassung« des Flusses an die wirtschaftlichen Gegebenheiten beider Staaten beschlossen wurden. Jahrelang hatten die Zentralplaner beider Länder das Donauwasser auf seinem Weg zum Schwarzen Meer, wo es in Europas einziges Binnenflussdelta mündet, ungenutzt vorbeiströmen sehen. Zweifelsohne wurden die Staatschefs beeinflusst von den grandiosen Plänen, die in Moskau von den kommunistischen Machthabern erörtert wurden. Dort verfolgte man noch immer den Plan, sämtliche sibirische Flüsse nach Süden in die mittelasiatische Wüste umzulenken. Kein Wunder also, dass auch die Tschechoslowaken und Ungarn ihren eigenen großen Plan verwirklichen wollten. Und die Donau war alles, was sie besaßen. Ein weiterer bedeutender Aspekt, der für das Vorhaben sprach, war die Energiegewinnung. Beide Länder waren zur Stromerzeugung bislang auf Kohle und Öl angewiesen; mit neuen Talsperren an der Donau ließen sich bis zu einem Fünftel des Energiebedarfs beider Länder decken.

Beide Länder beschlossen daher die Errichtung eines Staustufensystems. Erklärtes Ziel des Gabcikovo-Nagymaros-Projekts war, die Donau aufzustauen und das Wasser zur Stromerzeugung durch einen neu erbauten Kanal in ein Kraftwerk umzuleiten. Dieser Kanal sollte gleichzeitig als Wasserstraße für die internationale Schifffahrt ausgebaut werden und das Wirtschaftswachstum in der Region fördern. Vorgesehen waren ein 30 Quadratkilometer großes Staubecken, zwei Umleitungskanäle und zwei Kraftwerke. Dass dieses Vorhaben auch beträchtliche Umweltschäden mit sich bringen würde, wurde schlichtweg dementiert. Es zählte allein der Glaube an den Fortschritt und somit wurden auch keine wissenschaftlichen Untersuchungen durchgeführt. Und außerdem handelte es sich ja um ein von der Regierung gebilligtes Projekt: *Wie kann es da nachteilige Auswirkungen haben?*

Das Staubecken in Dunakiliti sollte dort liegen, wo die Donau die Grenze zwischen Ungarn und der Slowakei bildet. Ein 17 Kilometer langer Umleitungskanal würde 90 Prozent des Donauwassers in die Tschechoslowakei befördern und nur ein kleines Rinnsal im ursprünglichen Donaubett belassen. Weitere 100 Kilometer flussabwärts sollte ein zweiter ungarischer Damm entstehen. Der Baubeginn war für 1986 vorgesehen, mit einer Fertigstellungsfrist bis 1990.

Doch die politische Landschaft veränderte sich: Das Staatsgefüge der ČSFR begann zu bröckeln; 1990 wurde das Land umbenannt in Tschechische und Slowakische Föderative Republik, bevor es sich 1993 in zwei autonome Staaten aufspaltete (mit der Trennung war Vaclav Havels tschechische Regierung auch das leidige Donauprojekt los).

Ungarn entwand sich immer mehr dem Griff der Sowjets und damit flackerten auch die alten ethnischen Feindseligkeiten wieder auf. Angestachelt von der aufkeimenden Demokratiebewegung und einem wachsenden ökologischen Bewusstsein, stieg Ungarn aus dem Gemeinschaftsprojekt aus. Wie damals aus einer neuen Studie hervorging, würde das Staudammprojekt ernsthafte Probleme mit sich bringen, die Trinkwasserversorgung verschlechtern, zahlreiche natürliche Ökosysteme zerstören sowie Pflanzen und Tiere in Mitleidenschaft ziehen. Die Tschechoslowaken zogen die Studie in Zweifel: Ein bisschen flicken und das Problem wäre behoben, so behaupteten sie. Nichtsdestotrotz überzeugten die Ungarn ihre Nachbarn, das Projekt auf weitere vier Jahre aufzuschieben. Als diese schließlich 1988 mit dem Bau tatsächlich begannen, besannen sich die Ungarn aufs Neue. Sie beschlossen 1989 einen einseitigen Baustopp auf ungarischer Seite und verlangten die Aufhebung des Abkommens von 1977.

Die Regierung der Tschechischen und Slowakischen Föderativen Republik war wütend und reagierte schließlich 1992 mit der berühmten Variante C, bei der die Donau völlig auf slowakisches Staatsgebiet umgeleitet wurde, sodass Gabcikovo auch ohne die ungarischen Nachbarn in Betrieb gehen konnte. Damit hatten sie das ganze Projekt verlagert, und wenn das den Ungarn nun missfiel, war das eben Pech für sie.

Dieses Vorhaben warf zwei interessante Fragen auf: Die Landesgrenze verlief mitten durch die Donau. Wenn die Donau also nun »verschoben« wurde, würde sich dann auch die Grenze verschieben? Das Abkommen von 1977 ließ einen solchen Fall unpräzisiert. Und wenn sich die Grenze nicht verschiebt, so hieße das, dass der Fluss nach der Umleitung durch tschechoslowakisches Gebiet strömt. Könnte die Tschechoslowakei dann für ungarische Waren Zolltarife verlangen, da diese nun auf dem Schifffahrtsweg durch ein »fremdes Land« befördert würden?

Ungarn, das seit eh und je ein feines Gespür für Unstimmigkeiten hatte, fürchtete ein weiteres Risiko. Der Anteil der ungarischen Bevölkerung ist in der Tschechoslowakei sehr hoch. Sollte diese Minderheit je mit einem Aufstand drohen oder Souveränität anstreben, hätte die ČSFR ein wunderbares Druckmittel; sie bräuchte nur den Fluss für die Durchfahrt zu sperren und hätte somit den ungarischen Binnenhandel unterbunden.

Besorgt über einen möglichen weiteren Krisenherd innerhalb Europas – Zypern und die Balkanstaaten gaben bereits genügend Anlass zur Sorge – schaltete sich 1992 die Europäische Gemeinschaft in die Streitsache ein. Zur Schlichtung wurde eine trilaterale Expertenkommission vorgeschlagen, vorausgesetzt beide Parteien garantierten im Voraus, alle Entscheidungen der Expertengruppe zu akzeptieren und im Zeitraum der laufenden Untersuchungen »nichts zu unternehmen, was die Expertengruppe in ihren Entscheidungen beeinflussen würde«. Aus der Sicht der Ungarn bedeutete das die einstweilige Aufschiebung der Variante C, da sie einseitig beschlossen war und außerhalb des Rahmenabkommens von 1977 lag. Die Tschechoslowaken waren anderer Meinung: Variante C hatte bereits begonnen und konnte insofern kaum die Entscheidungen der Expertengruppe beeinflussen. Sie jetzt zu unterbrechen würde einen Ausfall von über 2000 Kilowattstunden pro Jahr bedeuten, enorme Kosten für die Wirtschaft. Variante C würde daher weitergehen, mit Baubeginn im Oktober des Jahres.

Die Vermittler gaben auf und flogen ab.

Am 25. Mai 1992 erklärten die Ungarn das Abkommen von 1977 für nichtig.

Am 24. Oktober begannen ihre Nachbarn mit der Aufstauung der Donau: Variante C lief an.

Am Tag darauf kam das ungarische Kabinett zu einer Notfallsitzung zusammen.

Und gleich am nächsten Tag gingen die Beamten der Europäischen Kommission erneut an Bord mit Ziel Prag und Budapest.

Weder Ungarn noch der tschechoslowakischen Regierung unter Staatspräsident Vaclav Havel stand der Sinn nach einer militärischen Lösung, und so ließen sich beide Seiten zu neuen gemeinsamen Konferenzen bewegen. Die gemeinsamen Verhandlungen begannen am 28. Oktober.

Noch vor Jahresende unterzeichneten beide Parteien das »Londoner Protokoll«. Variante C wurde vorerst auf die lange Bank geschoben, und lediglich jene Arbeiten, die zum Schutz vor Überschwemmungen, zur Sicherheit der Schifffahrt sowie zum Schutz der Umwelt nötig waren, gingen weiter. Die Tschechoslowakei willigte ein, 95 Prozent der Wassermenge im alten Donaubett zu belassen und das Kraftwerk in Gabcikovo nicht in Betrieb zu nehmen.

Die Europäische Kommission ernannte ein Expertenkomitee zur Überprüfung der Umweltrisiken, der Wasserwirtschaft, der Erforderlichkeiten für die Schifffahrt sowie der Hochwasserkontrolle und untersuchte die Möglichkeit, das Gabcikovo-Projekt rückgängig zu machen. Beide Parteien einigten sich darauf, dass der Internationale Gerichtshof in Den Haag in der Sache vermitteln solle. Die Obersten Richter waren gehalten »alle rechtlichen, ökonomischen und umweltrelevanten Belange« zu berücksichtigen.

Zum ersten Mal wurde ein internationaler Umweltstreitfall dem Gerichtshof in Den Haag zum Entscheid vorgelegt. Dass es dabei um Wasser ging, erstaunte niemanden. Alle warteten gespannt. Die Türkei sandte Beobachter, und auch Syrien. Ägypten verfolgte die Verhandlungen eingehend, ebenso Israel und Jordanien. Wasserstreitigkeiten gibt es schließlich überall auf der Welt.

Die Donau – Danube, Duna, Dunav, Dunarea, Dunay – ist bei Pressburg mehrere hundert Meter breit, von schlammig brauner Farbe und hat nichts von der *schönen blauen Donau* in der romantischen, sinfonischen Dichtung von Johann Strauß. Sie hat an dieser Stelle schon viele Kilometer hinter sich, kommt aus dem Schwarzwald in Deutschland, fließt durch Österreich und weiter nach Ungarn, wo sie Budapest teilt, biegt nach Süden, durchfließt Belgrad, schlängelt sich in einer U-Kurve am Eisernen Tor um die Südkarpaten, strömt südlich an Bukarest vorbei bis ins Donaudelta bei Sulina, wo sie ins Schwarze Meer mündet. Das Einzugsgebiet der Donau berührt 18 europäische Länder und umfasst 817 000 Quadratkilometer mit einer Gesamtbevölkerung von 87 Millionen Menschen. Die Donau ist, wie der Rhein, längst kein naturbelassener Fluss mehr, sondern eine konstruierte Wasserstraße. Um die Donau als Großschifffahrtsweg nutzen zu können, wurde sie schon früh ausgebaggert, vertieft und begradigt; zahlreiche Kanäle wurden gegraben, Wasserkraftwerke, Staustufen, Dämme, Talsperren, Schifffahrtskanäle und Schleusenkammern erbaut. Um den Wasserbedarf in der Landwirtschaft, den Städten und der Industrie zu decken, wurde Wasser aus dem Fluss entnommen und in der Folge als Abwasser wieder in die Wasserstraße eingeleitet.

Die russische Forscherin Irina Zaretskaya, eine enge Mitarbeiterin von Igor Shiklomanow, hat den Flusslauf der Donau im Detail verfolgt; sie ist von der Stromregulierung nicht begeistert. Selbst im nüchternen wissenschaftlichen Stil ihres Fachberichts kommt ihre Missbilligung deutlich zum Ausdruck. Über die vorgenommenen Tiefbauarbeiten schreibt sie: »Diese Arbeiten veränderten (in leichtsinniger Weise) die Seitenarme, Uferlinien, Uferböschungen, die Flusssohle, den Transport von Schwebstoffen sowie die Wasserqualität.« An anderer Stelle schreibt sie: »Die quantitative und qualitative Ausbeutung der Wasservorräte in einzelnen Regionen des Flussbeckens hat zu einer kritischen Situation geführt, insbesondere in trockenen Perioden. Ein Mangel an Wasserreserven in der jeweiligen Region kann eine Bremswirkung auf die wirtschaftliche Entwicklung der Länder haben.« Die von ihr vorgelegten Zahlen zeigen, dass bereits heute 31 Prozent des Donauwassers für den menschlichen Bedarf entnommen werden. Dieser Anteil wird innerhalb eines Jahrzehnts auf 37 Prozent ansteigen. Noch gibt es genug Wasser, aber nicht mehr als genug.

Die zur Verfügung stehende Wassermenge liegt derzeit bei 60 Prozent der europäischen Norm. 1949, im trockensten Jahr, das bisher verzeichnet wurde, fiel die verfügbare Wassermenge auf 1500 Kubikmeter pro Person und Jahr – nicht gefährlich, aber doch immerhin Besorgnis erregend; »Die kritische Marke ist erreicht«, wie Zaretskaya es ausdrückt. Darüber hinaus ist die Bevölkerung mittlerweile deutlich angewachsen.

Pressburg, die Haupstadt der Slowakei, erhebt sich über der Donau auf einem steilen Hügel, inmitten einer eigentlich malerischen Landschaft, wäre es nicht zu Sowjetzeiten zu einer massiven Umweltverschmutzung gekommen. Als ich 1970 das erste Mal dort war, hing eine dicke Dreckwolke über dem ganzen Ort, die Fabrikschlote spien scheußlich braunen Rauch in die Atmosphäre, der Industrieabfluss ergoss sich ungeklärt in den Fluss unterhalb der Stadt. Heute sieht es besser aus, aber nicht viel. Die Fabriken gibt es immer noch, die Abflussmengen haben sich nur leicht verringert und die Stadt leitet nach wie vor ihre Abwässer völlig ungeklärt und ohne jegliche Kontrollen direkt in die Donau ein. Die Strände sind längst verseucht und Schwimmen ist gar gesundheitsgefährdend geworden.

Zaretskaya verzeichnete eine Verschlechterung der Wasserqualität sowie eine verminderte Fließgeschwindigkeit. Dutzende von Städten und ein halbes Dutzend Länder lassen zu, dass riesige Mengen an unzulänglich gereinigtem Abfluss aus Industrie und Landwirtschaft ungehindert in den Fluss strömen, praktisch unkontrolliert. Niemand hat bislang eine Gesamtsumme der einzelnen Abflussmengen errechnet oder die entsetzlichen Auswirkungen auf die Umwelt katalogisiert. »Doch soviel wir wissen«, sagt Zaretskaya, »gelangen mit der durchschnittlichen Jahresabflussmenge der Donau rund 80 Millionen Tonnen an verseuchtem Bodensatz ins Schwarze Meer.«

Wie aus einer Studie des »World Wildlife Fund of Nature«, WWF, hervorgeht, würden die Staustufen des Gabcikovo-Nagymaros-Projekts das Problem nur noch verschärfen. Verseuchter Schmutz würde sich in den Staubereichen ablagern und auftürmen und die Wasserspeicher so zu Lagerstätten für Industrieabfluss und kommunale Abwässer machen.

1993 – ein Jahr nachdem Variante C in Gang gesetzt worden war – publizierten zwei Ingenieure vom slowakischen Wasserwirtschaftsamt, Vojtech Hrasko und Miroslav Liska, »im Namen zahlreicher Forschungsverbände und Experten für angewandte Naturwissenschaften« eine Abhandlung, in der sie den slowakischen Standpunkt energisch verteidigten. Das reichlich übertriebene Schriftwerk kann heute auch im Internet nachgelesen werden, taucht immer wieder mal auf dieser, mal auf jener Web-Site auf. Von Befürwortern wie auch von Gegnern des Projekts wird es gerne angeführt.

»Nachdem das Gabcikovo-Projekt nun schon fast ein Jahr lang läuft«, so heißt es in der Schrift, »möchten die Autoren hinweisen auf

> ... die Tatsache, dass das Gabcikovo-Projekt sowie das gesamte Staudammsystem im Gabcikovo-Nagymaros-Projekt keinen schädigenden Einfluss auf Umwelt und Bevölkerung nimmt, wie

> das die Propagandamaschinerie seit Jahren glauben machen will. Vielmehr ist das Gegenteil der Fall. Was die Umwelt anbelangt, so wirkt sich das Projekt äußerst günstig aus. Die Katastrophenvorhersagen haben sich nicht erfüllt, im Gegenteil – die natürlichen Bedingungen haben sich verbessert, nicht verschlechtert … Die Bewohner der Gegend leben nicht in ständiger Furcht; im Gegenteil, sie kommen, um die Wasserkraftwerke und die neu belebte Naturlandschaft zu bestaunen. Es sollte hoch geschätzt werden, dass die junge Slowakische Republik sich nicht der feindlichen Propagandaschlacht gegen die Wasserkraftwerke unterworfen hat … Die Slowakei hat ihrerseits nicht mit gleicher Kampfeslust auf all die Verleumdungen und Angriffe reagiert, mit denen die internationalen Massenmedien ihre klug berechnenden Pressefeldzüge gegen sie führten … Das Projekt erfüllt alle Zielsetzungen – es schützt sämtliche angrenzenden Regionen vor verheerenden Überschwemmungen und gibt der ansässigen Bevölkerung ein Gefühl der heiteren Gelassenheit und Sicherheit.«

Dokumente, die dem Internationalen Gerichtshof vorgelegt wurden, lieferten dagegen genügend Beweismaterial für Umweltrisiken durch dieses Projekt, welche von der slowakischen Regierung jedoch nur halbherzig erörtert wurden.

Im Juli des darauf folgenden Jahres ging die Propagandaschlacht weiter: Im Magazin *New Scientist* erschien ein Artikel mit der Behauptung, der WWF hätte seinen Feldzug gegen Gabcikovo aufgegeben, »nachdem führende slowakische Hydrologen die Feststellungen des WWF wissenschaftlich widerlegt und kritisiert hatten«. Mitarbeiter des WWF sollen eingeräumt haben, dass sich die Situation um die verfügbare Wassermenge in der Region verbessert hätte, wenn der Nagymaros-Damm so gebaut worden wäre wie ursprünglich geplant. Sie hätten sich deshalb bei den slowakischen Behörden entschuldigt. Im Weiteren erklärt der Bericht freiweg, dass ausgetrocknete Feuchtgebiete neu belebt worden seien und das Grundwasser wieder aufgefüllt worden sei. Für den WWF waren das interessante Neuigkeiten – eine offizielle Entschuldigung hatte es nie gegeben, und so kämpfte der WWF gegen all diese »Tatsachenbeweise« aufs Heftigste an.

Der Großteil des Grundwassers in der Region – dem eine entsprechende Bedeutung in der Trinkwasserversorgung zukommt – stammt aus einem Grundwasserträger, der mehrere hundert Meter unter der Donau im tief liegenden Kiesgestein verläuft. Der tägliche Wasserausstoß beläuft sich auf 1 Million Kubikmeter für Ungarn und 2,3 Millionen Kubikmeter für die Slowakei. Im Sommer 1993 ging die Versorgung auf zwei Drittel des normalen Maßes zurück. Sorge bereitet zudem, dass mit einer verlangsamten Fließgeschwindigkeit im alten Donaubett größere Mengen an verseuchtem Schlick sowie Bakterien im Grundwasser abgesetzt werden. Zusätzlich gingen tausende Hektar Auwald in Überschwemmungsgebieten, landwirtschaftliche Flächen und weite Donauauen verloren. Mit der Ableitung des Wassers aus dem alten Flussbett fiel der Pegel in manchen Seitenarmen der Donau um zwei Meter, andere Altarme trockneten völlig aus und der Grundwasserspiegel fiel um drei Meter. Im Juli 1994 begann Ungarn damit, Wasser aus dem erschöpften Flusslauf der alten Donau zu pumpen, hauptsächlich um die beschädigten Feuchtgebiete wiederherzustellen. Im Dezember begann man mit dem Abriss des bereits halb fertigen Staudamms bei Nagymaros.

Im April 1995 unterzeichneten die Slowakei und Ungarn ein Interimsabkommen, das die Wassermenge festlegt, die die Slowakei für das Kraftwerk bei Gabcikovo ableiten kann. Der Internationale Gerichtshof in Den Haag fällte zunächst in keinem Punkt ein bindendes Urteil, verlangte jedoch zumindest ein erstes Sichtbarwerden einer Übereinkunft. Beide Länder hatten einen Antrag auf Beitritt in die Europäische Gemeinschaft gestellt und wollten ein tadelloses Verhalten an den Tag legen.

Am 25. September 1997 schließlich erging das Urteil des Internationalen Gerichtshofs. Der Slowakei wurde in scharfen Worten verkündet, dass die Umleitung der Donau und die damit verbundene Gefährdung einer einzigartigen Naturlandschaft rechtswidrig gewesen sei und rückgängig gemacht werden muss. Ungarn wurde für die einseitige Kündigung des Abkommens von 1977 heftig kritisiert und wurde verurteilt, mit dem Projekt, das es nicht länger haben wollte, fortzufahren. Die Argumentation des Gerichtshofs blieb stellenweise unverständlich, doch Verträge sind nun mal ein ganz wesentliches und wichtiges Stützwerk für die internationale Ordnung. Hätten einzelne Länder das Recht, sich über diese Beschlüsse hinwegzusetzen, wären verträgliche und beständige internationale Beziehungen unmöglich. Was der Gerichtshof allerdings nicht ansprach, war die Tatsache, dass zum Zeitpunkt des Vertragsschlusses 1977 beide Staaten noch dem Warschauer Pakt angehörten – ebenfalls ein Abkommen, das von mehreren Parteien einseitig außer Kraft gesetzt wurde. Dennoch beharrte der Gerichtshof auf der Erfüllung des Vertrags von 1977.

Er forderte beide Regierungen auf, eine umweltverträgliche Lösung auszuhandeln. Sollten sie sich nicht einigen können, würde der Streitfall den Vereinten Nationen übertragen werden.

Damit war die Sache aber noch nicht zu Ende. Anfang 1998 kamen Ungarn und die Slowakei zu gemeinsamen Gesprächen zusammen. Ungarn erklärte, sehr zum Zorn der eigenen Umweltbewegung, dass die Regierung plane, den niedergerissenen Staudamm bei Nagymaros durch zwei etwas kleinere Dämme zu ersetzen – mitten im neu angelegten Naturschutzgebiet an der Donau, im Ipoly National Park. Das schien auf den ersten Blick eindeutig im Widerspruch zum Entscheid des Obersten Gerichtshofs zu stehen.

Die Slowakei fuhr ihrerseits damit fort, den Großteil des Donauwassers in ihr Kraftwerk abzuleiten – ebenfalls eine eindeutige Verletzung des Entscheids.

Unterdessen hatte der WWF einen Kompromissvorschlag ausgearbeitet, der vorsah, alle Dämme niederzureißen, gleichzeitig aber beiden Seiten eine bestimmte Wassermenge zur Stromerzeugung durch Wasserkraft zuzugestehen. Dieser Kompromiss würde auch das alte Donaubett schützen. Diese »Durchströmungs«-Lösung – indem man die Fließgeschwindigkeit durch Verengung und Erhöhung des Flussbetts steigert und künstliche Kanäle anlegt, und damit gleichzeitig den Überlauf in die regenerierten Feuchtgebiete unterstützt – würde die Akkumulation der giftigen Ablagerungen zwar beseitigen, das Problem aber fein säuberlich flussabwärts schieben.

Gegen Ende des Jahres 1998 kamen beide Seiten zusammen, um den Kompromissvorschlag zu überdenken. Die Sache geht also weiter.

Bela Liptak, ungarische Akademikerin und unermüdliche Kämpferin gegen das ganze Projekt, zeigte sich enttäuscht über den Den Haager Entscheid, tröstete sich aber darüber hinweg: »Der erste internationale Umweltprozess ist ein Präzedenzfall: Er wurde auch in Kyoto diskutiert und war einer der Katalysatoren für die vor kurzem gegründete ›Weltkommission für Staudämme‹. Wenn auch schmerzvoll, langsam und möglicherweise zu spät für die Donau, so machen wir doch Fortschritte.«

Teil 3

Wasserpolitik

Kapitel 12

Das Wasser im Nahen Osten
Ein Nullsummenspiel?

Ich erinnere mich gut an ein Gespräch über Wasser, das ich mit einem Anhänger der Kabbala führte, jener jüdischen Mystik, deren Annahme einer universalen Lebenskraft von den Anhängern der New-Age-Bewegung in ihrer rastlosen Suche nach dem Sinn des Lebens übernommen und neu ausgelegt wurde. Ich mochte die Kabbalisten; ihr religiöser Kult ist freudig, voller Lieder und Rhythmen, ihre Frömmigkeit und Hingabe so stark, dass sich ihre Gebetssitzungen bis zu acht Stunden hinziehen konnten, manchmal auch noch länger, sodass ich immer recht froh war, einfach früher gehen zu können.

Ich hatte die Stadt Safad (auch Safed oder Zefad, Anm. d. Übers.), wie sie im Englischen heißt, besucht, eine Stadt hoch oben auf einem Berg, die Hochburg der Kabbala, wo der Leib des Sehers Rabbi Isaac Luria begraben liegt. Am steilen Westhang des Berges liegt eine wunderschöne kleine Synagoge aus dem 14. Jahrhundert, ein heiliger Ort der Kabbala. Der Leib des großen Rabbi liegt in einem einfachen Grab weiter hangabwärts begraben und ganz unten, am Fuß des Berges, gibt es eine ununterbrochen sprudelnde Quelle, zu der zuerst die Männer und dann die Frauen gehen, um sich zu reinigen.

Diese Quelle ist sehr alt. Es gab sie schon, als die Stadt erbaut wurde, zu einer Zeit, noch bevor Salomon seinen Tempel errichten ließ. Sie war schon berühmt, als Alexander der Große auf seinem Ruhmeszug durch diese Gegend kam und die Stadtbewohner riesige Felsbrocken direkt auf die vorbeiziehende Armee zu den Hang hinunterrollten.

Auch Safad ist schon uralt. Die Stadt war schon alt, als Jesus auf den Hügeln wandelte und auch als der Prophet Mohammed seine Große Erleuchtung in die Wüste der arabischen Halbinsel hineintrug. Schon damals hatten die Bewohner der Stadt ein Badebecken aus dem Felsgestein gehauen, badeten im klaren Quellwasser, das so kalt ist wie ein Grönlandgletscher.

Mein Freund Isaak aus Safad fuhr mich hinunter zum See Genezareth, zum Galiläischen Meer, wie er noch genannt wird.

Welch widersprüchliche Szenerie! Unweit der Ufer von Tiberias wurden einst die Fischer, die zu Jüngern Jesu wurden, von einem gewaltigen Sturm überrascht. Und ein anderes Mal hatten sie ihn von dort aus über den See wandeln sehen. Er ging auf dem Wasser. Nun, da ich über den See blickte, sah ich nur zwei Surfer vorbeizischen; gleich in der Nähe gab es die »Parasailing-Schule Galiläisches Meer«, in der man lernen konnte, im Gleitflug über jenen Ort zu schweben, an dem christliche Pilger ehrfurchtsvoll das »Wunder vom Wasser« bestaunen.

»Von hier beziehen wir unser Wasser«, sagte Isaak. »Über die Hälfte des Landes bekommt das Wasser von hier. Tel Aviv und Jerusalem könnten ohne den See Genezareth nicht existieren. Hier werden die Wasser des Jordan aufgespeichert. Der See macht Israel erst möglich. Ohne Wasser sind wir tot.«

»Ohne Wasser sind wir alle tot«, sagte ich.

»Nein, ja, ich meine ... stimmt, wir sind alle darauf angewiesen. Aber hier ist es härter. Politisch, meine ich, nicht persönlich. Dieser kleine Fluss und dieser kleine See hier liefern fast zwei Drittel unseres gesamten Wassers. Zudem kommen rund drei Viertel des jordanischen Wassers aus diesem Tal.«

Er zeigte mir einen Zeitungsausschnitt, den er aus einer Regionalzeitung herausgerissen hatte. Da ich kein Hebräisch kann, erzählte er mir, worum es darin ging: »Sie sind besorgt um das Wasser im See. Einige Anzeichen sprechen dafür, dass Salz eingedrungen ist. Ich verstehe nicht viel von Wasserbau oder davon, woher das Salz kommen soll, da wir ja ein gutes Stück vom Meer entfernt sind, aber die Wasserbauer sind besorgt. Sie sagen, dass sich, wenn die Seehöhe allzu sehr fällt – und das ist bei der dauernden Trockenheit und der gleichzeitig steigenden Nachfrage sehr wahrscheinlich – der Wasserdruck verringert und Salzwasser eindringt.«

Er dachte einen Moment lang nach. »Sie leiten das Wasser am Jordan oberhalb des Sees ab, um es in den Negev zu befördern«, sagte er. »Das Problem mit dem Wasser in Israel liegt darin, dass wir schon heute alles aufbrauchen. Es gibt nicht mehr. Und die Bevölkerung nimmt zu.«

»Nullsummenspiel«, sagte ich.

»Ja, wenn wir mehr Wasser brauchen, und das werden wir, dann muss es von woanders her kommen. Aber von wo?«

Abends besuchten wir in Safad ein Fest, ein üppiges Bankett mit Musik, Gesang und Tanz, und ich verschwendete keinen weiteren Gedanken an Wasser. In jener Nacht vernahm ich ein Grollen, das ich zunächst für Donner hielt. Es könnten aber auch Düsenjäger gewesen sein; oder Kanonen, wie mir Isaak am nächsten Morgen eröffnete. Safad liegt nur 15 Kilometer von der libanesischen Grenze entfernt. Vom höchsten Punkt der Stadt blickt man auf die blauen Berge Libanons und die Golanhöhen, die einst syrisches Gebiet waren. Heute patrouillieren israelische Militärs an den Golanhöhen. Und hier in Safad spürt jeder eine innere Unruhe. Es ist noch gar nicht so lange her, dass Krieg geführt wurde und auch in Safad syrische Truppen präsent waren. Sicherheit – und Wasser –, das sind Dinge, die hier in Israel immer gegenwärtig sind.

Am Tag zuvor war ich ans nördliche Ende des Sees gefahren. Ich wollte den Jordan sehen. Viel gab es nicht zu sehen, er war vielleicht 100 Meter breit und schlammig. Eigentlich hatte ich die Ansaugrohre der Überlandwasserleitung besichtigen wollen, doch das wurde mir aus Sicherheitsgründen nicht gestattet. Über das komplexe »National Water Carrier«-System wird das Jordanwasser in die Küstengebiete einschließlich Tel Aviv und über weit verzweigte Kanalnetze bis in die Bewässerungsanlagen im trockenen Süden transportiert. Israel lässt die Wüste mit Erfolg erblühen, dank dieses nationalen Wasserversorgungssystems. Wie viel Wasser über dieses System geleitet werden kann, weiß niemand; angeblich kann es gar die gesamte Wassermenge des Jordan befördern, was von offizieller Seite allerdings nicht bestätigt ist.

Anfang Mai 1998, wenige Wochen nach meinem Besuch in Safad, stieß ich in einer europäischen Zeitung auf eine Meldung aus Tel Aviv: »Am frühen gestrigen Morgen wurde die Hauptpipeline, die den Süden des Landes mit Wasser versorgt, durchtrennt. Mehr als eine Million Menschen waren bei über 30 Grad Hitze im heißesten April seit 30 Jahren von der Wasserversorgung abgeschnitten. Nach Angaben der israelischen Polizei ist ein politisch motivierter Anschlag nicht auszuschließen.«

Ob es sich tatsächlich um einen solchen gehandelt hat, wurde nie gemeldet. Niemand in Israel vergisst, dass zwei Drittel der israelischen Wasserversorgung durch die militärische Besetzung nicht israelischer Gebiete gewährleistet wird, nämlich von den Golanhöhen und der Westbank. Die brisante Wasserlage lässt die israelischen Wasserinstallationen schon seit dreißig Jahren zur Zielscheibe palästinensischer Aktionen werden. Ich musste an Isaaks Bemerkung denken: »Wir werden mehr Wasser herkriegen müssen. Aber von wo?«

Und das ist nach wie vor die entscheidende Frage.

Jahrzehntelang hat Isreal seine Wasservorkommen überbeansprucht. Der jährliche Wasserverbrauch des Landes überschreitet das verfügbare erneuerbare Volumen bereits heute um 15 Prozent (2100 Millionen Kubikmeter gegenüber einem Vorrat, der zwischen 1950 Millionen Kubikmetern in guten Jahren und 1600 in sehr trockenen Jahren schwankt). Jordanien liegt noch darüber: Das Land überschreitet das verfügbare erneuerbare Volumen gar um 20 Prozent. Nach jahrelanger Überbeanspruchung der Grundwasserreserven an den Küsten, insbesondere in der Krisenregion Gazastreifen, hat das Eindringen von Salzwasser in die Grundwasserleiter zu großen Problemen geführt – auch auf politischer Ebene, denn die von Juden gebohrten Brunnen durften eine größere Bohrtiefe haben als die von Arabern oder Palästinensern. Die rabiate Wasserpolitik der Israelis ließ den Zorn der Palästinenser aufs Neue auflodern. Kein Wunder, denn wenn der eigene Wasserhahn nur an ein bis zwei Tagen die Woche läuft, der der Juden hingegen die ganze Woche lang, dann ist die Wut im Bauch verständlich.

Eigenen Angaben zufolge rechnet Israel mit einem Wasserdefizit von 360 Millionen Kubikmetern bis zum Jahr 2010. Das Defizit für Jordanien wird sich auf 200 Millionen, das der Westbank auf 140 Millionen belaufen. In Anbetracht der Tatsache, dass der Jordan in guten Jahren lediglich ein Wasseraufkommen von 1400 Millionen Kubikmetern erbringt und bereits heute über die Maßen beansprucht wird, stellt sich in der Tat die Frage, wo das Wasser künftig eigentlich herkommen soll.

Nullsummenspiel: Die besondere und empfindliche Ökologie der Gegend kollidierte seit jeher in grausamer Weise mit den komplizierten, instabilen und gefahrvollen politischen Verhältnissen in der Region sowie mit der Bevölkerungsdynamik und einer urbanisierten Wirtschaft. Nirgendwo waren und sind Kriege um Wasser wahrscheinlicher als im Nahen Osten. So kam es auch 1967 zwischen Israel und Syrien zu einer kriegerischen Auseinandersetzung. Dass der arabisch-israelische Krieg von 1967 seine Wurzeln in der Wasserpolitik ebenso wie im nationalen Territorialismus hatte, ist seither ein offenes Geheimnis. Israel hat die Kontrolle über die Golanhöhen und damit auch über das dortige Wasser. Gewiss kann Israel auch überzeugende psychologische und politische Gründe vorbringen, warum es die Golanhöhen besetzt hält, doch bestimmt nicht deshalb, um sich Heckenschützen vom Leib zu halten; moderne Artillerie braucht heute keine Sichtlinie mehr, sie kann sich auch ohne weiteres 20 Kilometer im Landesinneren von Syrien befinden. Gleichermaßen hält Israel seine militärische Präsenz im Südlibanon aufrecht, zumindest teilweise, weil es dort Wasser gibt, also nicht wegen terroristischer Stützpunkte. Insofern sind die Grenzen des Staates Israel in gewissem Maß das Ergebnis wasserstrategischer Interessen.

Wo sich die Wasserressourcen der Region befinden, lässt sich leicht umreißen; ungleich schwerer ist es, sie zu kontrollieren. Der Jordan, zentrale Wasserader und Schlüssel zum Wassersystem, bildet sich aus drei Quellflüssen. Der Hasbani entspringt in Syrien und fließt teilweise in den Libanon ab. Der Dan und der Baniyas entspringen in den Golanhöhen, die Israel seit 1967 besetzt hält und 1981 annektierte; beide fließen oberhalb des Sees Genezareth in den Jordan. Der Unterlauf des Jordan wird aus Süßwasserquellen und dem Wasserabfluss der Westbank gespeist, sowie dem Yarmuk, der in Syrien entspringt, entlang der Grenze zwischen Jordanien und Syrien und an den Golanhöhen (und damit an Israel) vorbeizieht, über mehrere hundert Kilometer dicht parallel zum Jordan verläuft und bei Adam Bridge in den Jordan mündet. Das Jordantal ist somit ein internationales Einzugsgebiet, ein natürlich definiertes Gebiet, das nicht so ohne weiteres künstlich unterteilt werden kann.

Lediglich 30 Prozent des Wassers in dieser Region ist Oberflächenwasser aus Flüssen. Der Rest ist Grundwasser, das aus drei Aquiferen stammt, dem Gebirgswasserleiter, dem Ostwasserleiter und dem Küstenwasserleiter. Der Gebirgswasserleiter deckt rund ein Viertel des israelischen Wassergesamtbedarfs und besteht aus mehreren großen Entwässerungsbecken: dem westlichen, welches nahezu vollständig innerhalb der israelischen Grenzen liegt; dem nordöstlichen innerhalb der Westbank; und dem Cenomanian-Turonian-Becken unter den nördlichen Ausläufern der Westbank. Der Ostwasserleiter besteht aus einer ganzen Reihe kleinerer Grundwasserleiter, die sich alle auf dem Gebiet der Westbank befinden; 90 Prozent des Wassers in dem Gebiet stammt aus Brunnen, mit denen man diese Süßwasserquelle angebohrt hat. Der Küstenwasserleiter, zu dem auch der Grundwasserleiter im Gazastreifen zählt, wurde jahrelang überbeansprucht, und zwar nicht nur von den Flüchtlingen in jenem Gebiet, sondern hauptsächlich von israelischen Siedlern, die diesen Grundwasserträger von außerhalb des Gazastreifens aus anzapften. Das Wassersystem im Gazastreifen steckt in der Krise: Die Förderrate liegt weit über der natürlichen Wiederauffüllungsrate, und bereits heute ist so viel Salzwasser in die Brunnen eingedrungen, dass das Wasser aus den meisten Brunnen nicht mehr trinkbar ist.

Die Verfügungsgewalt über das Wasser war schon für die Gründer Israels ein entscheidender Faktor. Ein überlebens- und entwicklungsfähiger Staat brauchte eine beträchtliche Menge an Einwanderern, und die Einwanderer brauchten Wasser – zum Leben, für die Landwirtschaft und für die Industrie. Bereits 1875 erklärte Charles Warren, Forscher bei der »British Royal Society«, dass Palästina und der Negev mit einer entsprechenden Wasserkontrolle ohne weiteres 15 Millionen Menschen aufnehmen könnten. Und Chaim Weizmann hatte 1919 auf der Pariser Friedenskonferenz nach Beendigung des Ersten Weltkriegs geäußert, dass das künftige Palästina, in welchen Grenzen auch immer, auf jeden Fall die Zuflüsse des Jordan (Berg Hermon) umfassen sollte sowie die Flussarme am Unterlauf des Litani, dort, wo er oberhalb der Stadt Tyre scharf nach Westen in Richtung Mittelmeer biegt. In einem Brief an den damaligen britischen Premierminister Lloyd George hatte Weizman seiner Forderung, »das Litani-Tal auf einer Strecke von rund 25 Meilen oberhalb der Flussbiegung sowie die westlichen und südlichen Hänge am Berg Hermon« zu kontrollieren, noch einmal Nachdruck verliehen. Die Kontrolle über den Litani, den Jordan und den Yarmuk wurde im Hinblick auf die Sicherheit des künftigen Staates als äußerst wichtig erachtet. David Ben-Gurion griff 1948 die Forderungen Weizmanns ebenfalls auf.

Doch der Litani wurde Israel nicht zugesprochen. Der Völkerbund teilte den Fluss dem Libanon zu. Für Israel war dies ein Quell ständiger Frustration: Nur ein schmaler Streifen trennt den Litani vom Oberlauf des Jordan, was israelische Wasserplaner immer wieder verlockt hat, diesen Fehler der Natur zu korrigieren. Nur der westliche Teil des Flusses liegt seit ein paar Jahrzehnten innerhalb der israelisch besetzten Zone.

Von Anfang an standen die arabischen Interessen, das Wasservorkommen zu schützen, in krassem Widerspruch zu den zionistischen Absichten, das Wasser für israelische Siedler abzuleiten. Politische Spannungen in der Region und das Fehlen von Lösungsansätzen, die für alle Seiten akzeptabel wären, verschlimmerten die Situation.

1926 hat die Wasserpolitik zum ersten Mal zu einem offenen Konflikt im Nahen Osten geführt. Damals erteilte der britische

Hochkommissar dem »Palästina-Elektrizitätswerk« eine Konzession auf siebzig Jahre, die Israel ermächtigte, das Wasser aus Jordan und Yarmuk zur Stromerzeugung zu entnehmen – ein erster Vorbote der künftigen Wassernutzungsproblematik: Die Konzession versagte den arabischen Bauern das Recht, die beiden Flüsse ohne Genehmigung des »Palästina-Elektrizitätswerks« zu nutzen, eine Genehmigung, die zu keiner Zeit erteilt worden ist.

Ein Jahrzehnt später wurde ein Hydrologe namens Ionides mit der Untersuchung der Wasserressourcen und Nutzungspotentiale im Jordanbecken beauftragt. Ionides machte drei Vorschläge: Erstens solle die Abflussmenge aus der Hochwasserführung des Yarmuk im See Genezareth aufgespeichert werden; zweitens solle das Seewasser zusammen mit weiteren 1,76 Kubikmetern pro Sekunde aus dem Abfluss des Yarmuk durch den Ost-Ghor-Kanal (die Hauptwassertransportanlage des Jordan) parallel zum Ostufer des Jordan abgeleitet werden, um damit etwa 30 000 Hektar Land östlich des Flusses auf der jordanischen Seite zu bewässern; und drittens solle das aufgespeicherte Wasser des Jordansystems mit einem geschätzten Volumen von 724 Millionen Kubikmetern vorwiegend innerhalb des Jordantals verwendet werden. Die Vorschläge wurden aber nicht umgesetzt: Das »Palästina-Elektrizitätswerk« hatte noch immer die Kontrolle über beide Flüsse und weigerte sich, das Wasser zu verteilen.

Die Zionisten bevorzugten eine andere Studie, die das »US Department of Agriculture« in Auftrag gegeben hatte. Der Verfasser der Studie, Walter Clay Loudermilk, vertrat die Ansicht, dass das regionale Wasservorkommen weit über dem von Ionides angegebenen liegt – nämlich um das Doppelte höher. Sein Plan sah die Bewässerung des Jordantals vor, zudem die Wasserableitung aus dem Jordan und Yarmuk zur Gewinnung von elektrischer Energie aus Wasserkraft, des Weiteren die Ableitung von Wasser aus dem Norden für die Negev-Wüste im Süden sowie die Nutzung des Litani im Libanon. Darüber hinaus schlug er vor, das Mittelmeer über einen Kanal mit dem Toten Meer zu verbinden – und fasste damit zum ersten Mal die außergewöhnliche Idee eines Verbindungskanals ins Auge (der später geplante Dead-Med-Canal, zu unterscheiden vom späteren und bekannteren Gegenstück, dem Red-Dead-Canal). Die neuen Wasserversorgungsanlagen sollten von jüdischen Einwanderern kontrolliert werden, eine Vorstellung, die bei den Zionisten große Zustimmung fand, bei der übrigen Bevölkerung jedoch auf heftige Ablehnung stieß. Araber, die den Plan nicht billigten, so schrieb Loudermilk, sollten des Landes verwiesen werden. Der so genannte Hayes-Plan von 1948 basiert im Wesentlichen auf Loudermilks Ansichten, ist im Ton allerdings etwas gemäßigter.

Fährt man von Safad über die gewundene Bergstraße talwärts nach Rosh Pina, von dort weiter nach Norden an die Benot-Ya'akov-Brücke und dann über die Landstraße 918 in Richtung Norden, schlängelt man sich irgendwann bis ins Huleh-Tal hinunter. Ökologie und Ideologie – eine hochbrisante Verbindung in einer Region, die von einer friedlosen Wasserpolitik gekennzeichnet ist – sind hier schon mehr als einmal aneinander geraten.

Noch um die Jahrhundertwende war diese Gegend Sumpfland. Die alte Bezeichnung dieser Gegend als Huleh-Sümpfe hielt sich noch bis in die späten vierziger Jahre zur Zeit des palästinensischen Mandats. Der Sumpf war zu gar nichts nütze; er förderte lediglich Krankheiten und die Vermehrung von Stechmücken; Malaria war weit verbreitet, ebenso Gelbfieber. Die Gegend gehörte einst zum syrischen Territorium, wurde aber mit dem Teilungsplan von 1948 Israel unterstellt. Ein Jahr später wurden die syrischen Truppen evakuiert und das Tal wurde Teil der entmilitarisierten Zone. Infolgedessen ging Syrien davon aus, dass Israel in dieser Gegend kein Wasser entnehmen würde. Der neu gegründete Staat Israel hingegen sah das anders. Israelische Siedler könnten mit dem Wasser des Jordan die Negev-Wüste bewässern, das Sumpfland trockenlegen, und die Kibbuzim, die auf Selbstversorgung ausgerichteten landwirtschaftlichen Gemeinschaftssiedlungen, könnten das Tal in fruchtbares Ackerland verwandeln. Der Siebenjahresplan, der 1953 veröffentlicht wurde, richtete sich nach der Hays-Variante des Loudermilk-Plans und bekräftigte das Vorhaben, das Wasser des Jordan nach Süden in die Negev-Wüste abzuleiten. Der Plan beinhaltete auch ein umfassendes, landesweites Wasservernetzungssystem und zog damit zum ersten Mal den Bau eines »National Water Carrier«-Systems in Betracht. Die Huleh-Sümpfe waren dabei ein integraler Bestandteil. Die ersten Bauarbeiten für die Ableitungskanäle begannen 1953 an der Benot-Ya'akov-Brücke, in dem Jahr, in dem auch die ersten Siedler in dieses Gebiet kamen.

Nach heftigen Protesten der Syrer – und nachdem die USA und andere westliche Länder Wirtschaftssanktionen gegen Israel verhängt hatten – wurden die Bauarbeiten einen Monat später wieder eingefroren.

Die Araber ihrerseits stimmten einem Vorschlag des amerikanischen Wasserbauingenieurs M.E. Bunger zu, wonach bei Maqarin am Yarmuk River, wo drei Täler zusammenlaufen, eine Talsperre errichtet werden sollte. Bunger war politisch naiv, wusste nichts von der aggressiven und militanten israelischen Politik. In der Tat ignorierte er Israel weitgehend, machte sich vielmehr daran, Jordaniens und Syriens Wassermangelproblem zu lösen, und versuchte gleichzeitig, zumindest ansatzweise, auch das palästinensische Flüchtlingsproblem zu lösen, indem er die Produktivität der vorhandenen Anbauflächen im östlichen Jordantal und Teilen Syriens erhöhen wollte. Die Arbeiten am Maqarin-Projekt liefen ebenfalls 1953 an. Der israelische Widerstand führte jedoch dazu, dass sowohl die Vereinten Nationen als auch die Vereinigten Staaten unter Druck die zugesagte Unterstützung für dieses Projekt wieder entzogen. Kurze Zeit später mussten Jordanien und Syrien fassungslos feststellen, dass die Arbeiten am Projekt stillschweigend einfach eingestellt worden waren.

Die politischen Spannungen in Bezug auf das Huleh-Tal und die entmilitarisierte Zone spitzten sich sehr schnell zu. Keine der beiden Seiten fühlte sich bewogen nachzugeben. Das Recht, das Land zu bestellen und das Wasser zu nutzen, betrachtete Israel als unumstößliches fundamentales Recht. Für die Syrer war es schlicht und einfach Diebstahl. Die Amerikaner intervenierten und unterbreiteten den Parteien ein weiteres Wasserprojekt. Ausgearbeitet hatte es ein Sonderbevollmächtigter namens Eric Johnston, der seinen Entwurf am Tennessee-Valley-Projekt ausrichtete. Johnston forderte ausdrücklich, umfassendere Maßnahmen zu treffen. Worum es ihm insbesondere ging, war, eine Möglichkeit zu finden für »eine gerechte Verteilung der vorhandenen Ressourcen« sowie einen Weg zur Zusammenarbeit der betroffenen Länder. Klar, dass sein Plan zunächst von allen Seiten in der Luft zerrissen wurde. Niemand fand Gefallen daran – Israel nicht, Jordanien nicht und auch nicht Syrien, nicht einmal der Libanon. Erst mit den Jahren wurde diese Pauschalverurteilung revidiert, der Plan als eine gerechte Möglichkeit angesehen und von Israel weitgehend angenommen.

1953 warf Israel den Siebenjahresplan über Bord zugunsten eines weitgreifenderen Zehnjahresplans. Unter anderem sah der Plan eine Änderung des »National Water Carrier«-Systems vor, jener Überlandwasserleitung, die das Wasser aus dem Jordan ableiten sollte. Man verlegte die Ableitungsstelle nach Eshrd Kinort am Nordwestzipfel des Sees Genezareth, wo sie außerhalb syrischer Reichweite lag. Außerdem wurde die Ableitungsmenge so bemessen, dass sie die quantitative Wasserzuweisung gemäß dem Johnston-Plan nicht überschritt.

Doch die Rechnung ging für Israel nicht auf. 1959 brachte Syrien den Fall vor die Arabische Liga, deren Vorsitz damals der ägyptische General Nasser hatte. Die Liga billigte entsprechende Vergeltungsmaßnahmen: Staudämme an mehreren Zuflüssen des Jordan und Yarmuk, am Baniyas und am Dan. Das Prinzip der territorialen Souveränität war zwar gewahrt – die Anlagen wären sämtlich auf syrischem Gebiet gelegen –, doch riefen diese Projekte erneut israelische Politiker auf den Plan. Israel errechnete, dass sich sein Kontingent aus dem Jordan durch den Bau dieser Dämme um 35 Prozent verringern würde, und sprach verhaltene Drohungen aus. Zunächst passierte nicht viel, bis dann der Bau 1961 genehmigt und die Arbeiten 1964 in Angriff genommen wurden. Shimon Peres hatte bereits kundgetan, dass der Streit ums Wasser einen Krieg auslösen könnte, und nun erklärte Levi Ashkol noch viel nach drücklicher: »Dieses Wasser ist wie das Blut in unseren Adern.« Falls die Syrer nicht einlenkten, so Israel, hätten sie, und nicht Israel, den Krieg begonnen. Israel hatte zwar nicht die Absicht, sein Kontingent gemäß dem Johnston-Plan zu überziehen, doch war es zum Krieg entschlossen, um die eigenen nationalen Interessen am lebensnotwendigen Wasser zu schützen. Im Gegenzug marschierten entlang der Grenze syrische Truppen auf und es kam zu mehreren blutigen Scharmützeln. Die Bauarbeiten an den Dämmen gingen unterdessen weiter, und nachdem Israel mehrmals mit »massiver Vergeltung« gedroht hatte, ohne damit irgendetwas zu bewirken, begann die israelische Luftwaffe, die Installationen zu bombardieren und zu zerstören. Das war zwei Monate vor Kriegsausbruch 1967.

Mit der Besetzung der Westbank, des Gazastreifens und der Golanhöhen, die 1981 annektiert wurden, hält Israel die regionalen Wasservorräte bis hoch in den Norden des Landes, bis hin zum Berg Hermon, dem Quellgebiet des Jordan, fest im Griff. Mit der Invasion des Südlibanon 1982 konnte Israel sein Wassereinzugsgebiet noch weiter ausdehnen und beherrscht nun auch Teile des Litani.

Israel hat versprochen, die Golanhöhen an Syrien zurückzugeben, allerdings auf Grundlage eines umstrittenen Zeitplans. Keine gute Idee, jedenfalls in den Augen der Bewohner Safads. Denn wer die Kontrolle über die Golanhöhen hat, hat die Kontrolle über das Wasser, und das ist die Schlüsselstellung.

Fünfzehn bis zwanzig Jahre nachdem die ersten israelischen Siedler den Boden in den Huleh-Sümpfen bestellt hatten, drangen die Bauern weiter in das Tal vor, dieses Mal unter israelischer Kontrolle und »gefahrlos« – sieht man einmal ab von gelegentlichem Beschuss aus Guerillastützpunkten im Libanon, an den die meisten Bauern jedoch gewohnt waren. Doch wie sich herausstellte, lauerte ein noch viel hinterhältigerer Feind.

Mit der Trockenlegung der Feuchtgebiete begannen die Grundwasserspiegel zu fallen. Kleine Bäche und Quellen trockneten aus und fast jedes Jahr mussten die Brunnen ein Stück tiefer gebohrt werden. Einige der Bauern gaben auf, andere machten sich daran, den Boden noch intensiver zu bewässern, was dazu führte, dass gefährliche Mengen an Salz in den Boden eindringen konnten. Um mit dem erhöhten Salzgehalt fertig zu werden, gingen die Bauern dazu über, salzresistentere Feldsorten anzubauen, doch sobald der Versalzungsgrad über das Adaptionsvermögen der Pflanzen hinaus angestiegen war, standen sie wieder am Anfang. Und irgendwann kam es zu Bodeneinbrüchen. Die tief liegenden Grundwasserleiter hatten sich mit der Zeit immer weiter erschöpft und so sank der Boden in die zurückgebliebenen Hohlräume ab. An manchen Stellen waren die Einbrüche bis zu 7 Meter tief und zuweilen verschwanden auch ganze Häuser. Agronomen und Hydrologen unterzogen den Boden einer gründlichen Untersuchung, doch sah man auch ohne besonderen Sachverstand, was passiert war: Die nunmehr erschöpften Grundwasserleiter waren für die Gesundheit des gesamten Ökosystems unentbehrlich gewesen; nun, da das Wasser verschwunden war, lag die Region im Sterben. Doch so leicht es war, das Problem zu erkennen, so schwierig war es herauszufinden, wie es wohl zu beheben ist. Die Bauern waren in Israel seit jeher eine einflussreiche politische Kraft, denn zu den zionistischen Idealen gehörte vor allem auch die Selbstversorgung; die Kibbuzim waren Teil der nationalen Identität der Israelis. Sollte man die Kibbuzim also einfach schließen? Das war unmöglich.

Am Ende hatte man erkannt, dass das Problem mit politischen Mitteln nicht zu lösen war. Es gab nichts, was man dagegen tun konnte, der Boden sank weiter. Mitte der achtziger Jahre traten in der Gegend öfter Sandstürme auf. Der salzige Boden wurde von den wirbelnden Sommerwinden aufgenommen und bis weit in den Süden fortgetragen. Im Jordan fand man herausgelaugte Bodensubstanzen, die bis in den See Genezareth mitgeführt wurden.

Im Laufe der achtziger Jahre hatte sich die politische Dynamik verändert. Die rasch wachsende städtische Bevölkerung erforderte neue Prioritäten in der Wasserpolitik. Das Wasser war nun nicht mehr in erster Linie für die Bauern da. Weit wirtschaftlicher war es, das Wasser zur Herstellung von Gütern zu nutzen, die man für harte Währung verkaufen konnte, um damit Nahrungsmittel zu kaufen. Mit anderen Worten: Man versprach sich von einer industriellen Verwendung des verfügbaren Wassers einen höheren Nutzungswert als von einer landwirtschaftlichen. Das Ende vom Lied war, dass die letzten Bauern aus dem Huleh-Tal verdrängt wurden und die Hydrologen Einzug hielten.

Die Ableitungen aus dem Jordan in das »National Water Carrier«-System hatten ebenfalls weit reichende und unvorhersehbare ökologische Folgen. Noch 1953 lag die durchschnittlich geführte Wassermenge des Jordan bei 1250 Millionen Kubikmetern an der Allenby-Brücke unweit des Toten Meers; die derzeitige Fließmenge variiert zwischen 160 und 200 Millionen Kubikmetern; das ist lediglich ein Achtel der früheren Wassermenge. Zudem ist das abgeführte Wasser nicht so rein, wie es sein sollte: Es enthält Mineralstoffkonzentrationen, die in Europa oder den Vereinigten Staaten längst nicht mehr als unbedenklich eingestuft würden.

Die verminderte Wasserführung des Jordan – die Umwandlung eines Flusses in einen Entwässerungsgraben – hat sich auch auf das Tote Meer ausgewirkt. Der Seespiegel des ohnehin am niedrigsten gelegenen Sees weltweit (etwa 300 Meter unter dem Meeresspiegel) ist seit Beginn des Jahrhunderts um mehr als zehn Meter gesunken und er sinkt immer schneller. Das Tote Meer ist nicht nur wegen seiner mineralischen Rohstoffe (Kalium- und Brom-Fabriken verunstalten die Landschaft) oder wegen der vielen Touristen von Bedeutung (dass man im See unmöglich untergehen kann, zieht alljährlich abertausende von Touristen an), sondern auch deshalb, weil gerade sein großes Volumen sich günstig auf das örtliche Mikroklima auswirkt.

Während des brütend heißen Sommers von 1998 konnte man Maschinengewehrsalven an mehreren Stellen entlang der Autobahn nach Amman, Jordaniens Hauptstadt, vernehmen. Niemand wurde dabei verwundet, weder Mensch noch Tier: Schäfer waren dabei, Löcher in eine staatliche Wasserversorgungsleitung zu schießen, um Wasser für ihre Herde zu bekommen. Es war damals gang und gäbe, dass sich die Bewohner der Hauptstadt gegenseitig bezichtigten, Wasser aus den Wassertanks auf den Hausdächern zu stehlen, und so kam es des Öfteren zu zänkischem Geschrei und mitunter auch zu Schlägereien auf den Dächern von Amman. Es gab auch Meldungen über Anschläge auf private Wasserverkäufer, die den Preis von 20 jordanischen Dinar, etwa 30 US-Dollar, für 5000 Liter Wasser einfach verdreifacht hatten – und das in einem Land, wo das jährliche Pro-Kopf-Einkommen bei durchschnittlich 1100 US-Dollar liegt. Der Wasserpegel in den Süßwasserquellen der Oase von

Azraq, einst Aufenthaltsort von Lawrence von Arabien, schrumpft seit Jahren, doch in jenem langen, heißen Sommer versiegte so manche Quelle vollständig; nichtsdestotrotz gaben korrupte Beamte dutzende neuer Grabungslizenzen für Brunnen aus. Das Wasser wurde streng rationiert: Die meisten Bürger konnten damals nur noch an zwei Tagen in der Woche Wasser aus öffentlichen Brunnen beziehen. Jeder Haushalt bekam 85 Liter Wasser am Tag zugeteilt – ein Drittel der Ration, die ein saudi-arabischer Haushalt zugeteilt bekam, und ein Viertel dessen, was ein israelischer Haushalt bekam. In den reichen Stadtvierteln, wo das Wasser nicht rationiert wurde, gibt es dagegen private Swimmingpools, und Grünanlagen in den öffentlichen Parks werden das ganze Jahr hindurch mit Berieselungsanlagen bewässert. Zu allem Überfluss gehen in Amman alles in allem jährlich 50 Prozent des abgepumpten Wassers verloren, entweder durch Diebstahl oder durch Sickerstellen an den Rohren. Der Jordan und der Yarmuk sind die einzigen Fließgewässser des Landes und bilden die einzige Oberflächenwasserquelle im Jordanbecken. Die einzige weitere Süßwasserquelle bilden regengespeiste Grundwasserleiter, die seit 1989 abgepumpt werden. Das jährliche Wasseraufkommen der erneuerbaren Süßwasserquellen des Landes beträgt 650 Millionen Kubikmeter Wasser – derzeit verbraucht das Land jedoch 990 Millionen. Warum das Wasser rationiert werden muss, ist also unschwer zu erkennen.

Während der fünfziger Jahre plante Jordanien die Errichtung von Staudammsystemen am Yarmuk, um damit die Kontrolle über den noch unerschlossenen Jordanzufluss zu erlangen. Doch machten die Israelis diese Pläne seit dem Krieg von 1967 zunichte. Seither haben sie wiederholte Male jegliche Bauarbeiten an jordanischen Staudämmen oder Ableitungskanälen blockiert, denn Israel betrachtet jede Wasserförderung als unmittelbare Bedrohung seiner Bauern im Jordantal.

1970 versuchte Jordanien erneut, ein Projekt durchzusetzen. Geplant war ein Staudamm bei Maqarin am Yarmuk nahe der Grenze zu Syrien. Doch gemäß den Finanzierungsregelungen der Weltbank bedurfte es auch der Zustimmung Israels als stromabwärts liegender Anrainer. Israel aber verweigerte seine Zustimmung. In der offiziellen Erklärung heißt es, Israel habe im Grunde zwar nichts gegen einen Staudamm einzuwenden, doch sei der zur Debatte stehende Damm viel zu groß und entnähme dem System viel zu viel Wasser. Im Weiteren forderte Israel unverfroren eine Neuzuteilung seiner Wassermenge, da sich das israelische Staatsgebiet inzwischen vergrößert habe. Jordanien seinerseits sah keinen Grund, warum die einseitige Annexion der Golanhöhen alle anderen Parteien verpflichten sollte, die Wasserquoten anders aufzuteilen. Aus ihrer Sicht war das Wasser auf der Grundlage des Johnston-Plans souveränen Staaten zugeteilt worden und nicht einer beliebigen Fläche von Quadratkilometern. Und deshalb dürfe die Besetzung eines Gebiets durch ein anderes Land diesem nicht automatisch auch das Recht auf mehr Wasser zubilligen.

Israel für seinen Teil erhob darüber hinaus auch Einwände gegen den Ost-Ghor-Kanal, der bei Luftangriffen im Krieg 1967 schwer beschädigt worden war und nur teilweise wieder aufgebaut wurde. Mit Drohungen gegen die Bauarbeiten am Kanal versuchte Israel, Jordanien zu einer Beendigung der eskalierenden Gewalt von Gruppen der palästinensischen Befreiungsorganisation PLO zu bewegen, die sich auf jordanischem Gebiet postiert hatten. Die Drohungen wirkten. Nach zähen Verhandlungsgesprächen kamen beide Seiten überein, »die Grundsätze der quantitativen Wasserzuweisungen nach dem Johnston-Plan« zu befolgen, und König Hussein verwies im Gegenzug die PLO 1971 des Landes. Der Ost-Ghor-Kanal wurde daraufhin wieder instand gesetzt.

1990 bat Jordanien erneut die Weltbank um finanzielle Hilfe zur Errichtung des Wahda-Staudamms am Oberlauf des Yarmuk. Abermals verweigerte Israel seine Zustimmung. Es stand außer Frage, dass der Damm, wenn er denn je gebaut würde, die israelische Wasserversorgung angesichts des ständig steigenden Bedarfs gefährden würde. König Hussein, eigentlich ein besonnener Mann, im diplomatischen Sprachgebrauch durchaus gewandt, fühlte sich bewogen zu erklären, dass »das Wasser das einzige Problem sei, das ihn zu einem Krieg mit Israel veranlassen könnte.« Das Projekt wurde auf Eis gelegt.

1994 gab es mit der Unterzeichnung des Jordanisch-Israelischen-Friedensabkommens zur Abwechslung einmal eine ganze Reihe guter Neuigkeiten. Zahlreiche Wasserstreitfragen wurden nun vertraglich geregelt. Unter anderem stimmten beide Seiten der Finanzierung eines gemeinschaftlichen Staudamms am Yarmuk zu, und Israel erklärte sich bereit, Wasser aus dem Oberlauf des Jordan während der trockenen Sommermonate nach Jordanien abzuleiten. Man vereinbarte eine quantitative Wasserzuweisung, die sich im Großen und Ganzen wie gehabt am Johnston-Plan orientierte, wobei die Zustrommenge nach Jordanien erhöht werden sollte. Gemeinsam wollten die beiden Länder das Tote Meer sanieren, indem sie Meerwasser über Verbindungskanäle importieren, über den Red-Dead-Canal aus dem Roten Meer oder über den Dead-Med-Kanal aus dem Mittelmeer. Die Kosten für dieses Vorhaben würden sich auf jeweils rund 5 Milliarden US-Dollar belaufen, bei unabsehbaren ökologischen Auswirkungen. Das natürliche Gefälle zum Toten Meer sollte zur Erzeugung riesiger Mengen Strom genutzt werden, und dieser wiederum zur Entsalzung des Wassers. Das entsalzte Wasser würde dann über Pipelines von Israel nach Amman geleitet werden – »Friedenswasser«.

Eine Schwachstelle des Abkommens ist sicherlich das Fehlen eines Zeitplans. Als sich König Hussein Ende 1998 in den Vereinigten Staaten einer Chemotherapie unterzog, kam es zu allerlei politischen Spekulationen: Würde sich seine Abwesenheit in irgendeiner Weise auf das Abkommen auswirken? Und als im gleichen Jahr auch noch Jordaniens altgedienter Wasserwirtschaftsminister und Friedensunterhändler Mintler Haddadin völlig unerwartet zurücktrat, hagelte es Anschuldigungen und Gegenanschuldigungen wegen angeblicher Wassermisswirtschaft, und Vorwürfe wurden erhoben, »mit den Israelis zu weich« verfahren zu sein. Was diese Auseinandersetzungen für das Abkommen tatsächlich bedeuteten, wusste niemand so recht, obgleich sie wie ein »Katalysator für stärkere Konfrontationen« wirken könnten, wie es ein Diplomat vorsichtig und mit Bedacht ausdrückte.

Der Libanon ist das einzige Land der Region mit einem reichlichen Wasservorkommen. Dennoch haben die Bauern mit chronischem Wassermangel zu kämpfen und auch in der Hauptstadt Beirut wird das Wasser rationiert. Das Problem hat hier aber eher mit dem Zusammenbruch der staatlichen Verwaltungsbehörden nach dem verheerenden Bürgerkrieg zwischen 1976 und 1990 zu tun als mit dem natürlichen Wasservorrat.

Der Litani ist einer der bedeutendsten Flüsse des Landes. Die mitgeführte Wassermenge von 580 Millionen Kubikmetern im Jahresmittel liegt zwar unter der des Jordan, doch ist das Wasser von besserer Qualität (der Salzgehalt liegt bei traumhaften 20 Teilen pro einer Million; im See Genezareth sind es dagegen 300). Der Litani entspringt inmitten des im Norden gelegenen Bekaa-Tals, westlich von Baalbek, folgt dem Tal in südliche Richtung durch das Libanongebirge und Anti-Libanongebirge, strömt in eine 30 Kilometer lange Schlucht bei Qarun, biegt abrupt nach Westen und mündet nördlich von Tyre ins Mittelmeer.

Die Israelis hatten es nie wirklich aufgegeben, den Litani als ihren rechtmäßigen Fluss zu betrachten. Demgemäß erklärte auch Moshe Dayan, Israels Verteidigungsminister während des Kriegs 1967 und ein notorischer Kriegstreiber, dass Israel »einstweilig zufrieden stellende Grenzverläufe« erreicht hätte, »mit Ausnahme der libanesischen«. Es lässt sich schwer sagen, inwieweit der Streit um Wasser Israel zur Intervention 1978 und zum Libanon-Einmarsch 1982 bewogen hat, um dort seine militärisch-politische Sicherheitszone zu verteidigen. Offiziell hieß es, der Einmarsch erfolgte wegen der notwendigen Kontrolle der Guerilla- und Terroristenstützpunkte im Libanon. Doch eine wichtige Rolle spielte die Wasserversorgung allemal.

Wie dem auch sei, Tatsache ist, dass die Israelis heute Zugang zum Litani haben. Es kursieren widersprüchliche Meldungen ohne offizielle Bestätigung, wonach die Israelis das Wasser aus dem Litani nutzen, es nach Süden umleiten, unterirdische Pipelines für den Wassertransport nach Süden bauen und angeblich weitere Vorhaben dieser Art planen. Ein umstrittener Bericht zur Situation in der Nahrungsversorgung und Landwirtschaft aus den siebziger Jahren vermeldete, dass Israel unterirdische Pumpanlagen entlang der libanesischen Grenze erbaut hatte, um das Wasser nach Süden abzusaugen. 1984 reichte die libanesische Regierung eine formale Klage über Israels mutmaßliche Wasserableitungen bei den Vereinten Nationen ein, und zwar nicht nur betreffs des Litani, sondern auch betreffs zweier kleinerer Flüsse, die in der von israelischen Militärs kontrollierten Sicherheitszone lagen. Westliche Forscher erklärten daraufhin ebenfalls, dass Israel jährlich rund 100 Millionen Kubikmeter Wasser aus dem eigenen Hasbani nach Süden ableitet sowie »in unbedeutenden Mengen« auch aus dem Litani. Diese Anschuldigung hat Israel konsequent bestritten. Fairerweise muss hinzugefügt werden, dass die meisten der schwereren Anschuldigungen über israelische Wasserzugriffe im Libanon aus den Reihen politisch organisierter Araber kamen.[1]

Das internationale Recht steht auf libanesischer Seite. Dem Prinzip nach sollte das Wasser aus einem natürlichen Einzugsgebiet so lange nicht abgeleitet werden – ohne Rücksicht auf politische Grenzen –, bis nicht »jeglicher Bedarf innerhalb des Einzugsgebiets gedeckt ist«. Der Libanon nutzt den Oberlauf des Litani sinnvoll: Der Fluss erzeugt etwa 35 Prozent der gesamten elektrischen Energie des Landes; fast 230 Millionen Kubikmeter Wasser werden jährlich durch den Markaba-Tunnel in den Awali abgeleitet, aus dem sich Beirut und andere Küstenregionen mit Wasser versorgen. Anfang der siebziger Jahre plante der Libanon, auch die schiitischen Gebiete im Süden des Landes über eine Reihe von Staudämmen und Stauwehren zu bewässern, doch haben die Vereinigten Staaten und Israel dieses Vorhaben blockiert, indem sie die Geldgeber für das Projekt unter Druck setzten.

Die politische Führung der Libanesen zeigt sich ebenso kriegslüstern und ebenso gewaltbereit, wie die der Israelis. Noch immer gibt es dutzende Dörfer ohne fließend Wasser, und falls die Regierung dem Nachbarn Israel die Entnahme von Teilen der nationalen Wasservorräte genehmigen sollte, würde es garantiert zu Aufruhr und Tumulten kommen. Denn die Shia Muslims im Einzugsgebiet des Litani sind seit Jahren verärgert. Als 1974 Gerüchte umgingen, dass das Wasser des Litani nach Beirut abgeleitet würde, um dort Engpässe in der Wasserversorgung auszugleichen, kam es bereits zu massiven Demonstrationen gegen die Regierung.

Noch immer gibt es die gegenseitigen Beschuldigungen zwischen Israel und dem Libanon, ebenso wie die endlosen Debatten darüber, wer denn das Wasser des Litani nun besser nutzen könnte und wer es nötiger bräuchte. Doch, und darin sind sich alle einig, ist ein verbaler Schlagabtausch sicher weniger todbringend als ein militärischer.

Derzeit übt Israel auch die vollständige Kontrolle über sämtliche Grundwasserleiter der Westbank aus, was dem Land Grund genug ist, die Region nicht zurückzugeben, egal, wem sie einmal gehörte. Israel deckt derzeit rund ein Viertel seines Bedarfs aus dem Wasser der Westbank, was den Landwirtschaftsminister Rafael Eitan veranlasst hat, im israelischen Rundfunk zu erklären, dass das Land in »tödlicher Gefahr« schwebe, sollte es die Kontrolle über den Gebirgswasserleiter verlieren.[2] Mitte der neunziger Jahre gab es noch immer beträchtliche Verwirrung über die tatsächlich vorhandene Wassermenge in diesem unterirdischen Grundwasserspeicher; die Wissenschaft ist mehrheitlich der Ansicht, dass es bei gerechter Aufteilung genügend Wasser in der Region sowohl für die Israelis als auch für die Palästinenser gäbe. Doch die Politik mag sich den Analysen der Wissenschaftler nicht anschließen.

Im Sechstagekrieg hatte sich Israel alle wesentlichen Wasserquellen der Westbank angeeignet; sie wurden nach dem Krieg sämtlich unter militärische Kontrolle gestellt. 1982 überantwortete Verteidigungsminister Ariel Sharon die nationale Wasserversorgung dem »National Water Carrier«-System, welches auch den Gebirgswasserleiter mit den übrigen Wasserquellen des Landes verbinden sollte. Die Wassernutzung unterliegt den strengen Restriktionen der israelischen Wassergesetze. Für jeden, der vorhat einen Brunnen zu bohren, gilt: »Es ist durchaus statthaft, einem Antragsteller ohne weitere Begründung die Genehmigung zu verweigern, eine Lizenz zu widerrufen oder abzuändern. Die zuständigen Behörden sind befugt, jegliche Wasserquellen, für die keine Genehmigung erteilt wurde, aufzuspüren und zu beschlagnahmen, auch wenn der Eigner nicht für schuldig erklärt worden ist«, – so heißt es präzise formuliert im höflich bürokratischen Stil des Gesetzestexts. 1998 wurden für jüdische Siedler weit mehr Lizenzen zur Erschließung neuer Brunnen vergeben als für Palästinenser. Zudem dürfen die Brunnen der Palästinenser nicht tiefer reichen als 140 Meter, wohingegen die Brunnen der Juden bis zu 800 Meter tief in den Boden hineinreichen dürfen. Gleichzeitig gibt es in über der Hälfte der palästinensischen Dörfer noch immer kein fließend Wasser, in ausnahmslos allen israelischen Siedlungen hingegen sehr wohl – in der endlosen Litanei von Groll und Zorn der Palästinenser ein weiterer wunder Punkt.

Worum es in der Gegend im Grunde geht, ist einfach: Israel könnte ohne das Wasser der Westbank nicht existieren, die Palästinenser sind vollkommen davon abhängig. Das knappe verfügbare Wasservorkommen macht die Situation für beide Seiten gleichermaßen bedrohlich.

In Gaza, Heimat der Unzufriedenen und Geburtsstätte der PLO und der Intifada, war das Wasser seit eh und je Streitpunkt und Spannungsfaktor. Die Versalzung der Wasservorräte in neuerer Zeit hat dieses Problem nur noch intensiviert.

Gaza ist klein, nur 40 mal 10 Kilometer groß, aber dicht bevölkert und geopolitisch weit bedeutender, als dies seine Größe vermuten ließe. Gaza liegt an der Mittelmeerküste und grenzt auf 11 Kilometern Länge an Ägypten und auf 51 Kilometern Länge an Israel. Nicht einmal 1 Prozent der Bevölkerung innerhalb der Enklave sind jüdische Siedler; die restlichen Einwohner sind fast ausnahmslos Sunniten. Etwa ein Drittel der Bevölkerung lebt in Flüchtlingslagern der Vereinten Nationen.

Das Klima ist gemäßigt, aber trocken. Zwei Drittel des Wassers der ohnehin dürftigen Regenfälle gehen mit der Verdunstung gleich wieder verloren; die restliche Menge füllt den einzigen natürlichen Süßwasserspeicher in Gaza wieder auf, den Gaza-Aquifer. Dieser Sandsteinschwamm, nur wenige Meter unterhalb der Oberfläche, speichert vermutlich ein erneuerbares Wasservolumen von 42 Millionen Kubikmetern im Jahr. Brunnen und Bohrlöcher fördern derzeit jährlich 45 Millionen Kubikmeter Wasser. Das übermäßige Abpumpen der Vorräte lässt den Grundwasserspiegel um jährlich rund 15 Zentimeter absinken, was das Eindringen von Salzwasser aus dem Mittelmeer und aus anderen nahe gelegenen salzhaltigen Aquiferen zur Folge hat. Salziges Meerwasser wurde schon bis zu 1,5 Kilometer landeinwärts nachgewiesen und bedroht mittlerweile den gesamten Aquifer. In vielen Teilen der Region ist das Wasser so salzhaltig, dass es den Boden schädigt und dadurch die Ernteerträge drastisch reduziert. Zitrusfrüchte, Gazas landwirtschaftliches Hauptexportprodukt, sind hochgradig salzempfindlich, leiden an der schlechter werdenden Wasserqualität und erbringen folglich schlechtere Ernteerträge. Darüber hinaus hat der unkontrollierte Einsatz von Pestiziden und Düngemitteln das Grundwasser chemisch verseucht. Und auch die Flüchtlingslager – die meisten haben keine geeignete Abwasserkontrolle – tragen zur Verschlechterung der Situation bei. Ein Zehntel der Bevölkerung benutzt einfach die Sanddünen als Klosetts, und die mangelhaft unterhaltenen wenigen Kläranlagen laufen regelmäßig über.

Auch in Gaza spielte und spielt der Wassermangel – oder die »Nachfrage-induzierte Verknappung«, wie Thomas (Tad) Homer-Dixon, Leiter der Friedens- und Konfliktstudien an der Universität von Toronto, es ausdrückt – im anhaltenden Gewaltkonflikt eine große Rolle. Hervorgerufen hat diese »Verknappung« in erster Linie das hohe Bevölkerungswachstum. Der Massen-Exodus der Flüchtlinge nach Gaza, der nach der Teilung 1948 einsetzte, hat die Bevölkerung verdreifacht, mittlerweile leben dort fast eine Million Menschen. Trotz der hohen Kindersterblichkeitsrate hat Gaza eine der höchsten Bevölkerungswachstumsraten der Welt, vermutlich liegt sie über 5 Prozent, was in der Folge zu einem drastischen Rückgang des Wasseraufkommens pro Kopf geführt hat.

Als Israel 1967 alle Wasserressourcen zum Staatseigentum erklärte, wurde der palästinensische Wasserverbrauch strikt reglementiert. Der israelische Wasserverbrauch hingegen wird zum Teil mit öffentlichen Geldern finanziert, was einen übermäßigen Verbrauch und Missbrauch fördert. 1995 zahlten die Palästinenser in Gaza 1,20 Dollar für einen Kubikmeter Wasser, während die israelischen Siedler dafür nur 10 Cents bezahlten.

Was die Westbank betrifft, so kann das Wasserproblem von keiner der beiden Seiten allein gelöst werden, sondern nur durch Zusammenarbeit – selbst wenn das noch so unwahrscheinlich scheinen mag.

Der Friedensprozess, so weit er derzeit gediehen ist, hat multilaterale Runden einberufen, die über regionale Wasserprobleme verhandeln. Von Anbeginn wurden die Gespräche von zwei Faktoren bestimmt: Erstens boykottierten Syrien und der Libanon diese Runden mit der Begründung, die Teilnahme an Wasserverhandlungen mit Israel könnte als De-facto-Anerkennung der völkerrechtlichen Existenz des Staates Israel gesehen werden; zweitens weigerte sich die Regierung Israels, für die das Wasser einen sicherheitspolitischen Faktor darstellt, die quantitative Wasserzuweisung überhaupt zu verhandeln, es sei denn auf bilateraler Basis. Die multilateralen Runden beschränken sich demzufolge auf die Erarbeitung von Vorschlägen, wie die Wasserversorgung und die Wasserwirtschaft zu verbessern seien. Die Grundsatzerklärung zwischen der PLO und Israel, die 1993 in Washington unterzeichnet wurde, ist nicht präzise, doch immerhin erlaubt sie eine Verhandlung der Streitfragen durch ein »Israelisch-Palästinensisches Komitee für wirtschaftliche Zusammenarbeit«. Fortschritte konnten aber auch dadurch bislang nicht erzielt werden.

Soll es künftig keine weiteren Wasserkriege mehr geben, so sind auch allerkleinste Schritte vonnöten. Der Gaza-Aquifer wird ersetzt werden müssen, und das schon recht bald, denn die Situation in Gaza ist die vielleicht gefährlichste überhaupt. Zudem muss die quantitative Wasserzuteilung für die Bewohner der Westbank – und zwar für das gesamte Gebiet, einschließlich der 13 Prozent, die wieder an Palästina abgetreten werden müssen – angehoben werden. Folgende Streitfrage bedarf ebenso dringend einer Lösung: In einigen Gebieten der Westbank gab es über Zeiträume von zwei oder mehr Monaten überhaupt kein Wasser. Das Wasser aus dem Ost-Aquifer im Gebiet der Westbank müsste deshalb neu verteilt werden, wobei der palästinensische Anteil von derzeit jährlich 25 Millionen Kubikmetern Wasser auf mindestens 100 Millionen angehoben werden sollte.

Vor allem aber sollte eines klar werden: Die Krise stellt weniger ein reines Versorgungsproblem dar als vielmehr ein Problem der ungerechten Verteilung, das zusätzlich verkompliziert wird durch einen historisch tief begründeten Hass, ideologische Querelen und Fragen der nationalen Sicherheit.

In diesem Nullsummenspiel ist einer der Gewinner und einer der Verlierer – wenn nicht bald die Regeln geändert werden.

Kapitel 13

Der Nil

Das hohe Bevölkerungswachstum in Ägypten beschleunigt und verschärft den Konflikt um Wasserangebot und Wassernachfrage

Es ist noch gar nicht so lange her, da lehnte ich eines Abends an der Reling eines knarzenden Passagierschiffes mit dem Zwischenziel Mogadischu und starrte unter mir auf das Wasser des Rosetta, eines kleinen Flussarms im Nildelta. Etwas entfernt zu meiner Rechten lag Alexandria, heute ein trostloser Ort, schäbig und armselig, einst aber ruhmreicher Leitstern der Zivilisation. Viel ist von den alten Glanzzeiten nicht mehr übrig. Östlich bei Darneita, liegt nahe der Mündung jenes Kanals, der sich bis zum Roten Meer hin erstreckt, der andere Flussarm des Deltas. Früher gab es hier noch mehr Flussarme – das Delta bestand einst aus einem ganzen Labyrinth von veränderlichen Stromrinnen –, doch die sind alle verschwunden, sind Geschichte, wie die Bibliothek von Alexandria. Die Schlammmassen, die der Fluss einst vor sich her ins Meer schob und die diese Flussarme für gewöhnlich ausformten, kamen früher mit dem Wasser aus dem äthiopischen Hochland, bleiben heute jedoch am Assuanstaudamm oder an einer anderen Staustufe hängen.

Ich schaute aufs Wasser hinunter. Der Mond war an jenem Abend blutrot, das Wasser warm, schlammig und schwarz in der ägyptischen Nacht. Für einen kurzen Moment sah ich zwei Flussdelfine, ein silbriges Glitzern, das im nächsten Moment schon wieder vorbei war. Aus der Ferne hörte ich das Tuckern eines schweren Dieselmotors, gedämpftes Stimmengewirr drang vom Kai herüber, wo eine Gruppe arabischer Männer in Djellabas rauchte und schwatzte. Wieder tauchten die Flussdelfine auf. Sie waren aus Homers weinroter See bis hierher geschwommen, wo das Meer auf den smaragdgrrünen Fluss trifft, der aus den Mondbergen ins Tal strömt. Kann es ein romantischeres Fleckchen Erde geben? Und sagte nicht schon Mohammed, der Prophet Gottes höchstselbst, dass der »Nil aus dem Garten Eden heraustritt, und wollte man ihn an jener Schwelle besehen, so würde man darin die Blätter des Paradieses finden«?[1]

Der Nil, der *Nahal*, Flusstal, wie es im Altsemitischen heißt, ist der längste Strom der Erde; er erstreckt sich über 6800 Kilometer und 35 Breitengrade. Verfolgt man den Lauf des Nils von der Mündung aus stromaufwärts, geht es zunächst vorbei an Al Qahira, dem jungen und lauten Kairo, erst wenige Jahrtausende alt, dann weiter quer durch die Ostwüste und vorbei an all den ruhmreichen Stätten der ägyptischen Geschichte: Deir Mahwas, Qena, Qus, Luxor, Assuan, Abu Simbel; von dort hinauf über den gewaltigen Graben der Großen Kluft, mitten hinein ins Herzland Afrikas. Im Sudan streift man die Orte, an denen einst die alten Reiche der Könige von Kush und Meroe zur Blüte kamen. Kurz nach Khartum teilt sich der Nil und man steht vor der Wahl: weiter entlang am Weißen Nil oder am Blauen Nil? Der Weiße Nil mit seinen zahlreichen Verästelungen führt zunächst in die Sudd-Sümpfe, dann weiter nach Süden zu den Großen Seen, nach Jinja am Viktoriasee, nach Burundi (wo der Nil seinen eigentlichen Ursprung hat) und nach Ruwenzori, den Mondbergen. Der Blaue Nil führt nach Äthiopien, ein Land, dessen Kultur bis zu Salomo dem Weisen, König von Juda und Israel, zurückreicht. Die alljährlichen Regengüsse im äthiopischen Hochland, die mit dem Nil abflossen, die mitgeführten fruchtbaren Schlammmassen, die sich dann im Nilbecken ablagerten, ließen die ägyptische Zivilisation überhaupt erst gedeihen.

Der berühmte Afrikaforscher Henry Morton Stanley kennt viele Geschichten über den Nil, die meisten davon hat er – in journalistischer »Diebischer-Elster-Manier« – frühen arabischen Manuskripten entnommen: »Was den Nil betrifft, so kommt er aus den Bergen von Gumr ... Manche sagen, man solle dieses Wort »Kamar« aussprechen, was Mond bedeutet, doch der Reisende Ti Farshi sagt, die Berge wurden deshalb so benannt, weil das Auge dort von der großen Helligkeit geblendet wird.«[2]

Achmed, der Sohn von Ti Farshi, erzählt in seinem Buch über die Beschreibung des Nils, dass Historiker berichten, Adam habe den Nil seinem Sohn Seth vermacht, und seither stünde dieser im Besitz der Kinder der heiligen Bücher der Propheten und der Religion. Sie kamen hierher nach Ägypten (nach Kairo), nach Lul, wie das Land seinerzeit hieß, und weilten auf den Bergen. Nach ihnen kam ein Sohn namens Kinaan, danach dessen Sohn Mahaleel, danach dessen Sohn Yaoud, danach dessen Sohn Hamu und danach dessen Sohn Hermes – besser gesagt Idrisi der Prophet (Enoch). Idrisi begann, das Land in ein System von Recht und Ordnung zu bringen: Er war der erste Mann, der den Lauf des Nil nach Ägypten regulierte. Idrisi sammelte das Volk Ägyptens um sich und ging mit ihnen an den Ursprungsstrom des Nil. Dort glichen sie Landhöhe und Wasserhöhe einander an, indem sie das hohe Land absenkten, das niedrige Land erhöhten und weitere Arbeiten gemäß der Wissenschaft der Astronomie und der Landvermessung ausführten. Idrisi war die erste Person, die über jene Wissenschaften lehrte und Bücher schrieb. Es heißt, dass Idrisi zu Zeiten des ägyptischen Königs Am Kaam in den Himmel aufgenommen wurde, wiederkehrte und die nahende Flut prohezeite. Er ließ sich auf der anderen Seite des Äquators nieder und errichtete dort einen Tempel aus Kupfer auf den Hängen des Bergs Gumr. Zudem ließ Idrisi 85 Kupferstatuen fertigen, aus deren Mündern das Wasser des Nils floss, hinein in einen großen See und von dort weiter nach Ägypten.[3]

Ingenieure der heutigen modernen Welt machen ihre Sache nicht annähernd so gut wie zu alten Zeiten Idrisi. Auf Drängen des Pan-Arabisten Gamal Abdel Nasser bauten sie den Assuanstaudamm und beendeten damit die Schlammzuführungen in das Nildelta. Und bis heute ist das ganze Ausmaß der Folgen noch nicht bekannt.

Der Nil ist überlebenswichtig für Ägypten, wo Regen in unwesentlichen Mengen fällt und wo es, außer in ein paar sich rasch erschöpfenden Grundwasserleitern unter der Wüste, kein Wasser gibt. Bis auf 2 Prozent besteht das Land aus Wüste und mit jedem Monat ohne Regen nimmt der Wassermangel zu. Ägyptens 65 Millionen Einwohner – in zehn Jahren werden es 75 Millionen sein – sind vollkommen von diesem Fluss abhängig.

Der Nil durchfließt und versorgt acht Länder, bevor er Ägypten erreicht – Ägypten steht an letzter Stelle. Die Äthiopier lieben es, die Ägypter bei jedem Anlass an den eigentlichen Quell »ihrer« Flussoase zu erinnern. Auch Dr. Mesfin Abebe, Äthiopiens Minister für Rohstoffe und Umwelt, hat es unlängst nicht versäumt, in einer Rede auf dem 8. Weltkongress über Wasserressourcen damit aufzuwarten. Gegenstand der Rede war eigentlich die Notwendigkeit einer regionalen Zusammenarbeit, doch hielt er sich ein gutes Stück weit damit auf, versteckte Eigentumsvorbehalte in Bezug auf den Nil zu machen, indem er den versammelten Delegierten ins Gedächtnis rief, dass beinahe zwei Drittel des Wassers im unteren Nil aus dem Blauen Nil und einem Seitenarm, dem Atbara, kommt – beide entspringen in Äthiopien.

Laut einem 1959 mit dem Sudan geschlossenen Abkommen hat Ägypten Anrecht auf 55 Milliarden Kubikmeter Nilwasser jährlich, während dem Sudan 18,5 Milliarden zustehen. Nach Sandra Postel standen dem Land 1990 63,5 Milliarden Kubikmeter zur Verfügung, doch 1998 hatte der Bedarf 68 Milliarden bereits überschritten und steigt unaufhörlich weiter an. Nach Prognosen von »USAid« Mitte der neunziger Jahre wird Ägypten bis Ende des Jahrhunderts ein Wasserdefizit von 16 bis 30 Prozent haben. 1998 hatte sich diese alarmierende Prognose zwar noch nicht ganz erfüllt, doch waren die Ägypter sehr nahe an dieser kritischen Marke. Zielsetzungen, das Wasserrecycling zu verstärken, wurden trotz der mehr oder minder heroischen Anstrengungen nicht ganz erfüllt. Hinzu kam eine Dürreperiode, die die Gesamtwassermenge des Nils erheblich sinken ließ.

Woher soll zusätzliches Wasser kommen? Ägyptens Wasserminister Abdel Hady Rady erklärte 1994, dass Ägypten bereits effiziente Maßnahmen zur Wasserwiederverwendung ergriffen habe: »Jeder Tropfen wird mindestens zweimal verwendet, und die geschätzte Wassereffizienz liegt bei 75 Prozent«, fast so hoch wie die Israels.

Dennoch, eine Studie, die von Hussam Fahmy im Auftrag des »National Water Research Center« durchgeführt wurde, ergab, dass sich Ägyptens Wasserversorgung durchaus noch verbessern ließe: Durch die Fertigstellung des Jonglei-Projekts mit dem Sudan könnte man weitere 2,5 Milliarden Kubikmeter Nilwasser abziehen, und weitere 4 bis 5 Milliarden Kubikmeter könnten aus der intensiveren Wiederverwendung von Entwässerungswasser herausgepresst werden. Ägypten hat die Landwirtschaft teilweise privatisiert, was den Bauern erlaubt, direkt an die Verbraucher zu verkaufen anstatt über die Regierung. Um die dadurch entstehenden Einnahmeverluste auszugleichen, zieht das Land in Betracht, für Bewässerungswasser Gebühren zu erheben. Von dieser Maßnahme verspricht man sich eine Verbesserung der Bewässerungseffizienz, da verschwendetes Wasser den einzelnen Farmer direkt teuer zu stehen käme. Im Nildelta laufen Versuchsreihen, das Land zu kultivieren: Zu diesem Zweck bekommen Studienanfänger für ein Jahr 2 Hektar Land und ein paar hundert Dollar, damit sie das Land bestellen und sich mit den knapp bemessenen Wasservorräten selbst versorgen. Ein Modell nach Art der israelischen Kibbuzim.

Doch selbst mit dieser Fördermaßnahme würde man einfach nur eine bedarfsorientierte Versorgung ohne Fehlerspielraum bewirken.

In zahlreichen anderen Ländern im Nilbecken hingegen ist die verfügbare Wassermenge schon jetzt nicht mehr ausreichend um selbst einen reduzierten Bedarf zu decken. Tansania, Burundi, Ruanda, Kenia und Äthiopien gelten bereits heute als akut wasserarm.

Ägypten hat immer wieder betont, es sei bereit, in den Krieg zu ziehen gegen jeden, der am ungehinderten Lauf des oberen Nil herumbasteln wolle, und es gibt keinen Grund zur Annahme, dass sich an dieser Einstellung etwas geändert hat. Mitte der achtziger Jahre war Ägypten drauf und dran, Luftangriffe gegen Khartum zu fliegen, nachdem Pläne Äthiopiens einen Verlust an Nilwasser befürchten ließen. Doch die Gemüter hatten sich schnell wieder beruhigt, denn sowohl der Sudan als auch Äthiopien sind zu arm und durch politische Unruhen und Bürgerkriege zu geschwächt, als dass sie größere Projekte zur Aufstauung und Ableitung des Nils realisieren könnten. Dennoch hat die Beilegung der bewaffneten inneren Konflikte in Äthiopien und der Sturz der tyrannischen Dergue in Ägypten vorübergehend die Furcht vor einer geänderten Wasserpolitik eines befriedeten Äthiopien geschürt.

Die gegenwärtigen Spannungen zwischen Ägypten, Äthiopien und dem Sudan sind die Fortführung eines zweitausend Jahre alten Kampfes um Wasser. Im Laufe ihrer Geschichte haben ägyptische Herrscher wiederholt versucht, durch eine Eroberung des Sudan das Niltal unter ihre Herrschaft zu bringen. Und auf ägyptischer Seite wusste man, dass Unheil nahte, wenn in schlechten Jahren in Äthiopien der Regen ausblieb und die alljährliche Flut nicht kam. Immer wieder haben ägyptische Sultane ihre Gesandten ausgeschickt, um bei den Königen Äthiopiens die dringende Bitte vorzubringen, den ungehinderten Fluss des Nilwassers nicht aufzuhalten. Die derzeitigen Befürchtungen um Nilwasserverluste sind eine Fortführung dieser frühen Konflikte.

Ägypten ist jedoch nicht das einzige Land mit steigendem Bedarf. Entwicklung und Fortschritt, jener Heilige Gral, auf den alle Länder Jagd machen, werden den Wasserbedarf entlang des gesamten Flusses unweigerlich in die Höhe treiben. Das Wasserangebot hingegen kann nicht verändert werden.

Die Briten, die im 19. und 20. Jahrhundert zeitweise über Ägypten und den Sudan herrschten, versuchten als Erste, im Nilbecken einen länderübergreifenden Erschließungsplan durchzusetzen. Zur Verbesserung der Schifffahrt sandten sie Sappeure ins Land, um die unzähligen natürlichen Dämme und Hindernisse, die sich im Laufe der Jahre in den Sudd-Sümpfen aufgetürmt hatten und welche die gesamte Schifffahrt behinderten, einzuebnen. Wie der Großteil der späteren Wasserbauingenieure waren auch die Engländer gleichgültig gegenüber den Umweltfolgen und den Auswirkungen auf das Sumpfland, das lokale Klima oder auf die ansässige Bevölkerung, deren Lebensunterhalt allein vom Fischfang abhing. Weit sind sie mit ihren Unternehmungen allerdings nicht gekommen, denn als Mohammed Ali, Pascha von Ägypten, Söldnertruppen stromaufwärts schickte, um in Khartum Ländereien zu erobern, waren sie gezwungen, das Gebiet zu verlassen. Nach Alis Tod griffen im nördlichen Sudan Zerrüttung und Korruption um sich. Mehr und mehr Europäer drangen in das Land ein; vor allem Briten kehrten in den Sudan zurück und legten ein typisch herrschaftliches Verhalten an den Tag – eine Mischung aus Gewinnsucht, Hochherzigkeit und einem sicheren Auge für die Chance schlechthin: die Kontrolle über den Nil. Als Ägypten Bankrott ging, wurde die Situation noch chaotischer: Die Mahdisten im Sudan, Anhänger des Araberführers Mahdi Mohammed-Ahmed, der eine Variante des Sufismus predigte, erhoben sich 1881 zu einem fanatischen religiösen und politischen Aufstand. Zu den Siegen der Mahdisten zählte das Massaker, das 1885 an der britischen Streitmacht unter General »Chinese« Gordon bei Khartum verübt wurde. Die Mahdisten regierten bis 1898, bis sie von der anglo-ägyptischen Armee unter Lord Kitchener besiegt und entmachtet wurden.

Kurz darauf kehrte auch die Truppe der Sappeure wieder geschlossen in das Sumpfland zurück.

Bis 1904 hatte es die Truppe geschafft, einen schmalen Pfad durch das ganze Sumpfgebiet zu schlagen, woraufhin Soldaten der technischen Truppe begannen, Pläne zur Kontrolle und Regulierung des Nillaufs zu entwerfen. Die Tatsache, dass Großbritannien zwar Ägypten und den Sudan beherrschte, nicht aber Äthiopien, erschwerte die Umsetzung dieser Pläne. Zähneknirschend hatten die Briten 1902 ein Abkommen mit den Äthiopiern unterzeichnet, wonach der Lauf des Blauen Nils in keinster Weise behindert würde. Nun mussten noch die Franzosen und Italiener von den britischen Plänen überzeugt werden – beide europäischen Mächte hatten ebenfalls ihre Ansprüche auf das Nilbecken angemeldet. Doch als man schließlich übereingekommen waren, spielte die ägyptische Regierung nicht mit. Und so dauerte es bis zum Jahr 1929, bis Großbritannien das Nilwasser-Abkommen durchsetzen konnte, das den Nillauf regulierte und Nutzungsmengen zuteilte.

Mit dem Ausbruch des Zweiten Weltkriegs wurden weitere Schritte zunächst auf Eis gelegt. Nachdem der Krieg vorbei war, gaben die Briten – nach eigenem Gutdünken noch immer die politischen Machthaber im Nilbecken – eine Studie in Auftrag, die die erste fundierte hydrologische Untersuchung des Nils werden sollte. Bedauerlicherweise konnte auch sie zunächst nicht abgeschlossen werden. Die Äthiopier, die ihre Unabhängigkeit zurückbekommen hatten, waren dem wiedererlangten Vorrecht der Briten gegenüber missgünstig und lehnten eine Mitarbeit daher ab.

Erst 1958 wurde die Untersuchung mit dem Titel »Bericht zum Niltal-Projekt« zur Veröffentlichung freigegeben. Im Kern war die Studie unumstritten, doch stellte sie auch eine Reihe von Maßnahmen zur Diskussion, mittels derer die Nilwassermenge, die Ägypten erreicht, erhöht werden sollte. Die heikelste Maßnahme war der Bau des Jonglei-Kanals von Bor nach Malakal. Das Projekt sollte das vollenden, was die Briten schon 75 Jahre früher begonnen hatten: einen Kanal durch die Sudd-Sümpfe zu bauen und damit eine »verschwenderische« U-Biegung am eigentlichen Oberlauf des Weißen Nils zu korrigieren. Das Augenmerk wurde dabei nicht so sehr auf die Schifffahrt gelegt, sondern vielmehr darauf, das Nilwasser schneller durch die Sümpfe zu pumpen, um damit die immensen Verdunstungsverluste bei zähem Durchfluss unter tropischer Sonne zu vermindern und den stromabwärts gelegenen Nutzern 4 Milliarden Kubikmeter zusätzliches Wasser zu liefern. So jedenfalls sah es der Projektentwurf vor. Welche Auswirkungen das auf die Bewohner der Gegend oder auf das Ökosystem haben würde, blieb auch hier einmal mehr unerforscht. In den fünfziger Jahren wurde das Ökosystem der Sümpfe noch nicht als dem Menschen zuträglich und nutzbringend begriffen.

Doch aus dem Vorhaben, das in Khartum mit Pauken und Trompeten angekündigt worden war, wurde nichts.

Auffallend in der Präambel des Projektplans war die Forderung, dass das Nilbecken als ein einzigartiges ganzheitliches Gebilde behandelt werden müsse, und dass die neuen unabhängigen Staaten über die eigenen Interessen hinausblicken und zum Wohle aller zusammenarbeiten müssten. Das war ein bisschen zu viel verlangt, zumal die Forderung von einer früheren Kolonialmacht kam und nur wenige Jahre zuvor französische und britische Luftlandetruppen ungebeten in Suez eingefallen waren. Dazu kam, dass Ägyptens Interesse am Jonglei-Projekt ohnehin etwas nachließ. Das Land hatte mittlerweile seine eigenen Pläne geschmiedet, wollte einen Staudamm bei Assuan bauen und war damit beschäftigt, die Russen und die Amerikaner gegeneinander auszuspielen, um finanzielle Unterstützung zur Realisierung des Projekts zu bekommen.

Anfang der sechziger Jahre erklärte Julius Nyere, der damalige Führer des unabhängigen Tanganyika (des heutigen Tansania), dass »jene früheren Kolonialländer auf die Textfassungen und Beschlüsse der zu Kolonialzeiten abgeschlossenen Verträge keinerlei Einfluss gehabt hatten. Infolgedessen darf nicht davon ausgegangen werden, dass sie sich automatisch auch an diese Verträge gebunden fühlen.« Nyere teilte Großbritannien und den anderen Nilanrainern unmissverständlich mit, dass er nicht die Absicht habe, sich an das Nilabkommen von 1929 zu halten. Kenia und Uganda waren mit Nyere einer Meinung. Ägypten sah dies natürlich anders, da es von jenem Abkommen ja am meisten profitiert hatte. Doch es war nichts zu machen.

In Khartum wurde das Vorhaben Ägyptens, einen Damm bei Assuan zu bauen, kühl aufgenommen. Nur wenige Jahre zuvor hatte das sudanesische Vorhaben, einen eigenen Damm am Blauen Nil bei Rosieres zur Energiegewinnung für Khartum zu bauen, die Ägypter in hellen Zorn versetzt. Jede Aufstauung des Nilwassers oberhalb von Khartum würde die Fließgeschwindigkeit des Nil verringern, die Verdunstungsrate erhöhen und den Ägyptern einen Verlust an Wasser bescheren. Die Ägypter warnten und zeterten, bis sich die rhetorischen Drohgebärden derart zugespitzt hatten, dass die ägyptische Armee Kriegspläne schmiedete. Der sudanesische Plan am Blauen Nil war damit vom Tisch. Und nun wollten die Ägypter ihrerseits einen Damm bauen – damit würden weite Teile des nördlichen Sudan überflutet, über 50 000 Nubier müssten umgesiedelt werden und das Leben an den Nilufern würde sich verändern. Waren diese Verluste überhaupt auszugleichen?

Nach ein paar Jahren schwelender Feindschaft kamen die beiden Länder schließlich Ende 1958 zusammen. Einmal am runden Tisch versammelt, taten sich beide Seiten ein wenig leichter, und so schlossen sie Anfang 1959 ein Abkommen über die »volle Nutzbarmachung des Nilwassers«. Der Sudan wurde beschwichtigt, indem die im Abkommen von 1929 festgesetzte Zuteilungsmenge von jährlich 4 Milliarden Kubikmeter Nilwasser auf 18, 5 Milliarden Kubikmeter angehoben wurde. Des Weiteren wurden der Bau des sudanesischen Staudamms bei Rosieres bewilligt und die Pläne für den Bau des Jonglei-Kanals unterstützt. Im Gegenzug konnte Ägypten mit den Bauarbeiten am Assuanstaudamm fortfahren. Der Vertrag sah die Bildung eines gemeinschaftlichen Komitees zur Überwachung all jener Erschließungsprojekte vor, die den ungehinderten Fluss des Nils beeinträchtigen könnten.

Diese neu begründete Freundschaft hatte nur einen Haken: Das Abkommen hatte das Nilwasser aufgeteilt, ohne Äthiopien zu berücksichtigen, das Land, in dem das meiste Nilwasser entspringt. Infolgedessen ließ Äthiopien nun verlauten, es würde sich das Recht nehmen, das Nilwasser in beliebiger Menge zu nutzen, was wiederum ägyptische Militärstrategen auf den Plan rief.

Die vom Rosieres-Damm betroffenen Nubier, mittlerweile waren es an die 100 000, wurden indessen ordnungsgemäß umgesiedelt, einige von ihnen sogar zweimal, als die Bauarbeiten am Projekt begannen. Die sudanesische Regierung versprach einen angemessenen Ausgleich, doch auch heute, dreißig Jahre später, ist noch immer kein Geld geflossen. Viele Nubier waren damals nicht gewillt, sich länger hinhalten zu lassen, und schlossen sich den Rebellen im Süden des Landes an.

Der Assuanhochdamm wurde 1970 fertig gestellt, und der Nasser-Stausee – 600 Kilometer lang und an manchen Stellen 50 Kilometer breit – füllte sich. Im selben Jahr begannen der Sudan und Ägypten mit den gemeinschaftlichen Arbeiten am Jonglei-Kanal, arbeiteten sich immer weiter nach Süden vor, bis die Bautrupps von Guerillaüberfällen durch süd-sudanesische Rebellen der Volksbefreiungsarmee vertrieben wurden, die so die Einstellung des Projekts erzwangen. Die Bautrupps kehrten nicht wieder zurück, und so ruht das Projekt seit 1983. Der Sudan und Ägypten haben bislang 100 Millionen Dollar an internationalen Geldern für das Projekt ausgegeben, können aber bis heute nichts dafür vorweisen. Dabei hat Ägypten das Wasser, das der Kanal zusätzlich liefern würde, bitter nötig. In den letzten Jahren ließ sich die murrende Unzufriedenheit aus Kairo immer lauter vernehmen – Gerüchten zufolge plane Ägypten einen Alleingang: Der Sudan kann sich nicht aufraffen, wir aber brauchen das Wasser, also ziehen wir das Projekt alleine durch. Derlei Gerüchte wurden selbstverständlich von allen Seiten dementiert. 1995 jedoch gab es einen Attentatsversuch gegen den ägyptischen Präsidenten Mubarak; zwar lasteten die ägyptischen Sicherheitsbeamten das Attentat nicht dem Sudan an, doch sie entlasteten ihn auch nicht.

Im Sommer 1998 flammten die Grenzstreitigkeiten zwischen den beiden Staaten erneut auf. Die Spannungen sind derzeit unverändert hoch, sodass die Chancen für Ägypten, aus dem Jonglei-Kanal Wasser zu bekommen, auch heute mehr oder weniger gleich null sind.

Aus Sicht der Ägypter sind die Äthiopier noch um einiges unzuverlässiger als der Sudan. Zum einen liegt Äthiopien weiter weg und lässt sich von daher weniger leicht kontrollieren. Zum anderen sind die Sudanesen wenigstens noch muslimische Glaubensgenossen. Doch bei den Äthiopiern weiß man nie: Die meisten von ihnen sind Christen, wenn sie nicht gar Marxisten sind. Zudem sind sie leicht reizbar. Einen Monat nach der Unabhängigkeit des Sudan 1956 und noch einmal während der Suezkrise veröffentlichte Äthiopien diplomatische Verlautbarungen, allerdings in ziemlich undiplomatischem Ton. Äthiopien, so hieß es darin, »nimmt für sich das Recht in Anspruch, sich das Nilwasser zum Vorteil des eigenen Volkes zunutze zu machen, egal in welchem Maße sich die Anrainerstaaten für ihre Zwecke das Wasser nutzbar zu machen gedenken«. Mit anderen Worten: Uns allein steht es zu, den Nil nach unserem Gutdünken zu nutzen.

Eine Zeit lang sah es so aus, als ob dies tatsächlich Äthiopiens ernste Absicht sei. Auf persönliches Drängen des Kaisers Haile Selassie, des Löwen von Judah höchstselbst, wurde dem »Bureau of Reclamation« im Innenministerium der Vereinigten Staaten in den sechziger Jahren der Auftrag erteilt, ein perfektes Projekt für den Blauen Nil mitsamt seinen Zuflüssen zu entwickeln. Das war wie

Honig für einen Bären: Da hatten Bauingenieure der staatlichen Verwaltung in den USA ein halbes Jahrhundert lang alles, was irgend ging, aufgestaut und eingedämmt, da muss doch die Vorstellung, mit einem großen Staudammprojekt *Tabula rasa* zu machen, einfach unwiderstehlich gewesen sein. So nahmen sie das Projekt in Angriff, ungeachtet dessen was die politische Linie des »State Department« vorgegeben hatte. Die amerikanischen Projektingenieure arbeiteten einen Plan aus, der den Bau von 29 Bewässerungs- und hydroelektrischen Anlagen in unterschiedlicher Größe vorsah, von bescheiden bis gigantisch. Nach den vom »Bureau of Reclamation« errechneten Zahlen würde nach Vollendung sämtlicher Projekte die jährliche Überflutung des Blauen Nils – samt den kostbaren Schlammablagerungen – gänzlich beseitigt sein und die gesamte mitgeführte Wassermenge würde sich um 8,5 Prozent verringert haben. Welch eine Provokation für die anderen Anrainerstaaten!

Doch wurde nur ein einziges Projekt in Angriff genommen und selbst das wurde nie fertig gestellt: Ägypten blockierte das notwendige Darlehen, das die Afrikanische Entwicklungsbank Äthiopien gewähren wollte. 1974 wurde Haile Selassie von den Dergue gestürzt, einem Klüngel jüngerer Militärs mit radikal marxistischen und diktatorischen Tendenzen, der unter dem unheilvollen Einfluss von Mengistu Haile Mariam stand.

Mengistu brachte sein marxistisches Wissen beim Nilwasserproblem zur Anwendung. Um eine bewässerte Landwirtschaft im Nilbecken zu entwickeln, erdachte er sich Wiederansiedlungsprojekte entlang der Zuflüsse des Blauen Nils und des Baro Sobat, eines Zuflusses des Weißen Nils. 1984, auf der Höhe der bekanntesten von Menschen herbeigeführten Hungersnot in der jüngeren Geschichte, verkündeten die Dergue, dass sie über eine Million Menschen in diese neuen Ansiedlungen bringen wollten, die ersten 15 000 habe man bereits zusammengezogen und in ihre neue »Heimat« geschafft. In den nächsten eineinhalb Jahren wurden eine weitere Million Menschen entwurzelt und zwangsumgesiedelt, ein soziales Manöver, das unermessliches Leid und abertausende Todesopfer mit sich brachte und am Ende kaum etwas bewirkte, denn das bewässerte Land reichte gerade aus, um etwa hundert Menschen zu ernähren.

Das Unternehmen war gescheitert – aber Mengistu ging noch weiter. Man musste der Katastrophe ja nicht ins Auge sehen und direkt miterleben, was tatsächlich in den betroffenen Gebieten passierte, und so gab dieses Wiederansiedlungsprojekt den ersten Anstoß für weitere Maßnahmen. Es half angeblich, den Bevölkerungsdruck in den Städten zu mindern, Hungersopfern zu helfen, Nomaden sesshaft zu machen und Menschen ohne Grundbesitz ein Stück Land zu geben. Und so ließ Mengistu denn auch verlauten, er wolle noch zehnmal so viele Menschen umsiedeln.

Doch diese Politik war ein organisatorischer und ökonomischer Fehlschlag und eine humanitäre Katastrophe obendrein. Glücklicherweise konnte Mengistu nicht alle seine Pläne verwirklichen. Die eritreischen Guerillas führten Krieg gegen seine Diktatur und bekamen Unterstützung von der Tigreischen Volksbefreiungsfront. Im Mai 1991 standen die Rebellen kurz vor der Hauptstadt und Mengistu floh nach Simbabwe. Eritrea erlangte (oder erlangte wieder, je nach historischer Perspektive) seine hart erkämpfte Unabhängigkeit, und eine Koalition von Rebellengruppen unter Meles Zeawi übernahm die Herrschaft eines Landes mit leeren Kassen, einer morbiden Wirtschaft und einem ruinierten Landwirtschaftssektor. Trotz alledem verkündeten sie freie Wahlen und ein Wirtschaftsreformprogramm.

Eine 1993 durchgeführte Studie an der Carleton University in Ottawa kam zu dem Ergebnis, dass in Äthiopien bedeutende landwirtschaftliche Entwicklungspotentiale liegen. Zwar hat das Land aride Regionen wie etwa Ogaden, doch gibt es »in Regionen wie Keffer und Nyala äußerst fruchtbare Böden, mit denen sich ganzjährig Nahrungsmittel sowie leicht verkäufliche Landbauprodukte produzieren ließen.« Auch die Böden in anderen Regionen weisen ein solches landwirtschaftliches Nutzungspotential auf, allerdings müssten sie reichlich bewässert werden. Doch Bewässerung hieße Staudämme, und Staudämme würden die stets wachsamen Ägypter alarmieren.

Bisher hat Äthiopien nichts unternommen, was den ägyptischen Interessen zum Nachteil wäre. Nichtsdestoweniger sind die Ägypter stets auf der Hut.

1993 kam zwischen der neuen äthiopischen Regierung und Ägypten ein Abkommen zustande. Es war zwar unpräzise formuliert, doch enthielt es immerhin eine Klausel, wonach sich beide Länder verpflichten, auf den Nil nicht auf eine Weise einzuwirken, dass das jeweils andere Land einen Nachteil daraus hätte, und – was vielleicht noch wichtiger war – sie kamen überein, dass eine »künftige Zusammenarbeit über den Rohstoff Wasser in einem internationalen Gesetz begründet sein solle«, ohne jedoch den Begriff »Gesetz« genauer zu spezifizieren.

Für die Zukunft geht es also darum, die regionale Zusammenarbeit zu fördern. Denn wie der frühere ägyptische Außenminister und Sekretär der Vereinten Nationen General Boutros Boutros-Ghali 1990 betonte: »Die nationale Sicherheit Ägyptens liegt in den Händen der acht anderen Länder des Nilbeckens.« Ein anderes Mal sagte er noch eine Spur unverhohlener: »Der nächste Krieg in unserer Region wird ein Krieg um die Wasser des Nils sein.«

Die Möglichkeit eines Kriegsausbruchs ist in der Tat sehr real. Doch ebenso real ist – bei ein wenig politischem Geben und Nehmen beiderseits – die Aussicht auf eine regionale Zusammenarbeit. Für beide Länder wäre es die beste Lösung, das Nilwasser in großen Stauseen im äthiopischen Hochland zu »speichern«. Dort liegt die Verdunstungsrate viel niedriger als weiter flussabwärts am Nassersee, wo die Sonne inmitten der Wüste den Seepegel alljährlich um zwei Meter sinken lässt, und wo die Dürreperiode von 1979 bis 1988 den Pegel sogar so weit gesenkt hatte, dass die Energiegewinnung durch Wasserkraft gefährdet war. Analysen zufolge würde das so gesparte Wasser ausreichen, um die bewässerte Fläche Äthiopiens nahezu zu vervierfachen, ohne dass dadurch die Wassermenge für die stromabwärts gelegenen Länder verringert würde.[4] Diese Lösung würde allerdings eine gewisse Vertrauensbasis voraussetzen, die bislang keines der Länder in dieser Region gezeigt hat. Visionen sind den Ägyptern nicht fremd, doch ist ihnen auf der anderen Seite auch klar, dass jeder Verlust an Nilwasser die Wasserkrise verschärfen würde. Niemand will wirklich einen Krieg. Sollte es doch dazu kommen, dann nur aus Mangel an politischer Einsicht.

1997 sollten die Bauarbeiten zu einem ägyptischen Projekt anlaufen, das sich auf die Tatsache gründete, dass alle Einwohner des Landes auf einem Bruchteil der gesamten Landesfläche leben, nämlich auf einem schmalen kultivierbaren Streifen entlang des Nils. Die Idee war, ein nagelneues »Tal des Nils« zu erbauen – einen neuen sich selbst erhaltenden Fluss, der die westliche Wüste durchfließen würde. Der »New-Valley-Canal« sollte eine Reihe von Oasen miteinander verbinden, und der eigentlich hervorragende, aber zu trockene Boden, den es in vielen Landesteilen gibt, sollte besser genutzt werden. Eine große Anzahl Menschen sollte dort angesiedelt werden – doch nicht auf die gleiche Art, wie die Äthiopier dies versucht hatten, durch eine Zwangsverordnung, sondern durch Anreize wie Grundbesitz oder Subventionen. Dabei gab es nur zwei Haken: Die geschätzten Projektkosten von 2 Milliarden Dollar waren Geld, das das Land nicht hatte; und wo sollte das Wasser für den Kanal eigentlich herkommen? Ägypten verwendete bereits sein gesamtes Kontingent an Nilwasser, und jeder einzelne Tropfen dieses Wassers wurde ohnehin schon anderweitig benötigt. Der einzige Weg an eine größere Wassermenge zu kommen, bestand darin, den Vertrag von 1959 mit den Sudanesen neu auszuhandeln. Das jedoch lehnte der Sudan ab – das Land ist seinerseits ebenfalls auf eine größere Menge Wasser angewiesen. Denn mit den fruchtbaren und leicht bewässerbaren Böden ließe sich im Sudan theoretisch eine dynamische und produktive Landwirtschaftsindustrie auf Bewässerungsbasis entwickeln. Natürlich würden solche Projekte die Wasserversorgung Ägyptens erheblich beeinträchtigen.

So bleibt als einzige kurzfristige Lösung mit Aussicht auf Erfolg – abgesehen von einer Intensivierung des Wasserrecyclings und der Effizienz –, mehr Wasser aus der Landwirtschaft abzuziehen. Oder aber man versucht, mehr Landbewohner zu Stadtbewohnern zu machen, sofern die Wirtschaft diese aufnehmen kann. Mittelfristig ist es wichtig, das Bevölkerungswachstum zu bremsen, langfristig sollte die regionale Zusammenarbeit intensiviert werden. Doch eine Konferenz in Kairo zur Nilproblematik endete ohne Entscheidungen, lediglich mit frommen Platitüden. Dr. Abebe forderte zwar einen Expertenausschuss, der sich verschiedener Bereiche annimmt wie etwa der Bewässerung, der Energiegewinnung aus Wasserkraft, der Überflutungskontrolle, der Fließmengenerhöhung, des Fischereirechts sowie der strengen Überwachung der Umwelt, doch ein derartiger Ausschuss wurde nicht gebildet. Und als dann noch angemerkt wurde, dass die vermehrten Schlammmassen an den Dämmen Sudans direkt auf die Entwaldung in Äthiopien und die damit zusammenhängende Erosion zurückzuführen seien, weigerte sich Äthiopien schlichtweg, jede Diskussion um die Nilfrage auf überregionaler Basis fortzuführen. Man betrachtete das Problem fortan als »rein innere Angelegenheit«.

So kamen die Gespräche 1998 zum Stillstand – doch die Krise um Bedarf und Versorgung hält unvermindert an.

Kapitel 14

Das Euphrat-Tigris-Becken

In einem Klima des Misstrauens entscheidet das Wasser über Krieg und Frieden in der Region

Soweit man weiß, sind die Sumerer Träger der ältesten bekannten urbanen Hochkultur in Mesopotamien. Sie nutzten als Erste Euphrat und Tigris als Lebensader, als Energiereserve, gründeten darauf ihre Macht, ihren Erfolg, ihre Geschichte und ihre Kunst. Die Sumerer erfanden die künstliche Bewässerung, das Land »zwischen den Strömen« von Bagdad bis zum Golf erblühte und wurde reich. Auf die Sumerer folgten die Assyrer und die Babylonier, danach die siegreichen Griechen und für kurze Zeit die Römer. Mächtige Städte stiegen auf, gingen nieder, stiegen erneut auf und verfielen schließlich. Es folgten das Osmanische Reich und der Islam. Heute gibt es Assad in Syrien, Saddam Hussein im Irak, eine breite Masse von Türken, die den Ideen des brillanten Staatsmannes Atatürk anhängen, kurdische Rebellen im Hochland Anatoliens (»Bergtürken«, wie sie von den türkischen Behörden bezeichnet werden), PKK-Guerillas, die eine sichere Zuflucht in Syrien finden, Saddams Verfolgung der Kurden im eigenen Land sowie der Araber im Süden, durch deren Dörfer seine Panzer auf dem Weg nach Kuwait rollten.

Blickt man heute, nach tausenden von Jahren zurück auf die Zeit, da der Perser Darius der Große seine außergewöhnlichen Fähigkeiten im Bereich Wasserwirtschaft entfaltete und ein weit verzweigtes Bewässerungsnetz durch die syrische Wüste zog, wird man das Gefühl kaum los, dass es mit dem Land des Fruchtbaren Halbmonds seither beständig bergab ging. Doch selbst wenn die Geschichte irreführt, da sie nur an die Heldentaten und nicht an die Verfehlungen erinnert, so ist nicht zu übersehen, dass das alte Mesopotamien schon immer ein Unruheherd war. Und bei vielen Auseinandersetzungen ging es um Wasser. Damals wie heute.

Beide Flüsse, der Euphrat und der Tigris, entspringen in den feuchtigkeitsreichen und grünen Bergtälern Ostanatoliens in der Türkei. Der Tigris strömt Richtung Südosten, schlängelt sich durch flache Täler und über das leicht hügelige türkische Flachland, streift Syrien (er bildet für ein kurzes Stück die Grenze zwischen Syrien und der Türkei) und nimmt dann seinen Weg direkt durch den Irak, vorbei an Bagdad und dem Sumpfgebiet im Landesinneren, bevor er sich mit dem Euphrat zum Schatt-el-Arab vereinigt, der in den Persischen Golf mündet. Der Euphrat legt eine größere Strecke zurück. Er entspringt nahe dem Schwarzen Meer, zieht sich in einem weitschweifigen Bogen nach Westen und Süden, windet sich durch eine Reihe von türkischen Seen und Stauseen, bevor er nach Syrien und in den Assad-Stausee am Euphrat-Damm gelangt. Von dort aus nimmt auch der Euphrat seinen Weg in Richtung Südosten, strömt in den Irak und durchquert die ausgedörrte Wüste südlich von Bagdad, bevor er durch die Hammar-Sümpfe fließt – vielmehr die ehemaligen Hammar-Sümpfe, da sie heute praktisch verschwunden sind samt Flora, Fauna und den dort einst ansässigen Menschen – und sich schließlich knapp oberhalb der irakischen Stadt Basra mit dem Tigris vereint.

Der Euphrat und seine Zuflüsse sind Syriens Hauptwasserquelle. Alle Hoffnungen des Landes, die Nahrungsmittelproduktion zu steigern, um so den Bedarf der rasant wachsenden Bevölkerung zu decken, gründen sich darauf. Der Irak, nach der Türkei und Syrien das letzte stromabwärts gelegene Land, ist auf das Wasser beider Flüsse angewiesen. Die Zwillingsflüsse decken beinahe 85 Prozent des Wasserbedarfs der irakischen Bevölkerung. Die Ansprüche der drei Länder auf die Wassernutzung sind in vielerlei Hinsicht inkompatibel, werden durch ethnische Konflikte und Erinnerungen an

Vergangenes zusätzlich kompliziert. Es herrscht ein althergebrachtes Misstrauen gegen die Türken, das zurückgeht auf die expansionistischen Absichten der byzantinischen Kaiser. Die Türkei, als stromaufwärts gelegenes Land, nimmt für sich die absolute Oberherrschaft über jegliches Wasser, das auf ihrem Staatsgebiet entspringt, in Anspruch: »Das Wasser gehört uns, genauso wie das irakische Öl dem Irak gehört.« Diese Äußerung bringt die wasserpolitische Linie der Türkei genau auf den Punkt. Der stromabwärts gelegene Irak hingegen argumentiert mit dem »natürlichen Lauf« der Flüsse und mit dem »historischen Recht« auf das Wasser, das von den Menschen im südlichen Mesopotamien seit Anbeginn der Zivilisation vor 6000 Jahren genutzt worden ist – es geht also um die Vorrangigkeit des älteren Nutzungsrechts, ein Grundsatz, der bei jeder Debatte um den Entwurf eines internationalen Wassergesetzes Kernstreitpunkt ist. Syrien wiederum, am Mittellauf gelegen, lässt – je nach politischer Wetterlage – beide Argumente gelten: den Grundsatz der Vorrangigkeit des älteren Nutzungsrechts für den Irak, den der Oberherrschaft für die Türkei. Der vorprogrammierte Konflikt wird durch das alte Kulturvolk der türkischen Kurden, dessen Heimat sich um das Quellgebiet und den Oberlauf beider Flüsse erstreckt, einmal mehr verstärkt. Die Kurden führen seit über zwei Jahrzehnten einen zermürbenden Krieg, um die territoriale Unabhängigkeit zu erlangen, bereit, Guerilla-Aktionen gegen türkische Wasserkraftanlagen als politische Waffe einzusetzen.

Es gibt kaum einen Hinweis auf einen ersten Lösungsansatz für diese erbitterten Streitereien und Kontroversen. Unterdessen sinkt die verfügbare Wassermenge pro Kopf in allen vom Euphrat-Tigris-System gespeisten Ländern; die Erschließungspläne der Türkei werden die Lage in Syrien und dem Irak verschlechtern, und syrische Pläne werden die Wasserversorgung im Irak noch mehr gefährden. Beteuerungen der türkischen Regierung können da kaum beruhigen. Kamran Inan, der türkische Staatssekretär für Wasserprojekte, erklärte in einer türkischen Zeitung: »Wir geben ihnen (den Syrern und Irakern) das Wasser doch – aber sie können es nicht teilen. 90 Prozent der arabischen Bevölkerung sind abhängig von Wasser, das außerhalb ihrer Landesgrenzen entspringt, und demgemäß ist es ganz normal, dass sich die Spannungen in dieser Region verschärfen werden.« Ein anderes Mal vertraute Inan einem Zeitungsreporter an, dass die Türkei »keine internationalen Verpflichtungen« im Hinblick auf das Tigris-Euphrat-System sähe, milderte seine Haltung jedoch, indem er auf ein »Gentleman's Agreement« verwies, wonach die Türkei die Herrschaft über den Fluss niemals einsetzen würde, um ihren Nachbarn zu schaden. Die Türkei, deren politischer Fokus sich in erster Linie auf Europa richtet, ist zumindest gegenwärtig die dominante Macht in der Region, sowohl wirtschaftlich als auch militärisch. Demzufolge schenken türkische Wasserbauer den Befürchtungen der stromabwärts gelegenen Länder wenig Beachtung. Noch ist es in der Krisenregion nicht zum Krieg gekommen. Doch wenn das Wasser versiegt, was einzutreten droht, dann sollten die Türken doch besser ihren Blick in Richtung Landesgrenzen lenken.

Gemessen an den durchschnittlichen Verhältnissen im Nahen Osten ist die Türkei zwar ein wasserreiches Land, kann aber nicht viel Wasser entbehren. Die gesamte verfügbare Wassermenge des Landes liegt schätzungsweise bei jährlich knapp über 193 Kubikkilometern, was nur geringfügig weniger ist als beispielsweise der Gesamtabfluss der Donau im Jahresmittel. Teilt man diese Menge unter den 60 Millionen Einwohnern des Landes auf, so ergibt sich eine jährliche Wassermenge von etwa 3174 Kubikmetern pro Kopf, was nach der hydrologischen Faustregel noch deutlich oberhalb einer angespannten Wasserlage liegt. In der Praxis jedoch sehen die Dinge weniger rosig aus. Zum einen wächst die Bevölkerung dramatisch an, und selbst die niedrigste Bevölkerungszahl, die für das Jahr 2025 prognostiziert wird, liegt bei 78 Millionen (anderen Berechnungen zufolge liegt sie bei rund 90 Millionen). Geht man von der niedrigeren Prognose aus, so würde die verfügbare Wassermenge pro Kopf und Jahr auf etwa 2100 bis 2400 Kubikmeter sinken.

Darüber hinaus ist nicht all dieses Wasser auch leicht erreichbar. Ein Teil davon liegt in weit von den Ballungszentren entfernten Gebieten, sodass es mit beträchtlichen Schwierigkeiten verbunden ist, das Wasser aufzustauen und dorthin zu befördern, wo es gebraucht wird. Bereits heute leiden Großstädte wie Ankara unter Wasserverknappung. Und auch entlang der Ägäischen Küste, wo der Tourismus gewaltige Wassermengen schluckt, die ansonsten für die Landwirtschaft genutzt werden könnten, herrscht Wassermangel. Daher taxieren Hydrologen die verfügbare Wassermenge des Landes nur auf 95 Milliarden Kubikmeter pro Jahr, was die Wassermenge pro Kopf auf rund 1800 Kubikmeter reduziert – noch immer ausreichend, aber nicht mehr überreichlich. Für den Irak und Syrien werden gegenwärtig in etwa die gleichen Werte veranschlagt.[1]

Ilter Turan, Politikwissenschaftler an der Universität in Istanbul, hat auf dem Gebiet Wasser und Wasserbedarf in der Türkei geforscht. »Man geht davon aus, dass der Wasserverbrauch in den nächsten Jahren rapide ansteigen wird. Erstens ... verfolgt die Regierung eine Reihe von Bewässerungsprojekten, mit deren Abschluss auch die Nachfrage nach den Wasserressourcen des Landes zunehmen wird. Zweitens wächst die Bevölkerung ... Drittens ist eine rasche Verstädterung des Landes zu beobachten ... Und schließlich wird mit den rasant expandierenden Industriestandorten ein neuer und zusätzlicher Bedarfssektor für Wasser geschaffen.« Ist das jährliche Pro-Kopf-Einkommen erst einmal auf 10 000 Dollar gestiegen, so Turans Vorhersage, wird das Land alles verfügbare Wasser benötigen, außer der Menge, die es vertragsgemäß an die Anrainerländer stromabwärts abtreten muss.[2]

Ein gewaltiges Wassererschließungsvorhaben in der südostanatolischen Region des Euphrat soll den Wasservorrat der Türkei entscheidend erhöhen. Das gigantische 32-Milliarden-Dollar-Projekt umfasst den Bau von 22 zum Teil riesengroßen Dämmen sowie eines damit verbundenen Netzes von Bewässerungskanälen, Stauwehren und Staustufen an einer Vielzahl von Flüssen. Damit soll eine derzeit nicht bewässerte Fläche von 1,7 Millionen Quadratmetern mit Wasser versorgt werden – 1,1 Millionen Quadratmeter im Euphrat-Becken und 0,6 Millionen im Tigris-Becken. Von diesem Vorhaben sind 74 000 Quadratkilometer Land betroffen, in dem sich das Leben der dort ansässigen rund 5 Millionen Bewohner in mancherlei Hinsicht verändern wird. Das Kernstück des nach der türkischen Abkürzung auch GAP (Südostanatolien-Projekt) benannten Vorhabens ist der Atatürk-Staudamm nahe der Stadt Sanli Urfa am Euphrat (Firat), der heute sechst- beziehungsweise neuntgrößte Damm der Welt, je nachdem, welchen Statistiken man Glauben schenken möchte. Der Damm wurde 1990 fertig gestellt und der Speichersee ein Jahr danach aufgefüllt. Das Wasser aus dem Speichersee wird durch den Sanli-Urfa-Tunnel, eine 26 Kilometer lange Röhre (7,62 Meter im Durchmesser), die selbst Oberst Gaddafis »Großen Fluß von Menschenhand« (4 Meter im Durchmesser) winzig erscheinen lässt, in die Harran-Ebene im Süden der Türkei geleitet. Im Weiteren sieht das Mammutprojekt den Bau von nicht weniger als 19 Wasserkraftwerken vor, welche über 27 Milliarden Kilowattstunden Strom erzeugen und damit die türkische Wasserkraftkapazität um 40 Prozent steigern sollen – eine Menge, die der gesamten Nennleistung des Landes von 1983 entspricht. Die Vollendung des Projekts – falls es je vollendet wird, da das Geld knapp ist und die Weltbank es ablehnt, Gelder ohne ein Wasserabkommen der Türkei mit dem Irak und Syrien zu gewähren – würde außerdem eine enorme Verstädterung der relativ armen Provinzen im Südosten der Türkei mit sich bringen sowie den Vorhersagen zufolge einen sprunghaften Anstieg des Volkseinkommens um 12 Prozent. Wie türkische Projektbefürworter hervorheben, hätten die Speicheranlagen auch eine regulierende Funktion während der wechselnden Überschwemmungs- und Dürreperioden, indem sie Wasser in regenarmen Jahren liefern und Überschwemmungen in regenreichen Jahren verhindern oder zumindest minimieren.

Das ganze Projekt sollte ursprünglich Ende der neunziger Jahre fertig gestellt sein, doch dieser Termin wurde zunächst bis ins Jahr 2005 und dann noch einmal bis 2010 aufgeschoben, was den Syrern mehr als gelegen kam: Durch das Projekt wird Syrien nämlich günstigen Schätzungen zufolge an die 40 Prozent des Euphratwassers einbüßen. Bei einer Bevölkerung mit einer jährlichen Wachstumsrate von 3,5 Prozent läuft Syrien selbst ohne das GAP Gefahr, dass ihm bis zur Jahrhundertwende das Wasser ausgeht. Mit dem GAP wird sich – darin sind sich syrische Wissenschaftskreise einig – die Krise in eine Katastrophe wandeln. Mikhail Wakil von der Universität in Aleppo drückt sich zwar maßvoller aus, aber ebenfalls bestimmt:

»Innerhalb der nächsten zwei Jahrzehnte wird Syrien eine zunehmende Wasserverknappung erleben, die ernsthafte Auswirkungen auf die soziale und wirtschaftliche Entwicklung des Landes haben wird ... Eine Wasserkrise lässt sich überall im Nahen Osten beobachten; in ihr entfaltet sich das Potential für künftige Konflikte.« Wie Wakils Zahlen zeigen, wird Syriens Landwirtschaft nach 2010 jeden einzelnen Tropfen an verfügbarem Wasser benötigen, nur um damit die Nahrungsmittelproduktion pro Kopf sicherzustellen, und kein einziger Tropfen wird für die Industrie oder den häuslichen Bedarf übrig bleiben. Und das nur unter der Voraussetzung, dass sich die vom Euphrat geführte Wassermenge nicht vermindert.[3]

Der Irak würde zwischen 80 und 90 Prozent der quantitativen Wasserzuweisung aus dem Euphrat einbüßen. Doch hat das Land noch immer den Tigris. Der allerdings wird von den geplanten Eindämmungen ebenfalls in Mitleidenschaft gezogen werden. Weder der Erhalt noch die intensivere Nutzung kleinerer Flüsse würden das Defizit wettmachen können.

Aber auch ohne das GAP übersteigt der Wasserverbrauch in den drei betroffenen Länder heute schon den Gesamtwasservorrat um jährlich 18,3 Milliarden Kubikmeter allein im Euphrat-System, und um 5,8 Milliarden am Tigris.

Sowohl die Syrer als auch die Iraker wollen ihre Rechte auf das Wasser geltend machen. Die Syrer betrachten den Euphrat als internationalen Wasserlauf und argumentieren daher, dass alle den Euphrat betreffenden Auseinandersetzungen auf einem internationalen Forum verhandelt werden sollten, eine Ansicht, der sich die Türkei unnachgiebig widersetzt. Damaskus verschärfte diese Kontroverse in den siebziger Jahren zusätzlich durch die Verknüpfung der Wasserfrage mit Rasse und Religion (seit jeher sensible Themen in der Nahostpolitik). Die Türkei, so behauptete Syrien, »stiehlt arabisches Wasser«, und daher sollten es die Türken in der entsprechenden Menge auch wieder zurückzahlen, auch wenn dadurch türkische Unternehmen und Bürger zu kurz kämen. Was den Syrern zudem zu denken gab und was sie auch klar zur Sprache brachten, war, dass die Türkei bereits gütliche Einigungen in Wasserangelegenheiten mit ihren europäischen Nachbarn erzielt hatte – mit Griechenland, Bulgarien und Russland etwa. Die Tatsache, dass die Türkei mit keinem arabischen Land je ein Abkommen geschlossen hatte, roch daher nach Rassismus, nach türkischem Imperialismus und Hegemonie. Der verbale Schlagabtausch nahm an Schärfe zu. Es hieß unter anderem, das »wirkliche« Ziel der Türken sei es, die ganze Region beherrschen zu wollen; sie beabsichtigten deshalb, die Nachbarländer von der türkischen Wasserversorgung abhängig zu machen. Irgendwann wurde auch die abstruse Behauptung aufgestellt, Ankara plane, das von den Arabern »gestohlene« Wasser an Israel zu liefern. Und so weiter und so fort, die Vorwürfe wollten nicht enden.

Die Türkei sicherte schließlich 1987 eine konstante Abflussmenge von 500 Kubikmetern pro Sekunde an der irakischen Grenze zu, eine Menge, die das Land niemals mehr verfügbar machen könnte, würde das GAP-Projekt vollendet werden. Syrien und der Irak unterzeichneten dieses Abkommen zwar, ließen aber nie davon ab, deutlich zu machen, dass diese Menge nicht annähernd genug sei, dass vielmehr 700 Kubikmeter pro Sekunde, zwei Drittel der jährlichen Gesamtabflussmenge des Flusses, eher angemessen seien.

Im Januar 1990 war der Atatürk-Staudamm fertig gestellt und musste nur noch aufgefüllt werden. Ungeachtet des Abkommens von 1987 über die vereinbarte Abflussmenge von 500 Kubikmetern pro Sekunde, sperrte die Türkei einen Monat lang den Abfluss des Euphrat unterhalb des Atatürk-Staudamms und erntete dafür zornige, am Ende aber fruchtlose Proteste der beiden flussabwärts gelegenen Länder. Die Türkei hatte zuvor den Irak und Syrien über ihre Pläne unterrichtet und dabei darauf hingewiesen, dass es wohl kaum möglich sei, bei gleich bleibender Abflussmenge den Speichersee aufzufüllen – eine zwar zutreffende Bemerkung, aber voll beißender Ironie. Gewieft hatte die Türkei die Zuteilungsmenge für die flussabwärts gelegenen Nachbarn kurz vor der Blockierung geringfügig erhöht, wodurch es ihr gelang, mit ein wenig Zahlendreherei zur eigenen Genugtuung zu beweisen, dass die »Durchschnittsabflussmenge« von 500 Kubikmetern pro Sekunde in Wirklichkeit doch eigentlich beibehalten worden war. Drei Jahre später das gleiche Spiel, nachdem viele der türkischen Dämme aufgrund mehrerer Trockenperioden hintereinander einen sehr niedrigen Wasserstand aufwiesen. Dieses Mal drehten sie am muslimischen Opferfesttag das Wasser ab, was die Abflussmenge von 500 Kubikmetern pro Sekunde auf 170 reduzierte, woraufhin es zu weiteren verbalen Attacken und erneuten Rassismusvorwürfen kam. Dabei hatte die Türkei den Zeitpunkt eigentlich in bester Absicht gewählt – sie ging nämlich davon aus, dass Syrien die reguläre Menge während des Feiertages nicht benötigen würde, da ja Landwirtschaft und Industrie an jenem Tag ohnehin zum Stillstand kämen. Dass aber ausgerechnet jener Feiertag für diese Maßnahme gewählt wurde, fasste man in Syrien als einen religiösen Affront und weiteren Beweis türkischer Empfindungslosigkeit auf. Von dieser Ansicht war Syrien auch nicht abzubringen, als eine Delegation der türkischen Wasserbehörden vorsprach, um die abhängigen Länder mit der Zusicherung zu beruhigen, dass der Türkei nicht daran gelegen sei, das Wasser als politisches Druckmittel einzusetzen und die Gewalt über den Euphrat zum eigenen politischen Vorteil zu nutzen.[4]

Der niedrige Wasserstand des Euphrat sowie die schlechte Wasserqualität infolge der Belastung mit Pestiziden aus landwirtschaftlichem Abfluss mit chemischen Schadstoffen und hohen Dosen an Salz haben große Städte wie Damaskus und Aleppo wiederholte Male gezwungen, Beschränkungen beim Trinkwasser und in der Stromerzeugung hinzunehmen. Hinzu kommt, dass aufgrund des antiquierten syrischen Verteilungssystems ganze 35 Prozent des Wassers einfach durch irgendeine geborstene oder undichte Stelle am Leitungsnetz verloren gehen.

Unterdessen gingen die Auseinandersetzungen um die von der Türkei zugesicherte Zuteilungsmenge über 500 Kubikmeter Wasser weiter. Nach wie vor darauf bedacht, die Wassermenge zu steigern, beharrten sowohl der Irak als auch Syrien darauf, dass das Abkommen über die vereinbarte Menge mit der Fertigstellung des Atatürk-Staudamms seine Gültigkeit verloren habe. In der Textfassung des Protokolls von 1987 heißt es: »Während des Auffüllens des Atatürk-Staudamms und bis zur endgültigen quantitativen Zuweisung des Wassers aus dem Euphrat an die drei Anrainerländer verpflichtet sich die türkische Seite, an der türkisch-syrischen Grenze einen Abfluss von über 500 Kubimetern pro Sekunde im Jahresmittel freizugeben, und für die Monate, in denen der Abfluss unter die Marke von 500 Kubikmetern pro Sekunde fällt, einen Ausgleich für die darauf folgenden Monate anzubieten.« Da das »Auffüllen« des Damms in diesem Beschluss ausdrücklich Erwähnung fand und der Damm nunmehr auch aufgefüllt war, könnte das vorangegangene Abkommen dadurch in der Tat für null und nichtig erklärt sein. Jedenfalls, so argumentierte der Irak, rechtfertigten die angestammten Rechte – zu denen auch die Vorrangigkeit des älteren Nutzungsrechts gehört – einen Anspruch auf Ausgleich durch die Türkei. In der Frage über die Höhe der Zuweisungsmenge bezog sich der Irak auf frühere Debatten und würde sich mit einer Menge von 700 Millionen Kubikmetern pro Sekunde einverstanden erklären. Bei einer jährlichen Abflussmenge von 1000 Millionen Kubikmetern pro Sekunde solle die Türkei ein Drittel der Menge behalten, die restlichen zwei Drittel sollen auf den Irak und Syrien aufgeteilt werden. Das wäre zum einen nicht nur gerecht, sondern auch vernünftig. Syrien schlug vor, den Euphrat auf der Grundlage einer einfachen mathematischen Berechnung aufzuteilen. Danach sollte jede Seite ihre Bedarfsmenge kundtun, und falls die Gesamtbedarfsmenge am Ende den Gesamtwasservorrat übersteigen würde, sollten bei der angegebenen Bedarfsmenge eines jeden Landes Abzüge gemacht werden, und zwar im Verhältnis zur anfänglich angegebenen Bedarfsmenge – eine griffige Formel, die jedoch unwiderstehliche Anreize bot, übertriebene oder falsche Angaben zu machen.

Die Türkei dagegen wies die von den Nachbarländern vertretene Auffassung von erworbenen oder angestammten Rechten entschieden zurück. Zur Bekräftigung ihres Standpunkts führte sie den herausragenden amerikanischen Wasserjuristen Stephen McCaffrey an, der lange Jahre bei der Internationalen Rechtskommission tätig war, deren mühsame Aufgabe damals war, ein internationales Wasserrecht zu kodifizieren. McCaffrey hatte im Frühjahr 1991 für das Fachmagazin *Denver Journal of International Law and Policy* einen Artikel verfasst, in dem es heißt: »... ein stromabwärts gelegener Flussanrainerstaat, der sich als Erster die Wasserressource erschlossen hat, kann eine spätere Erschließung durch einen stromaufwärts gelegenen Flussanrainerstaat nicht aufhalten, indem er erklärt, dass ihm die spätere Erschließung Schaden zufüge; unter dem Grundsatz der gerechten Nutzung ist die Tatsache, dass ein stromabwärts gelegener Flussanrainerstaat der erste Wassererschließer war, nurmehr ein Faktor aus einer ganzen Reihe von in Betracht zu ziehenden Faktoren, soll eine gerechte quantitative Aufteilung der Nutzungs- und Gewinnungsmengen des Wasserlaufs zustande kommen.« Was McCaffrey damit zum Ausdruck bringt, ist, dass die Vorrangigkeit des älteren Nutzungsrechts zwar bedeutsam ist, doch nicht bedeutsamer als eine Vielzahl anderer Dinge auch. In diesem Fall, so die Türken, müssten also die »anderen Dinge« obsiegen.

Auf dieser Grundlage stellte die Türkei den so genannten »Dreistufenplan« auf, um eine »gerechte Nutzung« zuwege zu bringen. Eine Expertengruppe sollte berufen werden zur Durchführung einer Bestandsaufnahme des Wassers und der bewässerten Flächen, anhand derer die Bedarfsmengen ausgewertet werden sollten. Doch der Irak lehnte den Plan rundweg ab, Syrien ignorierte ihn.

1991 erbot sich die Türkei als Gastgeberland für den Wassergipfel des Nahen Ostens, eine multilaterale Veranstaltung mit 22 Teilnehmerländern aus dem Nahen Osten und Nordafrika sowie einer ganzen Reihe von Ministern aus Europa, der UdSSR, den Vereinigten Staaten und Japan; selbst Israel sagte seine Teilnahme zu. Der Gipfel kam jedoch nie zustande. Stattdessen begann der Golfkrieg, die UdSSR zerfiel in eine Vielzahl kleiner ethnischer Nationalstaaten und zu allem Überfluss starb der türkische Präsident Turgut Özal, einer der Initiatoren des Gipfeltreffens.

Verhandlungsgespräche kamen ins Stocken und fanden nur noch sporadisch statt. 1993 kam es zunächst zu einer Reihe von Gesprächsrunden zwischen der Türkei und Syrien, doch gelang es nicht einmal, ein gemeinsames Kommuniqué zu verfassen. Als die Türkei dann auch noch den Irak zur Teilnahme an den Verhandlungen einlud, blieb Syrien der nächsten Sitzung fern, sodass auch aus dieser Initiative letztendlich nichts wurde. Ein weiterer Gipfel wurde für 1994 im Oman anberaumt, zu dem 40 Delegationen erwartet wurden, darunter zum ersten Mal auch eine Gruppe aus Israel, woraufhin der Libanon und Syrien fernblieben. Der Gipfel endete im Wesentlichen ergebnislos – einig war man sich lediglich darin, dass eine Zusammenarbeit an und für sich eine gute Sache sei.

Seither gab es lediglich eine Reihe schriftlicher diplomatischer Mitteilungen, deren Stil immer steifer wurde. Die letzte Mitteilung aus dem Jahr 1996 war so barsch formuliert, wie es der diplomatische Ton nur irgend erlaubt, und grenzte beinahe an offene Feindseligkeit. Syrien und der Irak beschuldigten die Türkei, das stromabwärts fließende Wasser zu verringern und zu verschmutzen, und verlangten von der Türkei einen sofortigen Stopp. Die Türkei dementierte: Der Irak und Syrien gingen von falschen Tatsachen aus. Die Anschuldigungen wären weder in technischer noch in ökologischer Hinsicht korrekt. Es habe nie irgendwelche Beschränkungen in der Wasserversorgung gegeben, außer dreimal aus technischen Gründen für kurze Zeit und bei rechtzeitiger Vorwarnung. Es gäbe auch keine zusätzlichen Schadstoffbelastungen aus der Landwirtschaft oder anderen Sektoren, die zu einer Verschmutzung führten. Hätte es einen erhöhten Pestizideinsatz in der Harran-Ebene gegeben, wären die Flüsse Balik und Khabur, die in südliche Richtung nach Syrien abfließen, ebenfalls belastet. Doch nicht einmal Syrien selbst habe den Tatbestand einer Verschmutzung dort beweiskräftig vorgebracht. Mehrere Studienergebnisse hätten belegt, dass es möglich sei, »einigermaßen sauberes« Wasser nach »konkretem Gebrauch« an die Flusssysteme zurückzuführen. Die Türkei sehe demnach auch keinen Handlungsbedarf.

Das Verhältnis der Syrer zum Irak ist nicht viel herzlicher als das zur Türkei. Beide Länder unterzeichneten 1990 ein Abkommen über die gemeinsame Nutzung des Euphratwassers, 52 Prozent für den Irak und 48 Prozent für Syrien. Doch als 1974 die Türkei und Syrien ihre neuen Dämme auffüllten, verringerte sich der Abfluss in den Irak auf ein Viertel der regulären Menge. Nachdem es auf beiden Seiten eine ganze Reihe von sich verschärfenden Drohungen gegeben hatte, ließ der Irak an der syrischen Grenze Truppen aufmarschieren und drohte, den Al-Taqba-Damm am Euphrat sowie den dazugehörigen

Assad-Stausee zu bombardieren. Tags darauf nahmen die Irakis in einer möglicherweise nur inszenierten Aktion einen syrischen Soldaten in Haft, der angeblich in der Heiligen Stadt Kerbala Sprengkörper platziert hatte. Syrien wies alle Anschuldigungen zurück, bestritt, die vom Euphrat geführte Wassermenge vermindert zu haben, und schob diesen Vorwurf stattdessen auf die Türkei. Beide Seiten machten weiterhin mobil und schienen am Rand eines Kriegs zu stehen, als sich schließlich saudische und russische Vermittler einschalteten und sich bemühten, die erhitzten Gemüter abzukühlen. Der Streit wurde nie ganz beigelegt. Noch immer herrscht eine hochgradig gereizte und spannungsgeladene Atmosphäre.

Noch verfahrener wurde die Lage durch die wechselnden Bündnisse in überregionalen Konflikten: Syrien gegen den Irak im Irak-Iran-Krieg; Syrien und die Türkei gegen den Irak im Golfkrieg. Im Golfkrieg steckten irakische Soldaten auf ihrem Rückzug aus Kuwait dutzende von Ölquellen sowie sämtliche kuwaitische Entsalzungskapazitäten in Brand. Im Gegenzug bombardierten und zerstörten die Alliierten Truppen das antiquierte Wasserverteilungssystem Bagdads. In den ersten Kriegstagen gab es auch Versuche, die Türkei dazu zu bringen, dem Irak mit der Umleitung des Tigris zu drohen und ihm somit das Wasser abzudrehen – ein Angriff auf die unbeteiligte Zivilbevölkerung, der jedoch nur verbal geäußert, nicht aber umgesetzt wurde.

Ein anderer Konflikt zwischen den Anrainerstaaten war das Kurdenproblem. Im Kampf um nationale Unabhängigkeit hatte es gewalttätige und blutige Kurdenaufstände gegen die Türkei wie auch den Iran gegeben. Die Türkei hatte Syrien des Öfteren vorgeworfen, der PKK Asyl zu gewähren, einer militanten Autonomiebewegung, die mehr als 4000 Zivilisten in fünfzehn Jahren ermordet und geschworen hat, den Atatürk-Staudamm und den Rest des GAP alsbald in die Luft zu jagen. Mehr als einmal hatte die Türkei schon gedroht, im Kampf gegen die PKK ihre Rolle als Wassermakler der Region zu Hilfe zu nehmen. 1989 hatte der damalige Premierminister und spätere Präsident Türgüt Özal geäußert, er werde den Syrern das Euphratwasser abdrehen, sollten sie die Kurden nicht des Landes verweisen.[5]

Ende 1998 waren die türkisch-syrischen Beziehungen an einem historischen Tiefstand angelangt. Türkische Zeitungen sprachen offen von Luftangriffen gegen Damaskus, und Urlaube für Soldaten im Grenzgebiet wurden gestrichen. Präsident Suleyman Demirel gab eine kurze und prägnante Erklärung an die türkischen Nachrichtenagenturen ab: »Ich warne nicht nur Syrien, ich warne die ganze Welt. So geht es nicht weiter.« Der türkische Generalstabschef wählte noch schärfere Worte und erklärte öffentlich, dass sich sein Land in einem »unerklärten Kriegszustand« mit Syrien befände. Die Situation war umso heikler, da zum einen die Öffentlichkeitsarbeit der PKK im westlichen Europa Erfolge hatte – Italien genehmigte der PKK eine öffentliche Demonstration in Rom –, zum anderen die Türkei über die Nichtaufnahme in die Europäische Union verärgert war. Syrien für seinen Teil hatte noch nie Skrupel, libanesische Guerillas als Unterpfand gegen Israel zu verwenden, und machte das nun ebenso mit der PKK, erlaubte PKK-Führer Abdullah Öczalan sogar, ein Büro in Damaskus zu unterhalten. Das wurde offiziell zwar bestritten, jedoch hatten Journalisten keinerlei Mühe, ihn dort ausfindig zu machen.

Auch der Irak hatte türkischen Kurden Asyl gewährt, während er gleichzeitig einen blutigen Zermürbungskrieg gegen die eigene kurdische Minderheit führte, wohlgemerkt auch unter Einsatz von Nervengas und anderen chemischen Waffen. Nach dem Golfkrieg kam es zu einem Massenexodus irakischer Kurden in die Türkei, was Ankaras ohnehin schon kompliziertes ethnisches Problem zusätzlich erschwerte.

Auch die Araber aus dem Sumpfgebiet im südlichen Irak bekamen die Auswirkungen der Minderheitenpolitik Saddams zu spüren. Iraks Großprojekt, der 560 Kilometer lange künstliche Fluss, der das Tal zwischen Tigris und Euphrat teilt, seinen Anfang bei Bagdad nimmt und bis hinunter nach Basra verläuft, war ursprünglich dazu konzipiert, salzhaltiges Land »zu waschen« und es als bewässerte Fläche wieder urbar zu machen, ein anscheinend nutzbringender ökologischer Plan. Jedoch wurde ein weites Areal von zusätzlichem Land vorsätzlich überflutet, während das Sumpfland entwässert wurde, was die dort ansässigen Araber zwang, ihr Land zu verlassen.

Zwischen Syrien, dem Irak und der Türkei gibt es noch territoriale Ansprüche, von denen einige bis in die Zeit des Osmanischen Reichs zurückreichen. So beansprucht Syrien seit langem die türkische Provinz Hatay und die Türkei klagt ihr Recht auf den Mogul-Distrikt im Irak ein – dort gibt es im Gegensatz zur Türkei reiche Ölvorkommen.

Die Provinz Hatay ist Schauplatz eines weiteren Konflikts zwischen Syrien und der Türkei, der kaum lösbar scheint.

Es geht um den Orontes, der im Libanon entspringt und durch Syrien in die Region Hatay fließt. Jahrelang hat Syrien den Libanon erfolgreich drangsaliert, den Orontes nicht aufzustauen, denn Syrien wollte das meiste Wasser für seine eigenen Zwecke. Bis der Fluss die Türkei erreicht, ist er schon so gut wie trocken, seine mitgeführte Wassermenge beläuft sich auf magere 25 Millionen Kubikmeter bei einer potentiellen Gesamtmenge von 1,2 Milliarden. Gespräche zwischen den beiden Ländern erwiesen sich als nicht durchführbar – bei jeder Art von Verständigung hätte Syrien durchblicken lassen, dass die Türkei im Besitz der Provinz Hatay ist, die der Fluss durchfließt. Aus türkischer Sicht bewies dies einmal mehr Syriens Heuchelei: Syrien und der Irak stellen sich einerseits wegen der Besitznahme und Kontrolle des Euphrat gegen die Türkei und beklagen einen materiellen Schaden, der ihnen als stromabwärts gelegenen Anrainern dadurch entsteht. Hier hingegen, wo Syrien der stromaufwärts gelegene Anrainer ist, scheut sich das Land nicht, in genau derselben Weise zu verfahren und das ganze Wasser für sich in Anspruch zu nehmen.

Mit diesem Antagonismus als Hintergrund kam Özals Vorschlag während einer USA-Reise, eine »Friedenspipeline« in die trockeneren Länder des Nahen Ostens zu verlegen, doch sehr überraschend und stieß zunächst auf taube Ohren.

Über zwei Pipelines mit einer Gesamtlänge von 6500 Kilometern könnten jährlich über 2 Milliarden Kubikmeter Wasser aus den türkischen Flüssen Ceyhan und Seyhan, die ebenfalls ins Mittelmeer münden, quer durch den Nahen Osten und bis zum Persischen Golf befördert werden. Über eine westliche Pipeline würden Syrien, Jordanien, der Westen Saudi-Arabiens sowie auch Jeddah und Mekka mit Trinkwasser versorgt, während eine Golf-Pipeline das Wasser nach Kuwait, in den Osten Saudi-Arabiens, nach Bahrain, Qatar und Oman sowie in die Vereinigten Arabischen Emirate bringen würde. Beide Pipelines würden 2 Meter tief unter der Erde verlaufen und spezielle Tunnelrohre würden ganze Gebirgsketten durchbohren. Eine von einem amerikanischen Bauberatungsunternehmen 1998 durchgeführte Studie taxierte die Bauzeit des Projekts auf 15 Jahre und die Baukosten auf rund 20 Milliarden Dollar. Bei den hohen Kosten und der angespannten politischen Lage, die eine Realisation sehr unwahrscheinlich machen, ist es um dieses Projekt auch nicht anders bestellt als um andere Vorhaben im Nahen Osten: ein Aquaedukt vom Euphrat über den Iran nach Jordanien, ein Kanal vom Nil quer durch den Sinai nach Gaza, und ein Wasserabzugskanal vom Litani im Libanon via Israel nach Palästina und Jordanien.

Keines der flussabwärts gelegenen Länder ist derzeit bereit, die Sicherheit ihrer Wasserversorgung in die Hände der Türkei zu legen, trotz der mehrfachen Beteuerungen, dass die Türkei »den Hahn nie abdrehen« würde. Jeder in der Region zeigt sich in Wasserangelegenheiten starrsinnig, denn Wasser zu importieren wird schnell als Schwächung der eigenen Postion empfunden. Die Araber wollen nicht von den Türken abhängig sein. Die Israelis – eingedenk der Leichtigkeit mit der an Pipelines Sabotage verübt werden kann – wollen von überhaupt niemandem abhängig sein, wollen sich nicht einmal vorstellen, Wasser zu importieren, denn das würde ja ihre feste politische Überzeugung schwächen, der rechtmäßige Gebieter über das gesamte Wasservorkommen im Land zu sein. Auch Jordanien befürchtet, dass die Abhängigkeit von türkischem Wasser den Anspruch auf die Versorgung aus örtlichen Wasservorkommen schmälern könnte. Die Türken beteuern indes ihre Unschuld, wenngleich sie gelegentlich müßige Spekulationen über den lukrativen Wassermarkt anstellen, der sich ihnen mit der Realisierung einer solchen Idee eröffnen würde. Es kommt einem bei diesen Überlegungen fast so vor, als ob die Türkei das Wasser nicht für sich selbst bräuchte.

So viel zum Wasserfrieden im alten Mesopotamien.

Kapitel 15

Die Vereinigten Staaten und ihre Nachbarn
Eine *ménage à trois*

Noch geht das Wasser, auch das saubere, in den Vereinigten Staaten nicht zur Neige; das Land wird sicher auch nicht bald in den Krieg gegen Mexiko oder Kanada ziehen. Das soll aber nicht heißen, dass es keine Unstimmigkeiten oder Streitereien gäbe, oder dass die USA, wie jede andere Großmacht in der Geschichte, sich nicht auch das Recht herausnähme, sich Dinge anzueignen, ohne zu fragen.

Die Vereinigten Staaten werden von der übrigen Welt mit den verschiedensten Attributen belegt; sie gelten als tatkräftig, ideenreich und kreativ, ungehobelt, gewinnsüchtig und komisch. In Sachen Umweltpolitik sind sie durch massiven Raubbau zu zweifelhaftem Ruhm gelangt. Doch immerhin, in Bezug auf Wasser zeigen die Amerikaner zwei Gesichter: Sie sind verschwenderisch und sparsam, gierig und sorgsam haushaltend; überdies entwickeln sie ein ganz bewundernswertes Leistungsvermögen, sobald sie sich eingehend mit Wasserfragen befassen.

Im amerikanischen Westen hat die Wasserpolitik etwas vollbracht, was Marc Reisner beschreibt als »einen in einzigartiger Weise produktiven und kreativen Vandalismus. Landwirtschaftliche Paradiese wurden aus Sandmeeren und Felslandschaften geschaffen. Städte sprießen mitten aus dem Nichts hervor, wachsen in irrsinnigem Tempo ... Eine grandiose Leistung, und selbst die unerbittlichsten aller Kritiker müssen die positiven Seiten all dessen anerkennen. Denn ganz zweifelsohne hat die Wirtschaft dadurch höhere Erträge erzielt ... Boden, auf dem Dryfarming betrieben und der entsetzlich zugerichtet wurde, wurde stabilisert und vor Bodenverwehungen geschützt ..., schwindende Ressourcen – Flüsse und Grundwasserleiter – wurden Gewinn bringend genutzt. Doch der Preis all dessen ist die vandalenhafte Zerstörung unseres Naturerbes und unserer wirtschaftlichen Zukunft, und der Tag der Abrechnung ist noch längst nicht angebrochen. Bis jetzt jedenfalls hat die Natur den höchsten Preis bezahlt ... Wer wird für die Rettung des versalzten Bodens bezahlen? Wer für das Ausbaggern von Abermillionen Tonnen an Schlamm aus den sterbenden Wasserreservoirs? Wer für den Transport von mehr Wasser in ganze Regionen oder Staaten, deren Wasserversorgung von Grundwasserleitern abhängt, die rücksichtslos ausgebeutet worden sind?«[1]

Während die Vereinigten Staaten eine Mittelstellung innehaben, nehmen ihre beiden Nachbarn Extrempositionen ein – Kanada hat Wasser im Überfluss, Mexiko hingegen praktisch keins – eine interessante Ménage.

El Mayor am Colorado-Delta in Mexiko besteht aus einer verstreuten Ansammlung von baufälligen Sperrholzhütten und kleinen Betonhäusern an ein paar unbefestigten Straßen, wo sich über die Zeit Gruben und Schlaglöcher ausgebildet haben, die in trockenen Jahren ganz staubig sind und in denen dreckiges Wasser steht, wenn der spärliche Regen irgendwann einmal fällt. Kinder spielen auf der Straße, plantschen im stehenden, mit Kot vermengten Wasser, spielen mit abgenutztem weggeworfenem Zeug der Industriegesellschaft – mit rostigen Autoteilen, alten Reifenfetzen, kaputten Fahrrädern und Kinderwagen. El Mayor ist zu klein, als dass es auf irgendeiner Landkarte verzeichnet wäre, selbst das »Bürgermeisteramt« hat kein Telefon. Der kleine schäbige Ort ist die Hauptstadt der Cocopa, die einst im Umland fischten und jagten, bevor die Yankee-Geißel sie ereilte. Als 1540 der spanische Eroberer Francisco Vasquez de Coronado als Erster in diese Gegend kam, berichtete einer seiner Adjutanten später von der ersten Reaktion der Cocopas beim Anblick der europäischen Eindringlinge: »Sie rannten auf uns zu, fuchtelten wild drohend herum und bedeuteten uns, wieder dorthin zu verschwinden, wo wir herkamen.« Hätten die Weißen das tatsächlich getan, wären die Cocopas wohl glücklicher geworden. Denn heute ist der Colorado River, der die Gegend einst bewässerte, verschwunden, und das Delta, das über zwei Jahrtausende lang den Ureinwohnern reiche Fischgründe bot, ist nur mehr ein trauriges Rinnsal, ausgetrocknet, versalzt, verschmutzt, nichts als eine vertrocknete, rissige und schlammverkrustete Niederung, ein ländlicher Slum. Der amerikanische Naturforscher Aldo Leopold bezeichnete noch in den zwanziger Jahren des vergangenen Jahrhunderts die Gegend als »Milch-und-Honig-Wildnis«, reich an Lagunen und dichten Wäldern.[2] Damals lebten tausende Cocopas hier, heute sind es nicht einmal mehr 1500, die ihr Leben in zerstreut liegenden Gemeinden entlang des kleinen Hardy River und des Colorado fristen, der heute nicht viel mehr als ein Ableitungskanal für landwirtschaftlichen Abfluss ist. Zwar ist mittlerweile ein kleines Reservoir zur Sanierung der Flussniederung entlang des Hardy in Planung, und die Abwässer sollen erst aufbereitet werden, bevor sie dorthin abgeleitet werden. Doch gibt es für diese Projekte kaum Geld und so werden wohl auch noch die letzten Cocopa diese Gegend verlassen.

Volumen und Qualität des Wassers, das mit dem Colorado aus den Vereinigten Staaten nach Mexiko kommt, sind gesetzlich genau vorgeschrieben, doch wird die benötigte Menge nicht selten unterschritten; auch ist das Wasser salzhaltiger als erlaubt. Rund 90 Prozent des Wassers haben US-amerikanische Städte und Farmen vorher schon abgezogen, um Swimmingpools in Los Angeles zu füllen und um Strom für das Gebiet um Las Vegas zu gewinnen. Bis das Wasser dann nach Mexiko gelangt, ist nur noch sehr wenig davon übrig. Und von dieser Menge beziehen zuerst die Städte und Anbaugebiete im Grenzgebiet, um das Wasser über Betonkanäle auf fast 200 000 Hektar in der mexikanischen Wüste zu verteilen. Mexiko begeht damit den gleichen fatalen Fehler wie Amerika – fruchtbares

Ackerland zu schaffen in einem Gebiet, wo es von Natur aus eigentlich gar keines gibt, und Getreide in einer Gegend mit weniger als 8 Zentimetern jährlicher Niederschlagsmenge anzubauen. Das bewässerte Tal entlang des Flusses südlich von Mexicali produziert ein Zehntel des Weizenertrags Mexikos sowie bedeutende Mengen an Sorghum, Alfalfa und anderen Feldfrüchten.

Auch wenn es flussaufwärts heftige Regenfälle gegeben hat, reichen die wenigen stählernen Abzugskanäle unter einer Schotterstraße ohne weiteres aus, um das Wasser des »amerikanischen Nils«, wie der Colorado einst bezeichnet wurde, zu fassen. In trockenen Jahren oder wenn die Amerikaner ihre Dämme auffüllen, kommt überhaupt kein Wasser im mexikanischen Delta an.[3]

Mittlerweile suchen die Mexikaner ihr Heil in verschiedenen Maßnahmen. So wird zum Beispiel ein Abzugsgraben für den salzigen Abfluss aus Anbauflächen in Arizona benutzt, um die Cienaga-de-Santa-Clara-Niederungen wieder fruchtbar zu machen, die man zuerst entwässert, dann bewässert und schließlich dadurch verseucht hat. Doch es gibt kaum Geld für weitere Projekte, die die Wasserlage Mexikos verbessern würden.

Amerikanische Willkür in Sachen »mexikanisches« Wasser geht bis ins 19. Jahrhundert zurück, bis in die Jahre, die auf den offenen Krieg zwischen den beiden Nationen folgten. Gegen Ende des Jahrhunderts begannen die Scharmützel erneut, dieses Mal um den Rio Grande, den Grenzfluss zwischen Texas und Mexiko, von El Paso bis zum Golf von Mexiko. Die Amerikaner hatten ohne Genehmigung das Wasser aus dem Fluss abgeleitet, um damit den Westen Texas' und Weideflächen in New Mexico zu bewässern. Die Mexikaner zogen daraufhin in einem Protestmarsch nach Washington. Das »State Department«, das sich mit Grenzstreitigkeiten befasst, holte sich damals juristischen Rat beim amerikanischen Justizminister Judson Harmon. Der Rio Grande, so Harmon, entspringt auf dem Gebiet der Vereinigten Staaten, das abgeleitete Wasser sei folglich also amerikanisches Wasser. Die USA hätten die absolute Oberherrschaft über ihre natürlichen Ressourcen, wozu auch das Wasser gehörte, das ein natürliches Vorkommen sei, genau wie Gold und

Eisen. Es existiere auch kein internationales Gesetz, das die USA zu einer Wasseraufteilung zwinge, und selbst wenn es eines gäbe, bräuchten sich die USA nicht daran zu halten.

Auch wenn mittlerweile die Harmon-Doktrin selbst in den USA in Zweifel gezogen wird, können es einige Bundesstaaten immer noch nicht lassen und berufen sich nichtsdestotrotz auf die Doktrin, um mehr Wasser aus grenzüberschreitenden Gewässern auf Kosten der stromabwärts gelegenen Nachbarn abzuziehen.

In den Jahren nach der Veröffentlichung der Harmon-Doktrin erließ das »State Department« zwar flexiblere gesetzliche Bestimmungen, stellte dabei jedoch die wichtigen Kernpunkte der Doktrin nicht in Abrede.

Mit Mexiko wurde 1906 ein vorläufiges Abkommen über die Nutzung des Rio Grande erwirkt. Erst Jahrzehnte später, 1944, wurde eine umfangreichere Abmachung getroffen, bei der neben dem Rio Grande auch der Tijuana und der problematische Colorado einbezogen wurden. Die Worte des Abkommens waren von den Rechtsgelehrten des »State Department« mit Bedacht gewählt, denn es gab interessante Nuancen. Die Amerikaner betrachteten die Wasserzuweisungsbestimmungen als unilateral – das heißt, sie legten sie so fest, als ob es zwischen den beiden Ländern keine Grenze gäbe. Sie billigten Mexiko das Wasser zwar zu, – im Falle des Colorado waren das zum Beispiel 1 500 000 acre-feet –, aber nicht als Rechtsanspruch. Wer die Macht hat, hat das Sagen.[4]

Die Mexikaner erhoben damals keine Einwände. Sie gaben sich damit zufrieden, überhaupt eine vertragliche Regelung über annehmbare Wasserzuweisungen geschlossen zu haben.

Was der Vertrag von 1944 jedoch unerwähnt ließ – und was damals auch noch niemand als etwaiges zukünftiges Problem erkannte –, war die Frage der Wasserqualität. Wasser war Wasser, egal ob zum Bewässern, zum Getreideanbau oder zum Trinken. Die Gefahr einer Verschmutzung zog dabei kein Mensch in Betracht.

In den fünfziger Jahren begann sich die Situation zu wandeln. Die rasante Industrialisierung des Westens und das amerikanische Bestreben, mehr und immer noch mehr unproduktives Land zu bewässern, ließen das Flusswasser in der Grenzregion allmählich trüb werden. Seit den siebziger Jahren gehört der Rio Grande zu den am schlimmsten verschmutzten Wasserstraßen; 1993 wurde er zu Amerikas gefährdetstem Fluss erklärt, der beinahe ebenso viele ungeklärte Abwässer, Pestizide und Industriabfall wie Wasser enthält – das ungewollte und unvorhersehbare Nebenprodukt eines nicht enden wollenden Wirtschaftsbooms. Besonders in der Region um Nogales sind die Auswirkungen der schlechten Wasserqualität auf den Gesundheitszustand der Menschen diesseits und jenseits der Grenze offensichtlich.

Das Colorado-Problem nimmt seinen Anfang weit weg von der Grenze. Wie wir bereits erfahren haben, bewirkt die Bewässerung und der Bau von Staudämmen eine Versalzung des Abflusses. Der Lauf des Colorado ins Meer wird zum ersten Mal vom Glen-Canyon-Damm unweit der Grenze Utah-Colorado aufgehalten. Bis dahin hat er bereits den landwirtschaftlichen Abfluss aus dem bewässerten Land entlang der Flüsse Green, White und Yampa aufgenommen. Ein zweites Mal wird der Fluss am Lake Mead beim Hoover-Staudamm zwischen Nevada und Arizona aufgehalten, dann am Lake Mojave und noch einmal am Lake Havasu; mit jedem Stopp steigt der Salzgehalt. Schließlich nimmt der Colorado noch das Wasser des Gila auf, bevor er die Grenze nach Mexiko passiert. An den Ufern des Gila gab es bereits im 16. Jahrhundert Bewässerungskulturen, da die spanischen Eroberer ausgedehnte Gärten anlegten und in den Flusstälern Futterkorn anbauten. Doch der Boden war tonig, sog sich schnell mit Wasser voll und wurde bald so salzig, dass das Korn abstarb und das Flussbecken als Nutzfläche aufgegeben wurde. In den vierziger Jahren des 20. Jahrhunderts wurde in Arizona der »Welton Mohawk Irrigation and Drainage District« (ein Bewässerungsbezirk, Anm. d. Übers.) angelegt, zu dem ein riesiger Entwässerungsgraben gehört, über den die versalzten Rückstände abgeleitet werden. Dieser Graben mündet kurz vor der mexikanischen Grenze direkt in den Colorado.[5]

Im November 1961 erhob Mexiko abermals Protest in Washington; dieses Mal ging es nicht um eine Wasserzuteilung im Allgemeinen, sondern um die Qualität: »Das Wasser, das in Mexiko ankommt, ist für landwirtschaftliche Zwecke nicht geeignet; die Produktion im Mexicali Valley wird dadurch aufs Ärgste beeinträchtigt.« Der Protest blieb folgenlos.

Aber es sollte noch schlimmer kommen. Zwei Jahre nach der Protestnote wurde der Glen-Canyon-Staudamm fertig gestellt, und während der Damm aufgefüllt wurde, war die Wasserzufuhr nach Mexiko drastisch eingeschränkt. Der Salzgehalt des Colorado stieg dadurch auf über 1500 Teile pro eine Million an, um mehr als die Hälfte des Jahresmittelwerts – salzig genug, um den Großteil des mexikanischen Getreides zu vergiften. Der Aufruhr der Mexikaner stieß in den Vereinigten Staaten erneut auf taube Ohren: Im Vertrag von 1944 stand ja schließlich nichts von »sauberem, trinkbarem« Wasser.

Erst 1965 beschlossen die Amerikaner, sich mit dem Versalzungsproblem auseinanderzusetzen. Bald darauf unterzeichneten die beiden Länder ein Fünfjahresabkommen, das »mehrere Maßnahmen«, die allerdings nicht weiter spezifiziert wurden, zusicherte. Wie jedoch nicht anders zu erwarten, war es damit erst einmal getan. Ein paar halbherzige Maßnahmen auf lokaler Ebene wurden zwar ergriffen, doch alles in allem leiteten die USA lediglich geringfügig mehr Speicherwasser an Mexiko ab, und das auch nur dann, wenn das Wasser im Nachbarstaat wirklich knapp wurde. Dadurch wurde der Salzgehalt zwar etwas gemindert (von 1500 Teilen pro eine Million auf rund 1245), war aber noch immer viel zu hoch. Die Wut der Mexikaner, die schon lange unter der Oberfläche brodelte, kochte während der Präsidentschaftskampagne von Luis Echeverría Álvares 1970 über. Der Wahlkampf geriet zu einer politischen Schlammschlacht gegen die Amerikaner, die für den miserablen Zustand der mexikanischen Landwirtschaft verantwortlich gemacht wurden. Álvares gewann mit überwältigender Mehrheit, und als er anschließend den USA damit drohte, sie wegen Vertragsverletzung vor den Internationalen Gerichtshof in Den Haag zu bringen, stellte Präsident Nixon einen Expertenstab zur Untersuchung des Problems zusammen – eine klassische politische Verzögerungstaktik. Nixon übergab die Angelegenheit der »US-Mexico International

Boundary Water Commission«. Deren Aufgabe war es, in die Untersuchung das gesamte Colorado-Becken mit sämtlichen dazugehörigen Staaten (Kalifornien, Arizona, Nevada, Colorado, Utah und wegen der Colorado-Zuflüsse auch Wyoming und New Mexico) sowie die Flüsse Tijuana und Rio Grande mit einzubeziehen.

Die Untersuchungen des Expertenstabs kamen nur schleppend voran. Am Ende war man sich einig, dass die Vereinigten Staaten Mexiko mit hinreichend sauberem Wasser versorgen müssten. Aber wie? Die in Frage kommenden Alternativen waren allesamt kostspielig. So müssten die Amerikaner im Falle einer fortgesetzten Salzeinleitung in den Fluss das Wasser aufbereiten, noch bevor es die mexikanische Grenze überschreitet, oder für Ersatz in angemessener Qualität aus einer anderen, nicht näher bestimmten Quelle sorgen. Oder aber man beendete die Versalzung des Flusses voll und ganz. Das allerdings könnte nur erreicht werden, indem die Amerikaner Land aus der Bewässerungswirtschaft nähmen, um so einen Hauptverursacher der hohen Salzbelastung zu beseitigen.

Auf der Basis dieses Untersuchungsberichts nahmen beide Regierungen die Verhandlungen zwar wieder auf, jedoch verliefen sie recht plan- und ziellos. So wäre es wohl auch weiter hin und her gegangen, wenn nicht die OPEC-Ölkrise von 1973 eingetreten wäre. Die Krise traf die Vereinigten Staaten just in dem Moment, als es Mexiko ganz langsam dämmerte, dass es, zumindest potentiell, doch eigentlich ein wichtiges Land für den Ölexport war. Der Regierung Nixon konnte es nun nicht mehr schnell genug gehen, die Mexikaner zu umschmeicheln.

Und so gaben beide Länder 1974 bekannt, sie hätten eine »dauerhafte und endgültige Lösung« für das Versalzungsproblem gefunden. Beide Seiten verständigten sich darauf, dass Mexiko die gleiche Menge Wasser wie aus dem Abkommen von 1944 zuerkannt bekommt, nämlich 1 500 000 acre-feet aus dem Volumen des Colorado, und dass sich die USA fortan an genau festgelegte Wasserqualitätsnormen halten – im Wesentlichen waren das die gleichen, die auch für amerikanische Farmer galten. Diese Lösung des Wasserproblems war nicht als Vertrag formuliert, sondern lediglich in Form eines Verhandlungsprotokolls durch die »International Boundary Water Commission« fixiert. Mit diesem raffinierten Kniff hatte man den ansonsten notwendigen Schritt einer Ratifizierung umgangen und war so den zu erwartenden hitzigen und scharfen Kongressdebatten in beiden Staaten geschickt ausgewichen. Der Kongress war jedoch noch immer sehr stark involviert, denn er hatte am Ende die Gelder zu bewilligen.

Mit untrüglicher Sicherheit entschied sich der US-Kongress natürlich für den teuersten der zur Wahl stehenden Lösungsvorschläge. Zur Verbesserung der Qualität des Wassers, das über die Grenze hinweg befördert wird, wollten die USA über weite Strecken entlang des Colorado eine Reihe von Entwässerungskanälen sowie verschiedene technische Einrichtungen installieren. Dreh- und Angelpunkt sollte eine riesige Entsalzungsanlage sein zur Wiederaufbereitung des Wassers aus dem Welton-Mohawk-Bewässerungsbezirk in Arizona. Kurz bevor das Wasser nach Mexiko strömt, sollte es in der Anlage zu einer Wassergüte »aufbereitet« werden, die den strengen gesetzlichen Normwerten genügen würde. Des Weiteren war der kostenaufwendige Bau eines Wasserabzugkanals vorgesehen, über den die gewaltigen Salzabflussmengen aus der Aufbereitungsanlage am Colorado vorbei direkt in die Santa-Clara-Bucht im Golf von Kalifornien geleitet werden sollten; zudem wollte man Mexiko mit Hilfsgeldern zur Sanierung und »Verbesserung« des Mexicali Valley unter die Arme greifen. Das ganze Unterfangen sei zwar sehr teuer, wie Kongressabgeordnete aus den betroffenen Bundesstaaten einräumten, doch brächte es auch zahlreiche Vorteile mit sich: Es müsste kein Land aus der Bewirtschaftung genommen werden, und es müssten keine Entschädigungen an Farmer gezahlt werden; der Wasserverlust würde reduziert, die wirtschaftliche Entwicklung und Expansion in den Staaten des Flussbeckens würde nicht gehemmt und mit dem Projekt würden mit Sicherheit auch bedeutende Fortschritte in der technologischen Entwicklung von Entsalzungsanlagen erzielt werden. Die Gesamtkosten des Projekts wurden auf rund 1 Milliarde Dollar geschätzt. Auf diese Weise, so rechnet Marc Reisner vor, hätten die Bewässerer stromaufwärts 3,50 Dollar pro acre-foot Wasser zahlen müssen, während dasselbe Wasser stromabwärts von Salzrückständen gereinigt 300 Dollar pro acre-foot gekostet hätte.

Neben dieser absurden Diskrepanz bei den Wasserpreisen gab es ein weiteres Problem: Wohin mit dem Salz, wenn es erst einmal aus dem Wasser entfernt war? Am Ende entschied man sich für eine Ableitung der Rückstände über einen Kanal ins Meer. Zur Wahl hatten noch zwei Alternativen gestanden: Entweder man hätte das Salz in großen, künstlich angelegten Teichen verdunsten lassen, wobei allerdings Berge von Rohsalz zurückgeblieben wären, das der Wind in alle Richtungen forttragen und damit das Land weit und breit verschmutzen würde. Oder aber man hätte das Salz, besser gesagt die Salzlösung, über Schächte in tief liegende Grundwasserleiter eingespritzt – ein ungeprüftes neues Verfahren mit unbekannten Auswirkungen. Doch warum nicht, wo man doch auch atomaren Abfall in »völlig sicheren« Schächten tief unter der Erde lagern kann.

Das Flussbecken des Colorado umfasst eine Fläche von 632 000 Quadratkilometern und versorgt 30 Millionen Menschen mit Wasser. Das Wasser des Colorado ist jenes, das am strengsten überwacht wird, um das es die meisten Konflikte gibt, das am häufigsten analysiert und um das am meisten gefeilscht wird. Der Abfluss des Colorado beträgt im Jahresmittel 14 Millionen acre-feet, in guten Jahren bis zu 18 Millionen und in schlechten um die 12 Millionen. Der Verdunstungsgrad des Flusses sowie die Anzahl der betriebenen Speicherdämme variieren von Jahr zu Jahr, doch beträgt die Abflussmenge durch Evaporation im Jahresmittel rund 2 Millionen acre-feet. Die Staaten am Oberlauf des Flussbeckens, die »Produzenten« der salzigen Fracht des Flusses, verfügen über ein zugeteiltes Fördervolumen von zusammengenommen rund 3,6 Millionen acre-feet. Das Central Arizona Project, ein 540 Kilometer langer und 4 Milliarden teurer Wasserkanal und das größte und kostspieligste Wassertransportsystem, das je gebaut wurde, kann mit seinem Fassungsvermögen über 2 Millionen acre-feet Wasser ableiten, obgleich mit mageren 1,5 Millionen acre-feet Abzugsmenge derzeit nur drei Viertel der Gesamtkapazität ausgeschöpft werden. In regenarmen Jahren legt der leidige Abzugskanal das gesamte Gewässersystem trocken.

Die jeweiligen Zuteilungsmengen der einzelnen Anrainerstaaten verteilen sich wie folgt: 4,4 Millionen acre-feet für Kalifornien, 3 881 250 für Colorado, 2 800 000 für Arizona, 1 725 000 für Utah, 1 500 000 für Mexiko, 1 050 000 für Wyoming, 843 750 für New Mexico und 300 000 für Nevada.

Die Staaten am Unterlauf des Flussbeckens – Kalifornien, Arizona und Nevada – streiten sich seit Jahren um die Zuteilungsmengen. Bedingt durch ein kompliziertes Regelwerk von Richtlinien, Gesetzen und Vereinbarungen, darunter nicht wenige, die rechtlich fragwürdig sind, hat Kalifornien für sich das »Recht« auf ein verfügbares Mindestvolumen von 4,4 Millionen acre-feet erlangt, für Regen- wie für Trockenperioden. Darüber hinaus griff Kalifornien bis jetzt auch auf das gesamte überschüssige Wasser der beiden anderen Staaten zurück, einschließlich des Wassers von Wyoming, Utah, Colorado und New Mexico, um seine Städte und Farmen mit Wasser zu versorgen.

Doch die Bestimmungen sind im Umbruch begriffen. In einem Bericht der »Western Water Policy Advisory Commission« von 1998 heißt es, dass von den zehn amerikanischen Bundesstaaten, die bis zum Jahr 2025 die höchsten Wachstumsraten haben werden, allein fünf im Colorado-Becken liegen werden. Nevada und insbesondere das durstige Las Vegas, wo schon heute 1,5 Millionen Menschen leben, verlangt sein gesamtes zugeteiltes Wasservolumen von Kalifornien zurück, und zwar mit Zins und Zinseszins.

Der Grundstein zu diesem Streit wurde bereits vor 85 Jahren gelegt, als Los Angeles dem Owens Valley vor der eigenen Haustür das nährstoffreiche Gebirgswasser durch das städtische Aquaedukt entzog. Nach jahrzehntelangen heftigen Auseinandersetzungen trafen die Verwaltungsbehörden des Owens Valley mit Los Angeles im Juli 1998 ein Übereinkommen, um den verheerenden Staubstürmen, unter denen die Menschen im Tal seit der Ableitung zu leiden hatten, ein Ende zu setzen. Das »Department of Water and Power« in Los Angeles erklärte sich bereit, die dafür nötigen Arbeiten am Lake Owens bis zum Jahr 2001 aufzunehmen. Innerhalb von acht Jahren sollten die Bewohner im Umland des Lake Owens wieder »Luft atmen können, die den bundesweit festgelegten Gesundheitsnormen entspricht«. Der See ist die mit Abstand größte Emissionsquelle in den USA. Jahrzehntelang waren die Bewohner im Umland den mit toxischen Pestizidrückständen verseuchten Salzstaubwolken ausgesetzt, die von der Seeoberfläche aufwirbelten und die sich in Größe und Schadstoffgehalt kaum von denjenigen am Aralsee unterschieden. Das Problem wurde erst gelöst, nachdem Los Angeles, zum ersten Mal in der Geschichte dieser durstigen Stadt, das Wasser freiwillig, ohne langwierige Gerichtskämpfe zurückgab. Der See wird zwar nicht wieder aufgefüllt, doch will die Stadt gerade so viel Wasser darin belassen, dass der Seegrund mit einem feuchten Film bedeckt ist; an der Oberfläche wird salzresistente Vegetation angepflanzt und Kies abgeladen. Schadensbegrenzung – immerhin ein Anfang im Streit um die Wasserzuteilung.

Ein weiteres Problem entstand in Kalifornien aus der Diskussion, ob einzelne Gebiete untereinander mit Wasser handeln dürfen. Ende 1998 floss Wasser in Kanälen, die sich kunstvoll und natürlich in die Landschaft einfügten, von den Farmen im Imperial Valley in das trockene San Diego County, eine der am rasantesten wachsenden Regionen Südkaliforniens. Der »Imperial Irrigation District«, die für das Tal zuständige Wasserbehörde, hatte genehmigt, 200 000 acre-feet »Überschusswasser« aus dem Colorado zu einem Handelspreis von 245 Dollar pro acre-foot nach San Diego zu verkaufen. Das war mehr als das Zwanzigfache dessen, was das Wasser die Behörden ursprünglich gekostet hatte.

Der Wasserhandel hatte ursprünglich damit begonnen, dass zwei Brüder aus Fort Worth in Texas still und leise über 200 000 Hektar Land im Imperial Valley zusammenkauften, in der Hoffnung, damit gleichzeitig auch die Wasserrechte zu erwerben. Diese wollten sie dann wiederum direkt an San Diego verkaufen. Das Wassergeschäft scheiterte, als die Brüder merkten, dass die Wasserbehörde und nicht die einzelnen Farmer im Besitz der Wasserrechte war. Durch diesen Vorfall inspiriert, beschloss die Behörde ihrerseits, das Spiel um Geld und Wasser zu spielen. Das Geschäft konnte jedoch nicht ohne die Zustimmung des »Metropolitan Water Districts« MWD, des städtischen Wasserverbands Los Angeles, geschlossen werden, denn der MWD war im Besitz der für die Umleitung nach San Diego benötigten Aquädukte. Die Lösung sah folgendermaßen aus: Die Legislative des Bundesstaates Kalifornien wurde davon überzeugt, den MWD mit allgemeinen Steuergeldern abzufinden, als Ausgleich für die Freigabe der Aquädukte; den Landbesitzern des Imperial Valley sollten Subventionsgelder für die Abgabe von Wasser an das durstige San Diego bezahlt werden. Derlei Transaktionen erregten unter den Umweltschützern allgemeines Kopfschütteln. Zugegeben, die Wasserversorgung in San Diego war damit gesichert. Doch sollte dieser Fall Schule machen und ähnliche Wassergeschäfte in anderen kalifornischen Gemeinden mit angespannter Wasserlage nach sich ziehen, dann würde der rücksichtslosen Geschäftemacherei Tür und Tor geöffnet.

Der »Imperial Irrigation District« geriet nicht nur mit diesem Handel in die Schlagzeilen. Eine weitere Kontroverse wurde mit der vom »Coachella Water District« vorgebrachten Behauptung ausgelöst, die Behörde hätte den Bewässerungsbezirk seit 1934 in unrechtmäßiger Weise seines Wassers beraubt. Nach langem Hin und Her richtete der amerikanische Innenminister Bruce Babbitt schließlich Ende 1998 eine Rede an alle sieben Bundesstaaten, die auf das Wasser des Colorado angewiesen sind, in der er unter anderem auch die Beilegung des »Imperial-Coachella«-Konflikts forderte: »Ich werde das Feld nicht räumen, ich werde weiterhin Druck ausüben«, herrschte er die potentiellen Wasserhandelspartner an. Unter anderem drohte er, das Wasservolumen, das Kalifornien dem Colorado entnimmt, drastisch zu reduzieren, sollte der Bundesstaat nicht lernen, effizienter zu haushalten – eine Maßgabe, die von den verschwenderischen Kaliforniern empört aufgenommen wurde, doch letztendlich Wirkung zeigte. »Ich bin tief beeindruckt davon, dass Coachella und Imperial letztendlich ihre brüderlichen Bande entdeckt haben«, so der Minister später, »es ist ein kleines Wunder«.

Im nördlichen Kalifornien hingegen war man davon noch weit entfernt. Im San-Joaquin-Delta, dem größten Einzugsgebiet des Bundesstaats, das 22 Millionen Kalifornier mit Wasser versorgt, stand das Ökosystem am Rand eines Kollaps. Babbitt hatte auch hier auf ein weiteres »kleines Wunder« gehofft, aber es war keines in Sicht. Die Agronomen, Umweltschützer und die städtischen Wasserämter konnten sich nicht einmal auf die Tagesordnungspunkte für gemeinsame Sitzungen einigen. Wasserämter und Farmer sprachen sich für mehr Wassertransfers aus, wohingegen Umweltschützer auf Wassererhaltung setzten. Die Situation war verfahren.

Schließlich schaltete sich Bruce Babbitt wieder ein und genehmigte 1998 die Form der Wassertransaktion, die es den Staaten am unteren Flussbecken erlaubte, Wasservorräte aus dem Colorado untereinander zu tauschen. In der Praxis begünstigt dieser Plan in der Hauptsache Arizona, das seine gesamte Zuteilungsmenge zwar stets entnommen, aber nicht vollauf genutzt hat und das überschüssige Wasser umsichtigerweise in tiefen Leitschichten gespeichert hatte. Arizona könnte fortan also dieses Wasser zum Beispiel an Nevada verkaufen, allerdings nicht auf dem direkten Weg, da die Bestimmungen lediglich erlauben, das Wasser für Nevada in Grundwasserleitern gespeichert bereitzustellen. Bei einem »Kauf« könnte Nevada das Wasser etwa aus dem »Central Arizona Project« abschöpfen und Arizona über die abgezogene Menge eine Gutschrift ausstellen. Im Handel mit einem anderen Wassernutzer in Arizona – beispielsweise mit der Stadt Tucson, die sich normalerweise aus sich rasch erschöpfenden tiefen Brunnen versorgt – könnte dieser dann auf Kosten Nevadas die gutgeschriebene Menge Wasser aus dem Grundwasserleiter unter dem Staat Arizona abpumpen.[6] Für Nevada wird dieser Handel lukrativ sein, denn es kann so seine Wassernutzer subventionieren. Das auf diese Weise gehandelte Wasser wäre um ungefähr zwei Drittel billiger als beispielsweise das Wasser im kalifornischen Santa Barbara.

Die negative Seite dieser Transaktionen ist, dass damit einem steigenden Wasserverbrauch Vorschub geleistet wird. Denn Nevada könnte auf diese Weise nämlich ohne weiteres an mehr Wasser kommen als zugeteilt und wäre dadurch in der Lage, mehr Industrien und mehr Menschen anzusiedeln – das heißt, der Wasserbedarf würde mehr und mehr steigen.

Es ist durchaus denkbar, dass das Wasservorkommen des Colorado ohnehin bereits überbeansprucht ist, noch bevor Babbitts Plan zur Ausführung kommt. Denn noch immer werden auf den Reißbrettern der Anrainerstaaten dutzende Großprojekte geplant. Würde nur die Hälfte davon realisiert, wäre der Wasservorrat des Flusses bereits überbeansprucht und zusätzliches Wasser für den Tauschhandel müsste anderweitig beschafft werden ... doch woher?

Mexiko kann kein Wasser erübrigen, zumal sich das Land auf den ihm zugewiesenen Wasseranspruch auf 1,5 Millionen acre-feet aus dem Colorado ohnehin nicht verlassen kann. Einige nordkalifornische Flüsse strömen zwar noch immer ungehindert ins Meer, doch die lange Tradition der Feindseligkeiten zwischen Nord- und Südkalifornien macht jede potentielle Ableitung aus diesen Quellen unwahrscheinlich.

In Oregon und Washington gibt es dagegen noch unerschlossene Flüsse. Und auch Kanada hat reichlich Wasser. Um das zu bekommen, müsste man nur das Nordamerikanische Freihandelsabkommen anders auslegen und Wasser als Handelsartikel deklarieren.

Durch diese Überlegungen kam Anfang 1998 plötzlich Bewegung in die bis dahin ruhig vor sich hin plätschernde kanadische Wasserpolitik. Ausgelöst wurde die Unruhe durch die neu eingeschlagene Wirtschaftspolitik des Laisser-faire, nach welcher die Provinz Ontario einem kleinen Unternehmen mit Firmensitz in der Grenzstadt Sault Ste. Marie die Genehmigung erteilt hatte, 600 Millionen Liter Wasser aus den Great Lakes auf Frachtschiffen nach Asien zu verschiffen. Inwiefern es aus diesem Handel Profit ziehen würde, darüber schwieg sich das an diesem Geschäft beteiligte Unternehmen »Nova Group« beharrlich aus. Auch über Zielort und Frachtkosten war nichts in Erfahrung zu bringen.

Allein die Vorstellung, diese Wassermenge von den Great Lakes bis nach Asien zu schippern, ist unglaublich. Man müsste zunächst den Sankt-Lorenz-Strom hinunterfahren, dann an der nordamerikanischen Ostküste entlang und durch den Panamakanal oder um Kap Horn. Wer war an diesem Wasser interessiert? Wo in Asien gab es einen derartigen Wasserengpass? Die »Nova Group« hüllte sich in Schweigen. Das Unternehmen konnte auch nicht anders, denn es hatte noch nicht einmal nach Abnehmern Ausschau gehalten. Es hatte auch gar keine Zeit dazu, denn die bloße Ankündigung eines Wasserexports an ausländische Abnehmer hatte Freihandelsgegner und Nationalisten auf die Barrikaden gerufen. Sie wollten kanadisches Wasser vor der Gier der »anderen« schützen. Und mit »den anderen« waren dieses eine Mal ausnahmsweise nicht die Amerikaner gemeint. Es sei denn indirekt.

Durch die ganze Debatte zog sich ein Irrtum nach dem anderen. Die Befürworter des Projekts verbreiteten die Meldung, Kanada verfüge über »zwei Drittel der Süßwasserressourcen der Erde«. Tatsächlich aber entfallen auf Kanada nur rund 6 Prozent des weltweiten Jahresabflusses. Es gab sogar Berichte, wonach die Great Lakes die Hälfte des gesamten Süßwasservorkommens der Erde enthielten, was nicht nur falsch, sondern schlichtweg absurd ist. Richtig ist, dass es in Kanada reichlich Wasser gibt – doch mit dem Abfluss ins Meer oder über die Landesgrenzen hinweg »exportiert« Kanada indirekt bereits heute zirka 79 000 Kubikmeter Wasser pro Sekunde. Die »Nova Group« plante eine alljährliche Entnahmemenge, die in etwa neunzig Minuten der durchschnittlichen Jahresabflussmenge im Great-Lakes-Becken entsprochen hätte. Anders ausgedrückt: Die zur Diskussion stehenden 600 Millionen Liter Wasser sind die Menge, die pro Minute in den Sankt-Lorenz-Strom fließt.

»Kein Problem, könnte man glauben«, sagt Pierre Boland, Wissenschaftler und einer der drei kanadischen Mitglieder der »International Joint Commission« IJC, das amerikanisch-kanadische Überwachungsorgan für grenzüberschreitende Gewässer einschließlich der der Great Lakes. »Vielleicht ist es im Moment ja auch keines. Doch wie so oft, man fängt an, hier ein bisschen zu nehmen und da ein wenig, und schließlich merkt man, dass man eigentlich ganz schön viel Wasser entnimmt. Und irgendwann ist der Punkt erreicht, da fällt der Seespiegel der Great Lakes.«

Worüber man sich bei der ganzen Diskussion um Pro und Contra des Exports von Wasser aus den Great Lakes kaum im Klaren ist, ist die Tatsache, dass Jahr für Jahr lediglich 1 Prozent des Wassers der Seen durch den natürlichen Wasserkreislauf erneuert wird, durch zufließende Nebenflüsse etwa oder durch Regenfälle. Die restlichen

99 Prozent sind fossiles Wasser, Schmelzwasser aus den Gletschern, ungefähr 12 000 Jahre alt. Mit dem Eingreifen in die natürliche Kreislaufführung beginnt der Raubbau am System, und es fängt an, sich zu verändern.

Die Frage ist dabei, wann der Punkt erreicht ist, an dem die natürliche Kreislaufführung veränderlich beeinflusst wird. Zahlenangaben sind da wenig aufschlussreich, auch Prognosen helfen kaum weiter. Bereits 1977 hat der Umweltschutzverband »Canadian Environmental Law Association (CELA)« eine Analyse des Gewässersystems der Great Lakes veröffentlicht. Danach nimmt die nutzbare Wassermenge aufgrund der Veränderungen in der natürlichen Kreislaufführung in den nächsten 40 Jahren um 25 Prozent ab. Als Ursachen werden der Klimawandel und eine »gewaltige Überbeanspruchung« der Oberflächenreserven angegeben, und zwar vorwiegend durch die Landwirtschaft. Das kanadische Bundesumweltamt nahm damals den Bericht der CELA ungerührt hin und verwies darauf, dass der Seespiegel der Great Lakes gerade 1977 »extreme Rekordhöhen« erreicht hatte. Kein Grund zur Sorge also. Darüber hinaus schienen vierzig Jahre auch ein komfortables Polster zu sein.

Jedenfalls hatte das Vorhaben der »Nova Group« eine lebhafte Debatte um die Frage des freien Welthandels ausgelöst. Ein Argument für den freien Handel mit Wasser war, dass alle anderen natürlichen Güter ebenfalls verkauft würden – Gas, Öl, Nickel oder Gold. Auch erneuerbare Naturgüter werden verkauft – Unmengen von Bäumen werden verschickt, zersägt und zu Baumaterial oder Möbeln verarbeitet. Warum also nicht auch Wasser verkaufen? Bei vernünftiger Wasserwirtschaft wären die Wasserressourcen unendlich erneuerbar und könnten einen bedeutenden Beitrag zur Wirtschaft leisten. Doch im Gegensatz zum Verkauf von Öl, Kupfer oder Holz scheint der Export von Wasser einem Landesverrat gleichzukommen.

Die Freihandelsgegner, denen das NAFTA-Abkommen mit Nordamerika (»North American Free Trading Agreement«) ein Dorn im Auge ist, betonten, dass es gemäß Absatz 11 des Handelsabkommens in Anlehnung an die Nichtdiskriminierungsklausel – unter

Anerkennung von Wasser als freiem Handelsgut – unmöglich wird, nach einer ersten Handelsgenehmigungsvergabe an eine kanadische Firma anderen interessierten Unternehmen ebenfalls eine entsprechende Kaufgenehmigung für Wasser zu verweigern.

Nach den gesetzlichen Bestimmungen, so die Gegner, kann man ausländische Firmen nicht einfach diskriminieren. Denn betrachtet man Wasser als freies Handelsgut, so müssten auch alle kanadischen Gemeinden, die es bislang gewohnt waren, Wasser aus den reichlichen Ressourcen des Landes unentgeltlich zu bekommen, dafür bezahlen.

CELA glaubt, dass Kanada letztlich unter dem amerikanischen Druck klein beigab und schließlich Wasser als Handelsgut in das nordamerikanische Freihandelsabkommen aufnahm.

Kanadische Freihandelsgegner sehen darin den Anfang vom Ende der kanadischen Wasserressourcen. Denn nun konnten durstige Amerikaner das Freihandelsabkommen ungehindert nutzen, um kanadische Wasserressourcen zu plündern, während die Kanadier nur daneben stehen und zusehen können, außerstande einzugreifen.

Doch dieses Schreckensbild verzerrt die tatsächliche Lage; denn es sind vor allem die Kanadier selbst, die mit ihren Ressourcen nicht gerade umsichtig umgehen. Die Kanadier liegen hinter den Vereinigten Staaten auf Platz zwei des weltweiten Pro-Kopf-Wasserverbrauchs und benutzen beispielsweise täglich dreimal mehr Wasser als der Durchschnittsdeutsche.

Dazu kommt, dass für ein Drittel der Kanadier noch nicht einmal Abwasseraufbereitungsanlagen zur Verfügung stehen. Kanadier und Amerikaner leiden in Sachen Wasser an derselben Krankheit: Beide bezeichnen den Rohstoff häufig als unbezahlbar, aber verhalten sich, als wäre er spottbillig. Dabei bezahlen die meisten Nordamerikaner für ihr Wasser sogar weit weniger, als Förderung, Reinigung und Wiederzuführung an die Umwelt kosten. Die Wassernutzung zu subventionieren ist daher ökonomisch wie ökologisch verhängnisvoll. Tatsächlich sind hohe Wassersubventionen in den Vereinigten Staaten der Grund für viele so genannte Wasserengpässe. So etwa verbraucht die Landwirtschaft in Kalifornien 80 Prozent des bundesstaatlichen Wassers, nur um damit minderwertige und wasserintensive Getreidesorten in der kalifornischen Wüste anbauen zu können. Wenn jeder dort das Wasser, das er verbraucht, nach seinem wahren Wert bezahlen müsste, würde sicherlich weniger verbraucht und es würde mehr Wasser für die Gegenden freigesetzt, die es dringend brauchen.

Diese Wasserengpässe sind im Grunde also Wasserumverteilungsprobleme, die sich mit einer anderen Politik und etwas Umdenken rasch lösen ließen.

Warum aber sollten die Amerikaner ihren Wasserverbrauch einschränken, wo die Kanadier doch gewillt sind, ihr Wasser zu einem Preis weit unter dem wahren Wert als künstliches Treibmittel für Wirtschaftswachstum und einen florierenden Arbeitsmarkt zu verkaufen? Würden die Preise für Kanadas Wasser nach dem wahren Wert festgesetzt, wäre die Nachfrage aus den Vereinigten Staaten wohl eher bescheiden, denn der Import würde damit absolut unwirtschaftlich im Vergleich zu vernünftigeren Alternativen wie Wassererhaltung, sparsamem Wirtschaften oder dem Bau von Entsalzungsanlagen.[7]

Die hitzige Debatte, die die Exportpläne der »Nova Group« ausgelöst hatte, führte schließlich dazu, dass das Unternehmen seinen eigentlich bereits bewilligten Antrag wieder zurückzog unter der Bedingung, dass Ottawa auch mit allen anderen Provinzen ein Wasserexportverbot aushandelt. Quebecs separatistische Regierungspartei Parti Québécois ließ daraufhin verlautbaren, sie wolle das gesamte Wasservorkommen auf ihrem Gebiet zum Staatseigentum erklären. Laut eines Kommuniqués behielt sich Quebec das Recht vor, Wasser an jeden beliebigen Ort zu verkaufen.

Zu Beginn des Jahres 1999 stellte die Bundesregierung in Aussicht, den Wasserexport mit »Supertankern, Pipelines oder über künstliche Gräben« gesetzlich verbieten zu wollen. Die Umweltministerin Christine Stewart unterstützte diese Vorhaben: »Wir betrachten dies als dringlichen Schritt.«

Doch bei all diesem Hin und Her war nirgendwo die Rede davon, dass Wasser eigentlich niemandes *Eigentum* war – und ganz zweifellos auch nicht sein sollte. Wasser ist nicht »unser« oder »euer«, sondern Teil unseres Planeten. Wir nutzen das Wasser, es bewegt sich weiter und kehrt schließlich zu uns zurück. Und zweifellos sollten wir es auch nicht horten oder andere davon abhalten, es zu nutzen.

Es musste erst ein Leserbrief veröffentlicht werden, um das ökologische Verständnis zurechtzurücken und Politiker, Leitartikelschreiber, Behörden und Bürger daran zu erinnern, was Wasser wirklich ist: »Wasser ist keine erneuerbare Ressource«, schrieb Shirley Conover im *Globe and Mail.* »Es scheint nur erneuerbar, da es immer wieder vom Himmel fällt. Doch ist das eine recht primitive ökologische Sichtweise. Oder vielleicht der gewöhnliche Menschenverstand, doch wie so oft, der gewöhnliche Menschenverstand kann so ungewöhnlich dumm sein. Erneuerbare Ressourcen können sich selbst reproduzieren, lebende Dinge also wie Bäume, Kühe oder Menschen. Wasser kann sich nicht selbst reproduzieren. Wasser wird durch einen Kreislauf erneuert: durch Evaporation und Transpiration über die Pflanzen, durch Wolkenbildung, Regen oder Schnee und wieder zurück zu den Pflanzen, in die Flüsse, ins Grundwasser, in die Meere, und der Kreislauf geht wieder von vorne los, Evaporation, Transpiration und Niederschläge. Der Wasserkreislauf ist eine Dienstleistung des Ökosystems, ein lebenserhaltendes System für alle lebenden Wesen, einschließlich der Menschen.«

Für die »Nova Group« mochte sich das Thema Wasserexport erledigt haben, doch gibt es Unternehmen, die immer wieder darauf zurückkommen. Der Umweltschutzverband CELA ist der festen Überzeugung, dass die seit neuestem privatisierten Wassergesellschaften mit Handel den großen Reibach machen wollen. Die britischen und französischen Wassergesellschaften, wahre Mammutunternehmen, suchen in aller Welt nach Kunden. Bei der Wahl ihrer Geschäftspartner sind sie nicht gerade zimperlich. So mussten 1998 die britische Wassergesellschaft »Thames Water« und das französische Unternehmen »Lyonnaise des Eaux« ihre Verträge über die Wasserversorgung Jakartas aufheben, nachdem ihre Kontakte zu Genossen des Diktators Suharto aufgedeckt worden waren. Nach der Fusion mit der französischen Gesellschaft »Compagnie des

Suez« 1997 wurde »Lyonnaise des Eaux« zur weltweit größten Wassergesellschaft. Das Unternehmen liefert derzeit Wasser an 68 Millionen Menschen in dreißig Ländern der Welt und hat auch Verträge mit einem halben Dutzend Stadtverwaltungen in Kanada, einschließlich Montreal.

Die amerikanische Strom- und Gasgesellschaft »Enron« hat das britische Unternehmen »Wessex Water«, eine privatisierte Wassergesellschaft, übernommen und schielt mit beiden Augen auf den kanadischen Markt. Andere amerikanische Unternehmen wie »American Filter« (das einst als Aufbereitungsanlage angefangen hat) haben ebenfalls schon »Wassermanagement«-Verträge mit lokalen Wassergesellschaften in Kanada geschlossen.

Aber auch kanadische Privatgesellschaften drängen auf den Wasserhandelsmarkt. Ein Sprecher eines Unternehmens teilte dem kanadischen Rundfunksender »Canadian Broadcasting Corporation« mit: »Abgefülltes Wasser verkauft sich für einen Dollar pro Liter. Benzin für die Hälfte.« Sein Unternehmen beutet fleißig und unbekümmert einen Grundwasserleiter in Quebec aus, erschöpft ihn immer mehr, so dass Farmer nun genötigt sind, das Wasser für ihr Vieh aufzubereiten. Ein Antrag auf Gründung eines weiteren Abfüllunternehmens in der kleinen Gemeinde Ways Mill in Quebec löste eine heftige Protestwelle unter den Bürgern aus, die die Stadtväter zu einer Neuformulierung der Satzungen zwang, um die »Raubgierigen« außen vor zu halten.

Selbst wenn der Umweltschutzverband CELA übertreibt mit der Behauptung, den neu privatisierten Wassergesellschaften ginge es allein um den großen Reibach, so ist es gewiss wahr, dass sich beim Anblick all dieser Wassermassen, die ungenutzt ins Meer strömen, ein gewisser Unmut unter den Führungskräften der Wasserexportunternehmen einstellt. John Carten, Jurist aus British Columbia und für das Unternehmen »Sun Belt Water Inc.« in Santa Barbara tätig, das um eine Exporterlaubnis von Wasser aus British Columbia nach Kalifornien kämpft (und die letzten sieben Jahre mit bisher erfolglosen Gerichtsprozessen zugebracht hat, um dies durchzusetzen), ist sogar der Ansicht, dass die kanadische Wasserpolitik nicht nur falsch, sondern unmoralisch ist. »Ein generelles Verbot der Regierung für den Export von Wasser per Tankschiffe ist eine grausame und inhumane Reaktion auf die tatsächlichen Bedürfnisse der Menschheit in aller Welt«, erklärte er. »Dabei würde doch eine vernünftige Wasserexportindustrie nicht nur Kanada, sondern den durstigen Menschen in aller Welt wirklich zugute kommen.«

British Columbia verfügt über das meiste Wasser in Kanada – über um die 400 Millionen acre-feet, mehr als das Zwanzigfache des Colorado River. An jeden einzelnen Tropfen des Wassers könnte man laut John Carten Dollarzeichen kleben. Der Geschäftsführer von »Sun Belt«, Jack Lindsey, schätzt, dass sein Unternehmen Einnahmen in Höhe von 1 Milliarde Dollar in fünf Jahren hätte erzielen können, hätte die Regierung von British Columbia seinem Unternehmen den Export von nur einer halben Million acre-feet Wasser pro Jahr genehmigt.

Im Dezember 1998 zog »Sun Belt« abermals erfolglos vor Gericht mit der Forderung auf 200 Millionen Dollar von der Regierung British Columbias wegen »Verletzung des nordamerikanischen Freihandelsabkommens«. Es wird sicher nicht die letzte gerichtliche Auseinandersetzung sein.

Amerikaner und Kanadier blicken auf eine lange Geschichte mehr oder weniger freundlicher Beziehungen in Wasserangelegenheiten zurück, in der die Debatte um Im- beziehungsweise Export nur eine unrühmliche Episode darstellt.

1909 unterzeichneten die Vereinigten Staaten und die (damals noch) britische Regierung einen Vertrag für grenzüberschreitende Gewässer, den »Boundary Water Treaty«. Der Vertrag war darauf ausgerichtet, bestehende Missstimmigkeiten auf ein kleinstes Maß zurückzuführen. Er führte, gewissermaßen als logische Folge, zur Bildung der »International Joint Commission« IJC, die mit dem Recht ausgestattet wurde, Streitfälle in Bezug auf grenzüberschreitende Gewässer zu entscheiden. Eine ganze Reihe von weiteren Abkommen folgte: »Lake of the Woods Convention«, »Skagit River Treaty«, »Columbia River Treaty« und »St. Lawrence Seaway Project«.

Im Laufe ihres nun über neunzigjährigen Bestehens wurde die IJC zu einem Musterbeispiel für vorbildliches Management von grenzüberschreitenden Ressourcen: Sorgsames Abwägen und Objektivität haben immer wieder dazu geführt, dass die Entscheidungen der Kommission von beiden Regierungen nur in den seltensten Fällen angefochten wurden. Oberster Kommissar der IJC ist gegenwärtig der Amerikaner Tom Baldini. Er hat einmal das Erfolgsrezept der Kommission auf vortrefflich unbürokratische Weise ausgedrückt: »Was passieren kann, ist, dass ein paar Burschen in einem Land die Quelle kontrollieren und die anderen im Nachbarland ganz schön ausnehmen können. Was wir machen, und was wir auch den anderen immer wieder sagen, ist, dass es den festen Willen und die Bereitschaft unter allen Beteiligten geben muss, ein faires und gerechtes Abkommen erreichen zu wollen. Und das ist eben schwierig. Denn Wasser ist ein kostbares Gut.«

Und Len Legault, oberster Kommissar der Kanadier, hebt hervor, dass Objektivität in der IJC politisches Programm ist. »Wir geben eine feierliche Erklärung auf Wahrung der Objektivität ab«, sagt er. »Wir sind eine unabhängige Körperschaft und wir wahren strenge Unparteilichkeit. Wir Kommissare repräsentieren die Kommission, nicht die Regierungen, welche uns ernennen.«

Ende 1998 erweiterten die nationalen Regierungen Kanadas und der USA die Zuständigkeitsbereiche der IJC. Sie setzten eine Reihe örtlicher Gebietskomitees für grenzüberschreitende Wasserläufe ein und übertrugen ihnen umfassende Verwaltungsbefugnisse, die bislang die örtlichen Wasserbehörden und Umweltausschüsse innehatten. In einem zweiten Jahrtausendprojekt des IJC sollen Notstandsmaßnahmen für grenzüberschreitende Katastrophen, wie bei der Red-River-Überschwemmung von 1997, neu überdacht werden.

Denkbar ist auch, dass die IJC ihre Aufmerksamkeit darüber hinaus auf die Aktualisierung des »Columbia River Treaty« richtet, eines mehr oder weniger erfolgreichen internationalen Managementvertrags, der mittlerweile aber ernste Verschleißerscheinungen zeigt. Der 1961 unterzeichnete Vertrag hatte vorwiegend die Überschwemmungskontrolle und die Stromerzeugung durch Wasserkraft zum Gegenstand, beinhaltete die Genehmigung für den Bau von drei neuen Staudämmen (Duncan, Keenleyside und Mica) auf kanadischer Seite am Columbia River und räumte den Amerikanern ein Recht auf den erzeugten Strom ein als Gegenleistung für das in den Bau geflossene Kapital. Darüber hinaus wurde den Amerikanern der Bau des Libby-Damms am Kootenai River in Montana genehmigt, der sich bis zu 70 Kilometer weit nach Kanada hinein erstreckt. Mit einer ganzen Reihe von Zusatzbestimmungen wurde Kanada für das durch den Libby überflutete Land entschädigt. Im Weiteren wurden die Wasseransprüche für beide Länder festgelegt und ein Zahlungsplan für die Nutzung von Strom, der im jeweils anderen Land erzeugt wird, aufgestellt. In den ersten dreißig Jahren nach Vertragsabschluss funktionierte alles wie vorgesehen, doch nun, nach der Hälfte der nunmehr sechzigjährigen Vertragslaufzeit, macht sich Unmut breit. Gemäß den vertraglichen Bestimmungen erklärte sich Kanada bereit, seine gesamten Ansprüche aus der Stromerzeugung durch flussabwärts gelegene Kraftwerke zu einem festgesetzten Preis an die Amerikaner zu verkaufen. 1995 lief der Vertrag mit dem Strombetreiber »Bonneville Power Administration« aus, es sollte neu verhandelt werden. Die amerikanische Seite brach die Verhandlungen mit British Columbia ab mit dem Argument, die neuen Forderungen und Preisstrukturen seien »unrealistisch« – ein Euphemismus für »halsabschneiderisch«. Dem IJC dürfte es nach den bisherigen Erfolgen zu urteilen, wohl ziemlich leicht fallen, diesen Streit zu schlichten.

Was im Zusammenhang mit dem »Columbia River Treaty« aber sehr viel schwerer wiegt als das Gerangel um Energiepreise, ist, dass der Vertrag keinen Platz ließ für Umweltfragen wie etwa die Lachsfischerei an der Westküste. In einem Artikel des *American Review of Canadian Studies* von 1997 heißt es:

> Nirgendwo im Vetrag finden sich formale Klauseln, welche die Fischerei oder andere Umweltbelange zusammen mit der Stromerzeugung und der Überschwemmungskontrolle berücksichtigen. Obgleich hier Anpassungen gemacht werden können, um die verschiedenen Nutzungszwecke in Übereinstimmung zu bringen, muss für diese Änderungen ein Ausgleich geschaffen werden, da sie die Stromerzeugungsleistung auf der anderen Seite der Grenze

> schmälern. … Dies bringt die Verantwortlichen der Wasserwirtschaft beiderseits der Grenze in einen überaus schweren Konflikt, in einen inneren Widerstreit zwischen ihren Obliegenheiten gemäß den inländischen Umweltgesetzen und ihren Obliegenheiten gemäß dem »Columbia River Treaty«.

An diesem Punkt geht es hart auf hart: Auf der einen Seite steht das Artenschutzgesetz in den Vereinigten Staaten und das Fischereiabkommen in Kanada; auf der anderen Seite steht die Abhängigkeit des Systems von der Wasserwirtschaft zur Gewinnung elektrischer Energie.[8]

Die Verfasser des Vertrags von 1961 waren Umweltangelegenheiten gegenüber unbedarft – damals war es üblich, die Flüsse gemäß den festgelegten Bestimmungen nur zu verwalten, nicht zu schützen. Eine Abänderung des »Columbia River Treaty« ist heute dagegen bitter notwendig.

Mit der ökologischen Katastrophe am berühmt-berüchtigten Love Canal, einem Ableitungssystem aus den Great Lakes und dem Sankt-Lorenz-Strom, das in seiner Konzeption eher einer Giftmüllhalde für Chemikalien gleichkommt als einem Kanal, fing man an nachzudenken. In den siebziger Jahren begannen Hydrologen mit der Analyse des Abflusses im Kanal, der aus einer toxischen Mixtur aus chlororganischen Verbindungen wie PCB und anderen chemischen Stoffen bestand, die aufzuzählen eine lange Liste ergeben würde. Einige der giftigen Schadstoffe waren bereits ins Grundwasser gelangt und nahmen damit ihren Lauf in Richtung der Schlucht am Niagara River. Es gab alarmierende Augenzeugenberichte und eine Zeit lang waren Scharen von Fernsehreporterteams am Rand der Schlucht stationiert und warteten darauf, dass die Schadstoffe sichtbar hervortraten. Was für eine Story! Entlang des Steilabbruchs der Schlucht konnte man das giftige Sickerwasser tatsächlich ganz deutlich erkennen. Mit jedem noch so winzigen sich verbreiternden Riss im Felsabbruch trat es hervor und die Trinkwassernotlage war perfekt. Auch die beiden größten Städte Kanadas flussabwärts des Niagara, Toronto und Montreal, versorgen sich mit Wasser aus diesem System.

Ingenieure entwickelten einen Plan, dessen Umsetzung in den Medien und unter den Politikern der einzelnen Provinzen ausführlich diskutiert wurde – wenn auch nur für kurze Zeit. Die Idee war, die naturreinen Wasser der Georgianbai, eines tiefen und geschützt liegenden Nebengewässers des Lake Superior (Oberer See), in die Provinzstädte in den Niederungen des Sankt-Lorenz-Stroms zu leiten. Dieses Nebengewässer hat den Vorteil, dass es stromaufwärts des Niagara wie auch stromaufwärts der meisten Verschmutzungsquellen liegt (abgesehen von einigen Städten nördlich des Oberen Sees wie Thunder Bay, die mit Umweltproblemen arg zu kämpfen haben). Die Befürworter des Plans hielten es durchaus für denkbar, Toronto auf diese Weise im Bedarfsfall mit Trinkwasser zu versorgen – und dafür natürlich einen ordentlichen Preis zu verlangen.

Nach einiger Zeit hörte das Durchsickern des giftigen Wassers von selbst auf, Wissenschaftler begannen damit, den schmierigen Dreck aus dem Love Canal am Oberlauf des Niagaraflusses abzusaugen, und das Interesse der Fernsehteams ließ nach. Auch potentielle Investoren zeigten kein Interesse mehr: ohne Notstand kein Profit. Toronto förderte sein Trinkwasser also weiterhin aus dem Ontariosee, und als der Verschmutzungsgrad schließlich einen medizinisch bedenklichen Stand erreicht hatte, löste die Stadt das Problem, indem sie die Ansaugrohre tiefer und weiter in den See hinein verlegen ließ.

Der Plan für den Georgianbai-Kanal wurde also aufgegeben, doch andere Ideen für Großprojekte, für eine »Big Idea«, waren damit längst nicht zu Ende gedacht. Im Grunde war das erst der Anfang. Die Provinz Quebec hatte bereits damit begonnen, im Rahmen des »James Bay Hydroelectric Projects«, eines 35-Milliarden-Dollar-Vorhabens, eine Reihe von Staudämmen und Becken anzulegen, um riesige Mengen elektrischer Energie an die Vereinigten Staaten zu exportieren. Die Realisierung des Projekts ging zu Lasten der Cree-Indianer, eines alten Kulturvolkes, dessen angestammtes Land dadurch zum Großteil überflutet wurde. Robert Bourassa, Premierminister von Quebec in den achtziger Jahren, forcierte 1985 ein noch viel gigantischeres Projekt mit dem Namen GRAND (»Great Recycling and Northern Development Canal Concept«). Im Rahmen des Vorhabens sollte in der Bucht am arktischen Seehafen Moosonee in Ontario ein neues Süßwasserreservoir geschaffen werden. Durch einen Deich wollte man die U-förmige Mündung im Norden absperren; die Zuflüsse würden danach Abermillionen acre-feet an Wasser in die James Bay liefern und diese so allmählich zu einem Süßwasserreservoir machen. Was mit all diesem frisch gewonnenen Süßwasser geschehen sollte, wusste der Minister jedoch nicht zu sagen.

Zur Diskussion stand auch ein weiteres Projekt mit der Bezeichnung »North American Water and Power Alliance« (NAWAPA), ein gigantisches Großprojekt, neben dem alle anderen Vorhaben regelrecht verblassten. Nach einem von einer kalifornischen Tiefbaufirma entworfenen Plan sollte ein Großteil der Flüsse in British Columbia eingedämmt werden und ein immenses Wasservolumen daraus sollte in den Rocky-Mountain-Graben, ein neues Speicherreservoir von rund 800 Kilometern Länge, umgeleitet werden. Die Provinz British Columbia, die den dritt-, viert-, siebt- und achtgrößten Fluss Nordamerikas besitzt, könnte mühelos Wasser entbehren und damit mindestens das Zehnfache der Bedarfsmenge des verschwenderischen Kaliforniens decken. Zusätzlich sollte Wasser aus diesen Flüssen zu Bewässerungszwecken in die High Plains transportiert werden, nach Colorado, an die Great Lakes und sogar bis in das Mississippi-System. Gott sei Dank ist das Projekt nie sehr weit gediehen, nicht nur wegen der damit verbundenen immensen Kosten – eine grobe Schätzung ging von rund einer halben Trillion Dollar aus –, sondern wegen der unfassbaren ökologischen Auswirkungen. Der Umwelt würde das Projekt so viel Schaden zufügen wie alle Wasserumleitungsprojekte in den Vereinigten Staaten zusammengenommen.

Heute sind die Tage der Großbauprojekte vorüber, denn der enorme Schaden, den diese Projekte anrichten, ist mittlerweile bekannt. Sanierungsprojekte und die Wiederherstellung der ursprünglichen Umweltverhältnisse werden gegenwärtig stärker thematisiert als neue Umleitungsprojekte. Denn es gibt kaum noch einen Ort, der nicht von Umweltproblemen betroffen ist. Selbst in »super-natural British Columbia« (im »außergewöhnlich naturnahen British

Columbia«), um den Marketingslogan der Provinz aufzugreifen, nahmen die Dinge einen »unnatürlichen« Verlauf. In und um die Stadt Kelowna trieb ein neu entdeckter Parasit mit Namen Krypto-Sporidium im städtischen Wasserversorgungssystem sein Unwesen; gut 15 000 Menschen hatten sich bereits infiziert. Niemand wusste genau, woher er kam, doch das Hauptverdachtsmoment richtete sich gegen den Abfluss von Viehfäkalien aus Farmen im Okanagan Valley, dem wertvollsten Weideland in British Columbia. Zudem leiten jedes Jahr zahlreiche Einzelpersonen rund 300 Millionen Liter verbrauchtes Motoröl in viele kanadische Wasserstraßen ab – die siebenfache Menge des ausgelaufenen Öls bei der *Exxon Valdez*-Katastrophe.

Der Druck, die Umweltschäden, die aus einigen der Mammutprojekte früherer Tage entstanden sind, wieder zu beheben, ist demnach sehr groß. Zur Freude der Umweltschützer und zum Zorn der Farmerlobby prüft die Regierung der Vereinigten Staaten derzeit die Möglichkeit, die drei Dämme, die am weitesten stromabwärts am Snake River gelegen sind, zu durchbrechen. Der 215 Meter lange Glen-Canyon-Damm am Colorado sowie der 290 Kilometer lange Lake Powell oberhalb des Dammes, könnten ebenfalls bald Geschichte sein, sofern eine kürzlich gestartete Kampagne genügend politische Schlagkraft entwickelt. Der Lake Powell überflutete mehrere amerikanisch-indianische Relikte, ließ die Stromschnellen im Cataract Canyon verschwinden sowie einige der faszinierendsten Flussgestade in Amerika. Nach einer Analyse kann der ursprüngliche Zustand des Colorado wiederhergestellt werden, doch die Vorstellung, dass er dann noch genügend Wasser für Salt Lake City und Las Vegas liefern könnte, ist falsch. Neue Kanalsysteme müssten Wasser anliefern. Das allerdings fand nicht bei allen Zustimmung. Von denen, die abweichender Meinung sind, leben rund 8000 in der Stadt Page, die nur aufgrund des Staudamms überhaupt existiert. 1997 wurde ein Einwohner von Page mit den Worten zitiert: »Diese Umweltschützer sollte man alle in einer Reihe aufstellen und abknallen, und zwar jeden einzelnen von ihnen.«[9]

Das Motto »Zurück zur Natur« leuchtet eben nicht jedem ohne weiteres ein. Ein Unternehmen in Arizona hat beispielsweise ein

Projekt beantragt, das nicht ohne unterschwellige Missachtung für topographische Gegebenheiten »Canyon Forest Village« genannt wird. Dahinter verbirgt sich ein etwa 2,8 Quadratkilometer großes Erschließungsprojekt vor den Toren des Grand Canyon, mit Hotels mit über 5000 Zimmern und 46 000 Quadratkilometern Verkaufsfläche. Das Wasser soll aus Brunnen entnommen werden, welche die tief liegenden Grundwasserleiter anzapfen, aus denen einige der schönsten Creeks und Wasserfälle des Canyon gespeist werden. Gegen dieses Projekt gibt es zwar Proteste, vorwiegend von Geschäftsleuten aus benachbarten Städten und von Umweltschützern, die mit Recht befürchten, dass noch größere Touristenhorden in das ohnehin zerbrechliche Ökosystem des Grand Canyon einfallen werden, doch gegenwärtig sieht es so aus, als ob das Projekt tatsächlich verwirklicht werden würde.

Unterstützung erhalten derlei Projekte auch von den Handelskammern der Bundesstaaten. Die Handelskammer in Denver hat bereits deutlich herausgestellt, dass die bewässerte Landwirtschaft als Industriezweig um die 200 Millionen Dollar pro Jahr einbringt, die Tourismusindustrie hingegen das Fünfundzwanzigfache dessen, nämlich mehr als 5 Milliarden Dollar. Damit haben auch die Naturschützer zum ersten Mal ein Argument an der Hand, das zwingender ist als das amerikanische Artenschutzgesetz – nämlich Geld. Mancherorts wenigstens kommt der Naturschutz nachweislich dem Geschäft zugute. Er sorgt für die Anhebung der Steuergelder, ist Politikern bei ihrer Wahlkampagne dienlich und – darin stimmen alle überein – macht die Landschaften schöner. Und eines ist sicher: Wenn jeder am Naturschutz verdienen kann, dann hat Naturschutz auch eine Zukunft.

Im neuen Jahrtausend werden die Mexikaner ihre Probleme verstärkt angehen müssen – Wasser wird dringend benötigt; die Kanadier werden sich bemühen, ihr Wasser zu behalten; die Amerikaner liegen irgendwo dazwischen – sie werden ihr altes Markenzeichen, jene Mischung aus unbekümmerter Wassernutzung und kreativer Energie, aber in Zukunft besser abstimmen müssen, um Wirtschaft und Natur zu schützen.

Kapitel 16

Der Subkontinent Indien
Ein anschauliches Beispiel für die Notwendigkeit, Zweck und Mittel zu überdenken

Jedes Jahr wächst die Bevölkerung Indiens um 19 Millionen. Nach letzten Zählungen 1993 hatte nicht einmal die Hälfte der städtischen Bevölkerung Indiens (42,9 Prozent) Zugang zu sanitären Einrichtungen, auf dem Land waren es gerade mal 3,5 Prozent. Rund 16 Prozent der Stadtbewohner und 20 Prozent der Landbewohner hatten kein sauberes Trinkwasser. Die Bauern verbrauchen derzeit 85 Prozent der erneuerbaren Wasserreserven in Indien, und allein um die neu hinzukommenden Menschen ernähren zu können, wird die Wassernachfrage bis zum Jahr 2025 um 50 Prozent steigen. In den Industriezentren, die sich vorwiegend in Gebieten mit dem fruchtbarsten Boden befinden, wird sich die Wassernachfrage bis dahin sogar verdreifachen. Wie aus einer Studie der »Food and Agriculture Organisation« FAO hervorgeht, »ist Indien zwar noch nicht als Land einzustufen, das derzeit unter einer ernstlich angespannten Wasserlage leidet, jedoch liegen Indiens Förderraten deutlich über der natürlichen Wiederauffüllungsrate.«

Indien ist ein Land mit einer mehr oder weniger funktionierenden Demokratie, ein Land, das expandiert, chaotisch und ethnisch vielfältig ist. Während in den fünfziger Jahren noch alle Welt der Annahme war, dass sich das Land zu einem Armenhaus entwickeln würde, ist es heute in der Nahrungsmittelproduktion nicht mehr auf fremde Hilfe angewiesen und sogar zu einem Hauptexportland für Feldfrüchte geworden.

Mittlerweile sind aber auch in Indien die Zeiten der Grünen Revolution mit all den groß angelegten Wassererschließungsprojekten, die von Jawaharlal Nehru nach der Unabhängigkeit des Landes gestartet wurden, vorbei. Die indischen Flüsse wurden landwirtschaftlichen Zwecken dienstbar gemacht – und dabei jahrelang überbeansprucht. Die Flüsse halfen dabei, das Land zusammenwachsen zu lassen und die Nahrungsmittelproduktion zu steigern; sie erhöhte sich von mageren 0,3 Prozent Wachstumsrate pro Jahr auf satte 3 Prozent – ein geradezu phänomenaler Zuwachs. Die Nutzung der Flüsse sorgte aber auch für ein Reizklima und Widerstand in den flussabwärts gelegenen Ländern. Indiens Streitigkeiten mit Pakistan und Bangladesch sind nicht nur religiöser und ethnischer Natur; es geht dabei auch um die Ressourcenverteilung. Um den wachsenden Nahrungsbedarf zu befriedigen, setzte Indien nicht nur auf den Anbau von Hochertragssorten, sondern auch auf Bewässerung und Pestizideinsatz. Die Potentiale beider Mittel haben sich mittlerweile vollauf erschöpft. Es gibt kein Wasser mehr, das sich verwenden ließe, der Bodensalzgehalt ist infolge der künstlichen Bewässerung stark angestiegen und Pestizide haben eine erhebliche Fläche des Ackerbodens vergiftet. Hinzu kommt das gnadenlose und unaufhaltsame Bevölkerungswachstum, sodass Erträge und Gewinne in Landwirtschaft und Wirtschaft heute eher eine negative Entwicklung nehmen.

Der Ganges, den Hindus der heiligste aller Flüsse, Geschenk Gottes an die zivilisierte Menschheit, Segenspender und Sündenreiniger, entspringt an den südlichen Gefällen des Himalaja, 2510 Kilometer vom Mündungsdelta am Golf von Bengalen entfernt. So weit jedenfalls die indischen Angaben, doch ein Blick auf die Landkarte zeigt, dass ein Großteil des Gangeswassers aus China und Nepal kommt, bevor es nach Indien strömt. Ungefähr 40 Prozent des Gesamtabflusses und annähernd drei Viertel der Abflussmenge in der Trockenzeit kommen von außerhalb des Landes – eine Tatsache, die Indien sowohl von China als auch Nepal in den letzten Jahren mehr als einmal zu spüren bekam. Der Fluss zieht sich quer durch das Schwemmland der Gangesebene, bildet als Bhadma für kurze Zeit den Grenzlauf zwischen Indien und Bangladesch und vereinigt sich im Mündungsdelta am Golf von Bengalen mit dem Jamuna-Brahmaputra, der in China entspringt und in einem großen Bogen um Bhutan fließt, ehe er durch Indien nach Bangladesch strömt und in den Golf von Bengalen mündet.

Das Ganges-Brahmaputra-System bedeckt nicht einmal ein Fünftel eines Prozents der Landmassen der Erde, doch sind in den Becken der beiden Flüsse 10 Prozent der Weltbevölkerung beheimatet. Das ganze Gebiet ist anfällig für Überschwemmungen, Dürren und Zyklone; zuweilen herrscht drückende Wassernot, dann wieder scheint das ganze Land zu ertrinken. Seit mehr als vierzig Jahren bemühen sich die nationalen Regierungen der Region um eine koordinierte Wasserverteilung und Wasserwirtschaft, doch allzu oft geht das Problem von Wasserangebot und -nachfrage im wilden Wirbel nationalistischer und ethnisch-politischer Streitigkeiten unter.

Die gegenwärtigen Konflikte um das Wasser des Ganges gehen zurück in die Zeit nach der indischen Unabhängigkeit. 1951 verkündete Indiens neue Regierung, ein Stauwehr über den Ganges bei Farakka in der Provinz Bengalen nahe der pakistanischen Grenze errichten zu wollen. Zweck sollte sein, »die toten und sterbenden Abflusskanäle« des Flusses in diesem Gebiet »wieder aufleben« zu lassen und Wasser vom Ganges über einen Kanal zum Hugli und in den Hafen der indischen Stadt Kalkutta umzuleiten, der zu verschlammen drohte. Die Inder brauchten genügend Wasser, um den Schlamm aus dem Hafen zu spülen, doch diese großen Mengen an Wasser zu entnehmen würde Ostpakistan in Mitleidenschaft ziehen, das gänzlich auf die Wasser des Ganges und Brahmaputra angewiesen ist.

Das Vorhaben erzürnte das flussabwärts gelegene Pakistan, das energisch auf eine internationale Lösung drängte; Indien hingegen vertrat die Auffassung, die absolute Souveränität über das Gangeswasser zu besitzen. Pakistan machte historische Rechte geltend, woraufhin Indien verlauten ließ, das Wasser in Anbetracht der hohen Bevölkerung des Landes und des erwiesenermaßen hohen Bedarfs gerecht verteilen zu wollen. Jedes Land könne in seinen Grenzen einen Damm errichten, so Indien, und über das durch den Damm aufgespeicherte Wasser alleine verfügen.

Es kam zu mehreren ergebnislosen Treffen beider Länder. Ohne dass eine Einigung erzielt wurde, begann Indien 1962 mit dem Bau des Farakka-Damms. Das brachte die Verhandlungen für kurze Zeit wieder in Gang, doch der indisch-pakistanische Krieg 1965 setzte den Gesprächen ein jähes Ende, noch bevor die Verhandlungspunkte überhaupt festgelegt worden waren. Nach dem Krieg wurde das Klima für weitere Verhandlungen nicht nur durch die noch schwelenden Feindseligkeiten vergiftet, sondern auch durch die separatistische Bewegung in Ostpakistan.

1971 erklärte sich Ostpakistan als neue Republik Bangladesch von Westpakistan unabhängig. Da Indien die Provinz in ihrem Unabhängigkeitsbestreben beträchtlich unterstützt hatte, gingen politische Beobachter davon aus, dass es nun auch recht bald zu einer Einigung um den Ganges komme würde. Und in der Tat. Kurze Zeit später wurde die gemeinsame indisch-bengalische Flusskommission (»Indo-Bangladesh Joint River Commission«) gegründet.

Doch erneut wirkten innenpolitische Prozesse störend auf eine gemeinschaftliche Arbeit ein. Bangladesch, das gerade erst die Unabhängigkeit erlangt hatte, fürchtete nach dem Bau des Farakka-Damms in der Trockenzeit so wenig Gangeswasser zu erhalten, dass die landwirtschaftliche Produktion Schaden nehmen würde. Mujibur Rahman, der Staatsgründer Bangladeschs, wusste sehr gut, wie hoch die Emotionen seines Volkes schlagen können, wenn es um das überlebensnotwendige Gangeswasser geht. Er konnte es sich daher nicht erlauben, sich zum Handlanger der Inder zu machen. Gleichzeitig wusste er aber auch, wie unsicher und gefährdet seine politische Stellung war und wie sehr er von Indien abhängig war. Anstatt entschlossen zu handeln, ging er unsicher und zögerlich vor, und so kam erst 1972 ein »Interimsabkommen« zustande. Danach war es Indien gestattet, mit dem Bau des Farakka-Damms fortzufahren und in der

Trockenzeit zwischen 310 und 450 Kubikmeter Wasser pro Sekunde in den Hugli und nach Kalkutta umzuleiten. Die indische Regierung rühmte das Abkommen als herausragendes Beispiel für gegenseitiges Verständnis und Entgegenkommen, doch das war es im Grunde nicht. Die indische Opposition war erbost darüber, dass Indien sich nicht einfach die 1100 Kubikmeter pro Sekunde nahm, die zur Lösung des Verschlammungsproblems in Kalkutta benötigt würden; und die Opposition in Bangladesch monierte, das ganze Abkommen sei eine einzige feige Verbeugung vor der indischen Macht. Bald darauf wurde Rahman von der Armee meuchlings ermordet. Für diese Tat machte man das Wasserabkommen verantwortlich.

Ein paar Jahre später, als Bangladeschs neue politische Führer moralische und materielle Unterstützung von den islamischen Ländern im Nahen Osten bekamen und sich antihinduistische Stimmen bemerkbar machten, begann Indiens Premierministerin Indira Gandhi, einen härteren Kurs zu verfolgen. Im Januar 1976, als die Trockenzeit anfing, schickte sich Indien an, das Wasser aus dem Farakka-Damm ohne Rücksprache mit Bangladesch abzuleiten. Umgehend stellte sich daraufhin der charismatische Führer Maulana Bhasani an die Spitze eines »langen Marsches« an die indische Grenze; über 100 000 Menschen drängten sich gegen die Grenzbarrikaden, riefen antiindische Parolen und protestierten lauthals gegen den Wasserdiebstahl.

Als Ghandis Kongresspartei 1977 die Wahlen unerwartet gegen die Janata-Partei verlor und deren Parteiführer sich mit Vorschlägen zu einer möglichen Zusammenarbeit in Wasserfragen an Indiens Nachbarländer wandten, einigte man sich auf eine kurzfristige Zwischenlösung. Es wurde ein Abkommen unterzeichnet, das Bangladesch eine Mindestmenge von 63 Prozent der Abflussmenge aus dem Farakka-Damm bei extrem niedriger Wasserführung während der Trockenzeit garantierte. Bangladesch gewährte im Gegenzug den Bau eines neuen Kanals, der Wasser vom Brahmaputra zum Ganges leiten sollte, um die Abflussmenge zu vergrößern.

Der Kanal wurde nie gebaut und das Abkommen in weiten Teilen widerrufen. Doch als die Kongress-Partei 1980 die Macht wiedererlangt hatte, unterzeichnete Indira Ghandi ein »Memorandum of Understanding« mit Bangladesch, welches das Abkommen von 1977 erweiterte. Diese Zusatzklauseln verloren nach 18 Monaten ihre Gültigkeit, und seit der Ermordung Ghandis durch die eigenen Sikh-Leibwächter 1984 ist dieses Abkommen nicht mehr verhandelt worden.

Von den klassischen Elementen – Erde, Wasser, Feuer und Luft – ist offensichtlich nur eines für Bangladesch von Bedeutung, denn »Bangladesch scheint des Öfteren ein Land auf Wasser zu sein oder aber eine einzige weite Wasserfläche auf Land.«[1] Nahezu ein Drittel des Landes besteht aus Wasser, selbst in der Trockenzeit, und wenn es regnet, versinken zwei Drittel des Landes im Wasser. Kommt es zu Überschwemmungen, sind diese katastrophal, so, wie in der Regenzeit von August bis September 1988, als das Land von einer der schwersten Überschwemmungen heimgesucht wurde. Drei Viertel des Landes standen damals mehr als zwei Monate lang unter Wasser. Die Katastrophe stürzte 35 Millionen Menschen ins Elend, setzte zehntausende von Brunnen unter Wasser und machte das Wasser aus diesen Brunnen zum Trinken ungeeignet. Bangladeschs Präsident General Ershad bat um internationale Hilfe, lehnte es jedoch ab, Hilfe aus Indien in Anspruch zu nehmen. Indien, so erklärte er, habe mit seiner inhumanen Weigerung, den Ganges gemeinsam zu verwalten, die Überschwemmung überhaupt erst herbeigeführt.

Während der nächsten Jahre verschlechterte sich die politische Lage in der Region. Bangladesch konstitutionierte sich zu einer islamischen Republik, und in den Grenzgebieten Indiens waren militante Hindu-Fundamentalisten auf dem Vormarsch. Weder die einen noch die anderen wollten sich aufgrund der innenpolitischen Lage an die jeweils andere Seite »verkaufen«. Bei einem Treffen beider Länder 1992 wurde keine Einigung erzielt. Allein die Ungleichheit der militärischen Machtverhältnisse schien eine offene kriegerische Auseinandersetzung zwischen den Staaten noch verhindern zu können. Es kam aber verstärkt zu terroristischen Übergriffen.

1996 beklagte Bangladesch erneut, dass Indiens Ableitungen zu einer bedrohlichen Wasserknappheit und zu ernsten Umweltschäden im südwestlichen Landesteil geführt hätten. »Die verminderte Wasserführung in der Trockenzeit hat in den auf das Gangeswasser angewiesenen Gebieten Bangladeschs nahezu in allen natürlichen Lebensbereichen große Schäden angerichtet«, heißt es in einem Bericht der Regierung, der behauptet, dass Indien mehr Wasser aus dem Ganges ableite, als dem Land rechtmäßig zusteht. Im Vergleich zur Abflussmenge von 1740 Kubikmetern pro Sekunde vor Beginn der Ableitungen betrug der niedrigste Abfluss 1995 bei Hardinge Bridge flussabwärts von Farakka lediglich 362 Kubikmeter pro Sekunde, 1996 waren es gar nur 350. Die verminderte Wasserführung ließ den Fluss Gorai vertrocknen, die wichtigste Süßwasserquelle für den Südwesten Bangladeschs. Der allgemeine Wassermangel ließ den Salzgehalt in Flüssen, im Grundwasser und Boden erheblich ansteigen, zumal die Gezeitenströme aus der Bucht von Bengalen sich immer weiter die Trichtermündung hinaufschoben. Der erhöhte Salzgehalt zwang eine Papierherstellungsfabrik rund 150 Kilometer im Landesinneren zur Schließung. Die höheren Salzkonzentrationen töteten auch die Bäume der Sundarbans im Gangesdelta, der größten Mangrovenwälder der Welt. »Das Wasser ist zum Testfall geworden«, sagte 1996 ein Regierungssprecher Bangladeschs. »Wenn wir uns da nicht heraushelfen können, besteht die große Gefahr, dass sich die Beziehungen festfahren.«[2]

Nicht zuletzt deshalb versetzte es alle Welt in Erstaunen, als beide Länder 1997 einen formalen Vetrag über die Aufteilung des Gangeswassers unterzeichneten. Kernstück des Vertrags waren die Klauseln zur Wasseraufteilung sowie die festgeschriebenen Zuteilungsmengen. Danach soll bei einem Abfluss von 1785 Kubikmetern pro Sekunde Indien 952 erhalten, Bangladesch den Rest. Bei einer höheren Abflussmenge, zwischen 1785 und 2122 Kubikmetern pro Sekunde, soll Bangladesch 833 Kubikmeter erhalten und Indien den Rest. Bei niedrigerer Wasserführung, zwischen 1785 und 1190 Kubikmetern pro Sekunde, wollen die beiden Länder das Wasser zu gleichen Teilen untereinander aufteilen. Sollte die verfügbare Wassermenge am Farakka-Staudamm je unter 1190 Kubikmeter pro Sekunde abfallen, »werden beide Seiten umgehend zusammenkommen, um die Aufteilungsmengen neu zu verhandeln.« Man verhandelte auch über eine Garantieerklärung Indiens über die Lieferung der Mindestmenge von 833 Kubikmetern pro Sekunde an Bangladesch während der trockensten Perioden (von März bis Mai). Diese »Garantieerklärung« wurde jedoch nie im endgültigen Vertragsentwurf festgeschrieben.

In der Präambel des Vertrags wird die Übereinkunft im Streit um den Ganges in einem selbstbeglückwünschenden einleitenden Paragraphen als Ausgangsbasis für eine gemeinsame Nutzung auch der anderen 53 gemeinsamen Flussläufe zwischen Indien und seinen Nachbarstaaten bezeichnet. Nach Ansicht der meisten Hydrologen ist diese Selbstbeweihräucherung auch wohlverdient. Denn sollte es tatsächlich gelingen, hier, in einem Gebiet voller verbissener ideologischer Konflikte und althergebrachter ethnischer Fehden, zu einem gerechten Übereinkommen zu gelangen, könnte dies an jedem anderen Ort ebenfalls geschehen.

Im Nordwesten Indiens, im Indus-Becken und in den Niederungen seiner Nebenflüsse, zeigten sich die gravierendsten Folgen der Grünen Revolution. Der Indus, der in Tibet entspringt, durch Indien und Pakistan fließt und in das Delta am Arabischen Golf mündet, ist das größte und älteste zusammenhängende Bewässerungsnetz der Erde mit einer mitgeführten Gesamtwassermenge, die der dreifachen Menge des Euphrat-Tigris-Systems entspricht und der doppelten des Nils.[3] Gleichzeitig war und ist der Indus ein Quell ewiger Streitereien und Konflikte, sowohl innerhalb als auch außerhalb der Indischen Union.

Einige der großen Nebenflüsse des Indus – Sutlej, Beas und Ravi – fließen von Indien nach Pakistan, und obgleich zwei davon für mehrere hundert Kilometer die Landesgrenze bilden und Pakistan daraus Bewässerungswasser für 80 Prozent seiner Nahrungsmittelproduktion bezieht, und trotz der Tatsache, dass Indien und Pakistan mehr als einmal einen Krieg gegeneinander führten (und erst unlängst prahlerisch und mit geschwellter Brust in einer Reihe von Atombombentests ihre Kräfte maßen), wurde der internationale Streit der beiden Länder problemloser beigelegt als der nationale zwischen Hindus und Sikhs.

Zunächst zum internationalen Streit:

Nach der Aufgliederung des Subkontinents durch die Teilung Britisch-Indiens in Indien, West- und Ostpakistan 1947 lag ein Teil des Indus-Beckens in Pakistan, der andere in Indien; an Pakistan gingen die meisten Kanäle und der Großteil der bewässerten Anbaufläche, doch Indien behielt als flussaufwärts gelegener Anrainer eindeutig die Oberhand über das Wasser – eine Aufteilung, die eine von Groll und Hass geschwängerte Atmosphäre erzeugte.

So ließ die erste offen ausgetragene Feindseligkeit auch nicht lange auf sich warten. 1948, bereits ein Jahr nach der Teilung, sperrte die indische Provinz Ost-Punjab ohne Vorwarnung den Zufluss in die Kanäle nach West-Punjab in Pakistan. Die Pakistani waren voller Zorn, und Premierminister Liaquat Ali Khan schickte erbost ein Telegramm an Jawaharlal Nehru, seinen Amtskollegen in Indien: »Eine solche Sperrung ist eine äußerst ernste Angelegenheit, ... wird Millionen Menschen in Not bringen und zu einer verhängnisvollen Schmälerung in der Produktion von Feldfrüchten führen.«[4]

Die Inder wollten das Wasser so lange zurückhalten, bis die Pakistani offiziell einräumten, kein Recht auf das Wasser zu haben. Die Pakistani hingegen erklärten, durch das Vorzugsrecht und den natürlichen Gerechtigkeitsgrundsatz sehr wohl einen Rechtsanspruch auf das Wasser zu haben. Nach endlosem Hin und Her siegte schließlich die Vernunft und die beiden Premierminister einigten sich auf einer internationalen Konferenz den Wasserstreit zu beseitigen. Als Zeichen des guten Willens fing das Wasser am Vorabend der Konferenz wieder an zu fließen.

Die Weltbank spielte bei dieser Einigung eine wichtige Vermittlerrolle und wirkte bei der Ausarbeitung einer für beide Seiten annehmbaren Lösung mit. Ergebnis der Konferenz war der Indus-Vertrag von 1960, der die gerechte Aufteilung des Wassers zwischen beiden Ländern gewährleistete, indem er die Flüsse Sutlej, Beas und Ravi (die östlichen Flüsse im Indus-Becken) Indien zuteilte, die westlichen Flüsse (den Indus selbst, Khelum und Chenab) Pakistan. Gleichzeitig tat die Weltbank Finanzierungsquellen zur Förderung und Realisierung mehrerer Wasserwirtschaftsprojekte auf, die den Wasserzufluss in beide Länder erhöhen würden.

Der Indus-Vertrag ist trotz politischer und ethnischer Spannungen zwischen den beiden Ländern noch immer in Kraft.

Der zweite große Konflikt um die Wasser des Indus betrifft Indien und ist innenpolitischer Natur. Militante Sikhs fordern in ihrem anhaltenden Kampf für eine staatliche Unabhängigkeit die Kontrolle über das Induswasser; zu den Gewalttaten, die auf das Konto der Sikhs gehen, gehört auch die bereits erwähnte Ermordung der indischen Premierministerin Indira Gandhi.

Der Konflikt begann 1955, als die neue indische Hauptstadt Neu-Delhi das Wasser des Sutlej, Beas und Ravi unter den von Wüste umgebenen Staaten Rajasthan (8 Millionen acre-feet), Punjab (7,2 Millionen acre-feet) und Kaschmir (spärliche 0,65 Millionen acre-feet) aufteilte. Mit der Wasserzuteilung wurde ein ganzes Paket von Erschließungsprojekten, Staudämmen und Kanälen geschnürt, einschließlich eines Hauptkanals, der von den Siedlungsgebieten der Sikhs im Punjab in das von Hindus dominierte Rajasthan verlaufen sollte. Wer aber die Kontrolle über die Zuflussmengen innehaben sollte, war ein erster Streitpunkt. Rajasthan, das selbst über keinerlei eigenes Wasser verfügt, plädierte dafür, dass Neu-Delhi das Sagen hat. Die beiden anderen betroffenen Länder hingegen vertraten die Ansicht, dass über Wasserrechte auf Staatenebene verfügt wird. In Punjab wurde Stimmung gegen Neu-Delhi gemacht, wie so oft seit dem Aufteilungsgesetz von 1947.

Als der Punjab sich 1966 in die beiden Bundesstaaten Punjab (vorwiegend von Sikhs bewohnt) und Haryana (vorwiegend von Hindus bewohnt) spaltete, brach der Aufruhr erst richtig los. Die Teilung wurde nach sprachlichen und religiösen Aspekten vollzogen, die Wasserrechte fanden dabei keine Berücksichtigung; demnach fielen alle Flüsse und damit auch die effektive Kontrolle aller Kanäle an die Sikh-Enklave. Haryana, das mit »Wassermangel und dem Gleichheitsgrundsatz« argumentierte, forderte 4,8 Millionen acre-feet Wasser aus der Gesamtzuteilungsmenge von 7,2 Millionen. Der Punjab verweigerte dies. Die Flüsse, so die Auffassung des Landes, strömten nur durch den Punjab und »gehören demzufolge uns allein«. Mit Häme spielte das Land die ethnische Karte aus und peitschte den Zorn hoch gegen die Stadt Neu-Delhi und deren Hindu-Ableger Rajasthan und Haryana. Haryana bat Neu-Delhi um Hilfe.

Wie immer gestaltete sich die Politik äußerst kompliziert. Einerseits kann eine Zentralregierung die völlige Ignorierung ihrer politischen Linie nicht dulden; indem sie aber ihre politische Linie durchsetzt, unterstützt sie andererseits eben gerade jene separatistischen Strömungen, welche die Krise überhaupt erst ausgelöst haben. Greift sie energisch durch, gewinnen die ethnischen Separatistengruppen große Unterstützung innerhalb der Bevölkerung. Gelingt ein energisches Eingreifen nicht, würden die Separatisten jedoch ebenfalls gewinnen. Interne Probleme der schwerfälligen Kongresspartei machten die Sache nur noch schlimmer. Indira Gandhis Macht war nach 1975 geschwunden. Nachdem sie in Indien den Notstand ausgerufen hatte, hatte ihr streitsüchtiger Sohn Sanjay samt Genossen die Regierungsgeschäfte übernommen. Das wäre an und für sich nicht weiter beunruhigend gewesen, wäre Sanjay ein guter Administrator gewesen, doch waren seine impulsiven Aktionen in den seltensten Fällen wohl durchdacht. Angetrieben von den separatistischen Tendenzen im Punjab erließ er vorschnell eine unilaterale Verfügung, wonach Haryana eine Mindestwassermenge von 3,5 Millionen acre-feet zugewiesen bekam, davon 0,2 Prozent die Hauptstadt selbst, der Rest (höchstens aber 3,5 Millionen acre-feet) sollte dem Punjab zugeteilt werden. Nicht ganz unerwartet löste die Verfügung Zornausbrüche in der Hauptstadt Chandigarh aus, die sich beide Staaten unglückseligerweise teilen. Aus den Wahlen im Punjab 1977 ging die Regionalpartei Akali Dal als Gewinner hervor und löste die Kongresspartei ab. Die neue Regierung forderte umgehend eine Neuverhandlung der Zuteilungsmengen.

Unterdessen begann die Kongresspartei heimlich damit, eine gewaltbereite Bewegung fundamentalistischer Sikhs zu finanzieren, eine Kampagne mit zunächst mäßigem Erfolg. Die Wahlen 1980 brachten Indira Gandhi erneut an die Macht in Delhi, und zum großen Erstaunen aller übernahm die Kongresspartei auch die Regierung im Punjab. Als Erstes zogen die neuen Staatsführer den Antrag auf Neuverhandlung des Punjab-Wassers beim Obersten Gerichtshof in Delhi wieder zurück – ein Staat, in dem die Kongresspartei regierte, konnte ja schwerlich gegen eine Zentralregierung derselben Partei vor Gericht ziehen –, was unter den Sikhs erwartungsgemäß große Entrüstung auslöste. Die Verfügung von 1976 wurde durch einen »Vertrag« mit neuen Wasserzuteilungsmengen ersetzt, der den drei Staaten 1981 »auferlegt wurde«. Danach bekam der Punjab nun 4,22 Millionen acre-feet Wasser, Haryana 3,5 und Rajasthan 8,6. Im Weiteren wurde der Punjab zum Bau des Verbindungskanalnetzes Sutlej-Yamuna verpflichtet, über das Haryanas Wasseranteil befördert werden sollte.

Im April 1982 machte Indira Ghandi den ersten Spatenstich zum Bau des Kanals. Tags darauf kündigte die Sikh-Opposition den Vertrag und kurze Zeit später wurde Gandhi ermordet.

In den folgenden Jahren wurden unzählige Kanalbauarbeiter von den Sikhs vertrieben, andere von separatistischen Terroristen getötet. Die Zentralregierung konnte sich abermals zu keiner Entscheidung durchringen. Eine unsichere Zeit der Ruhe kehrte 1993 im Punjab ein. Haryana versuchte zwischenzeitlich eine Entscheidung zu erzwingen, indem es das Wasser nach Delhi abdrehte (Haryana kontrolliert das Quellgebiet des Yamuna, auf dessen Wasser Delhi angewiesen ist), doch konnte auch das die Regierung zu keinen weiteren Schritten bewegen.

Mittlerweile sind die Wasserprobleme derart verstrickt mit Politik und Nationalismus, dass sie sich nicht so ohne weiteres entwirren lassen. Die gewaltbereite separatistische Bewegung lauert äußerst wachsam auf jedes noch so kleine Anzeichen, das darauf hindeutet, dass die Wasserrechte der Sikhs beschnitten werden. Jedermann weiß, dass eine einzige unbesonnene und ungeschickte Wasserentscheidung genügt, um jederzeit einen heftigen Aufruhr loszuschlagen.

Am anderen Ende Indiens gibt es einen weiteren Wasserstreit. Dieser hat allerdings nichts mit nationalen Grenzen zu tun, dafür umso mehr mit »staatlichem Dirigismus« und ethnischen Differenzen. Ein Wasserkrieg im Cauvery-Becken ist nicht wirklich wahrscheinlich, durchaus real sind aber Tumulte und Krawalle, Terrorismus und Meuchelmorde.

Der Cauvery ist der viertgrößte Fluss der indischen Halbinsel. Er entspringt in den Westghats im Staat Karnataka, dem früheren Fürstentum Mysore. Von dort fließt er ostwärts ins Herzland von Tamil Nadu, dem einstigen Madras, strömt durch die grünen Reis- und Palmfelder zum Thanjavur-Delta, einem der fruchtbarsten und produktivsten Anbaugebiete der Welt. Flussabwärts verbraucht Tamil Nadu das meiste Wasser (489 000 Millionen Kubikmeter des Gesamtabflusses von 671 000 Millionen Kubikmetern; über 72 Prozent), kontrolliert aber nicht das Quellgebiet, bis auf die beiden kleinen Zuflüsse Bhavana und Moyar.

Der Streit um das Cauvery-Wasser, der derzeit vor dem Obersten Gerichtshof Indiens verhandelt wird (und ansonsten in hitzigen Debatten oder gelegentlichen Krawallen ausgetragen wird), ist über hundert Jahre alt. 1892 beteiligten sich die Briten am Aushandeln eines Abkommens zwischen Mysore und Madras, eines Abkommens, in dem es geradezu wimmelte von Klauseln, die den flussabwärts gelegenen Staat eindeutig begünstigten (die Briten sahen in der Hafenstadt Madras einen bedeutenden indischen Handelsstützpunkt). Die Bauern in Madras hatten sowieso ihr ererbtes, jahrhundertealtes Nutzungsrecht auf das Wasser des Cauvery geltend gemacht und untermauerten ihren Anspruch mit dem Hinweis auf das alte weit verzweigte Kanalbewässerungssystem im Flussdelta. Die Briten sorgten dafür, dass Madras die Kontrolle über alle Bewässerungs- und Ableitungsprojekte erhielt, die das flussaufwärts gelegene Mysore eigentlich für sich ins Auge gefasst hatte. Begründet wurde die Abmachung unter anderem mit dem Naturschutz, was einer gewissen Ironie nicht entbehrte. Die Briten wollten das Einzugsgebiet erhalten und untersagten Mysore am Oberlauf des Flusses die Waldrodung und Abweidung durch Vieh. Auch der Kaffeeanbau in höher gelegenen Regionen wurde aus demselben Grund verboten, um den Jahresabfluss zu verringern und das Rückhaltevermögen des Bodens zu verbessern. Das Abkommen stieß in ganz Mysore auf Ablehnung. Die Fürsten schäumten vor Wut, im Stillen, denn die Zeit war noch nicht reif genug, um über einen offenen Kampf gegen die Kolonialmacht nachzudenken.

1924 setzten die Briten ein weiteres Abkommen durch, das Mysore zumindest gestattete, eine Reihe von Staudämmen zu errichten und sein bewässertes Land um 44 500 Hektar zu erweitern. Im Rahmen der staatlichen Neugestaltung nach der indischen Unabhängigkeit verlor Madras, das nun rechristianisierte Tamil Nadu, einen Teil seiner Anbauflächen im Cauvery-Becken. Diese gingen an Mysore, das heutige Karnataka. Der neue Staat flussaufwärts berief sich darauf, dass mit den neu gezogenen Grenzen auch das Abkommen von 1924 nichtig geworden sei und man sich folglich nicht verpflichtet fühle, überhaupt Wasser an den flussabwärts gelegenen Staat abzugeben. Tamil Nadu wollte eine Reihe von Dämmen bauen, um in schwachen Monsunjahren die Wasserführung des Cauvery besser regulieren zu können. Um dies zu verhindern, zog Karnataka vor Gericht. Gemäß dem Abkommen, so hieß es im Schriftsatz, war es nicht erlaubt, auf den Fluss in solch einer veränderlichen Weise einzuwirken. Zahlreiche Bitt- und Beschwerdeschriften gingen an die Zentralregierung und den Obersten Gerichtshof; es gab Demonstrationen, politische Anführer traten in den Hungerstreik und es kam zu einem schweren Tumult, bei dem dutzende Menschen getötet wurden. 1991 erließ das »Cauvery Waters Disputes Tribunal«, ein von der Zentralregierung eingesetzter Ausschuss, eine Verfügung, die Karnataka verpflichtete, allwöchentlich von Juni bis Mai Wasser abzugeben; wenige Tage später wurde diese Verfügung von einem anderen Regierungsausschuss wieder aufgehoben – mit fatalen Folgen. Im Dezember kam es in Bangalore zu heftigen Tumulten, bei denen die Häuser der dort lebenden Tamilen in Brand gesetzt wurden. Auch tamilische Gehöfte im Cauvery-Becken und im Südosten des Landes wurden geplündert und niedergebrannt. Der Funke der Gewalt sprang binnen weniger Tage auf Tamil Nadu über, wo wiederum karnatakische Landbesitzer gewaltsam vertrieben und Häuser angesteckt wurden. Aufständische sperrten die Verbindungsstraßen zwischen beiden Staaten und Truppen setzten sich in Richtung Grenze in Marsch. Über 100 000 Menschen flüchteten von Karnataka nach Tamil Nadu.[5]

In den folgenden Jahren gab es reichlich Regen und so klangen die Spannungen allmählich ab. Doch als 1995 der Monsun ausblieb, flammte die alte Feindschaft sogleich wieder auf. Bauern verloren

Hab und Gut, wurden in die überfüllten, ausufernden Slums der Städte getrieben, ein ganzes Heer von Menschen, das sich politisch leicht manipulieren ließ. Als die Getreideernte vertrocknete, entbrannte die Wut noch stärker. Aus Gewaltdrohungen wurden aggressive Proteste, die sich in militanten Krawallen entluden. Es gab noch mehr Tote. Die Zentralregierung unternahm nichts und auch der Oberste Gerichtshof schwieg. Tamil Nadus Situation lässt sich auf einen einfachen Nenner bringen: Das Land lebt von der Landwirtschaft und ohne das Wasser des Cauvery gibt es keine Landwirtschaft. Nach den bestehenden Gesetzen müsste Karnataka zumindest ausreichend Wasser zur Sicherung der Ernte in Tamil Nadu abgeben. So war es schließlich 1991 vom Obersten Gerichtshof beschlossen worden.

Ähnlich einfach lässt sich Karnatakas Situation umschreiben: 1995 beinhalteten die Staubecken in Karnataka lediglich 23 200 Millionen Kubikfuß Wasser, der Grundbedarf des Landes belief sich aber auf 24 000 Millionen. In Süd-Karnataka und Bangalore war das Trinkwasser bereits knapp. Demnach würde jegliche Abgabe an Tamil Nadu nicht nur das Wirtschaftswachstum, sondern auch die Bürger Karnatakas gefährden.

Im Januar 1996 schritt der indische Premierminister P. V. Narasimha Roa ein. Zur Sicherung der Ernten befahl er Karnataka die sofortige Ableitung von 6000 Millionen Kubikfuß Wasser an Tamil Nadu. Er setzte einen »Expertenrat« zur Schätzung der zu erwartenden Ernteerträge für beide Staaten ein; aufgrund der Schätzwerte sollte dann das Wasser je nach Bedarf aufgeteilt werden.

Doch das Getreide vertrocknete weiter und auch Hass und Streit loderten nach wie vor. Besonders in Mandya und Mangalore kam es zu gewalttätigen Ausschreitungen. Bauern patrouillierten an den Ufern des Cauvery, um sicher zu gehen, dass auch ja kein Tropfen Wasser flussabwärts geleitet wird, und gegen Beamte, welche die Schleusen kontrollierten, gab es offene Drohungen. In Mysore wurde eine Menschenkette organisiert, eine kilometerlange Barrikade zorniger Bauern. Politiker in Delhi stritten mit Lokalpolitikern der Hauptstädte darüber, wie viel Wasser überhaupt abgeleitet werden solle, doch die zunehmende Militanz unter den Bürgern verbot jegliche Ableitung. 1998 gab es noch immer keine Lösung für diesen Konflikt.

»Mein Vater wurde von diesen Leute aus seinem Landwirtschaftsbetrieb hinauskatapultiert«, sagte Bal Nagir, »hinauskatapultiert, ausgebootet, aufs tote Gleis geschoben. Ohne Grund. Aus purer Habgier.« Bal hatte einen langen Weg hinter sich – er ging fort aus seinem Heimatort, wurde Wirtschaftspolitiker in England, arbeitete sich hoch und schaffte es in einen Beraterstab einer großen Firmengruppe, die sich auf die Vorhersage von Markttendenzen spezialisiert hat. Sein Vater war Bauer im Cauvery-Delta, und die chronische Unfähigkeit der staatlichen Politiker zu einer Einigung in Wasserfragen zu gelangen, hatte jeden Tropfen Geld aus ihm herausgepresst. Die »Leute«, die Bal damit meinte, waren nicht die Politiker in Tamil Nadu, sondern die Gouverneure im – wie er es noch immer nannte – »verfluchten Mysore«.

Nagir Senior war auch kein einfacher Bauer. Auf seiner Farm an der Küste von Coromondel hatte Bals Vater über 800 Leute angestellt. Die Anbauflächen lagen im Umland der mit Pflanzen überwucherten Tempel, für die Madras so berühmt ist. Die Felder waren fruchtbar und die Ernten üppig, hervorgezaubert durch ein ausgeklügeltes Netzwerk an Bewässerungsgräben und Kanälen, die so alt waren, dass niemand zu sagen wusste, wie alt eigentlich – sie waren schon immer da, waren älter als die verfallenen Tempel selbst.

Bal trug stets ein Bündel Fotos von der alten Farm in seiner Brieftasche mit sich, kleine Schnappschüsse, nicht sehr scharf. An eines erinnere ich mich besonders; es sah fast so aus wie ein Bild in der *National Geographic*, so beschaulich, üppig und farbenprächtig. Rechts im Bild ein Palmfeld, links eine bröckelnde Steinruine, in der Mitte ein Reisfeld, ganz im Hintergrund ein paar gebückte Feldarbeiter, vornüber gebeugt ernteten sie Reis. Im Vordergrund des Bildes in der Mitte ein Ochsengespann, bis zu den Fesseln im Wasser. Bal saß auf einem Ochsenrücken, winkte mit den Armen, freute sich wie ein Schneekönig – ein kleiner Knirps von drei oder vier Jahren.

»Oh ja, wir benutzen noch Ochsen«, sagte Bal, als ich mir das verblasste Bild anschaute. »Es war eine moderne Farm und mein

Vater arbeitete mit modernen Methoden. Er kaufte das neueste Saatgut und verwendete nur die allerneuesten Reissorten aus den Versuchslabors der Hauptstadt. Doch Ochsen hat er immer benutzt, hat auch mal Traktoren ausprobiert, Maschinen und Geräte, doch unter den Umständen damals und mit all den Arbeitern waren Tiere immer noch das Beste.«

In guten Monsunjahren gab es nie Probleme mit dem Wasser. Doch blieben die Regenfälle aus, erwartete man von Karnataka, dass es die Absperrhähne an den Dämmen öffnete und das Wasser abfließen ließ. M. Karunanidhi, oberster Minister in Tamil Nadu, drohte mit »Massenagitationen«, sollte Karnataka das Wasser zurückhalten.

Bals Vater war vollkommen auf dieses Wasser angewiesen. Und er nahm seine Verantwortung gegenüber seinen Arbeitern sehr ernst. Er konnte sie nicht einfach entlassen, nur weil es schlechte Zeiten gab. Was sollten sie denn sonst tun? Es gab keine andere Arbeit, und sie konnten nichts anderes. Er behielt sie also bei sich auf der Farm und borgte sich Geld. Letzten Endes hatte er sich aber so viel geborgt, dass ihm keine Bank mehr einen Kredit gab. Bal war damals bereits in England.

Sein Vater war ein findiger und einfallsreicher Mann, er ließ sich als Großhändler im Import-Exportbereich nieder – der Bauer, der Nahrungsmittel angebaut hatte, kaufte diese nun von anderen für andere. Doch war das nicht das, was er eigentlich wollte, und der Verlust seines früheren Besitzes nagte an ihm; zumal er wusste, dass es in Mysore Bauern gab, die nicht wie er mit, sondern gegen die Natur arbeiteten. »Diese Leute bauen Kaffee in Gewerbegebieten an, es gibt regelrechte Bodenschänder,« erzählte Bal. Nach allem, was ich weiß, liegt Bal mit dieser Äußerung nicht falsch. In Karnataka war man nämlich ganz versessen auf die Wassererschließung, und Bangalore, die Hauptstadt von Madras-Karnataka, war die am schnellsten wachsende Stadt in Indien. Als industriefreundlicher Ort mit nur wenigen vertrackten Vorschriften zu Naturschutz oder Umweltverschmutzung wurde Bangalore zum indischen Zentrum der pharmazeutischen und chemischen Industrie; gegen Ende der neunziger Jahre versuchten die Stadtväter aus Bangalore ein Silicon

Valley der östlichen Welt zu machen. Hewlett Packard und IBM hatten bereits eine Niederlassung vor Ort. All diese neuen Industrien verbrauchten gewaltige Mengen Wasser aus dem Cauvery-System. Und auch das war in guten Jahren nicht wirklich ein Problem. Doch der Monsunregen fällt im südöstlichen Indien unregelmäßig, und so hat die Industrie im vergangenen Jahrzehnt eine so große Menge Wasser aus dem Fluss entnommen, dass die ohnehin unsichere Wasserversorgungslage mit der Zeit ernsthaft gefährdet war. Aus diesem Grund hat man das Wasser für die gewöhnlichen Bürger nach einem festgelegten Plan streng rationiert, und es war gewiß eine große Versuchung, den Hahn, der das Wasser ins flussabwärts gelegene Tamil Nadu fließen ließ, einfach ganz zuzudrehen.

In Delhi rief der Premierminister dazu auf, Ruhe zu bewahren. Wasser, so sagte er, ist eine nationale Angelegenheit. Oberstes Ziel müsse sein, das Wasser aus dem Cauvery-Delta zu teilen, Gewinne hin oder her. Dutzende von Flüssen strömen in Indien über Landesgrenzen hinweg. Mittlerweile gehört es bedauerlicherweise fast schon zur Norm, Meinungsverschiedenheiten gewalttätig auszutragen. Die Regierung wird also etwas unternehmen müssen. Dem widersprach zwar niemand, aber unternommen hat bislang auch niemand etwas.

Kapitel 17

Das chinesische Dilemma
Der Wasserhaushalt gerät zunehmend aus dem Gleichgewicht

Sind die reichen Länder anders, weil sie mehr Geld haben, so ist China anders, weil es mehr Menschen beheimatet. Was das für die weltweite Nahrungsmittelversorgung bedeutet, lässt amerikanische, kanadische und australische Farmer vor Freude jubeln, denn sie erhoffen sich davon steigende Nachfrage und höhere Preise. Den Statistikern hingegen bereitet dieser Zusammenhang schlaflose Nächte. Die Vereinigten Staaten erwirtschaften 17 Prozent ihrer Binnenproduktion an Nahrungsmitteln auf künstlich bewässerten Anbauflächen. Sollte demnach das Bewässerungswasser in den Vereinigten Staaten einmal zur Neige gehen, so würde die amerikanische wie auch die weltweite Nahrungsmittelsicherheit zwar in Gefahr gebracht, eine Katastrophe wäre es aber nicht. Im Gegensatz dazu erwirtschaftet China 70 Prozent seiner Binnenproduktion an Nahrungsmitteln auf künstlich bewässerter Anbaufläche. Und sollte in China einmal das Wasser zur Neige gehen, könnte das verheerende Folgen haben. China müsste dann Nahrungsmittel importieren – mehr Nahrungsmittel, als der Weltgetreidemarkt derzeit im Speichervorrat hat. Denn kauften die Chinesen gigantische Mengen eines begrenzten Vorrats auf, würden die Warenpreise auf dem Weltmarkt in schwindelnde Höhen steigen. China könnte sich das vielleicht gerade noch leisten, doch wie stünde es dann um all die armen Länder in aller Welt, die sich schon heute, wo die Getreidepreise niedrig sind, nur mit großen Schwierigkeiten ernähren können? Zur Erinnerung ein paar Zahlen: Es gibt heute 1,2 Milliarden Chinesen, ein Zuwachs von nahezu 700 Millionen seit Ende des Zweiten Weltkriegs. In eine andere Relation gesetzt heißt das: Chinas Bevölkerung ist innerhalb von nur vierzig Jahren um die Weltbevölkerung in der Größe des ausgehenden 18. Jahrhunderts angewachsen. Trotz hartnäckiger und in letzter Zeit auch wider Erwarten erfolgreicher Versuche, die Geburtenrate zu drosseln, wird China in den kommenden vierzig Jahren dennoch einen Bevölkerungszuwachs erleben, der in seinem Ausmaß der Einwohnerzahl des ganzen nordamerikanischen Kontinents entspricht. Tränke jeder Chinese nur zwei Glas Bier mehr, entspräche das dafür benötigte Getreide der gesamten Ernte Norwegens. Verzehrten die Chinesen pro Kopf so viel Fisch wie die Japaner, würde der gesamte Weltfischfang von 101 Millionen Tonnen aufgebraucht sein. Und verbrauchten die Chinesen so viel Pflanzenfett wie die Japaner, würden 7 Millionen Tonnen Öl zusätzlich benötigt, was den Weltmarkt um ein Drittel ausbauen würde. Konsumierten die Chinesen so viele Eier wie die Amerikaner, würde man eine Schar von 1,3 Milliarden Hennen brauchen, und um diese Zielgröße zu erreichen, würden 24 Millionen Tonnen Getreide zusätzlich benötigt, was der gesamten Getreideexportmenge Kanadas entspricht.[1] Die Zahlen sprechen nicht nur für sich, sie repräsentieren vielmehr das derzeit überzeugendste und schlagendste Argument für die Geburtenkontrolle überhaupt.

Die Landbauern auf ihren neuen privaten Parzellen in der Shandong-Provinz sollte es als Erste treffen. Anfang der neunziger Jahre begann der Wasserstand in ihren Brunnen zu fallen. Sie waren sich dessen zwar noch nicht bewusst, aus Beijing wurde auch nichts dergleichen vermeldet, doch im nördlichen und nordöstlichen China fielen die Wasserspiegel überall. Was den Bauern auf dem Land jedoch auffiel, war, dass weniger Wasser als sonst vorhanden war. 1994 versiegten nur einige wenige Brunnen, im Jahr darauf hunderte. In der ganzen Region machten sich Bauern und ihre Familien daran, die Landbestellung hintanzustellen und die Brunnen tiefer zu graben. Sie gruben die Brunnen zunächst einen Meter tiefer, dann zwei und stießen schließlich auf Wasser. 1996 vertrockneten die Brunnen wieder. Die Grundwasserspiegel in der nordchinesischen Ebene waren in drei Jahren um über 4 Meter gefallen, und niemand wusste zu sagen, ob sie noch weiter fallen würden. Seit mehreren Jahren hatte es nur dürftige Regenfälle gegeben und so führten die Flüsse weniger Wasser als üblich, und das zu einer Zeit, da die Wassernachfrage zu Höhenflügen ansetzte. Wasserableitungen aus den Flüssen hatte es früher nur zu landwirtschaftlichen Zwecken gegeben, doch jetzt, da China einen phänomenalen Wirtschaftsboom erlebte, da Industrien und Städte immer weiter expandierten, stand eine unbändige Nachfrage einem begrenzten Wasservorrat aus dem natürlichen System gegenüber. Nach Chinas eigenen Zahlen leidet heute beinahe die Hälfte aller Städte des Landes an Wassermangel. Ihre Zahl ist zwischen 1983 und 1990 auf 300 angestiegen und hat sich damit verdreifacht; die Zahl der Städte, die als Orte mit »ernster Wasserlage« eingestuft wurden, stieg im gleichen Zeitraum von 40 auf 100. Laut chinesischen Angaben wird der Stadtbezirk Beijing bis zum Jahr 2000 mit einer täglichen Wasserverknappung von 500 000 Kubikmetern leben müssen – eine düstere Zukunftsprognose, die sich bereits erfüllt hatte, noch ehe das Jahr 1999 überhaupt angefangen hatte.

Die Erkenntnis darüber, dass eine Krise unmittelbar bevorsteht, ist relativ neu. Erst vor zwei Jahrzehnten gab es die ersten Anzeichen, dass der Wasservorrat in der Region allem Anschein nach anfällig und gefährdet ist. Und so haben sich Hydrologen und Ökologen erst vor wenigen Jahren diesem Problem zugewandt. Henry Kendall von der Harvard-Universität, Nobelpreisträger der Physik und herausragender Gelehrter, ging unlängst auch der Frage der globalen Nahrungsmittelversorgung nach, die, wie er glaubt, die Kernfrage der nächsten Jahrzehnte sein wird. Er verwies mich auf Lester Brown, der in seinem kontrovers diskutierten Werk *Wer wird China ernähren?* mahnt, dass es »Zeit ist aufzuwachen«, und darin jene Statistiken und Prognosen unter die Lupe genommen hat, denen zufolge die ernste Wasserverknappung China zum Nahrungsmittelimport zwingen wird. Browns Erörterungen wurden im Nachhinein von einer Studie untermauert, die vom »US National Intelligence Council« finanziert und am »Harvard's Department of Earth and Planetary Sciences and Sandia Laboratory« durchgeführt wurde – in einem »stillen Kämmerlein der Wissenschaft« wäre der falsche Ausdruck, wo das Institut doch seine eigene Web-Site zu Recherchezwecken eingerichtet hat und insofern eher eine »wissenschaftliche Onlinequelle« ist. Sandia ist für vielerlei Dinge bekannt, unter anderem für Simulationsspiele. Das Spiel »Industrial Ecology Prosperity Game« beispielsweise zeigt in einzigartiger Weise und ungeschminkt die Folgen des Bevölkerungswachstums, Klimawandels, der Wasserverknappung sowie anderer ökologischer Faktoren der Weltwirtschaft.

Zusammen mit seinem Forscherkollegen Brian Halweil verfasste Brown Mitte 1998 einen Artikel für das *World Watch*-Magazin:

> Vor einem Vierteljahrhundert, als immer mehr Wasser aus dem Gelben Fluss gepumpt wurde, um dem immer größer werdenden Bedarf des Landes nachzukommen, kam er ins Taumeln. 1972 sank der Wasserstand des Flusses derart, dass er zum ersten Mal in Chinas langer Geschichte trockenfiel noch ehe er das Meer erreicht hatte. Fünfzehn Tage lang führte der Fluss kein Wasser, und das kam auch während der nächsten Jahre immer wieder vor. Seit 1985 vertrocknet der Gelbe Fluss regelmäßig und die Zeit, in der er kein Wasser führt, wird länger und länger. 1996 waren es 133 Tage. Im Jahr 1997, einem Jahr mit einer anhaltenden Dürreperiode, dauerte es 226 Tage, bis der Fluss das Meer erreicht hatte. Zuweilen erreichte er nicht einmal die Provinz Shandong, die letzte auf seinem Weg ins Meer. Shandong, wo das Land ein Fünftel seines Getreides und ein Siebtel seines Weizens anbaut, ist auf den Fluss unbedingt angewiesen, da die Provinz die Hälfte des Wassers für die bewässerte Landwirtschaft daraus entnimmt.
>
> Das Trockenfallen des Gelben Flusses ist vielleicht das augenscheinlichste Zeichen der Wasserverknappung in China, doch ist es nur eines unter vielen. Auch der Huai, ein kleinerer Fluss zwi-

schen dem Gelben Fluss und dem Jangtse, trocknete 1997 aus und erreichte 90 Tage lang nicht das Meer. Satellitenbilder zeigen hunderte von Seen, die einfach verschwinden und kleinere Bäche, die mit sinkenden Grundwasserspiegeln und dem Versiegen der Quellen in nur wenigen Jahren austrocknen. Mit dem Sinken des Grundwasserspiegels standen Millionen von chinesischen Bauern vor leer gepumpten Brunnen.

Was also tun, wenn es kein Wasser mehr in den Flüssen gibt? Die theoretische Antwort ist überaus einfach: Einige der »Nutzer« müssten aufhören, es zu »nutzen«. Die ökonomische Antwort ist sogar noch einfacher: Es sind die Bauern, die aufhören müssten, das Wasser zu nutzen. Mit rund einem Liter Wasser kann eine Farm Getreide im Wert von schätzungsweise 200 Dollar erwirtschaften. Mit der gleichen Menge Wasser kann die Industrie Güter erzeugen, die auf dem freien Markt für das Zwanzigfache dessen verkauft werden können – und sie kann gleichzeitig eine ganze Menge mehr Leute beschäftigen.

Die kleinen Landbauern hatten nach den Reformen von Deng Xiaoping im Rahmen der landwirtschaftlichen Umstrukturierung ihr Land zugeteilt bekommen, doch mit der neuen Besitzverteilung kamen auch neue Verantwortlichkeiten, neue Sorgen und Probleme – Probleme wurden nun nicht mehr von den Kollektiven gemeinschaftlich gelöst. Die Bauern waren fortan auf sich gestellt. China änderte sich auch in anderer Hinsicht. Die Städte wuchsen explosionsartig, Aufschwung und Wohlstand waren weit verbreitet. Für die Leute auf dem Land war es nichts Ungewöhnliches mehr, Geschäftsleute der neuen städtischen Wohlstandsgesellschaft auf Besorgungsfahrten in ihren funkelnagelneuen Autos an den Gutshöfen vorbeifahren zu sehen, eine andere Welt, die ihnen allzu geheimnisvoll und unerklärlich erschien und die sie erst gar nicht hinterfragten.

»Mein Vater hat sie oft vorbeifahren sehen«, erzählt Soo Ling, die als Teenager nach Shanghai kam und heute freie Anzeigenflächen für eine neue Mediengesellschaft in Hongkong verkauft. »Er hasste sie nicht und störte sich auch nicht an ihnen. Sie fuhren vorbei, ließen dicke Staubwolken hinter sich und er schaute ihnen einfach nach. In erster Linie verwirrten sie ihn. Er wusste ja nicht, wer diese Leute waren.«

»Aber er selbst hat damals weiter Landwirtschaft betrieben?«

»Das war eben alles, was er konnte. Aber …«, sie stocherte in ihrem Essen, kleinen wohlriechenden Häppchen auf einem angemachten Salatbett, »… es war mehr als das. Für seine Generation war Landwirtschaft etwas, was man ganz selbstverständlich tat, man produzierte eben seine Nahrung. Von Ökologie hatte er nie etwas gehört, aber er war bestimmt ein guter Ökologe.« Sie schüttelte den Kopf. »Nein, das ist zu anmaßend. Aber er verstand etwas von Ackerland, er liebte es, und er hätte auch niemals etwas unternommen, was dem Boden geschadet hätte, doch das war nicht genug …«

»Wie meinst du das?«

Sie erzählte mir noch einmal eine Geschichte, die ich schon kannte. Ihr Vater war es gewohnt, sich Wasser zu nehmen, wenn er welches brauchte – aus den Wasserspeichern. Er öffnete dann die Schleusen und das Wasser kam, darauf konnte er sich verlassen. Dann erklärten ihm die Behörden, dass die Stadt das Wasser bräuchte und dass nicht genug für beide gleichzeitig da sei, für die Landwirtschaft und die Stadt.

»Mein Vater wusste, was das bedeutete. Beijing würde das Wasser bekommen. In jedem Fall. Und die Bauern würden verlieren. Wie jedes Mal.«

»Was passierte dann?«

»Im folgenden Jahr versiegten die Brunnen erneut. Und so lebt mein Vater jetzt in Beijing.«

»Arbeitet er?«

»Oh ja, er hat einen Job, keine Sorgen, eine große Wohnung, und meine beiden Brüder leben bei ihm. Er hat jetzt sogar mehr Geld als vorher … und einen Fernseher! Den haben eigentlich meine Brüder gekauft. Er hasst die Stadt. Aber was will man machen?«

Warum wird in China das Wasser knapp? Die Antwort lautet auch hier nicht anders als in anderen Ländern: Es wird nicht knapp. Es geht lediglich dort zur Neige, wo es am meisten benötigt wird. Es geht also um eine Frage der Umverteilung, der Versorgung und der Wasserwirtschaft.

Im Sommer 1998, laut Aufzeichnungen einer der feuchtesten Sommer, war es im feuchten Süden des Landes im Überfluss vorhanden. Der Jangtse war infolge anhaltender Niederschläge zu einem reißenden Strom angeschwollen, erreichte den höchsten Wasserstand seit 1954 und in den tosenden Wassermassen kamen über 2000 Menschen ums Leben. Es grenzte an ein Wunder, dass es nicht noch mehr Todesopfer gab – im Einzugsgebiet der meisten der weltgrößten Quellgebiete leben nur etwa 30 Menschen pro Quadratmeter, wohingegen es am Jangtse über 220 sind.[2] Die Industriestadt Wuhan kam damals unversehrt davon, obwohl die Überschwemmungen am Oberlauf des Flusses Deiche zerstört hatten und es eine Zeit lang so aussah, als ob 7 Millionen Menschen von den Wassermassen erfasst würden. China räumte ein, dass das verheerende Ausmaß der Überschwemmung zum einen in Zusammenhang mit den Entwaldungsmaßnahmen im oberen Flussbecken steht, zum andern auch mit den Deichen, die das Wasser davon abhalten, ihr natürliches Schwemmland, die urprünglichen Flussauen, zu erreichen, welche man zu landwirtschaftlichen Zwecken trockengelegt hatte. Die periodisch auftretenden Überschwemmungen des Jangtse waren mit ein Grund, die chinesische Regierung zu veranlassen, 24 Milliarden Dollar auszugeben und über 1 Million Menschen umzusiedeln, um den Drei-Schluchten-Staudamm zu bauen. Ein weiterer Grund für das Projekt war die Sicherung der Wasserversorgung im nordchinesischen Tiefland.

Die Chinesen stehen vor einem Dilemma: Drei Viertel des Wassers befinden sich im Süden des Landes, drei Viertel der Landwirtschaft aber im Norden und Nordosten. Auch der Jangtse fließt durch den Süden, wo 700 Millionen Menschen zu seinem Einzugsgebiet gehören. Den wesentlich trockeneren Norden, der von rund 500 Millionen Menschen bevölkert wird, durchfließen die Flüsse Hunag Ho, Liao, Hai und Huai. Der große weite Westen ist auch hier, genau wie in Amerika, größtenteils Wüste. Doch, und das ist anders als in Amerika, gibt es kein Gegenstück zu Kalifornien oder der pazifischen Nordküste, kein Washington und auch kein Oregon, nur arides Ödland, nichts anderes. Hoch aufragende Gebirgsketten schirmen das Ödland von den feuchtigkeitsspendenden Winden ab. Das Altai-Gebirge im Norden hält die Regenwolken vor der Gurbantünggütt-Wüste auf, die mitten im Junggar-Becken im nordöstlichen Zipfel Chinas liegt. In ähnlicher Weise isolierte das Himalaya-Gebirge im Süden das größte vegetationsfreie Sandmeer in China, die weite Taklimakan-Wüste im äußersten Westen des Landes. Im Westen der Inneren Mongolei, im Kansu-Korridor und Tarim-Becken fallen jährlich nicht einmal 10 Zentimeter Regen. Weite Gebiete sind echte Wüsten, wo jahrein, jahraus kein einziger Tropfen Regen fällt. Die große Wüste Gobi in der Mongolei gilt als einer der trockensten Orte der Erde.

Wann, wo und wie viel Regen in China fällt, ist unterschiedlich, die Erneuerung der Süßwasservorräte ist somit wenig verlässlich und verschärft die Flut-Dürre-Zyklen. Chinesische Bauern sind auf den Frühjahrsregen angewiesen, doch fällt gerade dieser besonders unregelmäßig. Entlang des Jangtse schwanken die Niederschlagsmengen von Jahr zu Jahr um bis zu 45 Prozent, in Nordchina sogar um mehr als 50 Prozent. Östlich von Beijing kann dieser Schwankungsindex auch 80 Prozent überschreiten.

Wie man an der Chinesischen Mauer oder dem Drei-Schluchten-Staudamm sieht, schrecken die Chinesen vor bautechnischen Heldenleistungen nicht zurück. Die vom nationalen Umweltschutzbüro ausgearbeitete Lösung für das erschreckende Umweltverschmutzungsproblem in der Kohlenbergwerksstadt Lanzhou im Herzen Chinas beweist dies einmal mehr. Um des Verschmutzungsproblems Herr zu werden, hat das Büro nicht etwa erwogen, als Erstes die Industrien mit Reinigungs- und Filteranlagen zu versehen oder Kontrollen einzuführen. Nein – die bevorzugte Lösung bestand vielmehr darin, die Stadt den Winden auszusetzen, indem man die 300 Meter hohen Berge im Osten der Stadt abtrug, »um frische Luft hereinzulassen« – was dieser Redewendung eine ganz neue Dimension verlieh.

Dennoch, das Fehlen des Rohstoffes, des natürlichen Süßwassers, bedeutet, dass China keinerlei Erfolg versprechende Aussicht hat, es den Amerikanern jemals gleichtun zu können, den Wasserbauprojekten des nordamerikanischen Westens nachzueifern oder die Wüste erblühen zu lassen. Zumindest nicht mit eigenem Wasser. Alles verfügbare Wasser wird bereits gebraucht.

Könnte China das Wasser von woanders herbekommen? »Von woanders her« hieße im Falle Chinas nur von Sibirien.

Ende der sechziger Jahre, als die Sowjetunion und China am Rande einer bewaffneten Auseinandersetzung entlang ihrer Grenzen standen, ging es auch um den Streitpunkt Wasser. Die Chinesen hatten wohl (zumindest aus Sicht der Russen) zu lange auf ihre Landkarten gestiert und waren mittlerweile wie hypnotisiert vom Braun der Wüste Gobi und dem endlosen Grün der sibirischen Tundra. Um die sibirischen Flüsse nach Süden umzulenken, um die Wüste erblühen zu lassen, würde es geradezu heroischer wasserbautechnischer Meisterwerke bedürfen. Auch waren die Chinesen berühmt für langfristiges Vorausplanen und ihre unermüdliche Energie. Warum also sollten sie sich abhalten lassen, wenn es darum ging, einen großen Teil ihrer Landmasse neu zu schaffen? Die streng zensierte chinesische Presse fachte die auflodernde Sorge unter den Sowjets um das sibirische Wasser heftig an, indem sie mehr oder weniger offen über die östlichen Weiten der Sowjetunion spekulierte und sich einer Sprache zwischen den Zeilen bediente, die im Kreml leicht verstanden wurde. »Unsere nördlichen Ressourcen«, war so eine Phrase, die in den frühen siebziger Jahren aufkam; dies zusammen mit dem plötzlichen Auftauchen chinesischer Landkarten, auf denen von einer Grenze merkwürdigerweise nichts mehr zu sehen war, genügte den Sowjets vollauf, um offene Kriegsdrohungen auszusprechen. Doch der Streit verpuffte, denn der Gedanke an einen Krieg ergab nicht wirklich einen Sinn, es ging vielmehr darum, die Muskeln spielen zu lassen. Warum sollte China einen Krieg um die Tundra mit ungewissem Wert riskieren, wo es doch eigentlich selbst genug Wasser hatte, auch wenn es demographisch gesehen vielleicht ungeschickt verteilt war? Und diese Ansicht erwies sich am Ende auch als richtig: Beijing richtet heute den Blick nach Süden, nicht nach Norden, und so fließen die sibirischen Flüsse nach wie vor ins eisige Nordpolarmeer.

Wie wir in Kapitel 6 gesehen haben, wird Chinas Wasserversorgungsproblem verschärft durch die Qualität der noch verfügbaren Süßwasservorräte. Wenn annähernd 80 Prozent der Flüsse Wasser enthalten, das für den menschlichen Bedarf ungeeignet ist, dann besteht die ernste Gefahr, dass das Getreide aus bewässerten Flächen in den am schlimmsten betroffenen Gebieten die Bevölkerung eher vergiftet anstatt ernährt.

China war nicht immer bereit, dieses oder andere Probleme in Zusammenhang mit dem Wasser anzugehen, und ebenso wenig hat sich die Regierung in die Karten schauen lassen, wenn es um irgendwelche Vorhaben ging. Das ist heute, wo es ernste Anzeichen für eine bevorstehende Krise gibt, anders. 1988 wurde ein neues Wassergesetz erlassen. Danach sind alle zuständigen Kontrollbehörden für Wasserangelegenheiten, Bodenerhaltung und andere Bereiche in einem übergeordneten Ministerium für Wasserressourcen zusammengeschlossen und, wie ältere Ministerien auch, direkt dem Regierungsrat unterstellt. Das Ministerium führt Regie in der offiziellen Wasserpolitik, bestimmt wasserstrategische Projekte einschließlich Hochwasserschutz und Überschwemmungskontrolle, kontrolliert den Grad der Wasserverschmutzung und das Abwasser, fasst Beschlüsse auf wirtschaftlicher Ebene und ist bei Konflikten schlichtungsbefugt. Sinnvollerweise wurde der Zuständigkeitsbereich der Unterministerien nach den einzelnen Flussbecken eingeteilt, jedes Unterministerium war demnach für ein größeres Flusssystem verantwortlich. Zum Zuständigkeitsbereich der verschiedenen ministeriellen Kontrollbehörden gehören die Flussbecken des Jangtse, Huai, Hai und des Gelben Flusses. Den Unterministerien wiederum unterstehen die Kontrollbehörden, welche die Aufsicht über die Zuflüsse innehaben. Das neue System war dafür vorgesehen, sich mit den »Konflikten und Defiziten« – so jedenfalls hieß es viel sagend in offiziellen Meldungen – des älteren Systems auseinander zu setzen, was so viel hieß, wie sich mit einem Alptraum an Bürokratie befassen zu müssen, wo sich kein Mensch auskannte und niemand wusste, wer für welchen Zuständigkeitsbereich verantwortlich war. Das Ministerium leistete nicht gerade überzeugende Arbeit, denn bis zum Jahr 1998 hatte sich in Sachen Deichbau und Erhalt der natürlichen Überschwemmungsgebiete am Jangtse noch nicht sonderlich viel getan, was nicht gerade darauf hindeutete, dass die neue Bürokratie flexibler war als die alte. Gegen Ende jenes Jahres wurde das Unterministerium, das für den Fluss zuständig war, schwerer Kritik von Seiten der lokalpolitischen Führer ausgesetzt. Die Idee, die Wasserwirtschaft an der Geographie der Flussbecken auszurichten, war zwar schön und gut, doch waren diese natürlichen Grenzen kaum mit den Interessen der Lokalpolitik vereinbar, und so gestaltete es sich schwierig, Projekte auf den Weg zu bringen.

Was den Jangtse, die Hauptwasserreserve im südlichen China, anbelangt, hatte bis 1998 noch keine Menschenseele auch nur im Ansatz mit einer Wasserverknappung gerechnet. Im Gegenteil – jeder fragte sich damals, wie man der Überschwemmungen Herr werden könne. Der Drei-Schluchten-Staudamm, von dem die Regierung inständig hofft, dass er die Hochwassermassen vermindert und nicht noch verstärkt, wie einige Umweltschutzgruppen befürchten, wird in naher Zukunft nicht fertig gestellt werden, und auch der Bau der Wasserkanäle nach Norden wird sich noch über ein Jahrzehnt hinziehen. Selbst für schlechte Jahre prognostiziert niemand eine Wasserverknappung für das Jangtse-Becken.

Mit den Flüssen im Norden verhält es sich dagegen anders. Die Überbeanspruchung sämtlicher Flüsse hat dort ihre Grenze erreicht, und schon heute ist die Wasserversorgung für 200 Millionen Menschen nur über die auf Dauer unhaltbare Förderung von Grundwasser gesichert. Wie wir wissen, trocknet der Gelbe Fluss in schlechten Jahren aus. Und Projekte wie Wasserkraftwerke oder ein Kanal in die Mongolei, die für weite Stromstrecken am Oberlauf des Flusses geplant sind, würden die Lage noch beträchtlich verschlimmern.

Browns These über Chinas bevorstehenden Getreidemangel wurde von den Chinesen empört zurückgewiesen. Doch gerade die Vehemenz, mit der China die These bestritt, ließ Zweifel an den chinesischen Darlegungen aufkommen. Darüber hinaus haben Browns Ausführungen nicht im Entferntesten etwas mit einer Schmähschrift gegen China zu tun. Im Gegenteil, Brown hebt Chinas bedeutende Errungenschaften in der Wasserwirtschaft lobend hervor und legt dar, dass gerade diese Erfolge, und nicht die Misserfolge oder Versäumnisse, entscheidende Ursachen für Chinas Probleme sind. Steigende Einkommensstandards führen unweigerlich zu einer steigenden Wassernachfrage. Er weist darauf hin, dass das Gleiche auch in anderen Ländern mit einer rasanten wirtschaftlichen Entwicklung geschehen ist, wie beispielsweise in Japan. Gleichzeitig wird immer mehr Ackerland aus der landwirtschaftlichen Produktion genommen, teils wegen des konkurrierenden Wasserbedarfs, teils aber auch, weil die expandierenden und immer reicher werdenden Städte immer mehr Platz für sich in Anspruch nahmen – für Fabriken, Häuser, Parkplätze und Straßen. Es ist für die Chinesen eine politische Notwendigkeit, Arbeitsplätze zu schaffen und gleichzeitig Millionen von Menschen in den wirtschaftlich kaum erschlossenen Gebieten im Inneren des Landes mit Wasser für den sanitären Bedarf zu versorgen. Deren Bedürfnissen nachzugehen heißt zwangsläufig aber auch, dass die Verknappung des Wassers, das zu Bewässerungszwecken stromabwärts verfügbar wäre, gefördert wird – Wasser, das zur Produktion von Nahrungsmitteln verwendet werden könnte.

Wassersparmaßnahmen sind demzufolge zwingend notwendig. In Kalifornien nutzen die Industrien das Wasser bekanntlich produktiver als die Farmer; der Marktwert der Güter, die in der Industrie unter Nutzung einer bestimmten Menge Wasser erzeugt werden, liegt fünfzigmal höher als der Marktwert der Nahrungsmittel, die mit der gleichen Menge an Wasser erzeugt werden. Mit dem Abzug des Wassers aus der Landwirtschaft zugunsten der Industrien profitierte die amerikanische Wirtschaft, es entstanden mehr Arbeitsplätze und der Steuersockel kletterte nach oben. Natürlich erlitt die Nahrungsmittelproduktion Einbußen, doch Nahrungsmittel können jederzeit importiert werden.

In China zeichnet sich genau die gleiche Wirtschaftsdynamik ab, nur noch um einiges stärker: China muss jährlich für 15 Millionen neue Arbeitnehmer Arbeitsplätze bereitstellen. Browns Zahlen zufolge wird der Wasserbedarf der Industrie bis zum Jahr 2030 von 52 Milliarden Kubikmetern auf 269 Milliarden Kubikmeter ansteigen. »Mit anderen Worten, die derzeit für die nicht landwirtschaftliche

Nutzung entnommene Wassermenge von lediglich 15 Prozent aus dem natürlichen Wasservorrat würde um beinahe das Fünffache ansteigen, wobei auch der landwirtschaftliche Bedarf, der momentan 85 Prozent des Vorrats beansprucht, bis dahin ansteigen wird.«

Geht den Bauern das Grundwasser aus oder werden sie von den Bewässerungsquellen abgeschnitten, bleibt ihnen als Überlebensmöglichkeit nur noch der Regen, oder sie geben die Landwirtschaft einfach auf. Und damit sinkt die Nahrungsmittelproduktion – ein Teufelskreis.

Lester Browns Analysen, besser gesagt die Analysen all derer, die sich mit der globalen Nahrungsmittelversorgung auskennen, sind so weit gut und schön. Doch geht Brown von einer Annahme aus, die sich vielleicht nicht unbedingt auch bestätigt: Er nimmt an, dass die von der Grünen Revolution eingeläutete Zeit der Umwälzung in der landwirtschaftlichen Produktion vorbei ist.

Doch nach der Grünen Revolution erlebt die Landwirtschaft gegenwärtig die Genrevolution. Wie aus Quellenmaterial des Beraterstabs für internationale Landwirtschaftsforschung CGIAR »Consultative Group on International Agricultural Research« hervorgeht, ein Institut, in dem alle Fäden ernährungsbezogener Wissenschaftsbereiche zusammenlaufen, sind bedeutende Zuwächse in der Produktivität noch immer möglich. »Die biotechnologischen Unternehmen sind »Neuerfinder der Natur«, heißt es darin. »Sie schustern die elementaren Grundstrukturen pflanzlicher und tierischer Organismen neu zusammen, entwickeln nahrhafte Feldfrüchte, die Hocherträge einbringen und ariden Bedingungen trotzen. Was aber wird passieren, wenn Landwirte mehr Nahrungsmittel mit weniger Wasser und einem Zehntel der Arbeit anbauen können? Ganz einfach: die vollständige Industrialisierung der Landwirtschaft. Millionen von Bauern in der Dritten Welt werden dann ihren Lebensunterhalt verlieren, ihre Arbeitskraft wird nicht mehr benötigt, ihr Dasein wird überflüssig. Sie werden gezwungen sein, in den Slums der Städte zu leben. Wollen wird das denn wirklich? Weder das Problem Wasser noch das Problem Nahrungsmittel kann isoliert von anderen Problemen in unserem System betrachtet werden!«[3]

Als Soo Lings Vater seine Farm verließ und nach Beijing ging, war er nicht allein. Er ging mit seiner Frau und seinen Kindern, drei an der Zahl und damit beileibe mehr, als ihm nach Chinas Anti-Geburten-Kampagne eigentlich erlaubt gewesen waren. Zwei seiner Brüder folgten ihm ebenfalls nach Beijing.

Die Familie war mit dieser Situation nicht allein. Als die Brunnen versiegten, strömten die Menschen aus dem Norden scharenweise in die Städte. Chinas eigenen Zahlenangaben zufolge war die Getreideproduktion auf 30 Millionen Tonnen gesunken, das entspricht in etwa der Jahresexportmenge Kanadas. Der Produktionsrückgang ist fast gänzlich auf den durch Wassermangel verursachten Exodus der Bauern aus ihren Dörfern zurückzuführen. Doch mittlerweile waren auch die großen und ineffizienten staatlichen Industriebetriebe von der westlichen Krankheit mit Namen »Verschlankung« betroffen und entließen unzählige Arbeiter, darunter auch viele ehemalige Bauern.

»Arbeiten alle aus deiner Familie?«, fragte ich Soo Ling.

»Ja«, sagte sie, »sie hatten Glück.« Denn wie sie gehört hatte, nahm die Zahl der ehemaligen Bauern ohne Beschäftigung in anderen Städten immer mehr zu. Früher hatten die Arbeitslosen immerhin noch die Chance aufs Land zurückzukehren, wo sie von ihren Familien aufgefangen wurden. Doch stattdessen wandert heute das Land in die Stadt. Sie wusste auch nicht, was man dagegen tun könnte. »Selbst hier in Hongkong«, sagt sie, »gibt es Leute ohne Arbeit. Zum ersten Mal. Und jeder macht sich Sorgen.«

Teil 4

Lösungen

Kapitel 18
Vorschläge und Programme

So in etwa wie Kondome«, sagte der Typ vom internationalen Wasserverband »International Water Resources Association« am Telefon, »nur größer, viel größer. Riesig. Wie riesige, gerippte Kondome«.

Die Verbindung war nicht sonderlich gut. »Entschuldigung, wie war das?«, fragte ich. »Gerippte was?«

»Kondome. Sie wissen schon ...«

»Ja – und warum sind diese Dinger gerippt?«

Er klang ungeduldig. »Wasserdynamik, ist doch klar. Warum haben Fische Schuppen? Wären sie nicht perfekt stromlinienförmig, würden sie beim Hinundherschwimmen durchs Wasser unglaubliche Mengen Energie verschwenden.«

»Gut. Und wie groß sind diese Riesenkondome?«

Er lachte. »Normalerweise 650 Meter lang und stellenweise 150 Meter breit. Wissen Sie, wie lang 650 Meter sind? Fast sieben Fußballfelder ... Ihr Tiefgang beträgt ungefähr 22 Meter. Sie können bei jedem Mal eindreiviertel Millionen Kubikmeter Süßwasser transportieren. Das ist eine *ganze Menge* Wasser, eindreiviertel Millionen Tonnen von dem Zeug ... Aber fragen Sie doch mal Jim Cran danach. Er ist derjenige, der die ganze Idee vorangetrieben hat.«

Mit den »Kondomen«, von denen er sprach, meinte er die moderne Variante einer alten Idee. Gegen Ende des Zweiten Weltkriegs kamen bereits primitivere Miniausführungen dieser Behälter zum Einsatz; man nahm einfach riesengroße Kautschuksäcke, in die man den Treibstoff für die Luftwaffe füllte, um ihn in einer hoch riskanten Aktion durch den Ozean dorthin zu ziehen, wo er benötigt wurde. Die Schlepper, die zum Ziehen der Säcke eingesetzt wurden, hinterließen eine schwächere Sonarspur als andere Transportfahrzeuge und waren somit weniger der Gefahr eines Angriffs ausgesetzt. Der Sack selbst war mit Sonar- oder Radargeräten praktisch nicht zu orten, da sich seine Dichte kaum von der des Meerwassers unterschied.

Nach dem Krieg kam ein europäisches Konsortium auf die Idee, dieses Verfahren für Süßwassertransporte zu verwenden. Doch zunächst war die modernisierte Variante alles andere als »aquadynamisch« – der Sack erinnerte eher an eine Gattung aus der Familie der Seeschlangen. Beim Ziehen durchs Wasser schlug er hierhin und dorthin und hinterließ eine riesige Kielwasserspur.

Jim Cran, der unabhängig vom europäischen Konsortium etwa zur gleichen Zeit an diesem Vorhaben arbeitete, nannte seine Modelle »Medusensäcke«. Sie erinnerten eher an Quallen, die ruhig und friedlich durchs Wasser gleiten. Das Problem war jedoch die Fertigung – Säcke in dieser Größenordnung waren noch nie hergestellt worden.

»Jedenfalls«, sagte er, als ich ihn schließlich im Büro der »Medusa Corporation« in Calgary anrief, »sind sie nicht gerippt, sondern mit Riemen versehen. Ursprünglich planten wir einen einfachen großen Sack aus hoch dehnbarem Polyester mit einem schmiegsamen PVC-Mantel auf beiden Seiten. Wir entwickelten einen Prototyp mit einem Fassungsvermögen von 5000 Tonnen und machten vor Vancouver einen Probelauf; prompt riss der Schlepper beim Anziehen das Vorderteil weg. Also überarbeiteten wir unseren Entwurf und brachten alle paar Zentimeter Textilriemen an, um die Zugkraft in der Längsrichtung zu verteilen. Danach entwickelten wir ein Zehn-Meter-Latexmodell – Riesenkondome in der Tat – und fanden etwas sehr Interessantes heraus. Als wir es durchs Wasser zogen, wurde es von den Wellenbewegungen in keiner Weise beeinträchtigt. Die Bewegungen setzten sich durch den Sack hindurch einfach fort, bis in den Inhalt hinein – er war am Ende wie das Meerwasser selbst, mit fast der gleichen Dichte. Das war fabelhaft: Medusa würde durch die eigene Fracht getragen.«

Die Idee war Cran nach einem Besuch bei Freunden in San Francisco gekommen, während einer der kalifornischen Dürreperioden. »Nach dem Abendessen ging ich rauf ins Badezimmer. ›Nicht die Toilettenspülung benutzen!‹, hieß es. Es gab nicht genug Wasser. Nicht genug Wasser in einer Stadt wie San Francisco!«

Cran hatte als Ingenieur auf Albertas Ölfeldern angefangen, doch als für die Branche harte Zeiten anbrachen, wechselte er in die Software-Entwicklung. »Kalkulationstabellen und andere Sachen. Auf diesem Weg wurde ich zum Spezialisten in der Projektplanung. Ich hatte zwar die Software, aber noch nicht die Projekte dazu. Also musste ich technische Verfahren erfinden, um Projekte zu entwickeln, die zu meiner Software passten. Als Erstes schwebte mir ein Sack vor, der in etwa die Form eines Eishockeypucks hatte, klein, ungefähr 400 Kubikmeter, der sehr langsam gezogen wird. Dieses erste Vorhaben entwickelte ich immer weiter bis zu unserem jetzigen Modell, Säcke mit einer Mindestkapazität von 100 000 Tonnen, die wir wahrscheinlich bis zu einer Million oder eineinhalb Millionen Tonnen weiterentwickeln werden. Das wird sich noch zeigen. Der spezifische Gravitationsunterschied zwischen Süßwasser und Salzwasser reicht aus, um den Sack an der Oberfläche zu halten; der Gravitationsunterschied beträgt 2,5 Prozent, was uns zwei Fuß Spielraum für die Säcke unter Druck gibt, äußerst stromlinienförmig und mit niedriger Verformungsrate.« Er gab mir die gleichen Angaben, die ich schon einmal gehört hatte: Länge 650 Meter, Breite 150 Meter, Tiefgang 22 Meter.

»Wir benutzen ganz gewöhnliche Schlepper, die sehr langsam vorwärtskommen, mit nur 2 Knoten – eine Geschwindigkeit, die, wie Wasserbauingenieure herausgefunden haben, zum Wassertransport auch durch Kanäle optimal ist. Das Verhältnis zwischen Volumen und Fläche ist bei unseren Säcken sehr groß. Damit ist der Energieverbrauch pro Bewegungskilometer sehr niedrig.«

Cran unterbreitete seine Idee dem städtischen Wasserverband in Los Angeles (»Metropolitan Water District«, MWD). »Die haben sich totgelacht,« sagte er. Doch nachdem in letzter Zeit im amerikanischen Westen immer wieder unüberhörbar auf die Wasserverknappung aufmerksam gemacht wurde, gab es auch einige vorausschauende Wassergesellschaften, die neue Wasserressourcen sichern wollten. Dem Gouverneur von Alaska, Walter Hickle, schwebte zum Beispiel vor, den Copper River anzuzapfen und das Wasser über eine Unterwasser-Pipeline nach Kalifornien zu pumpen. Niemand lachte darüber, auch wenn am Ende die veranschlagten Kosten von 100 Milliarden den ganzen Plan in Luft auflösten. Das Wasser allein würde 3000 Dollar pro acre-foot kosten, 2,43 Dollar pro Kubikmeter. Für diesen Preis gibt es bereits entsalztes Wasser, und auch Cran konnte zu einem Bruchteil dieses Preises liefern.

Andere Wasserversorger mit ähnlichen Ideen hatten unterdessen Gespräche mit potentiellen Käufern im Nahen Osten aufgenommen. »Man weiß es zwar kaum«, sagte mir einer von ihnen, »aber es gibt eine Ecke in Oman, bei Salaleh im Süden, die von Monsunregenfällen regelrecht überschwemmt wird. Eine Schande, dieses Wasser einfach verloren gehen zu lassen. Warum also nicht dieses Sackverfahren anwenden und es dorthin schleppen, wo es gebraucht wird?«

Nachdem er in Kalifornien mit seiner Idee abgeblitzt war, konnte Cran über Beziehungen Kontakte zu Israel und Shimon Peres knüpfen, einem Mann, der gerne Nägel mit Köpfen macht. »Ich glaube, Peres sah darin eine Chance, Israel und die Türkei zusammenzubringen, und daher war er an der Idee interessiert. Warum sollte Israel, das dringend Wasser brauchte, sein Wasser nicht aus der Türkei bekommen, die reichlich davon hatte? Jeder wusste, dass die Levante – Israel, Jordanien, Teile Libanons, Gaza und Sinai – dringend Wasser benötigt, und dass die Türkei ungefähr so viel Wasser wie Schottland hat, sehr sauberes Wasser, das zum großen Teil in den Bergen entspringt. So entstand auch die Idee zum Manavgat-River-Projekt.«

1989 arrangierte Cran für die israelische Wasserkommission einen Besuch in der Türkei. »Es gab dort herrlich viel Wasser, im Manavgat und in zwei riesigen Seen in den Bergen. Weiter unterhalb leitet die Stadt Manavgat zwar ihr Abwasser ungeklärt in den Fluss ein, doch bis dahin ist das Wasser überaus sauber. Stromaufwärts gibt es auch keine Landwirtschaft, die das Süßwasser gefährden könnte.« Die israelische Wasseragentur »Tahal« führte eine Studie zur Wassersituation in der Türkei durch und stufte diese als sicher und stabil ein.

Israel bat die Türkei um eine Absichtserklärung – irgendeinen Beweis über die ernsthafte Absicht, Wasser nach Israel schicken zu wollen. Doch die Erklärung kam nie. Es war wohl so, dass der libysche Oberst Gaddafi von der Sache Wind bekommen und sie untergraben hatte, denn zur gleichen Zeit arbeiteten alle möglichen türkischen Tiefbaufirmen auch am libyschen Projekt »Großer Fluss von Menschenhand«. Gaddafi weigerte sich hartnäckig, diese Firmen zu bezahlen, nicht einen einzigen Cent wollte er bezahlen, bis es eine türkische Garantie geben würde, dass kein Wasser nach Israel oder sonst irgendwohin geschickt würde, ohne gleichzeitig einen Friedensplan für die gesamte Region ausgehandelt zu haben. Die Türkei gab nach – halbwegs jedenfalls.

Über diesen Vorfall weiß auch Cran zu erzählen: »Okay, sagten sie, wir werden bis auf weiteres kein Wasser an Israel schicken, aber es kann uns kein Mensch davon abhalten, schon mal ein Verladeterminal am Manavgat zu bauen, von dem aus dann das Wasser verschickt wird, wenn es einmal so weit ist.« Für Cran war das Verladeterminal ein einziger Witz. »Nach letzten Informationen hat es rund 120 Millionen Dollar gekostet. Mit dem Bau wurde die DSI beauftragt, die staatliche Wasserbehörde der Türkei und gleichzeitig die weltweit größte Baufirma von Staudämmen und Bewässerungsanlagen. Man fing an, ein Terminal für Supertanker zu bauen, obwohl noch keiner die Kosten für einen Wassertransport via Tankschiff errechnet hatte und es zunächst weder Kunden noch Zulieferer gab. Zudem wurde auch nirgends ein Entladeterminal gebaut, in Israel nicht und auch sonst nirgendwo. Hinzu kam, dass das türkische Terminal für die Verschiffung von 180 Millionen Kubikmetern Wasser pro Jahr konzipiert wurde (für 90 Millionen geklärtes Wasser und 90 Millionen Ballast); Israel aber, sofern es denn je Abnehmer sein würde, war an einer Jahresmenge von 250 bis 400 Millionen Kubikmetern Wasser interessiert. Das Potenzial des Terminals lag damit also weit unter der etwaigen Bestellmenge. Langfristig liegt der Bedarf Israels sogar bei 800 bis 1000 Millionen Kubikmetern. Das Terminal ist also bloß ein Spielzeug für Wasserbauer.«

Einige Zeit später kam es am Rande einer Konferenz in den Vereinigten Staaten zu einem Treffen zwischen Peres und dem türkischen Außenminister. Die Verhandlungen kamen wieder zögerlich in Gang. Der türkische Präsident besuchte Jerusalem und erklärte, sein Land könnte über das Verladeterminal Wasser liefern, und zwar zum Preis von 1 Dollar pro Kubikmeter. »Das war absurd. Die Israelis hatten 25 Cents erwartet, allerhöchstens. Medusa kann das Wasser für 20 bis 25 Cents pro Kubikmeter liefern –Transportkosten etwa 10 bis 15 Cents, der Rest fürs Verladen und Entladen. Die ganze Sache war tatsächlich nur ein Prestigeobjekt für türkische Wasserbauingenieure.«

Die Israelis fühlten sich damals trotz der hohen Kosten zwar versucht nachzugeben, sagten aber schließlich doch nein, denn eigentlich wollten sie sich in Sachen Wasser nicht von anderen abhängig machen.

Ein Morgen im April 1998: Ein Jumbo-Jet der Japan Airlines in Osaka hebt ab und nimmt Kurs auf Cambridge Bay in den kanadischen Northwest Territories, wo er einen einfachen, kleinen Behelfsflugplatz ansteuert, auf dem noch nie zuvor ein Jumbo gelandet war. Das Flugzeug ist leer, bis auf ein paar Ingenieure und eine Reihe merkwürdiger großer Krompressoren. Für den Rückflug werden Gletschereisbrocken als Nutzlast geladen. Das Flugzeug wurde von einem japanischen Sake-Hersteller angemietet, und das Eis – reines Gletschereis, unverfälscht und naturbelassen – sollte als Marketingaufhänger den Absatz der neuen Branntweinmarke »Arctic Pure« fördern. Der Preis von einem Dollar pro Kubikmeter spielte keine Rolle – der Branntwein würde weit mehr als einen Dollar pro Liter einbringen.

Einen Monat später machte sich ein kleines Reiseunternehmen auf der anderen Seite des Kontinents daran, aus dem »letzten der naturreinen Flüsse« Profit zu schlagen, aus dem unverfälschten und wunderschönen Feather River in Labrador in einer der wenigen Gegenden der Erde, die noch nicht dem Raubbau durch den Menschen ausgesetzt waren. Dass die Reisegesellschaft Touristen per Hubschrauber in die Gegend einfliegen lässt, die dann auf Motorbooten den Fluss befahren und die fabelhafte Reinheit des Flusswassers erleben, ist dabei ein seltsamer Antagonismus. Es gab auch Pläne, das Flusswasser abzufüllen und an Restaurants der westlichen Welt zu verkaufen. Beide Vorhaben – Gletschereis nach Japan zu verschicken und Wasser aus dem Feather River abzufüllen – sind zwei sehr schöne Beispiele für die westliche Art der Lösung von Wasserproblemen nach dem Motto: »Wenn's dort, wo du bist, kein Wasser gibt, schaff es dir eben herbei.«

Jim Crans Medusa-Säcke und Alaskas Pläne, Wasser nach Kalifornien zu pumpen, spiegeln diese Einstellung lediglich in vergrößerter Dimension wider.

Es gibt zahlreiche weitere Beispiele für derlei Großprojekte: In St. Johns in Neufundland und entlang der Küste Alaskas diskutiert man zum Beispiel immer mal wieder darüber, Eisberge mit dem Lasso einzufangen, nach Süden zu ziehen und, bevor sie zu schmelzen beginnen, in Stücke zu hauen, damit sie in Tanklastwagen verladen werden können (das war zumindest ökonomisch gedacht: Das Wasser würde ja ohnehin schmelzen, warum soll man es also nicht dort schmelzen lassen, wo es sinnvoll ist?); ähnlich unsinnig waren die mittlerweile fallen gelassenen russischen Projekte, wonach die nach Norden ins Polarmeer mündenden Flüsse wie Ob oder Lena nach Süden umgelenkt werden sollten, entweder über das Uralgebirge ins Wolgabecken oder in Richtung Aralsee; oder die noch weitaus gigantischeren Projekte in Nordamerika: Mit dem GRAND-Kanalprojekt soll das Wasser aus der kanadischen James Bay ins Becken der Großen Seen abgeleitet werden; das NAWAPA-Projekt sieht die Umleitung eines immensen Wasservolumens von British Columbia in praktisch alle Regionen der Vereinigten Staaten vor, einschließlich des Great-Lakes-Beckens, des Mississippi-Beckens und sogar bis nach Kalifornien; oder der chinesische Drei-Schluchten-Staudamm, das letzte noch im Bau befindliche Großprojekt, das Wasser nach Beijing befördern soll, wo besonders großer Wassermangel herrscht, und so weiter.

Flussumleitungsprojekte werden nach wie vor gebaut werden – in manchen Fällen auch, weil es einfach keine andere Wahl gibt. Wie beispielsweise am Okavango, auf den zu Beginn des Buches eingegangen wurde – *irgendwoher* muss das Wasser schließlich kommen. Doch die Tage der gigantischen Großprojekte sind endgültig vorüber, denn in Amerika und im westlichen Europa gibt es kaum mehr akzeptable Standorte für derlei Staudamm- und Flussumleitungsprojekte. Dass es überall nur noch sehr wenige Orte gibt, die eine Erschließung lohnend erscheinen lassen, ist mithin ein Zeichen, dass die Wasserkrise Realität ist: Die Wassernachfrage nahm und nimmt stetig zu und wird sich in den nächsten Jahrzehnten noch verdoppeln, hingegen wird es immer schwieriger, neue Wasserressourcen zu finden.

Es gibt aber auch Leute, die noch immer daran festhalten, dass sich alles zum Guten wenden wird, dass es keine Wasserkatastrophe geben wird. Das ist zwar die Meinung von ein paar wenigen Optimisten, doch derlei Frohnaturen finden sich auch in hydrologischen Fachkreisen. So glaubt beispielsweise der spanische Hydrologe M.R. Llamas, dass ein Teil der Schwarzmalerei und Krisenvorhersagen eher mit Unwissen als mit der tatsächlichen Überbeanspruchung der Ressourcen zu tun hat:

> Wir wissen zum Beispiel, dass die Grundwasserspiegel vielerorts sinken. Doch wir wissen nichts über die Kreisläufe. Vielleicht dauern ja die natürlichen Kreisläufe der Wiederauffüllung viel länger, als wir annehmen, und dementsprechend sind diese Überbeanspruchungen, die wir heute erleben, nur eine vorübergehende Erscheinung. Es handelt sich also um, wie ich sie nenne, »Hydromythen«, Ammenwassermärchen. Ein Hydromythos ist zum Beispiel, dass die Grundwasservorräte empfindlich sind und daher nicht erschlossen werden sollten. Aber es trifft nicht immer zu, dass ein sinkender Grundwasserspiegel ein Zeichen dafür ist, dass etwas nicht stimmt. Denken Sie an Landabsenkungen: Dem Boden wird Wasser entzogen, was zu einem Bodenkollaps führt. Stimmt. Doch ist das wirklich das Problem, das wir haben kom-

> men sehen? Mexico City ist an manchen Stellen um 15 Meter gesunken, Bauten wurden dabei beschädigt, doch ist das wirklich das große Verhängnis, das uns prophezeit wurde? Im Central Valley in Kalifornien ist das Land in fünfzig Jahren um 10 Meter gesunken – ohne Katastrophe. Die Menschen haben sich einfach angepasst. Der eigentliche Hydromythos ist der, dass alle anthropogenen Einflussnahmen ungut sind.

Llamas trug seine Ausführungen der versammelten Zuhörerschaft auf einer UNESCO-Konferenz in Paris vor und erntete eisige Stille. Doch das berührte ihn keineswegs.

> Sehen Sie mal, die Wassernutzung der Saudis übersteigt die jährliche Wiederauffüllrate um 20 Kubikkilometer. Aber warum sollte es richtig sein, ihnen zu erzählen, das Wasser heute nicht zu nutzen, nur weil sie in 200 Jahren vielleicht kein Wasser mehr haben könnten? Vielleicht haben wir aber bis dahin andere Lösungen gefunden. Und warum sollte die Generation heute leiden müssen, nur wegen eines unbewiesenen und angenommenen möglichen Leids in ferner Zukunft? Wenn der Sudan sein eigenes Wasser heute nutzt, ist das denn ein casus belli? Warum sollte das Land sein eigenes Wasser nicht nutzen dürfen? Spanien ist das trockenste Land Europas, also werden wir in Spanien sicher den Boden nachhaltig bewirtschaften. Aber warum sollte uns dies das Recht geben, China zu sagen, was es zu tun hat? Ich kenne keinen Ort, wo die Überbeanspruchung eine Katastrophe herbeigeführt hätte. Katastrophen spielen sich immer irgendwo in der Zukunft ab.

Doch wie gesagt, das ist die Ansicht einer Minderheit, die von ein paar wenigen Hydrologen geteilt wird. Viele Hydrologen sind der Ansicht, dass es nur drei Möglichkeiten gibt, mit der drohenden Wasserkrise umzugehen. Erstens: Man »gewinnt« es aus Meerwasser oder schafft es sich über Tiefbauprojekte oder Ableitungskanäle von irgendwoher herbei, so wie in Kalifornien oder Nordamerika, so wie es das Medusa-Projekt versucht oder auch Özals Friedenspipeline. Zweitens: geringerer Wasserbrauch durch neue Technologien, angepasste Preispolitik, vernünftige Wasserwirtschaft und Erhaltung der Ressourcen. Drittens: gleicher Wasserverbrauch bei weniger Bevölkerung (das heißt, die Krise durch rigorose Drosselung der Bevölkerungswachstumsrate zu bekämpfen). Eine vierte Möglichkeit wäre natürlich Wasserdiebstahl.

***Überlebensstrategie 1:** Brauchst du mehr Wasser, beschaff es dir. Das heißt, Wasser von dort zu importieren, wo es überreichlich vorhanden ist, oder aber Süßwasser selbst zu produzieren.*

Gibt es denn wirklich einen Bedarf an dem Wasser, das mit riesigem Aufwand von A nach B transportiert werden soll?

Es gibt drei Hauptabsatzmärkte für Süßwasser: der Landwirtschaftssektor, der sich im Allgemeinen einen Wasserpreis von mehr als 10 Cents pro Kubikmeter nicht leisten kann; der Kommunalsektor, der 50 Cents pro Kubikmeter oder auch mehr aufbringen kann (Kalifornien zahlt rund 350 Dollar pro acre-foot, etwa 30 Cents pro Tonne); und schließlich der private Sektor, die zahllosen Haushalte, die Flaschenwasser abnehmen, für die der Wasserpreis als solcher nebensächlich ist – verkauft werden im Grunde Behältnis und Zulieferung. Für Jim Cran ist der wichtigste Absatzmarkt der kommunale Sektor, sein Hauptkonkurrent ist die Entsalzungsindustrie.

»Ich schätze, wir brauchen einen Ein-Drittel-Preisvorteil gegenüber den Entsalzungsunternehmen. Nach unseren Zahlen können wir das schaffen. Klar, wir können hauptsächlich nur Küstenstädte beliefern. Aber das ist okay. Die Entsalzungsindustrie kann auch nichts anderes. Es sind echte Umverteilungen möglich. Wenn wir beispielsweise das Wasser nach Tel Aviv liefern, müsste Tel Aviv das Jordanwasser nicht aus der Landwirtschaft abziehen, um es in die Stadt zu leiten.

Sehen wir es doch mal so: Es gibt auf der Welt drei Orte, wo gewaltige Wassermassen über weit verzweigte Kanalsysteme verschoben werden: in Israel, in Kalifornien über das komplexe »National Water Carrier«-System und in Libyen über den

»Großen Fluss von Menschenhand«. Alle drei Systeme befördern Wasser aus dem Landesinneren an die Küste. Das ist lächerlich! Warum lässt Kalifornien das Wasser nicht einfach dort, wo es ist, anstatt es über hohe Gebirgszüge hinweg zu pumpen, um es dann quer durch die Wüste bis nach L. A. zu schaffen, und nutzt stattdessen in der Küstenregion Medusa-Wasser? Auch die Stadt Las Vegas könnte einer unserer potenziellen Kunden sein. Las Vegas will Colorado-Wasser, das derzeit aber Los Angeles zugeteilt ist. Warum also kauft die Stadt nicht einfach unser Wasser, »schenkt« Los Angeles stattdessen das Colorado-Wasser und trägt somit zum Erhalt des Flusses bei? Und dann dieser ganze rechtliche und politische Sumpf! Im Prinzip wäre es kein Problem für mich, das Wasser vom Sacramento-Delta nach Los Angeles zu verschiffen, aber ein bürokratischer Alptraum sondergleichen! Eine der letzten Amtshandlungen von Jimmy Carter war es nämlich, alle Flüsse im nördlichen Kalifornien und Oregon als »ursprünglich und naturschön« zu erklären, was bedeutete, dass niemand mehr befugt war, auf die Flüsse in irgendeiner Weise einzuwirken.«

Aber auch andernorts auf der Welt könnte der Transport von Süßwasser mit Wassersäcken ganz nützlich sein, wie etwa in Singapur. Singapur hat kein eigenes Wasser und ist völlig auf die Gunst Malaysias angewiesen. Singapur war einst aus der Föderation Malaysia ausgetreten. Seit dieser Zeit kommt die Hälfte seines Wassers über nur eine einzige Wasserleitung aus Malaysia – eine akzeptable Situation, so lange die Beziehungen beider Länder gut sind. Doch als Malaysia Ende 1998 eine wirtschaftliche Rezessionsphase durchlitt, trat der Unmut gegen die unbeschwert lebenden Singapurer zutage. Das Wasser war dabei wie immer die stärkste Waffe, die die Malayen in der Hand hielten. 1998 gab Singapur schließlich die erste von drei geplanten Entsalzungsanlagen in Auftrag. Zusätzlich könnten Wassersäcke, die über indonesische Flüsse verschifft werden, das politische Risiko mindern und die Wasserversorgung unterstützen.

Auch in Indien könnten die Wassersäcke zur Lösung des Konflikts um den Cauvery beitragen, denn mit Hilfe der Säcke könnte das Wasser aus dem wasserreichen Norden entlang der Küste bis hinunter nach Madras (Tamil Nadu) gebracht werden, was gleichzeitig Wasser für die Bauern im Binnenland freisetzen würde.

Neben dem Einsatz von Säcken gab es eine ganze Reihe weiterer Ideen zum Wassertransport über die Ozeane. So befasste sich ein Unternehmen mit der Möglichkeit, ausgediente Öltanker für den Wassertransport zum Einsatz zu bringen. Hunderte von einwandigen Tankern, die von heute auf morgen ausrangiert wurden, weil sie zum Öltransport nicht mehr zugelassen waren, rosten in den Häfen der Welt vor sich hin. Als Ende der achtziger Jahre der Ölmarkt zusammenbrach, versuchten die Speditionen, Wassermärkte aufzutun, damals allerdings vergeblich. Hinzu kommt, dass die Reinigungskosten pro Schiff auf 5 Millionen Dollar taxiert wurden. Schließlich will niemand Benzin im Trinkwasser haben.

Auch der Vorschlag, Eisberge ins Schlepptau zu nehmen und sie dorthin zu schleppen, wo das Wasser gebraucht wird, wurde tatsächlich ernsthaft geprüft. Zu den Befürwortern dieser Idee gehörte auch der saudische Prinz Mohammed Al Faisal, der eine Studie finanzierte, die sich mit der Durchführbarkeit des Transports von Gletschereisbergen nach Mekka befasste. Eine Forschungsgruppe ließ einen Eisblock um die San-Francisco-Bay schleppen und kam zu dem Ergebnis, dass kein Eisberg je den Äquator passieren könnte.

Selbst wenn ein Transport möglich wäre, bliebe noch die Frage, wie man am Zielort das Wasser aus dem Eisberg »gewinnen« könnte. Jim Cran meint, dass »ein paar Leute von oben das Eis in Schichten abtragen müssten, und allein diese Kosten von rund 9 Dollar pro Tonne sind verglichen mit der Entsalzung viel zu hoch. Darüber hinaus wird kein Eisberg je den Persischen Golf erreichen. Eisberge sind viel zu tiefgängig.«

Kein Buch über Wasser, ohne Samuel Taylor Coleridge und seine berühmte Ballade vom alten Seefahrer, »Rime of the Ancient Mariner«. Darin gibt es folgende berühmte Textstelle: »Wasser, Wasser überall, und doch kein Tropfen zu trinken.« Der alte Seefahrer, ein schwermütiger Reisender, beklagt an dieser Stelle sein Los und erzählt, wie er auf einem vom Sturm abgetriebenen Schiff dahinvegetiert und nichts als Wasser sehen kann, Wasser so weit das Auge reicht, aber kein Trinkwasser. Eine Erfindung von Bowie Keefer macht uns heute derlei düstere Vorstellungen vergessen: Er entwickelte ein Gerät, das einen schiffbrüchigen Seefahrer in die Lage versetzt, salziges Meerwasser gefahrlos trinken zu können.

Keefer hatte seine wissenschaftliche Laufbahn am »British Columbia Research Council« begonnen und arbeitete später eine Zeit lang bei der kanadischen Armee in Sinai, wo er sein Interesse für Wasserentsalzungsverfahren entdeckte. In den achtziger Jahren experimentierte er zunächst mit den verschiedensten Filtertechniken und beschäftigte sich dabei auch mit einem bestimmten Wasserreinigungsverfahren, der so genannten »Umkehrosmose«. Er entwickelte eine Methode zur Rückgewinnung eines Teils der Energie, die in der Restsalzlauge aus dem ersten Filtrationsdurchlauf noch vorhanden ist, und machte es damit möglich, das Wasser weiter zu klären. Sein kleinstes Gerät – so klein, dass es in eine Hosentasche passt – produziert mit menschlicher Energie rund einen Liter Wasser pro Stunde, mehr als genug, um damit die Not des alten Seefahrers zu beheben. Das nächstgrößere Modell kann bei manueller Bedienung rund 5 Liter Wasser pro Stunde erzeugen, mit 12 Volt betrieben bis zu 150 Liter am Tag, genug, um damit die Mannschaft auf einer mittelgroßen Yacht zu versorgen.

Jim Cran, der früher mit Keefer zusammengearbeitet hatte, gehört zu dessen Bewunderern. »Mit diesem Ding braucht jemand auf einem Rettungsfloß einfach nur einen Schlauch ins Meer zu tauchen, am Knauf des Geräts zu drücken und hat nach ungefähr 15 Minuten so viel trinkbares Süßwasser, wie in ein Glas passt.« Keefer weiß, dass sein Gerät schon Menschenleben gerettet hat. Ein älteres Paar erlitt vor einigen Jahren Schiffbruch; hilflos trieben die beiden auf einem Rettungsfloß auf dem Meer und überlebten 45 Tage lang, weil sie sich Wasser mit Hilfe eines Keefer-Geräts aufbereiten konnten.

Keefer verkaufte die Rechte an diesen Modellen später an das Pumpunternehmen »Recovery Engineering« in Minnesota.

Die Gewinnung von Süßwasser aus Meerwasser – insbesondere die Herstellung von neuem Süßwasser durch die Entsalzung von Meerwasser – ist derzeit das technologische Verfahren, das am meisten auf eine Lösung der bevorstehenden Wasserkrise hoffen lässt. 97 Prozent des Wassers der Erde sind Salzwasser und eigentlich sind 96,5 Prozent dieses Wassers nichts weiter als Süßwasser in veränderter Form, denn lediglich die verbleibenden 3,5 Prozent an gelöster Substanz machen das Wasser für den Menschen ungenießbar. Man müsste sich also nur dieser Substanzen entledigen und könnte es trinken oder zur Bewässerung von Pflanzen verwenden.

Amikam Nachmani bezeichnet in einem Aufsatz mit dem Titel »Wasserunruhe im Nahen Osten« die Entsalzung als »die einzig realistische Hoffnung« im Umgang mit der Süßwasserverknappung:

> Tatsache ist und bleibt, dass der Wasserbedarf im Nahen Osten in den letzten Jahren beträchtlich angestiegen ist. Die Neuordnung der politischen Verhältnisse in Kuwait, im Libanon und Irak und der Zustrom von Einwanderern nach Israel sind nur ein paar Ereignisse von vielen, die eine Art Marshall-Plan für das Wasser des Nahen Ostens dringend erforderlich machen. Aber stellt die Entsalzung eine zweckmäßige Lösung dar? Israel sieht in der Entsalzungstechnologie den einzigen langfristigen Lösungsweg für wasserarme Regionen wie den Nahen Osten und hat dies im Januar 1992 auf dem multilateralen Wassergipfel im Rahmen der arabisch-israelischen Friedenskonferenz auch deutlich gemacht.
>
> Ein Entsalzungsprojekt für 10 000 Menschen ist genauso teuer wie die Anschaffung eines Panzers; für 100 000 Menschen liegen die Kosten grob gerechnet so hoch wie für einen Düsenjäger. Investitionen in die Entsalzung von Brackwasser, Meerwasser oder die Aufbereitung von Abwasser (für die Landwirtschaft) kommen damit billiger als alle anderen Unternehmungen und schaffen vor allem eine Entlastung der umkämpften Süßwasserquellen.

Nachmani zitiert den Politikwissenschaftler Frank Fisher, der sagte, dass »100 Millionen Kubikmeter Wasser – der Zankapfel zwischen Israel und seinen Nachbarn – einen Krieg nicht lohnen: Ein Tag

Krieg kostet 100 Millionen Dollar, so viel wie die Entsalzung von 100 Millionen Kubikmetern Wasser«. Ähnlich äußert sich auch Nachmani: »Die Umleitung von Wasser von da nach dort ist wesentlich teurer als die Entwicklung neuer Technologien für die billigere Entsalzung. Darüber hinaus schaffen Entsalzungsanlagen ein gewisses Gefühl der Sicherheit, denn sie sind jeweils staatliches Eigentum und befinden sich innerhalb der Landesgrenzen.«[1]

Weltweit sind bereits mehr als 7500 Entsalzungsanlagen in Betrieb, darunter auch einige ganz kleine (nicht eingerechnet die nach der Keefer-Technologie entwickelten Geräte, die heute auf allen Rettungsbooten der US-Marine installiert sind). Zwei Drittel davon konzentrieren sich auf die Länder im Nahen Osten, 26 Prozent allein auf Saudi-Arabien. Die weltweit größte Anlage in Saudi-Arabien erzeugt Tag für Tag 485 Millionen Liter entsalztes Wasser; in Saudi-Arabien sowie in anderen Ländern mit reichen Ölvorkommen ist das entsalzte Wasser zum gößten Teil für den einheimischen Verbrauch bestimmt. Dan Zaslavsky, der in Israel die Wasserversorgung beaufsichtigt, schätzt, dass es rund 2,5 Milliarden Dollar kosten würde, die Menge Wasser zu entsalzen, die notwendig wäre, um das Reizthema Wasser in der Politik der Nahost-Region auszumerzen. Nur etwa 12 Prozent der weltweiten Entsalzungskapazitäten entfallen auf den amerikanischen Kontinent. Bis zum Bau der Yuma-Anlage, die entsalztes Wasser an Mexiko liefert, fanden sich die meisten amerikanischen Anlagen in den Inselstaaten der Karibik und in Florida. In der Vergangenheit hatte Kalifornien Entsalzungsprojekte abgelehnt, da das subventionierte Wasser den Bau von Entsalzungsanlagen unrentabel machte. Doch die anhaltenden Dürreperioden und die Überbeanspruchung des Grundwassers ließen die Sorge um die Wassersicherheit steigen; mittlerweile sprießen in ganz Kalifornien Entsalzungsanlagen aus dem Boden.

Die weltweite Entsalzungskapazität ist allerdings nach wie vor ziemlich gering. Gerade mal groß genug, um, wie Bowie Keefer es formuliert, die Wassermenge eines kleineren Flusses bereitzustellen. »Steigert man aber die Energieeffizienz bis zum Äußersten, dann ergeben sich ungeahnte Möglichkeiten. Um entsalztes Wasser zu produzieren, das mengenmäßig einem mittleren Fluss entspricht, müsste man Milliarden von Dollar ausgeben. Doch«, fährt er in Übereinstimmung mit Nachmani und Zaslavsky fort, »schaut man sich die Kosten für militärisches Kriegsgerät an, sind diese Kosten durchaus tragbar.«

Wie viele andere, so glaubt auch Keefer, dass die Entsalzungstechnik die einzige Hoffnung auf eine Lösung bietet:

> Sehen wir's mal so: Würde man Kalifornien sagen wir mal nach Mauretanien verpflanzen, wo es kein Wasser gibt, und würde man dann einfach sagen, okay, machen wir mit dem kalifornischen Lebensstil weiter wie gehabt, nur mit entsalztem Wasser anstatt mit Coloradowasser, könnte man sogar eine ziemlich fortschrittliche Wirtschaft am Laufen halten. Der Nachteil dabei wäre, dass die Kosten der Nahrungsmittelproduktion im neuen mauretanischen Kalifornien doppelt so hoch lägen wie die derzeitigen Weltmarktpreise. Die Farmer könnten ihre Erzeugnisse also nicht mehr verkaufen. Und so ist es immer noch billiger, Getreide in Manitoba anzubauen. Aber hier wird das Potential deutlich. Dieses Potential könnte zur Urbarmachung von Wüsten genutzt werden, weltweit und kostengünstig.

Ich dachte gerade über die Wirtschaftlichkeit der Entsalzung nach, als mir eine Diskussion vom vergangenen Frühjahr in Paris wieder einfiel.

»In der Wasserpolitik wird ein feinfühliges Zukunftsgespür verlangt«, hatte Uri Shamir in die kleine Runde von Hydrologen eingeworfen. Auch er hatte an jenem Morgen den Vortrag des spanischen Hydrologen Llamas gehört. Shamir war da anderer Meinung.

»Es ist nicht gut, die Versalzung unserer heutigen Wasservorräte zuzulassen mit der Begründung, dass sich die Verhältnisse morgen ändern werden,« sagte er. »Das setzt zwar voraus, dass sich die Dinge morgen ändern *können*. Doch das muss sich erst noch erweisen, kann aber nicht erwiesen werden, bevor *morgen* nicht da ist. Können die Huleh-Sümpfe wiederhergestellt werden? Wissen wir nicht. Kann ein versalzter Grundwasserleiter wieder in einen gesunden Zustand gebracht werden? Wissen wir nicht. Es hat ja auch noch nie jemand gemacht. Insofern ist es nur dann vertretbar, etwas zu ruinieren, wenn man auch genau weiß, dass es wieder instand gesetzt werden kann. Andernfalls sollte man die Finger davon lassen.«

Ich erinnerte ihn an die Auffassung, dass man sich doch auf die Technologie zur Lösung der künftigen Probleme verlassen könnte.

»Das ist doch kein Argument! Wenn etwas repariert werden kann, wird es repariert werden; wenn nicht, dann nicht. Was ist das denn für ein Argument?«

Entsalzung jedenfalls ist technisch möglich, eine erwiesene Technologie. Die wohl faszinierendste Idee, Entsalzung zur Lösung von Wasserversorgungsproblemen einzusetzen, kam ursprünglich von Walter Clay Loudermilk, einem Amerikaner, und wurde später von den Jordaniern aufgegriffen – der Red-Dead-Canal. Jordanische Tiefbauingenieure sind der Meinung, dass über den Kanal entsalztes Wasser in ausreichenden Mengen nach Jordanien transportiert werden könnte, um dort die Versorgungsprobleme zu lösen. Gleichzeitig würde Israel damit in der Lage sein, seine »Wasserschulden« – wie es die Jordanier nennen – gegenüber Palästina, Jordanien und Syrien begleichen zu können. Jordaniens Analysen wurden in Israel zwar skeptisch aufgenommen, aber nie offen zurückgewiesen. Israel hat eine ähnliche Alternative vorgebracht, den Dead-Med-Canal, der, zumindest aus israelischer Sicht, mehrere Vorteile haben würde: Er würde vollkommen unter israelischer Kontrolle, kürzer und deshalb billiger sein.

Der Red-Dead-Vorschlag würde im Grunde den Jordan nach Süden hin zum Golf von Akaba verlängern. Das Wasser würde am Golf abgepumpt und entlang der israelisch-jordanischen Grenze durch das Aravatal geleitet werden. Es müsste in der Gegend um den Mount Edom über etwa 200 Meter bergauf gepumpt werden, doch von dort an würde es dem natürlichen Gefälle ins Tote Meer folgen, den tiefsten Ort der Erde.

Der Plan ließ die Wasserbauer ins Schwärmen geraten. Jedes Jahr würden rund 990 Millionen Kubikmeter Wasser im Zickzack das Tal hinabströmen, dabei schiffbare Seen und Swimmingpools schaffen und Wasserkraft erzeugen – genügend Energie, um damit die weltgrößte Entsalzungsanlage zu betreiben. Etwa 40 Prozent des ins Tal strömenden Golfwassers könnten entsalzt und als Trinkwasser gewonnen werden, die rückständige Salzlauge würde ins Tote Meer abfließen, was eine Wiederanhebung des Wasserstands auf den Pegel von 1960 zur Folge hätte, womit sich das Tourismuspotential noch stärker ausschöpfen ließe.

Zugegeben, das Vorhaben würde Milliarden verschlingen, doch ist es erst einmal gebaut, würde es sich von selbst bezahlt machen. So weit die Theorie. Wer jedoch die Kosten übernehmen soll, um das Wasser die ersten 200 Meter bergauf zu befördern, wird nicht zur Sprache gebracht, und auch die ökologischen Folgen wären zweifelsohne verhängnisvoll.

Am Ende scheinen alle Vorhaben doch immer wieder auf die Entsalzung hinauszulaufen – mit oder ohne Red-Dead-Canal.

Der verfahrenstechnische Prozess der Entsalzung, das Trennen gelöster Mineralstoffe (einschließlich, aber nicht ausschließlich Salz) von Wasser, ist nicht übermäßig kompliziert. Das (Meer-)Wasser wird über Ansaugrohre und Pipelines in einiger Entfernung von der Küste aufgenommen, zuweilen auch aus Brunnen am flachen Ufer. Die Entsalzung von Brackwasser oder auch von wiedergewonnenem (wieder aufbereitetem) städtischem Versorgungswasser ist ebenfalls möglich. Brackwasser enthält weniger Salz als Meerwasser, was das Verfahren billiger macht. Vorrichtungen gegen Verschmutzungsstoffe sowie die Verwendung von Desinfektionsmitteln sind aus Gründen der hygienischen Sicherheit in allen Abwasserentsalzungsanlagen gang und gäbe.

Eine ganze Reihe verschiedener technischer Verfahren wurde bereits entwickelt, darunter die Revers-Osmose (RO), die Destillation, die Elektrodialyse und die Vakuum-Vereisung. Bislang werden allerdings nur die RO und die Destillation als durchführbar und rentabel angesehen.

Das Grundprinzip der RO ist das gleiche wie bei Keefers kleinstem Gerät – das Salzwasser wird unter Hochdruck durch permeable Membrane oder Filter gepumpt. In einer Vorbehandlung werden größere Partikel, welche die Membrane verstopfen würden, entfernt. Das Wasser wird nun über mehrere Membranstufen gefiltert, bis es schließlich als »sauber« deklariert wird. Die Qualität des so gewonnenen Wassers hängt vom Druck, vom ursprünglichen Salzgehalt und von der Effizienz der Membrane ab. Die Membrane selbst sind das Herzstück des ganzen Verfahrens.

RO-Befürworter heben sehr gerne hervor, dass zum Betreiben ihrer Anlagen weniger Energie nötig ist als für Destillationsanlagen, dass sie weniger Korrosionsprobleme und höhere Wiedergewinnungsraten haben – um die 45 Prozent bei Meerwasser. Zudem können mit dem RO-Verfahren unerwünschte Verschmutzungsstoffe entfernt werden, wie etwa Pestizide und Bakterien; sie brauchen bei gleicher Wasserproduktionsmenge auch weniger Platz als Destillationsanlagen.

Doch auch die Destillation hat Vorteile. Die Anlagen müssen nicht so häufig wie RO-Anlagen zu Reinigungszwecken oder für Umrüstungsmaßnahmen geschlossen werden. Das Wasser muss auch nicht vorbehandelt werden, da es keine Filter gibt, die verstopfen könnten. Destillationsanlagen erzeugen auch weniger Ausschuss.

Die Destillation ist ein einfacher Vorgang: Das Wasser wird erhitzt, durch Verdampfung werden gelöste Stoffe herausgetrennt, anschließend abgekühlt und wieder verflüssigt. Wie bei der Revers-Osmose gibt es auch hier mehrere konkurrierende Verfahrenstechniken. Zu den gebräuchlichsten Methoden gehören: »Multistage Flash Distillation, MSF« (mehrstufige Blitzdestillation), »Multiple Effect Distillation, MED« (multiple Effektdestillation) sowie »Vapour Compression, VC« (Vakuumkompression). Bei der MSF-Methode wird das Wasser erhitzt und der Druck verringert, sodass das Wasser »blitzartig« zu Dampf wird. Bei der MED-Methode passiert das Wasser zunächst mehrere Verdampfungsstufen hintereinander, wobei der Dampf aus der einen Stufe das Wasser in der nächsten zur Verdampfung bringt. Im VC-Verfahren wird zunächst die Verdunstung des Rohwassers eingeleitet, danach wird der Dampf komprimiert; anschließend wird der erhitzte komprimierte Dampf als Hitzequelle zur Verdunstung von zusätzlichem Wasser verwendet. Einige Destillationsanlagen wenden auch eine Mischung dieser Verfahrenstechniken an.[2]

Nach jedem Entsalzungsprozess bleiben ungefähr ein Drittel Süßwasser (in sehr effizienten Anlagen sogar bis zu 50 Prozent) und zwei Drittel hoch salzige Rückstandslösung zurück. Das gewonnene Süßwasser ist sehr sauber. Die Menge der gelösten Salze bewegt sich zwischen 1 und 50 Teilen pro 1 Million nach der Destillation und zwischen 10 bis 500 Teilen pro 1 Million nach dem RO-Verfahren (die Normwerte für Trinkwasser liegen bei rund 500 Milligramm pro Liter, was 500 Teilen pro 1 Million entspricht). Da dieses Wasser normalerweise reiner als das meiste Trinkwasser ist, kann es vor der Abgabe mit weniger reinem Wasser gemischt werden.

Im Mai 1992 wurde eine von der kalifornischen Stadt Santa Barbara betriebene Entsalzungsanlage von Gutachtern der kalifornischen Wasserbehörden analysiert. Sie produziert täglich 6,7 Millionen Gallonen sauberes Wasser und erzeugt täglich 8,2 Millionen Gallonen Ausschusslauge mit einem Salzgehalt, der annähernd 1,8-mal höher liegt als der des Meerwassers. Zusätzliche 1,7 Millionen Gallonen Salzlauge pro Tag werden durch Filterrückstände erzeugt. Laut den Gutachtern ist das eine produzierte Tagesmenge von rund 1,7 bis 5,1 Kubikyard Festkörpern oder von ein bis zwei Lastwagenladungen pro Woche.[3]

Da die Entsalzung von Wasser sehr energieaufwendig ist, hat auch sie bisher noch keine weite Verbreitung gefunden.

»Die ganze Welt der Entsalzung ist recht tückisch«, so Jim Cran. »Eine Wirtschaftswissenschaft für sich.« Die Betriebskosten für Entsalzungsanlagen in vielen arabischen Ländern können dabei für Europa oder die Vereinigten Staaten nicht als Maßstab gelten. Die saudischen Anlagen etwa schwimmen, im wahrsten Sinne des Wortes, auf einem Meer aus Öl. Zuweilen verwenden sie auch einfach das bei der Ölproduktion abfallende Gas als Energielieferant zur Entsalzung ihres Wassers, sodass keine zusätzlichen Energiekosten anfallen.

»Manche der privatisierten Wasserunternehmen in Großbritannien haben eigens technische Abteilungen eingerichtet, die entsalztes Wasser anbieten, und bei Whisky und gutem Essen sprechen die Unternehmer schon mal von einem Preis von 1 Dollar pro Kubikmeter für gereinigtes Meerwasser. Ehrlichere Leute geben zu, dass die tatsächlichen Kosten, Energie und alle anderen Kosten mit einkalkuliert, weitaus höher liegen, nämlich mindestens um die 2 bis 2,20 Dollar«, weiß Cran zu erzählen.

Zur Produktion von 7500 acre-feet (9,25 Millionen Kubikmeter) Süßwasser benötigt die Entsalzungsanlage in Santa Barbara 50 Millionen Kilowatt Energie. Will man die gleiche Menge Wasser vom Colorado River in den »Metropolitan Water District« nach Los Angeles befördern, über Gebirgszüge hinweg und durch meilenlange Aquaedukte, braucht man lediglich 15 bis 26 Millionen Kilowatt.

Preisschätzungen für das in kalifornischen Entsalzungsanlagen produzierte Süßwasser bewegen sich zwischen 1000 und 4000 Dollar pro acre-foot (81 Cents bis 3,24 Dollar pro Kubikmeter). Dagegen bezahlte der »Metropolitan Water District« 1991 nur 27 Dollar pro acre-foot für Wasser aus dem Colorado und 195 Dollar für Wasser aus dem »California Water Project«. Ungeklärtes Wasser zur Aufbereitung für den laufenden häuslichen Gebrauch in San Diego bezieht der MWD zu 269 Dollar pro acre-foot; die Aufbereitung von Abwasser kostet zusätzlich 53 Dollar.

Die Verfahrenstechniken bei der Entsalzung werden allerdings immer ausgereifter und folglich auch billiger. Vielleicht können sie sich eines Tages auf dem Markt durchsetzen. Die Forschungen gehen unterdessen weiter. Im »Desalination Research Centre«, das 1996 in Muscat im Golfstaat Oman eingerichtet wurde, wird ein Großteil der Forschungen betrieben. Im April 1998 schrieb der Leiter des Zentrums verschiedene Forschungsprojekte aus, etwa zur Entwicklung von »RO-Anlagen für Kleinanwender« sowie zu einer Reihe anderer innovativer Entsalzungsverfahren im kleinen Maßstab.

Das britische Unternehmen »Light Works Limited« arbeitete damals bereits für das Forschungszentrum und beschäftigte sich mit so genannten Meerwasser-Treibhäusern, die im Wesentlichen das Meerwasser als Hitzebecken nutzen, um Süßwasser zu produzieren, »indem sie Warmluft unter Verwendung von Meerwasser befeuchten und anschließend reines Wasser aus der feuchten Luft unter Verwendung eines Kondensators zurückgewinnen, das wiederum mit dem Meerwasser gekühlt wird.« Der Prozess, der innerhalb eines feuchtigkeitskontrollierten Treibhauses abläuft, hat den zusätzlichen Vorteil, dass man dem Meer nicht nur Süßwasser abgewinnen, sondern in unmittelbarer Umgebung auch Pflanzen wachsen lassen kann. Ein Forscherteam aus San Diego arbeitete an solarbetriebenen Entsalzungsanlagen unter Verwendung von konventionellen Technologien wie Wannenkollektoren oder solargesteuerten variablen Elektromotorantrieben. Sie hofften, kleine tragbare Systeme für die Länder des Nahen Ostens und Nordafrikas produzieren zu können und damit auch eine »kurzfristige Lösung der Wasserverknappungen in abgelegeneren Gebieten« anbieten zu können.

Überlebensstrategie 2: *Ist nicht mehr Wasser zu bekommen, muss der Verbrauch gesenkt werden. Das kann auf dreierlei Arten geschehen: durch Wassererhalt; durch Preismechanismen; durch eine Steigerung der Verbrauchseffizienz durch die Kombination einer neuen Wasserethik mit modernen Technologien.*

Eugene Stakhiv, Wissenschaftler des amerikanischen Ingenieurkorps, glaubt ebenso wie der spanische Hydrologe Llamas nicht an eine Wasserapokalypse; er glaubt vielmehr leidenschaftlich daran, dass all die Unheilpropheten die menschliche Erfindungsgabe unterschätzen. »Blickt man zurück«, so sagt er, »merkt man doch gleich, wie oft diese Künder des Unheils durch eine neue Erfindung zum Schweigen gebracht wurden: durch die Hydraulikpumpe etwa, durch neue ertragssteigernde Saatsorten, durch fortschrittlichere landwirtschaftliche Techniken und vieles andere.«

Derlei Erfindungen können aus ganz verschiedenen Quellen kommen. Beispiel: der Chemieriese Monsanto. Er hatte einst die amerikanische Armee im Vietnamkrieg als Chemiewaffenlieferant im Projekt »Agent Orange« unterstützt. Heute geht das Unternehmen als Hersteller biotechnologischer Produkte völlig neue Wege. Hendrik Verfaillie, Leiter der Abteilung Landwirtschaft des Unternehmens, sagte in einer Rede auf einer Konferenz in Toronto 1998, dass die Lösung der weltweiten Nahrungsmittelprobleme in genetisch veränderten Getreidesorten liegt, welche mehr Nahrung pro Hektar mit weniger Arbeit, weniger Wasser und weniger künstlichen Düngemitteln produzieren. Sein Unternehmen schätzt, dass der weltweite Nahrungsmittelbedarf binnen der nächsten fünfzig Jahre um das Dreifache ansteigen wird. Dies würde weitere 38 Millionen Quadratkilometer Anbaufläche erforderlich machen. »Falls dies eintreten sollte, müssten wir den Regenwald abbrennen«, sagte er mit übertriebenem Pathos. »Wir müssten sämtliche Feuchtgebiete trockenlegen und die Umwelt derart in Anspruch nehmen, dass es absolut inakzeptabel wäre. Eine andere Möglichkeit liegt darin, die Produktivität der gegenwärtigen Anbauflächen um den Faktor drei zu steigern. Und ein Weg dies zu tun ist die Biotechnologie.«[4]

Biotechnologie hat sicher auch ihre negativen Seiten. Biotechnologische Unternehmen lassen sich eifrig neues Saatgut patentieren, was bedeutet, dass Landwirte, die gleichartige, traditionelle Sorten anbauen wollen, künftig Ertragsanteile zu bezahlen haben. Schlimmer noch, in vielen der neukonstruierten Saatsorten ist ein selbstzerstörerischer Mechanismus eingebaut, sodass sie sich nicht weiter vermehren können, was die Landwirte zwingt, erneut Saatgut für die nächste Saison aus dem biotechnologischen Lagerhaus zu kaufen.

Es fällt schwer, Stakhiv und seiner hohen Meinung von der menschlichen Erfindungsgabe nicht zuzustimmen. Nicht nur technische Erfindungen, sondern gerade wissenschaftliche Erkenntnisse ermöglichen uns heute einen anderen Umgang mit Wasser. Ein Fortschritt ist zum Beispiel das Aufspeichern von Wasser in tiefen Grundwasserleitern. So pumpt man den an der Jahresmenge gemessen höheren Abfluss der Flüsse im Winter in die tief liegenden Kreideaquifere unter London, eine Maßnahme, welche die sinkende Tendenz des Grundwasserspiegels wieder umgekehrt hat; auch Arizona, das seine Wasserzuteilungsmenge aus dem Colorado bislang nicht vollständig ausschöpft, speichert das überschüssige Wasser in tief liegenden Grundwasserleitern. Diese Art der Wiederauffüllung hat einen doppelten Vorteil: Es wird kein Wasser aus dem natürlichen Flussbeckensystem abgeleitet und die Evaporation wird minimiert, was die Aufspeicherung insbesondere in ariden Regionen mit sehr hohen Temperaturen effizienter macht als in Wasserspeichern an der Oberfläche. Im Senegal bemüht sich ein kanadisch-senegalesisches Gemeinschaftsunternehmen, die so genannten fossilen Täler des Landes wieder zu beleben, das Land auf einem 3000 Kilometer langen Uferstreifen entlang der ausgetrockneten Flussbette zu bewässern und die Täler mit Wasser aus dem Senegal River wieder aufzufüllen, ohne dabei die Fischerei, die Landwirtschaft oder Schifffahrt zu gefährden.

Für mich ist und bleibt eines der faszinierenden und weitgehend vergessenen Beispiele menschlicher Erfindungsgabe die Arbeit des Russen Feodor Zibold zu Beginn des 20. Jahrhunderts.

Zibold war ein Naturwissenschaftler, ein Naturphilospoh, ein Mann mit einer geradezu unstillbaren kindlichen Neugier, zu erfahren, wie alles wirklich funktioniert. Überall in Europa gab es Leute wie ihn, Menschen mit einem unabhängigen Geist, erfüllt von sonnigem Optimismus und dem Drang zu forschen. Zibold lebte und arbeitete in einer der Randregionen Europas während der Zeit, als das zaristische Russland langsam dem Ende entgegenging.

Ende 1906 stieß er während eines Kuraufenthalts auf der Krim auf eine Geschichte, nach der sich die alten Griechen in der seinerzeit bedeutenden Provinzhauptstadt Theodosia (dem heutigen Feodosia in der Ukraine) das Tauwasser zunutze machten. Mit der Zeit wurden sie so erfahren im Sammeln und Verteilen dieses Wassers, dass sie die ganze Stadt damit versorgen konnten und weder Brunnen noch Bäche brauchten.

Zibold war begeistert von der Idee und entschlossen, hinter das Geheimnis zu kommen. Er begann, die Gegend näher zu erkunden und entdeckte überall Spuren und Hinweise: Steinerne Hügel fanden sich verstreut, zweifellos die verfallenen Überbleibsel alter Tauwasserkollektoren – um sie herum Tonrohre, die eindeutig dazu gedient hatten, das aufgefangene Wasser in die Speicherzisternen zu leiten. Voller Begeisterung und Tatendrang drängte Zibold die örtliche landwirtschaftliche Gemeinde, ihm beim Bau seines eigenen gewaltigen Tauwasserkollektors behilflich zu sein – eines steinernen Wasserspeichers von 20 Metern Durchmesser, in dessen Mitte eine Pyramide aus Steinen und Kieseln 6 Meter hoch emporragte. Nach der Hälfte der Bauzeit ging der Gemeinde das Geld aus, und so wurde das Wunderwerk erst 1912 fertig gestellt. Es funktionierte tatsächlich – man verzeichnete einen Wassergewinn von 350 Litern am Tag, für eine große Stadt nicht gerade überwältigend und pro Tonne Stein auch nicht viel, aber doch immerhin etwas.

In den folgenden Jahren ging der Wassergewinn ohne ersichtlichen Grund zurück und um 1917 wurde der Betrieb eingestellt. Die Überreste der Bewässerungsanlage gibt es noch heute und die Kuratoren des baufälligen kleinen Museums der Stadt führen diese stolz und begeistert vor.

Zibolds Arbeit hat dutzende von Nacheiferern inspiriert, darunter auch die Forscher Daniel Beysens, Irina Milmouk und Vadim Nikolayev, die Tauwasserkollektoren für regenarme Gebiete entwickelt haben. In einer wissenschaftlichen Abhandlung, die auf einer internationalen Konferenz 1998 vorgestellt wurde, führten sie vor, dass ihre kleinen Kollektoren »Regen in einer Menge von 0,1 bis 0,5 Millimetern pro Tag« produzieren können, und »dabei noch erweiterungsfähig sind; Ziel ist die ununterbrochene Ausbildung von Tauwasser, Tag und Nacht ... Das Optimieren der Parameter (könnte) zu einer neuen Kondensatorengeneration führen, die in der Lage ist, sauberes Wasser bereitzustellen, wo immer gewöhnliche Mittel nicht eingesetzt werden können.«

Auf der Konferenz über Dunstwasserkondensatoren in Vancouver wurden über 140 wissenschaftliche Abhandlungen vorgestellt, angefangen bei hochakademischen, schwer verständlichen Abfassungen (»Nebelwasserchemische Klimatologie in der Po-Ebene«), über poetisch anmutende (»Nebel aus dem All«) bis hin zu äußerst praktischen Anleitungen (»Nebelwassersammlung für den landwirtschaftlichen Einsatz im Darjeeling-Himalaya in Indien«; »Bewertung des Nebelwasser-Ernte-Potenzials in Namibia«; »Nebelwassersammlung als Wasserquelle für kleine ländliche Gemeinden in Chiapas in Mexiko«; sowie die Grenobler Abhandlung unter der Überschrift »Nebelwasser-Rückgewinnung: alte Träume und aktuelle Ergebnisse«). Gemeinsam war allen vorgestellten Methoden das Auffangen von Niederschlagswasser durch Kollektoren, die täglich bis zu 10 Liter Wasser pro Meter Kollektornetz erzeugen können.

In der Wüste Namib, einer der ältesten Wüsten der Erde, gibt es eine bemerkenswerte Vielfalt von Kreaturen mit idiosynkratischen Anpassungsformen an die extreme Hitze und Trockenheit: Eine Eidechse beispielsweise hüpft von einem auf den anderen Fuß, um die Hitzeabsorption zu zerstreuen; ein Käfer kringelt sich zu einem Ball zusammen, um die Sanddünen hinunterzukullern und somit Energie zu konservieren; eine Spinne spinnt ein kleines trichterförmiges Netz, um Feuchtigkeit aufzufangen und zu kondensieren; es gibt sogar einen »Nebelwasserkollektorkäfer«. Der fächerförmige Schwanz dieses kleinen Käfers ist gerippt, der Nebel kondensiert also auf dem Schwanz, tröpfelt an den Rippen hinunter und in einen kleinen Auffangbeutel. Wissenschaftler in Kalifornien und Israel haben jahrelang diese geniale Erfindung der Natur erforscht und nachgeahmt. Eine Versuchsstation im Negev setzt ein Nebelwasser-Tropfbewässerungsverfahren auf kleineren Anbauflächen ein, bei dem einzelne Pflanzen mit einer Art Feuchtigkeitsauffangkegel versehen werden – ein Beispiel aus einer ganzen Reihe ausgefallener Vorrichtungen, die der israelische Erfindergeist im Rahmen des Antidesertifikations-Programms hervorgebracht hat.

Israel, ein vorwiegend arides Land (jährlicher Niederschlag weniger als 200 Millimeter), spielte schon immer eine führende Rolle auf dem Gebiet des Wassererhalts. Unter den Voraussetzungen, die eine aride Region mit sich bringt, hat Israel mit der Entwicklung der Tropfbewässerung, der Sprühberegnung mit Niederdruckanlagen, der Windauffangtrichter zur Feuchtigkeitskontrolle, der Regenwassergewinnung sowie mit vielen weiteren Konzepten eine bewundernswerte landwirtschaftliche Leistung vollbracht. Die Forscher des »Jaccob-Blaustein-Instituts für Wüstenforschung« haben verschiedene Möglichkeiten entwickelt, um die Pflanzenproduktion zu steigern: Der Boden zwischen den Pflanzenreihen wird abgedeckt, was die Verdunstung vermindert, während die Wurzelzone erwärmt wird, sodass nur ein Fingerhut voll Wasser verloren geht – eine neue Treibhaustechnik in einem geschlossenen Hydrokulturkreislauf. Die Tropfbewässerung ist zwar ziemlich kapitalintensiv – die Bauern benötigen mehrere Kilometer Schlauch und hunderte von Emittoren pro Hektar Land –, doch bei einigen Feldfruchtsorten äußerst wirkungsvoll. Der Einsatz dieser Bewässerungsverfahren hat sich mittlerweile auf viele andere aride Regionen ausgedehnt. So haben in Kalifornien die Weinbauern gelernt, die Zuführung von mit Nährstoffen angereichertem Wasser auf ein Teelöffelmaß zu reduzieren. Es ist sogar gelungen, durch den kontrollierten Einsatz von Wasser das erwünschte Wachstumsmuster der Pflanze zu fördern, indem man ihr zum richtigen Zeitpunkt minimale Wassermengen entzog, um so den Pflanzensaft zu konzentrieren.

In den Randzonen des Sinai wie auch in anderen Wüsten verwenden heute viele Beduinen die Tropfbewässerung zur Kultivierung von Nutzpflanzen in Oasen. Die Sprühberegnung mit Niederdruckanlagen, welche sich gut für Feldfrüchte eignet, verbraucht 30 Prozent weniger Wasser als die herkömmliche Sprühberegnung mit Hochdruckanlagen und 60 Prozent weniger als das traditionelle Furchenbewässerungsverfahren. Auch lasertechnologische Verfahren haben den Verbrauch von Bewässerungswasser beträchtlich reduziert, im Central Valley in Kalifornien teilweise sogar um nahezu ein Drittel. Im Sacramento Valley erzielen die Reisbauern mit der Anbringung von Schutzschirmen an Flussableitungen und der Entwicklung von weniger wasserintensiven Sorten sogar noch größere Erfolge.[5] Aber nicht nur die Farmer profitieren von dieser Technologie. Auch die amerikanische Industrie, die mit dem Anstieg der Wasserpreise eifrig daran ging, ihr Brauchwasser aufzubereiten und wieder zu verwenden, verzeichnet laut eines Gutachtens des *Geological Survey* von 1998 seit 1950 einen Rückgang des Wasserverbrauchs im industriellen Sektor um fast 35 Prozent.

Im Rahmen der Umsetzung eines zwischenstaatlichen Wüstenbekämpfungsprogramms (»Interim Secretariat of the Convention for Combating Desertification«, INCD) trafen sich im August 1995 Vertreter Israels, Jordaniens und Palästinas und einigten sich auf einen Fünfzehnjahresplan mit einer Budgetierung von rund 400 Millionen Dollar und dem Planungsziel, Wasser zu erhalten und die Desertifikation zu bekämpfen.[6] Das Konzept zielt darauf ab, die ökologischen Nachteile von Trockenregionen in ökonomische Vorteile umzuwandeln. Unter anderem analysierte man im Rahmen des

Projekts die Förderung von geschlossenen Bewässerungssystemen; den Einsatz von überschwemmungsabhängigen Produktionssystemen, die Flutwellen nutzen anstatt sie aufzuhalten; die Einführung von neuen Technologien zur Abwasseraufbereitung oder von Solaranlagen, die die Strahlungs- und Hitzeenergie der Sonne ausnutzen; die Kultivierung von wüstenresistenten Nutzpflanzen, Aufforstung und eine angepasste Weidewirtschaft; die Erschließung aquatischer Lebensräume und Ansiedlung von Fischen, Meeresfrüchten und Algen sowie die Förderung des Öko-Tourismus.

Kernstück des Projekts war die Gründung eines internationalen Forschungszentrums im Negev, das zunächst Wissenschaftlern und Studenten aus Jordanien, Palästina und Israel als Forschungsstätte im Kampf gegen die fortschreitende Desertifikation dienen sollte, »wenngleich eine Projektteilnahme von Kollegen aus anderen Mittelmeerländern unterstützt wird und einer Mitarbeit besonderen Vorzug gegeben wird.« Das Institut erforscht wüstenresistente Getreidesorten, die Nutzbarmachung des ariden Bodens, um salzresistente Sorten anzubauen, und sucht nach neuen Absatzmärkten. Die Arbeit des Instituts intensiviert einmal mehr das Engagement Israels für die Entwicklung geschlossener landwirtschaftlicher Systeme – das heißt die Entwicklung von Treibhaustechnologien für typisch aride Regionen.

Tief unter der Erde liegen in weiten Teilen des Nahen Ostens und Nordafrikas riesige Grundwasserleiter mit beträchtlichen Wasserreserven, die unterschiedlich salzhaltig sind. In der israelischen Negevwüste liegt der Salzgehalt zwischen 3000 und 6000 Teilen pro Million aller im Wasser gelösten Feststoffe. Herauszufinden, auf welche Weise Salzwasser zu Bewässerungszwecken genutzt werden kann, ist eine Herausforderung für das Institut, das Feldfruchtsorten nach Salzempfindlichkeit untersucht. Zu den Feldfruchtsorten, die heute hauptsächlich mit Salzwasser bewässert werden, gehören Baumwolle, Weizen, Mais, Tomaten und Melonen. Eine ganze Reihe zweitrangiger Feldfruchtarten wird ebenfalls unter Verwendung von Salzwasser kultiviert. Die Forschung konzentriert sich derzeit auf Kartoffeln, Trauben und Oliven.

Im Rahmen der Bemühungen um den Wassererhalt wird aufgeforstet, um der Bodenerosion in semiariden Gegenden entgegenzutreten. Es gab auch einen praxisbezogenen Lehrgang zum Thema »Wüstenlandschaftsgärtnerei und Gärtnerei mit trocken- und salzresistenten Pflanzen« mit einem dazugehörigen Aufbaukurs zu »Dünenstabilisierung«.

Im benachbarten Jordanien läuft mit finanzieller Unterstützung einer kanadischen Entwicklungsagentur ein Projekt in der ariden Muwaggar-Region, bei dem Regenwasser für die Nahrungs- und Futtermittelproduktion aufgefangen und so effizient wie möglich genutzt wird. Das Projekt konzentriert sich auf unkultiviertes Weideland in den ariden Randzonen, wo traditionelle Landwirtschaft unmöglich ist, da herkömmliche Bewässerungsmethoden zu teuer sind. Ziele dabei sind die Verbesserung des Weidelands, die Steigerung der Getreideproduktion sowie die Bekämpfung der Desertifikation durch menschliche Aktivitäten – Überweidung und die unüberlegte, intensive Bodenbestellung mit schweren Maschinen haben die Desertifikation rasant beschleunigt.

Das Muwaggar-Gebiet wurde deshalb ausgewählt, da Grundwasser dort nur in tiefen Schichten und in geringen Mengen vorkommt, Regen nur spärlich und unregelmäßig fällt und es häufig zu Blitzüberschwemmungen kommt. Michel Rabbeh, Hydrologe und Forschungsassistent, erklärt, dass die Bodenoberfläche so hart ist, dass der Großteil des Regenwassers einfach abfließt – ein Grund für das Fortschreiten der Desertifikation.

Die traditionelle Methode der Wassergewinnung in Jordanien ist, das Regenwasser zu sammeln und in Zisternen aufzuspeichern, um damit bei Bedarf Mensch und Tier zu versorgen. »Ziel dieses Projekts ist es, diese alten Praktiken in einem größeren Rahmen zur Steigerung der landwirtschaftlichen Produktion zu perfektionieren«, sagt Professor Shatanawi, Leiter des Forschungsinstituts für Wasser- und Umweltstudien in Jordanien. Die Sponsoren des Projekts versuchen »aus der jahrtausendealten Weisheit in der Bewässerungswirtschaft der semiariden Regionen zu schöpfen, sie nachzuahmen und sie vorsichtig und mit Bedacht der heutigen Situation mit all ihren modernen technischen Möglichkeiten anzupassen.«[7]

Eine andere früher häufig praktizierte Art der Wassernutzung war der Bau von »Abwasserfarmen« mit Tümpeln zur Verdunstung des städtischen Abwassers und angeschlossenen Bewässerungskanälen, die auf die nahe gelegenen Anbaufelder führten. Doch mit der Ausdehnung der Städte, dem Bevölkerungswachstum und den moderneren Methoden der chemischen Abwasserbehandlung in unterirdischen Silos kam das Aus für dieses System. Man fürchtete auch die Übertragung von Krankheiten durch den Verzehr von Produkten, die mit unbehandeltem Abwassser bewässert worden waren. Die »Abwasserfarmen« galten als unansehnlich und unhygienisch.

Es ist dem israelischen Erfindergeist zuzuschreiben, der, getrieben von der zunehmenden Wasserverknappung, dieser Art der Bewässerung ein Comeback bescherte. Bereits Mitte der neunziger Jahre verwertete Israel 70 Prozent des inländischen Abwassers und bewässerte damit 20 000 Hektar Ackerland. Gegen Ende des 20. Jahrhunderts wird das aufbereitete und wiedergewonnene Wasser über 16 Prozent des israelischen Wassergesamtbedarfs decken.[8] Die israelische Methode bezeichnet Sandra Postel als die »eleganteste Lösung« des agrosanitären Ansatzes – das Wasser wird in Klärteichen und Reservoirs teilaufbereitet und anschließend zu Bewässerungszwecken eingesetzt, womit gleichzeitig das Problem der Wasserknappheit und Landwirtschaft in Trockengebieten gelöst werden kann.[9]

Auch im amerikanischen Westen greift man mittlerweile wieder auf die Abwasserwiederverwendung zurück. In Tucson, Phoenix und Los Angeles wird ein Teil des städtischen Abwassers aufbereitet und wieder verwertet. St. Petersburg in Florida hat den Wiederverwertungskreislauf sogar vollständig geschlossen. Die Stadt verwertet ihr gesamtes Abwasser und leitet nicht einen Tropfen in Flüsse oder ins Meer ab. In El Paso in Texas führt man über Brunnen aufbereitetes Abwasser in einen tief liegenden Grundwasserleiter ein, wo es einige Kilometer »flussabwärts« wandert, ehe es von der Stadt wieder gefördert und zur Bewässerung von Parks und öffentlichen Grünanlagen verwendet wird. Bei Postel heißt es: »Treiben Entwicklungsagenturen, staatliche Instanzen auf allen Ebenen und private Ingenieure verstärkt die kostengünstige Abwasseraufbereitung zur Gewinnung von Bewässerungswasser voran, könnte dies viel zur Lösung der Verschmutzungs-, Wasserversorgungs- und Gesundheitsprobleme beitragen, mit denen ein großer Teil der Welt heute zu kämpfen hat.«[10]

Diese Lösungen sind nicht ohne Risiken. In den Vereinigten Staaten fand man im Klärschlamm selbst nach der Behandlung in Abwasserteichen noch bakterielle Krankheitserreger wie Salmonellen, toxische Chemikalien wie PCB und DDT, Schwermetalle wie Blei und Quecksilber, Dioxine und sogar Polio- und Hepatitis-Viren, parasitäre Würmer, Asbest und radioaktiven Abfall. Sprecher der Industrie haben Bedenken geäußert, mit der »nutzbringenden Verwendung« des Klärschlamms (beim Einsatz als organischer Dünger) könnten Viren in die Nahrungskette gelangen. Doch angesichts der wenigen Möglichkeiten, städtisches Abwasser zu entsorgen, verkaufen Großstädte ihren »nutzbringenden« Klärschlamm weiter, wenn auch mit Verlust. New York City bezahlte beispielsweise über 100 Millionen Dollar für unbehandeltes, möglicherweise toxisches Abwasser, um mit 400 Tonnen täglich den Boden einer Ranch in Sierra Blanca in Texas »anzureichern«.[11]

Moderne Technologie und menschliche Erfindungsgabe sind Antworten auf die Herausforderung zum Erhalt der natürlichen Ressourcen. Doch ist es mit Technologie alleine nicht getan. Ein Großteil der derzeitigen Wasserverschwendung ist politisch bedingt. Preis- und Steuerpolitik sind entscheidende Faktoren.

Stünden die »unversorgten Armen« im Mittelpunkt der Wasser- und Sanitärprojekte, so könnten 80 Prozent der Weltbevölkerung bis zum Jahr 2000 Zugang zu sauberem Trinkwasser haben – das jedenfalls geht aus einem UNESCO-Bericht Anfang der neunziger Jahre hervor. Kernaussage des Berichts, die in der anschließenden Diskussion weitgehend ignoriert wurde, war, dass der Großteil der Entwicklungsgelder (um die 80 Prozent) aus reichen Ländern noch immer in umstrittene Megaprojekte investiert wird, obwohl nahezu alle Geberländer zugesagt hatten, ihre Darlehen zu verlagern: Weg von kostenintensiven Großvorhaben, hin zu kostengünstigeren,

»örtlich angepassten Technologien«, die bislang fast immer eine sofortige Wirkung gezeigt haben.

So hat die Gemeinde Tegucigalpa in Honduras Wasserämter in einzelnen »Barrios« (Stadtteilen) eingerichtet, welche für die Installation und Kontrolle von Wasserversorgungseinrichtungen in den Slums zuständig sind. Die Ausgaben der Gemeinde für Wasser wurden dadurch von 40 Prozent auf 4 Prozent des Haushaltseinkommens abgesenkt.

In Karachi in Pakistan profitieren über 600 000 Slumbewohner von der Installation eines Abwasserbeseitigungssystems. Dabei werden Haushaltsabwässer über unterirdische Rohrleitungen in die Auffangspeicher der einzelnen Straßenviertel geleitet, die anschließend regelmäßig ausgepumpt werden. Natürlich ist das System nicht im Mindesten mit den Standards in den Ländern der Ersten Welt vergleichbar, aber es ist ein Anfang. Die Installation hatte nur knapp 100 Dollar pro Haushalt gekostet; ein umfassenderes Versorgungssystem wäre auf 1000 Dollar gekommen. Bezahlt und verwaltet wurden die Speichertanks und Abwasserkanäle von Haushalten der einzelnen Straßenviertel selbst. Akhter Hameed Khan, Organisator des Projekts, sagt, »der allerwichtigste Schritt war, die Leute nach den ganzen Ammenmärchen und leeren Versprechungen der Regierung zu überzeugen, selbst die Dinge in die Hand zu nehmen.«[12]

In zahlreichen asiatischen Städten werden derzeit sparsamere Toilettenkästen angebracht, was zwischen 6 und 18 Liter Wasser pro Spülvorgang einspart. Die UNESCO entwickelte das so genannte »VIP Latrin«-Modell, einen modernen Tiefspüler, solide gebaut, geruchsfrei und leicht zu reinigen – eine Art hygienische Variante des alten »Plumpsklos«.

Der Beipiele gäbe es noch viele ... Hinter den Kulissen, völlig unbemerkt von den Makroökonomen, der Weltbank und dem Internationalen Währungsfonds, werden Initiativen gegründet und kleine Triumphe erzielt, die nicht in den offiziellen Wirtschaftsbüchern auftauchen. In aller Regel zieht irgendwo im Hintergrund eine nichtstaatliche Organisation die Fäden, spornt an, berät und unterstützt. Am Great Rift in Kenia haben Frauen ein altes Bewässerungssystem wieder entdeckt. Mit Unterstützung einer schwedischen Entwicklungsagentur wurden einfache Vorrichtungen installiert, mit denen Bewässerungsfurchen entlang von Höhenlinien gezogen werden konnten. In ähnlicher Weise sammeln die Dogon in Mali ihr Regenwasser. Dazu legen sie Steinterrassen an und graben tiefe »Bodenmulden«, in denen sich das Wasser während der Regenzeit sammelt, anstatt wie vorher einfach vom harten, verkrusteten Ackerboden abzulaufen und ungenutzt zu verschwinden. Die »Abflusslandwirtschaft«, der Regenfeldbau sowie der Einsatz von kräftigen, zumeist importierten Grasarten (wie Vetiergras, das aus Indien stammt, Anm. d. Übers.), um der Erosion entgegenzuwirken und Regenwasser nicht unkontrolliert abfließen zu lassen, sind allesamt Maßnahmen, die die Nahrungsmittelerträge steigern und in vielen Regionen der Welt die Wasservorräte erhalten. Kleinere Staudämme, solarbetriebene Pumpen und leicht einsetzbare Technologien, all das hilft Menschen in wasserarmen Gebieten zu überleben. Auch Kleinstdarlehen an Dorfkooperativen sind wichtige Eckpfeiler der Entwicklungshilfe. Es kommt darauf an, den Menschen nicht einfach Nahrung zu geben, sondern ihnen beizubringen, ihr Land zu bewirtschaften; ihnen nicht einfach einen Traktor hinzustellen, sondern ihnen ein Verständnis für Ackerbau zu vermitteln; von traditionellen landwirtschaftlichen Techniken zu lernen und sie neu zu verwenden: Qanats in Marokko, Zisternen in Jordanien, Furchenbewässerung in Kenia und Tansania.

Vor kurzem lernte ich einen Vertreter einer unabhängigen Organisation im Dogon-Dorf Sangha kennen, das sich hoch oben am Rand der Bandiagara-Felsstufe über einer Steilwand erstreckt. Er war Amerikaner, kam aus Cleveland und hatte hier wie auch in anderen Dörfern vor einigen Jahren bei der Installation von solarbetriebenen Pumpanlagen mitgeholfen. »Wir lernen aus unseren Fehlern«, erzählte er mir. »Die erste war gerade fertig installiert, da hatten sie die Leute hier ein Jahr später wieder zerstört. Da fingen wir erst an zu begreifen, welch große Macht die Sonne in ihrer Folklore hat, also erklärten wir unsere Technologie so, dass die Menschen sie in Einklang bringen konnten mit ihrem spirituellen Erbe. Daraufhin installierten sie die nächste Anlage ganz alleine.« Er deutete in eine bestimmte Richtung. »Dort steht sie. Wird peinlich genau überwacht. Die Menschen hier sind arm und wissen nicht viel von Technologie. Aber unser größter Fehler lag darin zu glauben, dass wir alles besser wissen als sie.«

Am nächsten Morgen, kurz bevor ich mich mit Giuré, einem Dogon, auf den Weg machte, das Felsendorf an der Steilwand und seine Bewohner kennen zu lernen, kam er noch einmal vorbei, um uns einen schönen Tag zu wünschen. »Hier habe ich das einzig Wahre gelernt«, sagte er. »Wir müssen unseren Ingenieuren und Politikern Ökologie beibringen. Sie müssen die Bedeutung von Kreisläufen verstehen lernen. Ingenieure können wie Kinder sein. Sie machen beim Bau von Dingen andere Dinge kaputt, weil sie vorher nicht richtig überlegt haben, und so richten sie natürlich Schaden an.«

Wir gingen oben am steilen Abhang entlang, spähten nach unten auf die winzigen Behausungen, die am steinigen Fels klebten, und ich fragte Guiré, was er denn von dem Amerikaner halte. Er lachte. »Mit Ökologie meint er wohl die Welt, so wie sie ist«, sagte er. »Und mit Ingenieuren meint er wohl die Leute, die, indem sie das eine Problem lösen, ein anderes schaffen.«

»Der Schlüssel zum Wasser heißt Marktwirtschaft«, sagte Maurice Strong. »Billigwasser subventioniert nur die Ineffizienz. Und Subventionen an der verkehrten Stelle gibt es bereits zuhauf: Öffentliche Gelder werden für antiöffentliche Zecke verwendet.« Maurice Strong, 1991 Generalsekretär der UNCED (»UN-Konferenz über Umwelt und Entwicklung«) in Rio, Leiter einer neu gegründeten Weltwasserkommission (Ende 1998 stand eine erste Versammlung noch immer aus) und graue Eminenz dutzender Umweltschutzgruppen, zudem Generalsekretär des Umweltprogramms der Vereinten Nationen (UNEP), sprach über eine von der Kommission in Auftrag gegebene Studie zum Thema »Subventionierung langfristig unhaltbarer Erschließungsprojekte«.

Ich erzählte ihm von Sandra Postels Ansicht, dass in der Erhaltung der natürlichen Ressourcen die letzte Oase der Menschheit liege; dass die einfachste Art der Wassergewinnung die ist, dass wir aufhören, es zu verschwenden. Durch ineffiziente Wasserversorgungssysteme gehen riesige Mengen Wasser verloren. Auf den Philippinen und in Thailand verschwindet mehr als die Hälfte des »verfügbaren« Wasser durch undichte Stellen in Rohrleitungen oder infolge einer mangelhaften Infrastruktur. Auch in Jordanien und im Jemen ließe sich die jährlich verfügbare Wassermenge um ein Viertel steigern, wenn man das verschwundene Wasser wieder zurückgewinnen könnte.

»Ja«, sagte er, »wir müssen Angebot und Verbrauch ins Gleichgewicht bringen. Und die wirksamste Methode auf dem Weg dorthin ist die Preisbildung. Die meisten Farmer verwenden noch immer die überholte Furchenbewässerung auf ihren Anbaufeldern, obwohl das die am wenigsten effiziente Methode der Bewässerung ist. Neue Verfahren wie Schwallbewässerung oder Lasertechnologie können den Wasserverbrauch drastisch reduzieren. Aber sie sind teuer. Und es gibt derzeit keinen wirtschaftlichen Anreiz, auf diese neuen Techniken umzustellen, es sei denn, das Wasser wird teurer.«

Mir fiel ein, dass zum Beispiel in Israel die Bauern noch immer Wassersubventionen in beträchtlicher Höhe erhalten, was der Wasserverschwendung sowie dem Anbau von landwirtschaftlichen Exportprodukten mit besonders hohem Wasserbedarf (wie etwa Schnittblumen oder Tropenfrüchte) Vorschub leistet.

Wie aus einigen Studien hervorgeht, ist die künstliche Bewässerung von zweifelhaftem Vorteil. In einigen Regionen hätte man mit Trockenfeldbau (regengespeiste Landwirtschaft) vielleicht ebenso hohe Gesamterträge erzielen können; einige israelische Agronomen sind sogar der Ansicht, dass man erst gar nicht hätte versuchen sollen, die Wüste Negev zum Blühen zu bringen. Eine kürzlich vorgenommene Anhebung der Wasserpreise um 12 Prozent führte zu einem Rückgang des Wasserverbrauchs um 10 Prozent und dadurch zu einem Produktionsrückgang bei landwirtschaftlichen Erzeugnissen. Diese rückläufige Entwicklung schien auf das israelische Bruttoinlandsprodukt jedoch keinerlei Auswirkungen zu haben; das somit freigesetzte Wasser floss in die Industrie, die ein größerer wirtschaftlicher Multiplikator ist als die Landwirtschaft.

Im Murray-Darling-Becken in Australien haben Wasserwirtschaftsplaner von der behördlich gesteuerten Wasserkontrolle umgeschwenkt auf ein marktorientiertes Eigentumssystem, das den »Besitzern« erlaubt, mit ihren Rechten Handel zu treiben und sie an Nutzer zu verkaufen, die bereit sind, einen bestimmten Preis zu bezahlen. Dass die neue Strategie eine zweckmäßigere und gerechtere Umverteilung des Wassers mit sich brachte, verwunderte niemanden.

»Im Ogallala-Gebiet«, sagte ich zu Strong, »verwenden sie neue Niederdruckanlagen zur Sprühberegnung. Der Wasserverbrauch hat sich in den High Plains in Texas um 44 Prozent verringert. Teilweise hängt der Rückgang natürlich auch damit zusammen, dass man Land völlig aus der Bewirtschaftung herausgenommen hat.«

Strong nickte. »Das ist das Gleiche wie mit der Energie«, sagte er. »Würde man den Benzinpreis nach seinem tatsächlichen Wert festsetzen, in dem auch die Kosten, die für die Behebung der entstandenen Umweltschäden anfallen, mit einkalkuliert sind, würde der Verbrauch augenblicklich zurückgehen. Und so ist es auch beim Wasser. Wie wäre es zum Beispiel mit einer ›Wasserentnahmesteuer‹? Warum sollen denn die Steuerzahler die langfristig nicht haltbare Förderung aus Grundwasserleitern subventionieren?« Nach unserem Gespräch gab er mir die Studie zur Subventionierung langfristig unhaltbarer Erschließungsprojekte mit nach Hause. Um Wasser ging es in Kapitel 2. Die üblichen Tabellen von wasserarmen Ländern und Förderung von Süßwasservorräten, das übliche Resümee von der Verschwendungssucht der Menschheit, das in keiner wissenschaftlichen Abhandlung zum Thema Umweltschutz fehlen durfte. »Es wird Zeit für eine Bestandsaufnahme«, so die Autoren. »Grundwasserleiter werden entleert, Flüsse fallen trocken, mehr als eine Milliarde Menschen haben keinen Zugang zu sauberem Wasser und ausgedehnte Flächen von bewässertem Land sind durch die Versalzung verloren gegangen; obendrein gehen Unmengen von Wasser durch Überschwemmungen verloren und es wird ineffizient und für unnachhaltige Zwecke genutzt. Und was tun die Regierungen? Sie subventionieren diesen ökologischen Vandalismus, die Verschwendung der natürlichen Ressourcen, indem sie das Wasser weit unter dem tatsächlichen Versorgungspreis verkaufen, weit unter dem eigentlichen Marktwert. Die Botschaft, die mit dieser Art Subvention vermittelt wird, lautet unmissverständlich: Kümmert euch nicht um die Erhaltung der Ressourcen, um eine verbesserte Effizienz oder um Recycling und Wiederverwendung.«[13]

Daran schlossen sich endlose Beispiele von Wassermissbrauch an, die mir bereits von Marc Reisner, Sandra Postel und Peter Gleick her bekannt waren: In den Vereinigten Staaten erhielten Farmer für Bewässerungswasser Subventionen in Höhe von fast 500 Dollar pro acre; die jährlichen Subventionen liegen wahrscheinlich über 2 Milliarden Dollar; die Nutznießer des Animas-La-Plata-Staudamms in Colorado sind zu drei Vierteln die Farmer, die nur 3 Prozent der gesamten Kosten des Wassers bezahlen; 70 Prozent der Gewinne der Farmer im kalifornischen Central Valley – das als weltweit reichstes Anbaugebiet gilt – kommen direkt über Steuersubventionen.

Weitere Zahlen: In Australien sind die Wassergebühren im Murray-Darling-Becken, der Hauptanbauregion, im Großen und Ganzen sehr gering; in Entwicklungsländern belaufen sich die letzten Haushaltseinsparungen aus dem illegalen Anzapfen der Hauptwasserleitungen auf rund 5 Milliarden Dollar pro Jahr; Haushaltseinsparungen aus der Reparatur von Leckstellen in Wasserleitungen liegen bei 4 Milliarden Dollar pro Jahr; Subventionen und potenzielle Einsparungen machen allein für den Trinkwassersektor rund 44 Milliarden Dollar aus; Bauern in Entwicklungsländern zahlen allenfalls zwischen 10 und 20 Prozent der erhaltenen öffentlichen Mittel zurück – »Die Bauern im dauertrockenen Tunesien bezahlen nicht mehr als ein Siebtel der Kosten für das erhaltene Bewässerungswasser …« Die gewohnten Zahlen – deprimierend wie immer.

Die »tatsächlichen« Kosten eines Abbaus von Subventionen waren häufig schon Gegenstand hitziger Debatten; sie wurden auf null bis 10 Prozent des Bruttoinlandsprodukts taxiert. 1997 unterzeichneten mehr als 2000 Wirtschaftswissenschaftler, darunter sechs Nobelpreisträger, eine Erklärung, in der es unter anderem hieß, dass »es eine ganze Reihe von potentiellen politischen Wegen gibt, die Treibhausgasemissionen zu reduzieren, bei denen der Gesamtnutzen am Ende die Gesamtkosten überwiegt.« Sie drängten Staatsregierungen zur Durchführung ökologisch angepasster Maßnahmen, unabhängig davon, ob sich die Erderwärmung tatsächlich als eine unmittelbare Bedrohung erweist – »wiedergutmachungswillige« Politik. Ein weiterer Vorschlag ging dahin, ein internationales Emissionsbudget festzulegen. Danach würde es jedem Land gestattet sein, eine bestimmte Menge an Treibhausgasen zu produzieren. Will es darüber hinaus produzieren, kann es anderen Ländern, die weniger produzieren, die Emissionsrechte abkaufen. Während seiner Zeit als Vorsitzender der Energieversorgungswerke »Ontario Hydro« schloss Strong einen Emissionshandel mit Costa Rica ab. Er »kaufte« die Rechte auf ein Regenwaldgebiet in Costa Rica (und bewahrte es damit vor dem Abholzen), um damit den Emissionsausstoß seiner Werke erhöhen zu können. Zuvor war bereits ein Emissionshandel mit Chicago zustande gekommen.[14]

Was würde bei einem Subventionsabbau passieren? Würden die Landwirtschaftskosten in die Höhe gehen? Sind denn Subventionen nicht in erster Linie dazu da, die Nahrungsmittelpreise niedrig zu halten? Würden dann nicht viele Bauern Bankrott gehen? Würde es die Ärmsten nicht am schlimmsten treffen – die Armen sind nicht in der Lage, hohe Preise für was auch immer zu bezahlen; und falls bedarfsorientierte Wasserpreise festgesetzt würden, um den Verbraucher zu Einsparungen zu veranlassen, würden dann die Armen nicht leer ausgehen, weil sie sich die hohen Gebühren nicht leisten können?

Die Antworten auf all diese Fragen, die André de Moor und Peter Calamai in ihrem Bericht geben, stimmen mit anderen theoretischen Studien überein. Keine Regierung der Welt hat es bisher gewagt, Subventionsmittel ganz zu streichen. Aber dort, wo vereinzelt Kürzungen vorgenommen wurden, kam es zu einer beträchtlichen Preiselastizität – ein 10-prozentiger Preisanstieg bringt normalerweise einen Nachfragerückgang von 15 bis 20 Prozent mit sich. Im Großraum Boston ging die Wassernachfrage um 30 Prozent zurück, nachdem man die Gebühren erhöht hatte und im gesamten Versorgungsbereich Wassersparvorrichtungen installiert hatte. In Kanada, wo die Steuerzahler das Wasserversorgungssystem für gewöhnlich mit der übertrieben hohen Summe von rund 3 Milliarden Dollar jährlich subventionieren, liegt der Wasserverbrauch in Gemeinden mit Einheitssätzen für den Verbrauch durchschnittlich bei 450 Litern pro Person und Tag, bei Gemeinden mit einem vollständig verbraucherabhängigen System hingegen bei nur 270 Litern. Wie aus einer in Ägypten durchgeführten Studie hervorgeht, berührt ein erzwungener Rückgang des Verbrauchs das Bruttoinlandsprodukt nur geringfügig. Eine ähnliche, in Marokko durchgeführte Studie, wo 92 Prozent des Wassers von Bauern genutzt wird bei einem Wirkungsgrad von nur 10 Prozent, sprach davon, dass mit einer Kürzung der meisten Subventionen der Wasserverbrauch um ein Drittel sinken würde – und das Bruttoinlandsprodukt lediglich um 1 Prozent geschmälert würde. Für die Zukunft gehen die Forscher davon aus, dass eine Subventionskürzung zusammen mit offeneren Märkten und unter Einberechnung des ökologisch nachhaltigen Nutzens, der sich durch den geringeren Wasserverbrauch ergibt, in einen Wasserüberschuss verwandelt werden kann.

Wie de Moor und Calamai darlegen, erweist sich die Vorstellung, die ärmeren Stadtviertel würden durch Subventionsstreichungen am meisten Schaden nehmen, als falsch. Denn schließlich ziehen die Reichen den größten Nutzen aus Subventionen, da sie an das staatlich subventionierte Versorgungsnetz angebunden sind. Außerhalb der entwickelten Welt müssen sich dagegen die ärmeren Stadtviertel häufig auf kleine private Wasserversorger verlassen und bezahlen in der Regel zwischen 2 und 3 Dollar pro Kubikmeter Wasser, zwölfmal so viel wie für die staatlich subventionierte, städtische Versorgung.

Laut Studie liegt die Lösung darin, die Wassergebühren nicht nach der Zahlungsfähigkeit der Verbraucher auszurichten, sondern am tatsächlichen Wert des Wassers, in dem auch die Kosten für den Ausbau der Versorgungssysteme voll und ganz berücksichtigt werden. Wasser hat für alle Verbraucherzweige einen wirtschaftlichen Wert. In der Landwirtschaft zum Beispiel ließe sich eine Menge Wasser einsparen, wenn man aufhören würde, Wasser zu subventionieren, das zum Anbau von wasserintensiven Feldfruchtsorten auf Wüstenboden verwendet wird oder zur Bewässerung von Weideland, auf dem Kühe zur Rindfleischproduktion gezüchtet werden (im Verhältnis 1 zu 50 000 – ein Kilo Rindfleisch für 50 000 Kilo Wasser); wenn man derlei verschwenderischen Praktiken, für die vor allem der amerikanische Westen so berühmt ist, ein Ende setzen würde, hätte man eine Menge Wasser übrig.

Auch die Technologie muss hier ihren Beitrag leisten. Der Wasserbedarf kann heute durch verbesserte Technologien reduziert werden, in Städten beispielsweise durch Wassersparvorrichtungen für häusliche Sanitäranlagen und in der Landwirtschaft durch bessere Instandhaltungs- und Kontrollgeräte.

Die neuen privaten Wassergesellschaften in Westeuropa, insbesondere in Frankreich und Großbritannien, treiben einige dieser Veränderungen voran, denn schließlich müssen sie ihren Aktionären auch Gewinne einbringen. Doch auch die Privatisierung hatte ihren Preis – die Wasserpreise für den Verbraucher stiegen um 106 Prozent, während die Unternehmensgewinne um rund 690 Prozent anwuchsen. Außerdem gab es zahlreiche Anzeichen dafür, dass die Unternehmen nicht genügend Gelder in die veraltete Infrastruktur investierten. Es war folglich nicht auszuschließen, dass bei anhaltender Trockenheit ganze Wohngebiete in Großbritannien nicht genügend Wasser haben würden. Doch auch vom sozialen Standpunkt aus betrachtet, ist die Anhebung der Wasserpreise im Grunde der richtige Ansatz. Es ist wichtig, dem Verbraucher den wahren Wert des Wassers vor Augen zu führen und die Wasserpreise so festzulegen, dass jede Verschwendung empfindlich ins Geld geht. Der politische Kunstgriff besteht darin, Sparanreize zum Erhalt des Wassers mit dem nicht reduzierbaren Wasserbedarf der ärmeren Stadtviertel ins Gleichgewicht zu bringen.

Worum es nach Maurice Strong eigentlich geht, »ist, dass die Wasserprobleme nur länderübergreifend gelöst werden können. Wir müssen also Institutionen schaffen, die unabhängig von den einzelnen Staatsregierungen operieren.«

***Überlebensstrategie 3:** Naturgemäß sinkt der Wasserverbrauch, wenn es weniger Menschen gibt. Doch wird dies voraussichtlich nicht geschehen. Hatte Thomas Malthus letztendlich also doch Recht mit seiner schicksalhaften Prophezeiung von weltweiten Hungerkatastrophen, weil die Bevölkerung tendenziell schneller wächst als der Bodenertrag?*

Ich erinnere mich, wie ich vor ein paar Jahren einmal mit einem Ladenbesitzer in der kenianischen Stadt Narok über seine Familie plauderte. Er hatte »bis dahin« zehn Kinder von zwei Frauen. »Meine erste Frau war verbraucht. Also habe ich sie weggschickt und mir eine andere genommen.«

1997 kamen auf jede Frau in Kenia 6 bis 7 Lebendgeburten, die Bevölkerungszuwachsrate lag bei 3,3 Prozent, die größte Wachstumsrate weltweit, wie man im Nationalmuseum in Nairobi erfahren kann. Sollte sich an der hohen Geburtenrate nichts ändern, wird Kenia, selbst bei einer ganz ansehnlichen Wirtschaftswachstumsrate, aller Wahrscheinlichkeit nach immer ärmer werden. Auch an Wasser.

Im Nationalmuseum gibt es eine Dauerausstellung zum Bevölkerungsproblem. In einzelnen Schaukästen werden die verschiedenen Methoden zur Geburtenkontrolle gezeigt und anhand einiger Ausstellungsgegenstände wird der Zeugungsprozess erklärt. Tag für Tag marschieren ganze Busladungen voll neugieriger Schulkinder in ihren alten britischen Schuluniformen durch die Ausstellung.

Ich erzählte der Kuratorin der Ausstellung von meinen Erfahrungen aus Südafrika. Dort war die schwarze Bevölkerung seit jeher viel schneller angewachsen als die weiße. Man ging allseits davon aus, dass diese Entwicklung weiter anhalten würde. Doch zur Überraschung der Experten war die Geburtenrate bei der schwarzen Bevölkerung in den letzten paar Jahren drastisch zurückgegangen und hat heute sogar annähernd die der Weißen erreicht.

»Ja«, sagte die Kuratorin, »weil alle Mädchen heute zur Schule gehen. Man muss die Mädchen nur aufklären und das ganze Problem ist schon halbwegs gelöst. Das kann auch bei uns geschehen.« Sie schaute nach den plappernden, neugierigen Schulkindern. Kleine schwarze Gesichter, rund und neugierig, ganz vertieft in die Auslagen der Schaukästen. Diese Mädchen werden einmal die Zukunft des Landes bestimmen. Werden sie früh aufgeklärt, werden sie als Frauen weniger Kinder haben – eine Binsenweisheit, die für alle Entwicklungsländer der Welt gilt.

Trotz dieser positiven Tendenzen finden sich auch heute noch düstere Prognosen, etwa bei Paul Ehrlich, Autor des Buches »The

Population Bomb«. Er ist ein unerbittlicher Verfechter der erzwungenen Geburtenkontrolle und zitiert Garret Hardin, einen weiteren Unheilspropheten, mit dem Satz »die Freiheit, sich fortzupflanzen, ist nicht tolerierbar« – ein astreines Beispiel ökofaschistischen Denkens.[15]

1996 zeigten die Bevölkerungsprognosen der Vereinten Nationen erstmals einige unerwartete Veränderungen. Sie gehen nun davon aus, dass im Jahr 2050 die Gesamtweltbevölkerung um fast eine halbe Milliarde unter den Angaben früherer Prognosen liegen wird – eine Entwicklung, die auf die »signifikante Reduzierung der Geburtenraten weltweit zurückzuführen ist.« Die Bevölkerungskurve flacht ab – und zwar ohne Zwang. »Population Action International« (PAI), eine staatlich unabhängige Organisation, die mit ihrer Arbeit zur Drosselung des Bevölkerungswachstums beitragen möchte, errechnete daraufhin Zahlen, die einige interessante ökologische Aspekte zeigen: »Im Jahr 2050 werden um die 400 Millionen bis 1,5 Milliarden Menschen weniger in wasserarmen Ländern leben als laut früheren Studien vorhergesagt.« Das war die gute Nachricht. Die schlechte Nachricht jedoch lautete: »Selbst unter diesen verbesserten Umständen wird die Verknappung der Süßwasserreserven für Millionen Menschen weltweit ein Problem bleiben.« Den Angaben von PAI zufolge wird sich der Prozentsatz der Menschen, die im Jahr 2050 in Ländern mit angespannter Wasserlage leben, um das Drei- bis Fünffache erhöht haben.[16]

Dennoch, die niedrigere Geburtenrate bedeutet, dass bestimmte Länder – beispielsweise Sri Lanka oder El Salvador – ein Absacken in die »angespannte Wasserlage« um wenigstens noch ein Jahrzehnt verzögern können, zehn Jahre, in denen Zeit bleibt, Maßnahmen zur Erhaltung der Wasserreserven zu ergreifen. In Indien könnte diese Entwicklung noch stärkere Veränderungen bewirken. Laut früheren Prognosen wird Indien schon 2015 zu den Ländern mit angespannter Wasserlage zählen. »Nach den neuesten Vorhersagen der UN wird in Indien die Phase der chronischen Wasserknappheit jedoch nicht vor 2035 anbrechen. ... Was dabei noch wichtiger ist: Sollte mit der niedrigen Gesamtbevölkerungsentwicklung gleichzeitig eine niedrige Gesamtfruchtbarkeitsrate einhergehen, so könnte

Indiens Bevölkerung bis Mitte des 21. Jahrhunderts stetig abnehmen und damit das Land innerhalb eines Jahrzehnts wieder aus der angespannten Wasserlage herausführen.

China ist, wie wir an anderer Stelle gesehen haben, ein besonderer Fall, vor allem deshalb, weil das Land so riesig ist. Auch dort gibt es einige kurz- und mittelfristige Lösungen: Wasserableitung aus dem Jangtse-Becken, Anbau von weniger wasserintensiven Getreidesorten und Erhaltung der Wasserreserven, Bau von Tropfbewässerungsanlagen für wasserintensive Getreidesorten, effizientere Beregnungssysteme anstatt der Furchenbewässerung, höhere Wassergebühren in den Städten. Mit der Modernisierung veralteter Industrieanlagen würde China weniger Wasser verbrauchen: Im Vergleich zu China liegt der Wasserverbrauch in modernen Fabriken der Vereinigten Staaten und Europas bei gleicher Produktionsleistung um ein Drittel niedriger. Industrie- und Haushaltsabwässer können getrennt und aufbereitete Haushaltsabwässer zu Bewässerungszwecken wieder verwendet werden. Doch trotz aller Maßnahmen werden 1,5 Milliarden relativ reicher Chinesen auch künftig wesentlich mehr Wasser verbrauchen als eine Milliarde weniger wohlhabender Chinesen. Und dieses Wasser ist einfach nicht verfügbar.

Und genau deswegen melden sich die Malthusianer wieder zurück, die Unheil verkündenden Schwarzseher, und läuten die nächste Runde ein.

Überlebensstrategie 4: Wasserdiebstahl

Nach alter jüdischer, christlicher und islamischer Überlieferung liegt die Urquelle allen Lebens tief unter einem Stück Land, unter einem politisch mächtigen Ort namens Jerusalem – eine schöne Metpaher für die Erkenntnis, dass die Lösung aller Wasserprobleme letzten Endes eine politische ist.

Wer besitzt das Wasser? Wer verteilt es? Wer kontrolliert es? Wer will es stehlen? Wer kann es stehlen? Welcher Wasserstreit ist unter allen länderübergreifenden Konflikten am gefährlichsten? Wenn erstens der stromaufwärts gelegene Wasseranrainerstaat mächtiger ist als der stromabwärts gelegene und dieser sich deswegen um den Wasserbedarf des stromabwärts gelegenen Staats herzlich wenig schert? Oder zweitens, wenn der Fall umgekehrt ist und das stromabwärts gelegene Land mächtiger ist? In diesem Fall würde das stromaufwärts gelegene Land für jeglichen unbedachten oder sorglosen Umgang mit dem Wasservorkommen Vergeltungsmaßnahmen riskieren. Oder drittens, wenn beide Länder unter einer angespannten Wasserlage leiden und somit mehr oder weniger die gleiche Macht haben?

Pessimisten werden sagen, dass jeder der drei Fälle gefährlich ist. Ägypten beispielsweise, ein mächtiges, stromabwärts gelegenes Land, hat mehr als einmal gedroht, für die Wasser des Nils in den Krieg zu ziehen; bisher hat allein die Tatsache, dass sowohl der Sudan als auch Äthiopien vom Bürgerkrieg zerrüttet sind und zu arm, »ihre« eigenen Wasservorkommen zu erschließen, einen offenen Konflikt verhindert. Im Euphratbecken ist die Türkei den Syrern zwar militärisch überlegen, doch hat das die Syrer bisher nicht von Gewaltdrohungen abgehalten. Auch in zahllosen anderen Ländern mit mehr oder weniger gleichem militärischen Machtpotential war das Wasser des Öfteren schon Anlass für Kriegsdrohungen, entlang des Mekong etwa oder des Paraná.

Es gibt aber auch Leute, die glauben, dass Kriegsdrohungen nur heiße Luft sind. Der kanadische Sicherheitsexperte Tad Homer-Dixon gehört zu den Skeptikern. Er fand bei seinen Nachforschungen keine Beispiele für internationale Gewaltausbrüche, die in Zusammenhang mit erneuerbaren Ressourcen wie Fisch, Wald oder Wasser standen, dafür aber einige, die mit nicht erneuerbaren Ressourcen wie Öl oder Eisenerz verbunden waren. Er belächelt die Panikmacher, obgleich er auch anerkennt, dass

> Wasservorräte für alle Bereiche nationaler Unternehmungen vonnöten sind, einschließlich Errichtung und Einsatz von militärischer Macht, und reiche Länder ebenso abhängig vom Wasser sind wie arme ... Darüber hinaus leben rund 40 Prozent der Weltbevölkerung in den Gebieten der 250 Flussbecken, die sich mehrere Länder teilen. ... Kriege wegen Flusswasser zwischen fluss-

aufwärts und flussabwärts gelegenen Nachbarstaaten sind nur in einem ganz bestimmten Kontext wahrscheinlich: Das flussabwärts gelegene Land muss für sein nationales Wohlergehen in hohem Maße von dem Wasser abhängig sein; das flussaufwärts gelegene Land muss in der Lage sein, die Wasserführung des Flusses zu beschränken; zwischen beiden Ländern muss es einen geschichtlich begründeten Konflikt geben; und, am allerwichtigsten, das flussabwärts gelegene Land muss militärisch wesentlich stärker sein als das flussaufwärts gelegene.

Nicht jeder stimmt Homer-Dixons Analyse zu. Frederick Frey, Politikwissenschaftler an der Universität von Pennsylvania, führt an, dass Wasser nicht mit den anderen erneuerbaren Ressourcen wie Fisch oder Wald vergleichbar sei. »Wasser weist vier primäre Kennzeichen von größter politischer Bedeutung auf: extreme Bedeutsamkeit, Knappheit, ungünstige Verteilung und grenzüberschreitende Verteilung. Diese vier Faktoren machen kriegerische Auseinandersetzungen um die Ressource Wasser wahrscheinlicher als Konflikte um andere Ressourcen. Überdies werden Wasserkonflikte durch das Bevölkerungswachstum sowie durch wirtschaftliche Entwicklungen, die der Wasserverschwendung Vorschub leisten, zunehmend verstärkt. Die nationale und internationale »Unfähigkeit«, diese Tendenzen unter Kontrolle zu bringen, machen das Problem noch alarmierender.«[17]

Wassermangel führt nicht zwangsläufig zu Krieg, doch fast immer zu Nahrungsmittelverknappungen, zu größerer Armut und zur Verbreitung von Krankheiten. Wassermangel fördert Abwanderungen vom Land in die Stadt, lässt die Megaslums der Städte weiter ausufern. Lebensstandards sinken, soziale Unruhen und Gewalt nehmen zu und führen, wie der Unheilsprophet Robert Kaplan sagt, zu »nahender Anarchie«.

Wasserkrieg – anders definiert.

Gibt es nun eine Krise um das Wasser? Das war eine der Fragen, die ich mir am Anfang dieses Buches stellte. Leichte Frage, schwere Antwort. Auf der einen Seite gibt es um diese Frage viel wissenschaftlichen Meinungsstreit, viele Ideen und Anschauungen, auf der anderen Seite aber auch viele Schwierigkeiten, Ökologie (mit allen Verkettungen, Ursachen und Wirkungen, plötzlichen Regelmäßigkeiten im anscheinenden Chaos) überhaupt zu definieren. Es gibt zahllose Leute, die ein geradezu voyeuristisches Interesse an einem bevorstehenden ökologischen Kollaps zu haben scheinen, dann wiederum gibt es viele, die sich strikt weigern, der drohenden Gefahr ins Gesicht zu blicken. Ich hörte den Naturverehrern zu und den Aposteln der freien Marktwirtschaft. Ich hörte denen zu, die mit Genuss das Wort Krise in ihrem Vokabular führen (Lester Brown vom »World Watch Institute«), und denen, die das tunlichst vermeiden (Peter Gleick und die stets gedankenvolle und überlegte Sandra Postel). Am Ende aber war für mich die zentrale Figur in der Wasserwelt ein Mann, der eine Sonderstellung einnimmt, da er sich nicht in diese Denkkategorien einordnen lässt – der Russe Igor Shiklomanow.

Shiklomanow hat mit großem Eifer jahrzehntelang Informationen zum Thema Wasser gesammelt, hat fleißig geforscht während der unsicheren Zeiten des Auseinanderbrechens der Sowjetunion. Seine Datenbanken über Wasser, Schnee und Eis werden weltweit von Forschern als verlässliche Quelle benutzt. Sorgfältig, peinlich genau und gewissenhaft zeigt er Unzulänglichkeiten in der eigenen Arbeit auf. Ich habe ihn schon dutzende Male reden hören, habe einen großen Teil seiner hervorragenden Werke gelesen, aber nie habe ich bei ihm Dramatisierung, Panikmache oder Übertreibungen gefunden. Er ist kein Schwarzmaler. Er benutzt nie das Wort *Krise*. Er spricht nie von jähen Abgründen, in die wir stürzen könnten – er benutzt so gut wie überhaupt keine Metaphern. Er sammelt lediglich Zahlen, die er ohne Umschweife und Beschönigung präsentiert. Und eben darum fand ich ihn viel beunruhigender als all die unzähligen anderen Künder der baldigen Apokalypse. Seine Forschungsergebnisse zeigen deutlicher als alle anderen, dass die Ressource Wasser eng zusammenhängt mit Geld, Wasserwirtschaft und Politik, und dass eine Lösung für die drohende Krise der Süßwasserreserven (meine Formulierung, nicht seine) allein in einer gemeinsamen internationalen Zusammenarbeit zu finden ist: »Keine

Weltregierung, nein, aber ein Welt*system*«, um es mit Maurice Strong zu sagen.

Immer wenn mir meine Lektüre über Wasser zu viel zu werden drohte, sei es, weil mich die Schwermut befiel (noch ein Fluss, der gefährlich verschmutzt ist, noch ein Grundwasserspiegel, der unwiederbringlich und unentschuldbar erschöpft ist, weitere Millionen Hektar Ackerland für immer vergiftet, noch eine Tirade über die sterbenden Weltmeere), sei es, weil mich die Langeweile übermannte (noch ein wissenschaftliches Forschungspapier mit einem fesselnden Titel wie »Die hydrologischen Charakteristika von Schieferformationen in den permischen Schichten im Einzugsgebiet des Modder River«), dachte ich an Feodor Zibold und seinen Tauwasserkollektor und fühlte mich gleich ein wenig besser. Denn Zibold steht für die menschliche Erfindungsgabe.

Mit der uns Menschen eigenen Torheit könnten wir sehr wohl Wasserkriege verursachen, doch mit menschlicher Erfindungskraft könnten wir sie immer auch verhindern. Was Zibold uns lehrt, ist, dass wir nicht ohne alle Waffen sind in diesen Kriegen, die wir im Grunde gegen uns selbst führen.

Danksagung

Mein Dank für die unterstützende und unentbehrliche Hilfe bei der Erstellung dieses Werks gilt Rosemary Shipton, Earl Green, Ken Hirtle, Elisabeth Cherdell, Kay Rolland, Bill Gilkerson, Dominique Henry, Gregory Grammer, Helen Marquard, Maurice Strong, Kim Peters, Stephanie Foster, Fraser und Linda Farmer, Professor Ben Dziegielewski, Professor Henry Kendall sowie ganz besonders Bruce Westwood.

Anhang

Die folgenden Zahlenangaben, die von den Forschern Tom Gardner-Outlaw und Robert Engelman für die Organisation »Population Action International« zusammengestellt wurden, zeigen das Gesamtjahresvolumen der erneuerbaren Süßwasservorräte für einzelne Länder. Aufgeführt sind des Weiteren die Bevölkerungszahlen und die Wasserverfügbarkeit pro Kopf für 1950 und 1995 sowie – unter Verwendung der von den Vereinten Nationen herausgegebenen niedrigen, mittleren und hohen Prognosewerte – der voraussichtliche Stand für die Jahre 2025 und 2050.

Region/Land	Gesamtjahresvolumen der erneuerbaren Süßwasservorräte (km^3)	1950 Bevölkerung (in tausend)	1950 Wasserverfügbarkeit pro Kopf (m^3)	1995 Bevölkerung (in tausend)	1995 Wasserverfügbarkeit pro Kopf (m^3)	2025 Niedrige Prognose Bevölkerung (in tausend)	2025 Niedrige Prognose Wasserverfügbarkeit pro Kopf (m^3)	2025 Mittlere Prognose Bevölkerung (in tausend)	2025 Mittlere Prognose Wasserverfügbarkeit pro Kopf (m^3)	2025 Hohe Prognose Bevölkerung (in tausend)	2025 Hohe Prognose Wasserverfügbarkeit pro Kopf (m^3)	2050 Niedrige Prognose Bevölkerung (in tausend)	2050 Niedrige Prognose Wasserverfügbarkeit pro Kopf (m^3)	2050 Mittlere Prognose Bevölkerung (in tausend)	2050 Mittlere Prognose Wasserverfügbarkeit pro Kopf (m^3)	2050 Hohe Prognose Bevölkerung (in tausend)	2050 Hohe Prognose Wasserverfügbarkeit pro Kopf (m^3)
Ägypten	58,10	21,834	2,661	62,096	936	87,577	663	95,766	607	103,979	559	92,596	627	115,480	503	141,702	410
Äquatorial Guinea	30,00	226	132,743	400	75,000	773	38,810	798	37,594	854	35,129	1,015	29,557	1,144	26,224	1,354	22,157
Äthiopien	110,00	18,434	5,967	56,404	1,950	125,993	873	136,288	807	145,072	758	176,495	623	212,732	517	250,018	440
Afghanistan	50,00	8,958	5,582	19,661	2,543	41,697	1,199	45,262	1,105	48,324	1,035	50,585	988	61,373	815	72,560	689
Albanien	21,30	1,230	17,317	3,383	6,296	3,908	5,450	4,295	4,959	4,649	4,582	3,753	5,675	4,747	4,487	5,821	3,659
Algerien	14,80	8,753	1,691	28,109	527	43,374	341	47,322	313	50,615	292	47,843	309	58,991	251	70,232	211
Angola	184,00	4,131	44,541	10,816	17,012	24,853	7,404	25,547	7,202	27,539	6,681	34,690	5,304	38,897	4,730	46,396	3,966
Argentinien	994,00	17,150	57,959	34,768	28,590	43,281	22,966	47,160	21,077	51,023	19,481	43,887	22,649	54,522	18,231	66,659	14,912
Armenien	13,30	1,354	9,801	3,632	3,654	3,911	3,393	4,185	3,171	4,411	3,008	3,537	3,752	4,376	3,032	5,105	2,599
Australien	343,00	8,219	41,733	17,866	19,198	21,871	15,683	23,931	14,333	25,442	13,482	20,012	17,140	25,286	13,565	29,440	11,651
Aserbeidschan	33,00	2,896	11,388	7,531	4,379	8,769	3,761	9,714	3,395	10,744	3,070	8,527	3,868	10,881	3,031	13,769	2,395
Bahrain	0,09	116	776	557	162	795	113	863	104	928	97	760	118	940	96	1,138	79
Bangladesch	2357,00	41,783	56,411	118,229	19,936	166,535	14,153	179,98	13,096	193,782	12,163	178,188	13,228	218,188	10,803	264,681	8,905
Barbados	0,05	211	237	261	192	276	181	296	169	311	161	247	202	306	163	353	142
Belarus	73,80	7,745	9,529	10,352	7,129	9,308	7,929	9,641	7,655	10,459	7,056	7,523	9,810	8,726	8,457	10,994	6,713
Belgien	12,50	8,639	1,447	10,127	1,234	9,737	1,284	10,271	1,217	10,619	1,177	8,116	1,540	9,763	1,280	10,932	1,143
Belize	16,00	69	231,884	213	75,117	343	46,647	375	42,667	406	39,409	389	41,131	480	33,333	584	27,397
Benin	25,80	2,046	12,610	5,409	4,770	11,862	2,175	12,276	2,102	12,675	2,036	15,853	1,627	18,095	1,426	20,432	1,263
Bhutan	95,00	734	129,428	1,770	53,672	3,369	28,198	3,6468	20,056	3,886	24,447	4,286	22,165	5,184	18,326	6,092	15,594
Bolivien	300,00	2,714	110,538	7,414	40,464	11,930	25,147	13,131	22,847	13,927	21,541	13,569	22,109	16,966	17,682	19,955	15,034
Botsuana	14,70	389	37,789	1,450	10,138	2,432	6,044	2,576	5,707	2,721	5,402	2,807	5,237	3,320	4,428	3,881	3,788
Brasilien	6950,00	53,975	128,763	159,015	43,707	194,616	35,711	216,596	32,087	241,390	28,792	188,015	36,965	243,259	28,570	312,132	22,266

Bulgarien	205,00	7,251	28,272	8,509	24,092	7,207	28,445	7,453	27,506	7,806	26,262	5,773	35,510	6,690	30,643	7,788	26,323
Burkina Faso	28,00	3,654	7,663	10,479	2,672	22,558	1,241	23,451	1,194	24,456	1,145	30,867	907	35,419	791	40,500	691
Burundi	3,60	2,456	1,466	6,064	594	11,986	300	12,341	292	13,209	273	15,028	240	16,937	213	19,978	180
Chile	468,00	6,082	76,948	14,210	32,935	18,025	25,964	19,548	23,941	20,864	22,431	17,957	26,062	22,215	21,067	26,658	17,556
China	2800,00	554,760	5,047	1220,224	2,295	1366,883	2,048	1480,430	1,891	1561,429	1,793	1198,215	2,337	1516,664	1,846	1765,222	1,586
Costa Rica	95,00	862	110,209	3,424	27,745	5,136	18,497	5,608	16,940	5,899	16,104	5,547	17,126	6,902	13,764	8,050	11,801
Dänemark	13,00	4,271	3,044	5,223	2,489	4,881	2,663	5,324	2,442	5,438	2,391	4,084	3,183	5,234	2,484	5,752	2,260
Deutschland	171,00	68,376	2,501	81,594	2,096	77,628	2,203	80,877	2,114	84,513	2,023	59,406	2,878	69,542	2,459	80,094	2,135
Dominikanische Rep.	20,00	2,353	8,500	7,823	2,557	10,450	1,914	11,164	1,791	12,191	1,641	10,910	1,833	13,141	1,522	16,287	1,228
Dschibuti	2,30	62	37,097	601	3,827	1,100	2,091	1,134	2,028	1,168	1,969	1,334	1,724	1,506	1,527	1,688	1,363
Ecuador	314,00	3,387	92,707	11,460	27,400	16,570	18,950	17,796	17,644	19,341	16,235	17,561	17,881	21,190	14,818	25,903	12,122
Elfenbeinküste	77,70	2,776	27,990	13,694	5,674	22,640	3,432	24,397	3,185	26,169	2,969	26,086	2,979	31,706	2,451	37,993	2,045
El Salvador	18,95	1,951	9,713	5,662	3,347	8,636	2,194	9,221	2,055	10,095	1,877	9,498	1,995	11,364	1,668	14,030	1,351
Eritrea	8,80	1,140	7,719	3,171	2,775	6,244	1,409	6,504	1,353	6,765	1,301	7,605	1,157	8,808	999	10,109	871
Estland	17,60	1,101	15,985	1,488	11,828	1,198	14,691	1,256	14,013	1,338	13,154	908	19,383	1,084	16,236	1,315	13,384
Fidschi	28,55	289	98,789	784	36,416	1,075	26,558	1,170	24,402	1,265	22,569	1,124	25,400	1,393	20,495	1,698	16,814
Finnland	113,00	4,009	28,187	5,107	22,126	4,928	22,930	5,294	21,345	5,529	20,438	4,156	27,190	5,172	21,484	5,926	19,069
Frankreich	198,00	41,829	4,734	58,104	3,408	57,825	3,424	60,393	3,279	62,768	3,154	49,832	3,973	58,370	3,392	65,922	3,004
Gabun	164,00	469	349,680	1,076	152,416	1,991	82,376	2,118	77,432	2,247	72,986	2,488	65,916	2,952	55,556	3,464	47,344
Gambia	8,00	294	27,211	1,111	7,201	1,884	4,246	1,984	4,032	2,086	3,835	2,226	3,594	2,604	3,072	3,020	2,649
Ghana	53,20	4,900	10,857	17,338	3,068	35,045	1,518	36,341	1,464	37,632	1,414	44,669	1,191	51,205	1,039	58,151	915
Griechenland	58,65	7,566	10,454	5,610	9,657	6,073	10,074	5,822	10,317	5,685	7,657	7,660	9,013	6,507	9,816	5,975	
Guatemala	116,00	2,969	39,070	10,621	10,922	19,632	5,909	21,668	5,354	21,892	5,299	23,385	4,960	29,353	3,952	32,125	3,611
Guinea	276,00	2,550	88,627	7,349	30,752	14,545	15,538	15,286	14,785	16,365	13,810	19,353	11,678	22,914	9,863	27,174	8,317
Guinea-Bissau	27,00	505	53,465	1,069	25,257	1,825	14,795	1,921	14,055	2,047	13,190	2,258	11,957	2,674	10,097	3,156	8,555
Guyana	241,00	423	569,740	830	290,361	997	241,725	1,114	216,338	1,240	194,355	953	252,886	1,239	194,512	1,588	151,763
Haiti	11,00	3,261	3,373	7,124	1,544	11,103	991	12,513	879	12,807	859	13,201	833	17,524	628	18,945	581
Honduras	63,40	1,380	45,942	5,654	11,213	9,984	6,350	10,656	5,960	11,809	5,369	11,668	5,434	13,920	4,555	17,425	3,638
Indien	2085,00	357,561	5,831	929,005	2,244	1222,833	1,705	1330,201	1,567	1438,866	1,449	1230,522	1,694	1532,674	1,360	1885,390	1,106
Indonesien	2530,00	79,538	31,809	197,460	12,813	249,836	10,127	275,245	9,192	300,582	8,417	250,780	10,089	318,264	7,949	395,238	6,401
Irak	109,20	5,158	21,171	20,095	5,434	39,251	2,782	41,600	2,625	44,082	2,477	47,922	2,279	56,129	1,946	65,393	1,670
Iran	117,50	16,913	6,947	68,365	1,719	120,647	974	128,251	916	135,921	864	143,810	817	170,269	690	199,617	589
Irland	50,00	2,969	16,841	3,546	14,100	3,434	14,560	3,723	13,430	3,904	12,807	3,040	16,447	3,809	13,127	4,373	11,434

Region/Land	Gesamtjahresvolumen der erneuerbaren Süßwasservorräte (km^3)	1950 Bevölkerung (in tausend)	1950 Wasserverfügbarkeit pro Kopf (m^3)	1995 Bevölkerung (in tausend)	1995 Wasserverfügbarkeit pro Kopf (m^3)	2025 Niedrige Prognose Bevölkerung (in tausend)	2025 Niedrige Prognose Wasserverfügbarkeit pro Kopf (m^3)	2025 Mittlere Prognose Bevölkerung (in tausend)	2025 Mittlere Prognose Wasserverfügbarkeit pro Kopf (m^3)	2025 Hohe Prognose Bevölkerung (in tausend)	2025 Hohe Prognose Wasserverfügbarkeit pro Kopf (m^3)	2050 Niedrige Prognose Bevölkerung (in tausend)	2050 Niedrige Prognose Wasserverfügbarkeit pro Kopf (m^3)	2050 Mittlere Prognose Bevölkerung (in tausend)	2050 Mittlere Prognose Wasserverfügbarkeit pro Kopf (m^3)	2050 Hohe Prognose Bevölkerung (in tausend)	2050 Hohe Prognose Wasserverfügbarkeit pro Kopf (m^3)
Island	168,00	143	1174,825	269	624,535	317	529,968	336	500,000	357	470,588	301	558,140	363	462,810	425	395,294
Israel	2,15	1,258	1,709	5,525	389	7,183	299	7,977	270	8,744	246	7,271	296	9,144	235	11,213	192
Italien	167,00	47,104	3,545	57,204	2,919	50,213	3,326	51,744	3,227	53,545	3,119	37,109	4,500	42,092	3,967	47,196	3,538
Jamaika	8,30	1,403	5,916	2,468	3,363	3,063	2,710	3,370	2,463	3,721	2,231	3,086	2,690	3,886	2,136	4,899	1,694
Japan	547,00	83,625	6,541	125,068	4,374	117,738	4,646	121,348	4,508	125,389	4,362	96,263	5,682	109,546	4,993	122,352	4,471
Jemen	5,20	4,316	1,205	15,027	346	36,535	142	39,589	131	42,307	132	511,195	102	61,129	85	71,515	73
Jordan	1,71	1,237	1,382	5,373	318	11,375	150	11,894	144	12,414	138	14,412	119	16,671	103	19,106	90
Kambodscha	498,10	4,346	114,611	10,024	49,691	16,231	30,688	16,990	29,317	17,738	28,081	18,355	27,137	21,394	23,282	24,627	20,226
Kamerun	268,00	4,466	60,009	13,192	20,315	27,631	9,699	28,521	9,397	29,544	9,071	36,775	7,288	41,951	6,388	47,831	5,603
Kanada	2901,00	13,737	211,181	29,402	98,667	33,127	87,572	36,385	79,731	38,792	74,783	28,885	100,433	36,352	79,803	41,837	69,341
Kap Verde	0,30	146	2,055	386	777	630	476	679	442	727	413	711	422	864	347	1,033	290
Kasachstan	169,40	6,703	25,272	16,817	10,073	18,007	9,407	20,047	8,450	22,176	7,639	17,211	9,843	22,260	7,610	28,332	5,979
Katar	0,05	25	2,000	548	91	739	68	782	64	819	61	718	70	861	58	1,009	50
Kenia	30,20	6,265	4,820	27,150	1,112	47,245	639	50,202	602	53,129	568	55,473	544	66,054	457	77,648	389
Kirgisistan	61,70	1,740	35,460	4,460	13,834	5,450	11,321	5,950	10,370	6,461	9,550	5,785	10,666	7,182	8,591	8,810	7,003
Kolumbien	1070,00	11,946	89,570	35,814	29,877	49,160	21,766	52,668	20,316	57,117	18,733	51,380	20,825	62,284	17,179	76,405	14,004
Komoren	1,02	173	5,896	612	1,667	1,289	791	1,342	760	1,397	730	1,621	629	1,876	544	2,153	474
Kongo	832,00	808	1029,703	25,93	320,864	5,580	149,104	5,747	144,771	6,143	135,439	7,757	107,258	8,729	95,314	10,286	80,887
Kroatien	61,40	3,850	15,948	4,505	13,629	4,058	15,131	4,243	14,471	4,404	13,942	3,369	18,225	3,991	15,385	4,532	13,548
Kuba	34,50	5,850	5,897	10,964	3,147	11,402	3,026	11,798	2,924	12,558	2,747	9,806	3,518	11,284	3,057	13,460	2,563
Kuwait	0,16	152	1,053	1,691	95	2,647	60	2,904	55	3,160	51	2,727	59	3,406	47	4,187	38
Laos	270,00	1,755	153,846	4,882	55,305	9,271	29,123	10,202	26,465	11,030	24,479	11,179	24,152	13,889	19,440	16,740	16,129

Lesotho	5,20	734	7,084	2,027	2,565	3,861	1,347	4,031	1,290	4,201	1,238	4,888	1,064	5,643	921	6,453	806
Lettland	34,00	1,949	17,445	2,536	13,407	2,008	16,932	2,108	16,129	2,300	14,783	1,574	21,601	1,891	17,980	2,417	14,067
Libanon	5,58	1,443	3,867	3,009	1,854	4,030	1,385	4,424	1,261	4,828	1,156	4,143	1,347	5,189	1,075	6,400	872
Liberia	232,00	824	281,553	2,123	109,279	6,117	37,927	6,573	35,296	7,057	32,875	8,189	28,331	9,955	23,305	11,798	19,664
Libyen	0,60	1,029	583	5,407	111	12,422	48	12,885	47	13,359	45	16,748	36	19,109	31	21,635	28
Litauen	24,20	2,567	9,427	3,736	6,478	3.359	7,205	3,521	6,873	3,771	6,417	2,764	8,755	3,297	7,340	4,006	6,041
Luxemburg	5,00	296	16,892	407	12,285	429	11,655	466	10,730	480	10,417	364	13,736	461	10,846	516	9,690
Madagaskar	337,00	4,229	79,688	14,874	22,657	33,308	10,118	34,476	9,775	35,658	9,451	44,513	7,571	50,807	6,633	57,561	5,855
Malawi	18,70	2,881	6,491	9,673	1,933	19,855	942	20,391	917	20,926	894	26,714	700	29,825	627	33,087	565
Malaysia	456,00	6,110	74,632	20,140	22,642	29,053	15,695	31,577	14,441	34,088	13,377	31,026	14,697	38,089	11,972	46,063	9,9899
Mali	67,00	3,520	19,034	10,795	6,207	22,794	2,939	24,75	2,726	26,378	2,540	30,688	2,183	36,817	1,820	43,603	1,537
Malta	0,03	312	96	367	82	395	76	424	71	448	67	358	84	442	68	514	58
Marokko	30,00	8,953	3,351	26,524	1,131	36,286	827	39,925	751	43,774	685	37,737	795	47,276	635	58,538	512
Mauretanien	11,40	825	13,818	2,274	5,013	4,252	2,681	4,443	2,566	4,652	2,451	5,264	2,166	6,077	1,876	7,013	1,626
Mauritius	2,20	493	4,462	1,117	1,970	1,418	1,551	1,481	1,485	1,581	1,392	1,402	1,569	1,654	1,330	1,963	1,121
Mexiko	357,40	27,737	12,885	91,145	3,921	121,079	2,952	130,196	2,745	143,353	2,493	127,135	2,811	154,120	2,319	192,658	1,855
Moldawien	13,70	2,341	5,852	4,437	3,088	4,481	3,057	4,869	2,814	5,400	2,537	4,032	3,398	5,138	2,666	6,518	2,102
Mongolei	24,60	761	32,326	2,463	9,988	3,763	6,537	4,052	6,071	4,334	5,676	4,103	5,996	4,986	4,934	5,962	4,126
Mosambik	208,00	6,198	33,559	17,260	12,051	34,477	6,033	35,444	5,868	37,814	5,501	46,186	4,504	51,774	4,017	60,814	3,420
Myanmar	1082,00	17,832	60,677	45,106	23,988	62,948	17,189	67,643	15,996	72,301	14,965	66,775	16,209	80,896	13,375	96,598	11,201
Namibia	45,50	511	89,041	1,536	29,622	2,881	15,793	2,999	15,172	3,116	14,602	3,624	12,555	4,167	10,919	4,746	9,587
Nepal	170,00	7,862	21,623	21,456	7,923	38,660	4,397	40,554	4,192	42,443	4,005	45,737	3,717	53,621	3,170	62,192	2,733
Neuseeland	327,00	1,908	171,384	3,561	91,828	4,510	72,506	4,878	67,036	5,119	63,880	4,222	77,451	5,271	62,038	6,055	54,005
Nicaragua	175,00	1,098	159,381	4,123	42,445	7,144	24,496	7,639	22,909	8,453	20,703	8,256	21,197	9,922	17,638	12,437	14,071
Niederlande	90,00	10,114	8,899	15,482	5,813	15,633	5,757	16,141	5,576	16,644	5,407	13,112	6,864	14,956	6,018	16,598	5,422
Niger	32,50	2,4000	13,542	9,151	3,552	21,441	1,516	22,385	1,452	23,343	1,392	30,189	1,077	34,576	940	39,302	827
Nigeria	280,00	32,935	8,502	111,721	2,506	222,409	1,259	238,397	1,175	256,342	1,092	278,732	1,005	338,510	827	403,745	694
Nordkorea	67,00	9,488	7,062	22,097	3,032	27,902	2,401	30,046	2,230	31,910	2,100	26,513	2,527	32,873	2,038	38,534	1,739
Norwegen	392,00	3,265	120,61	4,332	90,489	4,291	91,354	4,662	84,084	4,847	80,875	3,699	105,975	4,694	83,511	5,324	73,629
Oman	1,93	456	4,232	2,207	874	6,044	319	6,538	295	6,943	278	9,085	212	10,930	177	12,795	151
Österreich	90,30	6,935	13,021	8,045	11,224	8,051	11,216	8,3056	10,873	8,600	10,500	6,496	13,901	7,430	12,153	8,340	10,827
Pakistan	468,00	39,513	11,844	136,257	3,435	256,701	1,823	268,904	1,740	281,063	1,665	306,271	1,528	357,353	1,310	412,787	1,134
Panama	144,00	860	167,442	2,631	54,732	3,483	41,344	3,779	38,105	4,126	34,901	3,536	40,724	4,365	32,990	5,420	26,568

Region/Land	Gesamtjahresvolumen der erneuerbaren Süßwasservorräte (km³)	1950 Bevölkerung (in tausend)	1950 Wasserverfügbarkeit pro Kopf (m³)	1995 Bevölkerung (in tausend)	1995 Wasserverfügbarkeit pro Kopf (m³)	2025 Niedrige Prognose Bevölkerung (in tausend)	2025 Niedrige Prognose Wasserverfügbarkeit pro Kopf (m³)	2025 Mittlere Prognose Bevölkerung (in tausend)	2025 Mittlere Prognose Wasserverfügbarkeit pro Kopf (m³)	2025 Hohe Prognose Bevölkerung (in tausend)	2025 Hohe Prognose Wasserverfügbarkeit pro Kopf (m³)	2050 Niedrige Prognose Bevölkerung (in tausend)	2050 Niedrige Prognose Wasserverfügbarkeit pro Kopf (m³)	2050 Mittlere Prognose Bevölkerung (in tausend)	2050 Mittlere Prognose Wasserverfügbarkeit pro Kopf (m³)	2050 Hohe Prognose Bevölkerung (in tausend)	2050 Hohe Prognose Wasserverfügbarkeit pro Kopf (m³)
Papua Neuginea	801,00	1,613	496,590	4,301	186,236	7,196	111,312	7,546	106,149	7,885	101,585	8,255	97,032	9,637	83,117	11,089	72,234
Paraguay	314,00	1,488	211,022	4,828	65,037	8,350	37,605	9,355	33,565	9,482	33,115	9,731	32,268	12,565	24,990	13,678	22,957
Peru	40,00	7,632	5,241	23,532	1,700	32,505	1,231	35,518	1,126	38,550	1,038	34,184	1,170	42,292	946	51,527	776
Philippinen	323,00	20,988	15,390	67,839	4,761	97,708	3,306	105,194	3,071	112,655	2,867	107,785	2,997	130,511	2,475	155,904	2,072
Polen	56,20	24,824	2,264	38,557	1,458	37,800	1,487	39,973	1,406	43,413	1,295	32,801	1,713	39,725	1,415	49,226	1,142
Portugal	69,60	8,405	8,281	9,815	7,091	9,159	7,599	9,438	7,374	9,768	7,125	7,638	9,112	8,701	7,999	9,755	7,135
Rumänien	208,00	16,311	12,752	22,728	9,152	20,381	10,206	21,098	9,859	22,228	9,358	16,423	12,665	19,009	10,942	22,374	9,297
Ruanda	6,30	2,210	2,972	5,184	1,215	12,454	506	12,981	485	13,341	469	147,60	427	16,937	372	19,318	326
Russische Föderation	4,498,00	102,192	44,015	148,460	30,298	126,016	35,694	131,395	34,233	141,293	31,835	96,559	46,583	114,318	39,346	142,136	31,646
Salomon Inseln	44,70	90	49,667	378	118,254	811	55,117	844	52,962	878	50,911	1,033	43,272	1,192	37,500	1,362	32,819
Sambia	116,00	2,440	47,541	8,081	14,355	15,510	7,479	16,163	7,177	16,816	6,898	18,959	6,118	21,965	5,281	25,193	4,604
Saudi-Arabien	4,55	3,201	1,421	18,255	249	40,916	111	42,363	107	43,531	105	52,821	86	59,812	76	66,494	68
Schweden	180,00	7,014	25,663	8,788	20,482	8,802	20,450	9,511	18,925	9,837	18,298	7,653	23,520	9,574	18,801	10,743	16,755
Schweiz	50,00	4,694	10,652	7,166	6,977	7,160	6,983	7,581	6,595	7,787	6,421	5,665	8,826	6,935	7,210	7,609	6,571
Senegal	39,40	2,500	15,760	8,312	4,740	16,270	2,422	16,896	2,332	17,522	2,249	20,473	1,924	23,442	1,681	26,614	1,480
Sierra Leone	160,00	1,944	82,305	4,195	38,141	7,833	20,426	8,200	19,512	8,770	18,244	9,838	16,263	11,368	14,075	13,465	11,883
Simbabwe	20,00	2,730	7,326	11,190	1,787	18,156	1,102	19,347	1,034	20,528	974	20,768	963	20,904	803	29,456	679
Singapur	0,60	1,022	587	3,327	180	3,939	152	4,212	142	4,397	136	3,424	175	4,190	143	4,772	126
Slowakische Republik	30,80	3,463	8,894	5,338	5,770	5,213	5,908	5,469	5,632	5,765	5,343	4,405	6,992	5,260	5,856	6,172	4,990
Somalia	13,50	3,072	4,395	9,491	1,422	21,829	618	23,669	570	25,287	534	30,171	447	36,408	371	42,870	315
Spanien	111,30	28,009	3,974	39,627	2,809	36,336	3,063	37,500	2,968	38,872	2,863	27,925	3,986	31,755	3,505	35,670	3,120
Sri Lanka	43,20	7,678	5,626	17,928	2,410	21,322	2,026	23,934	1,805	26,674	1,620	20,777	2,079	26,995	1,600	34,251	1,261

Südafrika	50,00	13,683	3,654	41,465	1,206	67,708	738	71,621	698	75,513	662	77,084	649	91,466	547	107,177	467
Südkorea	66,10	20,357	3,247	44,909	1,472	49,802	1,327	52,533	1,258	55,110	1,199	43,608	1,516	52,146	1,268	60,055	1,101
Sudan	154,00	9,190	16,757	26,707	5,766	44,226	3,482	46,850	3,287	49,356	3,120	50,722	3,036	59,947	2,569	69,720	2,209
Surinam	200,00	215	930,233	427	468,384	541	369,686	605	330,579	670	298,507	551	362,976	711	281,294	902	221,729
Swasiland	4,50	264	17,045	857	5,251	1,567	2,872	1,675	2,687	1,784	2,522	1,853	2,428	2,228	2,020	2,644	1,702
Syrien	53,69	3,495	15,362	14,203	3,780	24,343	2,206	26,303	2,041	28,279	1,899	28,419	1,889	34,463	1,558	41,255	1,301
Tadschikistan	101,30	1,532	66,123	5,828	17,382	9,158	11,061	9,747	10,393	10,344	9,793	10,428	9,714	12,366	8,192	14,537	6,968
Tansania	89,00	7,886	11,286	30,026	2,964	60,309	1,476	62,436	1,425	64,557	1,379	77,960	1,142	88,963	1,000	100,672	884
Thailand	179,00	20,010	8,946	58,242	3,073	63,431	2,822	69,089	2,591	74,714	2,396	57,266	3,126	72,969	2,453	91,527	1,956
Togo	12,00	1,329	9,029	4,085	2,938	8,308	1,444	8,762	1,370	9,405	1,276	10,656	1,126	12,655	948	15,043	798
Trinidad und Tobago	5,10	636	8,019	1,287	3,963	1,537	3,318	1,692	3,014	1,818	2,805	1,475	3,458	1,899	2,686	2,263	2,254
Tschad	43,00	2,658	16,178	6,335	6,788	12,257	3,508	12,648	3,400	13,544	3,175	15,955	2,695	18,004	2,388	21,317	2,017
Tschechische Republik	58,20	8,925	6,521	10,263	5,671	9,193	6,331	9,627	6,045	10,133	5,744	7,186	8,077	8,572	6,790	9,807	5,935
Tunesien	3,90	3,530	1,105	8,987	434	12,323	316	12,524	288	14,618	267	12,725	306	15,907	245	19,289	202
Türkei	193,10	20,809	9,280	60,838	3,174	78,506	2,460	85,791	2,251	91,828	2,103	77,524	2,491	97,911	1,972	116,024	1,664
Turkmenistan	72,00	1,211	59,455	4,075	17,669	6,013	11,974	6,470	11,128	6,937	10,379	6,553	10,987	7,916	9,096	9,464	7,608
Uganda	66,00	4,762	13,860	19,689	3,352	41,165	1,603	44,983	1,467	48,304	1,366	54,099	1,220	66,305	995	79,079	835
Ukraine	231,00	36,906	6,259	51,757	4,463	44,081	5,240	45,979	5,024	48,080	4,804	34,531	6,690	40,802	5,661	47,205	4,894
Ungarn	120,00	9,338	12,851	10,106	11,874	8,268	14,514	8,667	13,846	9,128	13,146	6,442	18,628	7,715	15,554	8,828	13,593
Uruguay	124,00	2,239	55,382	3,186	38,920	3,400	36,471	3,692	33,586	3,968	31,250	3,230	38,390	4,027	30,792	4,902	25,296
Usbekistan	129,60	6,314	20,526	22,762	5,694	33,851	3,829	36,500	3,551	39,198	3,306	37,133	3,490	45,094	2,874	54,219	2,390
Vietnam	376,00	29,904	12,553	73,793	5,095	100,101	3,756	110,107	3,415	120,355	3,124	103,671	3,627	129,763	2,898	160,295	2,346
Venezuela	1317,00	5,094	258,539	21,844	60,291	31,724	41,514	34,775	37,872	37,514	35,107	33,669	39,116	42,125	31,244	51,257	25,694
Vereinigte Arabische Emirate	1,99	70	28,471	2,210	902	3,098	643	3,297	604	3,496	570	3,045	655	3,668	543	4,368	456
Vereinigtes Königreich	71,00	50,616	1,403	58,079	1,222	55,522	1,279	59,535	1,193	61,101	1,162	47,321	1,500	58,733	1,209	64,970	1,093
Vereinigte Staaten	2478,00	157,813	15,702	267,115	9,277	303,132	8,175	332,481	7,453	354,649	6,987	272,128	9,106	347,543	7,130	409,479	6,052
Zaire	1019,00	12,184	83,634	45,453	22,419	102,760	9,916	105,925	9,620	114,132	8,928	146,186	6,971	164,635	6,189	196,117	5,196
Zentralafrikanische Republik	141,00	1,314	107,306	2,929	48,139	5,791	24,348	6,006	23,477	6,208	22,713	7,166	19,676	8,215	17,164	9,295	15,169
Zypern	0,90	494	1,822	745	1,208	904	996	950	947	1,008	893	867	1,038	1,029	875	1,207	746

Anmerkungen

Artikel, die in der Liste der Anmerkungen ohne Quellenangabe stehen, können dem von der UNESCO herausgegebenen Protokoll zur Internationalen Wasserkonferenz vom Juni 1998 in Paris entnommen werden: *Proceedings*, International Conference on Water, Paris, Juni 1998, UNESCO.

KAPITEL 1

In den Passagen über Botsuana habe ich persönliche Beobachtungen und Interviews aufgezeichnet. Die Web-Site der südafrikanischen Zeitung *Mail and Guardian* war mir mit ihrer gegenwartsnahen Berichterstattung zur südafrikanischen Wassersituation bei meinen Recherchen sehr hilfreich und einige Zitate stammen aus dieser Quelle.

Einiges an Material lieferte mir die hervorragende Studie *Water Management in Africa and the Middle East* von Kathy Eales, Simon Forster und Luselko Du Mhango, herausgegeben von Eglal Rached et al. (Ottawa, IDCR 1998) und zitiert von »Population Action International«, in: *Sustaining Water, Easing Scarcity: A Second Update* (Washington DC 1977).

Einige Statistiken stammen aus Leif Ohlssons Werk *Hydropolitics: Conflicts over Water as a Development Constraint* (London

1995), einer ausführlichen Zusammenschau über globale Wasserprobleme unter Mitwirkung zahlreicher Fachleute.

Ein Zitat entnahm ich dem Buch *Last Oasis* (New York 1997) (dt.: *Die letzte Oase*, Frankfurt 1993) von Sandra Postel, eines der unverzichtbaren Bücher für jeden, der sich für die globale Wasserproblematik interessiert.

Zu den ausgewählten wissenschaftlichen Abhandlungen, die ich als Quellen herangezogen habe, gehören *Techniques for assessing changing water resources in the 21st century* von A. Rango und *The consequences of water scarcity: Measures of human well-being* von Peter Gleick.

1 In diesen Abschnitten sind einige Stellen übernommen aus *Into Africa: A Journey Through the Ancient Empires* von Marq de Villiers und Sheila Hirtle (Toronto, London 1997).

2 Zitat aus *Mail and Guardian*, November 1996.

3 Web-Site des »South African Environmental Project«, November 1998.

4 *Mail and Guardian*, August 1997.

5 Ebd., November 1996.

6 Eales, Forster, du Mhango, *Water Management in Africa and the Middle East*.

7 *Mail and Guardian*, November 1996.

8 Ebd., Dezember 1996.

9 Web-Site des »South African Environmental Project«, November 1998.

10 Frank Herbert, *Dune* (New York 1990), Anhang 1: »The Ecology of Dune«.

11 Die Zahlenangaben entstammen der Einführung in Leif Ohlssons Buch *Hydropolitics*, S. 3–28.

12 Postel, *Last Oasis*, xiv.

13 George Rothschild, geschäftsführender Direktor des »International Rice Research Institute« auf den Philippinen.

KAPITEL 2

Über die Wissenschaft vom Wasser gibt es unzählige Berichte und Textquellen. Ich habe mich vorwiegend an die Onlinefassung der

Encyclopaedia Britannica gehalten, die sich als zuverlässige Quelle erwies, stellenweise auch an die gedruckte Fassung der Ausgabe von 1976, falls nicht anderweitig vermerkt.

Ebenfalls hilfreich waren die Forschungsarbeiten des von Igor Shiklomanow geleiteten »Staatlichen Instituts für Hydrologie« in St. Petersburg sowie die ausgezeichnete Zusammenstellung von Peter Gleick mit dem Titel *Water in Crisis: A Guide to the World's Fresh Water Resources* (New York 1993), des Weiteren wissenschaftliche Abhandlungen, insbesondere »Groundwater and its uses in the world« von I. S. Zektser und »Over exploitation of groundwater« von M. Ramon Llamas.

1 Die 1998 am »US National Snow and Ice Center« durchgeführte Larsen-B-Studie; die Larsen-A-Studie von David Vaughan und Christopher Doake von der »British Antarctic Survey«, nach einem Bericht in: *Nature*, Februar 1998. Einige Ausführungen zum Thema Gletscherbewegungen entstammen der Onlinefassung der *Encyclopaedia Britannica*.

2 Quelle: *Encyclopaedia Britannica* 14: 1155.

3 Ebd.

4 Ebd.

5 *National Geographic*, März 1998

6 Quelle: *Encyclopaedia Britannica* 14: 1127

7 Quelle: *Encyclopaedia Britannica* 14: 1155.

8 Ebd.

9 Diese interessanten Vergleichswerte hat ein ABC-Nachrichtenkorrespondent im Juli 1998 ausgearbeitet.

10 Mit der Hydrosphäre befasst sich ausführlich *Encyclopaedia Britannica* 20: 715 ff.

11 Quelle: Onlinefassung der *Encyclopaedia Britannica*, »Hydrological Cycle«, http://www.eb.com:180/cgi-bin/g?DocF=micro/283/98.html.

12 Quelle: Onlinefassung der *Encyclopaedia Britannica*, »*The Hydrosphere: Distribution and Quantity of the Earth's Waters*«, http://www.eb.com:180/cgi-bin/g?DocF=macro/5002/99/0.html.

13 Aus einem Artikel der Zeitschrift *Science* von Sandra Postel, Gretchen Daily und Paul Ehrlich, Februar 1996.

[14] Übernommen aus der Onlinefassung der *Encyclopaedia Britannica*, »*The Hydrosphere: The Hydrological Cycle*«, http://www.eb.com:180/cgi-bin/g?DocF=macro/5002/99/8.html.

[15] Zahlenangaben aus: Igor Shiklomanow, »*World fresh water resources*«, in: Gleick, *Water in Crisis*, S. 13ff.

[16] Quelle: Onlinefassung der *Encyclopaedia Britannica*, »*The Biosphere and Concepts of Ecology: Major Ecosystems of the World*«, http://www.eb.com:180/cgi-bin/g?DocF=macro/5000/74/89.html.

[17] Bericht von Margaret Munro, in: *National Post*, vom 3. Dezember 1998.

[18] Jean-Yves Loude und Viviane Lievre, »*Le roi d'Afrique et la reine mer*«, zitiert in: *Balafon* 126 (1996), dem Inlandsflugmagazin der Luftgesellschaft Air Afrique.

[19] Onlinefassung der *Encyclopaedia Britannica*, http://www.eb.com:180/cgi-bin/g?DocF=macro/5000/74/105.html.

[20] »Water: The power, promise, and turmoil of North Africa's fresh water«, in: *National Geographic*, November 1993.

[21] Verschiedene Quellen, u.a. Onlinefassung der *Encyclopaedia Britannica*, http://www.eb.com:180/cgi-bin/g?DocF=micro/283/98.html.

[22] Übernommen aus der Onlinefassung der *Encyclopaedia Britannica*, http://www.eb.com:180/cgi-bin/g?DocF=macro/5002/99/1.html.

[23] Quelle: Onlinefassung der *Encyclopaedia Britannica*, »The Biosphere and Concepts of Ecology: Major Ecosystems of the World: Aquatic Ecosystems: Inland Waters and their Communities: The Origin of Inland Waters«, http://www.eb.com:180/cgi-bin/g?DocF=macro/5000/74/108.html.

[24] Quelle: Onlinefassung der *Encyclopaedia Britannica*, http://www.eb.com:180/cgi-bin/g?DocF=macro/5001/89/94.html.

[25] Aus einem Leitartikel im Magazin *World Watch*, Juli/August 1998, 3.

[26] Quelle: Onlinefassung der *Encyclopaedia Britannica*, »*Groundwater*«, http://www.eb.com:180/cgi-bin/g?DocF=micro/248/66.html.

[27] Ebd.

[28] Quelle: Onlinefassung der *Encyclopaedia Britannica*, »The Earth Sciences: Hydrologic Sciences: Study of the Waters Close to the Land Surface: Evaluation of the Catchment Water Balance: Groundwater«, http://www.eb.com:180/cgi-bin/g?DocF=macro/5001/89/89.html.

KAPITEL 3

Auch in diesem Kapitel waren mir Igor Shiklomanow und Peter Gleick eine unentbehrliche Quelle. In der sechsten, überarbeiteten Ausgabe des *Atlas of the World* (1995) des Magazins *National Geographic* fand ich hervorragende Landkarten mit Einträgen zu Verschmutzungsgraden, die ich als Beleg zum Teil übernommen habe. Folgende fachwissenschaftliche Abhandlungen habe ich hinzugezogen: »Water availability and scarcity in Central America and the Carribean region« der Hydrologin A. V. Izmailowa; »Outlines on water crisis in Latin America« von Aldada C. Rebouças; »The comprehensive assessment of the freshwater resources of the world: Policy options for an integrated sustainable water future« von Johan Kuylenstierna et al.; »Global renewable water resources« von Igor Shiklomanow; »World water resources« von Igor Shiklomanow, eine Zusammenfassung seiner Einzeldarstellung für die Vereinten Nationen; »Principles for the assessment and prediction of water use and water availability in the world« von Igor Shiklomanow und N. V. Penkowa; »The world atlas of snow and ice« von V. M. Kotlyakow und N. M. Zwerkowa; »Surface water quality: Global assessment and perspective« von M. Meybeck; »Digital atlas of world water balance« von Daene C. McKinney et al. (zu finden auch auf der Web-Site: www.ce.utexas.edu/prof/maidment/atlas/atlas.html.; »Water supply, saniation and environmental sustainability, the financing challenge« von Ismail Serageldin (Washington DC: World Bank); »Water quality for human needs: Criteria, standards and needs« von Richard D. Robarts; »Main water users and assessments of water withdrawals« von Mathieu Bousquet et al.

Die besten Forschungsarbeiten zur Situation in Australien scheinen die von John J. Pigram zu sein, Geschäftsführer des »Centre for Water Policy Research« an der University of New England in Armidale, New South Wales, darunter: »Water reform: Is there a better way?« und »Water reform and sustainability: The Australian experience«, »Centre for Water Policy Research«, 9. Internationaler Wasserkongress, Montreal 1997.

1 Atef Hamdy, Mahmoud Abu-Zeid und C. Lacirignola (Mediterranean Agronomic Institute, Bari), »Water crisis in the Mediterranean: Agricultural water demand management«, *Water International* (1995).

2 Verschiedene Quellen, darunter *Atlas of the World*, 6. Auflage, hg. vom Magazin *National Geographic.*

3 Bericht des »National Wildlife Federation«, ohne Titel 1998.

4 Pigram, »Water reform and sustainability«.

KAPITEL 4

Die historischen Anekdoten sowie die Zitate trug ich aus zahlreichen Quellen zusammen. In Bezug auf die Bibel- und Koranstellen war insbesondere Joyce Shira Starr sehr hilfreich, deren Werk *Covenant over Middle Eastern Waters: Key to World Survival* (New York 1995) ausgezeichnete historisch fundierte Kapitel enthält.

Für meine eigene Zusammenschau habe ich vor allem den wissenschaftlichen Aufsatz »Water, politics, and international law« von Stephen McCaffrey in Peter Gleicks Sammlung *Water in Crisis* herangezogen (wenngleich meine Schlussfolgerungen nicht unbedingt auch in seinem Werk zu finden sind). Einen guten Überblick über die Wasserbautechnik der Römerzeit gibt Trevor Hodge in seinem Buch *Roman Aquaeducts and Water Supply* (1989).

Der Abschnitt über die Wassergesetze in Kalifornien ist nach der Auswertung persönlicher Interviews entstanden. Wissenschaftliche Abhandlungen zu diesem Thema: »Water conservation techniques and approaches« von D. Prinz, worin eine ausgezeichnete Zusammenfassung alter Techniken zu finden ist, darunter Informationen zu den tunesischen Meskats und Qanats oder zur Wassergewinnung aus Nebelwasser- und Tauwasser. Zwei weitere aufschlussreiche Bücher über den menschlichen Umgang mit Wasser in der Antike sind: R.C. Hope, *The Legendary Lore of the Holy Wells of England* (London 1893); Sir Rustom Pestonji Masani, *The Folklore of Wells* (Norwood, Penn.: Norwood Editions 1974).

1 Einzelheiten aus: John Sutton, *A Thousand Years of East Africa* (Nairobi: »British Institute in Eastern Africa«, 1992).

2 *Larousse Encyclopaedia of Mythology* (London 1969), 11.

3 Camille Talkeu Tounounga, »Liquid of the Gods: Dogon Creation Myths«, in: *UNESCO Courier*, Mai 1993.

4 Masani, *The Folklore Wells*.

5 James H. Gray, *Man against the Desert* (1967)

6 *Encyclopaedia Britannica,* »Groundwater«, 8: 433.

7 McCaffrey, »Water, politics, and international law«, 99.

8 *The Economist*, 19. Juli 1997.

9 *National Geographic*, November 1993, 30.

KAPITEL 5

Die Passagen über Timbuktu, die Wüste Namib sowie andere Regionen sind aus persönlichen Beobachtungen entstanden. Die von der »Eminents Persons Group« ausgearbeitete Nachlese zur Konferenz in Kyoto in Form eines Protokolls war gewiss sehr hilfreich, ebenso wie die fortlaufenden Diskussionen in fachwissenschaftlichen wie auch populärwissenschaftlichen Zeitschriften über die Kohlendioxidproduktion und ihre Auswirkungen auf das Klima. Das Informationsbüro der israelischen Regierung bietet einen wahren Informationsschatz an interessantem Material über die Bekämpfung der Desertifikation. Erwähnt seien insbesondere: Maria C. Donoso, »Assessment of climate variability impact on water resources in the humid tropics of the Americas«; Dr. Robert Mendelsohn et al., »Country-specific market impacts of climate change«; Henry Kendall et al., »Meeting the challenge of population, environment and resources: The costs of inaction«; V. Yu Georiyewsky, »Global climate warming effects on water resources«; Eugene Stakhiv, »Induced climate change impacts on water resources«; Paul R. Epstein, »Water, climate change and health«.

1 Dr. Reed P. Shearer et al., California Institute of Technology, in: *Science*, Juli 1998.

[2] Weitere Ausführungen zur Sahara, siehe: Tor Engelman et. al., *The Desert Realm: Lands of Majesty and Mystery* (Washington DC, »National Geographic Society« 1982), S. 112.

[3] Quelle: Onlinefassung der *Encyclopaedia Britannica*, »TheBiosphere and Concepts of Ecology: Major Ecosystems of the World: Terrestrial Ecosystems: Deserts: Environment«, http://www.eb.com:180/cgi-bin/g?DocF=macro/5000/74/155.html

[4] *National Geographic*, November 1979.

[5] Bestandsaufnahmebericht des Informationsbüros der israelischen Regierung (ohne Titel). Lösungsvorschläge für Israel, siehe Kapitel 18.

[6] Informationsbüro der israelischen Regierung, Bestandsaufnahme (ohne Titel).

[7] Magnus Magnusson, Hermann Pálsson, *The Vineland Sagas: The Norse Discovery of America* (London 1965).

[8] *The Economist*, »Survey of Development and the Environment«, 21. März 1998.

[9] Aus: *The Economist*.

[10] Daten aus: »Water, climate change and health«, eine Abhandlung von Paul R. Epstein, außerordentliches Verwaltungsratsmitglied des »Center for Health and the Global Environment« an der Harvard Medical School.

[11] Aus: Traci Watson, *USA Today*, 19. Oktober 1998.

[12] *The Economist*, 7. November 1998.

[13] Eugene Stakhiv, »Induced climate change impacts on water resources«, Juni 1998.

[14] International Development Research Center, Homepage.

KAPITEL 6

Die für dieses Kapitel herangezogenen Quellen sind zu vielschichtig und zahlreich, als dass ich sie alle auflisten könnte. Einige Angaben bezüglich der Wolga, Osteuropa sowie auch der amerikanisch-kanadischen Great Lakes basieren auf persönlichen Beobachtungen und Interviews. Ganz besonders hilfreich war die Abhandlung von Linda Nash »Water quality and health« in Peter Gleicks Buch *Water in Crisis*, mehrere Berichte der staatlich unabhängigen Organisation »WaterAid«, hier vor allem: »Mega Slums: The Coming Sanitary Crisis«, ein Bericht der Forscherin Maggie Black. Weitere Quellen: J. Bundschuh et al., »Water supply of middle-sized Latin American cities endangered by uncontrolled groundwater exploitation in urban areas«, Salta University in Buenos Aires.

1 M. Meybeck, »Surface water quality: Global assessment and perspective« (1998).

2 *The Times*, 26. Oktober 1998.

3 Detailinformation aus: Nash, »Water quality and health«, S.25.

4 Bericht, herausgegeben von *USA Today*, Oktober 1998.

5 Zitiert in: Nash, »Water quality and health«, S. 31.

6 F.B. Smith, »The People's Health, 1830–1910« (London 1979), zitiert nach: Black, *Mega Slums*.

7 Die einzelnen Informationen über Ballungszentren basieren auf unterschiedlichen Quellen, besonders aber auf einem Bericht von Maggie Black, herausgegeben von der Organisation »WaterAid«, 1998.

8 Black, *Mega Slums*.

9 Nash, »Water quality and health«, S. 27.

10 Quelle: Onlinefassung der *Encyclopaedia Britannica*: »The Earth Sciences: Hydrological Sciences: Study of the Waters Close to the Land Surface: Water Quality«, http://www.eb.com:180/cgi-bin/g?DocF=macro/5001/89/92.html.

KAPITEL 7

Beschreibungen der Region basieren auf persönlichen Beobachtungen und Aufenthalten. Im Magazin *People & Planet* stieß ich auf die besten journalistischen Artikel aus der Feder von Don Hinrichsen.

1 Das Aktionsprogramm wurde auf der UNESCO-Konferenz in Paris im Juni 1998 in allen Einzelheiten vorgestellt: Victor Dukhovny, »The future of the Aral Sea Basin: How can independent states survive in water scarcity?«

2 David R. Smith, »Environmental security and shared water ersources in post-Soviet Central Asia«, in: *Post-Soviet Geography*,

Juni 1995.

[3] Arum P. Elhance, »Conflict and cooperation over water in the Aral Sea Basin«, *Studies in Conflict and Terrorism* 20: 207-18.

[4] *People & the Planet* 4, 2 (1995), Berichte von Don Hinrichsen.

KAPITEL 8

Das Buch von Marc Reisner, *The Cadillac Desert: The American West and Its Disappearing Water* (New York 1986) enthält faszinierendes Datenmaterial insbesondere über die Staudämme der Vereinigten Staaten, aber auch über das Schlammablagerungsproblem, das alle Staudämme betrifft. Das Buch von Janet Abramovitz, *Imperiled Waters, Impoverished Future: The Decline of Freshwater Ecosystems* (Washington DC, 1996) ist sorgfältig ausgearbeitet und gedankenvoll, nicht übertrieben, aber schonungslos.

Auch im Internet werden wissenschaftliche Auseinandersetzungen um Staudämme geführt, besonders auf der Web-Site »River-Net«. Eine gute Zusammenfassung über das Drei-Schluchten-Staudamm-Projekt aus chinesischer Sicht gibt die Abhandlung von C. Yangbo, »The Three Gorges Project: Key project for transferring water from south to north«, Yichang, China 1998.

[1] *Encyclopaedia Britannica*, 1: 611.

[2] Reisner, *The Cadillac Desert* (überarbeitet und aktualisiert von Marc P. Reisner, copyright 1986), S. 469.

[3] Peter Theroux, »The imperiled Nile Delta«, *National Geographic*, Januar 1997.

[4] Abramovitz, *Imperiled Waters, Impoverished Future*, S. 23.

[5] »Athabasca Chipewyan First Nation Inquiry: W.A.C. Bennett Dam and Damage to Indian Reserve 201 Claim«, Tagungsprotokoll der »Indian Claims Commission« 10 (1998), S. 117 ff.

[6] Dianne Murray, »Dams and dying fisheries«, Hudson Bay Research Centre, Carleton University, Ottawa.

[7] Reisner, *The Cadillac Desert*, S. 472.

[8] Abramovitz, *Imperiled Waters, Impoverished Future*, S. 15 ff.

[9] Philip L. Fradkin, *A River No More: The Colorado River and the West* (Berkeley, Los Angeles 1996), S. xiv und 199.

[10] Interview der BBC-Korrespondentin in Delhi, Sunita Thackur.

KAPITEL 9

In den verschiedensten Publikationen fand ich überlegte und schlüssige Äußerungen von Sandra Postel, vor allem in ihrem Buch *Last Oasis* (dt.: *Die letzte Oase*) und in ihrer Zusammenschau »Water and agriculture« in Gleicks Werk *Water in Crisis*.

1 Die meisten Angaben in diesem Abschnitt stammen aus: Postel, »Water and agriculture«.

2 Eigeland, *The Desert Realm*, S. 65.

3 Zahlenangaben aus Berichten der Forschungsanstalt »US Salinity Laboratory«, Riverside, Kalifornien.

4 Siehe auch: Eigeland, *The Desert Realm*, S. 167.

5 Postel, »Water and agriculture«, S. 58.

KAPITEL 10

Die in diesem Kapitel angeführten Aufzeichnungen und Beobachtungen basieren auf persönlichen Aufenthalten in Nordafrika und im Südwesten der Vereinigten Staaten. Es gibt zahlreiche, von libyschen Forschern ausgearbeitete, sehr interessante Studien über das Großer-Fluss-von-Menschenhand-Projekt, darunter eine sehr aufschlussreiche Abhandlung des Hydrologen Saad Al-Ghariani, Professor für Wasserwissenschaften an der Al-Fateh-Universität in Tripoli. Außerdem habe ich eine ganze Reihe fachwissenschaftlicher Aufsätze zusammengetragen: Jean-Marc Louvet, »The aquifers of the grand basins: A vital resource for development and for the struggle against desertification in the arid and semi-arid zones«; Etienne J. Maïga et al., »Socioeconomic aspects of the demand for domestic water in sub-Saharan Africa: What lessons for water management?«; Abubakar B. Jauro, »The dwindling water resources of Lake Chad: An alarming trend of the 21st century«.

In Bezug auf den Ogallala-Aquifer war Marc Reisner einmal mehr eine unentbehrliche Quelle ebenso wie Michael Glantz mit seinem Werk *Forecasting by Analogy* von 1989, dessen Zusammenfassung über den Ogallala auf einer Studie von Donald A. Wilhite vom »Center for Agricultural Meteorology and Climatology« an der University of Nebraska in Lincoln basiert. Weitere Bezugsquellen sind im Text angegeben.

1 Onlinefassung der *Encyclopaedia Britannica*: »*Sahara: Physical Features*«, http://www.eb.com:180/cgi-bin/g?DocF=macro/5000/3/81.html.

2 Eigeland, *The Desert Realm*, S. 120.

3 Zitiert in: Gray, *Man Against the Desert*.

4 Zur ausführlicheren Information, siehe die äußerst lesenswerte Abhandlung über das Ogallala-Problem in: Reisner, *The Cadillac Desert*.

KAPITEL 11

Von der Erholung des Rheins war in vielen Berichten die Rede. Eine nützliche Zusammenfassung findet sich in einem Bericht mit dem Titel *Resurrection of the Rhine*, ausgearbeitet von Page Chichester 1997 für die »International Wildlife Federation«, den ich durch eigene Eindrücke nach einem Besuch vor Ort und mit Interviews ergänzt habe. Die Internationale Kommission zum Schutz des Rheins hat ihre eigene Web-Site, die erstaunlich offene Informationen gibt. Ebenfalls nützlich ist eine Zusammenschau von Aleta Brown mit dem Titel »Bringing rivers back from the brink« für das International Rivers Network. Den Abschnitt über die Donau habe ich aus persönlichen Beobachtungen und aus dem Den Haager Papier »Proceedings of the International Court of Justice« zusammengestellt. Erwähnt seien noch zwei wissenschaftliche Abhandlungen des russischen Hydrologen I. P. Zaretskaya: »Water availability and use in the Danube basin«; »State of the art: Expected water availability and water use in the Danube basin«. Die ungarischen Grünen waren ebenfalls sehr aktiv und ihre im Internet geführten Diskussionen ebenfalls sehr nützlich.

1 Zitiert nach: Chichester, *Resurrection of the Rhine*. Die Zitate von Gottfried Schmidt entstammen derselben Quelle.

2 Pressemitteilung des »RiverNet«, einer Koalition europäischer Umweltschützer zur Erhaltung der europäischen Flüsse.

KAPITEL 12

Der Großteil dieses Kapitels entstand nach Beobachtungen vor Ort und Interviews mit zahlreichen Teilnehmern. Über die Wasserpolitik und die Politik im Nahen Osten gibt es unendlich viel Material, gedruckt ebenso wie online. Material zu den angegebenen Wasserplänen lässt sich mühelos in vielerlei Quellen finden. Der Aufsatz von Helena Lindholm »Water and the Arab-Israeli conflict« in Leif Ohlssons Werk *Hydropolitics* gibt hierzu einen scharfsichtigen politischen Überblick. Des Weiteren auch: Aaron Yaffe, »The water sources of the West Bank of the Jordan Valley and their utilization«; Jac A. M. van der Gun, »Water resources scarcity in Yemen: A time bomb under socio-economic development«; Jad Isaac, »A sober approach to the water crisis in the Middle East«; Daniel Hillel, »Troubled water of Eden« für »People and the Planet« (eine Neufassung seines hervorragenden Buches *The Rivers of Eden: The Struggle for Water and the Quest for Peace in the Middle East,* New York 1994); Jad Isaac und Leonardo Hosh, »Roots of the water conflict in the Middle East«; Joyce Starr und Daniel Stoll, »The politics of scarcity: Water in the Middle East«.

1 Thomas Naff, zitiert nach: Lindholm, »Water and the Arab-Israeli conflict«, S. 76.

2 Zitiert nach: McCaffrey, »Water, politics, and international law«, S. 92.

KAPITEL 13

Ich bereiste praktisch jeden einzelnen Kilometer entlang des Nils, war in Ägypten, im Sudan, in Äthiopien, Uganda und Kenya und habe meine Beschreibungen an diese Besuche angelehnt. Empfehlenswert für alle, die sich mit diesem Thema eingehender beschäftigen möchten, ist der Aufsatz von Jan Hultin »The Nile: Source of life, source of conflict« in Leif Ohlssons Buch *Hydropolitics*.

Der unermüdliche, wenn nicht gar verbohrte Forscher Henry Morton Stanley hat viele dieser hier zitierten alten Legenden gesammelt und zumindest damit eine verlässliche Quelle geschaffen. Weitere Quellen: A.M. Amer et al., »Water resources assessment in South Sinai, Egypt«; M.A. Abdel-Khalik et al., »National environment measures and their impact in drainage water quality in Egypt«.

[1] Henry Morton Stanley, *In Darkest Africa* (London 1890), S. 448.

[2] Ebd.

[3] Ebd., S. 487.

[4] Postel, *Last Oasis*, die hier Dale Whittington und Elizabeth McClelland von der University of North Carolina zitiert: »Opportunities for Regional and International Cooperation in the Nile Basin«.

KAPITEL 14

[1] Die türkischen Zahlenangaben der staatlichen Wasserwerke des Landes zeigen die verfügbaren Wasserreserven pro Kopf und Jahr: 2110 Kubikmeter Wasser für den Irak, 1830 für die Türkei, 1420 für Syrien, 300 für Israel, 250 für Jordanien und 100 für Palästina.

[2] Ilter Turan, »Turkey and the Middle East: Problems and solutions«, *Water International* 18, 1(1993).

[3] Mikhail Wakil, »Analysis of future water needs for different sectors in Syria«, ebd.

[4] Zitiert nach: McCaffrey, »Water, politics, and international law«, S. 101.

[5] Ebd., S. 93.

KAPITEL 15

Einmal mehr sei hier erwähnt, dass Marc Reisners *Cadillac Desert* für jeden, der sich für die amerikanische Wasserpolitik interessiert, ein unumgängliches Muss ist. Überaus erwähnenswert ist hier abermals auch Sandra Postels *Last Oasis* sowie die neuerlichen PBS-Miniserien über den Unterlauf des Colorado River.

Weitere Quellen: Terry Anderson und Pamela Snyder, *Water Markets: Priming the Invisible Pump* (Washington DC 1979); Robert Gottlieb, *A Life of Its Own: The Politics and Power of Water* (New York 1988), ein ausgezeichnetes Werk über die kalifornischen Wasserkartelle. Nicht zu vergessen auch ein Artikel im *Wall Street Journal* vom 1. Oktober 1977 von Mitchel Benson über das Wasserrecht sowie zahlreiche Mitteilungen der »US Water News Online«. Die »Canadian Environmental Law Association« mit Sitz in Toronto ist für jeden Interessenten der kanadischen Wasserpolitik eine unersetzliche Informationsquelle, die Einblick gibt, auf welche Weise die kanadischen Behörden den Übergang in die private Wasserwirtschaft und die Handhabung der Wasserangelegenheiten unter dem nordamerikanischen Freihandelsabkommen NAFTA (»North American Free Trading Agreement«) angehen.

1 Reisner, *The Cadillac Desert*, S. 484.

2 Zitiert nach: Postel, *Last Oasis*, S. ix.

3 US Water News Online, Juni 1977.

4 Clark S. Knowlton, »International water law along the Mexican-American border«, wissenschaftliche Abhandlung auf dem Symposium der »American Association for the Advancement of Science« in El Paso, Texas, im April 1968.

5 Reisner, *The Cadillac Desert*, S. 7.

6 *The Economist*, 24. Januar 1998.

7 Toronto *Globe and Mail*, 23. Mai 1998.

8 J. C. Day, Kristan M. Boudreau und Nancy C. Hackett, »Emerging institutions for the bilateral management of the Columbia River Basin«, *American Review of Canadian Studies* (Sommer 1996).

9 *The Economist*, 29. März 1997.

KAPITEL 16

Alle drei der hier angeführten indischen Wasserkonflikte sind überschaubar zusammengefasst in einem Aufsatz von Elisabeth Corell und Asok Swain, »India: The domestic and international politics of water scarcity« in Leif Ohlssons Werk *Hydropolitics*. Hintergrundinformation zum Madras (Tamil Nadu)-Konflikt mit Karnataka entlang des Cauvery stammen aus persönlichen Interviews mit Leuten aus der Region. Über Indiens Beilegung der Wasserstreitigkeiten mit Bangladesch und Pakistan haben die Medien ausführlich berichtet, ebenso wie über den fortlaufenden Konflikt zwischen Indien und den Sikhs um die Wasser des Indus.

Weitere Quellen: Sekhar M. Chandra aus Warangal in Indien,

»Integrated water quality management plan for Bhadri Lake, India«; Dr. D. C. Singhal aus Roorkee in Indien, »Environmental impact of groundwater utilization and development: The Indian perspective«; S. Suresh aus Bangalore, »Intersectorial competition for land and water between users and uses in Tamil Nadu«.

1 James J. Novak, »Bangladesh: Reflections on the Water«, zitiert in: Ranabir Samaddar, »Flowing waters and nationalist metaphors: The dispute between India and Bangladesh over the Ganges«, *Studies in Conflict and Terrorism* 20, 2 (1997).

2 Zitiert nach: Tara Patel, in: *New Scientist*, 30. November 1996.

3 Zahlenangaben aus Corell und Swain, »India«, worin eine sorgfältig ausgearbeitete Zusammenfassung der Prolitik in dieser Region zu finden ist.

4 McCaffrey, »Water, politics, and international law«, S. 94.

5 Corell und Swain, »India«.

KAPITEL 17

Als im Sommer 1998 der Jangtse wieder über die Ufer trat und weite Landstriche katastrophal überschwemmte, wurde in allen Medien über die Wassernot in China mit großem Interesse berichtet, was zu vielerlei Spekulationen darüber führte, inwieweit der im Bau befindliche Drei-Schluchten-Staudamm eine Rolle bei der verheerenden Katastrophe spielte. Zum ersten Mal erlebte China in jenem Sommer, dass sich eine grüne aktivistische Umweltschutzbewegung entwickelte.

Die weiteren Darstellungen über die Nahrungsmittelproduktion in China lieferte mir der altgediente Umweltschützer Lester Brown in seinem Werk *Who Will Feed China? Wake-Up Call for a Small Planet* (New York 1995), das in China scharf angegriffen wurde.

1 Statistiken aus: Brown, *Who Will Feed China?*

2 Ed Ayres, *World Watch*, November/Dezember 1998.

3 Der Beraterstab für internationale Landwirtschaftsforschung »Consultative Group on International Agricultural Research (CGIAR)« wurde 1971 als quasi staatlich unabhängige Organisation unter der Schirmherrschaft der Vereinten Nationen gegründet, »um die produktivitätsorientierte Forschung zu unterstützen

als Reaktion auf die Nahrungsmittelverknappung, die in südlichen Landesteilen nahezu die Ausmaße einer Hungersnot angenommen hat.«

KAPITEL 18

Die Wasserwelt scheint gespalten: Auf der einen Seite die, die glauben, der bevorstehenden Krise der Süßwasserverknappung mit technischen (ingenieurtechnischen und wissenschaftlichen) Lösungen begegnen zu können, auf der anderen die, die glauben, es handele sich eher um ein politisches und wasserwirtschaftliches Problem. Sandra Postel lehnt sich an Letztere an, ebenso Maurice Strong, der zu Beginn der neunziger Jahre Generalsekretär der UNCED (»UN-Konferenz über Umwelt und Entwicklung«) in Rio war und sich im Zuge seiner Arbeit im »Earth Council«, das er gegründet hat, und durch seinen Einfluss auf die Weltbank seit Jahren aktiv an der Wasserpolitik beteiligt. Gewiss, die beiden Denkhaltungen überlappen sich, wie ich versucht habe aufzuzeigen: Die besten Verfahren zur Erhaltung der Umwelt liefern fein aufeinander abgestimmte Technologien aus dem Ingenieurwesen. Eben deshalb haben sich Leute wie Strong so massiv für eine internationale Beteiligung an wissenschaftlichem Datenmaterial eingesetzt.

Weitere Quellen: Edy Kaufman et al., »Transboundary fresh water disputes and conflict resolution: Planning an integrated approach«, in: *Water International*; Janusz Kindler von der UN-Organisation für Ernährung und Landwirtschaft FAO, »The economic value of water«; W. E. Klohn et al., »Water and food«, mit sehr nützlichen Abschnitten wie etwa darüber, wie viel Wasser zur Nahrungsmittelproduktion benötigt wird.

1 Nachmani, »Water jitters in the Middle East«, S. 67–93.

2 Nähere Informationen bei der »California Water Commission«.

3 Woodward-Clyde Consultants, tätig für die Stadt Santa Barbara und für Ionics Inc.'s Temporary Emergency Desalination Project, März 1991.

4 David Lees, »Food by design«, im Magazin: *Financial Post*, Oktober 1998.

5 Richard Golb, Geschäftsführer der »Northern California Water

Association«.

[6] Professor Avishai Braverman, Mordechai Cohen (Kedmon), Dr. Yuval Cohen, Shaike Erez, Yaakov Laks, Professor Uriel Safriel, Dr. Ariel Ulman.

[7] Zeitungsbericht von Leila Deeb, Amman, Jordanien.

[8] Postel, *Last Oasis*, S. 129. Hier findet sich eine gute Übersicht zum Thema Abwasserbehandlung.

[9] Shaul Streit, »On-land treatment and disposal of municipal sewage: Agro-sanitary integration«, eine Abhandlung für eine Tagung der Weltbank, 1992, zitiert nach: Postel, *Last Oasis*, S.129.

[10] Postel, *Last Oasis*, S. 135.

[11] Sheldon Rampton, *Harper's Magazine*, November 1998.

[12] Arif Hasan, »Innovative Sewerage in a Karachi Squatter Settlement«, Orangi Pilot Project, 1986.

[13] André de Moor und Peter Calamai, »Subsidising unsustainable development: Undermining the earth with public funds«, »Earth Council« 1997.

[14] *The Economist*, 14. Juni 1997.

[15] Zitiert nach: ebd., 20. Dezember 1997.

[16] Tom Gardner-Outlaw und Robert Engelman, *Sustaining Water, Easing Scarcity: A Second Update* (Washington DC 1997), Bericht für die Organisation »Population Action International«.

[17] Frederick W. Frey, »The Political Context of Conflict and Cooperation over International River Basins«, *Water International* 18, 1 (1993).

Weiterführende Literatur

Einige wichtige Quellen habe ich bereits im einleitenden Kapitel erwähnt. Aber natürlich gibt es noch eine ganze Reihe anderer:

BÜCHER UND BROSCHÜREN

Abramovitz, Janet N., *Imperiled Waters, Impoverished Future: The Decline of Freshwater Ecosystems*, Washington DC 1996.

Anderson, Terry L., Pamela Snyder, *Water Markets: Priming the Invisible Pump*, Washington DC 1979.

Basson, M. S., *Overview of Water Resources Availability and Utilisation in South Africa*, Department of Water Affairs and Forestry, Pretoria 1997.

Brown, Lester R., *Who Will Feed China? Wake-Up Call for a Small Planet*, New York 1995.

CGIAR System Review Secretariat, *The International Research Partnership for Food Security and Sustainable Agriculture, Third System Review*, 8 October 1998.

Clarke, Robin, *Water: The International Crisis*, Boston 1993.

Cossi, Olga, *Water Wars: The Fight to Control and Conserve Nature's Most Precious Resource*, New York 1993.

Dixon, Hardy P., *The Holy Wells of Ireland*, Dublin 1840.

Eigeland, Tor et al., *The Desert Realm: Lands of Majesty and Mystery*, Washington DC 1982.

Encyclopaedia Britannica (gedruckte Ausgabe und Onlinefassung).

Engelman, Robert, Pamela LeRoy, *Sustaining Water: Population and the Future of Renewable Water Supplies*, Washington DC 1993.

Engelman, Robert, *Why Population Matters*, Washington DC 1997.

Farid, Claire, Karen Clark, *The Fate of the Great Lakes: Sustaining or Draining the Sweetwater Seas?* Buffalo, NY 1997.

Fradkin, Philip L., *A River No More: The Colorado River and the West*, Los Angeles 1996.

Gardner-Outlaw, Tom, Robert Engelman, *Sustaining Water, Easing Scarcity: A Second Update*, Washington DC 1997.

Glantz, Michael, *Forecasting by Analogy*, 1989.

Gleick, Peter H., *The World's Water: The Biennial Report on Fresh Water Resources*, Washington DC 1998.

Gleick, Peter H., *Water in Crisis: A Guide to the World's Fresh Water Resources*, New York 1993.

Gottlieb, Robert, *A Life of Its Own: The Politics and Power of Water*, New York 1988.

Graves, Robert (Hg.), *New Larousse Encyclopaedia of Mythology*, London 1969.

Gray, James H., *Men against the Desert*, Saskatoon 1967.

Herbert, Frank, *Dune*, New York 1990.

Hillel, Daniel, *The Rivers of Eden: The Struggle for Water and the Quest for Peace in the Middle East*, New York 1994.

Homer Dixon, F. Thomas *Environmental Scarcity and Global Security*, New York 1993.

Hope, R. C., *The Legendary Lore of the Holy Wells of England*, London 1893.

Kendall, Henry et al., *Bioengineering of Crops: Report of the World Bank Panel on Transgenic Crops*, The World Bank, Washington DC 1997.

Kendall, Henry et al., *Meeting the Challenges of Population, Environment, and Resources: The Cost of Inaction*, The World Bank, Washington DC 1995.

Loude, Jean-Yves, Viviane Lièvre *Le roi d'Afrique et la reine mer*, in: *Balafon* 126 (1996).

Lowi, Miriam R., *The Politics of Water: The Jordan River and the Riparian States*, Montreal 1984.

Magnusson, Magnus, Hermann Pálsson, *The Vineland Sagas: The Norse Discovery of America*, London 1965.

Masani, Sir Rustom Pestonji, *The Folklore of Wells*, Norwood 1974.

National Geographic Society, *Water: The Power, Promise, and Turmoil of North America's Fresh Water*, Bd. 185, Nr. 5A, Washington DC 1993.

Ohlsson, Leif (Hg.), *Hydropolitics: Conflicts over Water as a Development Constraint*, London 1995.

Postel, Sandra, *Dividing the Waters: Food Security, Ecosystem Health, and the New Politics of Scarcity*, Washington 1996.

Postel, Sandra, *Last Oasis: Facing Water Scarcity*, New York 1997.

Quiller-Couch, M. und L., *Ancient Holy Wells of Cornwall*, London 1894.

Reisner, Marc, *The Cadillac Desert: The American West and Its Disappearing Water*, überarbeitete und aktualisierte Ausgabe, New York 1986.

Starr, Joyce Shira, *Covenant over Middle Eastern Waters: Key to World Survival*, New York 1995.

Sutton, John, *A Thousand Years of East Africa*, Nairobi 1992.

Walton, K., *The Arid Zones*, London 1969.

Worster, Donald, *Rivers of Empire: Water Aridity, and the Growth of the American West*, New York 1985.

Young, Gordon J., James C. I. Dooge , John C. Rodda, *Global Water Resource Issues*, Cambridge 1994.

THEORETISCHE UND FACHWISSENSCHAFTLICHE ABHANDLUNGEN

Die Aufsätze, die hier ohne Quellenangabe aufgeführt sind, stammen aus dem Konferenzprotokoll der Internationalen Wasserkonferenz in Paris im Juni 1998: *Proceedings*, International Conference on Water (»Water: The Looming Crisis«), Paris, Juni 1998, herausgegeben von der UNESCO.

Abdel-Khalik, M. A. et al., »National environment measures and their impact on drainage water quality in Egypt«.

Al-Ghariani, Saad, »Man-made rivers: A new approach to water resources development in dry areas«, *Water International* 22, 2 (1997).

Amery, Hussein A., »Water security as a factor in Arab-Israeli wars and emerging peace«, *Studies in Conflict Terrorism* 20, 1 (1997).

Bedford, D. P., »International water management in the Aral Sea basin«, *Water International*, 21, 2 (1996).

Boronkay, Carl, »Water conflicts in the western United States«, *Studies in Conflict and Terrorism*, 20, 2 (1997).

Bousquet, Mathieu et al., *Main water users and assessments of water withdrawals.*

Bundschuh, J. et al., *Water supply of middle-sized Latin American cities endangered by uncontrolled groundwater exploitation in urban areas.*

Chandra, Sekhar M., *Integrated water quality management plan for Bhadri Lake, India.*

Donoso, Maria C., *Assessment of climate variability impact on water resources in the humid tropics of the Americas.*

Dukhovny, Viktor, *The future of the Aral Sea basin: How can independent states survive in water scarcity?*

Eales, Kathy, Simon Forster, Lusekelo Du Mangho, *Water Management in Africa and the Middle East.* Rached, Eglal et al. (Hg.), Ottawa 1996.

Earth Council: *Subsidizing unsustainable development: undermining the earth with public funds*, André de Moor und Peter Calamai (Kapitel 2, »Water, Water Everywhere (but Not a Drop to Waste«), ohne Jahresangabe.

Elhance, Arun P., »Conflict and cooperation over water in the Aral Sea basin«, *Studies in Conflict and Terrorism* 20 (1997).

Epstein, Paul R., *Water, climate change, and health.*

Falkenmark, Malin, »Global water issues confronting humanity«, *Journal of Peace Research* 27, 2.

Falkenmark, Malin, »Middle East hydropolitics: Water scarcity and conflicts in the Middle East«, *Ambio* 18, 6.

Falkenmark, Malin, »The massive water-scarcity now threatening Africa: Why isn't it being addressed?«, *Ambio* 18, 2.
Falkenmark, Malin, »Vulnerability generated by water scarcity«, *Ambio* 18, 6.
Frey, Frederick W., »The political context of conflict and cooperation over international river basins«, *Water International* 18 (1993).
Georgiyevsky, V. Yu., *Global climate warming effects on water resources.*
Gleick, Peter, »Basic water requirements for human activities: Meeting basic needs«, *Water International* 21, 2 (1996).
Gleick, Peter, *The consequences of water-scarcity: Measures of human well-being.*
Güner, Serdar, »The Turkish-Syrian war of attrition: The water dispute«, *Studies in Conflict and Terrorism* 20, 1 (1997).
Hady, Rady, Mohammed Abdel, »Satisfying national and international water demands«, *Water International* 20, 1 (1995).
Hamdy, Atef et al., »Water crisis in the Mediterranean: Agricultural water demand management«, *Water International* 20, 4 (1995)
Hasan, Arif, »Innovative sewerage in a Karachi squatter settlement«, Orangi Pilot Project 1986.
Hillel, Daniel, »Troubled water of Eden, for People and the Planet. A reworking of his excellent book«, *The Rivers of Eden: The Struggle for Water and the Quest for Peace in the Middle East*, New York 1994.
Isaac, Jad, *A sober approach to the water crisis in the Middle East.*
Isaac, Jad, Leonardo Hosh, *Roots of the water conflict in the Middle East*, Waterloo, Kanada 1992.
Izmailowa, A.V., *Water availability and scarcity in Central America and the Carribean region.*
Jauro, Abubakar B., *The dwindling water resources of Lake Chad: An alarming trend of the 21st century*. Lake Chad Basin Commission, N'Djamena.
Kindler, Janusz, *The economic value of water.*
Klohn, W.E. et al., *Water and food.*

Kotlyakow, V. M, N. M. Zwerkowa, *The world atlas of snow and ice.*

Kuylenstierna, Johan et al., »The comprehensive assessment of the freshwater resources of the world: Policy options for an integrated sustainable water future«, *Water International* 23, 1 (1998).

Llamas, M. Ramon, *Over-exploitation of groundwater.*

Louver, Jean-Marc, *The aquifers of the grand basins: A vital resource for development and for the struggle against desertification in the arid and semi-arid zones.*

Maïga, Etienne J. et al., *Socio-economic aspects of the demand for domestic water in sub-Saharan Africa: What lessons for water management?*

McKinney, Daene C. et al., *Digital atlas of world water balance.* (Web-Site: www.ce.utexas.edu/prof/maidment/atlas/atlas.htm).

Mendelsohn, Robert Dr. et al.; *Country-specific market impacts of climate change.*

Meybeck, M., *Surface water quality – global assessment and perspective.*

Moraru-de Loë, Liana et al., »Public-private partnerships: Water and waste-water services in France«, *Water International* 18, 3 (1993).

Morris, Mary E., »Water and conflict in the Middle East: Threats and opportunities«, *Studies in Conflict and Terrorism* 20, 1 (1997).

Murray, Dianne, *Dams and dying fisheries*, Ottawa: Hudson Bay Research Centre 1998.

Nachmani, Amikam, »Water jitters in the Middle East«, *Studies in Conflict and Terrorism* 20, 1 (1997).

Naff, Thomas, »Information, water and conflict: Exploring the linkages in the Middle East«, *Water International* 22, 1 (1997).

Neu, H. J. A., »Runoff regulation for hydropower and its effects on the ocean environment«, *Canadian Journal of Civil Engineering* 2: 583-91.

Neu, H. J. A., »Man-made storage of water resources: A liability to the ocean environment?«, Teil I, *Marine Pollution Bulletin*; Teil II, *Marine Pollution Bulletin.*

Niemczynowicz, Janusz, »Megacities from water perspective«, *Water International* 21, 4 (1996).

Pigram, John J., *Water reform: Is there a better way*, (Centre for Water Policy Research at the University of New England, Armidale, NSW, Australia).

Pigram, John J., *Water reform and sustainability: The Australian experience.* Centre for Water Policy Research, 9. Kongress, Montreal 1997.

Postel Sandra, »Running dry: Escalating consumption is threatening to outpace water supply«, UNESCO *Courier*, Mai 1993.

Prinz, D., *Water conservation techniques and approaches.* Universität Karlsruhe.

Rango, A., *Techniques for assessing changing water resources in the 21st century.*

Rebouças, Alda da C., *Water quality for human needs: Criteria, standards, and needs.*

Roberts, Bruce R., »Water management in desert environments: A comparative analysis«, Lecture Notes in *Earth Sciences* 1993.

Robinson, Nicholas (Hg.), *Agenda 21: Earth's action plan. The Commission on Environmental Law of IUCN*, New York 1993.

Salmi, Ralph H., »Water the red line: The interdependence of Palestinian and Israeli water resources«, *Studies in Conflict and Terrorism* 20, 1 (1997).

Samaddar, Ranabir, »Flowing Waters and the nationalist metaphors: The dispute between India and Bangladesh over the Ganges«, *Studies in Conflict and Terrorism* 20, 2 (1997).

Serageldin, Ismail, *Water supply, sanitation, and environmental sustainability: The financing challenge*, World Bank, Washington DC 1997.

Shady, Ali et al., »The Nile 2002: The vision toward cooperation in the Nile Basin«, *Water International* 19, 2 (1994).

Shiklomanow, Igor, »Climate of uncertainty: Climate changes resulting from human activity will have serious implications for the distribution of the world's water«, *Water International* 18, 5 (1993).

Shiklomanow, Igor, *Global renewable water resources.*

Shiklomanow, Igor, *World water resources* (Zusammenfassung seiner Einzeldarstellung für die Vereinten Nationen mit gleichem Titel).

Shiklomanow, Igor, N. V. Penkowa, *Principles for assessment and prediction of water use and water availability in the world.*

Singh, Udai P., Otto J. Helweg, (Hg.), »Supplying water and saving the environment for six billion people«, *Proceedings*, ASCE 1990.

Singhal, D. C. Dr., *Environmental impact of groundwater utilization and development: The Indian perspective.*

Smith, David R., »Environmental security and shared water resources in post-Soviet Central Asia«, *Post-Soviet Geography*, Juni 1995.

Stakhiv, Eugene, *Induced climate change impacts on water resources.*

Starr, Joyce, Daniel Stoll, *The politics of scarcity: Water in the Middle East. Westview Special Studies Series on the Middle East*, 1988.

Suresh, S., *Intersectorial competition for land and water between users and uses in Tamil Nadu.*

Turan, Iter, »Turkey and the Middle East: Problems and solutions«, *Water International* 18, 1 (1993).

Union of Concerned Scientists, *World scientists' call for action at the Kyoto climate summit*, Cambridge 1997.

Ünver, Olcay et al., »The Southeastern Anatolia project – GAP: Improvement of canal regulation techniques; improvement of field water distribution and irrigation techniques«, *Water International* 18, 3 (1993).

Van der Guun, Jac A. M., *Water resources scarcity in Yemen: A time bomb under socio-economic development.*

Water Technology Board Tenth Anniversary Symposium, *Sustaining our water resources*, Washington 1993.

Yaffe, Aharon, *The water sources of the West Bank of the Jordan Valley and their utilization.*

Yangbo, C., *The Three Gorges project: Key project for transferring water from south to north*, Yichang China 1998.

Zaretskaya, I. P., *Water availability and use in the Danube basin.*
Zaretskaya, I. P., *State of the art: Expected water availability and water use in the Danube basin.*
Zektser, I. S., *Groundwater and its uses in the world.*

Register